Exilforschung · Ein internationales Jahrbuch · Band 34

Exilforschung
Ein internationales Jahrbuch

Herausgegeben im Auftrag der Gesellschaft für Exilforschung/
Society for Exile Studies von Bettina Bannasch, Doerte Bischoff,
Burcu Dogramaci, Claus-Dieter Krohn und Lutz Winckler

Exilforschung
Ein internationales Jahrbuch

34/2016

Exil und Shoah

Herausgegeben von
Bettina Bannasch, Helga Schreckenberger und
Alan E. Steinweis

Redaktion der Beiträge:

Prof. Dr. Bettina Bannasch
Professur für Neuere deutsche Literaturwissenschaft
Universität Augsburg
Universitätsstraße 10
86159 Augsburg

Inge Lev M.A.
Professur für Neuere deutsche Literaturwissenschaft
Universität Augsburg
Universitätsstraße 10
86159 Augsburg

Dieser Band erscheint seit 2021 als Print-on-Demand-Titel (POD) und E-Book (PDF) bei De Gruyter.
ISBN POD 978-3-11-077997-4
e-ISBN (PDF) 978-3-11-078060-4

Bibliografische Information der Deutschen Nationalbibliothek

Die Deutsche Nationalbibliothek verzeichnet diese Publikation in der Deutschen Nationalbibliografie; detaillierte bibliografische Daten sind im Internet über www.dnb.de abrufbar.

ISBN 978-3-86916-550-9

Umschlaggestaltung: Thomas Scheer, Stuttgart

Das Werk einschließlich aller seiner Teile ist urheberrechtlich geschützt. Jede Verwertung, die nicht ausdrücklich vom Urheberrechtsgesetz zugelassen ist, bedarf der vorherigen Zustimmung des Verlages. Dies gilt insbesondere für Vervielfältigungen, Bearbeitungen, Übersetzungen, Mikroverfilmungen und die Einspeicherung und Verarbeitung in elektronischen Systemen.

© edition text + kritik im Richard Boorberg Verlag GmbH & Co KG, München 2016
Levelingstraße 6a, 81673 München
www.etk-muenchen.de

Satz: Dörr + Schiller GmbH, Stuttgart
Druck und Verarbeitung: Laupp & Göbel GmbH, Talstraße 14, 72147 Nehren

Inhalt

Bettina Bannasch, Helga Schreckenberger und Alan E. Steinweis — Exil und Shoah. Zur Einleitung — 9

I. Exil als *conditio humana*, das Wissen um die Shoah als Schock

Primus-Heinz Kucher — »When the facts about Auschwitz came through ...« Der traumatische Einbruch der Shoah in das deutschsprachige Exil in den USA — 17

Andree Michaelis — »Daß das Urverbrechen in seiner schamlosen Gier bis zu mir herankroch!« Antizipation, Anklage und verweigerte Rückkehr im Angesicht der Shoah bei Karl Wolfskehl — 36

Gerhild Rochus — »Wir sind absolut und ganz im Exil« Exil als *conditio humana* in der Essayistik Margarete Susmans — 54

Marguerite Markgraf — Von »Schicksallosigkeit« und »exilierter Sprache« Zum existenzphilosophischen und poetologischen Exilbegriff bei Imre Kertész — 73

II. Einschreibungen der Shoah in (sozial)wissenschaftliche Diskurse des Exils

René Schlott — Ein Exilant unter Exilanten Raul Hilbergs frühe Jahre in den USA 1939–1961 — 93

Claudia Moisel	William G. Niederland (1904–1993) und die Ursprünge des »Überlebenden-Syndroms«	108
Douglas G. Morris	Schreiben und Widerstehen Ernst Fraenkel und Franz Neumann zur Rolle des Naturrechts im Kampf gegen die NS-Gewaltherrschaft	125
Philipp Lenhard	Abschied vom Marxismus? Franz Neumann, Friedrich Pollock und die Entstehung der kritischen Theorie des Antisemitismus im amerikanischen Exil, 1939–1945	153
Birgit R. Erdle	Closures, conclusions Einprägungen der Erfahrung der Verfolgung und des Wissens um die Shoah in Schriften von Siegfried Kracauer	176

III. Sterben in der Shoah, Überleben im Exil. Literarische Bewältigungsversuche

Helga Schreckenberger	»Ungerettet gerettet« Überlebensschuld in der Lyrik von österreichisch-jüdischen ExilantInnen	195
Sophia Dafinger	»viel schauerliches und viel groteskes« Lion Feuchtwangers Deutung der nationalsozialistischen Judenverfolgung	213
Thomas Pekar	Modelle jüdischer Identität Lion Feuchtwangers *Josephus*-Trilogie	234
Doerte Bischoff	Exilliteratur als Literatur des Überlebens Zum Beispiel Peter Weiss	253

Anna Zachmann	Exilimmanente Distanz- und Fremdheitserfahrung als Voraussetzung zur Bewältigung von Traumatisierung? Moderne Denkfiguren von Exil und Shoah im Werk Edgar Hilsenraths	269

IV. Modifikationen des Exilverständnisses angesichts von Judenverfolgung und Shoah

Mona Körte	Re-Interpretationen Shylocks Alexander Granachs Briefe aus dem Exil	287
Helmut G. Asper	Der Holocaust vor dem »*World Tribunal*«: *None Shall Escape*	302
Claus-Dieter Krohn	Auschwitz-Traumata der Superhelden und Mutanten Emigrantenprojektionen im amerikanischen Comic Book	323
Noam Zadoff	Zionismus und Exil Robert Weltsch und Gershom Scholem am Schnittpunkt zwischen Holocaust und jüdischem Nationalismus	356
Rezensionen		371
Kurzbiografien der Autorinnen und Autoren		389

Bettina Bannasch, Helga Schreckenberger und Alan E. Steinweis

Exil und Shoah

Zur Einleitung

Die beiden titelgebenden Begriffe des vorliegenden Bandes, Exil und Shoah, stehen in engster Verbindung zueinander. Diese Verbindung ist so eng, dass sie kaum einer weiteren Erläuterung zu bedürfen scheint. Sie stellt sich allerdings nicht über das »und« her, sondern über das »oder«: über die Gegenüberstellung der Alternativen Exil *oder* Shoah, Flucht *oder* Zurückbleiben, Überleben *oder* Tod. In der Forschung haben sich in Entsprechung zu der alternativen Gegenüberstellung von Exil und Shoah zwei unterschiedliche Forschungsgebiete etabliert, die oftmals wenig Berührungspunkte oder Überschneidungen aufweisen: Die Exilforschung befasst sich mit den komplexen und gebrochenen Lebensläufen derer, die Deutschland – und in der Folge die von den Nationalsozialisten besetzten Länder – noch rechtzeitig verlassen konnten. Sie geht ihren Versuchen nach, sich in den neuen Ländern zurechtzufinden und Fuß zu fassen, sich in Sprachen zu artikulieren, die nicht ihre Muttersprache sind – eine nicht nur für Autorinnen und Autoren literarischer Werke existenziell bedeutsame Anstrengung.

Die Shoahforschung widmet sich der Tötungsmaschinerie des Nationalsozialismus, sie untersucht ihre Anfänge und ideologischen Grundlegungen bis hin zum pragmatischen ›Alltagsgeschäft‹ der akribisch organisierten massenhaften Ermordung der europäischen Juden, und sie befasst sich mit den Schicksalen der Überlebenden. Die Shoahliteraturforschung hat es – für lange Zeit zumindest – mit einem prinzipiell anderen Sprachproblem zu tun als die Exilforschung; im Zentrum gerade der frühen Texte steht das Problem der Unmöglichkeit, das, was in den Konzentrationslagern geschah, in Worte zu fassen.

Eine scharfe Trennung von Exil- und Shoahforschung ist jedoch kaum möglich und – allein schon unter wissenschaftsgeschichtlichen Gesichtspunkten – kaum sinnvoll. Die Mehrzahl derer, die sich in den Jahren nach 1945 der Erforschung der Shoah widmeten, allen voran Raul Hilberg, waren Exilanten und Kinder von Exilanten. Die Wahl ihres Forschungsgegenstandes, wie immer sie sich im Einzelfall gestaltet haben mag, stand unter dem Zeichen, dass die Geschichte der Shoah, mit der sie sich befassten, auch ihnen zugedacht war, viele von ihnen hatten ihre Angehörigen in der Shoah verloren.

Ein Grund dafür, dass in der Exilliteraturforschung die Shoah so wenig Berücksichtigung fand, ist – oder war doch lange Zeit –, dass der Begriff Exilliteratur eng begrenzt war auf Werke, die in den Jahren zwischen 1933 und 1945 verfasst wurden, und zwar von den Exilanten selbst. Zunächst aus dem schlichten Grund der literaturgeschichtlichen Datierung konnte es in nur wenigen Werken einer solcherart zeitlich eingegrenzten Exilliteratur ein Echo auf die Wannseekonferenz und ihre Folgen geben, das bekannteste dürften die frühen Gedichte von Nelly Sachs und Paul Celan sein. In der neueren Forschung wird der Begriff Exilliteratur weiter gefasst. Er umschließt auch später entstandene Werke, die sich mit dem Thema des Exils befassen, und nicht notwendig müssen diese Werke von Exilantinnen und Exilanten geschrieben worden sein.[1]

Und doch lässt sich auch in diesen Werken eine Zurückhaltung gegenüber der Shoah als literarischem Sujet beobachten. Es ist eine Zurückhaltung, die sich aus der Scheu oder auch aus der Weigerung speist, die Shoah als ›Stoff‹ zu verwerten, eine Scheu, die nicht nur die Exilliteratur kennzeichnet. In der sogenannten Adorno-Debatte wurde das Problem einer ›marktgerechten Verwertung‹ der Shoah in Deutschland frühzeitig diskutiert, zum Teil nicht immer mit dem von Adorno vorgegebenen Akzent. Bis heute sind die Überlegungen, die sich mit Adornos Satz – nach Auschwitz ein Gedicht zu schreiben sei barbarisch – verbinden, präsent und wirkmächtig. Aus diesem Zusammenhang heraus ist es auch zu verstehen, dass innerhalb der deutsch-jüdischen Literatur selbst noch die sogenannte zweite und dritte Generation von Autorinnen und Autoren in Paratexten – im Klappentext, in Interviews und anderen Begleittexten – den Nachweis einer unmittelbaren persönlichen Betroffenheit erbringen. Der literarische Markt verlangt diese Legitimierung offenkundig bis heute; mit zunehmendem zeitlichen Abstand wird diese Forderung verblassen.

Die Erzählung von Exilgeschichten bedarf oftmals, wenn auch nicht in demselben Maße, einer persönlichen Legitimierung. In ihrem 2009 erschienenen Roman *Heimsuchung*, der Exil und Shoah eng miteinander verschränkt, erbringt die Autorin Jenny Erpenbeck auf gleich zweifache Weise den Nachweis ihrer persönlichen Betroffenheit. Zum einen gibt sie sich als die Enkelin von Exilanten zu erkennen, die in die DDR zurückkehrten und in den frühen Jahren zu deren Führungselite zählten. Zum anderen legitimiert sie sich über die großmütterliche Linie nicht nur als Erzählerin der *politischen*, sondern auch der *jüdischen* Exil- und Shoah-Geschichte; Letzterer ist ein eigenes, das zentrale Kapitel des Romans gewidmet. Indem Erpenbecks Roman seine Geschichten an einem Erinnerungsort festmacht – an einem Haus an einem der Seen in der Umgebung Berlins –, kann er die scheinbar so unterschiedlichen Geschichten

---

1 Vgl. z. B. Eckart Goebel und Sigrid Weigel (Hg.): »Escape to Life«: German Intellectuals in New York. A Compendium on Exile After 1933. Berlin 2012. In dem Band finden sich etwa auch Aufsätze zu Uwe Johnson und Jacob Taubes, die nicht aus dem nationalsozialistischen Deutschland flohen, deren Werke aber dennoch komplexe und ambivalente Exilerfahrungen thematisieren. Vgl. auch Doerte Bischoff und Susanne Komfort-Hein (Hg.): Literatur und Exil. Neue Perspektiven. Berlin 2013. Vgl. auch Bettina Bannasch und Gerhild Rochus (Hg.): Handbuch der deutschsprachigen Exilliteratur. Von Heinrich Heine bis Herta Müller. Berlin 2013.

eng aufeinander beziehen. In komplexen Spiegelungsverhältnissen werden Shoah und Exil, jüdische ›Schicksalsgemeinschaft‹ und politisches Exil, Flucht aus Deutschland und Flucht nach Deutschland, die Fortschreibung des ›anderen Deutschland‹ in der DDR und die kapitalistische BRD ins Verhältnis gesetzt.

Die Fortschreibung der Geschichte des politischen Exils im Selbstverständnis der DDR als dem ›anderen Deutschland‹, die Erpenbeck in ihrem Roman vornimmt – und die für den Roman eine große Rolle spielt –, ist auch im Blick auf die Frage nach der eingangs skizzierten Trennung von Exil- und Shoahforschung von Bedeutung. Als einer der ersten hat Ernst Loewy[2], und Bezug nehmend auf ihn später noch einmal mit allem Nachdruck Lutz Winckler,[3] auf das ›antifaschistische Paradigma‹ der Exilforschung hingewiesen. Sie haben darauf aufmerksam gemacht, dass die (durchaus wertende) Unterscheidung in politisch motiviertes Exil und jüdische Schicksalsgemeinschaft – die sich schon in frühen Zeugnissen des Exils findet – in der späteren Exilforschung in Ost *wie* West wesentliche Aspekte an den Rand drängte oder vollständig ausklammerte und bis heute vernachlässigt. Zum einen betrifft dies die homogenisierende Annahme von einer jüdischen Schicksalsgemeinschaft; gegen sie haben so unterschiedliche Autoren wie Kurt Tucholsky und Alfred Döblin, aber auch viele andere jüdische Exilantinnen und Exilanten Einspruch erhoben. Zum anderen betrifft dies die Vernachlässigung der Shoah als einer Katastrophe, der vor allem Juden zum Opfer fielen, und damit den Zusammenhang von Exil *und* Shoah im engeren Sinne.

Diesem Zusammenhang widmet sich der vorliegende Band. Er stellt die Frage, welche Konsequenzen das Wissen um die Shoah für die im Exil lebenden Wissenschaftler und Künstler hatte und auf welche Weise sich dieses Wissen in ihren Arbeiten niederschlägt. In dem berühmten Gespräch, das Günter Gaus 1968 mit der Philosophin Hannah Arendt geführt hat, beschreibt diese eindrücklich die grundsätzlich neue Situation, die mit dem Wissen um die Shoah im Exil entstand.

> Das Entscheidende ist der Tag gewesen, an dem wir von Auschwitz erfuhren. [...] Das ist der eigentliche Schock gewesen. Vorher hat man sich gesagt: Nun ja, man hat halt Feinde. Das ist doch ganz natürlich. Warum soll ein Volk keine Feinde haben? Aber dies ist anders gewesen. Das war wirklich, als ob der Abgrund sich öffnet. Weil man die Vorstellung gehabt hat, alles andere hätte irgendwie noch einmal gutgemacht werden können, wie in der Politik ja alles einmal wieder gutgemacht werden kann. Dies nicht. Dies hätte nie geschehen dürfen. Und damit

---

2 Ernst Loewy: Zum Paradigmenwechsel in der Exilliteraturforschung. In: Exilforschung. Ein internationales Jahrbuch 9 (1991), S. 208–217.
3 Lutz Winckler: Mythen der Exilforschung? In: Exilforschung. Ein internationales Jahrbuch 13 (1995), S. 68–81.

meine ich nicht die Zahl der Opfer. Ich meine die Fabrikation der Leichen und so weiter – ich brauche mich darauf ja nicht weiter einzulassen. Dieses hätte nicht geschehen dürfen.[4]

Für den Protagonisten in Oskar Maria Grafs (Nach-)Exilroman *Die Flucht ins Mittelmäßige* (1959) hat das Wissen um die Shoah unmittelbare Konsequenzen für sein Verständnis des Exils. Von nun an ist der Begriff neu zu definieren. Obgleich der Protagonist in dem Roman kein Jude ist, verwendet er für seine Neudefinition des Exilbegriffs den jüdischen Begriff der Diaspora.

»Unsere Emigration fängt doch jetzt erst an, nachdem der Krieg vorüber ist. Bis jetzt war's doch bloß eine Wartezeit! ... Und von jetzt ab wird sie ganz, ganz was anderes.« »So, so, ganz was anderes? ... Was denn, [...]?« »Die Diaspora, meine Herren!«[5]

Die Übernahme des Diaspora-Begriffs durch einen Nicht-Juden wird in diesem Roman nicht als ein Akt der Solidarisierung inszeniert, sondern als eine im Wissen um die Shoah notwendig gewordene, präzisere Bestimmung dessen, was einst – vor der Shoah – noch ›Exil‹ genannt werden konnte.

War für den Protagonisten in Oskar Maria Grafs Roman das Exil *vor* dem Wissen um die Shoah immerhin ein ›Wartesaal‹ gewesen – so wie etwa Bertolt Brecht oder Lion Feuchtwanger ihn verstehen, so wie auch Alexander Granach sich in seinen Briefen immer wieder als einen ›Wartenden‹ bezeichnet –, ist nun, nach der Shoah, die Rückkehr nach Deutschland auch *nach* 1945 unmöglich geworden. Anders als der Autor Oskar Maria Graf, der bis zu seinem Tod in Amerika blieb, kehrt der Protagonist seines Romans am Ende wieder nach Deutschland zurück. Doch ist dies keine glückliche Heimkehr. Vielmehr ist es ein Schritt in eine fremd gewordene Welt, ein Schritt in Einsamkeit und Kälte hinein. Denn die Rückkehr in die einstige Heimat, das ist die Erfahrung die Grafs Protagonist macht, erlaubt nicht zugleich auch die Rückkehr in die Zeit von damals. In seinem Essay »Wieviel Heimat braucht der Mensch?« beschreibt Jean Améry diese Einsicht als eine »triviale Erkenntnis«, als die Einsicht des Exilanten in den Umstand,

dass es keine Rückkehr gibt, weil niemals der Wiedereintritt in einen Raum auch ein Wiedergewinn der verlorenen Zeit ist.[6]

---

4 Hannah Arendt im Gespräch mit Günter Gaus vom 28.10.1968.
5 Oskar Maria Graf: Die Flucht ins Mittelmäßige. In: Ders.: Werke. Bd. 8. Frankfurt a. M. 1985, S. 33 f.
6 Jean Améry: Wieviel Heimat braucht der Mensch? In: Ders.: Jenseits von Schuld und Sühne. Stuttgart Neuaufl. 1977, S. 74–101; hier: S. 75.

Für viele Exilantinnen und Exilanten war eine Rückkehr nach Deutschland nicht möglich, auch wenn keineswegs alle unter ihnen in den neuen Ländern auch neue Wurzeln geschlagen hatten. In ihrem zunächst in englischer Sprache veröffentlichten Roman *Lisas Room* (1961, dt. *Lisas Zimmer* 1965) entwirft die österreichische Autorin Hilde Spiel – die selbst aus dem englischen Exil wieder nach Österreich zurückkehrte – das Szenario einer Gesellschaft von jüdischen Exilanten im New York der Nachkriegszeit. Sie haben eine größere Ähnlichkeit mit den Toten als mit den Lebenden.

> Lisas Gäste waren anders. Es waren mit wenigen Ausnahmen Figuren aus der Ferne und Vergangenheit, Sinnbilder für alles Tote und Überholte, Lemuren auf einem Friedhof, aber dennoch auf makabre Weise eindrucksvoll.[7]

Die Frage nach Exil *und* Shoah stößt oftmals, und nicht nur in der Literatur, auf gebrochene und zerstörte Lebensentwürfe wie diese. Viele autobiografische Aufzeichnungen und Romane führen uns nah an Existenzen heran, die mit den Toten der Shoah im Exil ›gestorben‹ sind.

Die im vorliegenden Band versammelten Beiträge fragen nach den Folgen, die das Wissen um die Shoah und um ihr Ausmaß unter deutschsprachigen Exilanten und Emigranten in ihren literarischen Zeugnissen und wissenschaftlichen Arbeiten erkennen lässt; von wesentlichem Interesse sind dabei auch Zeugnisse, literarische Werke und wissenschaftliche Werke aus der Zeit des sogenannten Nachexils. Aus möglichen (Neu-)Bestimmungen des Exils unter dem Eindruck der Shoah ergaben sich dabei vier größere Fragenkomplexe, mit denen sich die Beiträge befassen: Wird das Wissen um die Shoah und um ihr Ausmaß als eine graduelle Steigerung der – von den meisten Exilanten bereits frühzeitig – als existenziell erkannten Bedrohung empfunden? Oder erhält das Exil dadurch eine prinzipiell neue und andere Qualität?

Welche Folgen eines gewandelten oder prinzipiell neuen Verständnisses von Exil lassen sich in persönlichen und politischen Verhaltensweisen sowie in den Texten von Exilautoren und Exilwissenschaftlern identifizieren?

Welche Funktion wird den Texten angesichts einer Neubestimmung von Shoah und Exil zugewiesen? Welche Konsequenzen hat dies auf der Ebene der Text- und Ideengestaltung?

Wie beeinflussten die Erfahrungen im (amerikanischen) Exil die politischen Einstellungen, die methodologischen Ansätze und die Wahrnehmung der deutschen Geschichte und der deutschen Gesellschaft der im Exil lebenden bzw. emigrierten Historiker und Sozialwissenschaftler?

Die Beiträge des vorliegenden Bandes erörtern diese Themenkomplexe aus unterschiedlichen Perspektiven und im Kontext unterschiedlicher Disziplinen.

---

7 Hilde Spiel: Lisas Zimmer. München 1965, S. 65 f.

Abgesehen von der Frage nach den Auswirkungen der Erfahrung von Exil und Shoah auf individuelle Biografien und Lebensentwürfe, geht es in den Beiträgen dabei immer auch um die Frage nach den künstlerischen, wissenschaftlichen und philosophischen Neuorientierungen, die diese Erfahrungen verlangten und bewirkten. Dazu gehört auch das Nachdenken über grundlegende Fragen der deutschen und europäischen Kultur und Geschichte, des Antisemitismus und der menschlichen Psychologie, zu dem sich, wie Hannah Arendt betonte, viele Exilantinnen und Exilanten unter dem Eindruck des Holocausts gezwungen sahen. Darüber hinaus wird die sich ständig befragende und neu konstituierende Fortschreibung der Erfahrung von Holocaust und Exil in Texten, die bisher nicht eindeutig diesen Bereichen zugeordnet wurden, analysiert und bewertet.

Der hier vorgenommene erste Vorstoß, die Berührungspunkte und Überschneidungen der Forschungsgebiete Exil und Shoah auszuloten, zeigt nicht nur, wie komplex und weitreichend diese beschaffen sind, sondern auch wie prägend das aus Exil und Shoah synthetisierte Wissen für den wissenschaftlichen und künstlerischen Diskurs weit über die Nachkriegszeit hinaus war. Die disziplinäre Vielfalt der Ansätze, Themen und Betrachtungsweisen ist ein wichtiges Anliegen der Herausgeber, die damit hoffen, dass der Band nicht nur zur Überbrückung der Kluft zwischen den beiden Forschungsgebieten beiträgt, sondern auch einen Impuls zum interdisziplinären Austausch in und zwischen beiden Bereichen setzt.

I. Exil als *conditio humana*, das Wissen um die Shoah als Schock

Primus-Heinz Kucher

»When the facts about Auschwitz came through ...«
Der traumatische Einbruch der Shoah in das deutschsprachige Exil in den USA

I. Holocaust und Shoah – Zivilisationsbruch und Neuordnung des Bewusstseins

Kaum eine Gruppe von literarischen Werken hat mit so grundsätzlichen Vorbehalten, mit Irritation und zugleich so konstantem Interesse zu rechnen wie jene, die sich dem »Zivilisationsbruch« Auschwitz (Dan Diner) gestellt haben bzw. immer noch stellen. Der Versuch, in Sprache zu fassen, was sich, so Elie Wiesel, literarischer Gestaltung eigentlich entziehe, traf von Beginn an und trifft gelegentlich noch immer auf z. T. tiefe Skepsis bzw. Einwände.[1]

Hier kann es nicht darum gehen, diese Diskussion mit ihrem inzwischen hoch ausdifferenzierten Argumentationsspektrum – Alvin Rosenfeld verbindet mit ihm eine »Neuordnung des Bewusstseins wie der damit einhergehenden Veränderungen der Grundlagen unserer Existenz«, Daniel Levy und Natan Sznaider sehen im Erinnern an den Holocaust eine mögliche »Grundstruktur kosmopolitischer Gedächtnisformen«, Imre Kertész spricht vom »universalen Gleichnis, das das Zeichen der Unvergänglichkeit« in und mit sich trage – nochmals aufzurollen; sie kann aber auch nicht völlig ausgeblendet werden.[2]

Im Folgenden wird der Frage nachgegangen, wie das aus Europa in das US-amerikanische Exil einsickernde Wissen um die planmäßig durchgeführten Massenermordungen unter Exilantinnen und Exilanten, insbesondere den literarisch und (literatur)kritisch tätigen, aufgenommen, über welche Kanäle es verbreitet und in welcher Weise es verarbeitet wurde. Hierbei ist daran zu erinnern, dass bereits seit der Konfrontation mit den ersten Konzentrationslagern Dachau und Buchenwald der Massenmord als Bedrohungsoption im Raum

---

1 Vgl. Alvin Rosenfeld: Die Problematik der Holocaust-Literatur. In: Ders.: Ein Mund voll Schweigen. Literarische Reaktionen auf den Holocaust. Göttingen 2000, S. 22 f.; dazu auch Dieter Lamping (Hg.): Dein aschenes Haar Sulamith. Dichtung über den Holocaust. München 1993 (2. Aufl.), Nachwort, S. 271 f.
2 Rosenfeld: Die Problematik der Holocaust-Literatur (s. Anm. 1), S. 20; Daniel Levy und Natan Sznaider: Erinnerung im globalen Zeitalter: Der Holocaust. Frankfurt a. M. 2001, S. 10; Imre Kertész: Die Unvergänglichkeit der Lager (1990). In: Ders.: Die exilierte Sprache. Essays und Reden. Mit einem Vorwort von Peter Nádas. Aus dem Ungarischen von Kristin Schwamm u. a. Frankfurt a. M. 2003, S. 42–52; hier: S. 45. Ferner auch der eindringliche Essay von George Steiner: Postscriptum. In: Ders.: Sprache und Schweigen. Essays über Sprache, Literatur und das Unmenschliche. Deutsch von Axel Kaun. Frankfurt a. M. 2014, S. 188–208.

stand und in frühen, meist noch von widerständigem Geist und utopischer Zuversicht getragenen Gedicht- bzw. Liedkompositionen bereits Ausdruck gefunden hat[3]. Mit zu bedenken sind dabei auch die Gratwanderungen zwischen historischer Rekonstruktion und literarischer Fiktionalisierung, um – so James E. Young mit Bezugnahme auf Yosef H. Yerushalmi und Yehuda Bauer – die Parallelität und Interdependenz von historischer Faktizität, literarischer Zeugenschaft und Interpretation literarischer Zeugnisse in ihrer oft wechselseitigen Referenz nicht aus den Augen zu verlieren und sie angemessen wahrzunehmen und zu reflektieren.[4] In diesem Zusammenhang ist auch die von Yerushalmi in seinem Vortrag »Exil und Vertreibung in der jüdischen Geschichte« (1992) in Erinnerung gerufene existenzielle Grunderfahrung des Exils/Galut und der Vertreibung/Gerush als wesentliche Konstituente des jüdischen Selbstverständnisses schlechthin in Rechnung zu stellen. Als Erfahrung, die »seit frühesten Zeiten das Schrifttum des jüdischen Denkens und die Strukturen des jüdischen Lebens durchzieht«[5], figuriere sie als potenzielle Vorwegnahme auch des Holocausts. Sie musste folglich Eingang in das Schreiben über Deportation und Vernichtung finden, die Erinnerung an die Verbrechen gegen den Schrecken des Verschweigens und Vergessens hochhalten. Schließlich hat in diesem Kontext auch die Frage der Sprache(n) ihre Relevanz, d.h. die Frage, wie SchriftstellerInnen im Exil das zunächst unzuverlässige Wissen um den Massenmord aufgegriffen und in Worte bzw. in literarische Form transferiert haben. Die aus Wien stammende Mimi Grossberg (geborene Buchwald) hat hierzu in ihrem 1942 datierten, vermutlich jedoch später niedergeschriebenen Gedicht »When the facts about Auschwitz came through ...« die unmittelbare und schockierende Erfahrung der Traumatisierung ebenso thematisiert wie die Notwendigkeit, diese direkt zur Sprache zu bringen.

II. Der *Aufbau* als Informationsquelle für Nachrichten über den Massenmord

Blättert man wichtige Exilzeitschriften (*Aufbau*, *Austro American Tribune* oder den Londoner *Zeitspiegel*) durch und konzentriert sich dabei auf Nachrichten über die Vernichtungspolitik der Nazis, kann man mehrere bemerkenswerte Beobachtungen machen. Zwei sollen gleich eingangs herausgehoben werden:

---

3 Man denke hier nur z.B. an das »Lied der Moorsoldaten« (1933), an das »Buchenwaldlied« (1938) von Fritz Beda-Loehner sowie an das »Dachaulied« von Jura Soyfer (1938).
4 Vgl. James E. Young: Beschreiben des Holocaust. Darstellung und Folgen der Interpretation. Aus dem Amerikanischen von Christa Schuenke. Frankfurt a.M. 1997, S. 22f.
5 Yosef H. Yerushalmi: Exil und Vertreibung in der jüdischen Geschichte. In: Ders.: Ein Feld in Anatot. Versuche über jüdische Geschichte. Aus dem Amerikanischen von W. Heuss und B. Röhm. Berlin 1993, S. 21–38; hier: S. 22.

Zum einen legt die Berichterstattung nahe, dass bereits wenige Monate nach Inbetriebnahme der großen Konzentrationslager, d. h. offenbar schon in der zweiten Jahreshälfte 1942, ein beachtlicher Wissensstand über die »systematischen Deportationen aller deutschen Juden nach dem Osten«, welche sich, »wie aus einer Stockholmer Meldung hervorgeht, dem Abschluß nähern« sollen, gegeben war. Mit diesem klaren Quellenbezug (Stockholm) stand diese Nachricht bereits am 11. September 1942 im New Yorker *Aufbau* in unmittelbarer Nähe zu Berichten über Razzien an der Riviera und der aktiven Kollaboration Lavalls (»als Handlanger Hitlers«). Dieses Wissen wurde untermauert durch acht veröffentlichte Deportationslisten aus Gurs, beginnend mit 6. November 1942, und ergänzt ab 20. November 1942 bis 5. März 1943 um zwölf zusätzliche aus Rivesaltes.[6] In der Folge ist es in ein von maßgeblichen jüdischen Organisationen mitgetragenes, dem State Department vorgelegtes und von diesem bestätigtes Memorandum eingeflossen.[7] Präsident Roosevelt gab daraufhin im Dezember 1942 öffentlich das Versprechen ab, dass die Schuldigen nicht entkommen würden. Ersten Verhandlungen in London zwischen Vertretern der amerikanischen, britischen und sowjetischen Regierung wurde damit der Weg bereitet.[8] Am 25. Dezember 1942 folgte bereits eine Erklärung der *United Nations*, die in zehn Sprachen die Verbrechen am jüdischen Volk über 29 Radiostationen weltweit publik machte – für den *Aufbau* »Ein Dokument, das Geschichte macht«. In ihm wird Polen als »principal Nazi slaughterhouse« mit einer schon präzisen Beschreibung der angelaufenen Vernichtungspraxis angeführt:

> The able bodies are slowly worked to death in labor camps. The infirm are left to die of exposure and starvation or rare deliberately massacred in mass executions. The number of victims of these bloody cruelties is reckoned in many hundred of thousands of entirely innocent men, women and children.[9]

---

6 Vgl. Aufbau 37, 11.9.1942, S. 3: Lavall als Handlanger Hitlers; ferner: Aufbau 45, 6.11.1942, S. 14: Erste Liste der aus Gurs Deportierten; Aufbau 51, 18.12.1942, S. 1: Ich habe es gesehen. Erster Bericht von den Deportationstagen in Gurs. Aus dem Tagebuch eines französischen Geistlichen. In den Februarnummern 1943 kamen vier Wiener Jüdische Totenlisten samt einem Nachtrag hinzu, die mit über eintausend Namen die hohe Zahl der am Wiener Zentralfriedhof allein zwischen Mitte Juni und Anfang September 1942 beigesetzten Juden und Jüdinnen kenntlich machten.

7 Aufbau 50, 11.12.1942, S. 1; das rund 20-seitige Memorandum wurde von Rabbi Stephen Wise (Präsident des American Jewish Congress), Rabbi Maurice Wertheim (Präsident des American Jewish Committee), Adolph Held (Präsident des American Jewish Labor Committee) und anderen ranghohen Persönlichkeiten unterzeichnet.

8 Aufbau 50 (s. Anm. 7), S. 1: Präsident Roosevelt verspricht: Kein Schuldiger wird entkommen (Leitartikel).

9 Aufbau 52, 25.12.1942, S. 1: Ein Dokument, das Geschichte macht. ›United Nations‹ an das jüdische Volk. Unter *United Nations* werden hier neben den Regierungen der USA, der Sowjetunion und Großbritanniens die Exilregierungen bzw. nationalen Befreiungskomitees von Belgien, Frankreich, Griechenland, Luxemburg, Niederlande, Norwegen, Polen, Tschechoslowakei

In einem weiteren als Appell formulierten Beitrag unter dem Titel »Die United Nations müssen handeln« wird diese Anklage Ende Januar 1943 wiederholt und mit der semantisch unmissverständlichen Konturierung der »am jüdischen Volk in Europa begangenen Massenmassaker« versehen. Für sie müssten die Nazis »zur strengen Rechenschaft« gezogen werden.[10] Und im März 1943 gelangte die Annahme einer Resolution im US-Kongress über die nötige Bestrafung der Verantwortlichen der deutschen Kriegsverbrechen, »besonders des Massenmordes an jüdischen Männern, Frauen und Kindern« unter dem plakativen Titel »Verurteilt!« auf eine Titelseite.[11] Von Massakern und Massenmord zu sprechen, setzt ein entsprechend abgesichertes Wissen von Verbrechen und ihrer Intentionalität voraus. Durch wiederholte Berichte und erste literarische Zeugnisse bzw. Tagebücher, z. B. Heinrich Manns *Lidice* (1943) oder Miriam (Mary) Bergs *Warschauer Ghetto*-Tagebuch (1939–43), entstand schrittweise ein sprachlich-semantisches Bezugsfeld, das für die späteren Leit-Vokabeln *Holocaust* und *Shoah* gleichsam das Terrain aufbereitet. Es bildete sich eine semantische Kodierung zuerst des NS-Terrors heraus, dann des Massenmordes. Sie wird schon 1942 in den um Verständnis ringenden Aufzeichnungen von Chaim A. Kaplan fassbar[12], bestätigte und verstärkte sich im Lauf des Jahres 1943 durch ständig neu hinzukommende Informationen, um ab Mitte 1944 zum Alltag der Berichterstattung in einschlägig interessierten publizistischen Exilplattformen zu werden. Frappierend ist dabei die zeitliche Koinzidenz: Kaplan notiert in seinem Tagebuch, dessen Existenz nur wenigen Freunden bekannt war und dessen letzte Eintragung mit 4. August 1942 datiert ist, luzide den zunehmenden Terror im Ghetto, die Ermordungen, Vertreibungen und die herannahende Vernichtung. Mit zunehmender Verlässlichkeit und Präzision wid-

---

und Jugoslawien verstanden. In einem redaktionellen Kommentar (vermutlich von Manfred George) wird festgehalten: »Das Gewissen der Welt ist nicht nur erwacht, sondern es hat klar und deutlich gesprochen und angeklagt […] dass kein Friede auf der Welt sein soll, bis nicht die Untaten bestraft und gesühnt sind, die am jüdischen Volk verübt worden sind« (S. 1).

10 Aufbau 4, 23.1.1943, S. 2: Die United Nations müssen handeln.

11 Aufbau 11, 12.3.1943, S. 1. In derselben Ausgabe findet sich auch ein bedrückender wie präziser Bericht über die Ermordung von rund 60.000 Menschen im galizischen Kolomya mit genauen Datierungen (17.10.1941–7.9.1942), auf S. 17: Die Hölle von Kolomya.

12 Vgl. Scroll of Agony. The Warsaw Diary of Chaim A. Kaplan. Translated and edited by Abraham I. Katsch. London 1966, S. 251: »In the last few days the terror, cruelty, and savagery towards the Jews have reached a climax. There is simply no air to breathe« (14.5.1942) oder S. 253, A. Rosenbergs Vernichtungsvision kommentierend: »The Jews are awaiting the end of the war; but the Jews will not live to see it […] Vilna, Kovno, Lublin, Slonim, and Novogrudok have proved that the Nazi may be relied upon to keep his word …« bzw. S. 264: »We have pondered the destruction of Lublin …« (31.5.1942); ferner S. 314: »Jewish Warsaw is in its death throes. A whole community is going to its death!« (2.8.1942). Kaplans Tagebuch wird von G. Steiner als eines der wichtigsten und beeindruckendsten Zeugnisse über den Alltag der Gewalt angesehen, als Stimme, die »über die Asche und das Vergessen geblieben« ist. Vgl. G. Steiner: Postscriptum (s. Anm. 2), S. 198.

met auch der *Aufbau* seit September 1942 dieser Entwicklung Aufmerksamkeit, d. h. lange bevor Kaplans Zeugenschaft einem breiteren Lesepublikum durch die englische Ausgabe überhaupt erst zugänglich wird und knapp ein Jahr bevor die Zeitschrift Auszüge aus dem noch unveröffentlichten, ursprünglich auf Polnisch abgefassten Warschau-Tagebuch von Miriam Berg in deutscher Sprache abzudrucken beginnt.[13] Eine solche Koinzidenz sowie die Dichte gut dokumentierter Berichte einschließlich der präsentierten Opferzahlen ab 1943 legen den Schluss nahe, dass der *Aufbau* und die ihm nahestehenden jüdischen Organisationen über ein ausgezeichnetes Netz von Informationsquellen verfügten. Seit dem Einsetzen von Massendeportationen und Massenermordungen im Herbst 1942 prangerten sie diese auch öffentlich an. Die Leserschaft dieser Zeitschrift, die bekanntlich aufgrund ihrer Auflage und des zeitgenössischen Leseverhaltens einen beträchtlichen Teil des deutschsprachigen Exils in den USA erreichte, wurde somit sehr früh mit dem Holocaust konfrontiert. Insbesondere darf dies für die am *Aufbau* in verschiedener Weise mitwirkenden Schriftsteller oder Kritiker angenommen werden, die z. T. darüber hinaus noch über eigene Informationskanäle via neutrale Exilländer wie Schweden oder die Schweiz bis Mitte/Ende 1942 verfügten.[14]

Der mitunter pragmatisch wirkende Umgang mit dem einsickernden Wissen mag im Rückblick Staunen, wenn nicht gar Irritation erwecken, handelt es sich ja um ein Wissen, das seit Ende 1942/Anfang 1943 den traumatischen zivilisatorischen Bruch bezeugt, referiert und anklagt.[15] Dieser Anschein von Distanz ist möglicherweise darauf zurückzuführen, dass bei aller Schärfe und emotionaler Mobilisierung die Berichte vom Massenmord letztlich eingebettet blieben in die doch prioritären Aspekte der Kriegslage und damit zusammenhängenden Debatten über künftige Lebensräume für die gefährdete bzw. noch zu rettende europäische jüdische Bevölkerung. Beispielhaft dafür ist der Leitartikel »Jetzt oder Nie! Sofort-Programm zur Rettung von fünf Millionen jüdi-

---

13 Vgl. The Diary of Mary Berg. Growing up in the Warsaw Ghetto. Ed. by S. L. Shneiderman (ED 1945; London 2007). Der *Aufbau* begann mit dem deutschsprachigen Abdruck dieses von Mary Graf übersetzten Tagebuchs (bearbeitet von S. L. Schneiderman) in Nr. 38, 22.9.1944 und brachte in 15 Folgen bis Nr. 3, 19.1.1945 den Großteil des Textes, wobei einige Stellen eingekürzt wurden. Zu Berg, eigentlich Wattenberg vgl. die Arbeit von Susan Lee Pentlin: Mary Berg's Warsaw Ghetto. A Diary. Central Missouri State Univ. 1991, bes. S. 3: http://iearn.org.il/poland/Warsaw%20Ghetto%20Diary.pdf; zu Kaplan vgl. Joshua D. Zimmermann: http://cw.routledge.com/ref/holocaustlit/chaimkaplan.pdf [abgerufen: 2.10.2015].
14 Diese Informationskanäle bestätigte Manfred George in seinem Beitrag zur Zehnjahres-Jubiläumsausgabe Nr. 51, 22.12.1944, S. 17: Warum wir den *Aufbau* machen. In ihm verwies er auf Hunderte von Korrespondenten und freiwilligen Mitarbeitern sowie auf Flüchtlinge in bzw. aus vielen Ländern, welche entscheidend zur guten Informationslage beitragen würden.
15 Der Grad der öffentlichen Mobilisierung ist dabei nicht zu unterschätzen, wie die großen Demonstrationen im Madison Square Garden vom 1.3. sowie vom 9.3.1943 bezeugen; auch ist an jene vom 31.7.1944 in New York zu erinnern, welche der *Aufbau* unter dem Titel *Gegen Gaskammern und Kindermord* kommentiert, vgl. dazu Aufbau 31, 4.8.1944, S. 3.

schen Menschen« im Zusammenhang mit den Massenversammlungen vom März 1943[16] sowie zahllose weitere Beiträge über Exil- und Immigrationsoptionen. Gerade Letzteren hatte sich der *Aufbau* wie auch andere Exilzeitschriften (*Austro American Tribune* z. B.) ja explizit verschrieben.[17] Inwieweit Schriftsteller und Schriftstellerinnen dieses Wissen tatsächlich erreicht hat und inwieweit es von ihnen bewusst aufgenommen wurde, ist allerdings nur in wenigen Fällen genauer dokumentiert. Immerhin erschien ab März 1943 regelmäßig eine Rubrik unter dem Titel *Nachforschungen nach Deportierten*.

Weitere Motive für den pragmatisch wirkenden Umgang lagen vermutlich in der Zusammensetzung der Redaktion dieser (und anderer) Zeitschriften. Vorwiegend aus deutsch- bzw. US-akkulturierten, vertriebenen und z. T. bereits integrierten jüdischen Intellektuellen tendenziell säkularer Ausrichtung bestehend, die in der Regel bald nach 1933 bzw. 1938–39 in die USA gekommen waren, forcierte sie nicht nur die Immigrationsoption, sondern auch die aktive Teilnahme am Krieg gegen Nazi-Deutschland. Sichtbaren Ausdruck fand diese säkulare und politisch wachsame Einstellung in der mit dem Eintreffen der ersten Deportations- und Verbrechensnachrichten nahezu parallel gehenden Herausstellung des Narrativs des jüdischen Widerstandskampfes. Indizien dafür sind Schlagzeilen wie »Jüdische Helden in Stalingrad« (Oktober 1942), »Meyer Levin. Amerikaner – Jude – Kämpfer« (Februar 1943), »Unsichtbare Sendboten. Die Organisation des jüdischen Untergrundkampfes in Europa« (Oktober 1943), »1,5 Millionen Juden kämpfen mit« (Januar 1944)[18], ferner die ab Herbst 1942 einsetzenden Rezitationsabende unter dem Titel »We fight back«[19], Rubriken wie »Our Boys in the Army«, die sich durch besonderen Einsatz auszeichneten oder sich im Einsatz gefallenen jüdischen Soldaten auf den verschiedenen Kriegsschauplätzen widmeten, der Abdruck lyrischer Kampfgesänge wie z. B. des »Battle Song for a Jewish Bombardier« von Lawrence Lipton[20] oder die Ankündigung einer Aufführung des Agitations-Sprechchors »We Will Never Die« von Ben Hecht im Zuge der Märzversammlungen 1943 im Madison Square Garden, der einerseits dem Gedenken der »two million slaughtered European Jews« gewidmet war, andererseits unter dem Ehrenschutz des *Committee for a Jewish Army of Stateless and Palestinean Jews* stand.[21]

---

16 Aufbau 10, 5.3.1943, S. 1.
17 Vgl. z. B. das Statement of Policy in Nr. 7, 12.2.1943, S. 4: »This paper is to serve the interests of all immigrants from Central Europe and their merging into the life and society of American democracy […]. We are firmly faced towards our American future …«
18 Aufbau 41, 9.10.1942, S. 1; 9, 26.2.1943, S. 1 f., 40, 1.10.1943, S. 1–3 und 2, 14.1.1944, S. 1 f.
19 Bereits Ende Januar 1943 verzeichnete der Aufbau 5, 29.1.1943, S. 12 den 16. dieser von Axel Gruenberg verantworteten Abende.
20 Aufbau 8, 19.2.1943, S. 16.
21 Aufbau 10, 5.3.1943, S. 1 und S. 4. Dieses Werk traf aufgrund der Einarbeitung religiöser Riten in einzelne Kampfszenen auf kontroverse Einschätzung in der Kritik, die Manfred George in

In diesem Zusammenhang ist auch an die bemerkenswerten Beiträge von Hannah Arendt über das Thema der Aufstellung einer Jüdischen Armee bzw. Brigade zu erinnern, ein Vorstoß, der dem Bestreben vieler Emigranten nach Anerkennung in den USA parallel ging, aber auch als Signal gegen latenten Antisemitismus verstanden werden kann.

In diesen Beiträgen repliziert Arendt geradezu harsch auf die im Grunde abwehrende Haltung zu eigenständigen jüdischen Kampfverbänden durch Chaim Weizmann auf der Biltmore-Konferenz des Zionistischen Weltkongresses im Mai 1942. Mit Verweis auf das katastrophale Realpolitik-Paradigma Chamberlains verurteilt Arendt die fatale und einengende Festlegung jüdischer Repräsentanten auf statistische Spekulationen. Diese hätten, so Arendt, das durchaus realistische Mobilisierungspotenzial von 100.000 Mann als »astronomisch« abgetan und würden somit übersehen, welchen Beitrag eine solche Armee leisten könnte, nämlich »wenigstens versuchen, das Gesetz der Ausrottung und das Gesetz der Flucht durch das Gesetz des Kampfes zu ersetzen«.[22] In einem anderen Beitrag, und zwar in der um Verstehen und Begründungen ringenden Punktation »Die wahren Gründe für Theresienstadt« vom 3. September 1943, analysiert Arendt die propagandistische Präsentation dieses Lagers und erinnert daran, »den Zusammenhang zwischen den Judenverfolgungen und dem Herrschaftsapparat der Nazis« nicht aus den Augen zu verlieren.[23] Dies ist deshalb auch bemerkenswert, weil in derselben Nummer der *Aufbau* eine statistisch beeindruckende wie bedrückende Übersicht der Opferzahlen präsentiert, die durch das *Institute of Jewish Affairs* des *American Jewish Congress* zusammengetragen wurden. Aus diesen wird zwischen 1939 und 1943 ein »Verlust« an jüdischer Bevölkerung von 5.021 Millionen Menschen fassbar, wovon mindestens 2 Millionen als Opfer von Deportation und »organized murder« angegeben werden.[24]

Schließlich ist an Hannah Arendts flammenden Gedenkartikel anlässlich des ersten Jahrestages des Aufstandes im Warschauer Ghetto unter dem Titel »Für Ehre und Ruhm des jüdischen Volkes« zu erinnern, wie auch an Artikel wie z. B. »Von der Armee zur Brigade« vom Oktober 1944.[25] Mit Bezugnahme auf verschiedene Partisanenaktionen, in denen die europäischen Juden »so furchtbar verblutet« waren und der Aufstellung der Jüdischen Brigade im Rahmen der britischen Armee, stellt Arendt die vielleicht zu optimistische, aber ihren Über-

---

einem Grundsatzbeitrag unter dem Titel »Erlaubt oder unerlaubt?« zusammengefasst hat mit der Schlussfolgerung, dass solche »machtvolle[n] Spiele« künftig »weiter ausgebaut werden« sollten. In: Aufbau 12, 19.3.1943, S. 3. Zur Verwirklichung dieser Aufführung trugen ferner Ernst Lubitsch und Kurt Weill, der die Vertonung übernahm, bei.
22 Aufbau 21, 22.5.1942, S. 20.
23 Aufbau 36, 3.9.1943, S. 21.
24 Aufbau 36 (s. Anm. 23), S. 8: Das grosse Verbrechen.
25 Aufbau 16, 21.4.1944, S. 1–2 bzw. S. 40, 6.10.1944, S. 15–16.

legungen seit 1941–42 konsequent folgende These auf, eine von den Verbündeten ausreichend unterstützte jüdische Armee »hätte die ›Verschwörung des Schweigens‹, welche jahrelang die Ausrottung der Juden begleitete, verhindert« und der »Anerkennung einer jüdischen Nationalität aufgrund der jüdischen Brigade« den Boden bereitet.[26]

III. Topografien des Verbrechens und deren Semantik: von Lidice zu Majdanek, vom singulären Fall zu unfassbaren Welten

Wurde zunächst Warschau mit der Idee möglichen Widerstands bzw. einer Hoffnung auf Selbstbehauptung assoziiert, so bildete Lidice – in der ästhetisch kühnen, politisch aufrechten wie umstrittenen Aufarbeitung durch Heinrich Mann[27] – eine der ersten literarisch-politischen Leitvokabeln für den NS-Terror an Unschuldigen. Die Besprechungen im *Aufbau*, in der *Austro American Tribune* und in Exiltagebüchern bezeugen dies. Bis etwa Mitte 1944 wird Lidice immer wieder aufgerufen, wenn von NS-Gräueltaten, auch vom Massenmord, die Rede ist. »Ein jüdisches Lidice« ist z. B. ein Bericht über die Vernichtung des Dorfes Liady bei Vitebsk, der Landschaft Chagalls, im März 1944 überschrieben. Der Berichterstatter spricht von Leichenbergen und davon, dass das, »was ich dort gesehen habe, [] alle Begriffe [übersteigt]«.[28] Der Aufstand von Warschau firmierte dagegen trotz seines dramatischen Ausgangs – zumindest vorübergehend – als ein Signal der Hoffnung jüdischer Selbstorganisation gegen den Terror schlechthin.

Auch die *Austro American Tribune* (AAT) brachte in ihrer ersten Nummer im Juli 1943 einen Artikel von Leo Katz »Der Aufstand des Warschauer Ghetto«, der, so der Untertitel ausdrücklich, »den jüdischen Kämpfern von Warschau« gewidmet war.[29] Insofern bildete das Schreiben über bzw. das textliche Erinnern an Warschau ein wichtiges Signal der Zusprache, das freilich, wie Jean Améry später dargelegt hat, die ihrer Würde beraubten und zutiefst gebroche-

---

26 Aufbau 16 (s. Anm. 25), S. 15 bzw. S. 16. Vgl. dazu die Ausgabe mit ihren *Aufbau*-Artikeln: Hannah Arendt: Vor Antisemitismus ist man nur noch auf dem Monde sicher. München 2000, dazu auch das Nachwort von Marie Luise Knott betr. Arendts Position im Kontext der zeitgenössischen jüdisch-zionistischen Diskussionen.
27 Vgl. dazu, v. a. zur Problematik von Satire und Widerstand: Stefan Braese: Das teure Experiment. Satire und NS-Faschismus. Opladen 1996, bes. S. 208 f.; dazu auch die Dissertationsschrift von Carina de Jong: Geschichten der Geschichtslosigkeit. Zur diskontinuierlichen Geschichtsauffassung in den historischen Romanen Hermann Kestens. München 2009, bes. das Kapitel, das die Geschichts- und Zeitromane Kestens mit jenen Heinrich Manns vergleicht, S. 184–205.
28 Aufbau 12, 24.3.1944, S. 17.
29 Austro American Tribune (AAT) 1 (July 1943), S. 3.

nen Opfer in den Vernichtungslagern wie Auschwitz nicht mehr erreichen konnte.[30]

Die Befreiung des ersten großen Konzentrations- und Vernichtungslagers Majdanek/Lublin Ende Juli 1944 führte schließlich dazu, Lidice künftig nicht mehr als *die* Chiffre der Vernichtung anzuführen, sondern schlicht als einen der vielen Orte des Verbrechens. Die Berichterstattung darüber begründete wesentlich die künftige Semantik des Massenmordes mit, und zwar in der Chiffre des »Unfassbaren«: »Welten, die wir nicht fassen« – so lautete der Titel des ersten Kommentars zu Majdanek im September 1944.[31]

Die Information über die Verbrechen konnte also seit Anfang/Mitte 1943 als weitgehend zuverlässig gelten. Die maßgeblichen exilpublizistischen Organe, allen voran der *Aufbau*, thematisierten und dokumentierten unmissverständlich und mit sehr realen Opferzahlen den Massenmord und seine zynisch-brutale Umsetzung. Dieses Wissen wurde bereits seit Ende 1941 durch vertrauliche Berichte und Untersuchungen gestützt und fand 1943 in offizielle Memoranden und öffentliche Kundgebungen Eingang; es wurde in der zeitgenössischen publizistischen US-Öffentlichkeit auch nicht grundlegend infrage gestellt, hatte jedoch keine vergleichbare Priorität. Maßgebliche Zeitungen wie die *New York Times* begegneten ihm trotz britischer Schlagzeilen wie z. B. in der *London Times* vom 29. Juni 1942 – »Massacre of Jews – Over 1,000,000 dead since the War began« – mit Skepsis und ambivalentem Balancedenken, und dies mitunter noch nach der Befreiung der ersten Konzentrationslager.[32]

Wenn zuvor erwähnt wurde, diese Information hätte die Protagonisten des literarischen Exils nicht im zu erwartenden Ausmaß erreicht oder interessiert, so ist dies zugleich wieder zu relativieren. Denn bereits seit 1940–41 entstanden Texte, die auf die Lager und die Vernichtungsrealität Bezug nahmen, z.T. aus verbürgten Erfahrungen heraus, z.T. noch zurückhaltend und andeutend. Einzelne dieser Texte fanden über den *Aufbau* auch Zugang zu breiteren Leserkreisen wie z. B. Ernst Waldingers frühes Gedicht über die NS-Gewalt 1939 in Lublin, die er über einen Babylon-Verweis mit der langen Tradition erlittener Vertreibung verknüpft, oder Berthold Viertels Gedicht »Zuhause« unmittelbar

---

30 Vgl. Jean Améry: An den Grenzen des Geistes. In: Ders.: Jenseits von Schuld und Sühne. Bewältigungsversuche eines Überwältigten. Stuttgart 1977, S. 18–45, bes. S. 37 f.
31 Aufbau 36, 8.9.1944, S. 1–2.
32 Vgl. dazu Deborah Lipstadt: Beyond Belief. The American Press and the Coming of the Holocaust 1933–1945. New York 1986, bes. Kap. 8, S. 162–176 mit Verweisen auf Berichte in der Los Angeles Times, New York Herald Tribune, CBS u. a. m.; dazu auch die erläuternde Besprechung durch Henry L. Feingold in der *Los Angeles Times* vom 17.8.1986, abrufbar unter: http://articles.latimes.com/1986-08-17/books/bk-16467_1_free-press [abgerufen: 30.5. 2016]; zur problematischen Rolle der *New York Times* vgl. v. a. Laurel Leff: Buried by Times. The Holocaust and America's Most Important Newspaper. Cambridge Univ. Press 2005, bes. die *Conclusion* S. 330 ff.: »The Horrible Story Was Not Told«.

nach dem Abdruck der ersten Wiener Jüdischen Totenliste.³³ Doch oft verhallten sie unverdient in der gewaltigen Flut von bedrückenden Nachrichten, im Kontext *prominenterer* Stimmen, oder sie waren dem Unfassbaren sprachlich schlicht (noch) nicht gewachsen.

Ein Beispiel für unverdientes Verhallen war gewiss Alfred Momberts letzter großer lyrischer Zyklus *Sfaira, der Alte*, dessen zweiter Teil kurz nach seinem Tod 1942 nach vorangegangener Verschleppung und Inhaftierung im Lager Gurs (Oktober 1940–April 1941) von seinem Freund Hans Reinhardt in der Schweiz herausgegeben wurde. Der gerade noch im letzten Moment, 1940, in die USA emigrierte Jacob Picard besprach ihn im März 1943 im *Aufbau*. Er strich dabei zwei Aspekte besonders heraus: zum einen die tiefe Verwurzelung Momberts in einer Tradition hymnisch-ekstatischen Gestaltens, das Picard als »reine Lyrik« neben Stefan George und R. M. Rilke platzierte, zum anderen ein Sprechen, das sich jahrelang dem »Geschehen der Zeit« verweigert hätte. Erst unter der Ausnahmeerfahrung der jüdischen Tragödie habe Mombert den schmerzhaften Abschied von Deutschland als »Einbruch der Wirklichkeit« in eine Sprache zu fassen versucht, in der die sein Werk kennzeichnende Fülle des Klanges und die Schönheit der Bilder verloren gehe. Sie komme, so Picard, unter die Räder einer erschreckenden Barackenmonotonie, die sich ihm nur noch als »Zelte der Finsternis« erschließe. Zu Recht unterstreicht Picard den Umstand, dass »es [...] das erste Werk hoher Dichtung in deutscher Sprache [ist], das uns aus dem Dunkel und dem Grauen des Konzentrationslager erreicht«.³⁴ Momberts *Sfaira*, eine aus dem u. a. von Martin Buber hochgeschätzten Drama *Aeon vor Syrakus* (1911) entnommene Gestalt, verweist dabei auf kosmisch-mythische Gegenwelten, auf einen Raum jenseits der Geschichte. Sprachlich hochverdichtete Kompositionen schmerzerfüllten Abschiednehmens kennzeichnen diesen als Vermächtnis konzipierten Zyklus, dessen erster Teil, datiert mit 1936, die Nacht, »die malmende Finsternis« flehend und beschwörend in gewaltige und suggestive Bilder brennt.³⁵ Über sie lässt sich im zweiten Teil (1942) nur mehr in wehmütiger Erinnerung, als »Toten-Welt«, als »Nacht-Asche« stammelnd trauern und Zuflucht zu einem jener Finsternis entrückten Sphären-Kosmos suchen.³⁶ Wir haben also ein Werk vor uns, das zu-

---

33 Aufbau 23, 8.12.1939, S. 7, abrufbar unter: http://archive.org/stream/aufbau5619391940germ#page/n10/mode/1up [abgerufen: 30.1.2016] bzw. Aufbau 6, 5.2.1943, S. 12. Das Gedicht spricht sich u. a. in seinen Schlussversen für ein unauslöschliches Heimatrecht der verstorbenen jüdischen Angehörigen aus: »... Ihr, jüdisch bis ins zehnte Geschlecht,/euch können sie nicht bestehlen und vertreiben.«
34 Jacob Picard: Momberts letztes Werk. In: Aufbau 13, 26.3.1943, S. 7; Der Gedichttitel »In den Traum – Einbruch der Wirklichkeit –?« ist zit. nach: Albert Mombert: Sfaira der Alte. Mythos. Heidelberg, Darmstadt 1958, S. 249 und bildet den Auftakt zum Zyklus »In der Finsternis«.
35 Mombert: Sfaira (s. Anm. 34), S. 144 (Selige Fahrt).
36 Mombert: Sfaira (s. Anm. 34), S. 249 bzw. S. 258.

gleich die Kontinuität hochrhythmischen Sprechens, eine eigenwillige Verschränkung von Hölderlin nachempfundenen Hymnen – man denke nur an das mehrteilige Gedicht »An der Orgel«[37] – und expressionistischen Erlösungsutopien zunehmend aufsprengt und sich durch Versverknappungen, durch ein ins Stocken verfallendes Sprechen mitunter brüsk gegen den sphärisch-kosmischen, weltentrückten Bilderfluss wendet. So z. B. in den letzten beiden Strophen des vierten der elf mit »Baracken-Winter-Finsternis« betitelten Gedichte:

> Chaos-Kot – dem Morast des Todes
> entkrochener eitriger Drachen –
> wälztest heran an meinen kastalischen Quell –
> vor der erglühten Götter-Burg
> jauchst du um meinen Garten der Hesperiden –
> – Die Geißel dir! – dir Fraß! – und dann Feuer! –
>
> Nacht-Asche auf meinen Lippen –
> bitter – bitter –
> aber Triumph im Geist.[38]

Picard zitiert auch eine Verszeile, die später Jean Améry leicht modifiziert für seinen Heimat-Exil-Essay verwenden wird und die auf diese Weise Eingang in die Auseinandersetzung mit Verlust, Vertreibung und Shoah findet: »… Das fliehende Wahnbild der Heimat *floss von mir ab wie großer Regen/*– es ruhte mein Herz in ewiger Heimat.«[39] Das Beispiel Mombert zeigt somit an, wie unter dem Eindruck von Gewalt und Exil, von physischer Verschleppung aus Deutschland und sprachlich-kultureller Exilierung sich ein tiefer Riss auch in der literarischen Ausgestaltung dieser existenziellen und traumatisch empfundenen Zäsur auftat, um in der Folge auch in der Sprache wie in der formalen Struktur der Verse als solcher sichtbar zu werden. Ein Riss, der sich in nicht wenigen und insbesondere in lyrischen Texten entlang der Zäsur Exil/Holocaust ausmachen lässt. Als prominentes Beispiel sei hier nur auf Nelly Sachs verwiesen, die ihr im schwedischen Exil entstandenes Werk seit dem Wissen um den Massenmord als grundlegend »geschieden von allen früheren Aussagen

---

37 Mombert: Sfaira (s. Anm. 34), S. 87–92, z. B. Verszeilen wie die folgenden: »Hier, hoch über den Meeren, hier strahlt der Sehnsucht/heldischer Erde die geist-magische Mitte./Um die kreisen alle Gipfeltürmer;/Geister-Taten, aller Sieg, alle Sage …«. In: Mombert: Sfaira (s. Anm. 34), S. 88.
38 Mombert: Sfaira (s. Anm. 34), S. 254.
39 Vgl. Améry: Wieviel Heimat braucht der Mensch? In: Ders.: Jenseits von Schuld und Sühne (s. Anm. 30), S. 78–101; hier: S. 100. Bei Améry heißt es: »… Alles fließt von mir ab, wie ein großer Regen …« Améry erblickt darin ein exemplarisches Beispiel der Vertreibung aus dem physischen wie geistigen Raum ›Heimat‹.

durch eine tiefe Schlucht«, durch einen »Äon der Schmerzen« charakterisiert hat, wovon Gedichte wie »O die Schornsteine« (1947) in ihrer komplexen Verschränkung aus sarkastischen Bildern und biblischen Chiffren Zeugnis legen.[40] Dass im Folgenden die vergleichsweise wenig bekannte Mimi Grossberg mit ihrem Auschwitz-Gedicht herausgehoben wird, verdankt sich einerseits dem Umstand, dass mit Grossberg ein sehr frühes, Auschwitz direkt ansprechendes Gedicht vorliegt, ein Gedicht, das Fragen nach dem Umgang mit dem Wissen über den Holocaust im Exil vor 1945 aufwirft, andererseits der sprachlichen Verfasstheit wie dem lyrischen Sprechen: Beides unterscheidet sich von den prominenten üblichen Textreferenzen doch deutlich.

IV. How can this be true???

Nur kurz nach Momberts *Sfaira*-Gedichtband muss Mimi Grossberg, seit 1940 in New York lebend, vom Tod ihrer Eltern Salomon und Adele Buchwald Kenntnis erlangt haben. Bis Juli 1942 hatte sie mit ihnen noch über Schweizer Freunde Kontakt aufrechthalten können. Sie wurden aber nicht, wie sie glaubte, in Auschwitz, sondern in Maly Trostinec ermordet, und zwar im Zuge des Deportationstransports Bp-359, der am 21. September 1942 vom Ghetto-Lager Theresienstadt abgegangen war.[41] Wie sehr sie die Nachricht vom Tod der Eltern getroffen hat, der aufgrund des abgerissenen Kontakts vermutlich bis 1944 noch Befürchtung gewesen war, wird in (vier) erhalten gebliebenen Typoskript-Fassungen eines Gedichts über den Tod der Eltern sichtbar. In ihnen sind mehrere handschriftliche Varianten und Bearbeitungen überliefert, die das Ringen um das angemessene Wort erkennen lassen. Ist der Entstehungszeitpunkt des Gedichts zwar nicht mit Sicherheit datierbar, und erfolgte die Veröffentlichung erst sehr spät, Ende der 1990er Jahre im Zuge der Rückkehr des Nachlasses nach Wien, so stellt der Text doch ein frühes und interessantes Zeugnis dar, das die Shoah anhand der eigenen familiären Tragödie zum Thema macht.[42] Dass

---

40 Vgl. Briefe der Nelly Sachs. Hg. v. Ruth Dinesen und Helmut Müssener. Frankfurt a.M. 1984 (Brief an Carl Seelig, 1947), S. 84. Dazu auch Elaine Martin: Nelly Sachs. The Poetics of Silence and the Limits of Representation. Berlin, Boston 2011, S. 70f.

41 Zit. nach Christian Klösch: Mimi Grossberg (1905–1997). Eine österreichische Exilautorin in New York. Wien 1999, S. 24f.

42 Mimi Grossberg, Nachlass, Literaturhaus Wien, Sign. N1.EB-17.1.2.1.5; die früheste (undatierte) erhaltene Fassung besteht aus den letzten beiden Strophen und wurde offenbar auf Deutsch konzipiert und von Frederic Brainin (teilweise, so die Anmerkung auf dem entsprechenden Nachlassblatt) ins Englische übertragen. Die verwendete Schreibmaschine und der Vergleich mit anderen im Nachlass aufbewahrten Gedichten legen nahe, dass die Auschwitz-Typoskripte eher nach 1945, möglicherweise in die frühen 1950er Jahre, zu datieren wären. Handschriftliche Entwürfe, wie dies bei etlichen anderen Gedichten der Fall ist, sind hierzu nicht überliefert, obwohl die älteste Typoskriptfassung in Klammern unter der Titelzeile »1942,

es ohne Wirkung auf die Diskussion über das Sprechen und Schreiben über Auschwitz geblieben ist, liegt wohl weniger am Gedicht selbst als an den Rahmenbedingungen der späten Veröffentlichung sowie an der Zurückhaltung, die sich Grossberg lange Zeit in der Auseinandersetzung mit der Shoah auferlegt hat. In den Mappen des Nachlasses sind daher nur wenige konkrete Spuren aus jener Zeit auffindbar.[43] Auch in ihrem *Diary* findet sich erst unter dem Datum 3. Januar 1944 eine Eintragung, die deutlich macht, dass Grossberg den Tod der Eltern zwar vermutet, jedoch noch keine Gewissheit hatte: »Because our parents are either dead or can no more be reached we wish to be together and they desire to contribute to our war-effort.«[44] Ein weiteres Notizbuch mit *Skizzen, Aufzeichnungen, Gedichte 1938–1945* sowie eine Mappe mit englischsprachigen Gedichten, die insgesamt 45 *Poems 1938–1945* sowie verschiedene deutschsprachige Entwürfe versammelt, enthalten keinerlei Hinweise oder gar klärende Aufschlüsse zum Auschwitz-Gedicht.[45] Eine mögliche Erklärung liefert Grossberg in ihrem Vortrag »Der Holocaust im Gedicht der Austro-Amerikanischen Exilautoren« am New Yorker Austrian Institute (vermutlich um 1980). Bei dieser Gelegenheit wurde dieses Gedicht zum ersten Mal öffentlich gelesen, gemeinsam mit Maria Berl-Lees' »Arrival at Auschwitz«, Anna Krommers »Auf den Spuren der Toten«, Greta Hartwigs »I Was Spared« sowie anderen, Aspekte des Exils und der Wiederbegegnung mit Österreich thematisierenden Gedichten von Lili Körber, Marianne Ultmann, Friderike Maria Zweig, Lotte Lehmann und Mimi Grossberg.

> Die grauenhafteste Dokumentation der Hitler-Aera waren die Konzentrationslager, in denen Millionen Juden und politisch anders Gesinnte fabriksmässig vergast und verbrannt wurden […] Es ist interessant, dass mit einer einzigen Ausnahme alle diese Gedichte über Auschwitz in englischer Sprache entstanden. Die Erklärung mag sein, dass sie zu einer Zeit geschrieben worden sind, da man im Unterbewusstsein sogar die unschuldige deutsche Sprache hasste.[46]

Manuskript« anführt und die nachfolgende dies auf »Manuscript, 1942« modifiziert. An dieser Stelle möchte ich dem Literaturhaus Wien für die Möglichkeit der Einsichtnahme sowie für die Unterstützung der Recherchen meinen Dank aussprechen.
43 Eine genauere Beschreibung des Nachlasses und seiner verschiedenen Bestände, darunter 1100 unveröffentlichte Gedichte, findet sich in der Diplomarbeit von Nicole Kneisz: Mimi Grossberg. Ihre Exilerfahrung verarbeitet durch ihre Tätigkeit als literarische Vermittlerin. Wien 2011, S. 56 f. Abrufbar unter: http://othes.univie.ac.at/13811/1/2011-03-20_0600652.pdf [abgerufen: 30.12.2015].
44 Mimi Grossberg, Nachlass (s. Anm. 42), Diary 1943–1944 (A-5 Heft, liniert, mit Bleistift beschrieben).
45 Ebd., Mappe 1.2.1.8: Werke. Literarische Notizen. Auch die MA-Arbeit von Katrin Wilhelm: Zwischen heimatlicher Fremde und fremder Heimat – das literarische Leben der Mimi Grossberg (1905–1997). München 2010, klammert die Frage des Auschwitz-Gedichts aus, ebenso der Sammelband von Susanne Blumesberger (Hg.): Mimi Grossberg (1905–1997). Pionierin, Mentorin, Netzwerkerin. Ein Leben zwischen Wien und New York. Wien 2008.
46 Vgl. Mimi Grossberg, Nachlass (s. Anm. 42), Mappe 1.6.1.25.

Die Zeit, von der hier die Rede ist, umfasst die Jahre ihrer englischsprachigen *Poems*, die in der erwähnten Mappe versammelt sind, d. h. die Jahre von 1940 bis 1945, wiewohl davon auszugehen ist, dass Grossberg zumindest bis Ende der 1940er Jahre, u. a. im Zuge ihrer Begegnung mit Rose Ausländer in New York, sowie im Kontext von (anerkannten) Übersetzungsleistungen das amerikanische Englisch auch als literarische Arbeitssprache in Erwägung gezogen hat.[47]

When the facts about Auschwitz came through …

1   Our parents were sent there!
2   Their quotas came too late …

3   Now we sit in New York
4   and we sleep in a bed
5   and we are the strangest beings.

6   We live just like other people do.
7   We work, we laugh –
8   we go to movies.
9   We have nice living rooms –
10 music and books
11 and friends, yes, friends we have too.

12 We discuss politics, like you.
13 We know much more
14 about the damned thing.
15 We drink and eat
16 your marvelous food
17 and, shame, our throats let it through …

18 But there is one thing we must not pursue
19 that's the »if« and the »how« –
20 were they gassed?
21 How long did they suffer??

22 Don't talk – I got mad —
23 how can this – how can this be true???

24 For: We are their children –
25 not strangers – see?
26 Our bodies are safe

---

47 So finden sich im Nachlass (s. Anm. 42) unter der NL-Signatur 1.2.1.6 mit Datierungen 1948–49 mehrere englischsprachige Gelegenheitsgedichte für die *New York Hiking Times* (hektografierte Beilage zum *Aufbau*), ferner unter der Signatur 1.2.1.5 weitere, mit 1950 bzw. 1957 datierte englischsprachige Gedichte (z. B. »Girls«, »Morning Concert«, »Trip to Europe«). Zur Übersetzungsarbeit (Cecil Hemley, Aaron Kramer) vgl. Kneisz: Mimi Grossberg (s. Anm. 43), S. 66 f.

27 but our minds are free
28 and cannot be stopped
29 to our last breath
30 from conjuring up
31 their hour of death.⁴⁸

Sieht man von den Entstehungs- und Kontextualisierungsfragen einmal ab, so haben wir es, gleich ob das Gedicht bereits 1942 konzipiert oder erst um/nach 1945 niedergeschrieben worden ist, mit einem bemerkenswerten Gedicht zu tun, thematisiert es nämlich früh zwei Aspekte, die erst im Zuge der späteren Holocaust/Shoah-Diskussionen Gewicht erlangt haben: den Schmerz des Überlebens und die Ohnmacht des Exils angesichts der Diskrepanz zwischen der Normalität einer bescheidenen Alltagsexistenz in New York und dem Wissen bzw. Ahnen um Deportation und Ermordung.

Grossberg verwendet für ihre Verse ein kollektives Sprechen – *we/our* – und signalisiert damit, dass dem familiären Schicksal und Trauma nicht nur eine privat-persönliche Tragödie eingeschrieben ist, sondern darüber hinaus der Status ihrer Generation (d. h. der ins Exil Geretteten) zur Diskussion steht. Bleibt die Grundstruktur des Gedichts die vier Typoskript-Fassungen hindurch zwar ohne wesentliche Abänderungen beibehalten, so wurde allerdings in der zweiten Verszeile der Ausdruck »visas« durch das Wort »quotas« ersetzt, in der 18. »thought« durch »thing«; in zwei der Fassungen finden sich mehrere gesperrt getippte Wörter, und in allen sind im Vers 25 die beiden Eingangsworte »not strangers« durch Unterstreichungen sichtbar markiert. Zwei Typoskriptfassungen weisen zudem mehrere handschriftliche Varianten (rechts durch Grün- und links durch Rotstift voneinander abgehoben, siehe Abb.) auf, die den Schluss nahelegen, dass die letzte Strophe von einer ursprünglichen Kurzfassung erst in mehreren Anläufen zur definitiven ausgearbeitet werden konnte.⁴⁹

Mag das Gedicht auch kein *bedeutendes* in literar-ästhetischer Hinsicht sein (aber wie lässt sich angesichts jener Erfahrung ein bedeutendes Gedicht überhaupt fassen?) und hat es auch nicht Eingang in den mittlerweile umfangreichen und prominenten lyrischen Kanon zur Erfahrung und Aufarbeitung der Shoah gefunden⁵⁰, so erscheint es mir doch ein bemerkenswertes Zeugnis zu

---

48 Zit. in der Druckfassung durch Klösch (Hg.): Mimi Grossberg (s. Anm. 41), S. 25.
49 Die kürzere Endstrophe lautet: For: We are their c h i l d r e n – –/not strangers – see?/Our bodies are safe/but our minds are free/to picture their hour of death. Zit. nach dem Nachlass (s. Anm. 42).
50 Vgl. z. B. die repräsentative Anthologie: Dein aschenes Haar Sulamith. Dichtung über den Holocaust. Hg. v. Dieter Lamping. München 1992 bzw. den ›Kanon‹-orientierten Band: Deutsche Nachkriegsliteratur und der Holocaust. Hg. v. Stephan Braese, Holger Gehle, Doron Kiesel und Hanno Loewy. Frankfurt a. M., New York 1998.

Mimi Grossberg
In New York, when the facts about Auschwitz came through.
(Manuscript, 1942)

Our parents were sent there !
Their visas were late ...
Now w e sit in New York
and we sleep in a bed
and we a r e the strangest beings.

We live, just like other people do,
we work, we laugh –
we go to the movies.
We have our living rooms –
music and books –
and friends, yes, friends we have too.

We discuss politics, like you.
We know much more
about the damned thing.
We drink and eat
your marvelous food
and, oh shame, our throats let it through...

But there is one thought we must not pursue ...
that's the "if" and the "how" –
were they gassed ?
How long did they suffer ??
Don't talk – I go mad – ; – –
How can this – how can this be true ???

For: We are their c h i l d r e n – –
not strangers – see ?
Our bodies are safe
but our minds are free
to picture their hour of death.

Mimi Grossberg: In New York, when the facts about Auschwitz came through (Manuskript 1942), mit freundlicher Genehmigung © Literaturhaus Wien

sein, das über den Moment individueller Betroffenheit hinausgreift. Man wird in ihm einen – für die Zeit der Abfassung – seltenen und geradezu antizipierenden sprachlichen Gestus antreffen, einen Gestus, der sich keiner Metaphorik bedient, keine Bilder aufruft, das Geschehen ungeschminkt benennt und die im Verhältnis dazu absurd erscheinende Normalität eines weitergehenden Exilalltags dokumentarisch und lakonisch inventarisiert. Das Nebeneinander von (Exil)Alltag und Konzentrationslager, für George Steiner »ein derart abstoßend widerliches Paradox«[51], lässt die Wahrnehmung der Welt von den ersten Verszeilen an auf einen tiefen, geradezu unüberbrückbaren Riss zulaufen, der nicht deklaratorisch ausgesprochen, aber doch schnell fassbar wird in der kategorialen wie bedrückend empfundenen Differenz zwischen dem *we* der geretteten Überlebenden und den verlorenen, ermordeten Eltern. Drückt er sich einerseits in einem von Ohnmacht getragenen Gefühl der Fremdheit (»the strangest being«) und der absurd wirkenden Sicherheit eines wenn auch bescheidenen Eingerichtet-Seins im New Yorker Exil (»we have nice living rooms / music and books ...«) aus, so beharrt das Gedicht nach dem Eingeständnis der Scham gerade aus der trauernden Ohnmacht heraus auf die Benennung des Verbrechens, auf die Sicherung der Erinnerung, auf Gewissheit – »that's the ›if‹ and the ›how‹ ...« – und somit darauf, niemals aufzugeben »to our last breath« (V 29), und d. h. auch, das Gedenken an die Stunde und die Umstände jenes Sterbens wachzuhalten. In diesem Sinn lässt sich Grossbergs Gedicht sowohl mit dem Zeugnisgebot des Buches Leviticus (Lev. 5,1) und seiner daraus ableitbaren Zeugnis- und Interpretationsfähigkeit verknüpfen als auch mit den bereits erwähnten Briefreflexionen von Sachs, denen zufolge die Herausforderung für die Überlebenden letztlich weniger darin bestehe, »schöne Gedichte« anzufertigen, wo doch »nichts mehr [zu] reiche [], kein Wort, kein Stab, kein Ton«. Vielmehr gehe es darum, »die Wunde, die offen ist«, unaufhörlich dem Schweigen zu entreißen, den Schmerz »herausbringen«.[52]

Vor Kriegsende sind nur wenige weitere literarische Texte im *Aufbau* oder in der *Austro American Tribune* mit Bezug auf den Holocaust/Shoah zum Abdruck gekommen. Einer dieser Texte stammte von Johannes Urzidil und trug den Titel »Gartenlaube und KZ«[53], ein anderer, ein mit Pathos überladenes Gedicht, erschien in der Julinummer der *Austro American Tribune*, in der auch der erste Bericht über die Konzentrationslager Mauthausen und Ebensee zu finden ist. In fingierter Innensicht einer Ermordeten wehrt z. B. »Der Toten Klage-Lied«, verfasst von Marianne Rieser[54], jedes Mitgefühl durch die Überlebenden

---

51 G. Steiner: Postscriptum (s. Anm. 2), S. 190.
52 Vgl. Young: Beschreiben (s. Anm. 4), S. 38 bzw. Nelly Sachs: Briefe (s. Anm. 40), S. 84.
53 Aufbau 7, 18.2.1944, S. 17.
54 Zu M. Rieser ließen sich leider keine Daten ermitteln.

ab: »Wir wollen heut' kein Weinen/Und auch nicht Eurer Trauern …/Steht ihr vor den Gebeinen/Hinter den Lagermauern …«[55]

V. Sehen versus Sprechen?

Der Frage, in welcher Weise es angemessen sei, über den Massenmord und die zynische Brutalität, mit der das Unvorstellbare exekutiert wurde, zu sprechen, haben sich nicht nur Schriftstellerinnen und Schriftsteller gestellt. Als abschließendes Beispiel darf hier auf eine Zeichnung und einen die Zeichnung begleitenden programmatischen Text des Malers und Auschwitz-Birkenau-Überlebenden Franz (ab 1948: Francis) Reisz hingewiesen werden, der im Mai 1947 in der *Austro American Tribune* unter dem Titel *Versucht nicht, zu vergessen* erschienen ist.

Der zur Pinselzeichnung *Auschwitz* verfasste Text ist u. a. deshalb von Interesse, weil er lange vor der Debatte über die (literarische) Beschreibbarkeit des Grauens, der Shoah, aus unmittelbarer und noch nachwirkender Augenzeugenschaft die Ausdrucksfähigkeit der Sprache thematisiert und ihr das visuelle Potenzial entgegenhält, die Kraft der Augen als authentische Sprache für nicht mehr loslassende Bilder:

> Ich war drei Jahre lang Häftling in Auschwitz II – Birkenau und habe die vier Millionen […] selbst ins Gas gehen gesehen. Für mich waren es unzählige einzelne, atmende Menschen und nicht eine tote Zahl. Ich war mir von Anfang an klar darüber, dass die Sprache kein geeignetes Werkzeug dafür ist, jemanden, der es nicht selbst miterlebt hat, dieses Ungeheuerliche begreifbar zu machen.
>
> Meine stärksten Eindrücke empfange ich immer durch die Augen […] So gehört es zu meinen tiefsten Erschütterungen während der im Lager verbrachten Jahre zu sehen, dass die SS die von den vergasten Transporten übrig gebliebenen leeren Kinderwagen fein säuberlich in Fünferreihen – denn Ordnung muss sein – aufstellte und dieser geisterhafte Aufmarsch auf der Lagerstraße Kilometerlänge erreichte. Das ist der Grund, warum ich, anstatt von Auschwitz zu erzählen, Auschwitz gemalt und gezeichnet habe.[56]

Neben diesen traumatisch-verstörenden Bildern und der daraus sich ergebenden Verpflichtung, sie entsprechend aufzuzeichnen, ging es Reisz auch von Beginn an darum, darauf hinzuweisen, was erst in den großen Prozessen in den 1960er Jahren öffentlich verhandelt wurde und durch monumentale Studien

---

55 AAT, July 1945, S. 7–8; auf derselben Seite war auch ein Auszug aus Ferdinand Bruckners »Die Befreiten« platziert.
56 AAT, July 1947, S. 6.

wie jene von Raul Hilberg in die Wissenschaft Eingang gefunden hat: auf den Aspekt der zynisch-rationalen, technizistischen Durchorganisierung des Massenmordes sowie auf die schweigende Akzeptanz durch die wegschauende Bevölkerung quer durch Europa, wenn er festhält, »dass hier Mord das Erzeugnis einer modernen, durchdachten, höchst technischen Industrieanlage von ungeheurer Kapazität war«.[57]

Es ist gerade die Logistik, die Reisz ins Treffen führt, welche der Behauptung, die Bevölkerung »hätte von diesem Geschehen nichts geahnt«, entgegenstünde. Denn: »Täglich rollten lange Eisenbahnzüge voll ›Rohmaterial‹ über alle Strecken Europas in diese ›Industrieanlage‹. Konnte dies unbemerkt bleiben?« Mit dem Rauch und dem »unvergesslichen Geruch, der mit dem Rauch überallhin mitzog«, Reisz zufolge in einem Radius von 30 bis 50 Kilometern gut wahrnehmbar?[58]

Er lässt die Frage im Raum stehen, doch so, dass eigentlich nur eine Antwort denkbar ist: Es konnte nicht unbemerkt bleiben. Seit Ende 1942, Anfang 1943 wusste man im US-Exil um den Massenmord in den KZs und Vernichtungslagern, er wurde detailliert dokumentiert und öffentlich diskutiert, und zwar nicht nur auf Konferenzen jüdischer Organisationen, sondern auch in den Institutionen der amerikanischen Politik sowie, wenigstens punktuell mit unübersehbarem Echo, in einem der geradezu öffentlichsten unter allen New Yorker Räumen: im Madison Square Garden im März 1943. Folglich hatte man im Exil mit diesem Wissen umzugehen: ohnmächtig zwar, aber aufmerksam zugleich, um Antworten ringend und Spuren und Zeugnisse von Beginn an sichernd. Die auf Quellen gestützten Berichte und Memoranden im *Aufbau* sowie die hier angeführten literarischen Texte – von Alfred Mombert über Berthold Viertel, Ben Hecht, Miriam Berg u. a. hin zu Mimi Grossberg – legen jedenfalls berührende, nachdenkliche und bedrückende Zeugenschaft davon ab. Eine Zeugenschaft, die sich der Verpflichtung verschrieben hat, dem Schweigen entgegenzutreten, dem unfassbaren Verbrechen präzise, fassbare Konturen zu geben und dafür eine Sprache zu finden, die sich gleichermaßen der hohen Tradition der Klage, des Totengedenkens, der metaphorisch-mystischen Verschlüsselung rückversicherte wie dem Zweifel über das Darstellbare Ausdruck gab oder einer legitimen Selbstbegrenzung, einer Re-Alphabetisierung dessen, was Welt nach diesem Bruch (vielleicht) noch bedeuten konnte.

---

57 AAT, July 1947.
58 AAT, July 1947.

Andree Michaelis

»Daß das Urverbrechen in seiner schamlosen Gier bis zu mir herankroch!«
Antizipation, Anklage und verweigerte Rückkehr im Angesicht der Shoah bei Karl Wolfskehl

I. Reaktionen eines Unpolitischen?

Nicht erst nach der nationalsozialistischen Machtübernahme und dem bald darauf folgenden Tod Stefan Georges im Dezember 1933 erkannte Karl Wolfskehl das »ungeheure jüdische Schicksal«[1] in seiner ganzen Not. Die Suche nach den Reaktionen des Dichters aus dem grundlegend politikabgewandten[2] George-Kreis auf die Diskriminierung, Verfolgung und schließlich Vernichtung der europäischen Juden stößt auf eine erstaunlich frühe, direkte und realitätsnahe Einschätzung der Situation in Europa. Dass Wolfskehl schon in den späten 1920er Jahren die Zeichen der Zeit zu lesen verstand, frühzeitig Deutschland verließ und dabei stets die konkrete Bedrohung der Juden im Blick behielt, ist bemerkenswert nicht allein im Vergleich mit vielen anderen assimilierten Juden, die dies die längste Zeit zu übersehen bereit waren. Es ist bedeutsam gerade auch vor dem Hintergrund der Prägung des Dichters im George'schen Kreis eines »geheimen« »anderen« Deutschland[3], aus dem sich nicht zufällig eine ganze Reihe von Anhängern frühzeitig und bereitwillig den Nationalsozialisten anschloss.[4] Seiner unbestreitbaren Nähe zu Stefan George und seiner national-konservativen Weltanschauung zum Trotz blieb der Jude Karl Wolfskehl hoch sensibel gegenüber einer Gefahr, die sein gesamtes Weltbild zu zerstören drohte. Und während George selbst der versuchten Vereinnahmung seines Namens und Werkes durch die Nationalsozialisten mit Schweigen und

---

1 Margot Ruben: Karl Wolfskehl. Gespräche und Aufzeichnungen. 1934–1938. In: Castrum Peregrini XLI (1960), S. 91–133; hier: S. 92.
2 Vgl. Cornelia Blasberg: Nachwort. In: Karl Wolfskehl.»Jüdisch, römisch, deutsch zugleich …«. Briefwechsel aus Italien 1933–1938. Hg. u. kommentiert v. Cornelia Blasberg. Hamburg 1993, S. 421–442; hier S. 425.
3 Vgl. hierzu Gert Mattenklott, Michael Philipp und Julius H. Schoeps (Hg.): »Verkannte brüder«? Stefan George und das deutsch-jüdische Bürgertum zwischen Jahrhundertwende und Emigration. Hildesheim, Zürich, New York 2001, sowie Carola Groppe: »Das Wunder der Verwandlung«. Die jüdischen Mitglieder im George-Kreis zwischen Jahrhundertwende, Nationalsozialismus und Exil. In: Exul Poeta. Leben und Werk Karl Wolfskehls im italienischen und neuseeländischen Exil 1933–1948. Hg. v. Friedrich Voit und August Obermayer. Dunedin 1999, S. 7–46.
4 Vgl. Thomas Karlauf: Stefan George. Die Entdeckung des Charisma. München 2008, S. 615 f.

Rückzug aus der Öffentlichkeit begegnete[5], reagierte Wolfskehl auf die neue Weltordnung, die ihn als deutschen Juden verneinte und strikt von allem Georgisch-Deutschen scheiden wollte, mit einer unerbittlichen Klarsicht, die ihm zugleich zu einer ungeahnt produktiven Schaffenskraft verhalf. Angesichts eines drohenden »Regnum Barbarum«, wie Wolfskehl schon 1930 in einem Schreiben an den Freund Albert Verwey formulierte[6], gelang dem Dichter nicht nur eine ästhetische Antwort auf seine Situation als deutscher Jude. Wolfkehls in den Exiljahren seine ganze Reife erreichendes lyrisches Werk lässt sich auch im Sinne eines poetologischen Ernstmachens mit der politischen Realität der Verfolgung verstehen.

Um dies nachzuvollziehen, ist zunächst die sorgsame Suche nach den wenigen expliziten Äußerungen Wolfskehls zu seiner existenziellen Situation im umfänglichen Briefwerk vonnöten.[7] Darüber hinaus gilt es, Wolfskehls poetische Interpretation seines Judeseins im Exil weniger auf die mit der Vertreibung zerbrochene deutsch-jüdische »Doppelwahrheit«[8] zu beziehen, wie es in der vorliegenden Forschung fast ausschließlich getan wurde[9], und stattdessen nach den Implikationen dieser Selbstdeutung vor dem Horizont der tatsächlichen Todesgefahr für die europäischen Juden zu fragen. Es geht somit darum, gerade das Werk eines aufgrund seiner George'schen Prägung programmatisch *unpolitischen* Dichters *politisch* zu lesen.

In den Blick gerät dabei ein deutsch-jüdischer Intellektueller, der, obgleich er verstoßen und vertrieben wurde und längste Zeit im fernen Neuseeland verbrachte, die Fühlung zur Realität des nationalsozialistischen Terrors nie verlor, sie im Gegenteil auch in seinem lyrischen Exilwerk, das gleichermaßen als eine Quelle der sinnspendenden Kontinuität gesehen werden darf, als Referenz-

---

5 Vgl. Friedrich Voit: Karl Wolfskehl. Leben und Werk im Exil. Göttingen 2005, S. 86. Karlauf: Stefan George (s. Anm. 4), S. 627–629.
6 Karl Wolfskehl an Albert Verwey, München, 29.9.1930. In: Mea Nijland-Verwey: Wolfskehl und Verwey. Die Dokumente ihrer Freundschaft. 1897–1946. Heidelberg 1968, S. 245.
7 Die zahlreichen Korrespondenzen Wolfskehls liegen mittlerweile in einer Reihe von z.T. sehr sorgsam kommentierten Editionen vor. Dazu zählen die Briefwechsel aus der Zeit des italienischen Exils ebenso wie die große Edition der neuseeländischen Korrespondenzen von Cornelia Blasberg. Aus den frühen Jahren vor 1933 dagegen wurden – bis auf verstreute Einzelfunde – bis dato nur die beiden Briefwechsel mit Albert Verwey sowie mit Friedrich Gundolf umfassend dokumentiert. V. a. die Korrespondenz mit Stefan George aus den frühen Jahren stellt ein zentrales Desiderat in der Wolfskehl-Forschung dar.
8 Karl Wolfskehl an Rudolf Pannwitz, 24.1.1934, DLA. Zitiert in Voit: Karl Wolfskehl (s. Anm. 5), S. 100.
9 Vgl. v.a. Paul Hoffmann: Karl Wolfskehls Identität. In: Karl Wolfskehl. Tübinger Symposion zum 50. Todestag. Hg. v. Paul Hoffmann. Tübingen 1999, S. 79–108; hier: S. 79; Claudia Sonino: Wolfskehls »doppeltes Antlitz«. Die deutsch-jüdische Problematik im Briefwechsel des Exils. In: »O dürft ich Stimme sein, das Volk zu rütteln!«. Leben und Werk von Karl Wolfskehl (1869–1948). Hg. v. Elke-Vera Kotowski und Gert Mattenklott. Hildesheim, Zürich, New York 2007, S. 53–64.

punkt stets präsent hielt. Wie konsequent er dieser Realität gegenüber verblieb, verdeutlicht nicht zuletzt seine vehemente Ablehnung jeder versöhnungsmotivierten Rückkehr in die alte Heimat, die für Wolfskehl schließlich nur noch als Erinnerung existierte. Anders als die meisten Zurückgebliebenen vergaß er indes ebenso wenig, dass man ihn, den deutschen Dichter, aus der Geschichte dieser Heimat gleichsam genauso gestrichen hatte wie die zahllosen Juden, die in der Shoah ermordet wurden, und zog daraus seine letzten Konsequenzen.

II. »Incipit Chaos et Regnum Barbarum«: Antizipation des Schlimmsten

Tatsächlich zeigte sich Karl Wolfskehl schon wenige Jahre von der Ernennung Hitlers zum Reichskanzler und dem offiziellen Ende jüdischer Emanzipation in Deutschland als auffällig vorausschauend und vorsichtig. Bereits seit 1921, seit Ende des Ersten Weltkrieges und der Entwertung seines Privatvermögens, die ihn zum freiberuflichen journalistischen Broterwerb zwang, hatte für Wolfskehl ein langsam voranschreitender Prozess begonnen, der ihm die Isoliertheit und Angreifbarkeit seiner gesellschaftlichen Stellung vor Augen führte. Bereitwillig verließ er das Deutschland der Weimarer Republik für längere Aufenthalte in Italien, wollte anfänglich gar nach Sumatra auswandern[10] und sah sich nach seiner Rückkehr 1925 zusammen mit Friedrich Gundolf, dem anderen Juden aus dem Kreise[11], zunehmend marginalisiert.[12] Aufgrund seiner für einen Georgianer nun ungewohnt aktiven Teilnahme am Tagesgeschehen nahm er die »Entwicklung der politischen und wirtschaftlichen Dinge in Deutschland« durchaus wahr und erkannte bereits nach dem ersten großen Wahlerfolg der NSDAP im September 1930 das langfristige Bedrohungspotenzial der »Maßregeln jeder Art gegen die Juden«.[13] So ernst nahm Wolfskehl die Lage, dass er sich schon zu diesem Zeitpunkt bei Verwey nach konkreten Möglichkeiten »einer dringlich werdenden Flucht« nach Holland erkundigte.[14] Anderthalb Jahre später hatte er sich bereits in die Schweiz zurückgezogen und wandte sich nun gar direkt an George selbst, von dem er sich Rat erhoffte. Am 7. Juni 1932

---

10 Vgl. Voit: Karl Wolfskehl (s. Anm. 5), S. 60 f.
11 Vgl. hierzu Claudia Sonino: Friedrich Gundolf und Heinrich Heine: Eine Negativ-Identifikation. In: Mattenklott, Philipp, Schoeps (Hg): »Verkannte brüder«? (s. Anm. 3), S. 101–116; Rainer Kolk: ›Verkannte brüder‹, ›entjudete Juden‹. George-Kreis, deutsch-jüdisches Bürgertum und die politische Rechte 1918–1933. In: Mattenklott, Philipp, Schoeps (Hg): »Verkannte brüder«? (s. Anm. 3), S. 55–68.
12 Siehe hierzu Voit: Karl Wolfskehl (s. Anm. 5), S. 71.
13 Karl Wolfskehl an Albert Verwey, 29.9.1930, München. In: Nijland-Verwey: Wolfskehl und Verwey (s. Anm. 6), S. 245.
14 Nijland-Verwey: Wolfskehl und Verwey (s. Anm. 6), S. 245.

schrieb er dem »Meister«, der freilich verständnislos und den Ernst herunterspielend reagierte[15], »tief bedrängt, von dem was jetzt sich vollzieht, was mich den Juden bedroht«.[16] Es zeigte sich, dass er den »gorgonisch[en]«[17] Charakter des tödlichen Blickes auch auf den Juden Wolfskehl keineswegs übersah. Zweierlei Negation erkannte er im September 1932, die er für unüberwindlich hielt: den »Haß gegen den Geist [...], gegen den Geist als freies Wählen, [...] als Walter und Bewahrer«, dann aber vor allem den

> Haß, wahllos, zügellos gegen den ›Juden‹, gegen diesen chimärischen, doch so blutgetränkten Begriff, diese deutsche, der jungen Bewegung ihren Geschmack ja ihre Stoßgewalt leihende Unmenschlichkeit, die [...] nur wild ist, nur gierig, nur bös [...].[18]

Noch nicht die »äußere Gefährdung« bedrängte ihn daran, sondern die für Wolfskehl viel weitreichendere existenzielle Verneinung *beider* Teile seines Selbstverständnisses als eines deutschen Juden, dem, wie er etwas später schrieb, Deutschtum und Judentum, George'scher Geist und »jüdisches Schicksal«[19], zu zwei »Ströme[n] einander befruchtenden Lebens« geworden waren.[20] Immer deutlicher kristallisierte sich gleichwohl bereits in diesen frühen Jahren die weitere Einsicht heraus, dass die doppelte Wendung »gegen Juden und Bücher«[21] gerade dem Juden keinen Ausweg mehr ließ. Wie er Verwey gegenüber formulierte, exponierte ihn vor allem der nun grassierende »Judenhass[]«, der »jede Form des Menschentums vergiftet, verzerrt oder zerreißt«[22] und ihn als jüdischen Dichter in tragischer Weise isolierte:

> [A]n diesem Punkte ist [...] der nicht-jüdische Europäer, der nicht jüdische Diener am heiligen Geiste Europas ›unzuständig‹. Hier kann nun, nachdem Gundolf tot ist, auch von den Juden Deutschlands nur ein Einziger wirklich getroffen werden – der bin ich.[23]

---

15 Vgl. die Briefkarte Stefan Georges an Karl Wolfskehl vom 15.6.1932, Berlin. Abgedruckt in Edgar Salin: Um Stefan George. Erinnerung und Zeugnis. München, Düsseldorf 1954, S. 225.
16 Karl Wolfskehl an Stefan George, 7.6.1932, Basel. In: Karl Wolfskehl: Gedichte – Essays – Briefe. Frankfurt a. M. 1999, S. 83.
17 Karl Wolfskehl an Albert Verwey, 26.X.1932, Muttenz. In: Nijland-Verwey: Wolfskehl und Verwey (s. Anm. 6), S. 271.
18 Karl Wolfskehl an Albert Verwey, 15.IX.1932, Muttenz. In: Nijland-Verwey: Wolfskehl und Verwey (s. Anm. 6), S. 267.
19 Karl Wolfskehl: »Doppeltes Antlitz«. In: Karl Wolfskehl: Briefe und Aufsätze. Hg. v. Margot Ruben. München 1925–1933. Hamburg 1966, S. 287.
20 Karl Wolfskehl an Albert Verwey, 12.6.1933, Meilen bei Zürich. In: Wolfskehl: Briefwechsel aus Italien (s. Anm. 2), S. 16.
21 Karl Wolfskehl an Albert Verwey, 12.6.33, Meilen. In: Nijland-Verwey: Wolfskehl und Verwey (s. Anm. 6), S. 285.
22 Nijland-Verwey: Wolfskehl und Verwey (s. Anm. 6), S. 271.
23 Nijland-Verwey: Wolfskehl und Verwey (s. Anm. 6), S. 271.

Damit aber war jede Rettung für Wolfskehl verloren. Flucht und Rückzug wurden ihm frühzeitig zum einzig möglichen Weg. Nachdem er Anfang 1933 noch einmal wenige Wochen in München gelebt hatte, verließ Wolfskehl am 28. Februar 1933 Deutschland endgültig – erst nach Basel in die Schweiz, schließlich nach Florenz und Recco, wo er die nächsten fünf Jahre verbrachte.

In dieser Situation der doppelten Verneinung seiner Identität als deutscher Jude sah Wolfskehl sofort die Gefahr und die Unumkehrbarkeit der eingebrochenen »Gewaltherrschaft«.[24] Bereits am 21. Januar 1933 evoziert er seinem jüdischen Freund Scholem Yahuda gegenüber ganz betont die Parallele zur jüdischen Vertreibung aus Spanien 1492.[25] Im Februar 1934 sprach er vom »Zwischenstadium [...] vor dem End«, im Januar 1934, nachdem auch sein Bekanntenkreis erste Todesopfer zu verzeichnen hatte[26], von »einer zerfallenden Zeit«[27], in der es »kein[en] Ausweg mehr« gebe.[28] Vor allem im Briefwechsel mit Margarete Susman[29], die Wolfskehl in diesen Jahren zur nächsten jüdischen Vertrauten wurde, zeigt sich, wie stark Wolfskehls Bewusstsein davon war, dass »das Entsetzliche« erst noch »im Anzug ist«.[30] All dies lässt darauf schließen, dass Wolfskehl keineswegs so unwissend dem Tagesgeschehen gegenüberstand, wie er manchen Briefpartnern gegenüber Glauben machen wollte.[31] Den »15. September '35 mit seiner gesetzlichen Entrechtung meiner Person«[32] kommentierte er im Brief an Victor Manheimer ganz explizit:

---

24 Karl Wolfskehl an Albert Verwey, 12.6.1933, Meilen. In: Nijland-Verwey: Wolfskehl und Verwey (s. Anm. 6), S. 285.
25 Vgl. die Karte an Abraham Scholem Yahuda vom 21.1.1933. Jewish National and University Library, Jerusalem. Zit. in Voit: Karl Wolfskehl (s. Anm. 5), Anm. 299, S. 624. – Edgar Salin berichtet von einem solchen Vergleich schon aus früheren Jahren. Vgl. Salin: Um Stefan George (s. Anm. 15), S. 224.
26 Vgl. etwa den Briefkommentar zum Tod des auf der Straße »versehentlich« erschossenen Freundes Willi Schmid im Brief an Rudolf Pannwitz, Meilen, 14.8.1934. In: Wolfskehl: Briefwechsel aus Italien (s. Anm. 2), S. 43.
27 Karl Wolfskehl an Eugen Meyer, Rom, 12.II.1934. In: Wolfskehl: Briefwechsel aus Italien (s. Anm. 2), S. 34.
28 Karl Wolfskehl an Margarete Susman, Florenz, 15.6.1935. In: Wolfskehl: Briefwechsel aus Italien (s. Anm. 2), S. 124.
29 Vgl. zum Exilverständnis Susmans, das zahlreiche Gemeinsamkeiten zum Denken Wolfskehls aufweist, den Beitrag von Gerhild Rochus im vorliegenden Band.
30 Wolfskehl: Briefwechsel aus Italien (s. Anm. 2), S. 124.
31 Vgl. etwa das Schreiben an Edgar Salin vom 23.11.1934, Florenz, wo es heißt: »Was in der Welt vorgeht weiß ich durchaus nicht mehr« (Wolfskehl: Briefwechsel aus Italien [s. Anm. 2], S. 63). Siehe ebenfalls den Brief an Annemarie Suhrkamp vom 8.1.1935, Florenz, in dem Wolfskehl behauptet, er lese keine Zeitung mehr (Wolfskehl: Briefwechsel aus Italien [s. Anm. 2], S. 78).
32 Karl Wolfskehl an Victor Manheimer, Recco, 4.2.1936. In: Wolfskehl: Briefwechsel aus Italien (s. Anm. 2), S. 150.

Mit diesem Gesetz ist ein reichliches Jahrtausend jüdischen Daseins in deutschen Landen besiegelt und schändlich vernichtet, aber diese Vernichtung ist endgültig, wie kurz oder lang auch der braune Rauch noch über meinen Rhein schwele oder über unsern Bergen.[33]

Vor allem der zeitliche Rahmen, von dem Wolfskehl damit ausging, verdeutlicht den historischen Horizont, innerhalb dessen er die Katastrophe dachte: Nicht die 120 Jahre jüdischer Emanzipation in Deutschland, ein ganzes Jahrtausend deutsch-jüdischer Kultur – die für Wolfskehl bis ins Mittelalter zurückreichte[34] – hielt er nun für »besiegelt«. Dies unterstreicht auch Wolfkehls programmatische Datierung der dritten, um den »Abgesang« erweiterten Fassung von *An die Deutschen* auf eben jenen »XV IX MCXXXV«. Auch dort heißt es bereits:

Losgebrochen! Losgebrochen!
Alle meine Pulse pochen
Von dem Rufe: auf und fort!
Und ich folge und ich weine
Weine, weil das Herz verwaist,
Weil ein Tausendjahr vereist.[35]

Ganz in diesem Sinne sprach Wolfskehl im Juni 1936 Margot Ruben gegenüber vom »Beginn des völligen Untergangs«, der sich »am deutlichsten sichtbar in dem seit jeher allem Schicksal Ausgesetztesten, dieses daher auch am reinsten Spiegelnden: den Juden« zeige.[36] All dies entfaltete sich für Wolfskehl schon lange vor den Novemberpogromen. Dass dahinter mehr steckte als die Schreckensrhetorik eines ausgegrenzten Dichters, illustriert schließlich wohl am eindrücklichsten Wolfskehls – noch einige Zeit vor dem gefürchteten Hitler-Besuch in Italien vom Mai 1938 gefasster – Entschluss, »so weit als möglich, nämlich bis nach Neuseeland zu fahren«.[37] Die letzten Freunde hatten sich mittlerweile entweder von ihm abgekehrt – wie Emil Preetorius[38] – oder waren

---

33 Karl Wolfskehl an Victor Manheimer, Recco, 17.2.1936. In: Wolfskehl: Briefwechsel aus Italien (s. Anm. 2), S. 157.
34 Vgl. hierzu beispielhaft Karl Wolfskehl: Das althochdeutsche Schlummerlied. Ein Brief an Martin Buber. In: Gesammelte Werke. Zweiter Band: Übertragungen, Prosa. Hg. v. Margot Ruben und Claus Victor Bock. Hamburg 1960, S. 62–66.
35 Aus der dritten Fassung von »An die Deutschen« von Ende September/Anfang Oktober 1935. Zit. nach Voit: Karl Wolfskehl (s. Anm. 5), S. 160.
36 Ruben: Karl Wolfskehl. Gespräche (s. Anm. 1), S. 108.
37 Karl Wolfskehl an Salman Schocken, Recco, 7.4.19. In: Wolfskehl: Briefwechsel aus Italien (s. Anm. 2), S. 269.
38 Vgl. den Brief an Abraham Scholem Yahuda, Recco, 16.4.1937. In: Wolfskehl: Briefwechsel aus Italien (s. Anm. 2), S. 241.

– wie Albert Verwey und Melchior Lechter[39] – gestorben. Die »ultima Thule«[40] wurde zum einzig rettenden Ort, als der letzte Halt der bekannten Welt fortgebrochen war und diese nun endgültig unterzugehen drohte.

III. »wir das Volk der ewigen Gegenwart«: Galuth und Georgischer Geist im Exil

Blickte Wolfskehl in den Jahren seines italienischen Exils bereits einer unheilvollen Entwicklung der Geschichte entgegen und scheute sich im Kreise vertrauter Freunde keineswegs, die antijüdische Politik in Deutschland zu kommentieren, so arbeitete er zugleich doch auch an einer poetischen Deutung der Zeitgeschichte, die es ihm erlauben sollte, der existenziellen Not seiner Situation etwas Geistiges entgegenzusetzen. Sowohl in *Die Stimme spricht* (1933/34) als auch im »Abgesang« aus *An die Deutschen* (1934–35/46) steht der Einsicht in den – für Wolfskehl mit dem Tod Georges gleichsam koinzidierenden – Untergang der »jüdisch-deutschen Kulturgemeinschaft«[41] die Erkenntnis einer durchaus Sinn spendenden Kontinuität gegenüber. Dabei verbinden sich für den Dichter jüdische Schicksalshaftigkeit und Treue gegenüber dem »Meister« in einer höchst eigenwilligen, doch über die langen Jahre des Exils hinweg ungebrochenen, ja sogar an Intensität gesteigerten Weise. Dies lässt sich bereits im Gedichtzyklus *Die Stimme spricht* erkennen, wenn Wolfskehl dort seine dezidiert jüdischen Erfahrungen der Ausgrenzung und Vertreibung im »Immer wieder« der Galuth-Erfahrung zu begründen sucht:

> Wankt' uralter Fels, zerbrach der First:
> Merke, dass du nirgends heimisch wirst
> Immer wieder![42]

Dabei wird das »Ende der Symbiose« von Deutschtum und Judentum, das Wolfskehl vielfach besungen hatte, zwar zur schmerzvollen Erfahrung der »Zerreissung eines organischen Zusammenhangs«.[43] Zugleich gewinnt aber die in

---

39 Verwey starb am 8.3.1937, Lechter am 8.10.1937.
40 Karl Wolfskehl an Rudolf Pannwitz, Recco, 25.4.1938. In: Wolfskehl: Briefwechsel aus Italien (s. Anm. 2), S. 283. Vgl. auch Voit: Karl Wolfskehl (s. Anm. 5), S. 211–215.
41 Karl Wolfskehl an Felix Falk, Recco, 5.4.1938. In: Wolfskehl: Briefwechsel aus Italien (s. Anm. 2), S. 267.
42 Karl Wolfskehl: »Am Seder zu sagen«. In: Ders.: Gesammelte Werke. Erster Band: Dichtungen, Dramatische Dichtungen. Hg. v. Margot Ruben und Claus Victor Bock. Hamburg 1960, S. 137.
43 Martin Buber: Das Ende der deutsch-jüdischen Symbiose. In: Jüdische Welt-Rundschau I, 10.3.1939, S. 5. Vgl. dazu das Schreiben Wolfskehls an Buber von 1939. Jewish National and University Library, Jerusalem. Zit. in Voit: Karl Wolfskehl (s. Anm. 5), Anm. 79, S. 650.

Wolfskehls Verständnis übergeschichtliche Bestimmung jüdischer Existenz in der Galuth eine auch kompensatorische Bedeutung:

> Frei ziehn wir weiter, auserkoren,
> Ob unserm Weg Sein Himmel weit,
> Sein Bund mit uns aufs neu beschworen,
> Von Seinem Wort das Ziel geweiht![44]

Auch und gerade im Briefwechsel mit Margarete Susman wird dieser neue Sinn des Exils erprobt und bestätigt:

> Auch dieser Kehraus ist ein Vorbot des Auferstehens. Der Mensch ist tot – es lebe der Mensch! So hat's schon oft heißen müssen, so wird's laut erschallen, wieder und wieder noch über unzählbare Jahrhunderte hinaus. Und hindurch [...] ziehn wir unsern ewigen Gang, wir das Volk der ewigen Gegenwart, das Volk ohne Zeit und Hier, das Volk des Rufs und des Ziels.[45]

Es zeichnet sich damit ein Verständnis von Judentum ab, mit dem Wolfskehl, ohne sich als gläubiger oder der Orthodoxie zugewandter Jude inszenieren zu müssen, das Jüdische weit eher als intellektuelles Erbe und Aufgabe – als »Ahnenerbe«, wie Paul Hofmann treffend schreibt[46] – zu verstehen suchte. Dabei ging es ihm um ein Wiederanknüpfen an »den lebendigen, gewußten, gefühlten, praktizierten Zusammenhang mit Ursprung, Satzung, Gelöbnis und Bund«[47], als welchen Wolfskehl das Judentum bereits früher charakterisiert hatte. Schon 1914 hatte er jüdische Wirklichkeit unter dem Titel »Das jüdische Geheimnis« als Erfahrung einer paradoxen Ungleichzeitigkeit und Überzeitlichkeit charakterisiert: »Dieses Volk hat als Volksganzes das Unzeitliche [...] als Zeitlichkeit innerhalb dieses Hier, raumhaft ausgedrückt, es ist immer dagewesen und lebte immer woanders.«[48] Zwar lebte Wolfskehl selbst längste Zeit die »Symbiose« eines deutschen Juden, doch schrieb er schon damals in dem festen Bewusstsein, dass sich das Judentum wesenhaft der eigentlichen »symbiotischen, pflanzenhaften Gemeinschaft von Leben und Leben« entziehe.[49] Hieraus

---

44 »Edom«. In: Wolfskehl: Gesammelte Werke I (s. Anm. 42), S. 156.
45 Karl Wolfskehl an Margarete Susman, Recco, 28.9.1936. In: Wolfskehl: Briefwechsel aus Italien (s. Anm. 2), S. 221. – Dieses transhistorische Verständnis jüdischer Existenz wird im Werk Margarete Susmans auch über die Korrespondenz mit Wolfskehl hinausgehend vielfach thematisiert und reflektiert. Vgl. hierzu erneut den Beitrag von Gerhild Rochus im vorliegenden Band.
46 Hoffmann: Karl Wolfskehls Identität (s. Anm. 9), S. 98.
47 Karl Wolfskehl an Jakob Klatzkin, Camogli, 9.10.1935. In: Wolfskehl: Briefwechsel aus Italien (s. Anm. 2), S. 136.
48 »Das jüdische Geheimnis«. In: Wolfskehl: Gesammelte Werke II (s. Anm. 34), S. 395.
49 Wolfskehl: Gesammelte Werke II (s. Anm. 34), S. 396.

entwickelte er 17 Jahre später in einem Artikel zu Jakob Klatzkins *Probleme des modernen Judentums* das Bild vom »jüdische[n] Schicksal« als »doppeltes, zwiefach gerichtetes Antlitz«[50], das in einer »stete[n] Spannung zwischen zwei Brennpunkten«[51] stehe. Gemeint war der nach Wolfskehl dem Judentum immer schon eigene »Urgegensatz« zwischen nationaler »Volkseinheit« und der Verbindung mit anderen Gastvölkern in der Galuth[52], der in seinem Verständnis jüdisches Dasein grundsätzlich auszeichne. Dabei folgte für Wolfskehl weder das eine folgerichtig aus dem anderen, noch stand ein Ende dieser gleichsam außergeschichtlichen Doppelheit vor der Wiederherstellung des Bundes in Aussicht. Beide Existenzweisen sind zu verstehen als Modi eines messianischen Wartens auf das Ende der Geschichte und gewinnen somit gleichermaßen ihren Sinn aus der Perspektive auf dieses immer noch zukünftige Ende. »Zionist bin ich dann, wenn der Tempel ersteht«, heißt es einmal an Susman.[53] Wolfskehl rettete sich nicht in eine weltlich-zionistische Hoffnung auf das Ende der Galuth, er beharrte auf dem Judentum als Idee.[54] Hierin sah er eine Kontinuität, die ihm half weiterzumachen und weiter zu dichten. Gerade hierin lag zugleich die bleibende Verbindung seines Judentums mit der zweiten elementaren Wahrheit seines Selbstverständnisses, dem Georgischen Geist, begründet.

Denn es kam mit dem in den Exiljahren so eindrucksvoll sich entwickelnden lyrischen Hauptwerk »die Treue zu George *und* zum Jüdischen als wahrhaft zweifache Bestimmung seines Wesens« zum Ausdruck.[55] Dabei war es keineswegs so, dass *Die Stimme spricht* allein dem Jüdischen, *An die Deutschen* dem Georgischen gewidmet gewesen wäre. In beiden Texten bekannte sich Wolfskehl in gleichsam miteinander verwachsenen poetischen Schlüsselwendungen ebenso zum Aufbruch bzw. zum Bruch mit dem barbarisch gewordenen Deutschen, wie er an der intellektuellen Bindung zu Stefan George, an dessen Werk, Denken und Erinnerung festhielt. So lässt sich der Anruf an Jahwe in der *Stimme* an mehr als einer Stelle auch als Anruf des alten Freundes und

---

50 Karl Wolfskehl: »Doppeltes Antlitz«. In: Wolfskehl: Briefe und Aufsätze (s. Anm. 19), S. 287.
51 Wolfskehl: Briefe und Aufsätze (s. Anm. 19), S. 285.
52 Wolfskehl: Briefe und Aufsätze (s. Anm. 19), S. 284. – Vgl. hierzu auch Hoffmann: Karl Wolfskehls Identität (s. Anm. 9), S. 100 f.
53 Karl Wolfskehl an Margarete Susman, Recco, 12.7.1936. In: Wolfskehl: Briefwechsel aus Italien (s. Anm. 2), S. 210.
54 Vgl. hierzu ferner Daniel Hoffmann: »Ich kam aus dem Geheg«. Karl Wolfskehls Deutung des Exodus in *Die Stimme spricht*. In: Mattenklott, Philipp, Schoeps (Hg.): »Verkannte brüder«? (s. Anm. 3), S. 135–151.
55 Kerstin Schoor: Karl Wolfskehl als Symbolfigur »jüdischer« Dichtung in Deutschland. In: Dies.: Vom literarischen Zentrum zum literarischen Ghetto. Deutsch-jüdische literarische Kultur in Berlin zwischen 1933 und 1945. Göttingen 2010, S. 228–261; hier: S. 233.

»Meisters« lesen. Hiervon zeugen nicht zuletzt all solche dem Kreis besonders vertraute Signalwörter wie »Stern« und »Ring«, aber auch zahlreiche versteckte Zitate aus den Gedichten Georges.[56] Der Ruf nach einer Antwort etwa in »Herr, lasse mich nicht fallen« korrespondiert gleichermaßen dem – gleichwohl ebenso wenig beantworteten – Anruf Wolfskehls an Stefan George kurz vor dessen Tod, ihn noch einmal zu sich kommen zu lassen.[57] Seine Wendung an den göttlichen »Herrn« bleibt so stets auch lesbar als Bekenntnis zum Erbe Georges, d. h. zum Wort und Geist auch jenes anderen »Bundes«[58], zu dem Wolfskehls Treue zu keinem Zeitpunkt abbrechen sollte.[59] Explizit wird dies freilich vor allem in *An die Deutschen*, in dem die Anrede an »Stefan, höchster Hort vom Rheine,/Herr der Herzen, Er der Eine«[60] schon in der ersten Fassung unübersehbar stand. Hiervon zeugen denn auch bereits die dreifach Verse Georges zitierenden Motti der letzten Fassung, doch vor allem das im sogenannten »Abgesang« noch einmal verdoppelte Bekenntnis gegenüber dem »Meister«, der hier den zuvor zitierten Anruf aus der *Stimme* gleichsam bestätigend beantwortet:

> Reckt die Hand und heischt der Meister:
> Überdaure! Bleib am Steuer!
> Selige See lacht, Land ergleisst!
> Wo du bist, du Immertreuer,
> Wo du bist, du Freier, Freister,
> Du der wahrt und wagt und preist –
> Wo du bist, ist Deutscher Geist![61]

Dabei lässt sich auch hier die jüdische Semantik, welche in der *Stimme* dominiert, wieder entdecken. So klingt in der zweifachen Rede vom »Immertreuen«[62] erneut das »Immer wieder« der jüdischen Galuth-Erfahrung an, und in der

---

56 Vgl. v. a. das Gedicht »Mensch und Er«. In: Wolfskehl: Gesammelte Werke I (s. Anm. 42), S. 131 f.
57 Vgl. die letzten Briefe Wolfskehls an George vom 20.X.1933 sowie vom 28.X.1933. In: Wolfskehl: Briefwechsel aus Italien (s. Anm. 2), S. 26 f.
58 Vgl. in diesem Sinne etwa auch die Gedichte »Die Wand« und »Die Stimme spricht: Ich war bei dir«. In: Wolfskehl: Gesammelte Werke I (s. Anm. 42), S. 142 f.
59 Auf diese eigensinnige Vermischung der beiden Sphären reagierte denn auch der Großteil der Freunde aus dem Umkreis Georges mit vehementer Kritik, wenngleich kaum einer von ihnen die tatsächliche Zusammenführung von Georgischem Geist und jüdischer Bundestradition explizit ansprach. Vgl. dazu Voit: Karl Wolfskehl (s. Anm. 5), S. 125–130.
60 Vgl. die erste Fassung des Gedichts, abgedruckt in Voit: Karl Wolfskehl (s. Anm. 5), S. 147.
61 »Der Abgesang«. In: Wolfskehl: Gesammelte Werke I (s. Anm. 42), S. 219.
62 Vgl. in der letzten Fassung die siebte Strophe sowie den »Abgesang«. In: Wolfskehl: Gesammelte Werke I (s. Anm. 42), S. 218 f.

zweiten Fassung von *An die Deutschen* heißt es in der siebten Strophe überdeutlich:

> Schwer dröhnt alten Bundes Wort,
> Alle meine Pulse pochen
> Von dem Rufe: Auf und fort![63]

Solcherart schreibt sich die »immer nachdrücklicher beschworene Unverbrüchlichkeit der Bindung an George«[64] in die jüdische *Stimme* ebenso ein, wie diese mit jener identifizierbar wird. Diese Entwicklung kann verstanden werden als eine direkte Reaktion auf die Wolfskehl zeitgleich bewusst gewordene »dunkelste[n] Flut«, die seine Heimat »in so unheimlicher Rapidität hilflos in den Strudel« stürzte, aus dem es kein Zurück mehr gab.[65] Sie verlieh ihm in der Sphäre des Geistig-Poetischen eben den Sinn und Halt, den die Wirklichkeit dem erblindeten Dichter, der mit dem Aufbruch nach Neuseeland seine Frau, seine Familie und seine Freunde ohne realistische Aussicht auf ein Wiedersehen zurückließ[66], nicht mehr bieten konnte.

IV. »Und fürchterlichsten Untergang verheisst er«: Bilanzaufnahme aus der Ferne

Der skizzierte Prozess eines Sinngewinns qua Intellektualisierung der Exilsituation im Sinne eines Auftrags und geistigen Erbes[67] war indes für Wolfskehl damit keineswegs abgeschlossen, sondern erfuhr eine weitere Steigerung, je mehr er sich von Europa und Deutschland entfernte. Die wachsende Distanz erleichterte den Versuch des jüdischen Dichters, das für ihn konstitutive »Außergeschichtliche[]« des Judendaseins individuell zu verwirklichen.[68] Neuseeland als »Boden ohne Tradition und ohne Verbindungen mit der alten Welt« bot in diesem Moment die Möglichkeit einer »tabula rasa«[69] und wurde so zur

---

63 Zweite Fassung, abgedruckt in Voit: Karl Wolfskehl (s. Anm. 5), S. 152.
64 Voit: Karl Wolfskehl (s. Anm. 5), S. 154.
65 Karl Wolfskehl an Rudolf Pannwitz, Auckland, 14.3.1939. In: Karl Wolfskehl: Briefwechsel aus Neuseeland 1938–1948. Hamburg 1988. Bd. I, S. 60 f.
66 Voit: Karl Wolfskehl (s. Anm. 5), S. 218 f.
67 Vgl. hierzu auch den Brief an Rudolf Pannwitz, Recco, 25.4.1938, an den Wolfskehl schreibt: »Ich selber bin ausersehen, in beiderlei Betracht aushalten zu müssen, was hier sich begibt. Beides ist meines: das Los der in jedem Sinn Zugehörigen, das Los der ganz und gar Eingeseßnen und das Los der völlig Schweifenden, der immer Verjagten: Das ist echtes und hehres Hyperboräerschicksal [...].« Vgl. Wolfskehl: Briefwechsel aus Italien (s. Anm. 2), S. 283.
68 Karl Wolfskehl an Margarete Susman, 19.3.1936. In: Wolfskehl: Briefwechsel aus Italien (s. Anm. 2), S. 169.
69 Sonino: Wolfskehls »doppeltes Antlitz« (s. Anm. 9), S. 59.

erhofften Projektionsfläche einer paradoxen Verwirklichung der Geschichtlichkeit jüdischen Geistes als wesentlich geschichts*los*.

Vor dem Hintergrund dieser Situation erprobte Wolfskehl gleichsam ein »Spiel mit [den] Masken« einer ganzen Reihe mythologischer Identifikationsfiguren, die dem Zweck dienten, »ihn als Exul und den exemplarischen Charakter seines Exils zu profilieren«.[70] Ob als Ahasverus, als Dante, Ovid, Ulysses oder schließlich als Hiob[71] – zunächst markierte diese Beschäftigung mit stolzen Einzelgestalten eine Geste der Distanz zum Geschichtlichen. Der exilierte Dichter stand damit, ganz vergeistigt, zur historischen Realität der Shoah geografisch wie existenziell maximal entfernt.

Doch die Figur des Hiob war, wie Friedrich Voit nachgezeichnet hat, nur anfangs eine »Projektionsgestalt des eigenen Schicksals«[72] als das eines vereinsamten und im weit entrückten Exil isolierten Dichters, den Nachrichten über die Ereignisse in Europa nur mit starker Verzögerung und nicht selten unvollständig erreichten. Sie entwickelte sich vor allem in den späten Jahren des neuseeländischen Exils zu einer vielgestaltigen poetischen Metapher, mit der Wolfskehl auch den Bezug zur hoch aktuellen Geschichte der Vernichtung nicht scheute. Hiervon zeugte ebenso der zweite große Zyklus *Mittelmeer oder Die fünf Fenster*, der ab 1938 gleichsam als Komplement zu den späteren Teilen des *Hiob* entstand und sich zu diesem verhielt wie *An die Deutschen* zur *Stimme*. Denn was *Hiob* für die jüdische Existenz in der Galuth rekapitulierte, reflektierte der *Mittelmeer*-Zyklus – erneut mit starker Referenz zu George – für die nach ihrem Niedergang durch den NS-Frevel endgültig in den Untergang getriebene europäische Heimat, die Wolfskehl mitnichten in einem nationaldeutschen Sinne, sondern in seiner berühmten Formulierung ganz explizit als »jüdisch, römisch, deutsch zugleich«[73] verstand:

> Der Mensch vergeht. Schon brüllt formlose Masse,
> Nach Zwängerwahn gepresst, und rühmt sich Rasse?
> ›Schon eure Zahl ist Frevel!‹ – droht der Meister,
> Und fürchterlichsten Untergang verheisst er.[74]

---

70 Friedrich Voit: »›den Späten ein Gesicht/Zeugnis und Abbild langer Leidensjahre‹ – Karl Wolfskehls Selbstgestaltungen im Exil. In: Kotowski, Mattenklott (Hg.): »O dürft ich Stimme sein, das Volk zu rütteln!« (s. Anm. 9), S. 79–91; hier: S. 80, 87. – Vgl. ferner zur Bedeutung von Dionysos als »Stiftergestalt[]« Norman Franke: »Jüdisch, römisch, deutsch zugleich …?«. Eine Untersuchung der literarischen Selbstkonstruktion Karl Wolfskehls unter besonderer Berücksichtigung seiner Exillyrik. Heidelberg 2006, S. 26 f.
71 Siehe hierzu Voit: Karl Wolfskehls Selbstgestaltungen im Exil (s. Anm. 70).
72 Voit: Karl Wolfskehls Selbstgestaltungen im Exil (s. Anm. 70), S. 82.
73 »Das fünfte Fenster: Ultimus Vatum«. In: Wolfskehl: Gesammelte Werke I (s. Anm. 42), S. 191.
74 »Das dritte Fenster: Tabellae«, XXV. Teil. In: Wolfskehl: Gesammelte Werke I (s. Anm. 42), S. 185.

Auch als Wolfskehl 1944 begann, seine verstreuten Hiob-Gedichte, die zum Teil entstehungsgeschichtlich einen weiten Bogen bis zurück in das Jahr 1934 schlugen[75], zu dem großen Zyklus *Hiob oder Die vier Spiegel* zusammenzustellen, ging es ihm keineswegs nur um eine – stets auch autobiografisch lesbare[76] – Klage über seine »triste Exilsituation« in Auckland[77], wo die Erfahrungen der Unbehaustheit, des mehrfachen Wohnungswechsels sowie der häufigen Krankheit und Depression schwere Phasen der existenziellen Bitterkeit mit sich brachten. Stattdessen fixierte Wolfskehl in den vier Teilen seiner späten Hiob-Dichtung eine viel umfassendere Perspektive auf die jüdische Geschichte, deren ambivalenten Wesenskern er im »Bilde des Hiob« als »Fatum« erblickte.[78] So aber wurde zuletzt Hiob für Wolfskehl zur Universalfigur, die auch messianische Dimensionen mit einschloss:

> Er der Andre, der Jeder, der Allzeit-Unzeit-Nu.
> Halt dich – Er Du. Vergeh – Er Du.
> Gegenwart, Opferstatt, Du Du Du.
> Hiob-Du. Maschiach-Du.
> WER – ER – DU.[79]

Die »vier Spiegel« repräsentieren somit beides: ästhetischen Höhepunkt und »dichterische Vision vom Wesen des Judentums«[80] in seiner gerade auch die Vernichtungsgeschichte miteinschließenden Ganzheitlichkeit. Neben zum Teil überdeutlichen Anleihen aus dem Werk des befreundeten Martin Buber[81] umfasst dies sowohl die Geschichte eines Abfalls von den Ursprüngen – einer jüdischen Existenz »bar von Bund und Buch«[82] – als auch das historisch mit dem Simson-Stoff evozierte Narrativ eines rächenden Selbstopfers angesichts einer dem Bösen verfallenen Welt: »Blutsamt verdämmert, das Gewölbe kracht./ *Ein Tod stösst alles Leben mir zur Nacht.*«[83] Zuletzt steht die messianische Utopie, wie sie vor allem in »Der vierte Spiegel: Hiob Maschiach« ihren Ausdruck fand, den Reflexionen des Scheiterns und Zweifelns gegenüber:

---

75 Vgl. Voit: Karl Wolfskehl (s. Anm. 5), S. 482 f.
76 Siehe Voit: Karl Wolfskehl (s. Anm. 5), S. 473, 486.
77 Voit: Karl Wolfskehl (s. Anm. 5), S. 271.
78 Vgl. den Brief von Karl Wolfskehl an Siegfried Guggenheim, Auckland, 27.3.1945. In: Wolfskehl: Briefwechsel aus Neuseeland (s. Anm. 65). Bd. I, S. 586. – Ebenso im Brief an Kurt Frener, Auckland, 13.9.1946. In: Wolfskehl: Briefwechsel aus Neuseeland (s. Anm. 65), Bd. II, S. 909.
79 »Der vierte Spiegel: Hiob Maschiach«. In: Wolfskehl: Gesammelte Werke I (s. Anm. 42). S. 215.
80 Karl Wolfskehl an Abraham Scholem Yahuda, Auckland, 2.8.1946. In: Wolfskehl: Briefwechsel aus Neuseeland (s. Anm. 65). Bd. I, S. 271.
81 Siehe dazu u. a. Voit: Karl Wolfskehl (s. Anm. 5), S. 492.
82 »Der erste Spiegel: Hiob Israel«. In: Wolfskehl: Gesammelte Werke I (s. Anm. 42), S. 205.
83 »Der zweite Spiegel: Hiob Simson«. In: Wolfskehl: Gesammelte Werke I (s. Anm. 42), S. 207.

Erbschatz ist Geist, euch zugedriehn
Von Moscheh bis Maschiach.
Geist weht als Ewiger Bund im Dorn,
Den er nicht rührt, Geists Morgenhorn
War ich. War ichs? Eh? Nie? Ach![84]

Wie wenig Wolfskehl die messianische Verheißung nach dem Ende des Kriegs für das eigentliche letzte Wort seiner Rekapitulation jüdischen Daseins hielt, verdeutlicht schließlich der alternative Vorspruch, den er Ende 1947 entwarf. In ihn hielt die mörderische »Schreckenszeit«[85], in der auch der Jude Karl Wolfskehl »zum Urfeind gemacht«[86] wurde, höchst unmittelbaren Einzug und wurde zum eigentlichen Objekt des »Ach« seines Hiob:

Unsrer Vergasten jedem Skelett.
Unsrer Asch, ihrer Felder Fett.
Unsrer Schatten unsagbarer Kett:
Müttern, Müttern kahl und brach.
Söhnen, keinen liessen sie nach.
Töchtern, die Ekel noch vorm Meucheln zerbrach.
Säuglingen, ofenverheizten, wie lohten die jach,
Just geboren – errette doch Herr, errett!
[...]
Unser Ach! Hiobs Ach!
Unser unser Hiobs Ach!
Schaddai! Schaddai![87]

Wie somit in nahezu all seinen Werken der Exilzeit scheute Wolfskehl auch hier den Bezug auf die Vernichtungsgeschichte nicht, wenngleich dieser Entwurf zuletzt nicht zum Druck bestimmt wurde.[88] Die außerordentlich produktive

---

84 »Der dritte Spiegel: Hiob Nabi«, II. Teil. In: Wolfskehl: Gesammelte Werke I (s. Anm. 42), S. 210.
85 Karl Wolfskehl an Hanna Wolfskehl, Auckland, 17.10.1945. In: Wolfskehl: Briefwechsel aus Neuseeland (s. Anm. 65). Bd. II, S. 701.
86 Karl Wolfskehl an Kurt Frener, Auckland, 13.9.1946. In: Wolfskehl: Briefwechsel aus Neuseeland (s. Anm. 65). Bd. II, S. 908.
87 »Euch! Uns! Ihm! Zweiter Vorspruch zu: Hiob oder Die vier Spiegel«. In: Wolfskehl: Gesammelte Werke I (s. Anm. 42), S. 284.
88 Gleichwohl erschien diese handschriftlich vorliegende Fassung des Vorspruchs Margot Ruben so wichtig, dass sie diese in die – sonst sich streng an Wolfskehls überlieferten eigenen Plan haltende – Werkausgabe mit aufnahm. Vgl. hierzu auch ihre Anmerkungen als Herausgeberin der Werkausgabe. In: Wolfskehl: Gesammelte Werke II, (s. Anm. 34), S. 560–564. – Zur Geschichte dieser Fassung siehe ferner Voit: Karl Wolfskehl (s. Anm. 5), S. 479 f.

Schaffensphase im »europafernste[n] Landstück«[89] führte keineswegs zu einer Loslösung vom Schrecken, der die Heimat beherrschte. In nahezu all seinen Werken dieser Zeit berührte und thematisierte der Dichter jene Geschichte der Verfolgung und Vertreibung, der er sich folglich nur körperlich entziehen konnte. Weil die Nationalsozialisten den Geist pervertierten, für den sich Wolfskehl bis zuletzt zuständig und verantwortlich wähnte, konnte bei aller Kälte und Ferne des Exils dieser Bezug niemals abreißen: »Du der wahrt und wagt und preist –/Wo du bist, ist Deutscher Geist!«[90]

V. »Daß das Urverbrechen in seiner schamlosen Gier bis zu mir herankroch!«: Anklage und verweigerte Rückkehr

Die stets auf Europa fixiert bleibenden Reflexionen fanden ihren Höhepunkt in der unmittelbaren Nachkriegszeit und führten für den – durchaus stets auch melancholisch auf seine deutsch-jüdische Heimat zurückblickenden[91] – Exildichter zu einer programmatischen Verhärtung seiner Position gegenüber den Dagebliebenen. Zwar wünschte Wolfskehl zunächst, angetrieben durch seine Sehnsucht nach Heimat und Familie[92], durchaus die Rückkehr nach Deutschland. Doch die Nachrichten und Reaktionen, die ihn nach Kriegsende erreichten, erwiesen sich als unvereinbar mit der Realität nach der Katastrophe, wie er sie sah. Hierzu trug nicht zuletzt der Tod einiger seiner nächsten Vertrauten bei. 1945 war Friedrich Gundolf, der neben Edgar Salin letzte große Vertraute aus dem George-Kreis, verstorben. Der Tod seiner zurückgelassenen Frau Hanna im März 1946 schließlich ließ die Bedeutung einer Rückkehr noch fragwürdiger erscheinen: »Das stärkste Band riß, Frau Hanna starb im März«, schrieb er an Scholem Yahuda: »Ihr Herz war das letzte Stück Heimat.«[93] Und als er Monate darauf erfuhr, dass auch sein Bruder Eduard Wolfskehl 1943 »im Konzentrationslager, wie sich's eben gehört, umgekommen ist«[94], schien jedes intakte Bild von der vormaligen Heimat zerstört: »Einem Wolfskehl hätte das

---

89 Karl Wolfskehl an Bella Fromm-Welles, Auckland, 31.1.1947. In: Wolfskehl: Briefwechsel aus Neuseeland (s. Anm. 65). Bd. II, S. 926.
90 »Der Abgesang«. In: Wolfskehl: Gesammelte Werke I (s. Anm. 42), S. 219.
91 Vgl. hierzu v. a. den Briefwechsel mit Siegfried Guggenheim, der in seiner Überlieferung mit Guggenheims Glückwünschen zu Wolfskehls 75. Geburtstag am 28.2.1945 einsetzt. Vgl. Wolfskehl: Briefwechsel aus Neuseeland (s. Anm. 65). Bd. I, S. 582–658.
92 Vgl. dazu im Detail Voit: Karl Wolfskehl (s. Anm. 5), S. 380–382.
93 Karl Wolfskehl an Abraham Scholem Yahuda, Auckland, 2.8.1946. In: Wolfskehl: Briefwechsel aus Neuseeland (s. Anm. 65). Bd. I, S. 271. – Vgl. zum Tod Hanna Wolfskehls auch den Brief der Tochter Judith (Köllhofer) vom 11.3.1946. In: Wolfskehl: Briefwechsel aus Neuseeland (s. Anm. 65). Bd. II, S. 709.
94 Karl Wolfskehl an Gertrud Gräfin Helmstatt, Auckland, 1.11.1946. In: Wolfskehl: Briefwechsel aus Neuseeland (s. Anm. 65). Bd. II, S. 896.

»Daß das Urverbrechen in seiner schamlosen Gier bis zu mir herankroch!«

nicht passieren dürfen.«[95] Vor allem mit dieser letzten Nachricht wurde die Shoah für den »Exul immeritus«[96], dessen praktische Möglichkeiten einer Rückkehr von Anfang an gering waren[97], in unheimlicher Art persönlich: »Daß das Urverbrechen in seiner schamlosen Gier bis zu mir herankroch!«[98], klagte er an den letzten treuen Freund Siegfried Guggenheim.

Während aber die mörderische Realität solcherart an ihn »herankroch«, war es vor allem der verharmlosende Umgang der Dagebliebenen mit der gemeinsamen Geschichte, der Wolfskehl nachhaltig schockierte und ihn endlich dazu bewegte, seiner vornehmlich im lyrischen Werk ihren Ausdruck findenden *Klage* eine wesentlich direktere *Anklage* zur Seite zu stellen. In einer ganzen Reihe von Briefen aus Deutschland stieß Wolfskehl auf das im Umgang mit wiederkehrenden Exilanten nur allzu häufig zu beobachtende Verschweigen der eigentlichen Ursachen ihrer Flucht: der drohenden Verfolgung. Vor allem die ersten Briefe der früher engsten Freunde Kurt Frener und Emil Preetorius haben in diesem Sinne eine schmerzlich abschreckende Wirkung auf Wolfskehl ausgeübt.[99] Rasch erkannte er ein für ihn typisches Verhaltensmuster, das er direkt und wortgewaltig attackierte. So beklagte Wolfskehl in einem bald als »Brief an Kurt«[100] zirkulierten Schreiben an Frener vom 13. September 1946, dass die meisten seiner sogenannten Freunde es gänzlich unterließen, »sich auch nur mit einem einzigen Wort nach dem zu erkundigen, was den Exul seit jenem markanten '33 betraf, nicht einmal, von Teilnahme zu schweigen, neugierig schein[en]«, wie es den Exilanten eigentlich erging.[101] Stattdessen werfe man den Verstoßenen auch noch vor, dass sie »in der Fremde die Liebe zur Heimat vergaßen«, wie es zuvor im Brief von Monica Lepsius hieß.[102] Mit keinem Wort aber wird der »Verrat« berührt, den der Vertriebene von seinen Freunden erlei-

---

95 Karl Wolfskehl an Gertrud Gräfin Helmstatt, Auckland, 1.11.1946. In: Wolfskehl: Briefwechsel aus Neuseeland (s. Anm. 65). Bd. II, S. 896. Vgl. ferner Karl Wolfskehl an Siegfried Guggenheim, Auckland, 20.9.1946. In: Wolfskehl: Briefwechsel aus Neuseeland (s. Anm. 65). Bd. I, S. 625.
96 Karl Wolfskehl an Edgar Salin, Auckland, 19.1.1947. In: Wolfskehl: Briefwechsel aus Neuseeland (s. Anm. 65). Bd. I, S. 192.
97 Vgl. dazu Voit: Karl Wolfskehl (s. Anm. 5), S. 421–423.
98 Karl Wolfskehl an Siegfried Guggenheim, Auckland, 20.9.1946. In: Wolfskehl: Briefwechsel aus Neuseeland (s. Anm. 65). Bd. I, S. 625.
99 Vgl. hierzu auch, wenngleich in der Analyse an der Oberfläche verbleibend, Detlef Garz: »An meine Rückkehr, Freund, glauben Sie wohl, selbst nicht.« Karl Wolfskehl – Exul Poeta. In: Nach dem Krieg! – Nach dem Exil? Erste Briefe. First Letters. Fallbeispiele aus dem sozialwissenschaftlichen und philosophischen Exil. Hg. v. Detlef Garz und David Kettler. München 2012, S. 235–256.
100 Karl Wolfskehl an Edgar Salin, Auckland, 19.1.1947. In: Wolfskehl: Briefwechsel aus Neuseeland (s. Anm. 65). Bd. I, S. 191.
101 Karl Wolfskehl an Kurt Frener, Auckland, 13.9.1946. In: Wolfskehl: Briefwechsel aus Neuseeland (s. Anm. 65). Bd. II, S. 906.
102 Wolfskehl: Briefwechsel aus Neuseeland (s. Anm. 65). Bd. II, S. 908.

den musste, die – wie er Emil Preetorius vorhielt – nicht widersprachen, als man ihn gesellschaftlich ausschloss, und die sich nicht zu ihm bekannten oder gar den Kontakt aus falscher Vorsicht ganz abbrachen.[103]

Kurz, es war ein doppelter Verrat – der Verrat der Freundschaft und der Verrat der Heimat. Dass er beides erleiden musste, führte Karl Wolfskehl ins Exil. Dass sich nun keiner aktiv darum bemühte, den begangenen Verrat zu korrigieren, wurde zu Wolfskehls höchst eigener Erfahrung einer Tilgung bzw. eines Durchstreichens seiner vor allem in *Mittelmeer* und *An die Deutschen* festgehaltenen Geschichte der Zugehörigkeit. Dies führte ihn zu der bitter-wahren Einsicht, dass es auch ihn nun in gewisser Hinsicht nicht mehr gab: »Für München, mein München, bin ich tot, verschollen, wahrscheinlich nie dagewesen«, heißt es an Gertrud Helmstatt.[104] Weil »die frühere Welt [...] nicht mehr besteht«[105] und seine Existenz so gleichsam annulliert wurde[106], gebe es den »Jude[n], de[n] deutsche[n] Dichter Karl Wolfskehl« nur noch als »einen Bürger der Welt, einen Sohn unseres Planeten«.[107]

In dieser letzten Einsicht, festgehalten Ende 1947, ein halbes Jahr vor seinem Tod, verwirklichte sich nicht nur die Exilidentität Karl Wolfskehls. Sie verdeutlicht auch die Konsequenz sowie den – bei aller Geistigkeit und Treue gegenüber dem »Meister« George – klaren Sinn für die grausame Realität der Vernichtung, die dem Gesamtwerk Wolfskehls bis zuletzt eingeschrieben blieb. All dies freilich stand für den Dichter mit dem vielfach umgeschriebenen, doch schon 1935 grundlegend fixierten »Abgesang« *An die Deutschen*, der im November 1947 im Schweizer Origo-Verlag endlich auch gedruckt wurde[108], schon lange fest:[109]

---

103 Vgl. den Brief von Karl Wolfskehl an Emil Preetorius, Auckland, 17.3.1947. In: Wolfskehl: Briefwechsel aus Neuseeland (s. Anm. 65). Bd. II, S. 947 f.
104 Karl Wolfskehl an Gertrud Gräfin Helmstatt, Auckland, 1.11.1946. In: Wolfskehl: Briefwechsel aus Neuseeland (s. Anm. 65). Bd. II, S. 896.
105 Karl Wolfskehl an Kurt Frener, Auckland 18.12.1947. In: Wolfskehl: Briefwechsel aus Neuseeland (s. Anm. 65). Bd. II, S. 913.
106 Vgl. auch Karl Wolfskehl an Kurt Frener, Auckland, 13.9.1946: »Heute, ein volles Jahr nachdem das, von dem Ihr Euch als von einem Spuk oder Nachtmahr befreit fühlt, mit dem Köstlichsten der Heimat zusammengebrochen ist, hat die Heimat durchaus vergessen, daß es den deutschen Dichter Karl Wolfskehl noch gibt, wahrscheinlich vergessen, daß es ihn je gegeben hat.« In: Wolfskehl: Briefwechsel aus Neuseeland (s. Anm. 65). Bd. II, S. 909 f.
107 Karl Wolfskehl an Kurt Frener, Auckland 13.9.1947. In: Wolfskehl: Briefwechsel aus Neuseeland (s. Anm. 65). Bd. II, S. 907.
108 Vgl. dazu Voit: Karl Wolfskehl (s. Anm. 5), S. 524–530.
109 Vgl. hierzu auch den Brief an Siegfried Guggenheim, Auckland, 19.9.1947. In: Wolfskehl: Briefwechsel aus Neuseeland (s. Anm. 65). Bd. I, S. 657.

Dein Weg ist nicht mehr der meine,
Teut [...]
Fährst vom Weltentempelhaus
Deiner Kaiser, deiner Dichter
Brüllend, Teut, ins Dunkel aus:
Wüsstest du was drinnen kreist!
Nacht hat auch zu mir gesprochen,
Gottesnacht, schwer dröhnt das Wort:
Losgebrochen! Losgebrochen![110]

---

110 »Der Abgesang«. In: Wolfskehl: Gesammelte Werke I (s. Anm. 42), S. 219.

Gerhild Rochus

»Wir sind absolut und ganz im Exil«[1]
Exil als *conditio humana* in der Essayistik Margarete Susmans

Die deutsch-jüdische Literaturtheoretikerin, Philosophin, Lyrikerin und Essayistin Margarete Susman[2] unternimmt in ihren Essays über die Relektüre jüdischer Denkfiguren den Versuch einer Reformulierung jüdischen Selbstverständnisses im Kontext von Exil und Shoah. Im Rekurs auf jüdische Denk- und Traditionshorizonte entwirft sie eine Poetik des Exils[3], die die spezifisch jüdische Erfahrung einer diasporischen Existenz mit der *conditio humana* des modernen Individuums verschränkt.[4] In der generischen Form des Essays und der sprachlichen Form des Pathos entwickelt Susman so bereits *vor* 1933 die Vorstellung des Exils als einer Denkfigur, an der sie auch *nach* 1933, und in potenzierter Form *nach* 1945, festhält. Die Fortsetzung des Exils nach 1945 geht mit einer Potenzierung des Exils einher und weist das Exil als Sinn der jüdischen und somit menschlichen Existenz aus. Diese Vorstellung der menschlichen Existenz als einer exilischen erfährt auch auf der sprachlichen Ebene eine Steigerung, wie auch Susmans bekanntester und zugleich kontrovers diskutierter Text, der 1946 erschienene religionsphilosophische Essay *Das Buch Hiob und Das Schicksal des jüdischen Volkes*, aufzeigt. Dem zunehmenden Leid nach der Shoah korrespondiert ein zunehmend pathetischer Ton.

---

1 Margarete Susman: Der jüdische Geist [1933]. In: Dies.: »Das Nah- und Fernsein des Fremden«. Essays und Briefe. Hg. und mit einem Nachwort versehen v. Ingeborg Nordmann. Frankfurt a. M. 1992, S. 209–223; hier: S. 221.
2 Margarete Susman ist am 14.10.1872 in Hamburg geboren und am 16.1.1966 in Zürich verstorben. 1933 geht Susman nach Zürich ins Exil und kehrt nicht mehr nach Deutschland zurück. Margarete Susmans Œuvre umfasst einen (literar-)historischen Zeitraum von mehr als 60 Jahren. Ihre Essays sind im Zentrum der literarischen und philosophischen Avantgarde entstanden. Zu den zahlreichen Dialogpartnern Susmans gehören u. a. Georg Simmel, Georg Lukács, Ernst Bloch, Karl Wolfskehl, Martin Buber, Franz Rosenzweig, Gershom Scholem und Paul Celan. Vgl. dazu Susmans Erinnerungen in ihrer Autobiografie. Margarete Susman: Ich habe viele Leben gelebt. Erinnerungen. Stuttgart 1964.
3 Der vorliegende Beitrag ist Teil eines Dissertationsprojektes »Poetik des Exils – Die Essayistik Margarete Susmans im Kontext der Moderne« (AT).
4 Zu den Neu- und Umschriften divergierender Exilkonzepte in der jüdischen Tradition vgl. Itta Shedletzky: Exil im deutsch-jüdischen Kontext – Theologie, Geschichte, Literatur. In: Handbuch der deutschsprachigen Exilliteratur. Von Heinrich Heine bis Herta Müller. Hg. v. Bettina Bannasch und Gerhild Rochus. Berlin, Boston 2013, S. 27–47. Vgl. außerdem Itta Shedletzky: Existenz und Tradition. Zur Bestimmung des »Jüdischen« in der deutschsprachigen Literatur. In: Deutsch-jüdische Exil- und Emigrationsliteratur im 20. Jahrhundert. Hg. v. Itta Shedletzky und Hans Otto Horch. Tübingen 1993, S. 3–14.

Insbesondere in Bezug auf diesen Essay sind sich Zeitgenossen und ForscherInnen einig: Susmans Verschränkung von Essayismus, Pathos und Diasporaexistenz, die zudem mit einer Restitution metaphysischer Begriffe einhergeht, erscheint gerade im Kontext der Shoah als problematisch und unangemessen.[5] So kontrastiert Susmans *bewusst* eingesetzter pathetischer Ton einerseits mit dem sachlich-nüchternen Ton der Gattung des Essays sowie andererseits mit dem nach 1945 postulierten Nüchternheitsgebot. Der vorliegende Beitrag verfolgt eine andere Lesart. Die Rückbindung an jüdische Denk- und Erfahrungshorizonte und deren aktualisierende Relektüre in den Essays Margarete Susmans wird als Versuch interpretiert, die existenziellen Grenzerfahrungen von Exil und Shoah zu verstehen und zu versprachlichen. Dabei werden die Grenzen dieses Versuchs in den Essays stets mitreflektiert und als solche markiert.[6] In *Das Buch Hiob und Das Schicksal des jüdischen Volkes* markiert Susman die traumatische Erfahrung der Shoah als Bruch, dem auch auf der sprachlichen Ebene, in Form eines *bewusst* eingesetzten Pathos, Ausdruck verliehen wird.[7] So verneint der Essay vehement die Möglichkeit einer Rückkehr in einen Zustand *davor*, in einen Zustand vor der historischen Zäsur des Exils und der Shoah, ebenso wie die Rückkehr nach Deutschland und somit die Rückkehr zu einem deutschen Judentum nach 1945: »Zweierlei scheidet damit für uns aus: Gericht und Vergebung. [...] [U]nser ist nur die grenzenlose, unauslöschliche Trauer. Aber nur als wirklich unauslöschliche ist diese Trauer eine wahrhaftige Antwort auf das Ungeheure des Geschehenen.«[8]

Wesentlich für Susmans essayistisches Schreiben ist ein Modus des Fragens. Alle existenziellen Fragen, die auch im Rückbezug auf metaphysische Konzepte in *Das Buch Hiob und Das Schicksal des jüdischen Volkes* formuliert werden, bleiben als solche bestehen – »[d]aß sie unbeantwortbar sind, macht selbst die Weise unseres menschlichen Daseins aus«[9]. Der Akzent von Susmans Relektüren liegt auf der universalen Dimension des Judentums in der Tradition des

---

5 Zu diesem immer wieder in der Forschung erhobenen Vorwürfen vgl. bspw. den Beitrag von Gesine Palmer: Sinn-Sein durch Leiden. Ein Problem der Hiobinterpretation. In: Grenzgänge zwischen Dichtung, Philosophie und Kulturkritik. Über Margarete Susman. Hg. v. Anke Gilleir und Barbara Hahn. Göttingen 2012, S. 196–219.
6 Vgl. Margarete Susman: Das Buch Hiob und Das Schicksal des jüdischen Volkes [1946]. Frankfurt a. M. 1996, S. 28 f.
7 Zum Pathos als adäquater Ausdrucksform im dichterischen Sprechen nach der Shoah vgl. Ingeborg Bachmann: [Bertolt Brecht: Vorwort zu einer Gedichtanthologie]. In: Dies.: Werke. Hg. v. Christine Koschel, Inge von Weidemann und Clemens Münster. Bd. IV: Essays, Reden, Vermischte Schriften, Anhang. München, Zürich 1978, S. 365–368. Vgl. dazu den Beitrag von Bettina Bannasch: Literaturkritische Essays und Frankfurter Vorlesungen. In: Bachmann-Handbuch. Leben – Werk – Wirkung. Hg. v. Monika Albrecht und Dirk Göttsche. Stuttgart, Weimar 2002, S. 191–203; hier: S. 203.
8 Susman: Das Buch Hiob (s. Anm. 6), S. 160 f.
9 Susman: Das Buch Hiob (s. Anm. 6), S. 33.

Humanismus sowie den damit einhergehenden ethischen Implikationen. So verweist auch Susmans »Bild des jüdischen Menschen« als »Bild des Menschen«[10] auf die existenzielle Dimension dieser Engführung von jüdischer und menschlicher Existenz nach der Shoah: »[D]as jüdische Problem ist unablösbar an das der Menschheit gebunden, es ist als das in letzter Tiefe gestellte Problem des Menschseins selbst dies Problem.«[11] In der Rezeption der Schriften Susmans zu Exil und Shoah wurde – nicht zuletzt aufgrund des pathetischen Tons – oft nicht gesehen, dass die Restitution metaphysischer Konzepte und Begriffe, die sie in ihren Relektüren vornimmt, *nicht* als Versuch einer Sinngebung des Leids im Kontext der Shoah gelesen werden kann. Susman nimmt weder eine Einbettung der Shoah in religiöse Deutungsmuster oder in universelle Erlösungsmodelle vor noch entwirft sie in ihren Essays eine Darstellung des Jüdischen als Opfer. Ihre Essays und insbesondere *Das Buch Hiob und Das Schicksal des jüdischen Volkes* lassen sich vielmehr als ein Anschreiben *gegen* eine fremdbestimmte Opferidentität lesen. Zugleich können sie als der Versuch einer erneuten Selbstbestimmung der jüdischen Existenz gedeutet werden, eines jüdischen Selbstverständnisses, das aufgrund der erfahrenen existenziellen Grenzsituationen der Shoah als fragil und brüchig erscheint und einer permanenten Selbstvergewisserung, eines immer wieder formulierten Aufrufs zum Leben, bedarf: »Jude sein, heißt an den äußersten Grenzen des Lebens und Lebenkönnens die Entscheidung für das Leben zu leisten.«[12]

In der Tradition der prophetischen Forderung deutet Susman die Existenz des jüdischen Volkes als *bewusste* Entscheidung: »[...] [F]ür das jüdische Volk gibt es kein Fatum. Jude sein, heißt sich entscheiden. Denn jeder Einzelne des Volkes wird zwar als Jude geboren; aber er *wird* erst Jude durch die Entscheidung für dies Sein.«[13] Essenzialistischen Konzepten individueller und kollektiver Identität widerspricht somit das Moment der Entscheidung, die eine neu aufgerufene Verantwortung für die Idee der Menschheit und des Menschlichen einfordert. Susmans immer wieder formulierter Appell, eine erneute Verantwortung für die menschliche Existenz zu übernehmen, ist eng verschränkt mit der Vorstellung einer messianischen Hoffnung. Der Aktualisierung metaphysischer Vorstellungen ist gerade im Angesicht der Shoah eine existenzielle Dimension inhärent: »Vertrauen zum Leben, messianische Hoffnung, dies äußerste Paradox zu allem, was das Volk in seiner Geschichte je erfahren hat: dieser vollendete Triumph seiner Bestimmung über sein Schicksal.«[14] Die Entscheidung für das Leben, das Weiterleben, drückt das Verhältnis zur eigenen

---

10 Susman: Das Buch Hiob (s. Anm. 6), S. 121.
11 Susman: Das Buch Hiob (s. Anm. 6), S. 166.
12 Susman: Das Buch Hiob (s. Anm. 6), S. 25.
13 Susman: Das Buch Hiob (s. Anm. 6), S. 24. Kursivierung im Original.
14 Susman: Das Buch Hiob (s. Anm. 6), S. 152.

Existenz aus und stellt zugleich ein Moment des Widerstands dar, wie der Begriff des ›Triumphes‹ akzentuiert.

Diese Überlegungen, die mit der Vorstellung des Exils als *conditio humana* einhergehen und nach 1945 zu einer Fortsetzung und Potenzierung dieser Vorstellung des Exils führen, bilden den Gegenstand der folgenden Ausführungen. Um die Kontinuität von Susmans Denken aufzuzeigen, die die historischen Brüche und Paradoxien des 20. Jahrhunderts in das Schreiben zu integrieren bzw. als Brüche zu markieren sucht, werden im Folgenden auch Essays berücksichtigt, die vor 1933 bzw. vor 1945 entstanden sind. Den Fokus der Analyse bildet jedoch der Essay *Das Buch Hiob und Das Schicksal des jüdischen Volkes*. Der erste Teil versucht zunächst, einen skizzenhaften Überblick über das ›Exil als Denkfigur‹ zu geben; anschließend soll in einem zweiten Teil die für Susmans Schreiben charakteristische Verschränkung von Essayismus, Pathos und Diasporaexistenz aufgezeigt werden. In einem dritten Teil soll der zwischen ›Wirklichkeit und Symbol‹ oszillierende Exilbegriff dargelegt werden; in einem vierten abschließenden Teil soll die Vorstellung des Exils als universelle *conditio humana*, die nach 1933 und in potenzierter Form nach 1945 zum Sinn der *conditio judaica* avanciert, erläutert werden.

I. Exil als Denkfigur

Margarete Susman setzt die figurative Bezugnahme auf die jüdische Geschichte des Exils, d.h. die Metaphorisierung des Exils als universelle *conditio humana*, und die Vorstellung einer permanenten jüdischen Exilexistenz mit der konkreten historischen Situation des Individuums in der Moderne in Beziehung.[15] Aus dieser Verschränkung von Universalisierung und gleichzeitiger Bewahrung der Singularität der exilischen Erfahrung entwickelt Susman die Vorstellung eines jüdischen Exils als Denkfigur, die sich einer territorialen Verwurzelung entzieht und für eine ›Einwurzelung‹ in der Schrift, im göttlichen Gesetz, plädiert. Mit der Denkfigur des Exils geht, wie Jacques Derrida es nach 1945 formuliert, das ›Paradoxon der Exemplarität‹ einher[16], das in der Verschränkung der singulären historischen Erfahrung der jüdischen Diaspora und der universell menschlichen Erfahrung des Exils besteht. Susman weist mit der Aktualisierung des jüdischen Gründungsmythos die diasporische Existenz als einzigartige

---

15 Zur Problematisierung dieser Verschränkung und zum Exil als Denkfigur in der jüdischen Philosophie nach 1945 vgl. Vivian Liska: Exil und Exemplarität. Jüdische Wurzellosigkeit als Denkfigur. In: Literatur und Exil. Neue Perspektiven. Hg. v. Doerte Bischoff und Susanne Komfort-Hein. Berlin, Boston 2013, S. 239-255.
16 Vgl. Jacques Derrida: Zeugnis, Gabe. In: Jüdisches Denken in Frankreich. Hg. und aus dem Französischen übersetzt v. Elisabeth Weber. Frankfurt a.M. 1994, S. 63-90; hier: S. 65.

Daseinsform der jüdischen Existenz vor *und* nach 1933 aus, in der der Sinn der jüdischen und somit universell menschlichen Geschichte einmalig und unwiderruflich formuliert ist.[17] Aus dieser transhistorischen Perspektive betrachtet weist das jüdische Exil über seine historische Bedeutung hinaus und avanciert zu einer Denkfigur, mit deren Hilfe Susman die historische Situation des modernen Individuums zu deuten versucht.

Susmans Essayistik lässt sich als religions- und sprachphilosophische, erinnerungskulturelle und historische Reflexion der Grenzerfahrung der diasporischen Existenz in der generischen Form des Essays und der sprachlichen Form des Pathos beschreiben. Die Erfahrung der diasporischen Existenz bestimmt Susman als die einer mehrfachen Exterritorialität und Marginalisierung, die die ›transzendentale Heimatlosigkeit‹ im Kontext der Moderne, das Moment jüdischer Fremdheit und die Erfahrung der Fremdheit als Folge der realen Exilierung umfasst. In dieser Perspektive stellt auch das historische Exil 1933–1945 keine Zäsur in der jüdischen Geschichte dar, sondern eine Potenzierung der diasporischen jüdischen Existenz, insofern Susman die historische Existenz im Rekurs auf Franz Rosenzweig zugleich als transhistorische ausweist.[18] Dies bedeutet jedoch nicht eine Universalisierung und somit Infragestellung der Singularität der Shoah, sondern lässt sich vielmehr als eine Warnung vor einer potenziellen Wiederholung lesen. So mahnt Susman in *Das Buch Hiob und Das Schicksal des jüdischen Volkes*: »Wo einmal das Äußerste wirklich war, ist fortan alles möglich.«[19]

Auch Susman begreift die Shoah in der jüdischen Geschichte des Leids und der Katastrophen als die »schwerste[]« aller bisherigen Katastrophen, die zum Zusammenbruch »alles Menschlichen und Menschheitlichen« geführt hat.[20] Den Versuch der Zerstörung der jüdischen Existenz deutet Susman als Versuch der Zerstörung der menschlichen Existenz überhaupt und bindet die Selbstbehauptung im Jüdischen an die Selbstbehauptung im Menschlichen: Der Aufruf zur Auferstehung aus dem Leid ergeht somit nicht nur an das jüdische Volk, sondern an die gesamte Menschheit.[21] In diesem Aufruf ist die prophetische Forderung der ›Umkehr‹ als einer Möglichkeit des Menschen zur Rückkehr in

---

17 Vgl. Susman: Das Buch Hiob (s. Anm. 6), S. 24 f. Zu Susmans Essays im Kontext des Exils vgl. Mona Körte: Dichtungslogiken des Ich. Theoriebildung im Exil bei Käthe Hamburger und Margarete Susman. In: »Meine Sprache ist deutsch«. Deutsche Sprachkultur von Juden und die Geisteswissenschaften 1870–1970. Hg. v. Stephan Braese und Daniel Weidner. Berlin 2015, S. 174–198. Vgl. hierzu auch Gerhild Rochus: Margarete Susman: Das Buch Hiob und Das Schicksal des jüdischen Volkes (1946). In: Handbuch der deutschsprachigen Exilliteratur (s. Anm. 4), S. 541–548.
18 Diese Vorstellung einer überzeitlichen jüdischen Existenz findet sich auch bei Karl Wolfskehl, vgl. hierzu den Beitrag von Andree Michaelis im vorliegenden Band.
19 Susman: Das Buch Hiob (s. Anm. 6), S. 149.
20 Susman: Das Buch Hiob (s. Anm. 6), S. 23 f.
21 Vgl. Susman: Das Buch Hiob (s. Anm. 6), S. 155.

seine ›echte Heimat‹, das göttliche Gesetz, enthalten, als ein Akt der Freiheit, der die Verantwortung jedes Einzelnen für die Existenz der Menschheit einfordert.²²

II. Essayismus, Pathos und Diasporaexistenz

Margarete Susmans Essays zeigen sich sowohl der erkenntnisorientierten und prozessualen Geisteshaltung des essayistischen Schreibens und Denkens in der Tradition Michel de Montaignes *Essais* als auch der jüdischen Tradition der Tradier- und Kommentierbarkeit der Thora als einer ›Bewegung ohne Ankunft‹²³ verpflichtet. Der Zwischenraum zwischen Literatur und Philosophie, wie er für die Transgenerik des essayistischen Schreibens charakteristisch ist, manifestiert sich bei Susman zudem in einem Spannungsverhältnis zwischen poetischer Sprache und philosophischer Reflexion. Frei von gattungspoetischer Normierung überschreitet der Essay die Dimension der reinen Literarizität und transformiert die Darstellungsform in eine Daseinsform.²⁴ Als literarische Gattung avanciert der Essay, der eine strukturelle Analogie zum nichtkonzeptuellen, am Gestus des Fragens orientierten talmudischen Denken aufweist, zum Reflexionsmedium und Synonym für die deutsch-jüdische Existenz im 20. Jahrhundert.²⁵ Als Charakteristikum der deutsch-jüdischen Essayistik lässt sich der Versuch einer Neuformulierung des jüdischen Selbstverständnisses über den Rückbezug auf die jüdische Diasporaexistenz, auf das Exil als Denkfigur, feststellen: Die negativ konnotierte, antisemitische Fremdzuschreibung einer ›jüdischen Wurzellosigkeit‹ erfährt eine positive Umdeutung als Selbstbeschreibung einer ›geistigen Wurzellosigkeit‹, eines exterritorialen Ortes

---

22 Diese Verantwortung jedes Einzelnen für »die Erlösung der ganzen Menschheit« weist Susman auch als ›Ethos des Judentums‹ aus. Vgl. Margarete Susman: Vom Sinn unserer Zeit [1931]. In: Dies.: Vom Geheimnis der Freiheit. Gesammelte Aufsätze 1914–1964. Hg. v. Manfred Schlösser. Berlin 1994, S. 3–14; hier: S. 7 f.
23 Dem zunächst mündlich überlieferten heiligen Text ist die Notwendigkeit seiner Tradier- und Kommentierbarkeit, d. h. auch seiner Neu- und Umdeutungen, immanent. Vgl. Gershom Scholem: Offenbarung und Tradition als religiöse Kategorien im Judentum. In: Ders.: Über einige Grundbegriffe des Judentums. Frankfurt a. M. 1970, S. 90–120. Die »Notwendigkeit des Kommentars« weist Derrida als »die Form der Rede im Exil« aus. Jacques Derrida: Edmond Jabès und die Frage nach dem Buch. In: Ders.: Die Schrift und die Differenz. Übersetzt von Rodolphe Gasché. Frankfurt a. M. 1976, S. 102–120; hier: S. 105.
24 Vgl. hierzu Georg Lukács: Wesen und Form des Essays – Ein Brief an Leo Popper. In: Ders.: Die Seele und die Formen. Berlin 1911, S. 3–39.
25 Vgl. hierzu Daniel Hoffmann: Essayismus und jüdische Diasporaexistenz. In: Handbuch zur deutsch-jüdischen Literatur des 20. Jahrhundert. Hg. v. Daniel Hoffmann. Paderborn u. a. 2002, S. 299–320; hier: S. 302 f.

des Denkens[26], der zugleich als Signum der modernen *conditio humana* gelesen werden kann.

In der jüdischen Geschichte findet Susman Denkfiguren und Bilder, die ihrer Suche nach einer Sprache entgegenkommen, die dazu bestimmt ist, zu fragen und nicht zu antworten.[27] Diese Suchbewegung hat auch poetologische Konsequenzen, insofern die Suche nach der »verschütteten Wahrheit« der menschlichen Existenz nur als Annäherung möglich scheint, der ein Moment der Verunsicherung eingeschrieben ist.[28] Das Ethos des Fragens, das sich in Analogie zum Anruf »Höre Israel«[29], einem Anruf ohne Gewissheit auf Antwort, lesen lässt, korrespondiert mit einem dialogischen Denken und Schreiben.[30] Der Dialog mit dem anderen wird als Ort der Transzendenzerfahrung aufgefasst, in der die Beziehung zwischen Mensch und Gott durch die Beziehung zwischen Mensch und Mensch verwirklicht ist.[31] In der Tradition von Martin Bubers Philosophie des Dialogs wird der Sprache ein dialogischer Charakter zugewiesen:[32] Die Sprache ist ein »Zeugnis für das Prinzip des Menschseins«.[33] Diese Dialogfähigkeit des Menschen wird als menschliche Erfahrung *par excellence* verstanden, da ihr zugleich ein ethisches Verständnis zugrunde liegt: Erst in der Verantwortung für den anderen konstituiert sich das Ich.[34] Somit geht die Verantwortung für den anderen der Autonomie des Selbst

---

26 Zur Exterritorialität als Charakteristikum essayistischen Schreibens vgl. Doren Wohlleben: Schwindel der Wahrheit. Ethik und Ästhetik der Lüge in Poetik-Vorlesungen und Romanen der Gegenwart. Freiburg i. Br., Berlin 2005, S. 23–37.
27 Vgl. hierzu Ingeborg Nordmann: Der Dialog ist Bruch und Beginn: Zu Margarete Susman. Ein Porträt ihres Denkens. In: Zur Geschichte der jüdischen Frau in Deutschland. Hg. v. Julius Carlebach. Berlin 1993, S. 203–218.
28 Susman: Das Buch Hiob (s. Anm. 6), S. 29.
29 Margarete Susman: Das Judentum als Weltreligion [1932]. In: Dies.: Vom Geheimnis der Freiheit. Gesammelte Aufsätze 1914–1964. Hg. v. Manfred Schlösser. Berlin 1994, S. 105–121; hier: S. 107 f.
30 Zum dialogischen Denken vgl. Barbara Hahn: Margarete Susman (1872–1966). Dialogisches Schreiben. In: Frauen in der Kulturwissenschaft. Von Lou Andreas-Salomé bis Hannah Arendt. Hg. v. Barbara Hahn. München 1994, S. 81–95. Vgl. auch Ingeborg Nordmann: Einsamkeit und Urteilsfähigkeit. Dialoge mit Martin Buber und Franz Rosenzweig. In: Grenzgänge zwischen Dichtung, Philosophie und Kulturkritik. Über Margarete Susman. Hg. v. Anke Gilleir und Barbara Hahn. Göttingen 2012, S. 62–84.
31 Vgl. Susman: Vom Sinn unserer Zeit (s. Anm. 22), S. 8.
32 Vgl. Martin Buber: Ich und Du [1923]. In: Ders.: Das dialogische Prinzip. Gütersloh 2002, S. 7–121.
33 Martin Buber: Urdistanz und Beziehung. Beiträge zu einer philosophischen Anthropologie I. Heidelberg 1978, S. 28.
34 Diese Beziehung des Ich zum anderen, die mit dem zentralen Begriff der Verantwortung verschränkt ist, zeichnet sich bei Susman durch ein asymmetrisches Verhältnis aus: Der andere ist der Fremde und zugleich der Nächste. Auf diese Asymmetrie und die damit einhergehende Fremdheit des anderen verweist auch Levinas nach 1945. Vgl. hierzu Emmanuel Levinas: Totalität und Unendlichkeit. Versuch über die Exteriorität. Übersetzt v. Wolfgang Nikolaus Krewani. Freiburg, München 1987, insb. S. 97–105.

voraus: »In Israel [...] ruht die Verwirklichung Gottes nicht auf der *Selbstrealisierung* des Volkes, sondern auf seiner *Selbstaufgabe*.«[35] Susmans Begriff der Selbstaufgabe ist das Primat der Forderung eingeschrieben, dem Gegenüber Gerechtigkeit widerfahren zu lassen. Diese Vorstellung eines der Gerechtigkeit verpflichtenden Ichs steht im Widerspruch zu jeder Form von Selbstermächtigung und entspricht dem kabbalistischen Theorem des *Zimzum*, der Selbstbeschränkung Gottes. Sie verweist zugleich auf die Idee eines radikalen Humanismus, der sich dem anderen Menschen verpflichtet weiß.[36]

Mit dem Ethos des Fragens geht ein Pathos in der Sprache einher, das aus dem Versuch resultiert, existenzielle Grenzerfahrungen in Sprache zu übersetzen. Doch erscheint Pathos als »dargestellte Emotion« und »emotives Prinzip«[37] gerade im Kontext des Exils und der Shoah als unangemessen: Susmans pathetischer Ton unterscheidet sich von dem sachlich-nüchternen Gestus der Gattung des Essays sowie von dem für die Literatur nach 1945 postulierten Nüchternheitsgebot.[38] Gerade der pathetische Ton, den Susman in ihren Essays wählt, gibt sich jedoch als *der* Versuch zu erkennen, auf die leidvolle Erfahrung der Shoah sprachlich zu reagieren. In der als existenziell ausgewiesenen Rückbindung an die jüdische Geschichte als eine Geschichte des Leids wird der Versuch einer Versprachlichung dieses Leids in Form eines aktualisierenden Sprechens unternommen.[39] Dem Entwurf eines Sprachraums, der die Verletzungen erinnernd bewahrt, ist auch ein widerständiges Moment inne: das in der jüdischen Tradition zentrale Moment der Hoffnung als »Vermögen«, wie auch Theodor W. Adorno schreibt, »noch dem Äußersten standzuhalten, indem es Sprache wird«.[40] In der messianischen Hoffnung als Offenbarung eines »ewigen Dennoch« im Abgrund des Leids selbst sieht Susman das »Urpathos des

---

35 Margarete Susman: Die messianische Idee als Friedensidee [1929]. In: Dies.: Vom Geheimnis der Freiheit. Gesammelte Aufsätze 1914-1964. Hg. v. Manfred Schlösser. Berlin 1994, S. 56-67; hier: S. 57. Kursivierung im Original.
36 Dieses kabbalistische Konzept des *Zimzum*, wie es für Susmans Denken konstitutiv ist, weist Levinas nach 1945 als einen ›extremen Humanismus Gottes‹ aus. Vgl. Emmanuel Levinas: Humanismus des anderen Menschen. Übersetzt und mit einer Einleitung versehen v. Ludwig Wenzler. Hamburg 2005. Vgl. hierzu auch Susanne Sandherr: Emmanuel Levinas: Extremer Humanismus Gottes. In: Jüdische Tradition in der Philosophie des 20. Jahrhunderts. Hg. v. Joachim Valentin und Saskia Wendel. Darmstadt 2000, S. 148-161; hier: S. 156f.
37 Cornelia Zimbusch (Hg.): Pathos. Zur Geschichte einer problematischen Kategorie. Berlin 2010, S. 9.
38 Vgl. hierzu Joachim Jacob: Kahlschlag Pathos. Ein verdrängtes Phänomen in der frühen deutschen Nachkriegsliteratur. In: Berührungen. Komparatistische Perspektiven auf die frühe Nachkriegsliteratur. Hg. v. Günter Butzer und Joachim Jacob. München 2012. S. 243-262.
39 Vgl. Susman: Das Buch Hiob (s. Anm. 6), S. 29.
40 Theodor W. Adorno: Prismen. In: Ders.: Gesammelte Schriften. Hg. v. Rolf Tiedemann. Bd. 10.1.: Kulturkritik und Gesellschaft I. Frankfurt a. M. 1977, S. 9-287, hier S. 266.

jüdischen Daseins« begründet.[41] Das Festhalten am Begriff der messianischen Hoffnung als »eine[r] vollkommen paradoxe[n]«, formuliert sie als unbedingte Forderung, als »Prüfstein für die Erlösbarkeit des Menschen«.[42]

Der Versuch, dem Pathos des Judentums auch auf sprachlicher Ebene gerecht zu werden, lässt sich zudem in der jüdischen Tradition der Unaussprechbarkeit des göttlichen Namens und dem damit einhergehenden Topos der Unsagbarkeit verorten, der die Möglichkeiten und Grenzen eines Sagens des Unsagbaren in einer Bewegung von Annäherung und Distanzierung vollzieht. Auch Susmans Rückbezug auf das jüdische Bilderverbot ist dieser ethische Impetus eingeschrieben. Das jüdische Volk, das »anders als alle anderen Völker, nicht aus einem Land, sondern in der Wüste aus einem Aufruf entsprungen ist«[43], repräsentiert das Nicht-Darstellbare, das Nicht-Identifizierbare.[44] Die hier formulierte Vorstellung von Identität im Sinne einer Nicht-Identität, eines »Sein[s]« als »Nichtsein«[45], steht jeglichem Denken der Präsenz, das Susman als eine Identitäts- und Ursprungslogik bestimmt, diametral entgegen.[46] Dieses Denken der Absenz markiert sie als ein dezidiert jüdisches. Der Bezugspunkt dieses Denkens stellt die Vorstellung Gottes als das absolut Transzendente dar, welches nicht »begriffen, begründet, sondern nur empfangen, erinnert und bezeugt werden kann«.[47] Diese »Haltung der Empfänglichkeit«, die Haltung des Hörens auf den Anruf Gottes, auf die Stimme Gottes und der damit verknüpfte Gehorsam gegenüber Gott, wird als Freiheit verstanden und geht mit der Aufforderung einher, die Undarstellbarkeit und Unverfügbarkeit Gottes anzuerkennen.[48] Der Rekurs auf das Bilderverbot sowie auf die Unaussprechbarkeit

---

41 Susman: Das Judentum als Weltreligion (s. Anm. 29), S. 121. Zum Pathos der jüdischen Existenz nach der Shoah vgl. Susman: Das Buch Hiob (s. Anm. 6), S. 77.
42 Susman: Die messianische Idee als Friedensidee (s. Anm. 35), S. 59.
43 Susman: Das Buch Hiob (s. Anm. 6), S. 24.
44 Vgl. hierzu Susman: Das Buch Hiob (s. Anm. 6), S. 96 f.
45 Susman: Das Buch Hiob (s. Anm. 6), S. 24.
46 Diese Vorstellung einer Identität als Nicht-Identität, wie sie Susman in ihren Essays entwickelt, und die damit einhergehende formulierte Kritik einer Identitäts- und Ursprungslogik ist auch für Derridas Denken der Absenz, das der abendländischen ›Metaphysik der Präsenz‹ kontrastiert, zentral. Vgl. hierzu Jacques Derrida: Die Struktur, das Zeichen und das Spiel im Diskurs der Wissenschaften vom Menschen. In: Ders.: Die Schrift und die Differenz. Übersetzt v. Rodolphe Gasché. Frankfurt a. M. 1976, S. 422–442.
47 Saskia Wendel: Zeugnis für das Undarstellbare. Die Rezeption jüdischer Tradition in der postmodernen Philosophie Jean-François Lyotards. In: Jüdische Traditionen in der Philosophie des 20. Jahrhunderts. Hg. v. Joachim Valentin und Saskia Wendel. Darmstadt 2000, S. 264–278; hier: S. 266.
48 Zum ›Hören‹ als ›Haltung der Empfänglichkeit‹ vgl. Margarete Susman: Die Friedensbotschaft der Propheten [1956]. In: Dies.: Deutung biblischer Gestalten [1956]. Konstanz, Stuttgart 1960, S. 144–158; hier: S. 153. Die mit dem Bilderverbot und dem Verbot der Namensnennung Gottes korrespondierende Bereitschaft zum ›Hören‹ ist auch für Jean-François Lyotards ›Ästhetik der Undarstellbarkeit‹ konstitutiv. Im Angesicht der Shoah formuliert Lyotard in *Heidegger und die Juden* die Frage, wie von einem ›prinzipiell Undarstellbaren‹ Zeugnis abgelegt

des göttlichen Namens wird gerade nach 1945 im Zusammenhang mit der Kritik eines identifizierenden Denkens zentral und lässt sich zugleich als Versuch lesen, das Unaussprechbare und Undarstellbare, das sich einer sprachlichen Fixierung und bildlichen Repräsentation widersetzt, dennoch erfahrbar zu machen.[49]

Die in Susmans Essays entworfenen Denk- und Sprachbilder versuchen die ursprüngliche Offenbarung Gottes im Wort[50], den unzerstörbaren Sinn der göttlichen »Urworte«[51], wie er sich in dem »Offenbarungs- und Zeugnischarakter« der Sprache des Ursprungs manifestiert, in die Sprache der Gegenwart zu übersetzen.[52] Die »Urschrift«, in der der ursprüngliche Sinn der menschlichen Geschichte wie auch die Vorstellung der menschlichen Gerechtigkeit enthalten sind, begreift Susman als »Palimpsest«, als vielfach überschriebene Deckerinnerung, in der das Gesetz Gottes in der Gegenwart fortlebt und das einer erneuten Dechiffrierung bedarf.[53] Über den Rückbezug auf die alttestamentarischen Schmerzensmänner – Ezechiel, Hiob und Moses – versucht Susman, im Angesicht der Shoah, »etwas von dem unzerstörbaren Sinn der Urworte zu retten«.[54] In Susmans sprachphilosophischen Reflexionen wird der Sprache ein transzendentaler Charakter verliehen, der den Fokus auf das Nicht-Mitteilbare richtet.[55] Die Suche nach den verschütteten Urworten, die in der Gegenwart einer erneuten Entzifferung bzw., wie Susman in *Das Buch Hiob und Das Schicksal des jüdischen Volkes* schreibt, einer erneuten Übersetzung bedürfen, weist Analogien zu Walter Benjamins Begriff der Übersetzung auf. Erst im Übersetzungsprozess

---

werden kann. Jean-François Lyotard: Heidegger und »die Juden«. Hg. v. Peter Engelmann. Aus d. Franz. v. Clemens-Carl Härle. Wien 1988, S. 33. Zur ›Haltung der Empfänglichkeit‹ bei Lyotard vgl. Wendel: Zeugnis für das Undarstellbare (s. Anm. 47), S. 269–273. Für diesen Hinweis zu Lyotard danke ich ganz herzlich Dr. Friedmann Harzer, Universität Augsburg.

49 Zur Gefahr einer ›Sakralisierung der Shoah‹ im Rekurs auf das jüdische Bilderverbot sowie der Unaussprechbarkeit des göttlichen Namens vgl. Almuth Hammer: »Vergessen oder Gerechtigkeit?«. Sakralitätskonzepte im Umgang mit der Shoah. In: Verbot der Bilder – Gebot der Erinnerung. Mediale Repräsentationen der Schoah. Hg. v. Bettina Bannasch und Almuth Hammer. Frankfurt a. M. 2004, S. 397–409.

50 Zur Vorstellung der Offenbarung als einem sprachlichen Ereignis vgl. bspw. Susman: Das Judentum als Weltreligion (s. Anm. 29), S. 107.

51 Vgl. Susman: Das Buch Hiob (s. Anm. 6), S. 24.

52 Zur Unmöglichkeit dieser Aufgabe und deren zugleich formulierter Notwendigkeit vgl. Susman: Das Buch Hiob (s. Anm. 6), S. 28 f.

53 Margarete Susman: Die biblische Mosesgestalt [1956]. In: Dies.: Deutung biblischer Gestalten [1956]. Konstanz, Stuttgart 1960, S. 9–59; hier: S. 10 f.

54 Susman: Das Buch Hiob (s. Anm. 6), S. 24.

55 Zu dieser kabbalistischen Sprachauffassung vgl. Gershom Scholem: Der Name Gottes und die Sprachtheorie der Kabbala. In: Ders.: Judaica III: Studien zur jüdischen Mystik. Frankfurt a. M. 1973, S. 8 f.

wird das eigentlich Nicht-Darstellbare zur Darstellung gebracht.[56] Für die Sprache ist dieses Nicht-Mitteilbare »ein Letztes ›Entscheidendes‹«.[57]

Dem Verlust der menschlichen Gestalt korrespondiert der Verlust der menschlichen Sprache. Er verweist auf eine enge Interrelation von Sprache und Existenz im dichterischen Sprechen nach der Shoah.[58] Für Susmans essayistisches Schreiben ist diese Verschränkung von poetogener und existenzieller Dimension grundlegend: Die Suche nach einer neuen Sprache soll ein authentisches Sprechen ermöglichen[59], das im Celan'schen Sinne seiner »Daten eingedenk«[60] bleibt: »Wohl ist diesem Geschehen gegenüber jedes Wort ein Zuwenig und ein Zuviel; seine Wahrheit ist allein der Schrei aus den wortlosen Tiefen der menschlichen Existenz.«[61] Der Schrei und das Verstummen verweisen als zwei diametral entgegengesetzte Formen der Artikulation von Leid auf den Bruch, den das Exil und die Shoah verursacht haben, und den es gilt, »als grenzenlose, unauslöschliche Trauer«[62], erinnernd zu bewahren.[63]

Susman verortet ihre Essays als erinnerndes Schreiben in der jüdischen Tradition des Zeugens und Gedenkens als Voraussetzung zur Wiederherstellung von Gerechtigkeit.[64] Die Gegenwart kann nur durch die Perspektive der Vergangenheit, durch das Erinnern und Vergegenwärtigen der vergangenen Ereignisse verstanden werden und stellt zugleich die Voraussetzung für das Verhalten

---

56 Zu Benjamins Ausführungen des Übersetzungsprozesses als einer sprachlichen Bewegung, in der sich die Wahrheit als Sprachwahrheit vollzieht, vgl. Walter Benjamin: Die Aufgabe des Übersetzers (1923). In: Ders.: Gesammelte Schriften. Hg. v. Rolf Tiedemann und Hermann Schweppenhäuser, unter Mitwirkung v. Theodor W. Adorno und Gershom Scholem. Bd. IV, 1. Hg. v. Tillmann Rexroth. Frankfurt a. M. 1972, S. 9–21; hier: S. 14.
57 Benjamin: Die Aufgabe des Übersetzers (s. Anm. S. 56), S. 19.
58 Vgl. hierzu Susman: Ich habe viele Leben gelebt (s. Anm. S. 2), S. 12.
59 Vgl. Ingeborg Bachmann: [Über Gedichte]. In: Dies.: Werke. Hg. v. Christine Koschel, Inge von Weidenbaum und Clemens Münster. Bd. IV: Essays, Reden, Vermischte Schriften, Anhang. München, Zürich 1978, S. 200–216; hier: S. 209.
60 Paul Celan: Der Meridian. Rede anlässlich der Verleihung des Georg-Büchner-Preises. Darmstadt, am 22. Oktober 1960. In: Ders.: Gesammelte Werke. Hg. v. Beda Allemann und Stefan Reichert, unter Mitwirkung v. Rolf Bücher. Bd. III: Gedichte. Prosa. Reden. Frankfurt a. M. 1983, S. 187–202; hier: S. 196.
61 Susman: Das Buch Hiob (s. Anm. 6), S. 23.
62 Susman: Das Buch Hiob (s. Anm. 6), S. 161.
63 Zum Weg der Sprache als ein ›Hindurchgehen durch das Verstummen‹ vgl. Paul Celan: Ansprache anlässlich der Entgegennahme des Literaturpreises der Freien Hansestadt Bremen, am 26. Januar 1958. In: Ders.: Gesammelte Werke. Hg. v. Beda Allemann und Stefan Reichert, unter Mitwirkung v. Rolf Bücher. Bd. III: Gedichte. Prosa. Reden. Frankfurt a. M. 1983, S. 185–186; hier: S. 186.
64 Zum Erinnern und Gedenken in der jüdischen Tradition vgl. Bettina Bannasch und Almuth Hammer: Jüdisches Gedächtnis und Literatur. In: Gedächtniskonzepte der Literaturwissenschaft. Theoretische Grundlegung und Anwendungsperspektiven. Hg. v. Astrid Erll und Ansgar Nünning. Berlin, New York 2005, S. 277–295.

in der Gegenwart und Zukunft dar.⁶⁵ So wird die Erinnerung als »Anruf« und unbedingte Forderung, nicht zu vergessen, aufgefasst, als einer »Vergegenwärtigung des Vergangenen um der Hoffnung auf das Zukünftige willen«.⁶⁶ Diesem Eingedenken des Leidens als einem Eingedenken der Hoffnung auf Versöhnung ist ein Widerstandsmoment inne: Es ermöglicht dem Individuum, sich zur Gegenwart zu verhalten und zugleich die anamnetische Solidarität, im Benjamin'schen Sinne, mit den Opfern der Geschichte zu wahren.⁶⁷

III. Exil zwischen ›Wirklichkeit und Symbol‹

Margarete Susman formuliert die Frage nach »Sinn und Wahrheit des jüdischen Schicksals« in *Das Buch Hiob und Das Schicksal des jüdischen Volkes* als eine Doppelfrage, welche die historischen Transformationsprozesse ebenso berücksichtigt wie die gegenwärtige Situation.⁶⁸ Davon ausgehend stellt sie die Frage nach der Möglichkeit einer jüdischen und somit universell menschlichen Existenz. In Anlehnung an Franz Rosenzweig verbindet auch Susman die Idee einer permanenten Exilexistenz mit der Idee der Ewigkeit jenseits des historischen Zeitablaufs⁶⁹, sodass »die geschichtliche Fragestellung immer schon die nach einer übergeschichtlichen Sphäre in sich schließt«.⁷⁰ Diese paradoxale Zeitkonstruktion von historischer und transhistorischer Existenz des jüdischen Volkes korrespondiert mit einer paradoxalen räumlichen Konstruktion von nationaler und übernationaler jüdischer Existenz, aufgrund derer Susman die jüdische Existenz als eine »menschheitliche« versteht.⁷¹

---

65 Zum Erinnern als Form des Eingedenkens an die Opfer der Shoah vgl. Susman: Das Buch Hiob (s. Anm. 6), S. 161.
66 Susman: Die biblische Mosesgestalt (s. Anm. 53), S. 50.
67 Über den Begriff der messianischen Hoffnung bezieht das Erinnern in der jüdischen Tradition immer beides mit ein: Vergangenheit und Zukunft. Zu dieser widerständigen Form des Eingedenkens vgl. auch Adorno: In der »Idee einer Verfassung der Welt, in der nicht nur bestehendes Leid abgeschafft, sondern noch das unwiderruflich vergangene widerrufen wäre«. Theodor W. Adorno: Negative Dialektik. Frankfurt a. M. 1975, S. 395.
68 Susman: Das Buch Hiob (s. Anm. 6), S. 28.
69 Vgl. Franz Rosenzweig: Geist und Epochen der jüdischen Geschichte [1919]. In: Ders.: Der Mensch und sein Werk. Gesammelte Schriften. Hg. v. Reinhold und Annemarie Mayer. Bd. III: Zweistromland. Kleinere Schriften zu Glauben und Denken. Dordrecht u. a. 1984, S. 527–538.
70 Susman: Das Buch Hiob (s. Anm. 6), S. 26.
71 Margarete Susman: Die Revolution und die Juden [1919]. In: Dies.: Vom Geheimnis der Freiheit. Gesammelte Aufsätze 1914–1964. Hg. v. Manfred Schlösser. Berlin 1994, S. 122–143; hier: S. 140. Zur paradoxalen Raum- und Zeitkonstruktion vgl. auch Margarete Susman: Ezechiel – Der Prophet der Umkehr und die Bestimmung des jüdischen Volkes [1942]. In: Dies.: Deutung biblischer Gestalten [1956]. Konstanz, Stuttgart 1960, S. 61–95; hier: S. 85 f.

Der Vorstellung der jüdischen Geschichte als einer Geschichte zwischen »Wirklichkeit und Symbol«[72] entspricht ein gleitender Exilbegriff.[73] Susman definiert das Symbol als »die Brechung des Verhältnisses zum Ganzen in einem Einzelnen«.[74] Als Symbol des Ganzen bestimmt Susman Gott bzw. das göttliche Gesetz, das die »eigentliche Menschenheimat« darstellt.[75] Dieser deterritoriale Heimatbegriff steht für eine Heimatlosigkeit des Menschen im Irdischen.[76] Susman deutet damit das Exil als »Ausdruck des Menschschicksals *überhaupt*«.[77] Seit der Vertreibung aus dem Paradies lebt der Mensch im Exil.[78] Das Urexil des Menschen verweist zudem auf die Vorstellung einer unerlösten Schöpfung, die Susman mit einer ethischen Forderung verschränkt:[79] Der Mensch trägt die Verantwortung für die Wiederherstellung der Schöpfungsordnung und somit auch für die Rückkehr in seine ›eigentliche Menschenheimat‹.[80] In diesem Paradigma von Exil und Rückkehr steht das jüdische Exil exemplarisch für die Menschheit. Die Vorstellung der messianischen Erlösung enthält nicht nur die Rückkehr des Volkes Israel aus dem Exil, sondern auch die Erlösung der Menschheit aus ihrem exilischen Dasein.[81] Das Paradigma von Exil und Rückkehr deutet Susman zudem als Ausdruck der Beziehung des Menschen zu Gott und somit des Menschen zum Menschen: Diese Beziehung zum anderen bezeichnet sie als den »unverlierbare[n] Sinn«[82] des Judentums.

Die Vorstellung einer exilischen Existenz des Menschen bedeutet für die jüdische diasporische Existenz eine Potenzierung als Exil innerhalb des Exils:

> Denn das jüdische Exil bildet ein zweites Exil im Exil des Menschlichen überhaupt. Aber es bildet dieses Exil nur, weil es sich als solches selbst angenommen und erwählt hat. Während die Menschheit um das jüdische Volk her das ursprüngliche menschliche Exil verneint, sich – der menschlichen Heimatlosigkeit zum Trotz – im doppelten Sinne eine Heimat auf Erden geschaffen hat, hat der Jude im doppelten Sinne seine Heimatlosigkeit auf Erden auf sich genommen.[83]

---

72 »Die Geschichte Israels, die immer Wirklichkeit und Symbol zugleich ist, [sagt] immer im Zeitlichen zugleich ein Ewiges [aus] [...].« Susman: Ezechiel (s. Anm. 71), S. 60.
73 Vgl. Elisabeth Bronfen: Exil in der Literatur. Zwischen Metapher und Realität. In: Arcadia 28/2 (1993), S. 167–183.
74 Margarete Susman: Vom Sinn der Liebe [1912]. Jena 1922, S. 47.
75 Susman: Vom Sinn der Liebe (s. Anm. 74), S. 1.
76 Das Gesetz verlangt die Heimatlosigkeit im Irdischen, diese ist zugleich die »Wahrheit alles Menschenlebens«. Susman: Die biblische Mosesgestalt (s. Anm. 53), S. 48.
77 Susman: Ezechiel (s. Anm. 71), S. 81. Kursivierung im Original.
78 Vgl. Susman: Das Judentum als Weltreligion (s. Anm. 29), S. 105.
79 Vgl. Margarete Susman: Saul und David. Zwei ewige Gestalten [1930]. In: Dies.: Deutung biblischer Gestalten [1956]. Konstanz, Stuttgart 1960, S. 96–144; hier: S. 124.
80 Diese Rückkehr weist Susman auch als ein »Aufgerufensein jedes einzelnen zu sich selbst, zu seiner eigensten Verantwortung«. Susman: Ezechiel (s. Anm. 71), S. 75.
81 Vgl. Susman: Ezechiel (s. Anm. 71), S. 95.
82 Vgl. Susman: Vom Sinn unserer Zeit (s. Anm. 22), S. 8.
83 Susman: Das Judentum als Weltreligion (s. Anm. 29), S. 114.

Mit der transzendentalen Heimatlosigkeit des modernen Individuums erfährt das jüdische Exil eine weitere Potenzierung, da der Verlust der Beziehung zu Gott einen existenziellen Verlust für das jüdische Selbstverständnis bedeutet, den Zustand absoluter Exilierung: »Wir sind absolut und ganz im Exil.«[84] Für das jüdische Volk als Volk des Exils ist somit nicht der Verlust der »irdischen Heimat«, sondern der der »metaphysischen« zentral.[85]

IV. Exil als *conditio humana* und als Sinn der *conditio judaica*

Susman hält auch nach 1933 bzw. nach 1945 an der Diaspora als einzigartiger Daseinsform der jüdischen Existenz fest und bestimmt diese als ihr »innerstes Daseinsgesetz«.[86] Zugleich wird die fremdbestimmte Exilierung in eine selbstbestimmte diasporische Existenz überführt, die Vertreibung in Ausgesandtsein übersetzt. Susman bezeichnet ihre Essays als ein »jüdisches Bekenntnis«, ein Bekenntnis zur Heiligen Schrift als Offenbarung Gottes vom ewigen Wahrheitsgehalt des jüdischen Volkes.[87] Dieses steht einem Bekenntnis zu einer jüdischen Nation diametral entgegen; der Nationalgedanke widerspricht nach Susmans Auffassung dem »Grundsinn des Judentums«.[88] In Susmans Essayistik wandelt sich der jüdische Gründungsmythos vom Bundesschluss zum Paradigma einer deterritorialen Vorstellung kollektiver und individueller Identitätskonstitution, die jenseits territorialer Verwurzelung im Wort und im Versprechen von Gerechtigkeit gründet.[89] Der Verlust der Heimat bedeutet für das jüdische Volk weit mehr als der Verlust einer »bestimmten irdischen Heimat«, er bedeutet das Herausgerissenwerden aus der räumlichen und zeitlichen Ordnung, aus der Schöpfung, und die Überführung in eine raum- und zeitlose Existenz, in die göttliche Offenbarung.[90] Im Bild der Wurzellosigkeit des Baumes wird der gewaltsame Prozess dieser ›Entwurzelung‹ als einer ›Einwurzelung‹ im Gesetz beschrieben, als Aufruf zur Umkehr, die zugleich eine Rückkehr des Menschen zu seiner »echten Heimat« darstellt.[91]

Susmans Auseinandersetzung mit jüdischer Existenz und Tradition über die alttestamentarischen ›Schmerzensfiguren‹ – Hiob, Ezechiel und Moses –, die sie

---

84 Susman: Der jüdische Geist (s. Anm. 1), S. 221.
85 Margarete Susman: Spinoza und das jüdische Weltgefühl [1913]. In: Dies.: Vom Geheimnis der Freiheit. Gesammelte Aufsätze 1914–1964. Hg. v. Manfred Schlösser. Berlin 1994, S. 85–104; hier: S. 86.
86 Susman: Das Buch Hiob (s. Anm. 6), S. 79.
87 Susman: Das Buch Hiob (s. Anm. 6), S. 25.
88 Susman: Das Buch Hiob (s. Anm. 6), S. 25.
89 Vgl. Susman: Das Buch Hiob (s. Anm. 6), S. 79.
90 Susman: Das Buch Hiob (s. Anm. 6), S. 60.
91 Vgl. Susman: Ezechiel (s. Anm. 71), S. 63 und S. 95. Vgl. auch Susman: Das Buch Hiob (s. Anm. 6), S. 60.

in ihrer Relektüre als »Propheten des Exils« ausweist, dient dem Versuch einer Neuformulierung des jüdischen Selbstverständnisses.[92] So weist Susman das Exil als Bestimmung und Aufgabe des jüdischen Volkes aus.[93] Der damit einhergehende zentrale Begriff der ›Umkehr‹ impliziert sowohl die Vorstellung des Exils als Sühneleistung für die zerrissene Beziehung zwischen Mensch und Gott als auch die Möglichkeit der Rückkehr im Sinne einer Wiederherstellung dieser verlorenen Beziehung zu Gott. Diese Möglichkeit der Rückkehr, die dem Menschen von Gott gegeben ist, stellt zugleich die Rückkehr des Menschen zu sich selbst dar.[94] In der Thora wird dieser Prozess der Umkehr in das ursprüngliche Verhältnis des Menschen zu Gott als Akt der Freiheit des Menschen aufgefasst.[95] An diese Freiheit des Menschen, sich zu wandeln und ein »*neuer Mensch*«[96] zu werden, appellieren auch Susmans Essays nach 1933 und in potenzierter Form nach 1945. Den Aufruf zur Umkehr, der zuerst an das jüdische Volk ergangen ist, sieht Susman als Aufgabe an, die zukünftig und gegenwärtig zugleich ist, als eine »immerwährend[e] Gegenwart des göttlichen Anspruchs«.[97] Die Umkehr des Menschen beginnt am »letzten« und »einsamsten Punkt des Ich«[98], der Nächstenliebe.[99] Susman versteht sie als Aufruf zur Rückkehr in die »echte Heimat«, zum Menschsein unter dem Einen Gott.[100] Die besondere Stellung des jüdischen Volkes zwischen »Verbundensein und Ausgesondertsein«, zwischen Erwähltheit und Differenz, prädestiniert dieses dazu, als »Sinnbild« und »Vertretung« der Menschheit, als Exempel, zu fungieren:[101]

> Indem an dies Volk, anders als an jedes andere, der Ruf ergangen ist, Volk zu sein und nicht Staat: Volk, das Gott gründet, nicht Staat, den der Mensch baut, reiner

---

92 Vgl. Susman: Ezechiel (s. Anm. 71), S. 61.
93 Das Exil ist »zum Sinn des Volkes selbst geworden«. Susman: Ezechiel (s. Anm. 71), S. 80.
94 Zum Begriff der Umkehr und zur Möglichkeit der Rückkehr vgl. bspw. Susman: Ezechiel (s. Anm. 71), S. 72f.
95 Zum Paradigma von Exil und Rückkehr in Susmans Essayistik sowie dem damit einhergehenden Gedanken der ›Umkehr‹ in jüdischer Tradition vgl. Elisa Klapheck: Margarete Susman und ihr jüdischer Beitrag zur politischen Philosophie. Berlin 2014, S. 249-258.
96 Susman: Ezechiel (s. Anm. 71), S. 72.
97 Susman: Ezechiel (s. Anm. 71), S. 92.
98 Susman: Ezechiel (s. Anm. 71), S. 91.
99 Auf dieses zentrale Gebot der Nächstenliebe verweist auch Rosenzweig: »Die Liebe zu Gott soll sich äußern in der Liebe zum Nächsten.« Franz Rosenzweig: Der Stern der Erlösung [1921]. Mit einer Einführung v. Reinhold Mayer u. einer Gedenkrede v. Gershom Scholem. Frankfurt a. M. 1988, S. 239. Im Gegensatz zu Rosenzweig fokussiert Susman das paradoxe Moment von Einheit und Getrenntsein im Konzept der Liebe. So bestimmt sie die Liebe als »Leiden am Anderssein und tieferes Leiden am Einssein [...]«. Susman: Vom Sinn der Liebe (s. Anm. 74), S. 33. Dieses paradoxe Moment ist auch konstitutiv für die Beziehung des Menschen zu Gott.
100 Susman: Ezechiel (s. Anm. 71), S. 95.
101 Susman: Das Buch Hiob (s. Anm. 6), S. 50. Zum jüdischen Selbstverständnis zwischen Einzigartigkeitsbewusstsein und Differenzerfahrung vgl. Almuth Hammer: Erwählung erinnern. Literatur als Medium jüdischen Selbstverständnisses. Mit Fallstudien zu Else Lasker-Schüler und Joseph Roth. Göttingen 2004, S. 21.

Auftrag ohne Gestalt und Grenze, ist es ausgesondert, in seinem Volksein selbst die Menschheit zu vertreten. Dies ist vom Ursprung bis zur Endzeit sein unaufhebbarer Sinn. Adam ist nicht der erste Jude, er ist der erste Mensch; das messianische Endziel ist nicht die Erlösung des jüdischen Volkes; es ist die Erlösung des Menschengeschlechts.[102]

Im Schicksal Hiobs sieht Susman die Geschichte und das Schicksal des jüdischen Volkes im Exil vorgezeichnet.[103] Ihre Essays versuchen Hiobs Fragen an Gott, die alle als existenziell menschliche Fragen verstanden werden, in der Gegenwart neu zu stellen.[104] Die in Hiob personifizierte Denk- und Erfahrungsfigur der Urbeziehung des Judentums zu Gott avanciert zum Paradigma des Versuchs, die Theodizee, die Frage nach der Existenz und der Gerechtigkeit Gottes sowie den Sinn des Leidens, in der Gegenwart zu aktualisieren.[105] Der Sinn des Leidens lässt sich aus dieser Perspektive als Ausdruck der menschlichen Existenz und zugleich als Aufforderung zur Auferstehung aus dem Abgrund des Leidens selbst lesen und verweist zudem auf die jüdische Vorstellung der Offenbarung Gottes im Leid.[106] So erfahren die Semantiken der Erniedrigung eine Transformation in Semantiken der Erhöhung:[107] Dem nietzscheanischen Willen zur Macht und Stärke setzt Susman die Bereitschaft zur Machtlosigkeit und die Fähigkeit des Leidens entgegen. Leid lässt sich so als Zeichen der Erwählung deuten und wird mit dem Gedanken der stellvertretenden Sühne verknüpft: Der von Gott Auserwählte sühnt stellvertretend für die ganze Menschheit.[108] Im paradoxen Bild des schuldlos Schuldigen symbolisiert die Figur Hiob das

---

102 Susman: Das Buch Hiob (s. Anm. 6), S. 79.
103 Susman: Das Buch Hiob (s. Anm. 6), S. 56. Vgl. auch Margarete Susman: Das Hiob-Problem bei Franz Kafka [1929]. In: Dies.: »Das Nah- und Fernsein des Fremden«. Essays und Briefe. Hg. und mit einem Nachwort versehen v. Ingeborg Nordmann. Frankfurt a. M. 1992, S. 183–203. Zur Figur Hiob als zentraler Symbol- und Identifikationsfigur im Kontext von Exil und Shoah vgl. den Beitrag zu Karl Wolfskehl von Andree Michaelis im vorliegenden Band.
104 Vgl. Susman: Das Buch Hiob (s. Anm. 6), S. 33.
105 Vgl. hierzu Hanna Delf: »In diesem Meer von Zeiten, meine Zeit!«. Eine Skizze zu Leben und Denken der Margarete Susman. In: Von einer Welt in die andere. Jüdinnen im 19. und 20. Jahrhundert. Hg. v. Jutta Dick und Barbara Hahn. Wien 1993, S. 248–265.
106 Vgl. Susman: Das Buch Hiob (s. Anm. 6), S. 24 f.
107 Zu dieser Figur der Inversion und ihrer Verortung in der jüdischen Tradition vgl. Bettina Bannasch: Zittern als eine Bewegung des Widerstands. Veza Canettis frühe Erzählung »Geduld bringt Rosen« und der Roman »Die Gelbe Straße«. In: Veza Canetti. Hg. v. Heinz Ludwig Arnold. Gastredaktion v. Helmut Göbel. München 2002, S. 30–47. Vgl. auch Birgit R. Erdle: Verbotene Bilder. Zur Interpretation des Exils bei Gertrud Kolmar. In: Deutsch-jüdische Exil- und Emigrationsliteratur im 20. Jahrhundert. Hg. v. Itta Shedletzky und Hans-Otto Horch. Tübingen 1993, S. 121–137.
108 Vgl. dazu Susman: Ezechiel (s. Anm. 71), S. 64. Zum jüdischen Konzept der Sühne, der Teschuwa, vgl. Klapheck: Margarete Susman (s. Anm. 95), insb. Kap. 5 »Umkehr – Teschuwa – Revolution«, S. 114–151.

Leiden des Gerechten ebenso wie die Möglichkeit der Umkehr aus dem Leid, die die Annahme des Leids und die Überführung des Leidens aus einem passiven Zustand in einen aktiven Prozess beinhaltet. Diese Umkehr Hiobs versteht Susman als Heimkehr des gewandelten Menschen und zugleich als Rückkehr in die »echte Heimat« des Menschen, in das göttliche Gesetz.[109] In dieser Deutung des göttlichen Gesetzes als Heimat des Menschen ist die Vorstellung einer humanen Verpflichtung auf Gerechtigkeit und Solidarität enthalten.[110]

In der Botschaft der Propheten manifestiert sich Susmans ethische Prämisse, die ihrem Schreiben inhärent ist. Die Propheten verkünden nicht die Zukunft, sondern proklamieren die Gegenwart des Dennoch, das die Ausweglosigkeit unterbricht und die Zeit des Anfangs wiederherstellt.[111] Diese Möglichkeit zur Umkehr ist jedem Individuum gegeben und an den Begriff der Verantwortung gebunden.[112] Im Bild des Tores der Vergangenheit, das nicht endgültig verschlossen ist, sondern von der Zukunft her aufgeschlossen werden kann[113], manifestiert sich der Gedanke der messianischen Jetztzeit, wie er sich auch bei Walter Benjamin im Bild von der kleinen Pforte findet, durch die der Messias eintreten kann.[114] Dieses Verständnis einer messianischen Hoffnung, das jedem teleologischen Geschichtsverständnis widerspricht, impliziert die Möglichkeit der Restitution und ›Heilung des Zerschlagenen‹ und wird im Rekurs auf die talmudische Frage – »Hast du gehofft auf das Heil?« – als Ur- und Kernfrage des Judentums ausgewiesen.[115] Im Angesicht der Katastrophe, an den »äußersten Grenzen des Lebens und Lebenkönnens«, muss »die Entscheidung für das Leben«, das Weiterleben, getroffen werden.[116] Das »Ausharren in der Hoffnung«[117] als einem Gestus der Verweigerung gegenüber jeder Form vorzeitiger Erlösung ist ein Moment des Widerstands, das »ewige Dennoch der Welterlösung«[118] ebenso eingeschrieben wie die Verpflichtung jedes Einzelnen, die Verantwortung für die unerlöste Menschheit zu übernehmen: »Die Verwaltung der messianischen Hoffnung ist also die in der Gegenwart verantwortete Zukunft der

---

109 Vgl. Susman: Das Buch Hiob (s. Anm. 6), S. 142. Dazu auch Susman: Ezechiel (s. Anm. 71), S. 95.
110 Vgl. Susman: Das Buch Hiob (s. Anm. 6), S. 80.
111 Vgl. hierzu Ingeborg Nordmann: »Wie man sich in der Sprache fremd bewegt«. Zu den Essays von Margarete Susman. In: Margarete Susman: »Das Nah- und Fernsein des Fremden«. Essays und Briefe. Hg. und mit einem Nachwort versehen v. Ingeborg Nordmann. Frankfurt a. M. 1992, S. 229–267; hier: S. 238.
112 Vgl. Susman: Das Buch Hiob (s. Anm. 6), S. 162.
113 Vgl. Susman: Ezechiel (s. Anm. 71), S. 72.
114 Vgl. Walter Benjamin: Über den Begriff der Geschichte [1940]. In: Ders.: Gesammelte Schriften. Hg. v. Rolf Tiedemann und Hermann Schweppenhäuser, unter Mitwirkung v. Theodor W. Adorno und Gershom Scholem. Bd. I, 2. Frankfurt a. M. 1974, S. 691–704; hier: S. 704.
115 Vgl. Susman: Ezechiel (s. Anm. 71), S. 72f.
116 Susman: Das Buch Hiob (s. Anm. 6), S. 25.
117 Susman: Das Buch Hiob (s. Anm. 6), S. 91.
118 Susman: Das Buch Hiob (s. Anm. 6), S. 168.

Gemeinschaft und damit Verantwortung schlechthin.«[119] In der Idee der messianischen Hoffnung wird somit ein Ethos des Stehens und Widerstehens formuliert, wie es für Susmans Denken und Schreiben zentral ist.[120]

Margarete Susman entwirft eine Poetik des Exils, wie sie für das deutsch-jüdische Denken in der Moderne charakteristisch ist. Das Exil als Denkfigur, wie es Susman *vor* 1933 entwickelt, erfährt *nach* 1945 eine Aktualisierung. So findet sich die für Susmans Essayistik signifikante Vorstellung eines jüdischen und somit menschlichen Exils auch in den Schriften Jacques Derridas oder Emmanuel Levinas' als eine zentrale Denkfigur wieder. Sie weisen im Rückbezug auf jüdische Denk- und Traditionshorizonte spezifisch jüdische Fragen als existenziell-menschliche aus. Susman hat mit der Vorstellung des Exils als einer Denkfigur nicht nur den Diskurs der Zeit entscheidend mitgeprägt, sondern sie hat zudem Tendenzen vorweggenommen, wie sie für die Literatur und Philosophie nach 1945 kennzeichnend sind – dennoch werden ihre Schriften in diesem Kontext kaum rezipiert. Bezug genommen wird nach 1945 auf eine dezidiert jüdisch-männliche Tradition, auf Schriften von Franz Rosenzweig, Walter Benjamin und Martin Buber. Diese verweigerte Rezeptionsgeschichte eines jüdisch-weiblichen Denkens[121], die Susman bereits von ihren männlichen Zeitgenossen erfahren hat, die sie als Dialogpartnerin und Ideengeberin würdigten, jedoch kaum als eigenständige Denkerin wahrnahmen, schreibt sich somit nach 1945 fort. Mögliche Gründe für die verweigerte Rezeption von Susmans Essays im männlich dominierten Diskurs ihrer Zeit ebenso wie in der Philosophie nach 1945 liegen einerseits in der Komplexität und Heterogenität ihres Werkes, andererseits in ihrem pathetischen Ton, der den Zugang zu ihren Schriften erschwert. Susmans *bewusst* eingesetztes Pathos, in Verschränkung mit einer Restitution metaphysischer Begriffe, erscheint zudem gerade im Kontext der Shoah als unangemessen. Diese Diskreditierung des Pathos, insbesondere nach 1945, hat eine intensive Rezeption von Susmans Schriften möglicherweise ebenso erschwert wie eine Anerkennung der spezifischen Modernität und Aktualität dieses Denkens. Dem Rückbezug auf die jüdische Tradition in Form aktualisierender Relektüren ist gerade im Kontext der Shoah eine existenzielle Dimension eingeschrieben. Die Fortsetzung des Exils nach 1945 geht in Susmans Essays einher mit einer Potenzierung der Vorstellung des Exils als einer universell-menschlichen, die auch auf der sprachlichen Ebene, in Form eines zunehmend pathetischen Tons, eine Potenzierung erfährt. Susman Pathos lässt sich somit als

---

119 Susman: Das Buch Hiob (s. Anm. 6), S. 90.
120 Zur Öffnung eines schmalen Spalts der Hoffnung vgl. Susman: Das Buch Hiob (s. Anm. 6), S. 168.
121 Während Susmans Schriften von jüdischen Philosophen nicht wahrgenommen werden, werden sie von jüdischen Philosoph*innen* wie Judith Butler nach 1945 gerade im Kontext von Exil und Shoah stark rezipiert.

Versuch lesen, der existenziellen Grenzsituation der Shoah auch sprachlich Ausdruck zu verleihen. Zugleich wird der Versuch einer Reformulierung des jüdischen Selbstverständnisses unternommen, eines jüdischen Selbstverständnisses, das aufgrund der erfahrenen Traumatisierung einer erneuten Selbstvergewisserung der eigenen jüdischen Existenz bedarf.

Marguerite Markgraf

Von »Schicksallosigkeit« und »exilierter Sprache«
Zum existenzphilosophischen und poetologischen Exilbegriff bei Imre Kertész

Im Zentrum des vorliegenden Beitrags steht der Exilbegriff des Autors und Shoahüberlebenden Imre Kertész. Kertész verwendet den Begriff des »Exils« lediglich im Hinblick auf einen existenzphilosophisch konturierten Terminus der »Schicksallosigkeit« und seine poetologische Konzeption der exilierten Sprache, der ein enger Bezug zur Shoah inhärent ist. Im Fall der eigenen territorialen Verortung dominiert bei Kertész jedoch der Begriff der »Heimatlosigkeit«, welcher im Kontrast zum Begriff des Exils den Besitz einer Heimat von vornherein ausschließt. Die Schicksallosigkeit macht die Selbstentfremdung des Menschen unter dem Totalitarismus offenkundig, welche im Rahmen der Shoah eine vollkommene Vernichtung der Persönlichkeit bewirkt. Als Konsequenz der Shoah ist zudem eine nachgerade metaphysische Exilierung feststellbar, der auf poetologischer Ebene eine exilierte Sprache entspricht. Eine derartige Sprachkonzeption, die in ihrer Forderung nach Sprachkritik als Moralkritik in nietzscheanischer Tradition steht, appliziert Kertész nicht bloß auf das eigene Werk, sondern überträgt sie ebenfalls auf das Œuvre von Tadeusz Borowski[1], Jean Améry und Paul Celan. Der hier behandelte poetologische Exilbegriff abstrahiert dabei von den biografischen Emigrationserfahrungen der Autoren Jean Améry[2] und Paul Celan[3].

---

1 An dieser Stelle gilt mein herzlicher Dank Margarethe Khorassani, die mir den polnischen Text von Tadeusz Borowski »Alicja w krainie czarów« (dt. Alice im Wunderland) ins Deutsche übersetzt hat.

2 Jean Améry emigrierte 1938 wegen seiner jüdischen Herkunft und seines politischen Dissidententums gegenüber dem Nationalsozialismus von Österreich nach Belgien. Den »Alltag des Exils« beschreibt Améry im Essay »Wieviel Heimat braucht der Mensch?« als »Elend« und »Verbannung.« Zum Exil bei Améry: Vgl. Irene Heidelberger-Leonard: Jean Améry – Revolte in der Resignation: Biographie. Stuttgart 2004, S. 73; Jean Améry: Wieviel Heimat braucht der Mensch? [1966]. In: Ders.: Jenseits von Schuld und Sühne. Werke. Hg. v. Irene Heidelberger-Leonard. Bd. 2: Jenseits von Schuld und Sühne/Unmeisterliche Wanderjahre/Örtlichkeiten. Stuttgart 2002, S. 87.

3 John Felstiner beschreibt die Situation des in Czernowitz geborenen Dichters Celan in Paris als »verwaist und im Exil.« Er deutet das erste in Paris 1948 entstandene Gedicht »In Ägypten« als »Übersetzung des hebräischen B'mitzrajim, das für Sklaverei und Verbannung steht [...]«. In Felstiners partiell autobiografischer Interpretation des Gedichts »In Ägypten« »fängt [es] etwas von der Stimmung dieses Augenblickes im Jahr 1948 ein«. John Felstiner: Paul Celan. Eine Biographie [1995]. Übers. v. Holger Fliessbach. München 2000 (1. Aufl.), S. 90. (Kursivierung im Original)

I. Aspekte der Exilierung im Totalitarismus

Im Mittelpunkt des Œuvres von Imre Kertész, Nobelpreisträger von 2002, steht der Terminus der »Schicksallosigkeit«. »Schicksallosigkeit« markiert die Auswirkungen des Totalitarismus auf das Individuum, sodass sich in ihr »das unsagbare Erlebnis der Todeslager als eine allgemein menschliche Erfahrung«[4] widerspiegelt. Daraus folgt ein besonderer Fokus auf die »ethischen Folgen des *Erlebens* und des *Überlebens*«.[5] Der Konzeption von Schicksallosigkeit ist dabei im Werk von Kertész ein existenzphilosophisch grundierter Begriff von Exil inhärent, der das Schreiben über Shoah und Exil eng miteinander verschränkt. Anlässlich der Lektüre einer Sartre-Monografie bemerkt Kertész: »Meine Wurzeln reichen in den Boden dieses Nachkriegs-Existentialismus.«[6] Ein derartiges Bekenntnis kann als programmatische Selbstverortung gelesen werden. Sie verweist auf den engen Konnex zwischen existenzphilosophischer und poetologischer Reflexion im Werk von Imre Kertész. Die literarische Darstellbarkeit der Schicksallosigkeit steht in enger Verbindung mit einer poetologischen Problematik, in der sich die symbiotische Interdependenz von Leben und Schreiben bei Kertész manifestiert.

Stellt die aus dem Erlebnis der Shoah und der »Fortsetzung des Lebens in Knechtschaft«[7] in der sozialistischen Diktatur Ungarns hervorgegangene philosophische Konzeption der Schicksallosigkeit partiell auch eine allgemeine Kulturkritik an der Massengesellschaft dar[8], so trägt die weitgehende Verschränkung von Exil und Shoah im Essay *Die exilierte Sprache* der spezifischen Erfahrung des Holocaustüberlebenden Rechnung. Darin unternimmt Kertész die Charakterisierung einer »Nach-Auschwitz-Sprache«[9], die er jedoch nicht nur für das eigene Werk reklamiert, sondern sie auch für so unterschiedliche Werke wie die Jean Amérys, Paul Celans und Tadeusz Borowskis in Anschlag bringt. Im Folgenden soll erstens eine Klärung des Exilbegriffs mit seinen philosophischen, religiösen, politischen und poetologischen Implikationen unternommen werden. In einem zweiten Schritt wird dann die Gültigkeit von Kertészs Poetik für die genannten Autoren exemplarisch diskutiert.

---

4 Imre Kertész: Dossier K. [2006]. Übers. v. Kristin Schwamm. Hamburg 2008, S. 78.
5 Kertész: Dossier K. (s. Anm. 4), S. 78. (Kursivierungen im Original)
6 Imre Kertész: Galeerentagebuch [1992]. Übers. v. Kristin Schwamm. Hamburg 2002 (2. Aufl.), S. 111.
7 Kertész: Galeerentagebuch (s. Anm. 6), S. 310.
8 Vgl. László F. Földényi: Art. Schicksal. In: Ders.: Schicksallosigkeit. Ein Imre-Kertész-Wörterbuch [2007]. Übers. v. Akos Doma. Hamburg 2009 (1. Aufl.), S. 250.
9 Imre Kertész: Die exilierte Sprache. In: Ders.: Die exilierte Sprache. Essays und Reden. Übers. v. Kristin Schwamm, György Buda u. a. Frankfurt a. M. 2003 (1. Aufl.), S. 212.

II. »Mein Reich ist das Exil«[10] – Zur existenzphilosophischen Fundierung von Imre Kertészs Exilkonzeption

Das Titelzitat aus dem *Galeerentagebuch* rekurriert auf den Erzählband von Albert Camus *L'Exil et le Royaume* (dt. Das Exil und das Reich).[11] Camus selbst deutet die Gegenüberstellung von Exil und Reich im Vorwort seines Erzählbandes folgendermaßen:

> Un seul thème, [...] celui de l'exil, y est traité de six façons différentes, depuis le monologue intérieur jusqu'au récit réaliste. [...] Quant au royaume dont il est question aussi, dans le titre, il coïncide avec une certaine vie libre et nue que nous avons à retrouver, pour renaître enfin. L'exil, à sa manière, nous en montre les chemins, à la seule condition que nous sachions y refuser en même temps la servitude et la possession.[12]

Camus' Exilbegriff assoziiert Solidarität mit Reich und Einsamkeit mit Exil.[13] Wenn Kertész stattdessen das Exil als sein Reich identifiziert, affirmiert er korrelierend mit dieser Deutung sein Dasein als Solitär. Dieses identifiziert er unmittelbar mit seinem Künstlertum:

> Ich weiß nicht, ob die Sache mit der Einsamkeit beginnt oder ob die Kunst einsam macht; ich denke, es beginnt mit dem klaren Bewußtsein, in dem der Mensch einsam und vor seinem eigenen Blick als ein Künstler erscheint – einsam, weil das die Wahrheit ist, und als Künstler, weil er so über seine Einsamkeit klagt.[14]

Die klare Präferenz für das Exil als Signum für Einsamkeit zeugt bei Kertész von einem generellen Misstrauen gegenüber der Kompatibilität von individueller und gesellschaftlicher Existenz. Im *Galeerentagebuch* verleiht er dieser Überzeu-

---

10 Kertész: Galeerentagebuch (s. Anm. 6), S. 46.
11 Vgl. Kertész: Galeerentagebuch. (s. Anm. 6), S. 46. Eine Fußnote der Übersetzerin Kristin Schwamm macht auf diesen Zusammenhang aufmerksam.
12 Albert Camus: Prière d'insérer [1957]. In: Théâtre, récits, nouvelles. Hg. v. Roger Quilliot. Paris 1981, S. 2039. (»Ein einziges Thema, [...] das des Exils, ist hier sechsmal auf verschiedene Weise behandelt worden, vom inneren Monolog, bis zur realistischen Erzählung. [...] Was das Reich angeht, von dem auch im Titel gesprochen wird, so fällt es zusammen mit einem gewissen, freien und nackten Leben, das wir wiederfinden müssen, um endlich neugeboren zu werden. Das Exil weist uns auf seine Weise die Wege dahin – unter der einen Bedingung, dass wir dabei sowohl Knechtschaft als auch Besitzergreifung abzulehnen vermögen.«) Übersetzung https://de.wikipedia.org/wiki/Das_Exil_und_das_Reich [abgerufen: 19.12.2015].
13 Vgl. hierzu auch Isabelle Cielens, die diese Bezüge anhand des Gegensatzpaars »solidaire/solitaire« plausibel machen kann, das sich in der im Erzählband enthaltenen Künstlernovelle »Jonas ou l'artiste au travail« (dt. Jonas oder Der Künstler bei der Arbeit) befindet (Isabelle Cielens: Trois fonctions de l'exil dans les œuvres d'Albert Camus: initiation, révolte, conflit d'identité. Uppsala 1985, S. 171-172).
14 Kertész: Galeerentagebuch (s. Anm. 6), S. 153.

gung Ausdruck, wenn er grundlegende Fragen wie die folgenden formuliert: »[...] wie verträgt sich das menschliche Leben mit den vom Menschen geschaffenen gesellschaftlichen Formationen? Kann es sich überhaupt mit ihnen vertragen?«[15] Für Kertész existiert »authentische Solidarität« lediglich als »Subkultur«.[16] Ein derartiges Misstrauen resultiert bei Kertész wohl aus der Erfahrung des Totalitarismus, den er zunächst in Form der nationalsozialistischen Verfolgung und später in der sozialistischen Diktatur in Ungarn erlebt hat.

Jean Améry hat immer wieder auf dem generellen Unterschied von Nationalsozialismus und Stalinismus insistiert. Er hat bereits den Terminus des Totalitarismus, der eine gewisse Nähe zwischen beiden Systemen impliziert, dezidiert zurückgewiesen und den Nationalsozialismus als einzigartiges Phänomen klassifiziert.[17] Im Kontrast dazu kennzeichnet Kertész die Folter als Charakteristikum auch der sozialistischen Diktatur.[18] Damit vollzieht er jedoch keine Gleichsetzung von Bolschewismus und Nationalsozialismus. Vielmehr argumentiert er, dass »kein ernsthaft denkender Mensch die beiden Phänomene wirklich gleichsetzen«[19] kann. Kertész erkennt zwar im »Endergebnis« von »Terror, Lager, Genozid«[20] keinerlei Unterschied zwischen Bolschewismus und Nationalsozialismus. Dennoch betont er den unterschiedlichen ideologischen Charakter von Bolschewismus und Nationalsozialismus: »Die eine erscheint als Erlöser, und unter ihrem Mantel hockt der Teufel; die andere ist wie der Satan gekleidet und ist es auch.«[21] Trotz der ideologischen Differenz konstituiert der Zustand der inneren Emigration[22], welcher sein Leben als Schriftsteller während der sozialistischen Diktatur in Ungarn geprägt hat, einen unmittelbaren Bezug auf den Nationalsozialismus und bildet gleichsam die politische Konnotation der Einsamkeit als Exil des Schriftstellers.

Der bereits im Fall des Künstlertums beschriebene Konnex zwischen Exil und Einsamkeit wird noch einmal forciert durch die Zugehörigkeit zum Judentum, das für Kertész im Rekurs auf Thomas Bernhards Stück *Heldenplatz* als

---

15 Kertész: Galeerentagebuch (s. Anm. 6), S. 131.
16 Kertész: Galeerentagebuch (s. Anm. 6), S. 269.
17 Vgl. Améry: Die Tortur. In: Ders.: Jenseits von Schuld und Sühne (s. Anm. 2), S. 70–71.
18 Vgl. Kertész: Der Holocaust als Kultur. Zum Jean-Améry-Symposium in Wien 1992. In: Ders.: Die exilierte Sprache (s. Anm. 9), S. 83. Améry äußert in seinem Essay »Die Tortur« aus dem Band *Jenseits von Schuld und Sühne* die Überzeugung, »daß für dieses Dritte Reich die Tortur kein Akzidens war, sondern seine Essenz«. Améry: Die Tortur. In: Ders.: Jenseits von Schuld und Sühne (s. Anm. 2), S. 59.
19 Kertész: Der Holocaust als Kultur. In: Ders.: Die exilierte Sprache (s. Anm. 9), S. 83.
20 Kertész: Die Unvergänglichkeit der Lager. In: Ders.: Die exilierte Sprache (s. Anm. 9), S. 47.
21 Kertész: Die Unvergänglichkeit der Lager. In: Ders.: Die exilierte Sprache (s. Anm. 9), S. 47. Die äußere Erscheinung als »Erlöser« spricht Kertész der bolschewistischen Ideologie zu, während die nationalsozialistische Ideologie als vollkommen diabolisch diskreditiert wird.
22 Vgl. Kertész: Wer jetzt kein Haus hat. »Rede über das eigene Land«. München 1996. In: Ders.: Die exilierte Sprache (s. Anm. 9), S. 133.

»Gleichnis« für »die geistige Einsamkeit und die Vereinsamung des Geistes«[23] fungiert und damit in eine enge Beziehung zum Künstlertum gesetzt wird. Ferner impliziert das Judentum für Kertész keinen Volksstatus. Er deutet es vielmehr als »Schicksal«[24], das »Einsamkeit und Heimatlosigkeit befiehlt«[25], und bildet damit eine Analogie zum Ahasvermythos als Kollektivmetapher für die *conditio judaica*. Dies korrespondiert mit Kertészs Selbstverständnis als einem »kosmopolitischen, eklektizistischen, heimat- und wurzellosen Intellektuellen«[26], den er – wiederum in Bezug auf Bernhards Stück – in direkte Beziehung zum Judentum setzt.[27] Im Unterschied zu Jean Améry kann Kertész jedoch nicht als ein »gelernter Heimatloser«[28] gelten. Zu keinem Zeitpunkt konnte er sich wirklich mit seinem Heimatland identifizieren. Bei der Landung der Alliierten demonstrierte er öffentlich spontane Freude. Die missbilligende Reaktion seiner Landsleute auf diese Gefühlsäußerung stellt einen Beweis für die generelle Entfremdung zwischen dem Juden Kertész und der zum Teil nationalistisch gesinnten ungarischen Gesellschaft dar, die als Signum für die von Kertész konstatierte »Heimatlosigkeit«[29] fungiert. Er beschreibt seinen emotionalen Zustand nach dieser Reaktion als einen »Sturz in die Abgründe von Ausgeliefertsein, Angst, Verachtung, Fremdheit, Ekel und Ausgestoßensein«[30]. Dieses Ausgeliefertsein repräsentiert für Kertész gleichzeitig eine partikuläre jüdische Erfahrung des permanent vorhandenen bis zum Vernichtungspostulat reichenden Antisemitismus und einer universalen »Erfahrung menschlichen Ausgeliefertseins im Totalitarismus«.[31] Auf literarischer Ebene verkörpert die Figur des Kindes im *Roman eines Schicksallosen* das vollkommene Ausgeliefertsein.

Generell steht das Kind bei Kertész sinnbildlich für die Degradierung des Menschen unter der Diktatur, was für ihn einer vollkommenen Dehumanisierung im Sinne einer Aufgabe der eigenen Persönlichkeit gleichkommt:

---

23 Kertész: Budapest, Wien, Budapest. 15 Bagatellen. In: Ders.: Die exilierte Sprache (s. Anm. 9), S. 32.
24 Kertész: Galeerentagebuch (s. Anm. 6), S. 196.
25 Kertész: Galeerentagebuch (s. Anm. 6), S. 132.
26 Kertész: Wer jetzt kein Haus hat. In: Ders.: Die exilierte Sprache (s. Anm. 9), S. 140. Die Wurzellosigkeit steht dabei als metaphorisches Korrelat für die auch im Geburtsland Ungarn von Anfang an empfundene Heimatlosigkeit gegen einen Exilbegriff der Entwurzelung, der den Besitz einer Heimat impliziert.
27 Vgl. Kertész: Budapest, Wien, Budapest. 15 Bagatellen. In: Ders.: Die exilierte Sprache (s. Anm. 9), S. 32.
28 Améry: Wieviel Heimat braucht der Mensch? In: Ders.: Jenseits von Schuld und Sühne (s. Anm. 2), S. 107.
29 Imre Kertész: Ich – ein anderer [1997]. Übers. v. Ilma Rakusa. Hamburg 2002 (2. Aufl.), S. 67.
30 Kertész: Wer jetzt kein Haus hat. In: Ders.: Die exilierte Sprache (s. Anm. 9), S. 140.
31 Kertész: Galeerentagebuch (s. Anm. 6), S. 54.

Diktaturen machen den Menschen zum Kind, insofern, als sie keine existentielle Entscheidung erlauben und dich damit der wundervollen Bürde der Verantwortung für dich selbst berauben. Ich lebte damals in einer Welt unkontrollierbarer Phantasien, in vollkommener Absurdität, ich war ein Exilant im Unernst.[32]

Als ausschlaggebendes Charakteristikum für einen »Exilant[en] im Unernst« benennt Kertész die »restlose Auslieferung an den Zufall« und vergleicht sich mit einer »Nußschale auf dem tosenden Meer«.[33] Mit dem Terminus »Unernst« bezieht sich Kertész auf Sören Kierkegaard, für den das Selbst, »das der Ernst ist, nur *erworben*«[34] werden kann, da es nicht angeboren ist.[35] Gemäß den drei Sphären bei Kierkegaard, der ästhetischen, ethischen und der religiösen, ist das Ästhetische das, was als »Gesamtausdruck der unernsten Existenz«[36] kategorisiert werden kann. Im Zuge dessen unternimmt Kierkegaard eine Gleichsetzung des Ästhetischen mit dem »*Unmittelbaren*«[37] als Bezeichnung für dasjenige, »was nicht in Freiheit erworben, sondern etwa als ›Gesundheit‹, ›Schönheit‹ oder ›Talent‹ angeboren worden ist«.[38] Die Vollendung einer ernsten Existenz lokalisiert Kierkegaard in der religiösen Sphäre.[39] Nach Auffassung von Kertész ist der Unernst der Zufall, der ihm zufolge »das scheußlichste Licht [darstellt], das auf ein Individuum geworfen werden kann« und von ihm als »größtes Lebensungeschick« und »vollkommener Bankrott«[40] tituliert wird. Die absolute Dominanz des Zufalls in Kertész' Leben und in dem Leben seiner Romanfigur Steinig in *Fiasko*[41], der analog zum Exilanten im Unernst als »Heimatloser in seinem eigenen namenlosen Leben«[42] bezeichnet wird, kann in eine vollkommene »Befreiung von der Bürde der Persönlichkeit«[43] münden. In Form der »Schicksallosigkeit«[44] gilt sie für Täter und Opfer in der Diktatur gleichermaßen.

Daraus resultiert eine Dehumanisierung, die Kertész in seinem Essay »Lange, dunkle Schatten« folgendermaßen expliziert: »Der Totalitarismus exiliert den

---

32 Kertész: Dossier K. (s. Anm. 4), S. 133.
33 Kertész: Dossier K. (s. Anm. 4), S. 133–134.
34 Michael Theunissen: Der Begriff Ernst bei Sören Kierkegaard. Freiburg, München 1958, S. 95. (Kursivierung im Original)
35 Vgl. Theunissen: Der Begriff Ernst bei Sören Kierkegaard (s. Anm. 34), S. 95.
36 Theunissen: Der Begriff Ernst bei Sören Kierkegaard (s. Anm. 34), S. 96.
37 Theunissen: Der Begriff Ernst bei Sören Kierkegaard (s. Anm. 34), S. 96. (Kursivierung im Original)
38 Theunissen: Der Begriff Ernst bei Sören Kierkegaard (s. Anm. 34), S. 96.
39 Vgl. Theunissen: Der Begriff Ernst bei Sören Kierkegaard (s. Anm. 34), S. 96.
40 Kertész: Galeerentagebuch (s. Anm. 6), S. 266.
41 Vgl. Kertész: Dossier K. (s. Anm. 4), S. 146.
42 Imre Kertész: Fiasko [1988]. Übers. v. György Buda und Agnes Relle. Hamburg 2002 (2. Aufl.), S. 152.
43 Kertész: Dossier K. (s. Anm. 4), S. 148.
44 Kertész: Dossier K. (s. Anm. 4), S. 148.

Menschen von sich selbst und setzt ihn außer Recht.«⁴⁵ Die Exilierung potenziert noch einmal die durch die Massengesellschaft ohnehin bereits evozierte Entfremdung des Menschen. Diesen begreift Kertész als den »funktionale[n] Menschen«.⁴⁶ Kertész charakterisiert ihn durch seine Anpassung, seine Wirklichkeit diskreditiert er als »Pseudowirklichkeit«, er lebt »ein das Leben ersetzendes Leben, eine ihn selbst ersetzende Funktion«.⁴⁷ Kertész schreibt diesem funktionalen Menschen eine stark verengte Perspektive zu, die nicht mehr den kantischen »›bestirnte[n] Himmel über ihm‹ und auch nicht das ›moralische Gesetz in ihm‹« umfasst, sondern lediglich »die Grenzen seiner eigenen organisierten Welt«.⁴⁸ Der von Kertész damit diagnostizierte Verlust eines ethischen Orientierungsrahmens in Form des Kategorischen Imperativs wird zum Fundament für die Aufgabe der Persönlichkeit. Sie mündet bei Kertész in die als »unermeßlich« wahrgenommene »Biegbarkeit der menschlichen Natur«⁴⁹ im Totalitarismus.

Die Selbstentfremdung des Menschen, wie Kertész sie im Totalitarismus beobachtet, kulminiert in der Shoah in der vollkommenen Vernichtung der Persönlichkeit.⁵⁰ Diese Konsequenz führt Kertész an dem Protagonisten György Köves im *Roman eines Schicksallosen* aus und er reflektiert darüber im *Galeerentagebuch*:

> Ich glaube, meine Romanfigur ist eine mit keiner anderen vergleichbare, in der Hinsicht, daß sie nur aus Determiniertheiten, Reflexionen und Tropismen besteht: Immer und überall ist es ausschließlich die durch die Welt erlittene Qual, die sie Sprache werden läßt, sonst würde sie nicht einmal reden können; niemals ist sie es, die die Welt Sprache werden läßt.⁵¹

Aber nicht nur auf der Ebene der Handlung und der Figurengestaltung thematisiert Kertész die Schicksallosigkeit, sondern darüber hinaus ebenso in struktureller Hinsicht. Kertész setzt sie explizit in Relation zur Zwölftontechnik der Neuen Musik:

> Die Kompositionsform der Reihe: Zu Beginn jedes Kapitels die im Sinne des Ganzen – des kompositorischen Ganzen – festgesetzte Tonfolge, das heißt die aus den

---

45 Kertész: Lange, dunkle Schatten. In: Ders.: Die exilierte Sprache (s. Anm. 9), S. 59. (Kursivierung im Original)
46 Kertész: Galeerentagebuch (s. Anm. 6), S. 8.
47 Kertész: Galeerentagebuch (s. Anm. 6), S. 9.
48 Kertész: Galeerentagebuch (s. Anm. 6), S. 9. Das vollständige Zitat findet sich in Immanuel Kant: Kritik der praktischen Vernunft [Nachdruck 1912–1922]. In: Ders.: Werke. Hg. v. Artur Buchenau. Bd 5: Kritik der praktischen Vernunft/Erste Einleitung in die Kritik der Urteilskraft/Kritik der Urteilskraft. Hildesheim 1973, S. 174.
49 Kertész: Dossier K. (s. Anm. 4), S. 147.
50 Vgl. Kertész: Die exilierte Sprache (s. Anm. 9), S. 212.
51 Kertész: Galeerentagebuch (s. Anm. 6), S. 31.

»idealen zwölf Tönen« aufgestellte Reihenfolge und deren Variationen bis zur »Durchführung«.[52]

Die konsequente Orientierung an der Reihentechnik als poetologischem Strukturinstrument hat den Verzicht auf jede Anekdote zur Folge[53], die auf ein individualisiertes Schicksal hindeuten würde. Die Verbindung von musikalischer Kompositionstechnik und politischem Totalitarismus, wie Kertész sie skizziert, ist bereits bei Adorno vorhanden. Er warnt in diesem Zusammenhang davor, dass bei einer alleinigen Verortung des Fortschritts der Musik im Material das Komponieren zur »Bastelei [degradiert wird], wo das Subjekt, dessen Freiheit die Bedingung avancierter Kunst ist, ausgetrieben wird; wo eine gewalttätige und äußerliche Totalität, gar nicht so unähnlich den politischen totalitären Systemen, die Macht ergreift«.[54] In Anlehnung an diese Auffassung Adornos gestaltet Kertész die Transposition des Totalitarismus auf der strukturellen Ebene des *Roman[s] eines Schicksallosen* im Sinne einer adäquaten Darstellungsform, welche die Exklusion des Individuums zum Ausdruck bringen soll.

Aufgrund der Erfahrung der Shoah positioniert sich Imre Kertész ebenso wie die Figuren in seinen autofiktionalen Romanen außerhalb der Menschheit. In seiner Vorbemerkung zu dem Essay »Die exilierte Sprache« beschreibt Kertész die »Mauer«[55], die ihn von der Menschheit trennt, und bekennt seine Zugehörigkeit zu »mein[em] Schicksal, meine[n] Erinnerungen und meine[n] Toten«.[56] Wieder nimmt er das Exil als Reich für sich in Anspruch. Die solchen Äußerungen inhärente Einsamkeit unter den Menschen transponiert Kertész auch auf Jean Améry[57], den »Ausgestoßenen«, den »Fremden«, den »Gebrandmarkten«[58]. Dessen Einsamkeit, so formuliert es Kertész, rührt aus dem Verlust des »Weltvertrauens«[59], den Améry in seinem Essay »Die Tortur« eindrücklich beschreibt. Améry selbst deutet in diesem Text als Folge der Folter ebenfalls eine geradezu metaphysische Exilierung an: »Wer der Folter erlag, kann nicht mehr heimisch werden in der Welt.«[60] Den nachgerade metaphysischen, mit Einsam-

---

52 Kertész: Galeerentagebuch (s. Anm. 6), S. 201. Kertész hat sich nach eigenem Bekunden primär mit Adornos musikästhetischem Werk auseinandergesetzt, darunter auch mit den Schriften zu Schönberg. Vgl. Kertész: Dossier K. (s. Anm. 4), S. 120.
53 Vgl. Kertész: Dossier K. (s. Anm. 4), S. 7.
54 Theodor W. Adorno: Das Altern der Neuen Musik (Vortrag 1954 im SWR). In: Dissonanzen. Musik in der verwalteten Welt. Gesammelte Schriften. Hg. v. Rolf Tiedemann. Bd. 14: Dissonanzen/Einleitung in die Musiksoziologie. Frankfurt a. M. 1973, S. 161.
55 Kertész: Vorbemerkung des Autors. In: Ders.: Die exilierte Sprache (s. Anm. 9), S. 13.
56 Kertész: Vorbemerkung des Autors. In: Ders.: Die exilierte Sprache (s. Anm. 9), S. 14.
57 Vgl. Kertész: Dossier K. (s. Anm. 4), S. 17.
58 Kertész: Der Holocaust als Kultur. In: Ders.: Die exilierte Sprache (s. Anm. 9), S. 78.
59 Améry: Die Tortur. In: Ders.: Jenseits von Schuld und Sühne (s. Anm. 2). S. 66.
60 Améry: Die Tortur. In: Ders.: Jenseits von Schuld und Sühne (s. Anm. 2), S. 85.

keit assoziierten Exilbegriff appliziert Kertész auch auf sein Judentum nach der Shoah im Sinne einer negativen Auserwählung als Sinnbild für die »allumfassende menschliche Verneinung, das Menetekel an der Wand totaler Unterdrückung«[61]. Für Kertész verbindet sich mit der Übernahme einer solchen Rolle eine »ethische Aufgabe«[62].

Auf der »negative[n] Erfahrung« des Judentums als Ausgeliefertsein, das Kertész »auf radikale Art«[63] erlebt hat, basiert jedoch paradoxerweise auch seine persönliche Befreiung.[64] In enger Anlehnung an Camus äußert Kertész:

> Der Begriff »Reich« im Titel seines Erzählbandes »Das Exil und das Reich« entspreche, sagt Albert Camus, »genau einem bestimmten freien und nackten Leben, das wir wiederentdecken müssen, um wiedergeboren zu werden. Das Exil zeigt uns auf seine Weise den Weg, unter der einzigen Bedingung, daß wir Knechtschaft und Besitz zugleich ablehnen.« Mit Besitz hatte ich nie etwas zu tun; doch um die Knechtschaft abzulehnen, mußte ich sie voll und ganz durchleben, ihre sämtlichen Folgen eingeschlossen.[65]

Trotz der von Kertész konstatierten persönlichen Befreiung zeigt er sich gegenüber der Entwicklung in Ungarn skeptisch und entwirft am Ende einer von ihm als Ideal gekennzeichneten »*existentielle[n] Begegnung*«[66] mit der Geschichte eine Utopie des Reiches im Sinne Camus':

> Und es wird noch lange dauern, bis man in meinem Land die Werte schaffende Kraft und Bedeutung der negativen Erfahrung [Gemeint ist Auschwitz H. d. Verf.] erkennt – und vor allem: bis man die negative Erfahrung in positives Tun verwandelt, weil man verstanden hat, daß eine Solidarität geschaffen werden muß, die an die Wurzeln unseres persönlichen Lebens reicht und fähig macht, Leben unabhängig von Macht – jedweder Macht – zu organisieren und zu erhalten, so daß wir es vermögen, »gleichzeitig die Knechtschaft und den Besitz abzulehnen«.[67]

Zusammenfassend lässt sich für die der Utopie des Reiches noch ferne Gegenwart eine Kontinuität von Kertészs Diktum postulieren: »Mein Reich ist das Exil.« Es ließe sich auch mit Rilke formulieren, auf dessen Gedicht »Herbsttag« Kertész sich im Titel seiner Rede über Ungarn »Wer jetzt kein Haus hat« expli-

---

61 Kertész: Galeerentagebuch (s. Anm. 6), S. 55.
62 Kertész: Galeerentagebuch (s. Anm. 6), S. 131.
63 Kertész: Wer jetzt kein Haus hat. In: Ders.: Die exilierte Sprache (s. Anm. 9), S. 144.
64 Vgl. Kertész: Wer jetzt kein Haus hat. In: Ders.: Die exilierte Sprache (s. Anm. 9), S. 144.
65 Kertész: Wer jetzt kein Haus hat. In: Ders.: Die exilierte Sprache (s. Anm. 9), S. 143–144.
66 Kertész: Das glücklose Jahrhundert. In: Ders.: Die exilierte Sprache (s. Anm. 9), S. 112. (Kursivierung im Original)
67 Kertész: Wer jetzt kein Haus hat. In: Ders.: Die exilierte Sprache (s. Anm. 9), S. 145.

zit bezieht: »Wer jetzt kein Haus hat, baut sich keines mehr. Wer jetzt allein ist, wird es lange bleiben [...].«[68]

III. Variationen der Atonalität? Poetologische Konzeptionen nach der Shoah bei Imre Kertész, Tadeusz Borowski, Jean Améry und Paul Celan

Die metaphysische Exilierung entspricht bei Kertész einer Exilierung auf kultureller und sprachlicher Ebene. Der Shoahüberlebende kann in jeder europäischen Sprache und der mit ihr assoziierten Kultur lediglich einen Status als »geistiger Asylant«[69] beanspruchen. Die vorhandene Sprache entspricht der »Bewußtseinswelt einer gleichmütig weiterfunktionierenden Gesellschaft«, welcher der Shoahüberlebende als »Fremder« gegenübersteht und die »das Ausgestoßensein in Auschwitz nach Auschwitz endgültig besiegelt hat.«[70] Sprache fungiert für Kertész als »Heimat, die nie Heimat gewesen ist«[71]. Der Shoahüberlebende ist aus ihr irreversibel exiliert, denn ansonsten »hätte der Holocaust eine Sprache, und der Schriftsteller des Holocaust könnte sich in eine vorhandene Kultur einbetten«.[72] Dieses Postulat korrespondiert mit dem Plädoyer von Kertész, die Shoah nicht nur als »Tragödie des Judentums«, sondern als »Welterfahrung, als europäisches Trauma«[73] anzusehen; die gesamte westliche Zivilisation wird damit zum ›Überlebenden der Shoah‹ erklärt. Dies ist von zentraler Bedeutung für die moralische Kultur, in der die Shoah gleichzeitig einen »ethischen Nullpunkt« bezeichnet *und* eine »unermeßliche moralische Reserve«[74] bereitstellt.

---

68 Rainer Maria Rilke: Herbsttag. In: Ders.: Sämtliche Werke. Hg. v. Ernst Zinn. Bd. 1: Gedichte. Erster Teil. Frankfurt a. M. 1970, S. 398.
69 Kertész: Die exilierte Sprache (s. Anm. 9), S. 218.
70 Kertész: Die exilierte Sprache (s. Anm. 9), S. 210.
71 Kertész: Die exilierte Sprache (s. Anm. 9), S. 218. Mit der exterritorialen Bestimmung der Sprache als »Heimat, die nie Heimat gewesen ist«, übernimmt Kertész eine Argumentation, wie sie Améry als Exilant in Brüssel gegenüber seinem Geburtsland Österreich formuliert, wenn er postuliert: »Wir aber hatten nicht das Land verloren, sondern mußten erkennen, daß es niemals unser Besitz gewesen war. Für uns war, was mit diesem Land und seinen Menschen zusammenhing, ein Lebensmißverständnis.« Améry: Wieviel Heimat braucht der Mensch? In: Ders.: Jenseits von Schuld und Sühne (s. Anm. 2), S. 100. Jürgen Doll benennt dies ebenfalls als den »springende[n] Punkt von Amérys Analyse«. Doll: »Wieviel Heimat braucht der Mensch?« Verfolgung, Heimat und Exil bei Jean Améry. In: Exils, migrations, création. Exil anti-nazi, témoignages concentrationnaires. Études germaniques. Hg v. Jürgen Doll. Bd. 3. Paris 2008, S. 186.
72 Kertész: Die exilierte Sprache (s. Anm. 9), S. 218.
73 Kertész: Die exilierte Sprache (s. Anm. 9), S. 216.
74 Kertész: Die exilierte Sprache (s. Anm. 9), S. 216.

Der ethische Nullpunkt als »Zivilisationsbruch«[75] erfordert gemäß Kertész eine spezifische »Nach-Auschwitz-Sprache«[76]. Der Shoahüberlebende hat jedoch erst Persönlichkeits- und Sprachverlust[77] zu überwinden und muss sich zunehmend der eigentlich vorhandenen »Unmöglichkeit, über den Holocaust zu schreiben«[78], bewusst werden. Die Authentizität einer solchen Sprache besteht in ihrer »Atonalität« in Abgrenzung zur »Tonalität« als eine »einheitliche Tonart« im Sinne einer »auf eine allgemein anerkannte Moral und Ethik gestützte Werteordnung, die das Beziehungsgeflecht von Sätzen und Gedanken bestimmte«.[79] In der Konzeption der Atonalität kommt eine Symbiose von Sprach- und Moralkritik in der Tradition Friedrich Nietzsches zum Ausdruck, für den die von ihm diskreditierte »Sklavenmoral«[80] auch in der Sprache verankert ist: »Überall, wo die Sklaven-Moral zum Übergewicht kommt, zeigt die Sprache eine Neigung, die Worte ›gut‹ und ›dumm‹ einander anzunähern.«[81] Bei Kertész vollzieht sich der Konnex von Sprach- und Moralkritik entsprechend in der Infragestellung der »sprachlichen Konventionen« von Begriffen wie »›Opfer‹, ›Verfolgter‹, ›Überlebender‹ und so weiter, sowie Rolle und Bewusstsein, die damit verbunden sind«.[82] Für Kertész existiert im Falle des Nationalsozialismus das generell mit der Konnotation der Unschuld versehene Opfer nicht, sondern für ihn ist »aus dem Opfer ein gut funktionierender Bestandteil der zu seiner eigenen Vernichtung errichteten Maschinerie geworden«.[83] Er konstatiert das »Geheimnis des Überlebens« als »Kollabora-

---

75 Dan Diner (Hg.): Zivilisationsbruch. Denken nach Auschwitz. Frankfurt a. M. 1988.
76 Kertész: Die exilierte Sprache (s. Anm. 9), S. 212.
77 Vgl. Kertész: Die exilierte Sprache (s. Anm. 9), S. 208.
78 Kertész: Die exilierte Sprache (s. Anm. 9), S. 218.
79 Kertész: Die exilierte Sprache (s. Anm. 9), S. 212. Die Atonalität bezeichnet eine musikgeschichtliche Entwicklung, welche eine Loslösung von der Fixierung auf die traditionelle Dur-Moll-Tonalität mit einem Grundton propagiert und primär mit der sog. »Wiener Schule« um Arnold Schönberg assoziiert wird. Vgl. Hartmuth Kinzler: Art. Atonalität (1994). In: Handwörterbuch der musikalischen Terminologie. Hg. v. Hans Heinrich Eggebrecht und Albrecht Riethmüller. Bd. 1. Stuttgart 1972–2006, S. 2. Volltext im Internet unter: http://daten. digitale-sammlungen.de/~db/0007/bsb00070509/images/index.html?id=00070509&groesser =&fip=193.174.98.30&no=&seite=2 [abgerufen: 1.6.2016].
80 Vgl. J. B. Müller: Art. Herrenmoral. In: Historisches Wörterbuch der Philosophie. Hg. v. Joachim Ritter und Karlfried Gründer. Bd. 3. Darmstadt 1974, Sp. 1078.
81 Friedrich Nietzsche: Jenseits von Gut und Böse. Vorspiel einer Philosophie der Zukunft. In: Kritische Studienausgabe. Hg. v. Giorgio Colli und Mazzino Montinari. Bd. 5: Jenseits von Gut und Böse/Zur Genealogie der Moral [Neuausgabe 1999]. München 2009 (10. Aufl.), S. 212.
82 Kertész: Die exilierte Sprache (s. Anm. 9), S. 210–211.
83 Imre Kertész: Bekenntnis zu einem Bürger. Notizen über Sándor Márai. In: Ders.: Die exilierte Sprache (s. Anm. 9), S. 193–194.

tion«, was er dezidiert als »Schande«[84] empfindet. So involviert das Überleben selbst das Opfer in die »Grenzsituation«[85] der Schuld.

In dieser Situation setzt Kertész die Fiktion als Instrument der Distanzierung ein. »Ich konnte mir Sprache, Wesen und Gedankenwelt einer solchen Figur als Fiktion vorstellen, war aber nicht mehr identisch mit ihr; ich will sagen: Indem ich die Figur schuf, habe ich mich selbst vergessen [...].«[86] Gewonnen werden kann jedoch lediglich ein temporäres Vergessen. Im *Galeerentagebuch* artikuliert Kertész die Hoffnung, »zum geheimnisvollen Tor eines wirklichen, [...] von den Verschmutzungen meines Ichs gereinigten Lebens vordringen [zu können]«.[87] Für Kertész sind allein die Toten »unbeschmutzt von der Schande des Holocaust«[88]. Ihnen widmet er ausdrücklich sein Werk[89], sie fungieren als der ethische Fluchtpunkt seines Schreibens, da sie im Gegensatz zu den überlebenden Opfern und Tätern unschuldig sind.

Mit der Negation des unschuldigen Opfers stellt sich Kertész in die Tradition von Tadeusz Borowski, der – in diesem Punkt über Kertész hinausgehend – dafür plädiert, dass in der Literatur über die Shoah die eigene Verstrickung in der Maschinerie von Auschwitz explizit thematisiert werden muss.[90] Über die Beziehung von Opfer und Täter hinaus erinnern Kertész' Ausführungen in seinem Essay über die exilierte Sprache in ihren zentralen Überlegungen an Äußerungen Borowskis wie die folgende: »Ich wollte aufschreiben, was ich erlebt habe, aber wer auf der Welt wird einem Schreiber glauben, der eine unbekannte Sprache spricht? Das ist, als wollte ich Bäume und Steine überzeugen.«[91] Das von Kertész thematisierte Problem der Unmöglichkeit, über die Shoah zu schreiben, findet sich bei Borowski im Rekurs auf Orpheus vorformuliert; dort ist die Glaubwürdigkeitsproblematik rezeptionsästhetisch akzentuiert. Borowski insistiert auf einem Anspruch auf Wahrheit ohne jegliche Ästhetisierung: »Stimmt, ich könnte auch lügen, mich der uralten Mittel bedienen, die der Literatur gegeben sind, wenn sie sich den Anschein geben will, die Wahrheit zu sagen; aber

---

84 Kertész: Dossier K. (s. Anm. 4), S. 77.
85 Der Begriff der »Grenzsituation« konstituiert einen der Grundbegriffe der Jasper'schen Philosophie. Er markiert »Grundsituationen unseres Daseins«, »über die wir nicht hinaus können, die wir nicht ändern können«. Darunter subsumiert Jaspers z. B. Tod, Schuld und Zufall. Karl Jaspers: Einführung in die Philosophie [1953]. München 2003 (25. Aufl.), S. 18.
86 Kertész: Dossier K. (s. Anm. 4), S. 77.
87 Kertész: Galeerentagebuch (s. Anm. 6), S. 311.
88 Kertész: Dossier K. (s. Anm. 4), S. 210.
89 Vgl. Kertész: »Heureka!«. Rede zum Nobelpreis 2002. In: Ders.: Die exilierte Sprache (s. Anm. 9), S. 255.
90 Vgl. Tadeusz Borowski: Alicja w krainie czarów. In: Ders.: Pisma w czterech tomach. Hg. v. Tadeusz Drewnowski. Bd. 4: Krytyka. Kraków 2005, S. 86. An dieser Stelle möchte ich mich noch einmal herzlich bei Margarethe Khorassani bedanken, die mir den Text ins Deutsche übersetzt hat.
91 Das Zitat von Tadeusz Borowski stammt aus dem Nachwort von Andrzej Wirth. Andrzej Wirth: Die unvollständige Rechnung des Tadeusz Borowski. In: Die steinerne Welt. Erzählungen [1959]. Dt. v. Vera Cerny. München 1970, S. 210.

dazu fehlt mir die Phantasie.«[92] Mit dem Wahrheits- und Entlarvungsanspruch korrespondiert bei Borowski die Lektüre von Till Eulenspiegel[93], der Erzählung von dem weisen Narren.[94] Borowskis Ich-Erzähler invertiert jedoch in seiner als Moralkritik inszenierten Sprachkritik das Eulenspiegelprinzip. Er nimmt gerade nicht bildliche proverbiale Aussagen wörtlich. Er decodiert vielmehr die Euphemismen der nationalsozialistischen Sprache und konfrontiert den Leser mit ihrer grausamen Wirklichkeit – so etwa in der lapidaren Ergänzung der Aussage über einen kranken Juden, der »bei der nächsten Selektion *zur besonderen Behandlung* vorgemerkt [wurde], also fürs Gas«.[95] In der Tradition von Eulenspiegels Vorgehen denunziert Borowskis Erzähler die deutschen SS-Männer und Häftlinge, denen die Ich-Figur in *Bei uns in Auschwitz* unterstellt, nicht zwischen den Wortbedeutungen und der Wirklichkeit differenzieren zu können.

> Er sagt »*Kameraden*« und glaubt, wir seien wirklich »*Kameraden*«, er spricht von der »Verminderung des Leidens« und glaubt, das sei hier möglich. Auf dem Lagertor steht aus verflochtenen Eisenlettern »Arbeit macht frei«. Anscheinend glauben sie wirklich daran, diese deutschen ss-Männer und Häftlinge.[96]

Für die Ich-Figur verkennen die deutschen SS-Männer und Häftlinge den Charakter der »Groteske«[97], welche die Realität im Lager dominiert, indem sie noch an der Möglichkeit von Humanität und Rationalität in Auschwitz festhalten. Parallel zu Borowskis Werk *Bei uns in Auschwitz* stimmt auch Kertész in seinem *Roman eines Schicksallosen* »einen zum Teil ins Groteske gesteigerten ›Gegengesang‹ zur älteren KZ-Literatur«[98] an. Dabei weist die erzählende Ich-Figur im

---

92 Das Zitat stammt aus dem Text »Faschisten« von Borowski und wird als Auszug im Nachwort von Wirth angeführt. In: Borowski: Die steinerne Welt (s. Anm. 91), S. 203.
93 Vgl. Tadeusz Borowski: Bei uns in Auschwitz [1991]. Übers. v. Friedrich Griese. Frankfurt a. M. 2008 (3. Aufl.), S. 247.
94 Vgl. Michael Aichmayr: Der Symbolgehalt der Eulenspiegel-Figur im Kontext der europäischen Narren- und Schelmenliteratur. Göppingen 1991, S. 180–182. Aichmayr bezeichnet Eulenspiegel als »Wahrheitsbezeuger« und auch dieser selbst verpflichtet sich zu ihr. Aichmayr: Eulenspiegel-Figur, S. 180.
95 Borowski: Bei uns in Auschwitz (s. Anm. 93), S. 332. (Kursivierung im Original)
96 Borowski: Bei uns in Auschwitz (s. Anm. 93), S. 21–22 (Kursivierung im Original). Dabei stellt die Ich-Figur namens Tadek in den Erzählungen »Bei uns in Auschwitz« nicht unbedingt Borowski selbst dar, sondern laut Tadeusz Drewnowskis polnischer Studie *Ucieczka z kamiennego świata* (Flucht aus der steinernen Welt) bildet sie ein »verdichtetes Konstrukt eines Häftlingstypus, der ausschließlich in Kategorien des Lagers denkt«. Diese Zusammenfassung von Drewnowskis Position formuliert Barbara Breysach in ihrer Monografie »Schauplatz und Gedächtnisraum Polen«. Barbara Breysach: Schauplatz und Gedächtnisraum Polen. Die Vernichtung der Juden in der deutschen und polnischen Literatur. Göttingen 2005, S. 251.
97 Borowski: Bei uns in Auschwitz (s. Anm. 93), S. 72.
98 Günter Butzer: Topographie und Topik. Zur Beziehung von Narration und Argumentation in der autobiographischen Holocaust-Literatur. In: Überleben schreiben. Zur Autobiographik der Shoah. Hg. v. Manuela Günter. Würzburg 2002, S. 62. Butzer bezieht sich bei der älteren KZ-Literatur primär auf Primo Levi.

Kontrast zu derjenigen von Borowski allerdings keine Ähnlichkeiten zum weisen Narren auf, sondern sie erscheint in ihrer Naivität eher als »›tumbe[r] Tor‹«[99]. Gerade in der dezidiert moralischen Ausrichtung der Kritik am euphemistischen nationalsozialistischen Sprachgebrauch korreliert Borowski mit dem Charakteristikum der Atonalität, das die Kertész'sche Konzeption einer exilierten Sprache ausmacht.

Im Unterschied zu Kertész und Borowski insistiert Jean Améry auf einer »*moralische[n] Kluft*«[100] zwischen Täter und Opfer, er intendiert eine »Phänomenologie des Opfer-Menschen«[101]. Ebenso lässt sich eine stilistische Differenz feststellen. Amérys Essays oszillieren als Ausdruck seines Selbstverständnisses als »Existential-Positivist«[102] zwischen sprachlicher Nüchternheit in der Tradition der *littérature engagée* sowie der des Logischen Positivismus einerseits und existenzphilosophischem Pathos andererseits. Sie bedienen sich jedoch nicht des Stilmittels der Groteske. Amérys sprachliche Nüchternheit ist Ausdruck seines ambivalenten Verhältnisses zur Metapher, die er zwar nicht generell ablehnt, aber vor deren schnellem Abnutzungspotenzial er explizit warnt.[103] Dies spiegelt sich in der Zurückweisung von Vergleichen für den Schmerz bei der Folter z. B. »wie ein glühendes Eisen in meinen Schultern« und »wie ein mir in den Hinterkopf gestoßener stumpfer Holzpfahl«.[104] Stattdessen konstatiert Améry lapidar: »Der Schmerz war, der er war.«[105] Exemplarisch für das Pathos kann der bereits genannte Begriff des Weltvertrauens stehen. Améry plädiert für eine Poetik in Bezug auf die Shoah, in der das Pathos »im Sinne von Leiden, Nach-Leiden des unzumutbar Erlittenen« den einzig legitimen »Tonfall«[106] neben einer bloß dokumentarischen Prosa bietet.

Auch Améry artikuliert Moralkritik als Sprachkritik. Dies gelingt ihm im Rekurs auf eine mit Neologismen operierende Form von »linguistische[r] Phänomenologie«[107]. Sie bildet die sprachliche Basis für eine Ethik der Mit-

---

99 Butzer: Topographie und Topik (s. Anm. 98), S. 60.
100 Améry: Vorwort zur Neuausgabe 1977. In: Ders.: Jenseits von Schuld und Sühne (s. Anm. 2), S. 15. (Kursivierung im Original)
101 Améry: Konter-Violenz als Not-Wehr. Randbemerkungen zur Phänomenologie der Gewalt (1971) In: Ders.: Werke. Hg. v. Irene Heidelberger-Leonard. Bd. 7: Aufsätze zur Politik und Zeitgeschichte. Stuttgart 2005, S. 490.
102 Améry: Der ehrbare Antisemitismus. Rede zur Woche der Brüderlichkeit (1976). In: Ders.: Aufsätze zur Politik und Zeitgeschichte (s. Anm. 101), S. 184.
103 Vgl. Améry: Vom Altern der Literatur. Warum wirkt Robbe-Grillet abgenutzt, Goethe aber wertbeständig? Auch Dichtung kann sterben. In: Die Weltwoche, Zürich, 26.4.1972, S. 29.
104 Améry: Die Tortur. In: Ders.: Jenseits von Schuld und Sühne (s. Anm. 2), S. 73.
105 Améry: Die Tortur. In: Ders.: Jenseits von Schuld und Sühne (s. Anm. 2), S. 74.
106 Améry: Im Warteraum des Todes (1969). In: Ders.: Aufsätze zur Politik und Zeitgeschichte (s. Anm. 101), S. 472.
107 Der Terminus »linguistic phenomenology« (dt. linguistische Phänomenologie) verdankt sich dem Linguisten J. L. Austin und bezeichnet eine Richtung der »ordinary language philosophy«, in der die philosophisch essenziellen Begriffe wie z. B. Freiheit anhand ihres Gebrauchs

menschlichkeit, die bei Améry im Gegensatz sowohl zur Haltung des »Neben-Menschen«[108] und erst recht zur derjenigen des »Gegen-Menschen«[109] konzipiert wird. Die Differenz zwischen dem Neben-Menschen und dem Gegen-Menschen erläutert Améry in seinem Essay »Über Zwang und Unmöglichkeit, Jude zu sein«:

> Die um mich sind, erscheinen mir nicht als Gegen-Menschen, wie damals die Peiniger. Sie sind die Neben-Menschen, nicht betroffen von mir und der mir zur Seite schleichenden Gefahr. Ich gehe grüßend und ohne Feindseligkeit an ihnen vorüber. Halten kann ich mich nicht an sie, nur an ein positiv unbestimmbares Judesein, meine Last und meine Stütze.[110]

Im angeführten Zitat wird die aktive Solidarität gerade in Zeiten der Verfolgung als Basis einer Ethik der Mitmenschlichkeit evident, die für Améry zugleich auch in engem Konnex zum Heimatbegriff steht. Die maßgebliche Bedeutung der Mitmenschlichkeit wird bereits im Vorwort offenkundig, wenn Améry seine Essaysammlung *Jenseits von Schuld und Sühne* dezidiert an diejenigen richtet, »die einander Mitmenschen sein wollen«.[111] Im Einklang mit der von Kertész als integraler Bestandteil der exilierten Sprache nach Auschwitz artikulierten Forderung einer Sprachkritik als Moralkritik, formuliert Améry eine linguistisch fundierte Ethik der Mitmenschlichkeit.

In Paul Celans »Todesfuge« dominiert ebenfalls eine strikte Gegenüberstellung von Tätern und Opfern mit »Versgruppen, leicht erkennbar an den anaphorischen Versanfängen, die das Schicksal der Opfer thematisieren (›wir‹), und Versgruppen, die das Verhalten ihres Mörders schildern (›Ein Mann‹, ›der‹, ›er‹)«.[112] Trotz dieser Gemeinsamkeit mit Améry und der fundamentalen Diffe-

---

im Alltag analysiert werden. Darüber hinaus sieht Austins Konzeption aber auch die Existenz von Neologismen vor, um Dinge und Handlungsweisen zu beschreiben, die in der Alltagssprache nicht erfasst werden. Vgl. W. Strube: Art. Linguistische Phänomenologie. In: Historisches Wörterbuch der Philosophie. Hg. v. Joachim Ritter und Karlfried Gründer. Bd. 7. Darmstadt 1989, Sp. 507–510. Améry orientiert sich ebenfalls an der Alltagssprache, versucht jedoch durch Neologismen wie »Gegenmensch« zu demonstrieren, dass die Mitmenschlichkeit kein selbstverständlicher Bestandteil der Gesellschaft ist.
108 Améry: Über Zwang und Unmöglichkeit, Jude zu sein. In: Ders.: Jenseits von Schuld und Sühne (s. Anm. 2), S. 170.
109 Améry: Die Tortur. In: Ders.: Jenseits von Schuld und Sühne (s. Anm. 2), S. 66. Den Terminus des »Gegenmenschen« entlehnt Améry aus Sartres *Critique de la raison dialectique* (dt. Kritik der dialektischen Vernunft). Eine präzisere Erläuterung hierzu wird in der gerade im Entstehen begriffenen Dissertation erfolgen.
110 Améry: Über Zwang und Unmöglichkeit, Jude zu sein. In: Ders.: Jenseits von Schuld und Sühne (s. Anm. 2), S. 170.
111 Améry: Vorwort zur ersten Ausgabe 1966. In: Ders.: Jenseits von Schuld und Sühne (s. Anm. 2), S. 22.
112 Helmuth Kiesel und Cordula Stepp: Paul Celans Schreckensmusik. In: Getauft auf Musik. Festschrift für Dieter Borchmeyer. Hg. v. Udo Bermbach und Hans Rudolf Vaget. Würzburg 2006, S. 116–117.

renz zu Borowski und Kertész ist Celans Reflexion über Sprache ebenso wie die von Kertész zutiefst geprägt von der transzendentalpoetologischen Frage[113] nach den Bedingungen der Möglichkeit eines Schreibens nach Auschwitz. Parallel zu Kertész' Aussagen über den exilierten Shoahüberlebenden expliziert Celan in Bezug auf Ossip Mandelstam: »Der Dichter – der Mensch, dem die Sprache alles ist, Herkunft und Schicksal – ist mit seiner Sprache im Exil […].«[114] Eine derartige Aussage gilt ebenso für Celan selbst, dem die Sprache im Kontrast zu Kertész auch nach der Shoah noch Heimat ist.[115] Die spezifische Situation der Sprache nach der Shoah erläutert Celan in seiner Bremer-Rede:

> Erreichbar, nah und unverloren blieb inmitten der Verluste dies eine: die Sprache. Sie, die Sprache, blieb unverloren, ja, trotz allem. Aber sie mußte nun hindurchgehen durch ihre eigenen Antwortlosigkeiten, hindurchgehen durch furchtbares Verstummen, hindurchgehen durch die tausend Finsternisse todbringender Rede. Sie ging hindurch und gab keine Worte her für das, was geschah; aber sie ging durch dieses Geschehen. Ging hindurch und durfte wieder zutage treten, »angereichert« von all dem.[116]

Die Annäherung der Sprache an das Verstummen als stimmloser Ausdruck für »das äußerste Entsetzen« gegenüber dem »wie der Erfahrung so der Sublimierung sich entziehenden Leids«[117] impliziert bei Celan auch auf formaler Ebene das Eingedenken an den »20. Jänner«[118] und damit an die Toten der Shoah, das in der Meridian-Rede als bedeutsame Konstituente der heutigen Dichtung ausgewiesen wird.[119] Darin stimmt er mit Kertész überein, der seine Forderung nach einer authentischen, anti-ideologischen Sprache primär aus Celans *Ge-*

---

113 Im Kontrast zur Transzendentalphilosophie von Kant, an die der Begriff anschließt, die sich mit den Bedingungen der Möglichkeit von Erkenntnis befasst, setzt sich die Adorno-Debatte und im Anschluss daran Celans Poetik mit den selbigen in Bezug auf das Schreiben nach Auschwitz auseinander. Vgl. Marguerite Markgraf und Gerhild Rochus: »Es gibt nichts zu sagen.« Der Topos der Unsagbarkeit in Kevin Vennemanns *Nahe Jedenew*. In: Polnisch-deutsche Duette. Interkulturelle Begegnungen in Literatur, Film, Journalismus (1990–2012). Hg. v. Renata Cieślak, Franz Fromholzer, Friedmann Harzer und Karolina Sidowska. Dresden 2013, S. 79.
114 Paul Celan: Die Dichtung Ossip Mandelstamms (1960 NDR). In: Ossip Mandelstam. Im Luftgrab. Ein Lesebuch. Hg. v. Ralph Dutli. Zürich 1988 (1. Aufl.), S. 75.
115 Vgl. Natascha Timoschkowa: Ein Mandeltraum: Übersetzungskritische Untersuchungen zur Rolle Ossip Mandelstams im dichterischen Gesamtwerk Paul Celans. Berlin 2015, S. 61.
116 Paul Celan: Ansprache anlässlich der Entgegennahme des Literaturpreises der Freien Hansestadt Bremen (1958). In: Ders.: Gesammelte Werke. Hg. v. Beda Allemann und Stefan Reichert. Dritter Band: Gedichte III, Prosa, Reden. Frankfurt a. M. 1983 (1. Aufl.), S. 185–186.
117 Theodor W. Adorno: Ästhetische Theorie. In: Ders.: Gesammelte Schriften. Hg. v. Rolf Tiedemann. Bd. 7: Ästhetische Theorie. Frankfurt a. M. 1970, S. 477.
118 Paul Celan: Der Meridian. Rede anläßlich der Verleihung des Georg-Büchner-Preises Darmstadt, am 22. Oktober 1960. In: Ders.: Gesammelte Werke (s. Anm. 116), S. 196.
119 Vgl. Celan: Der Meridian. In: Ders.: Gesammelte Werke (s. Anm. 116), S. 196.

spräch im Gebirg ableitet.[120] Authentizität bedeutet für Celan, dass das Gedicht »Lebensschrift« repräsentiert, in der sich die »Gegenwart einer Person«[121] bezeugt, denn: »*Dem Gedicht ist der Dichter als Person mitgegeben.*«[122] Ferner charakterisiert Celan sein Schreiben als »Bemühungen, dessen, der, [...] mit seinem Dasein zur Sprache geht, wirklichkeitswund und Wirklichkeit suchend«.[123] Ein solcher Wirklichkeitsbezug inkludiert ein phänomenologisches, die Wahrnehmung in den Mittelpunkt stellendes Schreiben[124], das einen dezidiert »antimetaphorischen Charakter«[125] aufweist. Celan plädiert für das Gedicht als dem »Ort, wo alle Tropen und Metaphern ad absurdum geführt werden wollen«.[126] So beharrt Celan bezüglich der »Todesfuge« in einem Brief an Walter Jens darauf: »Das ›Grab in der Luft‹ – lieber Walter Jens, das ist, in *diesem* Gedicht, weiß Gott weder Entlehnung noch Metapher.«[127] Die gegen die Metapher gerichtete Sprachkritik verdichtet sich bei Celan zur Moralkritik, wenn er die Metapher in den Entwürfen zur Büchnerpreisrede mit der Lüge äquivalent setzt.[128] Das Gedicht ist, so die Überzeugung Celans,

> der Ort, wo das über die Sprache Wahrnehmbare und Erreichbare um jene Mitte versammelt wird, von der her es Gestalt und Wahrheit gewinnt: um das die Stunde, die eigene und die der Welt, den Herzschlag und den Äon befragende Dasein dieses Einzelnen.[129]

Die Wahrheit des Gedichts wird somit beim lebendigen Einzelnen angesiedelt. Er steht im Zentrum von Celans Dichtung. Gegenbild zur Dichtung ist eine erstarrte und leblose, mit »Medusenhaupt« und »Automat«[130] konnotierte Kunst. Die von Celan artikulierte Metaphern- und Tropenkritik entspricht der von Kertész geforderten Atonalität als Sprach- und Moralkritik, die das ethische Zentrum der poetologischen Konzeption einer exilierten Sprache bildet.

---

120 Vgl. Kertész: Die exilierte Sprache (s. Anm. 9), S. 210.
121 Paul Celan: Fragmente aus den Notizen zur Büchnerrede »Der Meridian«. In: Paul Celan – Die Goll-Affäre. Dokumente zu einer ›Infamie‹. Hg. v. Barbara Wiedemann. Frankfurt a. M. 2000, S. 476.
122 Celan: Fragmente aus den Notizen zur Büchnerrede (s. Anm. 121), S. 477 (Kursivierung im Original).
123 Celan: Ansprache anlässlich der Entgegennahme des Literaturpreises der Freien Hansestadt Bremen (1958) (s. Anm. 116), S. 186.
124 Vgl. Christoph Grube: Art. Phänomenologie. In: Celan-Handbuch. Hg. v. Markus May, Peter Goßens und Jürgen Lehmann. Stuttgart u. a. 2012 (2. Aufl.), S. 265.
125 Paul Celan: Der Meridian. Endfassung – Entwürfe – Materialien. In: Ders.: Werke. Tübinger Ausgabe. Hg. von Jürgen Wertheimer. Bd. 3. Frankfurt a. M. 1999, M, 74, Nr. 68.
126 Paul Celan: Der Meridian (1960). In: Ders.: Gesammelte Werke (s. Anm. 116), S. 199.
127 Paul Celan: Brief an Walter Jens. Paris, am 19. Mai 1961. In: Celan – Die Goll-Affäre (s. Anm. 121), S. 532 (Kursivierung im Original).
128 Vgl. Babara Wiedemann: Kommentar. In: Celan – Die Goll-Affäre (s. Anm. 121), S. 784.
129 Paul Celan: Notiz. In: Mandelstam. Im Luftgrab (s. Anm. 114), S. 65.
130 Paul Celan: Der Meridian (1960). In: Ders.: Gesammelte Werke (s. Anm. 116), S. 193.

IV. Fazit

Für Kertész sind Heimatlosigkeit und Shoah die konstitutiven Bestandteile seiner Zugehörigkeit zum Judentum, zu dessen religiösem Brauchtum er nach eigenem Bekunden keinerlei Bezug hat.[131] In Kertész' Werk dominiert jedoch ein exterritorialer existenzphilosophisch und poetologisch grundierter Exilbegriff. Im Anschluss an Albert Camus' Novellenband *L'exil et le royaume* korrespondiert für Kertész das Exil mit Einsamkeit und das Reich mit Solidarität. Die Einsamkeit als Schriftsteller und innerer Emigrant bildet ein explizites Gegengewicht zum vom Totalitarismus verordneten Massenschicksal als Exilierung des Menschen von sich selbst, welches eine Verschärfung der durch die Massengesellschaft bereits induzierten Schicksallosigkeit darstellt. Im Zuge dessen trägt die Erfahrung der Shoah zur Verabsolutierung des Exils bei, das universell verstanden als Einsamkeit unter den Menschen einen metaphysischen Grundcharakter hat.

Dem Umstand der metaphysischen, wenn auch historisch in der Shoah grundgelegten Exilierung trägt der Entwurf einer exilierten Sprache Rechnung. Deren Zentrum bildet eine mit dem Begriff der Atonalität versehene enge Symbiose von Sprach- und Moralkritik, die sich auch als integraler Bestandteil der poetologischen Konzeptionen von Borowski, Améry und Celan geltend machen lässt. Dennoch existieren gerade in der jeweiligen konkreten Ausprägung fundamentale Differenzen zwischen einer dem Grotesken verpflichteten Poetik bei Kertész und Borowski einerseits und einer mit dem Stilmittel des Pathos operierenden Sprache bei Améry und Celan andererseits. Ebenso artikuliert Kertész keine Metaphernkritik, wie sie jedoch für Améry und Celan charakteristisch ist. Trotzdem zeigt sich bei allen vier Autoren die zentrale Virulenz einer fundamentalen Sprachreflexion nach Auschwitz, sodass durchaus eine Analogie zur exilierten Sprache von Kertész besteht.

---

131 Vgl. Kertész: Galeerentagebuch (s. Anm. 6), S. 131–132.

**II. Einschreibungen der Shoah in (sozial)wissenschaftliche Diskurse des Exils**

René Schlott

Ein Exilant unter Exilanten
Raul Hilbergs frühe Jahre in den USA 1939–1961

Am 1. September 1939, am gleichen Tag als deutsche Truppen die polnische Westgrenze gewaltsam überschritten und den Zweiten Weltkrieg auslösten, betrat ein junger österreichischer Jude mit dem Schiff aus Havanna kommend den Boden des Landes, das ihm bis zu seinem Tod im Jahr 2007 zur Zuflucht werden sollte: die Vereinigten Staaten von Amerika. Der damals 13-jährige Raul Hilberg landete ohne seine Eltern in Miami, wo Zeitungsschlagzeilen bereits den Kriegsausbruch verkündeten. Hilberg gab jedoch nichts auf die Aufmacher, denn wenn er eines von den USA zu wissen glaubte, dann, dass die sensationslüsternen Zeitungen des Landes »alles mögliche drucken [würden], bloß um ihre Auflage zu steigern«.[1] Es ist ein Satz, der viel über das Amerika-Bild des jungen Exilanten verrät.

Nach der Ankunft in Florida begann für Hilberg eine zweitägige Busreise entlang der Ostküste bis nach New York City, wo ihn eine Tante mütterlicherseits in Empfang nehmen sollte. In seiner 1994 veröffentlichten Autobiografie »Unerbetene Erinnerung. Der Weg eines Holocaust-Forschers« dachte Hilberg nur an ein einziges Detail zurück, das ihm bei seiner Ankunft in einem für ihn völlig fremden Land, dessen Sprache er kaum beherrschte und dessen Kultur ihm nicht vertraut war, im Gedächtnis geblieben war: »Als wir den Süden durchquerten, sah ich dort Bänke mit der Aufschrift *Für Farbige*. So dachte ich darüber nach, daß ich, dem Wiener Parkbänke mit dem Hinweis *Nur für Arier* verboten waren, mit einem Schlag besser dastand als viele gebürtige Amerikaner.«[2] Skeptisch einzuwenden ist hier allerdings, wie bei allen folgenden Zitaten aus Hilbergs Memoiren, dass es sich dabei um retrospektive Aussagen handelt, um eine Eigenkonstruktion, die der Autor Jahrzehnte nach den beschriebenen Ereignissen verfasste und »stilisierend überformte«.[3]

Als Hilberg schließlich am 3. September 1939 New York erreichte, fanden sich die Zeitungsschlagzeilen aus Miami bestätigt. Im Radio liefen gerade Mel-

---

1 Raul Hilberg: Unerbetene Erinnerung. Der Weg eines Holocaust-Forschers [1994]. Frankfurt a. M. 2008, S. 41.
2 Hilberg: Unerbetene Erinnerung (s. Anm. 1), S. 42.
3 Zur Problematisierung lebensgeschichtlichen Erzählens: Michaela Holdenried: Biographie vs. Autobiographie. In: Handbuch Biographie. Methoden, Traditionen, Theorien. Hg. v. Christian Klein. Stuttgart, Weimar 2009, S. 37–43; hier: S. 41.

dungen, wonach Großbritannien und Frankreich dem Deutschen Reich den Krieg erklärt hatten. Als Europa zum Kriegsschauplatz wurde und in der Folge die Emigration für die bedrängten Juden im sogenannten Großdeutschen Reich nahezu unmöglich geworden war, sich deren Verfolgung vielmehr weiter verschärfte, befand sich Hilberg in Sicherheit. Wenige Jahre darauf jedoch sollte er als US-amerikanischer Soldat auf seinen Herkunftskontinent zurückkehren, bereits mit dem Wissen um die physische Vernichtung des europäischen Judentums, dessen wissenschaftliche Aufarbeitung dem Exilanten Hilberg nach Kriegsende zur Lebensaufgabe werden sollte. Im Jahr 1961 veröffentlichte er seine bahnbrechende Dissertationsschrift »The Destruction of the European Jews«, die 1982 unter dem Titel »Die Vernichtung der europäischen Juden« auch ins Deutsche übersetzt wurde. Mit diesem Werk, an dem er im Laufe seines Lebens immer weiterarbeitete, das in zahlreichen Sprachen und erweiterten, verbesserten Ausgaben erschien, legte Hilberg den Grundstein für die weltweite Erforschung dessen, was man heute als »Holocaust« oder »Shoah« bezeichnet.[4] Hilberg interpretierte den Holocaust darin als einen gewaltigen administrativen Vorgang, an dem die gesamte deutsche Gesellschaft und ihre Einrichtungen von der Reichspost bis zum evangelischen Pastor in arbeitsteiliger und effizienter Weise beteiligt waren. Als Hilberg im August 2007 in Burlington/Vermont starb, wurde er weltweit als Doyen der Holocaustforschung gewürdigt.[5]

Im Folgenden werde ich anhand der drei chronologisch aufeinanderfolgenden Stationen Heimat, Exil und Diaspora die frühen Jahre Hilbergs und seine Exilerfahrungen, insbesondere aber seine Zeit als Exilant unter Exilanten im New York der 1950er Jahre darstellen. Alle diese Stationen wirkten in besonderer Weise auf Hilbergs wissenschaftliche Sicht auf die Shoah ein: In der »Heimat« erlebte er selbst den Beginn der Verfolgung und die Vertreibung; im New Yorker »Exil«, fernab vom eigentlichen Geschehen, erfuhr er schließlich zuerst von den Massenmorden an europäischen Juden und begann, beeinflusst von einer einzigartigen Konstellation an europäischen Exilanten, mit der Entwicklung seines spezifischen Modells vom Ablauf und Charakter des Judenmords; in der Einsamkeit der »Diaspora« schließlich fand er die Zeit, diese Analyse eines präzedenzlosen Geschehens, das alle moralischen Grenzen eingerissen und jeg-

---

4 Für den nationalsozialistischen Völkermord an den europäischen Juden werden nachfolgend auch die Begriffe »Holocaust« (griech.), »Shoah« (heb.), »Genozid« (griech.-lat.) und »Judeozid« (Arno J. Mayer) verwendet, wenngleich jede dieser Bezeichnungen zu differenzieren und v. a. zu problematisieren wäre. Ausführlich dazu: Gabriele von Glasenapp: Von der Endlösung der Judenfrage zum Holocaust. Über den sprachlichen Umgang mit der deutschen Vergangenheit. In: Semantische Kämpfe. Macht und Sprache in den Wissenschaften. Hg. v. Ekkehard Felder. Berlin, New York 2006, S. 127–155.

5 Vgl. beispielhaft: Sven F. Kellerhoff: Ein Leben für die Holocaust-Forschung. In: Die Welt, 6.8.2007.

liche menschliche Gewissheiten hinweggefegt hatte, nüchtern und sachlich abzuschließen.

Aber zunächst zur Heimat Hilbergs und zu seiner Herkunft, einen Begriff, den Hilberg sicher präferiert hätte.[6] Denn seine Exilerfahrungen sind ohne diese frühen Prägungen nicht zu verstehen.

I. Heimat

Raul Hilberg wurde 1926 in Wien geboren und besuchte dort ein jüdisches Gymnasium. Obwohl die Eltern aus Galizien kamen und oft polnisch miteinander sprachen, wurde Deutsch zu Hilbergs Muttersprache. Sein Vater Michael verdiente sein Geld als Zwischenhändler, der seinen Kunden Kredite für Haushaltsgüter gewährte. Die Familie war religiös, jedoch nicht orthodox und lebte in kleinbürgerlichen Verhältnissen. Dazu gehörte ein gewisser Wohlstand: eine Vierzimmerwohnung mit Radio, Eisschrank und Telefon und einer Bibliothek, die nach den Erinnerungen Hilbergs mit den Werken Goethes, Heines und Dostojewskis sowie der »Geschichte der Juden« von Heinrich Graetz bestückt war.[7] Die Familie lebte im XX. Bezirk Wiens, der Brigittenau, einem Arbeiterbezirk der österreichischen Hauptstadt. Hilberg erinnerte sich später an die Spaziergänge mit seinem Vater durch den nahe gelegenen Augarten.[8] In Wien erlebte Hilberg den sogenannten Anschluss der Republik Österreich an das Deutsche Reich im März 1938 und das Novemberpogrom im gleichen Jahr. Während der gewaltsamen Ausschreitungen gegen die jüdischen Bewohner der Stadt geriet Hilbergs Vater in Haft. Vor der Deportation nach Dachau bewahrte ihn sein Veteranenstatus als k.u.k.-Soldat des Ersten Weltkrieges. Nach kurzer Zeit wurde er deshalb freigelassen. Raul und seine Mutter Gisela waren unterdessen mit vorgehaltener Waffe zum Verlassen ihrer Wohnung in der Wallensteinstraße 9 gezwungen worden. Sie kamen zunächst bei Freunden unter. Wenig später wurde Hilbergs Schule geschlossen. Die sogenannte Reichskristallnacht war für deutsche und österreichische Juden der »Wendepunkt«[9]: Für viele unter ihnen, die bislang noch nicht an eine Auswanderung dachten, wurde das Thema plötzlich virulent, nicht zuletzt weil den Gewaltakten zahlreiche Verordnungen und weitere Einschränkungen folgten, die das von den Nationalsozialisten da-

---

6 In seiner Autobiografie verwendete er diesen Begriff als Kapitelüberschrift für seine eigene Familiengeschichte. Siehe: Hilberg: Unerbetene Erinnerung (s. Anm. 1), S. 17. Im englischsprachigen Original ist dieses Kapitel mit dem Wort »Origins« überschrieben: Raul Hilberg: The Politics of Memory. The Journey of a Holocaust Historian. Chicago 1996, S. 21.
7 Siehe: Hilberg: Unerbetene Erinnerung (s. Anm. 1), S. 31.
8 Siehe: Hilberg: Unerbetene Erinnerung (s. Anm. 1), S. 171.
9 Markus Roth: »Ihr wisst, wollt es aber nicht wissen«. Verfolgung, Terror und Widerstand im Dritten Reich. München 2015, S. 148.

mals noch verfolgte Ziel der Auswanderung aller Juden aus ihrem Machtbereich forcieren sollten.[10] Victor Klemperer aber hielt die Ambivalenz in seinem Tagebuch fest, mit der viele Juden bei dieser existenziellen Entscheidung rangen: »Gehen oder bleiben? Zu früh gehen, zu lange bleiben? Ins Nichts gehen, im Verderben bleiben?«[11]

Die Hilbergs entschieden sich dafür, alles aufzugeben und ins »Nichts zu gehen« – so wie ca. 100.000 Juden im Reich in der Zeit zwischen Pogrom und Kriegsbeginn.[12] Die Familie begann die Ausreise vorzubereiten und darüber zu diskutieren, wohin sie flüchten könnte. Schließlich entschieden sie sich für die USA, wo einige Verwandte in New York City lebten. Nachdem sie von der Familie der Mutter genug Geld für die Überfahrt erhalten hatten, verließen die Hilbergs Wien mit dem Zug am 1. April 1939 in Richtung Frankreich. Nach einer Woche in Paris, wo Hilberg sich just an einen der berühmtesten deutschen Exilanten, Heinrich Heine[13], erinnerte, fuhren sie weiter an die Atlantikküste, genauer an den Hafen von La Rochelle, wo sich die drei nach Kuba einschifften.

Was ihm von der einstigen Heimat blieb, waren kulinarische Vorlieben (»versessen auf die unvergleichlichen Wiener Schnitzel, Strudel und Topfkuchen«) und die Pflege der österreichischen Aussprache des Deutschen (»zumal schon ihr Tonfall und ihre Klarheit zu einer Demonstration des Vollkommenen werden kann«).[14]

II. Exil

Das Exil der Hilbergs hatte am 2. April 1939 begonnen. Hilberg beschreibt die Zugfahrt über die Rheinbrücke zwischen dem deutschen Kehl und dem französischen Straßburg in seinen Memoiren als persönliche Transformation:

> Einige Minuten später waren wir frei und – um unseren Status richtig zu benennen – Flüchtlinge. In meinen Augen war diese Veränderung, obwohl uns Entwurzelung und Armut bevorstanden, rundherum vorteilhaft. [...] Nicht nur war ich

---

10 Vgl. Magnus Brechtken: Die nationalsozialistische Herrschaft 1933-1939 [2004]. Darmstadt 2012 (2. Aufl.), S. 109-116.
11 Victor Klemperer: Ich will Zeugnis ablegen bis zum letzten: Tagebücher 1933-1941. Hg. v. Walter Nojowski unter Mitarbeit von Hadwig Klemperer. Berlin 1995, S. 436 (Eintrag vom 27.11.1938).
12 Juliane Wetzel: Auswanderung aus Deutschland. In: Die Juden in Deutschland 1933-1945. Leben unter nationalsozialistischer Herrschaft. Hg. v. Wolfgang Benz. München 1993, S. 413-498; hier: S. 417 f.
13 Fritz Stern: Das ist unser Vermächtnis. Über Freiheit und Exil in Heinrich Heines Welt und in der unseren. In: Frankfurter Allgemeine Zeitung, 27.6.1993, S. 18.
14 Hilberg: Unerbetene Erinnerung (s. Anm. 1), S. 172.

dem Nazideutschland entkommen, ich lernte auch schnell immer mehr von der Welt kennen.[15]

Hilberg war das, was Atina Grossmann später einmal als »lucky victim« bezeichnete: zwar ein Opfer der Vertreibungen der Nationalsozialisten, aber genau im richtigen Alter, um sich in der »Neuen Welt« ein neues Leben aufzubauen.[16]

Was er zuerst von der Welt kennenlernen sollte, war Kuba. Auf der Karibikinsel warteten die Hilbergs mehrere Monate auf die damals nach Nationen kontingentierten Einreiseerlaubnisse in die USA.[17] Da Hilberg in Wien geboren worden war, seine Eltern aber in Galizien, durfte er nach vier Monaten über das höhere, deutsche Kontingent in die Vereinigten Staaten einreisen, seine Eltern Michael und Gisela wurden Polen zugerechnet und mussten noch zehn Monate länger warten, bevor sie schließlich Mitte 1940 nach New York nachkamen.

Dort angekommen teilten die Hilbergs ein typisches Einwandererschicksal, nämlich das der Armut. Das Exil wird für die Familie zunächst zur Krisenerfahrung. Die Rollen wurden neu verteilt. Auf die einstmals gutbürgerliche Familie wartete ein Leben in einer kleinen Wohnung unter bescheidenen Umständen im Brooklyner Stadtteil Kensington, wo sich viele jüdische Emigranten ansiedelten. Alle drei Familienmitglieder mussten nun eine Fabrikarbeit annehmen, um den Lebensunterhalt der Familie bestreiten zu können. Selbst die vormals nicht berufstätige Mutter, die in Wien noch über ein Hausmädchen verfügte, war nun gezwungen, durch Arbeit zum Familieneinkommen beizutragen, was das Verhältnis der Eltern belastete.

Seine ersten Schuljahre in den USA, zunächst an der Abraham Lincoln High School (1939–42), dann am Brooklyn College (1942–44), beschreibt Hilberg als »unerträglich autoritär«[18] und als »beklemmende«[19] Erfahrung, von der ihn der Gang zur Armee erlöste, sobald er 18 Jahre alt geworden war. Wie viele andere jüdische Flüchtlinge hatte Hilberg sich freiwillig zum Militärdienst gemeldet, um gegen das Deutsche Reich zu kämpfen: Man schätzt, dass der größte Teil der 30.000 im Deutschen Reich geborenen Soldaten der US-Armee

---

15 Siehe: Hilberg: Unerbetene Erinnerung (s. Anm. 1), S. 37 f.
16 Atina Grossmann: Provinzielle Kosmopoliten: Deutsche Juden in New York und anderswo. In: Heimat und Exil. Emigration der deutschen Juden nach 1933. Hg. v. der Stiftung Jüdisches Museum Berlin und der Stiftung Haus der Geschichte der Bundesrepublik Deutschland. Frankfurt a. M. 2006, S. 218–224; hier: S. 219.
17 Vgl. Heimat und Exil. Emigration der deutschen Juden nach 1933 (s. Anm. 16), S. 144 (zu Kuba), S. 178 (zu den USA).
18 Hilberg: Unerbetene Erinnerung (s. Anm. 1), S. 43.
19 Hilberg: Unerbetene Erinnerung (s. Anm. 1), S. 35.

im Zweiten Weltkrieg jüdische Flüchtlinge waren.[20] Für Hilberg könnte nicht zuletzt auch das Wissen um die Shoah seinen Eintritt in die Armee motiviert haben. Mit diesem Schritt war schließlich auch eine entscheidende Ablösung von seiner Heimat verbunden, die eine dauerhafte Rückkehr unwahrscheinlich machte und faktisch den existenziellen Bruch der Vertreibung endgültig vollzog: Hilberg erhielt am 21. Dezember 1944 im Standort seines Regiments, in Spartanburg, South Carolina, die Staatsbürgerschaft der Vereinigten Staaten von Amerika, bevor er im März 1945 als US-amerikanischer Soldat nach Europa zurückkehrte. Denn laut Gesetz durften nur US-amerikanische Staatsbürger als Soldaten nach Übersee verschickt werden, sodass die meisten Emigranten bei den Streitkräften eingebürgert wurden. Nach nur wenigen Wochen im Einsatz, insbesondere in Bayern, wo Angehörige von Hilbergs Regiment das Konzentrationslager Dachau befreiten, endete der Zweite Weltkrieg – zumindest in Europa. Hilberg wollte nun eigentlich mit seinem Regiment an den ostasiatischen Kriegsschauplatz verschifft werden, widerrief seine freiwillige Meldung aber nach dem Einsatz der Atombombe in Japan und kehrte gleich von Europa aus in die USA zurück, wo er sein Studium am Brooklyn College fortsetzte.

Wie die Hilbergs konnten gut 2/3 der circa 200.000 österreichischen Juden fliehen, während nach Schätzungen einer österreichischen Historikerkommission 65.500 von den Nationalsozialisten als Juden definierte Menschen umgebracht wurden.[21] Auch viele der Familienangehörigen Hilbergs, die vor allem in Polen lebten, wurden ermordet: darunter zwei seiner vier Großeltern sowie zahlreiche Onkel und Tanten und deren Kinder. Sein Onkel Josef, ein Bruder seines Vaters, konnte zunächst aus Wien nach Vichy-Frankreich flüchten, von wo aus er sich immer wieder an die Hilbergs in New York City mit der Bitte um Geld für die Überfahrt in die USA wandte. Doch Hilbergs Vater konnte keine finanziellen Mittel für seinen jüngeren Bruder aufbringen. 1942 begannen die Deportationen aus der Vichy-Zone, und seitdem blieben die Bittbriefe Josefs aus. Die Familie ahnte damals bereits etwas von seinem Schicksal.

Nach dem Zeitpunkt gefragt, an dem Hilberg zum ersten Mal klar geworden war, dass die Juden Europas ermordet wurden, antwortete Hilberg in einem 1997 von Harald Welzer geführten Interview: »Ach Gott, das ist sehr schwer mit irgendeinem Datum zu versehen. Vielleicht 1943, da hat man es schon genau gewußt. Ende 1942 war es in der *New York Times*. Aber noch vorher, ich

---

20 Steven P. Remy: Deutsch-jüdische Flüchtlinge in der US-Armee. In: Heimat und Exil (s. Anm. 16), S. 201–204; hier: S. 201.
21 Schlußbericht der Historikerkommission der Republik Österreich. Bd. 1. Wien 2003, S. 291–293.

möchte sagen, Mitte 1942, war es mir schon ganz klar.«[22] Diese Angabe stimmt ziemlich genau mit dem Zeitpunkt überein, an dem sein Onkel Josef in Auschwitz ermordet wurde. Hilberg selbst stellte 1978 Nachforschungen an und fand heraus, dass Josef im August 1942 nach Auschwitz deportiert worden war und dort wahrscheinlich sofort nach seiner Ankunft vergast wurde.

Schon am 28. September 1942 hatte die *New York Times* folgende Meldung abgedruckt: »From London the Inter-Allied Information Committee set up by the exiled Governments reports that the number of known victims of Nazi executions has now reached the almost incredible figure of 207,373. Even this figure is good only for the day it was issued. Every morning German firing squads revise it upward.«[23] Weitere Berichte folgten. Doch selbst als die Zeitung von zwei Millionen ermordeten Juden berichtete, erschien diese Meldung nicht etwa auf der Titelseite, sondern »buried in the inside pages«.[24]

Das Wissen um die Massenmorde und die Untätigkeit der Welt ließen Hilberg im Exil zum Zionisten und zum Aktivisten werden. Er berichtete später, dass er zusammen mit anderen Jugendlichen beschloss, Stephen Wise, den Gründer und damaligen Präsidenten des Jüdischen Weltkongresses, unter seiner New Yorker Privatnummer anzurufen, um ihn zur Rede zu stellen. Doch als Hilberg ihm am Telefon die Frage gestellt hatte, was er angesichts der physischen Vernichtung des europäischen Judentums unternehmen wolle, habe Wise einfach aufgehängt.

Seine wissenschaftliche Beschäftigung mit dem Holocaust war auch eine Reaktion auf diese Untätigkeit, die sich nach seiner Ansicht nach dem Ende des Zweiten Weltkrieges fortsetzte. Hilberg selbst sagte in dem Interview mit Harald Welzer 1997:

> Das [Dissertationsthema] war gewissermaßen eine Revolte, das sehe ich schon. Das hängt mit meiner Person zusammen, und das war Protest, gegen Deutschland, aber auch gegen das Judentum. Wo ich mich auch umschaute: Nichts wurde unternommen, nichts wurde geschrieben, nichts wurde versucht.[25]

Im Vorwort zu seiner schließlich 1955 eingereichten Dissertation dankte Hilberg sechs verschiedenen Personen, von denen fünf selbst Exilanten waren: dem deutschen Historiker Hans Rosenberg (1904–88), dem deutschen Politologen Franz Neumann (1900–54), dem US-amerikanischen Politikwissenschaftler William T. R. Fox (1912–88), dem in Lemberg geborenen Philip Friedman

---

22 Harald Welzer (Hg.): Auf den Trümmern der Geschichte. Gespräche mit Raul Hilberg, Hans Mommsen und Zygmunt Baumann. Tübingen 1999, S. 22.
23 New York Times, 28.9.1942, S. 16.
24 Raul Hilberg: The Holocaust Today. In: Judaism in the Modern World. Hg. v. Alan L. Berger. New York 1994 S. 165–174; hier: S. 165. Die Meldung erschien am 20.4.1943 auf S. 11.
25 Welzer: Auf den Trümmern der Geschichte (s. Anm. 22), S. 36.

(1901–60), dem tschechischen Exilanten Frank C. Petschek (1894–1963) sowie dem Wiener Eric Marder (*1926), seinem lebenslangen Freund.[26]
Der Impuls zur Beschäftigung mit dem Holocaust kam von Hans Rosenberg, der zu Hilbergs Lehrern am Brooklyn College gehörte.[27] Gleich in den ersten Semestern an der Columbia University besuchte Hilberg die Vorlesungen des 1936 aus dem Reich ausgewanderten Franz Neumann, der später sein Doktorvater werden sollte. Ansonsten studierte Hilberg Recht und Politik bei akademischen Lehrern wie Oliver J. Lissitzyn (1912–94), einem Moskauer Emigranten, und Arthur Nussbaum (1877–1964), einem jüdischen Exilanten aus Berlin. Bei dem in Galizien geborenen und seit 1927 in New York lehrenden Historiker Salo W. Baron (1895–1989) besuchte er im Frühjahr 1950 sein erstes Seminar zur jüdischen Geschichte.

Von Juni 1951 bis Februar 1952, für insgesamt acht Monate, verschaffte ihm Franz Neumann zur Finanzierung der Doktorarbeit eine Beschäftigung als »Research Specialist« im »War Documentation Project« in Alexandria, wo beschlagnahmte NS-Akten im Auftrag der US-Regierung ausgewertet wurden. Leiter des Projektes war der deutsch-jüdische Emigrant Fritz Epstein (1898–1979). Hilbergs Kollegen waren der in 1928 in Hannover geborene Gerhard Weinberg, der später als Historiker an der University of North Carolina in Chapel Hill lehrte, und der in Saarbrücken geborene Hans Weil (1898–1972), die beide während der Nazizeit in die USA emigriert waren. Hilberg bewegte sich also zunächst in einem von Exilerfahrung geprägten Umfeld und war eingespannt in ein Netzwerk von Exilanten, von denen einer schließlich die aufwändige Publikation seiner mehr als 1000-seitigen Doktorarbeit sechs Jahre nach deren Verteidigung ermöglichte.[28] Frank C. Petschek, ein Industrieller aus der Tschechoslowakei, der in New York City lebte, wurde auf Hilberg aufmerksam und spendete 15.000 Dollar für die Drucklegung seines Werkes, das beim Erscheinen 1961 kaum wahrgenommen wurde, weil die Reportagen vom Eichmann-Prozess, verfasst von einer anderen deutsch-jüdischen Emigrantin, die öffentliche Aufmerksamkeit dominierten: Hannah Arendts »Eichmann in Jerusalem«. Außerdem galt der Holocaust zu dieser Zeit in den USA als »deutsches« Thema, als Thema von Emigranten und Überlebenden. Das bis heute anhaltende Interesse der US-amerikanischen Öffentlichkeit begann erst Mitte der 1970er Jahre mit dem Ende des Vietnamkrieges und manifestierte sich etwa in der bekannten und preisgekrönten TV-Serie »Holocaust« (1978).

---

26 Raul Hilberg: The Destruction of the European Jews. Chicago 1961, S. vii.
27 Hilberg: Unerbetene Erinnerung (s. Anm. 1), S. 51 f.
28 Zur komplizierten und langwierigen Suche nach einem Verlag für die Dissertation siehe ausführlich: René Schlott: Der lange Weg zum Buch. Zur Publikationsgeschichte von Raul Hilbergs »The Destruction of the European Jews«. In: ZeitRäume. Potsdamer Almanach des Zentrums für Zeithistorische Forschung 2015. Hg. v. Frank Bösch und Martin Sabrow. Göttingen 2015, S. 143-152.

Persönliche Unterstützung erhielt Hilberg in der Zeit der Abfassung seiner Doktorarbeit von seinem Vater Michael und seinem engen Freund Eric (eigentlich Erich) Marder, einem ebenfalls in Wien geborenen Juden, der zur gleichen Zeit wie Hilberg in New York mit seinen Eltern ankam und gemeinsam mit Hilberg die Abraham Lincoln Highschool besuchte. Schließlich stand Hilberg mit dem 1948 nach den USA emigrierten Holocaustüberlebenden Philip Friedman in Kontakt, einem Schüler des zuvor erwähnten Salo W. Baron. Als Hilberg verzweifelt auf der Suche nach einer Anstellung war, half Friedman 1955 mit einer Übergangsbeschäftigung.

III. Diaspora

Die Suche nach einer dauerhaften Beschäftigung führte Hilberg buchstäblich an die äußersten Ränder der USA, in die jüdische Diaspora, fern von seinem in New York aufgebauten Beziehungsgeflecht aus jüdischen Exilanten, wo er sich in einem mehrheitlich jüdisch geprägten Umfeld bewegt hatte. Zunächst erhielt er 1954/55 eine Stelle an der Universität von Puerto Rico, und 1956 schließlich ging er an die Universität von Vermont, wo er bis zu seiner Emeritierung 1991 lehrte. Als 29-jähriger »Assistant-Professor« tat er sich zunächst schwer, an der mit 3.000 Studenten vergleichsweise kleinen Universität (heute 12.000 Studenten) in einer kleinen Provinzstadt in einem der kleinsten Bundesstaaten der USA. Hilberg klagte über Arbeitsüberlastung in der Lehre und über Einsamkeit, in die ihn seine fast 15 Jahre währende Reise über Frankreich, Kuba, Florida, New York, Spartanburg, Bayern und Puerto Rico geführt hatte. Und ohne dass er es wusste, hatte diese Odyssee in Burlington/Vermont ihr Ende gefunden, auch wenn ihm die Stadt in mehr als einem halben Jahrhundert nie zur neuen Heimat werden sollte.

Über alle Stationen hinweg hatte ein Gegenstand diesen langen Weg von Wien nach Burlington begleitet: Hilbergs Schulatlas, der sich heute in der Universitätssammlung befindet.[29] Den Atlas erwähnt Hilberg auch in seinen Memoiren, wo er ihn als »wunderbares Buch« bezeichnete.[30] Dieses Überbleibsel aus Wien zeigt, wie Hilberg von New York aus das Geschehen in Europa weiter verfolgte und wie er sich gleichzeitig in seinem Exil zunehmend assimilierte. In dem Atlas als »Ding des Exils« verdichtete sich symbolisch die Erinnerung an die verlorene Kindheitsheimat, die Reise in ein neues Leben und die Ankunft

---

29 University of Vermont, Baily/Howe Library, Special Collections: Raul Hilberg Papers Box 13 Folder 21.
30 Siehe: Hilberg: Unerbetene Erinnerung (s. Anm. 1), S. 35 f.

im fremden Land.³¹ Denn Hilberg dynamisierte die statischen Karten aus dem Jahr 1937 und vollzog die gewaltsamen Veränderungen auf dem europäischen Kontinent in den Folgejahren auf nachgezeichneten Karten selbst nach. Während er auf einer eigenhändig erstellten Zeichnung, die den Status quo am 1. Januar 1940 wiedergibt, die Länder noch mit ihren deutschen Namen bezeichnete (Abb. 1), war die nächste Karte vom September 1940, die er genau ein Jahr nach seiner Ankunft in den USA erstellte, schon mit den englischsprachigen geografischen Bezeichnungen versehen (Abb. 2) – auch wenn sich hier noch orthografische Unsicherheiten zeigen, etwa in den fehlerhaften Schreibweisen »Viena« oder »Turky« oder in dem mit »C« überschriebenen »K«, das das deutsche »Afrika« vom englischen »Africa« unterscheidet. Auf der dritten Karte schließlich, die die politische Geografie Europas am Vorabend des Überfalls des Deutschen Reiches auf die Sowjetunion im Juni 1941 zeigt (Abb. 3), hatte Hilberg schon wesentlich mehr Sprachsicherheit bei den geografischen Eigennamen in englischer Sprache gewonnen. Alle topografischen Bezeichnungen sind korrekt. Allerdings erscheint Wien auf dieser letzten erhaltenen Karte nicht mehr, im Gegensatz zu den beiden ersten Karten, auf denen Hilberg seine Heimatstadt noch eingezeichnet und beschriftet hatte.

Schon kurz nach seiner Ankunft in New York begann Hilberg ein Tagebuch mit Einträgen, die die wichtigsten Bewegungen und Entwicklungen an den europäischen und asiatischen Kriegsschauplätzen festhielten. Auf diese Weise blieb er mit den Ereignissen seines Herkunftskontinents verbunden und nahm Anteil an ihnen. Zugleich wurde ihm klar, dass sich mit der Ausweitung des deutschen Machtraumes auch der Raum für die Verfolgung der Juden vergrößerte. Auf die Frage, weshalb er dieses Tagebuch geführt habe, antwortete Hilberg:

> Für uns war das wichtig. Denn erstens gab es Familienangehörige in Europa, zweitens war es eben die Naziherrschaft, die uns nach Amerika getrieben hatte. Wir waren ja keine gewöhnlichen Einwanderer. Obwohl wir genau wußten, dorthin gehen wir nie zurück, war es doch für uns die Geschichte unseres Lebens.³²

Zugleich legt er damit offen, dass die Familie – ähnlich wie viele andere jüdische Emigranten – nie an eine Rückkehr nach Österreich dachte. Hilbergs Verhältnis zu dem Land blieb gespalten, auch wenn er seine Heimatstadt Wien im

---

31 Vgl. Jahrbuch Exilforschung 31 (2013): Dinge des Exils. Hg. v. Doerte Bischoff und Joachim Schlör.
32 Welzer: Auf den Trümmern der Geschichte (s. Anm. 22), S. 23. In dem Band finden sich die einzigen Abbildungen dieses Tagebuches, das heute verschollen ist. Siehe: S. 20 f.

Abb. 1: Raul Hilberg, handschriftliche Karte vom 1. Januar 1940
(Wiedergabe mit freundlicher Genehmigung von Gwendolyn Hilberg und des Special Collections Department of the Bailey/Howe Library der University of Vermont)

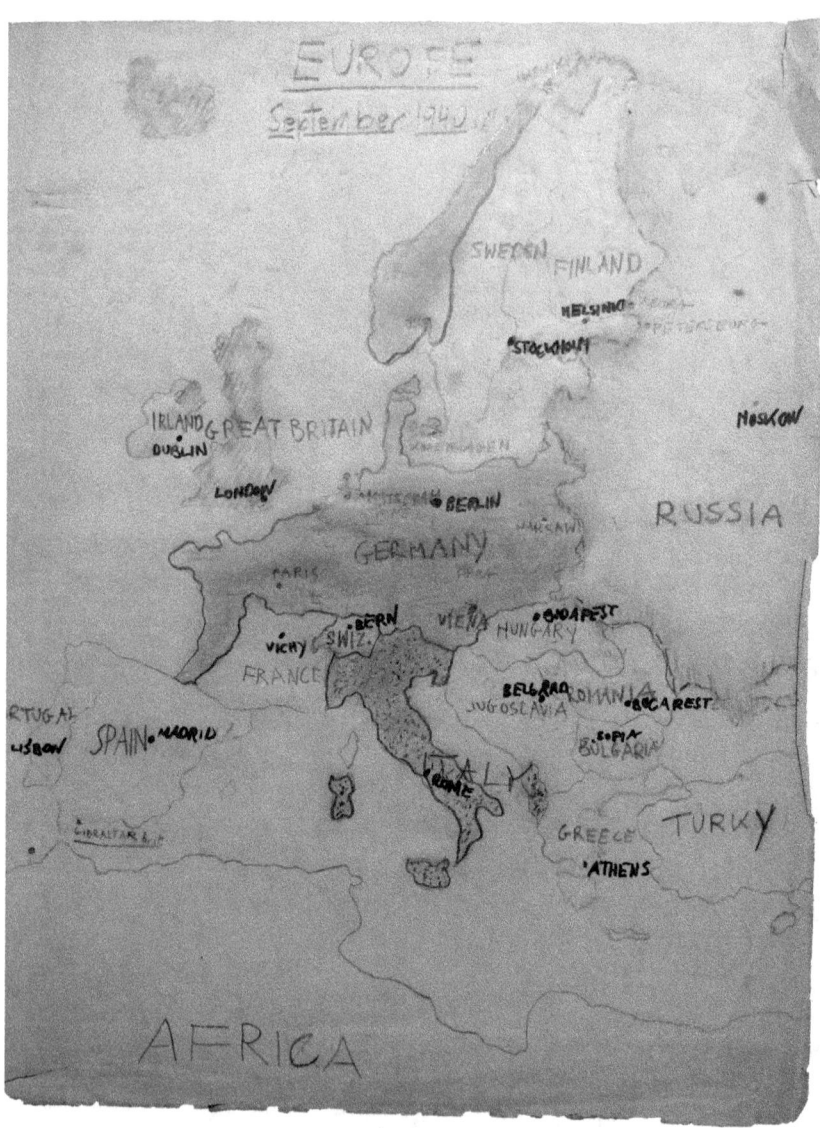

Abb. 2: Raul Hilberg, handschriftliche Karte vom September 1940
(Wiedergabe mit freundlicher Genehmigung von Gwendolyn Hilberg und des Special Collections Department of the Bailey/Howe Library der University of Vermont)

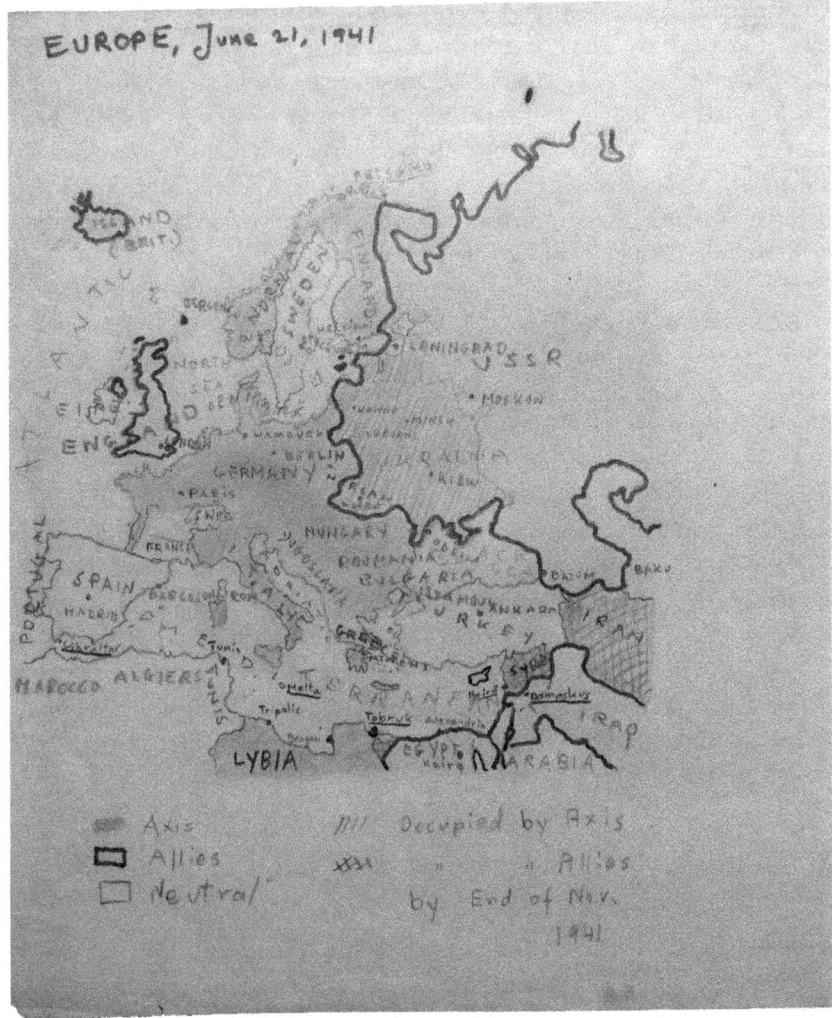

Abb. 3: Raul Hilberg, handschriftliche Karte vom 21. Juni 1941
(Wiedergabe mit freundlicher Genehmigung von Gwendolyn Hilberg und des Special
Collections Department of the Bailey/Howe Library der University of Vermont)

Laufe seines Lebens mehrfach besuchte, etwa 1961 und 1992.[33] Im Jahr 1976 hielt er sich elf Tage lang in der Stadt auf. In einem Reisebericht beschrieb Hilberg Wien nicht als seine Heimatstadt, aber als die Stadt seiner Kindheit. Aus Anlass seines Aufenthaltes reflektierte er die Umstände der Flucht 1939, die er als »Vertreibung« bezeichnete und als existenziellen Einschnitt vor allem für seinen Vater beschrieb: »At the age of 49 he was expelled from this city to become a refugee. I was precisely as old now as my father had been when he left behind all the foundations of his life.«[34] Vielleicht hat ihn diese einschneidende Erfahrung zeitlebens davon abgehalten, die jüdische Diaspora in den USA zu verlassen und wie seine Tochter Deborah (*1969) nach Israel auszuwandern, obwohl er in seiner Jugend zionistischen Gruppen angehört hatte.[35] Bis zum Ende seines Lebens blieb er in Vermont, wo er sich in den letzten Lebensjahren öfter in der progressiven jüdischen Gemeinde »Temple Sinai« von South Burlington zeigte, wenn er seine zum Judentum konvertierte zweite Ehefrau Gwendolyn zu den Gottesdiensten begleitete. In dieser Gemeinde hielt Hilberg im April 2007 nur wenige Monate vor seinem Tod auch seinen letzten öffentlichen Vortrag.

Als er 1989 in einem Fragebogen für einen geplanten Band »Refugee Historians and Political Scientists from the 1930's and World War II« gebeten wurde zu beantworten, auf was er als Exilant in seinem Leben stolz sei (»Of what personal achievements are you most proud?«), schrieb Hilberg in die dafür vorgesehenen sechs Zeilen nur einen einzigen Satz: »Publications of my major book in several languages.«[36]

IV. Epilog

Raul Hilberg hat sich im Laufe seines Lebens nur selten zu seiner Exilerfahrung geäußert. Selbst in seinen Memoiren, die eigentlich eine Publikationsgeschichte seines Hauptwerkes sind, äußert er sich dazu nur am Rande. Auch als Hilberg

---

33 1993 etwa sagte Hilberg in einem Interview, nach den ausbleibenden Ehrungen aus Österreich gefragt: »Aber vielleicht bin ich gar kein Ex-Österreicher. [...] Ich hatte keine Beziehungen zu Österreich – da gibt es keine Verbindungen.« Siehe: Walter Manoschek: Über den Holocaust und die österreichische Nation. Ein Gespräch mit Raul Hilberg. In: Österreichische Zeitschrift für Politikwissenschaften 22 (1993), S. 505–510; hier: S. 509.
34 Raul Hilberg: In Search of the Special Trains. In: Midstream (October) 1979, S. 32-38; hier: S. 35.
35 Siehe etwa das Impressum der Zeitschrift der sogenannten revisionistischen Zionisten »Kol Herut«, in der Hilberg Anfang der 1960er Jahre zeitweise als »Patron« auftaucht: Kol Herut 5724' (1963), S. 3.
36 University of Vermont, Baily/Howe Library, Special Collections: Raul Hilberg Papers Box 6 Folder 5: Brief von Donald R. McCoy an Hilberg, o. D., und dessen Antwortbogen, 31.7.1989. Die beabsichtigte Publikation ist nie erschienen.

1992 in einem Radiointerview direkt auf seine Flucht angesprochen wurde, antwortete er nur ausweichend und unpersönlich.[37] Doch hatten das Erlebnis der Flucht und das frühe Wissen um die Shoah einen formenden Einfluss auf sein Leben und seinen wissenschaftlichen Werdegang. Insbesondere in den Nachkriegsjahren war er in New York als jüdischer Exilant in ein Netzwerk anderer europäischer Emigranten eingebunden, das ihn prägte und förderte. Zeitlebens blieb er ein von europäischen Geisteseinflüssen bestimmter Wissenschaftler, der sich kaum »amerikanisierte«. Bei Freunden und Kollegen auf dem Campus der Universität von Vermont galt er als »Jecke«.[38] Selbst im fortgeschrittenen Alter konnte Hilberg also seinen Status als Einwanderer nicht ablegen, obwohl er nur etwas mehr als ein Jahrzehnt in Europa, dagegen mehr als sieben in den USA lebte. Aus seiner Heimat war er 1939 in das Exil gegangen, aus dem Exil 1955 in die Diaspora. Das Wissen um die Shoah, das er erstmals 1942 erlangte und welches er in den Folgejahren zu einer mehr als 1000-seitigen Analyse ausbaute, ließ seine Vertreibung im Nachhinein als eine Flucht in eine lebensrettende Sicherheit erscheinen. Das Exil avancierte schließlich mehr und mehr zu einem geistigen Refugium, wie er es in dieser Dichte und in seiner spezifischen Zusammensetzung in der Heimat wohl niemals gefunden hätte. Der Verlust der Heimat und der Einbruch der Nachrichten um den nationalsozialistischen Judenmord in sein Exil forcierten geradezu seine lebenslange Beschäftigung mit der Shoah, die er immer auch als Dienst an dem Teil seines Volkes, vielleicht auch an dem Teil seiner Familie verstand, dem die rechtzeitige Flucht nicht gelungen war. So handelte Hilberg ganz im Sinne des von Simon Wiesenthal formulierten Paradigmas: »Überleben ist ein Privileg, das verpflichtet.«[39]

In seinem 1992 erschienenen Buch »Täter, Opfer, Zuschauer« widmete Hilberg ein Kapitel den »Flüchtlingen«, und es erscheint, als spiegle er hier seine eigene, aber auch eine erschreckend aktuelle Fluchterfahrung, wenn er über die jüdischen Emigranten schreibt: »Niemand von ihnen bezeichnete sich lange als ›Flüchtling‹. Dieser Begriff galt nicht als Auszeichnung oder Ehre: Man spürte bis ins Innerste, daß er einen herabsetzte, sobald man in ein fremdes Land kam oder ein Schiff verließ.«[40]

---

37 Hilberg nutzte in seiner Antwort das unbestimmte »man«. Sendemanuskript eines Gespräches mit Michael Schornstheimer für die WDR-Sendung »Am Abend vorgestellt«, o. D. In: Fischer Verlagsarchiv, Frankfurt a. M.: Hängeregister Raul Hilberg SFV Opfer, Täter, Zuschauer.
38 Anat Feinberg: Jeckes. In: Enzyklopädie jüdischer Geschichte und Kultur. Bd. 3. Hg. v. Dan Diner. Stuttgart, Weimar 2012, S. 180–183.
39 Simon Wiesenthal: Recht, nicht Rache. Erinnerungen [1988]. Frankfurt a. M., Berlin 1992, S. 429.
40 Raul Hilberg: Täter, Opfer, Zuschauer. Die Vernichtung der Juden 1933-1945 [1992]. Frankfurt a. M. 1996, S. 137.

Claudia Moisel

William G. Niederland (1904–1993) und die Ursprünge des »Überlebenden-Syndroms«

Der deutsch-amerikanische Arzt und Psychoanalytiker William G. Niederland hat die Geschichte der Wiedergutmachung in der Bundesrepublik Deutschland maßgeblich beeinflusst. Vielen in der allgemeinen Zeitgeschichte ist sein Name geläufig und im Unterschied zu anderen medizinischen Experten hat er über seinen engeren Wirkungskreis hinaus Bekanntheit erlangt. Seit 1940 in New York lebend, engagiert er sich nach dem Krieg als Gutachter in Entschädigungsverfahren für NS-Verfolgte und prägt mit dem »Überlebenden-Syndrom« in den 1960er Jahren einen breit rezipierten Fachbegriff, der langfristig in die einschlägigen Handbücher Eingang finden wird.[1] So trägt das 1980 eingeführte Konzept der »Posttraumatischen Belastungsstörung« im *Diagnostic and Statistical Manual of Mental Disorders* (DSM-III) der *American Psychiatric Association* maßgeblich auch seine Handschrift.[2] Niederlands Bekanntschaft mit dem Frankfurter Psychoanalytiker Alexander Mitscherlich, als Leiter des Sigmund-Freud-Instituts international weitläufig vernetzt, führt schließlich zu einer Vielzahl von Publikationen in deutscher Sprache. »Späte Entschädigung für seelische Schäden«, so sein aus eigener Anschauung gewonnenes Fazit über den Umgang der bundesrepublikanischen Entschädigungsbehörden mit den Überlebenden der Konzentrationslager.[3]

Der folgende Beitrag versteht sich als Annäherung an die komplexe Biografie eines jüdischen Emigranten und psychiatrischen Experten, der in der historischen Forschungsliteratur vielfach hinter sein Werk zurückgetreten und als Akteur merkwürdig blass geblieben ist. Skizziert werden einleitend biografische Überlegungen, um dann in einem zweiten Schritt Niederlands Rolle für die Geschichte der Wiedergutmachung eingehender zu beleuchten, den Verbindungslinien zwischen NS-Nachgeschichte und Traumaforschung nachzuspüren

---

1 William Niederland: The survivor-syndrome. In: Proceedings of the World Federation for Mental Health. Bern 1964, S. 131.
2 Allan Young: Vier Versionen des Holocaust-Traumas. In: Holocaust und Trauma. Kritische Perspektiven zur Entstehung und Wirkung eines Paradigmas. Hg. v. José Brunner und Nathalie Zajde. Göttingen 2011, S. 185–206.
3 William G. Niederland: Folgen der Verfolgung: Das Überlebenden-Syndrom. Seelenmord. Frankfurt a. M. 1980; William G. Niederland: Die verkannten Opfer. Späte Entschädigung für seelische Schäden. In: Wiedergutmachung in der Bundesrepublik Deutschland. Hg. v. Ludolf Herbst und Constantin Goschler. München 1989, S. 351–359.

und abschließend nach den Folgen zu fragen, die das Wissen um die Shoah und um ihr Ausmaß in seinen wissenschaftlichen Arbeiten erkennen lässt.

I. Zur Person

Wilhelm Niederland wird am 29. August 1904 als Sohn des Kantors und Rabbiners Abraham Niederland und seiner Frau Rosa in Schippenbeil, Ostpreußen, geboren.[4] 1913 erfolgt der Umzug nach Würzburg, wo Niederland die Oberrealschule, das naturwissenschaftliche Gymnasium, besucht und 1929, im Alter von 25 Jahren, an der Universität dort ein Medizinstudium abschließt.[5] Rückblickend skizziert Niederland seine Kindheit als

> liebevoll [...], aber wirtschaftlich sehr kärglich und de facto arm. Eine kleine jüdische Gemeinde wie Schippenbeil [...], später auch eine größere solche Gemeinde wie Würzburg zahlt ihren Beamten (Kantoren usw.) nur ein ganz kleines monatliches Gehalt, das zwar zum Essen ausreichte, aber nicht zum Kauf von guten Schuhen, Anzügen und Hemden.[6]

Nach dem Examen im Juni 1929 und ersten beruflichen Stationen in Berlin, Düsseldorf und schließlich am Sanatorium »Schloss Rheinburg« in Gailingen, wo er sein Interesse für »Nervenleiden« vertiefen kann, wird er sich bereits im Mai 1934 für die Emigration entscheiden.[7] Als Ziel hat Niederland nach eigenen Angaben von Anfang an die Vereinigten Staaten vor Augen, die er – nach Zwischenstationen in Italien (Mailand) und Großbritannien – schließlich 1940 erreicht; Niederland ist zu diesem Zeitpunkt 36 Jahre alt. Seinen Vornamen hat er in der Zwischenzeit der italienischen bzw. amerikanischen Schreibweise angepasst, aus dem Wilhelm wird ein Guglielmo, der ihm dann im amerikanischen Exil, den dortigen Gepflogenheiten folgend, als Kürzel erhalten bleibt.

Seiner Biografin wird er später erläutern, dass die Erfahrung der Emigration und seine spätere Berufswahl im amerikanischen Exil in einem engen inhaltlichen Zusammenhang zu sehen sind. »Nachdem ich all das Schwere und Ungewisse meines Exils erlebt hatte«, so Niederland rückblickend, »benötigte ich dringend eine Psychoanalyse, so dass meine Analyse nicht nur eine Lehranalyse,

---

4 Eckhardt Friedrich: Zum 85. Geburtstag von William G. Niederland am 29. August 1989. In: Psyche 43 (1989), S. 761–766.
5 Wenda Focke: William G. Niederland. Psychiater der Verfolgten. Würzburg 1992, S. 156.
6 Focke: Niederland (s. Anm. 5), S. 154.
7 Die für diesen Schritt notwendigen finanziellen Ressourcen stellte nach eigenen Angaben eine Patientin zur Verfügung. Vgl. Focke: Niederland (s. Anm. 5), S. 184. Weiterführend Hans-Peter Kröner: Die Emigration deutschsprachiger Mediziner 1933–1945. Versuch einer Befunderhebung. In: Exilforschung 6 (1988): Vertreibung der Wissenschaften und andere Themen, S. 83–97.

sondern auch eine therapeutische Analyse wurde.«[8] Seine Lehranalyse in den Jahren nach dem Krieg bringt ihn mit Bettina Warburg[9] am *New York Psychoanalytic Institute* in Kontakt, in New York eröffnet er in diesen Jahren eine eigene Praxis, dort wird er Mitglied der Psychoanalytischen Vereinigung.[10]

Darüber hinaus bleibt er in diesen Jahren der klinischen Arbeit verpflichtet, zunächst am renommierten *Mount Sinai Hospital*, 1852 als »The Jews' Hospital in the City of New York« gegründet, später an der State University von New York, und es ist davon auszugehen, dass er die Anstellung am Mount Sinai im Rahmen eines größer angelegten Programms erhält, das darauf abzielte, die medizinischen Experten unter den Emigranten wieder in Amt und Würden zu bringen.[11] Zum Arzt ist er noch in Deutschland ausgebildet worden, zum Psychoanalytiker wird er erst in New York, wo er am einschlägigen Ausbildungsinstitut auf eine Vielzahl europäischer Emigranten treffen wird.

II. Niederland als medizinischer Gutachter

Vermutlich Ende der 1950er Jahre beginnt Niederland, der selbst seit 1957 eine kleine Rente aus Baden-Württemberg bezieht[12], als Gutachter für das Deutsche Generalkonsulat in New York zu arbeiten.[13] Konkret wird er in seiner Praxis Überlebende der Konzentrationslager untersuchen, die bei deutschen Behörden einen Antrag auf Entschädigung gestellt haben.[14]

---

8 Focke: Niederland (s. Anm. 5), S. 209.
9 http://www.nytimes.com/1990/11/28/obituaries/bettina-warburg-grimson-psychiatrist-90.html [abgerufen: 15.12.2015].
10 Focke: Niederland (s. Anm. 5), S. 232, 247.
11 David L. Edsall: The Emigré Physician in America. A Report of the National Committee for Resettlement of Foreign Physicians. In: The Journal of the American Medical Association 117/22 (1941), S. 1881–1888.
12 Staatsarchiv Freiburg (StAF), F 196/1 Nr. 8952, Wiedergutmachungsakte William G. Niederland, Antrag wegen Schadens im beruflichen Fortkommen vom 7.12.1955.
13 Niederland selbst datiert den Beginn seiner Tätigkeit rückblickend auf »ca. 1960«. Deutsches Literaturarchiv Marbach (DLA), Siegfried Unseld Archiv (SUA): Suhrkamp/03 Lektorate/Wissenschaft, Briefwechsel 1978, William G. Niederland an Hans-Martin Lohmann, 10.10.1978. Die erste einschlägige Publikation erscheint 1961, vgl. William G. Niederland: The problem of the survivor. Part I: Some remarks on the psychiatric evaluation of emotional disorders in survivors of Nazi-persecution. In: Journal of the Hillside Hospital 10 (1961), S. 233–247. Zur Ernennung der Vertrauensärzte durch die deutschen Auslandsvertretungen vgl. Christian Pross: Die Gutachterfehde – Emigrantenärzte in der Wiedergutmachung. In: Exilforschung 6 (1988): Vertreibung der Wissenschaften und andere Themen, S. 137-151; hier: S. 137. Im Politischen Archiv des Auswärtigen Amts (PA/AA), B 81 (Ref. 501/V2) – Gesandtschafts- und Konsularrecht, Wiedergutmachung, Verkehrsrecht sind zahlreiche Archivalien über die Tätigkeit der Vertrauensärzte aus den 1950er bis 1960er Jahren überliefert.
14 Zum aktuellen Stand der Forschung vgl. zusammenfassend Benno Nietzel: Neuere Literatur zur

> Für viele der seelisch Leidenden, die jahrelang Entbehrung, Misshandlung und Todesangst in den Konzentrationslagern erduldet hatten, begann mit dem Antrag auf Wiedergutmachung ein dorniger Weg[,]

schreibt er im Vorwort zur deutschen Ausgabe seiner Gutachten.

Wie schon erwähnt, waren sich die Vertreter der sogenannten klassischen Psychiatrie im deutschsprachigen Raum darin einig, dass seelische Belastungen und Erschütterungen, gleich welcher Art, nach dem Ende der Verfolgung abklingen und keine ›krankheitswertigen‹ psychischen Schäden hinterlassen, von Dauerfolgen und etwaigen Spätschäden ganz zu schweigen.[15]

In seiner Tätigkeit als Gutachter – das erfahren wir zumindest rückblickend aus seinen Briefen – erweist sich Niederland als empathischer, zugleich pragmatisch agierender Gutachter.

> »Ich finde Ihre Begutachtung in jeder Hinsicht klar, einleuchtend und ganz besonders in psychodynamischer Hinsicht richtig gesehen«, wird er im Februar 1975 an Ulrich Ehebald schreiben, Leiter des Hamburger Instituts für Psychoanalyse, der ihn in einem strittigen Verfahren um eine Stellungnahme gebeten hatte.
>
> Gleichzeitig aber überrascht mich die Ablehnung durch die dortigen Richter nicht. So überzeugend und einleuchtend Ihre Darlegungen für uns Analytiker sind, so fern liegen sie nach meinen Erfahrungen dem Denken der deutschen Richter. […] Auch über Ihre Vorgutachter drücken Sie sich sehr klar und deutlich aus. Aber ich habe schon seit vielen Jahren gelernt, diese an sich sehr notwendige Beurteilung derartiger Vorgutachter […] wenigstens sprachlich vorsichtiger und zurückhaltender zu formulieren; sonst benutzen nämlich die Richter gerade diese Darstellung, um uns als ›voreingenommen‹ oder ›unwissenschaftlich‹ zu beurteilen.[16]

Der in Wien ausgebildete Psychoanalytiker Kurt Eissler, seit 1938 gleichfalls in den USA lebend und als Gutachter tätig, hat diesen selben Umstand weniger verbindlich formuliert, in einem Beitrag für die in der Bundesrepublik führende psychoanalytische Fachzeitschrift *Psyche*, der vor allem wegen seines Titels berühmt geworden ist.

Wiedergutmachung von NS-Unrecht in Deutschland. In: Neue politische Literatur (NpL) 56 (2011), S. 207–234.
15 Niederland: Folgen der Verfolgung (s. Anm. 3), S. 8 f. Zur »herrschenden Lehre« in der bundesdeutschen Nachkriegspsychiatrie vgl. Svenja Goltermann: Die Gesellschaft der Überlebenden. Deutsche Kriegsheimkehrer und ihre Gewalterfahrungen im Zweiten Weltkrieg. Stuttgart 2009, S. 165–191.
16 Niederland an Ehebald, 3.2.1975; William G. Niederland Collection; AR 7165; box 3; folder 5; Leo Baeck Institute.

»Die Ermordung von wie vielen seiner Kinder muss ein Mensch symptomfrei ertragen können, um eine normale Konstitution zu haben?« fragt Eissler dort im Jahr 1963 und fährt fort:

> Es mag nicht allen Psychiatern bekannt sein, dass sich innerhalb der freundschaftlichen Beziehungen zwischen der Bundesrepublik und den Vereinigten Staaten eine Art heimlicher (oder nicht so heimlicher) Fehde zwischen manchen amerikanischen Psychiatern und manchen deutschen Gerichten abspielt. Die Fehde wiederholt sich in fast monotoner Weise, wenn ein hier in den Vereinigten Staaten lebendes Opfer der nationalsozialistischen Verfolgung, gewöhnlich jemand, der beträchtliche Zeit in Konzentrationslagern verbracht hatte, Wiedergutmachungsansprüche für nervöse Leiden, die auf keiner körperlichen Ursache beruhen, erhebt.[17]

In das Jahr 1963 fällt auch die folgenreiche Bekanntschaft mit einem Kollegen in Detroit, Henry Krystal, 1925 in Polen (Sosnowiec) geboren und ein Überlebender der Konzentrationslager.[18] Auch Krystal ist als Gutachter für das Deutsche Konsulat tätig, 1963 findet ein erstes Arbeitstreffen in den Räumen der Psychiatrischen Klinik in Detroit statt: »Psychiater und Sozialfürsorger, die mit Überlebenden zu tun gehabt hatten oder noch hatten.«[19] Es folgen ein zweiter und ein dritter Workshop, 1964 und 1965, sowie einschlägige Publikationen, jetzt gemeinsam unter anderem mit dem amerikanischen Kollegen Robert J. Lifton und dem Göttinger Psychiater Ulrich Venzlaff.[20]

Niederland spricht 1966 erneut über die »Folgen der Verfolgung« und das »Überlebenden-Syndrom«, diesmal auf dem 4. Weltkongress für Psychiatrie in Madrid. Er referiert bei dieser Gelegenheit in deutscher Sprache und diesmal ist

---

17 Kurt R. Eissler: Die Ermordung von wie vielen seiner Kinder muss ein Mensch symptomfrei ertragen können, um eine normale Konstitution zu haben? In: Psyche 17 (1963), S. 241–291. Martin Wangh berichtet in diesem Zusammenhang von einer gemeinsamen Tagung über »psychische Spätfolgen« am *Mount Sinai Hospital* Anfang der 1960er Jahre (»die prominentesten unter ihnen waren William Niederland und Kurt Eissler«). Vgl. Martin Wangh: Ein psychoanalytisches Selbstbildnis. In: Psychoanalyse in Selbstdarstellungen. Hg. v. Ludger M. Hermanns. Bd. III. Tübingen 1995, S. 331–418; hier: S. 383.
18 Henry Krystal: Psychoanalytic Approaches to Trauma. A Forty-Year Retrospective. In: Mapping Trauma and its Wake. Autobiographic Essays by Pioneer Trauma Scholars. Hg. v. Charles R. Figley. New York, London 2006, S. 111–119; sowie Häftlingspersonalbogen Henry Krystal, Buchenwald, 1.1.5.3/6391657/ITS Digital Archive, Bad Arolsen.
19 Focke: Niederland (s. Anm. 5), S. 260.
20 Statt Überlebendensyndrom hatte Venzlaff in seiner 1958 publizierten Habilitationsschrift, die sich auch mit den Spätfolgen der KZ-Haft befasste, vom »erlebnisbedingten Persönlichkeitswandel« gesprochen, vgl. Ulrich Venzlaff: Die psychoreaktiven Störungen nach entschädigungspflichtigen Ereignissen (Die sogenannten Unfallneurosen). Berlin 1958. Lifton dagegen tritt in diesen Jahren mit Überlegungen zu Hiroshima in Erscheinung und referiert in Detroit über Unterschiede und Gemeinsamkeiten (Similarities and Differences between Survivors of the Hiroshima Disaster and Nazi Persecution. Vgl. Robert J. Lifton: Death in life. The Survivors of Hiroshima. London 1968.

auch Alexander Mitscherlich dabei. 1967 steht das Thema dann auf dem 25. Internationalen Kongress für Psychoanalyse auf der Tagesordnung, der Jahrestagung des Weltverbandes der Psychoanalytiker.[21]

Dass sich das Interesse am Thema Anfang der 1960er Jahre so massiv verdichtet, ist vielfach als Reaktion auf die (restriktive) Entschädigungsgesetzgebung der Bundesrepublik interpretiert worden.[22] Chronologisch ist zu argumentieren, dass erst im zeitlichen Verlauf klinische Belege dafür vorliegen, dass die Symptome bei den Betroffenen vielfach auch längere Zeit nach Kriegsende bestehen bleiben. Und schließlich datieren alle diese Konferenzen auf die Jahre nach dem Eichmann-Prozess, und so ist davon auszugehen, dass sich hier den medizinischen Experten neue Kommunikationsräume eröffnet haben, die zuvor nicht zur Verfügung gestanden sind.

III. Publikationen in Deutschland

In diese Zeit, die späten 1960er Jahre, fällt auch eine erste Deutschlandreise Niederlands, auf Drängen des Kollegen Ulrich Venzlaff, der ihm seit Detroit auch persönlich freundschaftlich verbunden ist.[23] Niederland wird in den folgenden Jahren regelmäßig nach Europa reisen und dort über die »Folgen der Verfolgung« vortragen, unter anderem 1975 in Hamburg, auf Einladung von Ulrich Ehebald, langjähriges SPD-Mitglied, 1949-54 Mitarbeiter der psychosomatischen Abteilung der Universitätsklinik Heidelberg (»Im Hause Carlo Schmid lernte ich dann Alexander Mitscherlich kennen«) und 1955 treibende Kraft bei der Gründung des Hamburger Instituts für Psychoanalyse.[24] Am 24. Oktober 1975 hatte *DIE ZEIT* sehr ausführlich über den Abend berichtet (»Überlebenssyndrom – ich hätte lieber sterben sollen«) und im gleichen Atemzug eine Publikation des Referenten in deutscher Sprache angekündigt.[25]

Ulrich Ehebald hatte sich bereits im Vorfeld des Vortrags bemüht, eine Veröffentlichung einschlägiger Gutachten bei Piper zu vermitteln – allerdings erfolglos. »Die Sichtung des Materials, das Sie mit Brief vom 15.03.1974 an

---

21 Focke: Niederland (s. Anm. 5), S. 288.
22 Christian Pross: Wiedergutmachung. Der Kleinkrieg gegen die Opfer. Frankfurt a. M. 1988. Es bleibt zu untersuchen, inwiefern die Tagungen in Detroit auf eine Novelle des Bundesentschädigungsgesetzes reagieren, die 1965 unter dem Titel »Bundesentschädigungs-Schlußgesetz« in Kraft tritt. Vgl. Hans Günter Hockerts: Wiedergutmachung in Deutschland. Eine historische Bilanz 1945-2000. In: Vierteljahrshefte für Zeitgeschichte 49 (2001), S. 167-214; hier: S. 188.
23 Focke: Niederland (S. Anm. 5), S. 272.
24 Zu seiner Biografie vgl. Ulrich Ehebald: »Wünsch' Dir eine lange Fahrt«. In: Psychoanalyse in Selbstdarstellungen. Hg. v. Ludger M. Hermanns. Bd. IV. Tübingen 1998, S. 73-163; hier: S. 91.
25 Überlebenssyndrom – ich hätte lieber sterben sollen. Vortragsbericht von K. Zimmer. In: DIE ZEIT, 24.10.1975.

Herrn Piper gesandt haben, hat doch einige Zeit in Anspruch genommen«, so die abschlägige Antwort aus dem Hause Piper.

> Haben Sie bitte deshalb Verständnis dafür, dass ich mich erst jetzt dazu melde. Zur Veröffentlichung dieses umfangreichen Materials scheint mir allerdings der Piper-Verlag nicht der richtige Ort zu sein. Auf der einen Seite gibt es bereits Veröffentlichungen, die sich mit dieser Problematik auseinandersetzen, womit das Interesse des allgemein interessierten Lesers abgedeckt sein dürfte. Zum anderen dürfte eine Veröffentlichung dieser zahlreichen Gutachten nur für einen ganz begrenzten Leserkreis von Bedeutung sein. Ich weiß, das klingt hart im Zusammenhang mit diesem Thema, aber ein Verlag muss letzten Endes auch wirtschaftlich denken. Ich würde es daher für wesentlich sinnvoller halten, wenn Sie sich mit diesem Material an einen Spezialverlag wenden, der gezielt die Leute erreicht, für die dieses Projekt in Frage kommt.[26]

Nicht zuletzt dem Mitscherlich-Biografen Tobias Freimüller verdanken wir den Hinweis darauf, dass Hans Rößner, ein ehemaliger Mitarbeiter im RSHA in den Jahren 1962 bis 1977 im Piper-Verlag als Verlagsleiter tätig war, und vor diesem Hintergrund mag die Ablehnung des Manuskripts kaum überraschen.[27]

»Ihr Buch erscheint mir von größter Wichtigkeit für die Medizin, die Juristerei und für die Historie«, lautete dagegen die Einschätzung von Robert W. Kempner, vor allem bekannt für seine Rolle als stellvertretender Amerikanischer Hauptankläger im Nürnberger Prozess 1945/46, der sich im Frühjahr 1974 mit Niederland über das Buchprojekt austauschte.[28] »Die Veröffentlichung über das medizinische Schicksal der Verfolgten sollte eigentlich z. Zt. sehr interessant sein, aber die Hitlerwelle spielt doch Hitler […] nach oben und nicht die Verfolgten. Für die Verlage ist das alles ein reines Geldgeschäft«, so sein Fazit nur wenige Monate später.[29]

Es ist auch in diesem Fall Alexander Mitscherlich gewesen, als Brückenbauer und Übersetzer auf dem Feld der Psychoanalyse in den vergangenen Jahren biografisch mehrfach gewürdigt, der eine Publikation in deutscher Sprache möglich gemacht und schließlich den Kontakt zu *suhrkamp* hergestellt hat.[30] Gekreuzt hatten sich die Wege der beiden erstmals auf dem Internationalen

---

26 Kober (Piper Verlag) an Dr. Ulrich Ehebald, 30.5.1974. William G. Niederland Collection; AR 7165; box 3; folder 5; Leo Baeck Institute.
27 Tobias Freimüller: Alexander Mitscherlich. Gesellschaftsdiagnosen und Psychoanalyse nach Hitler. Göttingen 2007, S. 301 f.
28 Kempner an Niederland, 22.2.1974. William G. Niederland Collection; AR 7165; box 3; folder 11; Leo Baeck Institute.
29 Kempner an Niederland, 4.4.1974. William G. Niederland Collection; AR 7165; box 3; folder 11; Leo Baeck Institute.
30 Danken darf ich Tobias Freimüller (Jena), der zur Biografie kenntnisreich Auskunft erteilt hat.

Psychoanalytischen Kongress 1963 in Stockholm.[31] Zumindest mit Margarete Mitscherlich-Nielsen muss sich Niederland dort auch persönlich über seine Gutachtertätigkeit ausgetauscht haben, Mitscherlich selbst warb bei Niederland für die unter seiner Ägide erscheinende *Psyche* dagegen zunächst ein psychoanalytisch getöntes Schliemann-Porträt ein.[32] Am 3. August 1967 stattete Niederland dem Frankfurter Sigmund-Freud-Institut einen ersten Besuch ab[33], im Januar 1969 schließlich folgte die Einladung an Niederland, Autor auch des Suhrkamp-Verlags zu werden. »Heute eine Anfrage«, heißt es dort werbend.

> Vom Spätherbst diesen Jahres an werde ich bei dem sehr angesehenen Suhrkamp Verlag eine Reihe ›Literatur der Psychoanalyse‹ herausgeben. Es handelt sich um Bände, voraussichtlich etwas größer als die Ihnen bekannten Bände der edition suhrkamp. Hätten Sie Lust mitzumachen und unter Umständen eine Sammlung Ihrer Aufsätze beizusteuern? Welches könnte der übergeordnete Gesichtspunkt sein und welche Zusammenstellung würden Sie vorschlagen? Schlussendlich: Wenn Ihnen dieser Vorschlag zusagt, wären Sie auch bereit, unter Umständen die deutsche Fassung selbst zu übernehmen? Sie wissen, dass ich dies nicht aus Bequemlichkeit sage; selbstverständlich können wir im Verlag jede Übersetzung herstellen lassen. Aber es ist bei einem Autor, der wie Sie nicht nur dem deutschen Kulturkreis entstammt, sondern immerfort mit deutschsprachigen Autoren sich beschäftigt, natürlich das Wünschenswerteste, wenn er seine Mitteilungen in seiner Muttersprache macht.[34]

Während die Entscheidung für die Publikation von Niederlands Studie zu dem bereits von Freud intensiv beforschten Fall des Daniel Paul Schreber, die schließlich 1978 in deutscher Übersetzung erscheinen sollte[35], auf Mitscherlich zurückgeht, waren die »Folgen der Verfolgung« in erster Linie ein Projekt des damaligen Wissenschaftslektorats, bis 1979 unter Hans-Martin Lohmann.[36] »Nochmals Dank für das schöne Gespräch von vergangener Woche mit Ihnen und Ihrem Sohn«, schreibt Lohmann nach Amerika im Nachgang zur Publikation des Schreber-Buches. »Besonders eingeprägt hat sich mir, neben manchem

---

31 Universitätsarchiv Frankfurt, Alexander-Mitscherlich-Archiv, II Sonderkorrespondenzen, Nr. I 3935.1, Mitscherlich an Niederland, 3.8.1963.
32 William G. Niederland: Analytische Studie über das Leben und Werk Heinrich Schliemanns. In: Psyche 18 (1965), S. 91–124.
33 Universitätsarchiv Frankfurt, Alexander-Mitscherlich-Archiv, II Sonderkorrespondenzen, Nr. I 3935.2, Mitscherlich an Niederland, 10.8.1967.
34 Universitätsarchiv Frankfurt, Alexander-Mitscherlich-Archiv, II Sonderkorrespondenzen, Nr. I 3935.4, Mitscherlich an Niederland, 14.1.1969.
35 William G. Niederland: Der Fall Schreber. Das psychoanalytische Profil einer paranoiden Persönlichkeit. Frankfurt a. M. 1978.
36 Vgl. Hans-Martin Lohmann: Psychoanalyse und Nationalsozialismus. Beiträge zur Bearbeitung eines unbewältigten Traumas. Frankfurt a. M. 1984.

anderen, Ihre Vorliebe für Italien, die ich mit Ihnen vollkommen teile – und nicht zuletzt die antifaschistische Gesinnung, die sich schon aus Ihrer Biographie erhellt.«[37]

Nur wenig später bittet Lohmann um Einsichtnahme in die Gutachten, die Niederland in seinen Schreiben mehr beiläufig erwähnt hatte, und sehr schnell einigen sich die beiden auf das Konzept für ein neues Buchprojekt, das durch den Wechsel Lohmanns in die Redaktion der *Psyche* noch einmal kurzzeitig ins Stocken gerät, aber schon 1980 in ein leuchtend oranges Bändchen der *edition suhrkamp* münden wird.[38] »Ein Buch über diese Dinge erscheint mir dringlicher als ein Buch über Schliemann«, drängt in diesem Zusammenhang auch Niederland.

> Ein solcher Band könnte zusätzlich der Ihnen gesandten zwei Gutachten noch weitere 12-13 meiner psychiatrischen Gutachten und Obergutachten enthalten, in toto etwa 15 dieser medizinisch-psychiatrisch-zeitgeschichtlichen Dokumente, die ich Ihnen schicken würde. Ich glaube, dass gerade eine Veröffentlichung all dieser Originaldokumente eine höchst beredte Sprache über die psychischen <u>Folgen der Verfolgung</u> per se sprechen würden. (Die von mir unterstrichenen Worte könnte man vielleicht sogar als Titel eines solchen Buches wählen).[39]

Einig waren sich Niederland und Lohmann auch in Ihrer Einschätzung, die »Folgen der Verfolgung« als notwendigen Kommentar zu der durch den amerikanischen Holocaust-Film angestoßenen Debatte über die unbewältigte deutsche Vergangenheit zu verstehen.[40] »Folgen der Verfolgung: das Überlebenden-Syndrom« lautete schließlich der Titel der deutschen Ausgabe, eine Zusammenschau der von Niederland seit den 1950er Jahren angefertigten medizinischen Gutachten, anonymisiert und in Auswahl.[41] Einleitend benannte Niederland ein ganzes Bündel von Symptomen, nicht ohne darauf zu verweisen, »dass die Gesundheitsprobleme der Überlebenden Ärzte, Psychologen, Psychagogen, Fürsorger, Psychiater und mitfühlende Menschen aller Berufe und

---

37 DLA, SUA: Suhrkamp/03 Lektorate/Wissenschaft, Briefwechsel 1978, Lohmann an Niederland, 26.7.1978.
38 DLA, SUA: Suhrkamp/03 Lektorate/Wissenschaft, Briefwechsel 1978, Lohmann an Niederland, 4.10.1978.
39 DLA, SUA: Suhrkamp/03 Lektorate/Wissenschaft, Briefwechsel 1978, Niederland an Lohmann, 22.11.1978.
40 DLA, SUA: Suhrkamp/03 Lektorate/Wissenschaft, Briefwechsel 1979, Schreiben vom 25.1. und 14.2.1979. Weiterführend vgl. Frank Bösch: Entgrenzte Geschichtsbilder? Fernsehen, Film und Holocaust in Europa und den USA 1945-1980. In: Massenmedien im Europa des 20. Jahrhunderts. Hg. v. Ute Daniel und Axel Schildt. Köln 2010, S. 413-437. Peter Novick: The Holocaust and Collective Memory. The American Experience. Boston 1999, S. 207-238.
41 Niederland: Folgen der Verfolgung (s. Anm. 3).

Stände noch Jahre und wahrscheinlich Jahrzehnte hindurch beschäftigen werden«.[42]

Auf knapp 250 Seiten referierte er in der Folge über Krankheitsbilder, die ihm bei der Anfertigung ärztlicher Gutachten bekannt geworden waren, ohne dabei zunächst auf seine eigene Biografie Bezug zu nehmen – im Gegenteil: In den Anmerkungen zum Autor präsentierte ihn der Verlag als »ehemaligen Vorsitzenden der *Psychoanalytic Association* von New York und *Clinical Professor Emeritus of Psychiatry* an der State University von New York, Downstate Medical Center«. Zum Vortrag kommen die Thesen eines medizinischen Experten, dessen Position ihr Gewicht allein aus seinem Status als amerikanischer Wissenschaftler bezieht, ohne dass sein Blick durch persönliche Betroffenheit getrübt wäre. Nicht vorrangig in eigener Sache zu sprechen, sondern objektive, wissenschaftliche Tatsachen zu präsentieren, ist zunächst sein Anliegen. Erst auf den letzten Seiten gibt er sich als »einstiger Flüchtling im Ausland lebend« zu erkennen.[43] Er schreibt:

> Wem trotz aller haarsträubenden Schwierigkeiten die Beschaffung der erforderlichen Dokumente und die Flucht ins Ausland gelang, dem wurde die Beziehungslosigkeit zur sprach-, kultur- und wesensfremden Umwelt zu einer neuen seelischen Belastung. Langwährende Entwurzelungsdepressionen stellten sich ein, in deren Gefolge nicht wenige Selbstmord begingen. Viele andere kämpften Jahre hindurch mit Umstellungsdepressionen, die ihr Fußfassen in der fremden Umwelt weiter erschwerten und nicht selten die Gründung einer neuen Lebensexistenz unmöglich machten. Der soziale Abstieg, die Trennung von den Angehörigen, die Zerreißung enger Familienbande, das Gefühl der Heimatlosigkeit, die enormen Anpassungsschwierigkeiten innerer und äußerer Art, die keineswegs seltene Notwendigkeit, erstmals im Leben Wohlfahrtseinrichtungen in Anspruch zu nehmen und Almosenempfänger zu werden, schließlich das zunehmende Durchsickern von Nachrichten über Nazigreuel und den Verfolgungstod zurückgelassener naher Verwandter und Freunde – all dies verstärkte die Depressionen und Ängste in so erheblichem Maße, dass sich bei vielen der Ausgewanderten ernste Krankheitszustände seelischer oder psychosomatischer (d. h. leib-seelischer) Natur und Herkunft zu entwickeln begannen.[44]

---

42 Im Einzelnen benennt er das »Leben in einer Atmosphäre der ständigen Bedrohung und eines anfänglich unverstandenen, namenlosen, dann immer näher rückenden Verhängnisses; hiermit einhergehende leiblich-seelische Zermürbung des Personenganzen; häufige akute Todesgefahr und Todesangst; Verunsicherung aller mitmenschlichen Bezüge und Kontakte; schutzloses Dasein in einem Dauerzustand völliger oder nahezu völliger Rechtlosigkeit; Überflutung des geistigen Ich-Gefüges durch den unaufhörlichen Ansturm von öffentlichen und persönlichen Beschimpfungen, Verdächtigungen, Verleumdungen und Anschuldigungen, wiederum ohne Möglichkeit einer Zufluchtnahme zum behördlichen Rechtsschutz.« Vgl. Niederland: Folgen der Verfolgung (s. Anm. 3), S. 10.
43 Niederland: Folgen der Verfolgung (s. Anm. 3), S. 235.
44 Niederland: Folgen der Verfolgung (s. Anm. 3), S. 16.

IV. »I've been through Auschwitz and Bergen-Belsen in my work, do I need Hiroshima and Nagasaki, too?«[45]

Gespräche über die Universalisierung des Überlebendensyndroms führte Niederland mit seinen bundesdeutschen Korrespondenzpartnern erstmals Mitte der 1970er Jahre. Im Vorfeld einer Vortragsreise lässt er Ulrich Ehebald wissen:

> Über Ihre Einladung zu einem erneuten Referat an Ihrem Institut freue ich mich sehr. Meine Frau u. ich planen nämlich für den nächsten Herbst eine erneute Europareise und vielleicht ließe sich demgemäß etwas in diesem Sinne für Spät-September oder anfangs Oktober [sic] in Hamburg arrangieren. Ich könnte dann sogar einen Vortrag über das ›Survivor Syndrom‹, das ich nicht nur bei Überlebenden der Verfolgung, sondern auch bei Überlebenden von Bränden, Überschwemmungen, Fluten, Erdbeben oder sogar schweren Auto-Unfällen beobachtet habe, halten und Sie könnten u. a. die dortigen Richter hierzu in meinem Namen höflichst einladen![46]

Vor allem aber mit seinen amerikanischen Kollegen, darunter Robert J. Lifton und Chaim Shatan, stand Niederland in diesen Jahren darüber in engem Austausch.[47] An Ergebnisse der frühen Detroiter Traumatagungen anknüpfend, die im Kontext des amerikanischen Vietnamkriegs eine dramatische Reaktualisierung erfahren hatten[48], engagierten sich die psychiatrischen Experten der *Vietnam Veterans Working Group* (V.V.W.G) in diesen Jahren für die Aufnahme einer Trauma-Diagnose in das einschlägige Handbuch der amerikanischen Psychiater (DSM-III), das 1980 erscheinen sollte.[49]

Dabei stand insbesondere der in Montreal ausgebildete Psychiater Chaim Shatan für eine spezifische Lesart traumatischer Erfahrung, die den Holocaust, Flucht und Vertreibung der Deutschen, Vietnam und Hiroshima gemeinsam in

---

45 Robert J. Lifton: The Survivors of the Hiroshima Disaster and the Survivors of Nazi Persecution. In: Massive Psychic Trauma. Hg. v. Henry Krystal. New York 1968, S. 168–189; hier: S. 168.
46 Niederland an Ehebald, 3.2.1975. William G. Niederland Collection; AR 7165; box 3; folder 5; Leo Baeck Institute.
47 Grundlegend Ben Shephard: A War of Nerves. Soldiers and Psychiatrists 1914–1994. London 2000, S. 355–368.
48 Der in Leipzig geborene und gleichfalls über Italien geflüchtete New Yorker Analytiker Martin Wangh (1911–2009) betont die persönlich-biografischen Verbindungslinien zwischen der eigenen Verfolgung und Vietnam, wenn er schreibt: »Nicht bloß war ich von früher Kindheit an sensibilisiert durch die Spannungen des Krieges, die mit den neuerlichen Kriegsängsten wieder akut wurden, die Kubakrise und der Vietnamkrieg waren auch unmissverständliche Hinweise auf die Möglichkeit einer nuklearen Katastrophe. [...] Mich persönlich betraf vor allem die Möglichkeit, dass meine drei im College-Alter befindlichen Söhne zum Vietnamkrieg eingezogen werden könnten.« Vgl. Wangh: Selbstbildnis (s. Anm. 17), S. 388.
49 Allan Young: The Harmony of Illusions. Inventing Post-Traumatic Stress Disorder. Princeton 1995, S. 109.

einem Halbsatz unterzubringen verstand und als unterschiedliche Facetten eines einzigen Syndroms zu beschreiben wusste.

»Although I had a ske[t]chy outline of much of her life as a survivor following her 1943 evacuation from East Prussia«, schildert er ein ausgewähltes Fallbeispiel aus seiner Praxis in einem Schreiben an Niederland vom Juli 1975,

> it was not brought alive until the panicky evacuation of South Vietnam burst upon the newspaper front pages and television screens last spring. When she saw the dramatic photographs of small ships loaded with refugees clinging to the sides of the decks, to the funnels, and the masts, she suddenly recalled – with the startling clarity of the children who survived the atomic bombing of Hiroshima – a precise moment during her evacuation from East Prussia.[50]

Ausdrücklich betont Shatan, wie stark er sich mit dieser Betrachtungsweise den Forschungen seines akademischen Lehrers Hans Selye verpflichtet fühlte, seit 1934 an der McGill Universität Montreal als Pionier der Stressforschung international ausgewiesen[51], und warb bei Niederland sehr nachdrücklich für eine enge Zusammenarbeit:

> I believe it would be the greatest pity if Dr. Selye was not able to make use of your papers at the earliest possible moment. After all, when he was my professor of histology and endocrinology at McGill, we learned from him in great detail of the alarm reaction and the adaption syndrome. I believe that adrenal depletion is closely connected with many of the physiological symptoms in the survivors of whom you and I have both spoken and written.[52]

Zuletzt hat Susan Slyomovics darauf hingewiesen, dass bereits die ersten Auflagen des Handbuchs amerikanischer Psychiater (DSM-I, 1952 und DSM-II, 1968) psychische Folgen nach Extrembelastungen als eigenständige Kategorie ausgewiesen haben.[53] In diesem Sinne war die Aufnahme der Posttraumatischen Belastungsstörung (PTBS), die jetzt die Konzentrationslagerhaft als eine unter vielen möglichen Ursachen für die Entwicklung des Krankheitsbildes auf-

---

50 Chaim F. Shatan an William G. Niederland, 22.7.1975. William G. Niederland Collection; AR 7165; box 3; folder 17; Leo Baeck Institute.
51 Zu Leben und Werk von Hans Selye vgl. weiterführend Lea Haller, Sabine Höhler und Heiko Stoff: Stress – Konjunkturen eines Konzepts. In: Zeithistorische Forschungen/Studies in Contemporary History, Online-Ausgabe, 11 (2014), H. 3, URL: http://www.zeithistorische-forschungen.de/3-2014/id=5136 [abgerufen: 2.6.2016], Druckausgabe: S. 359–381.
52 Shatan an Niederland, 22.7.1975 (s. Anm. 50).
53 Susan Slyomovics: How to Accept German Reparations. Philadelphia 2014, S. 91 f.; American Psychiatric Association: Diagnostic and Statistic Manual. Mental Disorders (DSM-I). Washington 1952, S. 40 [»Gross Stress Reaction«], wobei sich die Autoren explizit und ausschließlich auf Kampfhandlungen und Naturkatastrophen als Auslöser beziehen, sowie American Psychiatric Association: Diagnostic and Statistic Manual of Mental Disorders (DSM-II). Washington 1968, S. 48 [»acute reaction to overwhelming environmental stress«].

führte, die Überschreibung und Universalisierung eines Syndroms, das sich in Amerika rasch zu einem vielfältig erforschten Spezialgebiet entwickeln sollte.[54] Krystal, Lifton und Shatan – nicht aber Niederland – führten in der Folge die in Detroit begründete Zusammenarbeit 25 Jahre später in das *Editorial Board* für das 1988 lancierte *Journal of Traumatic Stress*.[55]

In der inzwischen ausufernden Literatur über Traumadiskurse, ihre politische Dimension und therapeutische Wirkung hat jüngst José Brunner eine vermittelnde Position zur Diskussion gestellt. Die »Posttraumatische Belastungsstörung«, so Brunner, übersetze die individuellen und gesellschaftlichen Erfahrungen von Menschen in ein universelles Idiom, um sie zu dem Befund umzugestalten, der den Fachleuten die von ihnen benötigte Information vermittelt:

> Die Diagnose nimmt der traumatischen Erfahrung und ihren Folgen den Ballast des spezifischen Ortes und – wenn man so sagen darf – verhilft ihr durch ihre dekontextualisierende Verallgemeinerung zu einer gewissen Leichtigkeit. Die Entwurzelung von individuellen Erzählungen über traumatische Erfahrungen durch ihre Übersetzung in universelle Stressoren und Symptome ermöglicht jedoch nicht nur das entpolitisierte Einspeisen von Leiden in den wissenschaftlichen und therapeutischen Wortschatz von westlichen Psychologen und Psychiatern. Sie lässt auch das Überschreiten streng umgrenzter Wissensbereiche zu und das Eindringen in gesellschaftliche Sphären, die sich außerhalb der Fachbereiche befinden: in die Zivilgesellschaft, die Massenmedien, in das Rechtswesen und andere staatliche Einrichtungen. Ein Abstrich an Vielschichtigkeit und Spezifität ebnet so den Weg für ein Mehr an Mobilität und der damit einhergehenden sprachlichen Gastfreundschaft.[56]

Mit der Einbindung des *Holocaust survivor syndrome* in das große Feld des *traumatic stress* verwandelte sich das »Überlebendensyndrom« semantisch in die Posttraumatische Belastungsstörung. »This is a letter of thanks to each and every member of the V.V.W.G. signaling the successful completion of our enterprise [...]«, informiert Shatan im Frühjahr 1978.

> We are happy to say that the latest draft version of DSM III (Jan. 1978) incorporates most of our formulations on stress disorders, not only for combat veterans but also for Holocaust survivors and victims of other disasters, both man-made

---

54 American Psychiatric Association: Diagnostic and Statistic Manual of Mental Disorders (DSM-III), Washington 1980.
55 Charles R. Figley: Toward a Field of Traumatic Stress. In: Journal of Traumatic Stress 1/1 (1988), S. 3-16.
56 José Brunner: Die Politik des Traumas. Gewalterfahrungen und psychisches Leid in den USA, in Deutschland und im Israel/Palästina-Konflikt. Berlin 2014, S. 289.

and otherwise. There is also a reference to delayed onset of disorders following an incubation period of six month or more.[57]

An die Stelle metaphorisch aufgeladener Begriffe freudianischer Prägung (»Seelenmord«) trat die an biologischen Konzepten geschulte Sachlichkeit der modernen Stressforschung. Historisch bedeutsame Verbindungslinien zur NS-Nachgeschichte waren in der Folge nicht mehr sichtbar. Das gängige Narrativ hat an die Stelle bedeutsamer Pioniere der amerikanischen Traumaforschung – neben William Niederland ist in diesem Zusammenhang vor allem Henry Krystal zu nennen – die politisch engagierten Gegner des amerikanischen Vietnamkriegs gesetzt.[58]

Zeitgleich jedoch begann ihr Aufschwung in den Geschichtsbüchern der westdeutschen Zeithistoriker, die seit den 1980er Jahren ganz ausschließlich auf Niederland Bezug nahmen, wenn von psychischen Spätfolgen der Konzentrationslagerhaft die Rede war. Niederland selbst hat hier die Spuren verwischt, wenn er – die *Folgen der Verfolgung* erscheinen 1980 parallel zum grundlegend überarbeiteten *Diagnostic and Statistical Manual of Mental Disorders* (DSM-III) – darauf verzichtet, seine Publikationen an die amerikanische Traumaforschung anzubinden und stattdessen Diskurse über die unbewältigte NS-Vergangenheit als Bezugspunkt wählt. Auf den Import der Posttraumatischen Belastungsstörung in die historische Forschung zum Nationalsozialismus hat er – zu vermuten steht: bewusst – verzichtet. Von der Tragfähigkeit des Vergleichs scheint er nicht im gleichen Maße überzeugt gewesen zu sein wie seine amerikanischen Kollegen. »I've been through Auschwitz and Bergen-Belsen in my work, do I need Hiroshima and Nagasaki, too?«, äußerte er sich zweifelnd bereits in Detroit.[59]

Es mag auch um Fragen der Wertschätzung und der wissenschaftlichen Reputation gegangen sein, wenn Niederland darauf beharrt, den eigenen Begriffen in diesem Zusammenhang Geltung zu verschaffen. Seine Lektoren bei Suhrkamp glaubt er jedenfalls im Vorfeld der Publikation belehren zu müssen:

> Hier ist ein Autor, der nicht nur an 200 literarisch-wissenschaftliche Arbeiten (darunter 3 Bücher) verfasst hat, dessen Name und Ruf gerade auf dem Gebiete der Verfolgungsschäden u. -folgen weltbekannt sind und der ein neues fortwirkendes

---

[57] Shatan an Members of Vietnam Veterans Working Group, betr.: DSM and Stress Disorders [in Holocaust Survivors], März 1978. William G. Niederland Collection; AR 7165; box 3; folder 17; Leo Baeck Institute.

[58] »The Establishment of PTSD resulted, in part, from intense lobbying by mental health workers and lay activists on behalf of Vietnam War veterans.« Paul Lerner und Marc S. Micale: Trauma, Psychiatry, and History: A Conceptual and Historiographical Introduction. In: Traumatic Pasts. History, Psychiatry, and Trauma in the Modern Age, 1870-1930. Hg. v. Mark S. Micale und Paul Lerner. Cambridge 2001, S. 1-27; hier: S. 2.

[59] Lifton: Survivors (s. Anm. 45).

klinisches Folgenbild (das ›Überlebens-Syndrom‹) geschaffen und geprägt hat, der zudem viele Dutzende, ja Hunderte von anerkannten Gutachten u. Obergutachten auf diesem Gebiet erstattet hat, zahlreiche dieser vielfach einzigartigen Dokumente zur Veröffentlichung in einem der Verfolgung gewidmeten Gesamtwerk bietet.[60]

Darüber hinaus lassen diese Beobachtungen Rückschlüsse zu auf grundsätzliche methodische Differenzen im wissenschaftlichen Feld. In dieser Perspektive ist es möglich, Niederlands Publikationen in deutscher Sprache als Distanzierungsgesten gegenüber neurobiologisch fundierten Ansätzen innerhalb der amerikanischen Psychiatrie zu interpretieren, die in diesen Jahren die Psychoanalyse als Leitdisziplin ablösen. »Because psychoanalysis had been so closely connected to psychiatry and medicine in the United States«, analysiert John Burnham diese Entwicklung,

> when psychiatry and medicine changed in the 1960s–1980s and after, the primary carriers of Freudian ideas were deeply affected. On the intellectual and theoretical levels, neuroscientists offered vivid somatic, not psychoanalytic, explanations of mental events. Medicine became tied more and more to machines and pills, and less and less to the doctor-patient relationship. Not only was psychiatry as a medical specialty deeply affected by commercial and economic forces, but powerful social trends tended to reduce patients to mere consumers of medical goods and services.[61]

Und nicht nur fachlich, auch persönlich müssen diese Jahre ihre Spuren hinterlassen haben. »Wie ich Dir schon kuerzlich schrieb«, berichtet Niederland im Vorfeld der *Freud Anniversary Lecture* im März 1976 an einen verzagten Alexander Mitscherlich, »sind die ›grossen psychoanalytischen Tiere‹ hier recht wenig geworden und dies ist in der Tat so und mit dem Hinscheiden von Heinz Hartmann, Hermann Nunberg, René Spitz, Ernst Kris usw. – unter den vorgenannten waren meine eigenen Lehrer – auch tief bedauerlich.«[62]

---

60 DLA, SUA: Suhrkamp/03 Lektorate/Wissenschaft, Briefwechsel 1979, Niederland an Lohmann, 12.3.1979.
61 John Burnham (Hg.): After Freud left. A Century of Psychoanalysis in America. Chicago 2012, S. 159.
62 Universitätsarchiv Frankfurt, Alexander-Mitscherlich-Archiv, II Sonderkorrespondenzen, Nr. I 3935.31, Niederland an Mitscherlich, 21.3.1976.

V. Fazit

Das »Überlebenden-Syndrom« zeigt den medizinischen Sachverständigen Niederland als transnationalen Grenzgänger, der zum einen spezifische Erfahrungen von Emigration und NS-Verfolgung in amerikanische Traumadiskurse zu integrieren versteht, zugleich hegemoniale Lesarten der deutschen Psychiatrie durch die Brille des an angloamerikanischen Wissenschaftsstandards geschulten Experten wahrnimmt und kritisch hinterfragt. In den späten 1970er Jahren verdichten sich in seiner Biografie der schwindende Einfluss psychoanalytischer Konzepte in der amerikanischen Psychiatrie einerseits und das beginnende wissenschaftliche Interesse der Zeithistoriker an der Wiedergutmachung in der Bundesrepublik andererseits.

Während Niederland selbst zeitgenössisch persönliche Bezüge zu dem von ihm gewählten Lebensthema sehr zurückhaltend thematisiert hat, ist in historischer Perspektive die Frage nach Exil und Shoah zentral für biografische Perspektiven auf einen bedeutenden deutsch-amerikanischen Wissenschaftler des 20. Jahrhunderts, dessen Leben und Werk bislang kaum erforscht ist. Beruflich ist Niederland im Exil als Analytiker erfolgreich gewesen, die Shoah wird in seiner psychiatrischen Praxis ein Lebensthema werden. Während der größte Teil des Nachlasses deshalb heute als Teil der *Sigmund Freud Collection* von der *Library of Congress* verwahrt wird, liegen alle die Wiedergutmachung betreffenden Akten und Briefwechsel im New Yorker Leo Baeck Institut.

Über eine Rückkehr nach Deutschland hat Niederland, der seit 1954 amerikanischer Staatsbürger war, wohl zumindest gelegentlich nachgedacht. »Soeben kommt Herr Rosenkötter von seinen Urlaubstagen in Baden-Baden zurück und berichtet mir, von den Gesprächen, die Sie mit ihm hatten«, schreibt Mitscherlich im Frühjahr 1972.

> Welch eine Frohbotschaft! Ich hoffe, Sie empfinden es nicht als Einmischung in Ihre Pläne, wenn ich Ihnen sage, wie außerordentlich und herzlich meine Frau und ich uns freuen würden, wenn Sie Ihren Entschluss, nach Deutschland zurückzukehren, verwirklichen würden. Für uns wäre es eine ganz große Bereicherung unserer doch ehrlich um die Psychoanalyse bemühten Gruppe, wenn wir Sie bald unter uns haben und an Ihrem Phantasiereichtum und Ihrer großen Erfahrung teilhaben dürften.[63]

Niederland ist am 30. Juli 1993 im Alter von 88 Jahren in New Jersey verstorben, einer seiner Söhne jedoch wird als Übersetzer in Deutschland leben. Als Analytiker hätte Niederland diese Entscheidung sicherlich trefflich zu ent-

---

63 Universitätsarchiv Frankfurt, Alexander-Mitscherlich-Archiv, II Sonderkorrespondenzen, Nr. I 3935.15, Mitscherlich an Niederland, 12.4.1972.

schlüsseln verstanden als die transgenerationale Weitergabe einer lebenslangen Verbundenheit mit einem Land, das er 1934, am Beginn einer erfolgversprechenden Laufbahn stehend, fluchtartig verlassen musste.

Douglas G. Morris

Schreiben und Widerstehen
Ernst Fraenkel und Franz Neumann zur Rolle des Naturrechts im Kampf gegen die NS-Gewaltherrschaft*

Die Gegner des Nationalsozialismus brauchten Mut, keine Rechtswissenschaft. Sie benötigten politische Entschlossenheit und moralische Leidenschaft, nicht juristische Analyse. Aber Fachleute sehen Krisen vor allem im Licht ihrer Expertise. Antinationalsozialistisch gesinnte Geistliche, zum Beispiel, sondierten die Gewaltherrschaft der Nazis danach, was sie über Gott zu lehren vermochte. Antinationalsozialistische Ökonomen forschen in Handelsbelangen, finanziellen Interessen und sogar im Klassenkampf nach dem Ursprung des Nationalsozialismus. Es ist daher zu erwarten, dass antinationalsozialistische Rechtsanwälte das Nazi-Desaster von einer juristischen Perspektive aus beurteilten.

Die juristische Ausbildung der deutschen Rechtsgelehrten, die nach 1933 aus Deutschland ins Exil geflohen waren, konnte sich auf eine reiche kulturelle Bildung stützen. Angesichts der Ausmaße der Verfolgung und Ermordung der europäischen Juden begannen einige von ihnen, sich mit rechtlichen Aspekten der Katastrophe der Shoah zu befassen, politische, historische, moralische und philosophische Gesichtspunkte flossen in ihre Überlegungen mit ein. Als eine Schnittstelle dieser Überlegungen kristallisierte sich dabei ein Konzept heraus, das für Rechtswissenschaftler von besonderem Interesse war: das Naturrecht. Es ist ein Konzept, das auf eine lange Tradition zurückblicken kann, auf eine Tradition zudem, die von einem ständigen Bedeutungswandel gekennzeichnet ist. Eine Definition des Begriffs kann immer nur eine Verkürzung, eine Arbeitsdefinition bieten: Der Begriff Naturrecht bezeichnet die Vorstellung von allgemeingültigen Normen, die weder von Gott noch der Offenbarung, der Natur, der Vernunft oder der Moral herrühren und gegen die von Menschen einge-

---

* Dieser Artikel wurde in einer längeren Version und auf Englisch veröffentlicht in New German Critique 126 42/3 (2015), S. 197–230.
Mein ganz spezieller Dank für ihre hilfreichen Anmerkungen und Hinweise zu den ersten Entwürfen dieses Artikels und für ihr Interesse und ihre Unterstützung gilt David Kettler, Jonathan Bush und Volker Berghahn. Sehr herzlich danke ich auch Steven Aschheim, Amy Hackett, Jack Jacobs, Marion Kaplan, Jane-Anne Murray und den anonymen Gutachtern von New German Critique für ihre hilfreichen Anregungen.
Ich danke auch Helga Schreckenberger und Bettina Bannasch für ihr Interesse an der Aufnahme des Artikels in diesen Band und die Mühe, die sie mit der Übersetzung dieses Artikels auf sich genommen haben.

setzte Gesetze nicht verstoßen können. Diese Vorstellung reizte, unabhängig von ihren religiösen Überzeugungen, eine Reihe von anti-nationalsozialistisch eingestellten deutschen Rechtsgelehrten, die über Möglichkeiten des Widerstands gegen die Nazis nachsannen.

Der Historiker Klemens von Klemperer ist einer der wenigen, die untersuchten, inwieweit »der deutsche Widerstand gegen den Nationalsozialismus sich berufen sah, auf das Naturrecht zurückzukommen, um von daher sein Denken und Handeln zu rechtfertigen«.[1] Von Klemperer argumentiert, dass sich mehrere Widerstandskämpfer auf das Naturrecht beriefen, um ihre Haltung gegen die nationalsozialistische Regierung zu rechtfertigen. Sie machten dies jedoch eher aus einem unbestimmten Rechtsgefühl heraus und nicht aufgrund stringenter, wissenschaftlich korrekter und juristisch geschulter Ableitungen vom Begriff des Naturrechts.[2] In seinen Studien berücksichtigte von Klemperer die säkulare, anti-nationalsozialistische Linke jedoch nur am Rande.[3] Dies geschah aus guten Gründen, da sich vor allem religiös eingestellte Menschen, kaum aber ausgewiesene Marxisten für Konzeptionen des Naturrechts interessierten. Doch so sehr auch das Naturrecht dem Christentum verbunden sein mag, so hat es doch maßgeblich auch das säkulare Nachdenken über Recht und Politik beeinflusst.

Relevant ist dies besonders für zwei deutsche Rechtsanwälte, die sich wissenschaftlich fundiert und detailliert mit der Frage des Naturrechts auseinandersetzten. Es handelt sich dabei um zwei jüdische, säkular lebende, linksgerichtete Sozialdemokraten, die nicht zum Kreis der etablierten deutschen Juristen zählten: Ernst Fraenkel, Autor der bald schon zum Klassiker avancierten Schrift *The Dual State* von 1941, und Franz Neumann, Fraenkels enger Freund und ehemaliger Kanzleipartner, auch er der Verfasser eines inzwischen kanonischen Werkes über den Nationalsozialismus, *Behemoth* (1942).[4] Beide wandten sich der Frage des Naturrechts während der Zeit der Nazidiktatur zu, Fraenkel noch in seiner Zeit im Berliner Untergrund, Neumann im englischen und später dann im amerikanischen Exil. Die Weimarer Republik, ihre Einschätzung der britischen Parlamentssouveränität, des amerikanischen Verfassungsrechts und

---

1 Klemens von Klemperer: Naturrecht und der deutsche Widerstand gegen den Nationalsozialismus: Ein Beitrag zur Frage des deutschen ›Sonderwegs‹. In: Vierteljahrshefte für Zeitgeschichte 40/3 (1992), S. 323–337; hier S. 324. Vgl. auch Albrecht Langner: Der Gedanke des Naturrechts seit Weimar und in der Rechtsprechung der Bundesrepublik. Bonn 1959, S. 88–89. In seinen Überlegungen bezieht sich von Klemperer nicht speziell auf Rechtsgelehrte oder Rechtsanwälte.
2 Von Klemperer: Naturrecht (s. Anm. 1), S. 331–336.
3 Z. B. von Klemperer: Naturrecht (s. Anm. 1), S. 329.
4 Ernst Fraenkel: The Dual State: A Contribution to the Theory of Dictatorship, trans. E. A. Shils. New York 1941. Ernst Fraenkel: Der Doppelstaat. Hg. v. Alexander von Brünneck. Hamburg 2001 (2. Aufl.). Franz Neumann: Behemoth: The Structure and practice of National Socialism. New York 1966.

seiner Machtverteilung, auch die Furcht vor dem sowjetischen Totalitarismus prägten ihr Verständnis von Naturrecht. Wichtigster Impuls für ihre Auseinandersetzung mit dem Naturrecht blieben jedoch bis in die Nachkriegszeit hinein die Erfahrungen aus der Zeit der nationalsozialistischen Gewaltherrschaft. Im Zentrum ihrer Überlegungen stand die Frage nach der spezifischen Beziehung zwischen Naturrecht und Widerstand. Während Fraenkel darauf eine schlüssige Antwort fand, haderte Neumann mit dem Konzept des Naturrechts, verwarf einige seiner Implikationen, hielt aber letztlich daran fest. Trotz ihrer unterschiedlichen Auffassung betrachteten beide Männer ihre Beschäftigung mit der naturrechtlichen Tradition nicht als eine rein akademische Angelegenheit, sondern als einen aktiven Beitrag im Kampf gegen den Nationalsozialismus.

Fraenkel und Neumann setzten sich mit der Idee auseinander, dass eine überzeugende Konzeption des Naturrechts den Widerstand gegen das nationalsozialistische Regime rechtfertigen könnte. In der Forschungsliteratur fand dieser Aspekt wenig Beachtung. Die Bedeutung der beiden Männer wurde anderswo verortet: als Theoretiker des Arbeitsrechts in der späten Weimarer Republik, als Marxisten, die ihre Überzeugung mit der zunehmenden Nazifizierung Deutschlands in Einklang zu bringen versuchten, sowie als Politikwissenschaftler, die sich mit dem Kollaps und der Wiederherstellung der europäischen Demokratien zur Mitte des 20. Jahrhunderts auseinandersetzten.[5] Tatsächlich lässt nichts in ihren intellektuellen Anfängen darauf schließen, dass die beiden Männer sich dem Naturrecht zuwenden würden – weder ihr Aufwachsen in jüdischen Familien (da die jüdische Tradition, die ohnehin wenig zum Naturrecht zu sagen hat, sie kaum beeinflusste) noch ihr politisches Selbstverständnis als sozialdemokratische Marxisten und schon gar nicht ihre Ausbildung in einer bildungsbürgerlich geprägten deutschen Rechtskultur, die für das Naturrecht nur ein Lächeln übrig hatte.

Seit dem späten 19. Jahrhundert konstituierte der Rechtspositivismus – die Ansicht, dass Recht ist, was vom Gesetzgeber dargelegt (oder postuliert) wird, ohne Rücksicht auf Moral oder Gerechtigkeit[6] – den Ausgangspunkt

---

5 Vgl. David Dyzenhaus: Legality and Legitimacy: Carl Schmitt, Hans Kelsen, and Hermann Heller in Weimar. Oxford 1997; Peter Intelmann: Franz L. Neumann: Chancen und Dilemma des politischen Reformismus/Franz L. Neumann: Opportunities and Dilemmas of Political Reformism. Baden-Baden 1996; Joachim Perels (Hg.): Recht, Demokratie und Kaptialismus: Aktualität und Probleme der Theorie Franz L. Neumanns. Baden-Baden 1984; William E. Scheuerman: Between the Norm and the Exception: The Frankfurt School and the Rule of Law. Cambridge, MA 1994.

6 In diesem Absatz werden z. T. Argumente zusammengefasst, die ich in meinem sich in Vorbereitung befindenden Artikel »Eternal Principles for Political Men: The Revival of Natural Law during the Weimar Republic« ausführe. Vgl. auch Peter Caldwell: Legal Positivism and Weimar Democracy. In: American Journal of Jurisprudence 39/1 (1994), S. 279–285; Peter Caldwell: Popular Sovereignty and the Crisis of German Constitutional Law: The Theory and Practice of Weimar Constitutionalism. Durham, NC 1997, S. 3–4 u. 12–39; Everhardt Franßen: Positivis-

für die deutschen Juristen des gesamten politischen Spektrums; so auch für Fraenkel und Neumann in der Weimarer Republik. Als der Positivismus zu Beginn des 20. Jahrhunderts schließlich auf den Prüfstand kam, sahen Kritiker das Naturrecht zunächst durchaus nicht als Alternative. Vielmehr äußerten einige Juristen doktrinelle Zweifel an der logischen Kohärenz des Positivismus und seiner realen Anwendbarkeit.[7] Als nach der Niederlage Deutschlands im Ersten Weltkrieg und der Geburt der Weimarer Republik eine neue Politik die rechtliche Debatte bestimmte, verschärfte sich die Kritik am Positivismus zusehends.[8] Progressive Juristen, die Sozialdemokraten eingeschlossen, verteidigten den Positivismus als unerlässlich für die Demokratie[9], während ihn konservative Juristen wie Carl Schmitt gegenüber ihren eigenen Theorien über den Ursprung, das Wesen und den Gebrauch von Macht abwerteten.[10] Zugleich aber beriefen sich unerwarteterweise andere

---

mus als juristische Strategie. In: Juristen-Zeitung 24/3-4 (1969), S. 769; Arthur Kaufmann: Die Naturrechtsrenaissance der ersten Nachkriegsjahre – und was daraus geworden ist. In: Die Bedeutung der Wörter: Festschrift für Sten Gagnér zum siebzigsten Geburtstag. Hg. v. Michael Stolleis, Monika Frommel, Sten Gagnér u. a. München 1991, S. 105-132; Stefan Korioth: Prologue – the Shattering of Methods in Late Wilhelmine Germany: Introduction. In: Weimar: A Jurisprudence of Crisis. Hg. v. Arthur J. Jacobson und Bernhard Schlink. Berkeley, CA 2000, S. 42-43; Langner: Gedanke des Naturrechts (s. Anm. 1), S. 11; Wolf Rosenbaum: Naturrecht und positives Recht: Rechtssoziologische Untersuchungen zum Einfluss der Naturrechtslehre auf die Rechtspraxis in Deutschland seit Beginn des 19. Jahrhunderts. Darmstadt 1972, S. 73-74; Kurt Sontheimer: Antidemokratisches Denken in der Weimarer Republik: die politischen Ideen des deutschen Nationalismus zwischen 1918 und 1933. München 1978, S. 66-67.

7 Vgl. Caldwell: Legal Positivism (s. Anm. 6), S. 276; Caldwell: Popular Sovereignty (s. Anm. 6), S. 41-44; Korioth: Prologue (s. Anm. 6), S. 45 f. u. S. 48 f.; Langner: Gedanke des Naturrechts (s. Anm. 1), S. 12 f.; Rosenbaum: Naturrecht (s. Anm. 6), S. 65, 75 f. u. 73; Michael Stolleis: The Law under the Swastika: Studies on Legal History in Nazi Germany. Chicago 1998, S. 89 f.

8 Vgl. Caldwell: Popular Sovereignty (s. Anm. 6), S. 41, 82 f. u. 85-119; Douglas G. Morris: Justice Imperiled: The Anti-Nazi Lawyer Max Hirschberg in Weimar Germany. Ann Arbor, Michigan 2005, S. 142 f.; Sontheimer: Antidemokratisches Denken (s. Anm. 6), S. 66; Michael Stolleis: Geschichte des öffentlichen Rechts in Deutschland: Weimarer Republik und Nationalsozialismus. München 2002, S. 51 f. u. 182 und Stolleis: The Law (s. Anm. 7), S. 90.

9 Vgl. Caldwell: Legal Positivism (s. Anm. 6), S. 288 f.; Franßen: Positivismus als juristische Strategie (s. Anm. 6), S. 768; Intelmann: Franz L. Neumann (s. Anm. 5), S. 142-151 u. S. 188-190; Franz Neumann: Bemerkungen zu der Arbeit von Hans Mayer. New York 1936 (Max Horkheimer Archives, Universitätsbibliothek Frankfurt a. M.), S. 3 f.; Walter Ott und Franziska Buob: Did Legal Positivism Render German Jurists Defenceless during the Third Reich? In: Social and Legal Studies 2/1 (1993), S. 98; Stanley L. Paulson: Lon L. Fuller, Gustav Radbruch, and the ›Positivist‹ Theses. In: Law and Philosophy 13/3 (1994), S. 345 f.; Rosenbaum: Naturrecht (s. Anm. 6), S. 91-93 und Manfred Walther: Hat der juristische Positivismus die deutschen Juristen im ›Dritten Reich‹ wehrlos gemacht? Zur Analyse und Kritik der Radbruch-Theorie. In: Recht und Justiz im »Dritten Reich«. Hg. v. Ralf Dreiert und Wolfgang Sellert. Frankfurt a. M. 1989, S. 329.

10 Vgl. Caldwell: Legal Positivism (s. Anm. 6), S. 286 f.; Franßen: Positivismus als juristische Strategie (s. Anm. 6), S. 770-773; William E. Scheuerman: Carl Schmitt's Critique of Liberal Consitutionalism. In: Review of Politics 58/2 (1996), S. 299-322; Sontheimer: Antidemokratisches Denken (s. Anm. 6), S. 85-87; Stolleis: Geschichte (s. Anm. 8), S. 169-171, 177-181, 185,

Konservative wie etwa der scharfzüngige internationale Rechtswissenschaftler Erich Kaufmann auf das Naturrecht und errichteten eine zweite Front gegen den Positivismus.[11]

Obwohl sie weit davon entfernt waren, das Naturrecht zum Mittelpunkt ihrer Forschungen zu machen, warnten sowohl Fraenkel als auch Neumann vor seiner konservativen Ausrichtung. Schon in seiner Dissertation von 1923 stellte Neumann fest, dass verschiedene Gruppen sich auf das Naturrecht berufen könnten, um universelle Wahrheit anstatt soziales Wohl für eine bestimmte politische Ideologie geltend zu machen.[12] In seinem Werk *Zur Soziologie der Klassenjustiz* von 1927 machte Fraenkel auf die Rolle des Rechts im Klassenkampf aufmerksam und definierte den Klassencharakter des Naturrechts im Sinne von Gerechtigkeit statt Religion. Dann, dialektisch denkend, argumentierte er, dass das Naturrecht ein progressives Potenzial beinhalte. Unterdrückte Klassen – einst das Bürgertum und nun das Proletariat – konnten ihre Interessen gegen die repressiven Gesetze der herrschenden Klasse durchsetzen und im Namen des Naturrechts auf Gerechtigkeit pochen. Auf diese Weise integrierte

---

200–202; Stolleis: Law (s. Anm. 7), S. 91–95; Michael Stolleis: Richterliches Prüfungsrecht, Verwaltungs- und Verfassungsgerichtsbarkeit in der Weimarer Republik: In: Nahes Unrecht, Fernes Recht: Zur juristischen Zeitgeschichte im 20. Jahrhundert. Göttingen 2014, S. 38 u. 40.

11 Erich Kaufmann: Die Gleichheit vor dem Gesetz im Sinne des Artikels 109 der Reichsverfassung (1926). In: Gesammelte Schriften: Zum achtzigsten Geburtstag des Verfassers am 21. September 1960. Hg. v. A. H. van Scherpenberg u. a. Göttingen 1960, S. 246–265; vgl. auch Caldwell: Popular Sovereignty (s. Anm. 6), S. 150; Stephen Cloyd: Erich Kaufmann: Introduction. In: Jakobson, Schlink: Weimar (s. Anm. 6), S. 189–196; Langner: Gedanke des Naturrechts (s. Anm. 1), S. 43–47; Ulfrid Neumann: Naturrecht und Politik zwischen 1900 und 1945: Naturrecht, Rechtspositivismus und Politik bei Gustav Radbruch. In: Naturrecht und Politik. Hg. v. Karl Graf Ballestrem. Berlin 1993, S. 70 f.; Franßen: Positivismus als juristische Strategie (s. Anm. 6), S. 772; Stanley Paulson: Some Issues in the Exchange between Kelsen and Kaufmann. In: Scandinavian Studies in Law 48 (2005), S. 270–279; Rosenbaum: Naturrecht und positives Recht (s. Anm. 6), S. 99 f.; Sontheimer: Antidemokratisches Denken (s. Anm. 6), S. 70 f., 76–78; Stolleis: Geschichte (s. Anm. 8), S. 94, 167 f., 170, 175 f., 189–192; Stolleis: Law (s. Anm. 7), S. 91 und Fabian Wittreck: Nationalsozialistische Rechtslehre und Naturrecht. Tübingen 2008, S. 12 f.

12 Franz Neumann: Rechtsphilosophische Einleitung zu einer Abhandlung über das Verhältnis von Staat und Strafe. Juristische Diss., Frankfurt a. M., 5.6.1923, S. 27–29, 93 f., 105; Franz Neumann: Gegen ein Gesetz über Nachprüfung der Verfassungsmäßigkeit von Reichsgesetzen. In: Die Gesellschaft: Internationale Revue für Sozialismus und Politik 6 (1929), S. 523–527; zu Neumanns erster Dissertation vgl. Intelmann: Franz L. Neumann (s. Anm. 5), S. 84 f.; Duncan Kelly: The State of the Political: Conceptions of Politics and the State in the Thought of Max Weber, Carl Schmitt, and Franz Neumann. Oxford 2003, S. 260 f.; Sascha Ziemann: Relativismus in Zeiten der Krise: Franz L. Neumanns unveröffentlichte rechtsphilosophische Doktorarbeit von 1923. In: Zeitschrift für internationale Strafrechtsdogmatik 9 (2007), S. 362–370; vgl. auch Neumann: Behemoth (s. Anm. 4); Neumann: Bemerkungen zu der Arbeit von Hans Mayer (s. Anm. 9), S. 6; Franz Neumann: The Change in the Function of Law in Modern Society (1937). In: Ders.: The Democratic and the Authoritarian State. Glencoe, Illinois 1964, S. 53 f.; Franz Neumann: The Rule of Law: Political Theory and the Legal System in Modern Society. Leamington Spa 1986, S. 276 f. (im Folgenden zitiert als ROL).

Fraenkel das Naturrecht in seine Klassenanalyse und nicht umgekehrt.[13] Kurz, weder die Rechtsgeschichte des Positivismus noch die politischen Konflikte während der Weimarer Republik und auch nicht die intellektuellen Biografien von Neumann und Fraenkel lassen darauf schließen, dass sie je das Naturrecht zu ihrem ersten Prinzip erheben würden.

Mit der Machtergreifung zerstörte das Regime des Nationalsozialismus Deutschlands liberales Rechtssystem, vertrieb Professoren, die über den demokratisch orientierten Rechtspositivismus theoretisierten, und förderte die Karrieren derer, die sich wie Schmitt für das Primat der politischen Macht vor dem Gesetz einsetzten – eine Auffassung, die das Regime übernahm. Der scharfsinnige Beobachter Fraenkel beschreibt die Realisierung von Schmitts Vision durch die Nationalsozialisten mit dem Titel »Der Doppelstaat«. Der prärogative, politische Machtstaat übernahm die Rolle des Herrschers über den sklavenhaft gehorsamen Normenstaat mit seinen flexiblen Gesetzen, Regeln und Bestimmungen.[14] Fraenkel erkannte auch, dass einige der nationalsozialistischen Juristen das Regime auf der Grundlage ihrer eigenen Auffassungen vom Naturrecht rechtfertigten – Gesetze wurden nicht transzendentalen oder rationalen Werten von der Gleichheit aller Menschen untergeordnet, sondern der Vorstellung einer konkreten, biologisch konzipierten, rassischen Gemeinschaft.[15] Wie schon in der Weimarer Republik stützte sich die rechte Offensive gegen den Positivismus auf die Doktrinen von politischer Macht à la Schmitt, sie erhielt dabei Schützenhilfe von der Naturrecht-Flanke.[16]

Während rechts stehende Juristen ihre Rechtsprechung dem nationalsozialistischen Staat anpassen konnten, setzen sich die Sozialdemokraten mit dem Dilemma ihrer Niederlage auseinander. Ihre unmittelbaren Anliegen verlagerten sich. Da der demokratische Positivismus aufgrund des Zusammenbruchs der Demokratie seine unmittelbare politische Relevanz verloren hatte, sahen sich Fraenkel und Neumann dazu verpflichtet, das Wesen des Naturrechts nicht nur im Kontext einer, wenngleich bürgerlichen, Demokratie, sondern auch im Kontext einer Diktatur zu bedenken. Sie hatten darüber zu reflektieren, was ein Gesetz rational und gerecht machte. Und sie mussten über Widerstand nach-

---

13 Ernst Fraenkel: Zur Soziologie der Klassenjustiz (1927). In: Gesammelte Schriften (im Folgenden zitiert als GS). Hg. v. Alexander von Brünneck, Huberts Buchstein und Gerhard Göhler. 6 Bde. Baden-Baden 1999–2011, Bd. 1, S. 177–211, 200–203, 206; vgl. auch S. 180 f.
14 Douglas G. Morris: The Dual State Reframed: Ernst Fraenkel's Political Clients and His Theory of the Nazi Legal System. In: Leo Baeck Institute Yearbook 58 (2013), S. 5–21.
15 Ernst Fraenkel: Der Urdoppelstaat (1938) (im Folgenden zitiert als UDS). In: GS (s. Anm. 13), Bd. 2, S. 401–405, 409, 411 f. u. 460. Vgl. auch Caldwell: Legal Positivism (s. Anm. 6), S. 276 f., Langner: Gedanke des Naturrechts (s. Anm. 1), S. 79–84; Stolleis: Geschichte (s. Anm. 8), S. 387–388, Fußnote 187 und Wittreck: Nationalsozialistische Rechtslehre und Naturrecht (s. Anm. 11).
16 Ulfrid Neumann: Naturrecht und Politik (s. Anm. 11), S. 71, 72; Walther: Hat der juristische Positivismus (s. Anm. 9), S. 338 f.

denken. Es stellte sich heraus, dass die gegenwärtigen politischen Verhältnisse keine Theorie über eine praktische Anwendung von Recht und Politik ohne die Einbeziehung von Naturrechtskonzeptionen zuließen. In den Überlegungen zum Widerstand gegen den Nationalsozialismus, welche die beiden Sozialdemokraten – der Emigrant und der Widerstandskämpfer – anstellten, kam dem Naturrecht auf einmal eine zentrale Rolle zu.

I. Neumann im Exil: warum demokratischer Liberalismus und Naturrecht unvereinbar sind

Ein Vergleich von Fraenkel und Neumann liegt nahe: Sie waren intellektuelle Zwillinge, wenn auch eher zweieiige als eineiige. Ihr professioneller Werdegang in der Weimarer Republik weist erstaunliche Parallelen auf, und sie kannten einander sehr gut. Nach ihrem gemeinsamen Studium in Frankfurt am Main in den frühen 1920er Jahren unter Hugo Sinzheimer, dem einflussreichen Arbeitsrechtsforscher, arbeiteten Fraenkel und Neumann von 1927 bis 1933 als Kanzleipartner in Berlin. Gleichzeitig veröffentlichten sie rechtswissenschaftliche Arbeiten. Sie teilten ein Interesse an der Politik, der Verfassung und dem Geschick der Weimarer Republik. Nachdem die Nationalsozialisten die Macht ergriffen hatten, wandten sich beide Themen zu, die auf ihre Entschlossenheit zum Widerstand schließen lassen. Beide waren leidenschaftliche Gegner der nationalsozialistischen Gewaltherrschaft. Sie agierten jedoch an unterschiedlichen geografischen Standorten, damit verbunden waren unterschiedliche persönliche Unsicherheiten. Fraenkel, der in Deutschland als Rechtsanwalt arbeitete und gleichzeitig im Untergrund aktiv war, sah sich der Gefahr einer Verhaftung ausgesetzt; Neumann kämpfte im Exil ums existenzielle Überleben, während er seine Studien verfolgte. Ihre Gegnerschaft zum Nationalsozialismus entwickelte sich unter diesen neuen, differierenden Bedingungen in unterschiedliche Richtungen.

Neumann floh Mitte Mai 1933 aus Deutschland und verbrachte drei Jahre in England. Während er in der anti-nationalsozialistischen Flüchtlingsorganisation aktiv war, studierte er unter Harold Laski an der London School for Economics und verfasste eine zweite Dissertation (auf Englisch), diesmal in Politikwissenschaft, die 1936 unter dem Titel *The Governance of the Rule of Law* veröffentlicht und 1986 als *The Rule of Law* wiederveröffentlicht wurde.[17] 1936, nachdem er alle Hoffnungen darauf verloren hatte, dass der innerdeutsche Widerstand das Nazi-Regime stürzen würde, ging er nach New York, um

---

17 Neumann: ROL (s. Anm. 12). Vgl. auch Intelmann: Franz L. Neumann (s. Anm. 5), S. 31, 34–41; Franz Neumann: The Social Sciences. In: The Cultural Migration: The European Scholar in America. Hg. v. William Rex Crawford. Philadelphia 1953, S. 17.

an der exilierten Frankfurter Schule (Frankfurt Institute for Social Research) mitzuarbeiten.[18] Vom Sommer 1939 bis zum Sommer 1941 schrieb er *Behemoth*.[19] Fraenkel war mittlerweile in Deutschland geblieben, wo er sowohl öffentlich, als Verteidiger von politisch Angeklagten, wie auch im Geheimen, als Verfasser von Flugblättern für den Untergrund, Widerstand leistete. Während er in den Jahren von 1936 bis 1938 als Rechtsanwalt immer weniger Arbeit fand, schrieb er die erste Fassung von *Der Doppelstaat*. Am 20. September 1938 floh auch er in die Vereinigten Staaten.[20] Dort überarbeitete und übersetzte er sein Buch ins Englische. Die Wege der beiden Männer kreuzten sich wieder, aber die Intensität und Zuneigung ihrer früheren Freundschaft mochte sich nicht mehr einstellen.[21]

Während sich Fraenkel und Neumann in den Weimarer Jahren ausführlich über ihre Rechtspraxis und ihre wissenschaftliche Arbeit ausgetauscht hatten, verloren sie vom Spätfrühling 1933 bis zum frühen Herbst von 1938 den Kontakt, also in der Zeit von Fraenkels Verbleib in Deutschland und Neumanns Exil in England und den Vereinigten Staaten. Sie konnten es nicht riskieren, miteinander zu korrespondieren. Aus dieser Zeitspanne existieren keine Dokumente, die belegen würden, dass die beiden Männer überhaupt miteinander kommunizierten, schon gar nicht über Fragen des Naturrechts.[22] Eine solche Debatte hätte sich jedoch für beide als fruchtbar erwiesen, da ihr Denken trotz ähnlicher Anfänge zu divergieren begann. Wir können uns eine solche Diskussion nur, indem wir ihre Schriften vergleichen, vorstellen. Dabei interessiert uns die Frage, wie Fraenkels und Neumanns unterschiedliche Erfahrungen im Wi-

---

18 Neumann: Social Sciences (s. Anm. 17), S. 17. Vgl. auch Intelmann: Franz L. Neumann (s. Anm. 5), S. 41–45 u. 201.
19 Intelmann: Franz L. Neumann (s. Anm. 5), S. 45 f.
20 Ein Großteil meiner Ausführungen über Fraenkel stützt sich auf das seiner Karriere in Nazi-Deutschland – seiner politischen Darstellung, seiner Aktivitäten im Untergrund und seiner Arbeit an *The Dual State* – gewidmete Kapitel meines sich in Vorbereitung befindenden Buchs über jüdische Rechtsanwälte in Nazi-Deutschland. Vgl. auch Morris: Dual State Reframed (s. Anm. 14) und Morris: Discrimination, Degradation, Defiance: Jewish Lawyers under Nazism. In: The Law in Nazi Germany: Ideology, Opportunism, and the Perversion of Justice. Hg. v. Alan E. Steinweis u. Robert D. Rachlin. New York 2013, S. 124–128.
21 Simone Ladwig-Winters: Ernst Fraenkel: Ein politisches Leben. Frankfurt a. M. 2009, S. 194.
22 Bei meiner Forschung über Fraenkels Karriere in Deutschland konnte ich in keinem der folgenden Archive Hinweise finden, die eine Kommunikation zwischen Fraenkel und Neumann während dieser Zeit dokumentieren: Bundesarchiv Berlin (inklusive Bestandssignatur R3001); Bundesarchiv Koblenz (Fraenkel Nachlass); Archiv der Freien Universität Berlin (Fraenkel Nachlass); Landesamt für Bürger- und Ordnungsangelegenheiten, Abteilung I, Entschädigungsbehörde, Berlin (Entschädigungsakt Dr. Ernst Fraenkel [Reg 3747]), oder dem American Committee for the Guidance of Professional Personnel, New York Library, Manuscript and Archives Division. Neumanns Sohn, Professor der Philosophie an der Trent University, und Neumanns derzeitiger Biograf, David Kettler, Research Professor, Division of Social Studies, Bard College, die meiner Meinung nach am wahrscheinlichsten von einer derartigen Kommunikation wissen müssten, teilten mir in (zwei separaten) E-Mails vom 8.7.2011 mit, dass sie nicht informiert seien.

derstand und im Exil ihr Denken über das Naturrecht und über das Verhältnis von Naturrecht und Widerstand beeinflussten.

Als Deutschland 1933 von dem neuen Regime erschüttert wurde, wandte sich keiner der beiden jungen sozialdemokratischen Juristen reflexartig dem Naturrecht zu. Neumann beschäftigte sich früher als Fraenkel mit dem Thema, kämpfte länger damit und löste die inneren Widersprüche wahrscheinlich nie zu seiner Zufriedenheit. Vier Werke aus der Mitte der 1930er Jahre bezeugen sein Festhalten an seiner durch die Weimarer Republik geprägten Einstellung gegenüber dem Naturrecht: seine englische Dissertation von 1936, der damit in Beziehung stehende Essay »The Change in the Function of Law in Modern Society« von 1937 und zwei unveröffentlichte Essays von 1936, »Comments on Hans Mayer's Work. The National Socialist Interpretation of Law and Its Social Foundations« und »Outline of an Essay for the Journal of Social Research on ›Rational Law in the Monopoly Economy‹«. Ausgehend davon, dass jede Übertragung von Konzeptionen des Naturrechts auf soziale Probleme als ›unmarxistisch‹ galt[23], dachte Neumann, dass, historisch gesehen, verschiedene Gruppen sich des Naturrechts bedienten, um ihre eigenen Interessen zu verfolgen und ihre politische Macht zu legitimieren.[24] Das Naturrecht kaschierte Strategien der Machtgewinnung, wobei oppositionelle Gruppen es für widersprüchliche Zwecke heranzogen und siegreiche Gruppen es, sobald sie an der Macht waren, im Dienst ihrer Interessen uminterpretierten.[25] In seiner Dissertation stellte er diesbezüglich fest: »The various systems of natural law are only ideologies of justification which are given up as soon as the postulated political aims are attained.«[26]

Aufgrund seiner skeptischen Grundhaltung wollte sich Neumann von Fragen des Naturrechts fernhalten. Stattdessen stellte er Überlegungen zur Bewahrung des positiven Rechts und des Rechtsstaats in einer Zeit der Transformation des freien Kapitalismus an. Unglücklicherweise, so Neumanns Argumentation, bediene aktuell zwar ein fortgeschrittenes kapitalistisches System die Interessen der Monopolisten. Es bleibe jedoch zu hoffen, dass daraus letztendlich ein im Interesse der Arbeiter funktionierendes sozialistisches System hervorginge.[27]

---

23 Neumann: Bemerkungen zu der Arbeit von Hans Mayer (s. Anm. 9), S. 9.
24 Neumann: ROL (s. Anm. 12), S. 6f.
25 Neumann: ROL (s. Anm. 12), S. 73. Neumann: Change in the Function of Law (s. Anm. 12), S. 32.
26 Neumann: ROL (s. Anm. 12), S. 68.
27 Z. B. Neumann: Entwurf zu einem Aufsatz über »Das Rationale Recht in Monopolwirtschaft«, New York: Institute for Social Research 1936 (Max Horkheimer Archives, Universitätsbibliothek Frankfurt a. M.), S. 1-2. Vgl. allgemein Thomas Blanke: Kirchheimer, Neumann, Preuss. In: Perels (Hg.): Recht, Demokratie und Kapitalismus (s. Anm. 5), S. 172-176; Roger Cotterell: The Rule of Law in Corporate Society: Neumann, Kirchheimer, and the Lessons of Weimar. In: Modern Law Review 51/1 (1988), S. 131 f., 136, 138; Friedhelm Hase und Matthias Ruete: Dekadenz der Rechtsentwicklung? Rationalität und Allgemeinheit des Gesetzes in der

Neumann war sich zwar zeitweise über die Beschaffenheit und Verwirklichung seines zukünftigen Modellsystems im Unklaren, aber seine Vision blieb unverändert dem Ideal eines klassischen Rechtsliberalismus verpflichtet, seine »central idea ...[was] the generality of law«.[28] Aufgrund seiner Studien zur Geschichte der Entstehung des positiven Rechtsbegriffes, vor allem während der Aufklärung, stand Recht für Neumann sowohl für Ratio als auch für Willenskraft, für abstrakte Normen wie auch für politische Entscheidungen.[29] Diese dem allgemeinen Gesetz inhärenten rationalen und abstrakten Normen garantierten Kalkulierbarkeit und Vorhersagbarkeit, die es dem Wettbewerb ermögliche, in einem kapitalistischen System zu florieren.[30] Daneben komme dem allgemeinen Recht eine weitere, unabhängige und unentbehrliche Rolle zu, indem es, wie Neumann es ausdrückte, eine »ethische Funktion« erfülle. Das allgemeine Recht beschütze wichtige Werte, vor allem die der Gleichheit vor dem Staat sowie die individuelle Freiheit vom Staat. Diese Werte wiederum waren nach Neumanns Auffassung unerlässlich für soziale Gerechtigkeit, die Förderung von gesetzlicher wie auch materieller Gleichstellung und für den Schutz der unterdrückten Klassen.[31] Daher verselbstständige sich, so seine Überlegungen, das allgemeine Recht mit »purposes that transcend the requirements of free competition«.[32]

Dass Neumann die Allgemeingültigkeit des Rechts ins Zentrum seiner Argumentation rückte, ist auf zwei bestehende Modelle zurückzuführen, die beide

---

Rechtstheorie Franz L. Neumanns. In: Perels (Hg.): Recht, Demokratie und Kapitalismus (s. Anm. 5), S. 149 f.; Intelmann: Franz L. Neumann (s. Anm. 5), S. 252–257; Kelly: State of the Political (s. Anm. 12), S. 267–271, 285 f., 304; Scheuerman: Between the Norm and the Exception (s. Anm. 5), S. 98–101, 104, 117; Keith Tribe: Franz Neumann in der Emigration: 1933–42. In: Die Frankfurter Schule und die Folgen: Referate eines Symposiums der Alexander von Humboldt-Stiftung vom 10.–15. Dezember 1984 in Ludwigburg. Hg. v. Axel Honneth u. Albrecht Wellmer. Berlin 1986, S. 263.

28 Neumann: ROL (s. Anm. 12), S. 212 f. Vgl. allgemein Cotterell: Rule of Law in Corporate Society (s. Anm. 27) S. 130 f.; Hase und Ruete: Dekadenz der Rechtsentwicklung? (s. Anm. 27), S. 151; Scheuerman: Between the Norm and the Exception (s. Anm. 5), S. 207; Tribe: Franz Neumann in der Emigration (s. Anm. 27), S. 268 f.

29 Neumann: Change in the Function of Law (s. Anm. 12), S. 24–28.

30 Z. B. Neumann: ROL (s. Anm. 12), S. 182; Neumann: Behemoth (s. Anm. 4), S. 442 f.

31 Neumann: ROL (s. Anm. 12), S. 4r, 213, 256 f. Vgl. auch Neumann: Behemoth (s. Anm. 4), S. 440; Neumann: Bemerkungen zu einer Arbeit von Hans Mayer (s. Anm. 9), S. 5, 7; Neumann: Change in the Funktion of Law (s. Anm. 12), S. 1. Vgl. allgemein Blanke: Kirchheimer, Neumann, Preuss (s. Anm. 27), S. 169 f. H. L. A. Hart: Positivism and the Separation of Law and Morals. In: Harvard Law Review 71/4 (1958), S. 623 f.; Kelly: State of the Political (s. Anm. 12), S. 269–272; Scheuerman: Between the Norm and the Exception (s. Anm. 5), S. 108, 116; Alfons Söllner: Souveränität und Freiheit: Die Liberalismuskritik der kritischen Theorie am Beispiel Franz L. Neumanns. In: Frankfurter Schule und Liberalismus: Beiträge zum Dialog zwischen kritischer Gesellschaftstheorie und politischem Liberalismus. Hg. v. Klaus Hansen. Baden-Baden 1981, S. 122.

32 Neumann: Behemoth (s. Anm. 4), S. 444. Vgl. auch Neumann: Entwurf (s. Anm. 27), S. 1.

über das Naturrecht hinausweisen: auf die deutsche Rechtsstaatslehre und auf die britische Parlamentssouveränität. Neumann leitete seine Interpretation der Allgemeingültigkeit des Rechts von der Lehre vom Rechtsstaat ab. In seinen unveröffentlichten Anmerkungen zu einem Manuskript von Hans Mayer argumentiert Neumann, dass das Recht in England und Frankreich von seinen parlamentarischen Ursprüngen, in Deutschland jedoch von seinem »abstrakten und allgemeinen« Wesen abhing.[33] An anderer Stelle meint Neumann ähnlich, die Rechtsstaatslehre richte das Augenmerk auf für den Staat verbindliche, formale und rationale Gesetze, was den Menschen ermögliche, die legalen Konsequenzen ihrer Handlungen besser voraussehen und sie dementsprechend besser kalkulieren zu können.[34]

Neumann stützte sich nicht allein auf die Rechtsstaatslehre, denn diese war zwar liberal und bürokratisch, jedoch nicht unbedingt demokratisch. Neumann, der entschieden demokratisch war, verlagerte daher die institutionelle Verankerung des allgemeinen Rechts von der Bürokratie auf die Legislative. Er wollte eine Synthese von demokratischer und gesetzlicher Ordnung erreichen. Für eine Verfassungsordnung, die diese Synthese – wie unvollkommen auch immer – zu verwirklichen suchte, bot sich für Neumann ein Modell an, das ungefähr seine Vorstellungen abbildete: die Weimarer Demokratie. Dort hatte Neumann studiert und als Anwalt angefangen. Doch nach seiner Flucht wandte er sich einem geschichtlich stärker verankerten Modell zu, nämlich der ungeschriebenen Verfassung des Landes, das ihm Zuflucht gewährte: dem englischen System der Parlamentssouveränität. Er schrieb: »The specific English creation is the unison of the two notions of the supremacy of Parliament and the rule of law.«[35] Weder die Rechtsstaatslehre noch das System der Parlamentssouveränität legitimierte sich auf der Grundlage des Naturrechts. Niemand musste sich Neumanns Auffassung zufolge mehr auf das Naturrecht berufen, nachdem im 17. Jahrhundert die Souveränität auf das Parlament

---

33 Neumann: Bemerkungen zu der Arbeit von Hans Mayer (s. Anm. 9), S. 4 f.
34 Neumann: ROL (s. Anm. 12), S. 182; Neumann: Change in the Function of Law (s. Anm. 12), S. 43. Vgl. auch Franz Neumann: Types of Natural Law (1940). In: Ders.: The Democratic and the Authoritarian State (s. Anm. 12), S. 69–95, 89. Vgl. allgemein Scheuerman: Between the Norm and the Exception (s. Anm. 5), S. 108 f.
35 Neumann: ROL (s. Anm. 12), S. 179; vgl. auch S. 185; Neumann: Behemoth (s. Anm. 4), S. 442; Neumann: Change in the Function of Law (s. Anm. 12), S. 44; Neumann: Entwurf (s. Anm. 27), S. 3; Neumann: Montesquieu. In: The Democratic and the Authoritarian State (s. Anm 12), S. 140 f.; Neumann: Types of Natural Law (s. Anm. 34), S. 89. Vgl. allgemein Neumann: European Trade Unionism and Politics. New York 1936, S. 33; Neumann: Wandlungen des Marxismus (1950). In: Internationale wissenschaftliche Korrespondenz zur Geschichte der deutschen Arbeiterbewegung 25/4 (1989), S. 504 f. Andere Autoren anbelangend vgl. allgemein Cotterell: Rule of Law (s. Anm. 27), S. 132 f.; Intelmann: Franz L. Neumann (s. Anm. 5), S. 260 f.; Kelly: State of the Political (s. Anm. 12), S. 272 f.; Scheuerman: Between the Norm and the Exception (s. Anm. 5), S. 179 f. und Söllner: Souveränität und Freiheit (s. Anm. 31), S. 121.

übertragen worden war und Theorien zum Naturrecht »disappeared from the English scene«.[36]

In *Behemoth* hält Neumann an dem Modell einer demokratischen Rechtsstaatlichkeit, d. h. einer allgemeines Recht generierenden Volksherrschaft fest. Damit attackiert er den Nationalsozialismus, der »completely destroy[ed] the generality of law«, als die vollständige Negierung seines Modells.[37] Schon 1936, am Ende seiner englischen Dissertation, war Neumann zu dem Schluss gelangt, »that law does not exist in [Nazi] Germany, because law is now exclusively a technique of transforming the political will of the Leader into constitutional reality«.[38] Neumann kritisiert die Substitution von Recht durch den Willen eines Führers – Schmitts politisches Konzept, dass das Gesetz sei, was die souveräne Macht tut oder bestimmt[39] – als »Dezisionismus«. Mit »Dezisionismus« ist die Vorstellung gemeint, dass ein Herrscher seine Souveränität dadurch bezeugt, indem er im Ausnahmezustand, also außerhalb der Reichweite vorausgegangener Kodifizierung, reine und absolute Entscheidungen fällt.[40] Neumann schreibt: »Decisionistic legal thought ... has nothing to do with law. In this kind of legal thinking, law is nothing but a technique for transforming the political will into legal form.«[41] Er wiederholt diese Ansicht in *Behemoth* und bezeichnet das Recht unter dem Nationalsozialismus als »merely the command of the sovereign« und als »a technical means for the achievement of specific political means«.[42]

Neumann war davon überzeugt, dass der Dezisionismus die gesamte Rechtsordnung im nationalsozialistischen Deutschland irreparabel beschädigte. Er verurteilte den Dezisionismus als unvereinbar mit dem Positivismus, da er den Richtern vorschrieb, das allgemeine Recht aufgrund arbiträrer Entscheidungen des Führers zu missachten.[43] Mit seinem Modell, seinen Idealen und in seiner Verurteilung berief er sich jedoch nicht auf das Naturrecht.

---

36 Neumann: ROL (s. Anm. 12), S. 74; vgl. auch S. 180, 183; Neumann: Behemoth (s. Anm. 4) S. 441 und Scheuerman: Between the Norm and the Exception (s. Anm. 5), S. 106 f.
37 Neumann: Behemoth (s. Anm. 4), S. 447; vgl. auch S. 451–453.
38 Neumann: ROL (s. Anm. 12), S. 298. Vgl. auch S. 293 und Neumann: Change in the Function of Law (s. Anm. 12), S. 61 u. 66.
39 Neumann: Change in the Function of Law (s. Anm. 12.), S. 26 u. 61. Vgl. auch: Neumann: Behemoth (s. Anm. 4), S. 448 u. 451.
40 Vgl. Carl Schmitt: Politische Theologie: Vier Kapitel zur Lehre von der Souveränität. München 1934. Vgl. auch Scheuerman: Between the Norm and the Exception (s. Anm. 5), S. 135–139.
41 Neumann: ROL (s. Anm. 12), S. 285. Vgl. auch Neumann: Bemerkungen zu der Arbeit von Hans Mayer (s. Anm. 9), S. 3 und Neumann: Change in the Function of Law (s. Anm. 12), S. 61.
42 Neumann: Behemoth (s. Anm. 4), S. 448; vgl. auch S. 451–453.
43 Z. B. Neumann: Bemerkungen zu der Arbeit von Hans Mayer (s. Anm. 9).

II. Fraenkels sich verengende Welt in Deutschland nach 1933: die Konzeption des Naturrechts als ›Inspiration‹ für den innerdeutschen Widerstand

Während Neumann die Rechtsordnung des Nationalsozialismus aus der Außenperspektive des Exilanten verurteilte, hatte Fraenkel die Innensicht des Widerständlers. Beide Männer teilten jedoch ihre prinzipielle Verachtung des Regimes. Sie teilten auch den unumstößlichen Glauben daran, dass das Regime alle grundlegenden Prinzipien des Rechts negierte und sie der Politik unterordnete. Doch sie waren geteilter Meinung darüber, was die Wechselbeziehungen von Gesetz und Politik und was das Wesen des Rechts überhaupt betraf. Neumann war der Auffassung, dass die außerhalb jeder rationalen Kontrollmechanismen operierende Politik sich von jedem seriösen Rechtsbegriff entfernt hätte. Für Fraenkel dominierte die willkürliche Politik der Nationalsozialisten das Recht, indem der gesetzlose, prärogative Staat den gesetzesgebundenen, normativen Staat kontrollierte.[44] Fraenkel konnte sich nie Neumanns Ansicht zu eigen machen, dass Statuten und Gerichte ihren Rechtscharakter vollkommen verlieren könnten.[45] Fraenkel, der noch als Anwalt unter dem Nazi-Regime aktiv prozessiert hatte, war nicht dazu bereit, die Existenz jedweder Art von Recht zu leugnen, wenn Gerichte in einer Art von Rechtssystem agierten.[46] Wichtiger war es in diesem Kontext jedoch, dass die beiden Männer zwar darin übereinstimmten, dass das Nazi-Regime fundamentale Prinzipien des Rechts außer Kraft setzte, nicht aber darüber, worin diese Prinzipien bestanden. Für den von der englischen Konzeption der Parlamentssouveränität beeinflussten Neumann bestanden sie in der demokratischen Rechtsstaatlichkeit und schlossen deren gesetzliche Allgemeingültigkeit und ihre ethische Funktion ein. Fraenkel sah die rechtsstaatlichen Prinzipien – was in der Forschung bisher kaum Berücksichtigung fand – im Naturrecht begründet.[47]

Fraenkel wandte sich dem Naturrecht zu, dies jedoch nicht im Anschluss an die rechtsextreme Auslegung des Naturrechts in der Zeit der Weimarer Republik, sondern unter Bezugnahme auf seine lange religiöse und intellektuelle Tradition. Das rationale Naturrecht war Fraenkels Auffassung nach die treibende

---

44 Fraenkel: UDS (s. Anm. 15), S. 371 f., 377, 385 f., 393, 398; vgl. auch S. 361.
45 Z. B. Ernst Fraenkel: Gedenkrede auf Franz L. Neumann (1955). In: GS (s. Anm. 13), Bd. 6, S. 562–573 u. 371.
46 Vgl. Morris: Dual State Reframed (s. Anm. 14); Michael Wildt: Generation des Unbedingten: Das Führungskorps des Reichssicherheitshauptamtes. Hamburg 2002, S. 210–212. Vgl. auch Stolleis: Die ›Weisse Rose‹ und ihre Richter. In: Ders.: Nahes Unrecht, fernes Recht: Zur juristischen Zeitgeschichte im 20. Jahrhundert. Göttingen 2014, S. 100–103.
47 Vgl. aber Scheuerman: Social Democracy and Rule of Law: The Legacy of Ernst Fraenkel. In: From Liberal Democracy to Fascism. Hg. v. Peter C. Caldwell und William E. Scheuerman. Boston 2000, S. 76–85. Noah Benezra Strote: Emigration and the Foundation of West Germany, 1933-1963 (Doktorarbeit, University of California, Berkeley 2011), Kap. 3.

Kraft innerhalb der westlichen Rechtskultur.[48] Indem der Nationalsozialismus eine solche Auffassung vom Naturrecht ablehnte, so Fraenkels Argumentation, negiere er die gesamte westliche moralische Tradition.[49] Fraenkel, der versuchte, aus dem Naturrecht sowohl eine gesetzliche Rechtfertigung als auch ein einigendes Prinzip für den innerdeutschen Widerstand gegen den Nationalsozialismus abzuleiten, setzte sich mit diesem Thema zum ersten Mal im Originalentwurf von *The Dual State* auseinander, den er 1938 fertigstellte. Aufgrund seines aktiven Widerstands gegen die Nazis seit 1933, sowohl als Rechtsverteidiger von politisch Angeklagten wie auch als Verfasser von Schriften für den Untergrund, kam Fraenkel im Laufe des Jahres 1935 zu der Überzeugung, dass nicht nur der sozialistische, sondern auch jeder andere Widerstand versagte. Vermutlich aufgrund seiner Kontakte mit gläubigen Christen wie dem Pastor Harald Paelchau, Kaplan im Gefängnis von Berlin-Tegel, und Martin Gauger, Rechtsberater der Bekennenden Kirche, wollte Fraenkel eine Koalition von sozialistischen und christlichen Widerstandskämpfern erreichen. Überzeugt davon, dass das rationale Naturrecht die beste Grundlage für eine einheitliche Front des Widerstands gegen die Nationalsozialisten bieten könne, strebte er eine, wie er es nannte, »united front of promoters of rational natural law« an.[50]

Es ist davon auszugehen, dass seine unmittelbaren politischen Umstände Fraenkels Ausarbeitung seines Begriffs von Naturrecht beeinflussten. Dabei konzentrierte er sich auf zwei Aspekte, die Neumann ignorierte, und auf einen Aspekt, dem Neumann keine weitere Bedeutung zuwies. Dies waren erstens die Betrachtungen über das Naturrecht, die der deutsche Theologe Ernst Troeltsch zu Beginn des 20. Jahrhunderts formuliert hatte, und zweitens die Rolle der Zeugen Jehovas. Und es war drittens die Bedeutung, die Fraenkel dem Gewissen zuschrieb.

In seinem Studium des Naturrechts bezog sich Fraenkel nicht auf die konservativen Weimarer Juristen, sondern hauptsächlich auf den radikal anders und offen denkenden Gelehrten Troeltsch. Troeltsch war einer historisch geschulten, empirischen und undogmatischen Forschung verpflichtet. In dem ernüchterten, isolierten und brüchigen Klima, das in Deutschland nach dem Ersten Weltkrieg herrschte, befasste sich Troeltsch mit der Frage nach allgemeingültigen und nicht mit völkisch-nationalen Aspekten des Naturrechts.[51] Seine Interpretation der Geschichte des Naturrechts prägte Fraenkels Einschätzung, wer von den Deutschen sich den Nationalsozialisten unterordnen, welche einen

---

48 Fraenkel: UDS (s. Anm. 15), S. 371 u. 376.
49 Fraenkel: UDS (s. Anm. 15), S. 361, 373–377, 385 f.
50 Vgl. dazu Fraenkel: UDS (s. Anm. 15), S. 383, 385 f., 394, 397 f., 401; Fraenkel: Vorwort zur deutschen Ausgabe (1974). In: Der Doppelstaat (s. Anm. 4), S. 39–46.
51 Ernst Troeltsch: Naturrecht und Humanität in der Weltpolitik. In: Weltwirtschaftliches Archiv 18/3 (1922), S. 485–501.

gewissen Widerstand leisten und womit man zukünftige Widerständler motivieren könnte. Troeltschs Auffassung nach zeichnen sich in der Geschichte des Naturrechts zwei Traditionslinien ab, eine relativistische und eine absolutistische. Das Spannungsverhältnis zwischen diesen beiden Traditionslinien durchzieht die gesamte Geschichte des Christentums. Im Mittelalter relativierte die Kirche das Naturrecht, indem sie ihre Ideale den Anforderungen der irdischen Welt anpasste. Das solchermaßen relativierte Naturrecht dominierte sowohl die römisch-katholische Kirche als auch das Luthertum und prägte schließlich die Auffassung vom Naturrecht im modernen Deutschland.[52] Fraenkel knüpft mit seiner Konzeption des Naturrechts an Ernst Troeltsch an und fügt nun im Blick auf den Nationalsozialismus die Beobachtung hinzu, dass sich das relativistische Naturrecht an den Nationalsozialismus anpasste. Ob nun, führt Fraenkel aus, die Katholiken danach trachteten, ihre Institution zu schützen, oder die Lutheraner ihrer Gewohnheit folgten, der Staatsautorität zu gehorchen, Tatsache war, dass diese christlichen Relativisten versuchten, sich im nationalsozialistischen Deutschland einen Freiraum zu schaffen, in dem sie ihren Glauben praktizieren konnten. In dieser Hinsicht waren sie zum Teil erfolgreich. Man gewährte ihnen den geforderten Freiraum, doch nicht aus prinzipientreuem Respekt vor einer religiösen Wahrheit, sondern weil die Toleranz des Christentums politisch opportun war.[53] So zahm, unterworfen und gehorsam dieses relativistische rationale Naturrecht auch war, für Fraenkel enthielt es doch einen Keim von Widerständigkeit in sich, bestanden doch die Lutheraner zumindest darauf, dass der Staat keinen Einfluss auf ihre Gewissensfreiheit nehmen dürfe.[54]

Fraenkel ging Troeltschs ermutigendem Hinweis darauf nach, dass das Naturrecht in der christlichen Tradition auch einen absolutistischen Strang aufwies, dessen Vertreter sich ausschließlich an der reinen Vernunft orientierten. In der Geschichte ihrer Auseinandersetzungen um die Gründung von Gemeinschaften allein auf der Basis des rationalen Naturrechts lehnten diese ›Absolutisten‹ jeden Kompromiss ab, opferten ihr eigenes Wohlergehen und hielten unerschütterlich an ihrem Vertrauen in einen endgültigen Erfolg fest.[55] Ebenfalls in Anschluss an dieses durch Troeltsch vorformulierte Narrativ fügt Fraenkel hinzu, dass die Verfechter des ›absolutistischen Strangs‹ des Naturrechts in der Zeit des deutschen Nationalsozialismus als Zeugen Jehovas Gestalt annahmen. Für Fraenkel verkörpert diese Sekte »den Prototyp einer nach absoluten Naturrechtsgrundsätzen lebenden Gemeinschaft …«. Die Zeugen Jehovas waren kompromisslos in ihrer Opposition gegen den Militärdienst und widersetzten sich jeder irdischen Autorität, indem sie ihren Gott verehrten. Keine andere

---

52 Fraenkel: UDS (s. Anm. 15), S. 379 f.
53 Fraenkel: UDS (s. Anm. 15), S. 379–382.
54 Fraenkel: UDS (s. Anm. 15), S. 379 u. 381.
55 Fraenkel: UDS (s. Anm. 15), S. 379.

Gruppierung leistete einen vergleichbar fundamentalen Widerstand gegen das Regime. Fraenkel stellt fest: »Unzweifelhaft ist das überraschende Anschwellen dieser Gruppe die notwendige Reaktion auf die Verhöhnung aller Naturrechtsprinzipien durch das dritte Reich.«[56] Absolutisten wie die Zeugen Jehovas boten für Fraenkel ein Vorbild für widerständiges Verhalten: sich immer wieder aufs Neue regenerierend, stets der Unterdrückung trotzend, nie hoffnungslos.

Fraenkels Bewunderung für die Zeugen Jehovas, seine Überzeugung von der ständigen Wiederkehr des absolutistischen und rationalen Naturrechts und schließlich sein Respekt für die christliche Tradition des rationalen Naturrechts brachten ihn in ein Dilemma, das weder einen Weimarer Juristen, der dem Naturrecht anhing, noch einen Juristen im amerikanischen Exil wie Neumann, der sich ohnehin niemals ganz auf eine verbindliche Konzeption des Naturrechts eingelassen hatte, gestört hätte. Fraenkels Dilemma lässt sich in die Frage fassen: Wie konnte er seine Konzeption des Naturrechts mit seinem Marxismus in Einklang bringen? In seinen Schriften setzt sich Fraenkel an zwei Stellen, in denen er von den widersprüchlichen Impulsen handelt, die das Naturrecht auslöst, mit diesem Problem auseinander. Das Problem ist, schreibt er, »mit unserem Gewissen an ein Naturrecht gebunden zu sein, dessen Negierung unser Intellekt uns gebietet.«[57] Der Grund dafür, warum er diesen Konflikt zwischen Gewissen und Intellekt eingestand und nicht einfach behauptete, dass das rationale Naturrecht mit seinen Idealen von universaler Vernunft und Gleichheit in der Lage sei, Gewissen und Intellekt zu vereinen, ist in Fraenkels Marxismus zu suchen. Fraenkel sah das Übel der nationalsozialistischen Rechtsauffassung in ihrer prinzipiellen Ablehnung des rationalen Naturrechts und setzte seine Hoffnungen in eine »united front of promoters of rational natural law«. Fraenkels Problem war nun, dass auch der Marxismus das Naturrecht abzulehnen schien: Gesellschaftliche Veränderungen resultieren aus ökonomischen Gesetzmäßigkeiten, die den Klassenkampf vorantreiben, und nicht aus utopischen Idealen wie das gut gemeinte Hoffen auf eine gerechte Welt. Diese hatten die Totenglocke für die Sozialdemokraten der Weimarer Republik geläutet, die sich durch ihren rückgratlosen Pazifismus so geschwächt hatten, bis sie schließlich nur noch ein Schatten ihrer selbst waren. In einer der wenigen Passagen in *The Dual State*, in denen Fraenkel auf seine eigene Rolle im aktiven Widerstand eingeht, beschreibt er »den Gegenstand der Debatten unzähliger illegaler Zirkel in Deutschland«: »Wir stehen vor der Schicksalsfrage, zu der eine wiedererstehende proletarisch-sozialistische Bewegung gerade jetzt, in Zeiten der Illegalität, Stellung nehmen muss.«[58] Für Fraenkel war die entscheidende Frage: Konnten die Überreste des proletarischen Sozialismus der geeinten Front von

---

56 Fraenkel: UDS (s. Anm. 15), S. 380.
57 Fraenkel: UDS (s. Anm. 15), S. 396; vgl. auch S. 376.
58 Fraenkel: UDS (s. Anm. 15), S. 394.

Verfechtern eines rationalen Naturrechts im Widerstand gegen die Nationalsozialisten zur Seite stehen? Oder waren Marxismus und Naturrecht tatsächlich nicht miteinander vereinbar? Würde der Versuch, beides in Einklang zu bringen, schließlich darin enden, dass der marxistische Intellekt wider besseres Wissen den Versuchungen des naturrechtlichen »Gewissens« erliegen und wieder auf den Irrweg des Utopismus geraten würde?[59]

Frühere Überlegungen zum Verhältnis von Gesetz und Klassenkampf aufgreifend, die er in seinem Werk *Zur Soziologie der Klassenjustiz* von 1927 entwickelt hatte, kam Fraenkel zu dem Schluss, dass Marxismus und rationales Naturrecht miteinander zu vereinbaren seien. Die Lösung seines Dilemmas band Fraenkel dabei an die Forderung, dass der Zeitpunkt in der Geschichte der Rechtswissenschaft genauer zu bestimmen sei, von dem an das Naturrecht eine Rolle spielte. Dieser Zeitpunkt ließ sich nach Fraenkels Ansicht mit dem Einsetzen der Erkenntnis datieren, dass das Naturrecht nicht einen historischen Prozess, sondern ein historisches Ziel charakterisiere. Der Klassenkampf, so Fraenkels Überzeugung, wurde nicht durch das Naturrecht vorangetrieben, sondern hing von ökonomischen Gesetzmäßigkeiten und der politischen Realität ab. Doch beschrieb das Naturrecht die Essenz der zukünftigen klassenlosen Gesellschaft, eines Reichs der Freiheit, errichtet auf den Grundlagen der Vernunft und objektiv messbaren Parametern.[60]

Fraenkel war der Auffassung, dass die Einbindung des Naturrechts in die marxistische Zukunftsvision zumindest zwei Implikationen für Sozialdemokraten und Marxisten hatte. Erstens konnten sie die unterbrochene deutsche Tradition des rationalen Naturrechts wiederherstellen, wie Kant sie formuliert hatte. In der Tat erschien Fraenkel die Rückbesinnung auf diese Traditionslinie unerlässlich, wenn verhindert werden sollte, dass die Marxisten zu Faschisten degenerierten. Denn sie rief die Vision des obersten Ziels einer objektiven Wertmaßstäben verpflichteten Rechtsordnung in Erinnerung und wehrte den Impuls ab, um des Agierens willen zu agieren, wie es etwa die politische Theorie des Syndikalisten Georges Sorel vorsah, der Benito Mussolini zu seinen Schülern und Carl Schmitt zu seinen Bewunderern zählte. Zweitens erlaubte die Integration des rationalen Naturrechts in die marxistische Zukunftsvision Sozialisten und Marxisten, sich der geeinten Front der Verfechter des Naturrechts im Widerstand gegen die Nationalsozialisten anzuschließen. Durch seine Nichtanerkennung von absoluten, rational begründbaren Werten, brachte der prärogative NS-Staat so ungleiche Gruppierungen wie Katholiken, Demokraten und Bolschewiken zusammen.[61]

---

59 Fraenkel: UDS (s. Anm. 15), S. 394–399 u. 460.
60 Fraenkel: UDS (s. Anm. 15), S. 383, 394, 396–400. Vgl. auch Fraenkel: Zur Soziologie der Klassenjustiz (s. Anm. 13), S. 200 u. 203.
61 Fraenkel: UDS (s. Anm. 15), S. 383, 394, 396–400.

Fraenkels Frage, wie der Widerstand gegen die Diktatur wirkungsvoll geleistet werden könnte, führte ihn nicht zwangsläufig zum Naturrecht. Aber seine Überlegungen ließen sich in diesem Konzept stimmig zusammenführen. Auch wenn sein gelehrter, voraussetzungsvoller und gelegentlich technizistischer Schreibstil es nicht gleich auf den ersten Blick vermuten lässt: Es ging Fraenkel darum, eine gemeinsame Grundlage für Widerstandskämpfer verschiedener Schattierungen zu finden. Das Naturrecht bot alle Voraussetzungen dafür. Da es keine juristischen Fachkenntnisse verlangte, war es leicht verständlich und lieferte eine umfassende Moral. Damit stand Fraenkel allerdings quer zu den großen rechtswissenschaftlichen Debatten des 20. Jahrhunderts, die sich mit der Frage befassten, ob Gesetz und Moralität untrennbar miteinander verbunden seien, oder aber ob gerade ihre Verbindung einen gefährlichen Zündstoff darstellte.

III. Neumann im Krieg: der historische Wert des Naturrechts und die Kriegsanstrengungen der Alliierten

Während Fraenkel sich dafür einsetzte, dass das rationale Naturrecht für Sozialisten und Christen in Deutschland eine gemeinsame Grundlage für ihren Widerstand gegen das NS-Regime bot, beschäftigte sich Neumann weder mit dem innerdeutschen Widerstand noch mit dem Naturrecht. Machte er sich in den Jahren 1931 und 1932 noch darüber Gedanken, was die Gewerkschaften hätten tun sollen, so zweifelte er 1936 – zu dem Zeitpunkt, als er England verließ – daran, dass die Deutschen das Regime stürzen könnten.[62] Zwar wurde ihm deutlich, dass er nicht über Rechtsstaatlichkeit forschen konnte, ohne die Rolle des Naturrechts zu bedenken. Doch er scheute davor zurück, sich darauf zu berufen, um den Widerstand gegen den Nationalsozialismus zu rechtfertigen.

Wie Fraenkel so erkannte auch Neumann, dass Martin Luthers Befürwortung der inneren Freiheit des Gläubigen ein widerständiges Potenzial beinhaltete. Luthers Lehre, schrieb Neumann, »contained revolutionary seeds that came to blossom in the teachings of the Taborites and Anabaptists«.[63] Doch stellte Neumann keine Verbindung zwischen dem Widerstandsmodell dieser Sekten und neueren Sekten wie etwa denen der Zeugen Jehovas her. Noch wichtiger in Abgrenzung seiner Position zu der Fraenkels ist, dass Neumann wenig Vertrauen in eine als Gewissen konzipierte innere Freiheit setzte. Er dachte nicht gering vom Gewissen. Doch der demokratische Rechtsstaat, in den er seine Hoffnung setzte, forderte die Trennung von Moral und Gesetz. In

---

62 Vgl. Intelmann: Franz L. Neumann (s. Anm. 5), S. 202 f., S. 201–202, Fußnote 1261, S. 220, Fußnote 1421; Neumann: Social Sciences (s. Anm. 17), S. 17.
63 Neumann: Behemoth (s. Anm. 4), S. 88 f.

einer modernen Wettbewerbsgesellschaft, so argumentierte Neumann, würde die Verknüpfung von Gesetz und Moral es einem einzigen Moralsystem erlauben, Verhalten zu regulieren und »[to] terroriz[e] man's conscience«[64]. Nachdem die Entscheidung für eine Trennung von Gesetz und Moral getroffen war, konzentrierte sich Neumann auf Gesellschaftsmodelle, die von Gesetzen bestimmt wurden und nicht von Gewissen und Moral geleiteten Menschen.[65]

Neumanns Artikel »Types of Natural Law« aus dem Jahr 1940 ist ganz dem Naturrecht gewidmet. Der Artikel ignoriert jedoch nahezu, dass Hitler gerade einen Weltkrieg begonnen hatte und stellt nur eine schwache Verbindung zwischen Naturrecht und Widerstand her. Sowohl in diesem Text wie auch später, wenn auch in anderen Worten, in *Behemoth* argumentiert Neumann, dass das Naturrecht zwar in früheren Zeiten eine Quelle der Vernunft war, lässt dies jedoch nicht mehr für die Gegenwart gelten. So identifiziert Neumann das Naturrecht als fehlendes Element im Calvinismus (den Fraenkel an keiner Stelle erwähnt), merkt dann jedoch kritisch die Unvereinbarkeit von Calvins politischer Theologie mit dem Naturrecht an. Calvins Überzeugung, dass der Sündenfall das Denken der Menschen korrumpiert habe, hatte, so Neumann, eine politische Konsequenz: Politische Macht legitimierte sich nicht durch externe und objektiv messbare Normen, sondern als Geschenk von Gottes Gnaden. Aus rationalen Begründungszusammenhängen entbunden wurde Herrschaft damit, so argumentiert Neumann, zu einer Angelegenheit charismatischer Führerpersönlichkeiten.[66] Neumann ließ keinen Zweifel an den autoritären Implikationen dieser Theologie – ganz zu schweigen davon, dass sich erst kurz zuvor Calvins Ideen in der Person Hitlers verkörpert und in der nationalsozialistischen Bewegung und Regierung Früchte getragen hatten.[67]

Neumann verglich das Naturrecht mit dem Calvinismus, um die Defekte des Calvinismus hervorzuheben und nicht um es als ein vorbildliches Modell für die Gestaltung der gegenwärtigen Politik zu postulieren. Zu Calvins Zeiten mochte das Naturrecht noch als Grundlage eines rationalen Rechtssystems gegolten haben, doch nach Neumanns Verständnis hatten sich in den darauffolgenden vier Jahrhunderten alternative Modelle entwickelt. Obwohl Neumann in seinem Artikel »Types of Natural Law« von 1940 mit der Behauptung schließt, dass das Naturrecht im besten Fall »stands in complete contrast to

---

64 Neumann: Behemoth (s. Anm. 4), S. 444.
65 Vgl. allgemein Neumann: Die Wissenschaft von der Politik in der Demokratie. In: Internationale wissenschaftliche Korrespondenz zur Geschichte der deutschen Arbeiterbewegung 25/4 (1989), S. 513 und Ernst-Wolfgang Böckenförde: The Basic Right of Freedom of Conscience. In: State, Society, and Liberty: Studies in Political Theory and Constitutional Law. Übers. von J.A. Underwood. New York 1991, S. 208, Fußnote 8, S. 211.
66 Neumann: Behemoth (s. Anm. 4), S. 89 f. Siehe auch: Neumann: Types of Natural Law (s. Anm. 34), S. 84.
67 Vgl. allgemein Neumann: Behemoth (s. Anm. 4), S. 469 f.

authoritarian theory and practice«, hatte er diese Auffassung weder weiter ausgeführt noch seine Überlegungen zum Naturrecht mit dem Widerstand gegen den Nationalsozialismus in Beziehung gesetzt. Neumann zeigt im Gegenteil, »dass die Naturrechtslehre in Zeiten von Krisen oft keine Wirkung hatte«. Er bestreitet nicht nur die Annahme, »revolutionary Natural Law doctrines« seien »always progressive«, sondern er erweckt den Eindruck, dass sie es nur in den seltensten Fällen waren.[68] Um gegen den Nationalsozialismus vorzugehen, verwies Neumann vor allem in *Behemoth* auf zwei Säulen der Parlamentssouveränität – auf die Rechtsstaatlichkeit und auf die Demokratie. Diese schienen ihm zu jener Zeit am ehesten dazu geeignet, ein vernunftgeleitetes Rechtssystem zu garantieren.

In *Behemoth* finden sich zwei ausführliche Passagen, die von Rechtsstaatlichkeit, der ersten Säule der Parlamentssouveränität, als einer spezifischen Rechtslehre handeln. In der ersten Passage bezieht sich Neumann auf jüngere juristische Vorgänge wie Debatten, Verhandlungen etc. auf internationalem Recht. Er hebt in seinen Betrachtungen die Rechtsstaatlichkeit dieser Ereignisse positiv hervor, um damit die Rechtsordnung des NS-Regimes, der es an dieser Rechtsstaatlichkeit mangelt, zu kritisieren. In den angeführten Beispielen bezieht sich Neumann auf die Bemühungen, auf der Grundlage des Versailler Vertrags und des Völkerbundes nach dem Ersten Weltkrieg die Rechte von Minoritäten zu schützen. Während er einräumt, dass diese Bemühungen in der Praxis versagten, hebt er eine Reihe von Verträgen lobend hervor, in denen sich die unterzeichneten Staaten dazu verpflichten, Minderheiten zu schützen, und in denen es gelang, dem Ideal der universalen Gleichheit der Menschen vor dem Gesetz erfolgreich Gehör zu verschaffen. In diesen Verträgen, so schreibt Neumann, kam die den internationalen Beziehungen zugrunde liegende Vernunft zum Ausdruck: Ungeachtet von Nationalität, Rasse, Sprache oder Religion setzten diese Verträge sowohl die Souveränität jedes einzelnen Staates wie die gesetzliche Gleichheit aller souveränen Staaten untereinander wie schließlich die gesetzliche Gleichheit aller Bürger dieser souveränen Staaten voraus.[69] Neumann betont, dass »The idea of minority protection reflects the best heritage of liberalism«.[70]

Im Kontrast zu dieser liberalen Rechtsauffassung verweist Neumann auf die Weigerung des nationalsozialistischen Regimes, den internationalen Rechtsschutz von Minderheiten anzuerkennen. Indem das Regime von der Überlegenheit bestimmter Rassen ausging und die Gleichheit aller Menschen vor dem Gesetz negierte, entzog es damit zugleich der Voraussetzung den Boden, dass

---

68 Neumann: Types of Natural Law (s. Anm. 34), S. 87–89. Vgl. auch Neumann: Entwurf (s. Anm. 27), S. 3–4.
69 Neumann: Behemoth (s. Anm. 4), S. 152 f., 157, 161, 167.
70 Neumann: Behemoth (s. Anm. 4), S. 161.

Staaten souverän und gleichberechtigt seien.⁷¹ Mit der Behauptung, »that the mother country is the political guardian of the minorities«, ersetzte das nationalsozialistische Regime »intervention by the international community based on rational norms and procedures« durch »the arbitrary intervention of the mother state«⁷² und vernichtete damit »what little protection had been given by the international minority treaties«.⁷³ Indem der ›arischen‹ Rasse Vorrang vor der deutschen oder irgendeiner anderen Souveränität eingeräumt wurde, gab man die sowohl in der Idee von der Gleichberechtigung souveräner Staaten als auch in den vom internationalen Recht festgelegten Grenzen enthaltene Vernunft Preis.⁷⁴

Es stellt sich die Frage, aus welchen Gründen sich Neumann dazu entschieden haben mag, in einer der wenigen Passagen in *Behemoth*, in denen er sich überhaupt mit der Frage der Rechtsstaatlichkeit befasst, den Fokus auf den internationalen Schutz von Minderheitenrechten zu legen. Warum mag er, ausgehend hiervon, den geradezu verzweifelt anmutenden Versuch unternommen haben, die internationalen Bemühungen, die in der Praxis so jämmerlich versagt hatten, positiv hervorzuheben und eines seiner schwerwiegendsten juristischen Argumente gegen das NS-Regime aus der Perspektive des internationalen und nicht des deutschen Rechts vorzubringen? Einerseits fühlte sich Neumann dazu gezwungen, jene internationalen Rechtsauffassungen abzulehnen, welche die von nationalsozialistischen Theoretikern – unter ihnen selbstverständlich auch Schmitt – vertretene deutsche Hegemonie, rassische Überlegenheit und militärische Aggression rechtfertigten.⁷⁵ Schon der Titel seines Buchs, *Behemoth*, ist eine klare Kampfansage an Schmitts Traktat über das internationale Recht, den *Leviathan* von 1938.⁷⁶ Noch wichtiger aber ist vielleicht, dass Neumann die Gesetzlosigkeit des NS-Regimes dafür verantwortlich machte, nicht nur die deutsche, sondern auch die gesamte internationale Rechtsordnung zu zerstören. Nach Neumanns Auffassung verfälschten die nationalsozialistischen Gesetzestheoretiker das internationale Recht, um den hegemonialen Ansprüchen des Regimes – territoriale Expansion, Eroberung und brutale Vorherrschaft – Geltung zu verschaffen.⁷⁷ Die gegenwärtige Zivilisation hielt, so begriff er, »hardly any other ideological element ... in such profound contempt ... as

---

71 Neumann: Behemoth (s. Anm. 4), S. 161–163.
72 Neumann: Behemoth (s. Anm. 4), S. 163.
73 Neumann: Behemoth (s. Anm. 4), S. 165; vgl. auch S. 171.
74 Neumann: Behemoth (s. Anm. 4), S. 167 f. u. 170 f.
75 Vgl. allgemein Detlev F. Vagts: International Law in the Third Reich. In: American Journal of International Law 84/3 (1990), S. 687–689.
76 Carl Schmitt: Leviathan in der Staatslehre des Thomas Hobbes: Sinn und Fehlschlag eines politischen Symbols. Köln 1982. Englisch: The Leviathan in the State Theory of Thomas Hobbes: Meaning and Failure of a Political Symbol. Westport, Connecticut 1996.
77 Z. B. Neumann: Behemoth (s. Anm. 4), S. 130 f., 150, 156 f., 160, 168, 171.

international law«. Neumann erkannte in diesem Zusammenhang ihr regelmäßiges Versagen »as an instrument for organizing peace« ebenso wie die scheinbar realistische Zurückweisung von »its universal claims«. Dennoch kann, so meint Neumann, das Nichterreichen eines Ideals die Aufgabe dieses Ideals nicht rechtfertigen.[78] Neumanns trotziges Festhalten an den Idealen des internationalen Rechts implizierte, dass Opposition gegen den Nationalsozialismus nicht nur, ja sogar nicht einmal hauptsächlich auf den inländischen, deutschen Widerstand – dem Fraenkels Anliegen galt – angewiesen sei. Seiner Überzeugung nach war internationales Handeln geboten.

Also zog Neumann als Grundlage für die Opposition gegen den Nationalsozialismus die Parlamentssouveränität dem Naturrecht vor und ging so von ihrer einen Säule, der Rechtsstaatlichkeit, zu ihrer anderen, der Demokratie, über. Wie sah der demokratische Widerstand gegen den Nationalsozialismus aus? Neumann sah ihn in England und den Vereinigten Staaten verwirklicht, in den beiden rechtsstaatlichen, demokratischen Ländern, die gemeinsam gegen eine gesetzlose Diktatur kämpften. In seinen späteren Schriften verweist er auf jene Mitte der 1930er Jahre entwickelten Gedanken, in denen er seiner Sorge Ausdruck verliehen hatte, dass die Appeasementpolitik der westlichen Demokratien zur Stärkung des Nationalsozialismus beitragen würde[79]; Neumann fragte sich, ob »the power of resistance of the democracies against Nazi-Germany« den »most severe test«, den die aggressiven Aktionen des Regimes 1938 darstellten, bestehen würde[80] und ob die westlichen Demokratien im Kriegsfall Nazi-Deutschland besiegen könnten.[81] Die Darlegungen zu der Frage, was für ein Sieg notwendig sei, die Neumann auf den beiden letzten Seiten von *Behemoth* formuliert, konzentrierten sich auf Deutschlands Feinde im Westen und ignorierten die Sowjetunion im Osten. »The National Socialist leadership knows«, schrieb er, »that once England and the American democracies will show themselves as efficient as, and perhaps more efficient than, National Socialism, while retaining or even deepening democracy, the belief in National Socialism, which is founded on fear and despair will ultimately collapse«.[82]

Wie Philipp Lenhard es treffend formulierte, stellte Neumann, der mit Fraenkels Theorie von einem »dual state« nicht übereinstimmte[83], damit seine

---

[78] Neumann: Behemoth (s. Anm. 4), S. 158f.
[79] Vgl. Neumann: Social Sciences (s. Anm. 17), S. 17.
[80] Franz Neumann: Anti-Semitism: Spearhead of Universal Terror (1943). In: Secret Reports on Nazi Germany: The Frankfurt School Contribution to the War Effort – Franz Neumann, Herbert Marcuse, Otto Kirchheimer. Hg. v. Raffaele Laudani. Princeton, New Jersey 2013, S. 29.
[81] Neumann: Behemoth (s. Anm. 4), S. 475f.
[82] Neumann: Behemoth (s. Anm. 4), S. 476; vgl. auch Neumann: The Free Germany Manifesto and the German People (1943). In: Laudani: Secret Reports (s. Anm. 80), S. 149–166.
[83] Neumann: The Free Germany Manifesto (s. Anm. 82), S. 466. Vgl. allgemein Scheuerman: Between the Norm and the Exception (s. Anm. 5), S. 128f. und Tribe: Franz Neumann in der Emigration (s. Anm. 27), S. 271f.

eigene Theorie von »dual states« auf.[84] Um wirksam sein zu können, musste der Widerstand international sein, nicht nur innerdeutsch. Der Weltkrieg musste an die Stelle des Bürgerkriegs treten. Die westlichen Demokratien mussten die faschistische Diktatur bekämpfen. Der Widerstand wurde zur Schlacht zwischen dem mythischen Leviathan und Behemoth, zwischen einem imposanten Seeungeheuer und einem Landmonster. Während Hobbes den Leviathan dazu benutzte, um jenen Staat zu verkörpern, der am wenigsten die »vestiges of the rule of law and of individual rights« bewahrte, so wählte er später den Behemoth, um den englischen Bürgerkrieg im 17. Jahrhundert zu beschreiben. Neumann hingegen verwendete den Behemoth als ein Symbol für den Nationalsozialismus: »a non-state, a chaos, a rule of lawlessness and anarchy, which has ›swallowed‹ the rights and dignity of man, and is out to transform the world into a chaos by the supremacy of gigantic land masses«.[85]

Neumann war der Auffassung, dass es nicht möglich sei, sich auf der Grundlage des Naturrechts dem Nazismus effektiv zu widersetzen, da dieses nicht beides, Prinzipien und Macht, in sein Konzept integrieren konnte. Eine solche Integrationsleistung aber schrieb Neumann den demokratischen Systemen des alten Britischen Imperiums und der aufstrebenden amerikanischen Macht zu. Mit seinem Vergleich von »National Socialist regionalism« mit »the universalist international law of British imperialism und interventionism« befürwortete Neumann im Wesentlichen die Prinzipien (d. h. »universalist international law«), die durch die Macht des alten Britischen Imperiums (d. h. »Britisch imperialism and interventionism«) hatten durchgesetzt werden können.[86] In der modernen Welt, so befand Neumann, litt das Naturrecht sowohl an den schwankenden Prinzipien seiner Vertreter als auch an einer mangelhaften Machtgrundlage.

Eine Passage in *Behemoth*, die Neumanns Anliegen, Prinzipien und Macht miteinander in Einklang zu bringen, illustriert, entwickelt drei Begriffe von Recht, von denen einer dem Nazismus, einer den westlichen Demokratien und einer dem Naturrecht entspricht. Dem ersten, nazistisch geprägten Begriff nach war Recht »every measure of a sovereign power«, es war »will and nothing else«. Im Gegensatz dazu war Recht dem zweiten, demokratisch gefassten Begriff nach »a norm, comprehensible by reason, ... and containing an ethical postulate, primarily that of equality«, der Rechtsbegriff umfasste also sowohl Wille wie Vernunft. Nach der dritten, naturrechtlichen Variante des Begriffs schließlich betrachteten einige Gelehrte das Recht als ein vom positiven Recht unabhängiges »system of norms«. Das Recht war dieser naturrechtlichen Auffassung

---

84 Philipp Lenhard, Ludwig-Maximilians-Universität München, bemerkte dies in unserem Gespräch vom Frühjahr 2012.
85 Neumann: Behemoth (s. Anm. 4), S. xii.
86 Neumann: Behemoth (s. Anm. 4), S. 157; vgl. zusätzlich S. 157–160.

nach vollkommen unabhängig vom Willen des Souveräns.[87] Diese systematische Anordnung, in der sich Neumanns Idealvorstellung von demokratischer Rechtsstaatlichkeit zu erkennen gibt, ist von schöner Symmetrie: Wille – Wille und Normen – Normen. Neumann hat diese Systematik jedoch an keiner Stelle weiter ausgearbeitet, möglicherweise deshalb, weil ihre Symmetrie nur in der Theorie, nicht aber in der Realität existierte. Der erste und der dritte Begriff nämlich beschrieben tatsächlich entweder gewissenloses Handeln oder wirkungsloses Denken, keines davon repräsentiert Recht. Einerseits leugnete Neumann, dass das rein politische Konzept eines unbeschränkten souveränen Willens als Recht gelten konnte. Das Nazi-Regime hatte Befehle und Verordnungen, ja sogar Regeln und Bestimmungen erlassen, stand aber jenseits jeder Rechtsordnung. Andererseits erschien Neumann das Naturrecht anachronistisch. Es hatte einst vielleicht einmal einen Zweck erfüllt, so etwa wie einst die Doktrin des Thomas von Aquin, doch inzwischen hatte es längst seine Verbindung zur Gesellschaft verloren und war praktisch nutzlos geworden.

Aus anderen verstreuten Passagen, die überwiegend in der Zeit des Nationalsozialismus entstanden, lässt sich Neumanns Ansicht ablesen, dass das Konzept des Naturrechts seine Bedeutung verlor, nachdem ihm die soziale und politische Verankerung abhandengekommen war, über die es im Mittelalter noch verfügte.[88] In einer kurzen, überaus interessanten Rezension von einer Reihe an der Catholic University of America gehaltenen Vorträgen beschreibt Neumann im Jahr 1940 die traditionelle Thomistische Doktrin als »not merely a theory of law, but a theory of society«, die »a consistent and elaborate system covering every aspect of human life in society« enthalte.[89] Wie Neumann in seiner englischen Dissertation von 1936 erklärt, eignete sich diese Doktrin für ihre Zeit, indem sie eine hierarchische, feudale, institutionelle Struktur rechtfertigte, die es der katholischen Kirche erlaubte, ihre Autorität gegen die weltlichen Mächte auszuspielen.[90] Während dies zu einer »glücklichen Harmonie« von Vernunft und Willen führte[91], so argumentiert Neumann, zerstörte der moderne Nationalstaat die Balance zwischen Kirche und weltlicher Macht. Die Verbindung zwischen Doktrin und institutioneller Macht löste sich auf. Das Naturrecht war schließlich nicht mehr länger dazu geeignet, das positive Recht

---

87 Neumann: Behemoth (s. Anm. 4), S. 440.
88 Vgl. allgemein Scheuerman: Between the Norm and the Exception (s. Anm. 5), S. 104-106.
89 Franz Neumann: Rezension von Roscoe Pound u. a.: Jubilee Law Lectures, 1889-1939 (Washington, DC 1939). In: Columbia Law Review 40/5 (1940), S. 951-953. Vgl. auch Neumann: Rechtsphilosophische Einleitung (s. Anm. 12), S. 66.
90 Neumann: ROL (s. Anm. 12), S. 55-57, 60.
91 Neumann: ROL (s. Anm. 12), S. 53.

des Staats oder die ihm zugrunde liegende neue soziale Ordnung zu rechtfertigen.[92]

Neumann war der Ansicht, dass sich die juristischen Prämissen der Thomistischen Hierarchie im späten 18. und im 19. Jahrhundert in soziale Funktionen verwandelten. Wie er es in seiner englischen Dissertation von 1936, seiner Rezension von 1940 und in *Behemoth* von 1942 darlegte, brachte diese Verschiebung – für welche, wie sein Essay von 1949 zeigt, für Neumann der französische Philosoph Montesquieu stand[93] – zwei eng miteinander verknüpfte Probleme mit sich, die für den Verfall des Naturrechts in der Moderne verantwortlich waren. Erstens war »the divorce of legality from morality« entscheidend für das moderne Rechtssystem. Neumann stellt in *Behemoth* fest: »The lasting achievement of liberalism is that it freed legal judgments from moral evaluations.«[94] Die traditionelle Thomistische Doktrin hingegen nutzte das Recht, um der gesamten Gesellschaft Moral abzuverlangen, d. h. sie verband Recht und Moral anstatt beides zu trennen.[95] Während der Thomismus im Mittelalter eine Quelle der Vernunft war, stellte in der Moderne sein Versuch, der Welt Moral aufzudrängen, eine unpassende Herausforderung an deren Toleranz dar.[96] Das zweite Problem war, dass die für eine hierarchische, feudale Institution konzipierte Lehre des Naturrechts in einer modernen Gesellschaft zum Scheitern verurteilt war, in der verschiedene neue Klassen um Gleichberechtigung rangen.[97] Eine moderne Lehre vom Naturrecht, so schreibt Neumann in seiner Rezension von 1940 – eine so umfassende Gesellschaftstheorie wie der traditionelle Thomismus –, musste letztendlich an der unmöglichen Aufgabe scheitern, »[to] complete[ly] submerge ... philosophy, history, and economics in[to] the theory of law«.[98]

Neumann vertrat den Standpunkt, dass die jugendliche Vitalität, mit der das umfassende System des Thomismus zu seiner Zeit die Gesellschaft organisiert hatte, mit der Zeit ihre Ausstrahlung verloren hatte. In seiner modernen Inkarnation hatte der Thomismus weder eine umfassende Gesellschaftstheorie anzubieten noch konnte er ein funktionierendes Rechtssystem garantieren. Stattdessen deklarierte er, losgelöst von jeder Frage nach Macht, eine Reihe von Normen, so dass letztlich nur hohle Phrasen blieben. Wie Neumann in seiner Rezension von 1940 feststellt, waren Moralansprüche ohne den Rückhalt einer

---

92 Neumann: ROL (s. Anm. 12), S. 58 f., 60. Vgl. auch Neumann: Rechtsphilosophische Einleitung (s. Anm.12), S. 66.
93 Vgl. Neumann: Montesquieu (s. Anm. 35), S. 130; vgl. auch S. 121.
94 Neumann: Behemoth (s. Anm. 4), S. 443. Siehe auch: Neumann: Rechtsphilosophische Einleitung (s. Anm. 12), S. 66.
95 Neumann: ROL (s. Anm. 12), S. 56.
96 Vgl. allgemein Neumann: Behemoth (s. Anm. 4), S. 444.
97 Vgl. Neumann: ROL (s. Anm. 12), S. 56.
98 Neumann: Rezension (s. Anm. 89).

»all-embracing« Gesellschaftstheorie und »a consistent and elaborate system«, die sich auf die Lehre vom Naturrecht berufen, »mere phrase[s] to which one occasionally renders lip service because it is fashionable to adore such idols« und bloße Deklarationen von »concepts which have so vague a meaning that every possible concrete demand may be justified by it«.[99] Sämtliche Anstrengungen, das Naturrecht in den modernen Rechtsstaat zu überführen, waren unpraktikabel und untauglich. Normen ohne Politik, so Neumanns Überzeugung, waren ebenso sinnlos wie Politik ohne Normen.

Der Niedergang des Thomistischen Naturrechts ging Neumanns Auffassung nach Hand in Hand mit der Entwicklung der demokratischen Rechtsstaatlichkeit, die von den institutionellen Strukturen der modernen Gesellschaft auch tatsächlich getragen werden konnte. Diese Strukturen hingen von Gesetzen ab, die die Allgemeingültigkeit beanspruchten und eine ethische Funktion erfüllten. Mit seiner Hervorhebung der Allgemeingültigkeit des Rechts und dessen ethischer Funktion hatte Neumann nicht einfach die moralischen Forderungen des Naturrechts neu formuliert, wie dies Matthias Ruete nach dem Krieg in seiner Einführung zu Neumanns englischer Dissertation von 1936 meinte.[100] Ganz im Gegenteil: Wie Neumanns Entwurf für einen Artikel über das rationale Recht in einer monopolistischen Ökonomie zeigt, argumentierte Neumann 1936 kurz und bündig, dass das Konzept von der Allgemeingültigkeit des Rechts der Entwicklung des Bürgertums folgte. Das Bürgertum hatte die Allgemeingültigkeit des Rechts anfänglich vom Naturrecht übernommen, um den Befehlen der Monarchen und Päpste und den Privilegien der Besitzenden entgegenzuwirken. Das zunehmend wohlhabendere Bürgertum behielt die Auffassung von der Allgemeingültigkeit des Rechts bei, zugleich aber postulierte es ein gesetzliches Recht, das die Interessen seiner Klasse wahrte. Zu guter Letzt trieben die aufstrebenden Monopolisten ihre eigenen Interessen voran, indem sie sich auf ein reaktionäres Naturrecht beriefen, um das positive Recht zu unterminieren, das mittlerweile nicht nur kleineren Konkurrenten, sondern auch der aufsteigenden Arbeiterklasse zugute kam.[101] Neumanns Konzept von der ethischen Funktion des Gesetzes war einem liberalen, in der Allgemeingültigkeit des Rechts verankerten System verpflichtet, das sich von seinem Ursprung im Naturrecht befreit hatte und sich von dessen jüngster Reinkarnation abgestoßen fühlte. Für Neumann erfüllte das Recht eine ethische Funktion aus der

---

99 Neumann: Rezension (s. Anm. 89). Vgl. auch Neumann: Bemerkungen zu der Arbeit von Hans Mayer (s. Anm. 9), S. 8; Franz Neumann: On the Limits of Justifiable Disobedience (1952). In: Ders.: The Democratic and Authoritarian State (s. Anm. 12), S. 154, 156 f. Vgl. allgemein Neumann: Types of Natural Law (s. Anm. 34), S. 82 u. 90.
100 Matthias Ruete: Introduction: Post-Weimar Legal Theory in Exile. In: Neumann: ROL (s. Anm. 12), S. xxiii.
101 Neumann: Entwurf (s. Anm. 27), S. 3 f. Vgl. allgemein Scheuerman: Between the Norm and the Exception (s. Anm. 5), S. 68–70, 102, 104 f., 116 f.

Überzeugung heraus, dass Werte wie Gleichheit, persönliche Freiheit, Besitzrecht nur aufgrund des allgemeingültigen Rechts in einem funktionierenden Rechtssystem existieren können. Nur hier und nicht in einem diffusen Bereich ungeschriebener Vorstellungen können sie funktionieren und etwas bewegen. Um in der modernen Welt vom Staat geschaffene Normen begrenzen, modifizieren und korrigieren zu können, bedurfte es der Demokratie, nicht des Naturrechts. Das positive Recht, nicht das Naturrecht schützte die fundamentalen Werte der westlichen Demokratien.

Diese Rekonstruktion von Neumanns Ansichten über die historische Transformation des Wesens und der Funktion des Naturrechts ist nicht mehr als eine schlichte Erläuterung jener Passage in *Behemoth*, in der er ein dreifaches System der Auffassungen von Rechtsschema entwickelt. Im Wesentlichen verwarf Neumann das politische Konzept von der Gleichsetzung des Rechts mit dem arbiträren souveränen Willen und missachtete das moderne Konzept von Naturrecht, welches Normen von der politischen Realität abtrennte. Diktatoren würden, so argumentierte er, Befehle erlassen, ohne sich um ethische Regeln zu kümmern, und Naturrechtstheoretiker konnten ethische Normen proklamieren, ohne die Macht zu haben, diese durchzusetzen. Stattdessen sprach sich Neumann für demokratische Rechtsstaatlichkeit aus, die es darauf anlegte, Realität und Ideale, Macht und Ethik einzubeziehen. Neumann sah in den internationalen Gesetzen zum Schutz von Minoritäten eine Ausweitung der Rechtsstaatlichkeit und in dem Kampf der westlichen Alliierten gegen den Nationalsozialismus eine Ausweitung der Demokratie. Er internationalisierte damit sowohl die demokratische Rechtsstaatlichkeit als auch das Verständnis von Widerstand gegen den Nationalsozialismus. Sein Ansatz, so wie er ihn in *Behemoth* im Jahr 1942 entwickelt, reflektiert umfassend die politische Realität zur Zeit der Veröffentlichung. Winston Churchill und Franklin Delano Roosevelt mussten sich dem Dritten Reich widersetzen, ohne auf die Hilfe eines Thomas von Aquin zählen zu können.

Der ursprüngliche Artikel enthält drei weitere Sektionen: »Fraenkel nach dem Krieg: Naturrecht und die Grundlagen der Demokratie«, »Neumann auf der Suche nach Widersprüchen: Neue Überlegungen zur Rechtfertigung von Widerstand im nationalsozialistischen Deutschland aufgrund des Naturrechts« und »Neumanns Quadratur des Kreises: Vernunft und Gewissen und die Rechtfertigung von Widerstand im nationalsozialistischen Deutschland«.

IV. Zusammenfassung

Die Anwendung von Konzeptionen des Naturrechts erfuhr im Lauf der Jahrhunderte viele Veränderungen, angefangen vom Versuch des Scholastikers Thomas von Aquin, der darüber nachdachte, wie menschliche Institutionen in die göttliche Ordnung zu integrieren seien, bis hin zu den Überlegungen säkularer Linker im 20. Jahrhundert wie Fraenkel und Neumann, die in Auseinandersetzung mit Naturrechtskonzeptionen darlegten, wie sich verantwortungsbewusste Individuen in politischen Krisen verhalten konnten und sollten. Fraenkels und Neumanns Beschäftigung mit dem Naturrecht lässt sich als eine direkte Reaktion auf die NS-Diktatur verstehen. Sie entsprach dem Wunsch, den Widerstand gegen den Nationalsozialismus zu rechtfertigen. Von der Mitte bis zum Ende der 1930er Jahre divergierten ihre Ansätze, zum Teil aufgrund ihrer unterschiedlichen Nähe zur nationalsozialistischen Realität – Fraenkel erfuhr sie isoliert als Widerstandskämpfer in Deutschland, Neumann beobachtete sie als vertriebener Exilant – und zum Teil aufgrund ihrer unterschiedlichen Veranlagung. Fraenkel tendierte zu romantischer Entschlossenheit, Neumann zu ironischer Verzweiflung.[102] Doch beide verfügten über die Fähigkeit, einer Krise ohne Verlust von analytischer Scharfsicht ins Auge zu blicken. In Amerika, während des Krieges und unmittelbar danach, als sich Fraenkel der Grenzen des innerdeutschen Widerstands gegen die Nationalsozialisten bewusst wurde und Neumann mit den Grenzen seiner eigenen politisch-rechtswissenschaftlichen Logik rang, näherten sie sich in ihren Ansichten wieder einander an. Im Kalten Krieg dann verschob sich ihr Forschungsschwerpunkt vom Klassenkampf auf den moralischen Imperativ des Widerstands gegen den Totalitarismus. Zu diesem Zeitpunkt begannen ihre Ansichten wieder zu divergieren, da Neumann die Vernichtung des Individualismus fürchtete, während Fraenkel für eine Stärkung der westlichen Demokratien plädierte.[103] Es war jedoch der Kampf gegen die NS-Diktatur, der die beiden Rechtsgelehrten dazu brachte, das Konzept des Naturrechts in ihr intellektuelles Arsenal aufzunehmen. Dort wurde es zu einem neuen und wichtigen Bestandteil ihrer Bemühungen, unter Bewahrung von Gerechtigkeit und Freiheit eine nach rationalen Maßgaben organisierte politische Welt zu schaffen.

---

102 Vgl. David Kettler: ›Weimar and Labor‹ as Legacy: Ernst Fraenkel, Otto Kahn-Freund, and Franz L. Neumann. In: Die Alchemie des Exils: Exil als schöpferischer Impuls. Hg. v. Helga Schreckenberger. Wien 2005, hier S. 136.
103 Vgl. Udi Greenberg: The Weimar Century: German Émigrés and the Ideological Foundations of the Cold War. Princeton 2014, S. 94–119.

Philipp Lenhard

Abschied vom Marxismus?
Franz Neumann, Friedrich Pollock und die Entstehung der kritischen Theorie des Antisemitismus im amerikanischen Exil, 1939–1945

Der vorliegende Beitrag geht anhand der Geschichte des nach Amerika emigrierten Instituts für Sozialforschung der Frage nach, inwiefern die sowohl räumliche als auch geistige Distanz zu Europa eine Voraussetzung für die Entwicklung einer grundlegend neuen Theorie des Antisemitismus und einer Erklärung des Holocaust darstellte. Der hereinbrechenden Hölle in Europa rechtzeitig entkommen, schauten die jüdischen Exilanten aus der Ferne auf die schrecklichen Ereignisse, die sich kumulativ zur sogenannten »Endlösung« auswuchsen. Zugleich waren sie mit einem anwachsenden Antisemitismus in den USA konfrontiert, der sie befürchten ließ, auch in ihrer neuen Heimat könne sich der Faschismus durchsetzen. In dieser Situation wurden die marxistische Gesellschaftstheorie, wie sie in Europa entwickelt worden war, auf den Prüfstand gestellt und zahlreiche einstige Gewissheiten über Bord geworfen, um zu einer zeitgemäßen Analyse der gegenwärtigen Zustände zu gelangen. Wie dieser Ablösungsprozess von der europäischen Vergangenheit sich biografisch und theoriegeschichtlich darstellte, wird mit Blick auf zwei bislang eher vernachlässigte Vertreter der »Kritischen Theorie« des Instituts für Sozialforschung nachgezeichnet.

I. Zwei Freunde und Kontrahenten

Im Sommer 1954 verbrachte der bedeutende amerikanisch-jüdische Politologe Franz L. Neumann seinen Sommerurlaub gemeinsam mit seinem Jugendfreund Manfred Altmann und dessen Frau Hannah in der Schweiz.[1] Am 2. September brachen sie für eine kleine Spritztour in Altmanns Wagen auf. Sie hatten sich

---

1 Manfred Altmann, der Bruder von Stefan Zweigs Ehefrau Lotte, war wie Neumann im Jahr 1900 im damals unter preußischer Herrschaft stehenden Kattowitz geboren. Zum Studium ging er wie Neumann nach Berlin, schrieb sich allerdings für das Fach Medizin ein. Als die Nazis 1933 die Macht ergriffen, ging er mit seiner Frau Johanna (»Hannah«) und ihrer gemeinsamen Tochter Eva nach London ins Exil – wie Neumann. Ihre Wege trennten sich erst 1936 mit Neumanns Übersiedelung nach New York. Siehe zu den biografischen Details: Darién J. Davis und Oliver Marshall (Hg.): Stefan and Lotte Zweig's South American Letters. New York, Argentina and Brazil, 1940–42. New York, London 2010, S. 193 f.

viel zu erzählen, schließlich sah man sich nur noch selten, seit die Altmanns 1933 als Juden von den Nazis nach London vertrieben worden waren, während Neumann nach Zwischenstationen an der London School of Economics, am exilierten Institut für Sozialforschung in New York und als Mitarbeiter des amerikanischen Kriegsministeriums in Washington, D. C. auf eine Professur an der Columbia University in New York berufen worden war. In der Nähe des Ortes Turtmann im Wallis muss Manfred Altmann, der am Steuer saß, wie der Polizeibericht verlautet, einen Augenblick unachtsam gewesen sein: Das Auto raste mit einer Geschwindigkeit von 100 km/h in eine der Pappeln, welche die idyllische Landstraße säumten.² Manfred Altmann war sofort tot, seine Frau starb noch auf dem Weg ins Krankenhaus. Franz Neumann wurde ins Spital im nahen Visp eingeliefert, erlag dort aber bereits nach einigen Minuten seinen schweren Verletzungen. Zwei Tage später wurde er auf dem jüdischen Friedhof bei Vevey begraben. Die Trauergemeinde war klein, und es blieb Neumanns altem Freund und Kollegen Friedrich Pollock vorbehalten, die Grabrede zu halten.³ Er sprach von dem Verstorbenen als einem »guten Freund«:

> Für die Außenwelt schienst du ein wenig kühl zu sein und gegenüber dem Leben und deinen Mitmenschen sehr skeptisch. [...] Aber hinter dieser Fassade war ein Sinn für Freundschaft und eine wirkliche Leidenschaft für Gerechtigkeit und Fairneß und ein unzähmbarer Wille, denen zu helfen, die Hilfe brauchten. [...] Du wolltest keine Dankbarkeit, es war eben deine Natur, daß du kein Leid und keine Verzweiflung sehen konntest, ohne zu helfen zu versuchen. Und jetzt können wir, deine Freunde, dir nicht helfen. Die dunkle Welt ist durch deinen Weggang noch etwas dunkler geworden. Wir, die wir nicht glücklich genug sind, an eine übernatürliche Kraft zu glauben, die einen solchen Schicksalsschlag wiedergutmachen könnte, haben keinen Trost. Das einzige Leben nach dem Tod, von dem wir wissen, ist in der Erinnerung derer, die dich lieben. Und das können wir dir versprechen: Solange wie einer von uns überlebt, wirst du nicht vergessen werden. Goodbye Franz.⁴

Die Trauerrede ist ein Dokument voller Widersprüche, durchdrungen von der historischen Erfahrung des Exils und des Überlebens. Pollock und Neumann, das waren zwei marxistische Intellektuelle jüdischer Herkunft, die durch die Nazis ins Exil getrieben worden waren und beide nach 1945 zurückkehrten, um ein demokratisches, westlich orientiertes Deutschland mitaufzubauen, das

---

2 Friedrich Pollock an Inge Neumann, 5.9.1954. In: Reform und Resignation. Gespräche über Franz L. Neumann. Hg. v. Rainer Erd. Frankfurt a. M. 1985, S. 23.
3 Vgl. Herbert Marcuse: Preface. In: Franz Neumann: Democratic and Authoritarian State. Essays in Political and Legal Theory. Edited by Herbert Marcuse. Glencoe 1957, S. VII-X; hier: S. VII.
4 Friedrich Pollock: Grabrede zu Ehren Franz Neumanns. In: Erd: Reform und Resignation (s. Anm. 2), S. 22.

einer möglichen Wiederkehr der Barbarei entgegenstehen sollte. Doch beide legten Wert darauf, die amerikanische Staatsbürgerschaft zu behalten: Der eine, Neumann, pendelte nach 1945 zwischen der New Yorker Columbia University und der Freien Universität in Berlin hin und her, der andere, Pollock, wurde in Deutschland nie wieder richtig heimisch, plante die Re-Remigration und erwarb noch 1959 gemeinsam mit seinem Lebensfreund Max Horkheimer ein Haus im US-Bundesstaat Connecticut (obgleich sich die beiden aus pragmatischen Gründen dann doch für einen Alterswohnsitz in der Schweiz entschieden). Und sowohl Neumann als auch Pollock waren in einem dezidiert nichtreligiösen Sinne Juden: Vor allem durch den Antisemitismus und die Verfolgung *als Juden* wurden sie zu Juden gemacht.[5] Pollock sprach diese Differenzierung in seiner Grabrede auf dem jüdischen Friedhof, also in einem religiös besetzten Raum, deutlich aus: »Wir, die wir nicht glücklich genug sind, an eine übernatürliche Kraft zu glauben ...« Der Glaube an Gott fehlte den jüdischen Agnostikern, und auch in der Krise, beim Verlust eines geliebten Menschen, vermochte die Religion deshalb keinen Trost zu spenden. Doch dies hielt Pollock nicht davon ab, vor der versammelten Trauergemeinde mit dem verstorbenen Neumann über dessen »Leben nach dem Tod« zu sprechen; nicht das materielle Leben nach dem Tod natürlich, nicht das Hinabsteigen in die *she'ol* oder die Auferstehung der Toten im messianischen Zeitalter, sondern – scheinbar ganz säkularisiert – über das Nachleben des Toten in der Erinnerung der Lebenden. Diese tröstet zwar nicht, bewahrt aber vor dem Vergessenwerden; der Verstorbene ist gleichsam »aufgehoben« in dieser Erinnerung. »Das gestörte Verhältnis zu den Toten«, heißt es in dem Aphorismus *Theorie der Gespenster* von Adorno und Horkheimer, »daß sie vergessen werden und einbalsamiert – ist eines der Symptome fürs Kranksein der Erfahrung heute. [...] In Wahrheit wird den Toten angetan, was den alten Juden als ärgster Fluch galt: nicht gedacht soll deiner werden.«[6] Doch die Geschichten der Toten sind nicht identisch: Die Hinterbliebenen Neumanns hatten nicht nur ihren Freund überlebt, sie waren auch, wie er, der größten Katastrophe der Menschheit entronnen, dem Holocaust. Von den Nazis als Juden und Marxisten zum Tod bestimmt, waren Neumann und Pollock ins Exil geflohen, zunächst in eine ganze Reihe europäischer Länder und schließlich in die Vereinigten Staaten von Amerika, denen sie ihr Überleben verdankten. Deshalb verabschiedete Pollock sich von Neumann nicht mit den Worten »Lebe wohl«, sondern so, wie sie es sich in ihrer gemeinsamen amerikanischen Zeit angewöhnt hatten: »Good-bye«.

---

5 Dies bekräftigte Pollock in einem Brief an Martin Jay vom 24.3.1970. Das Dokument befindet sich im Privatarchiv Martin Jays, dem der Autor herzlich für die Nutzung des Archivs dankt.
6 Theodor W. Adorno und Max Horkheimer: Dialektik der Aufklärung. Philosophische Fragmente. Identisch mit: Theodor W. Adorno: Gesammelte Schriften. Hg. v. Rolf Tiedemann. Bd. 3. Frankfurt a. M. 1997, S. 243 f.

Das eigentümliche Dokument ist aber nicht nur wegen der in ihm aufgespeicherten Erfahrungen bemerkenswert. Überraschend ist zuallererst, dass ausgerechnet Friedrich Pollock zum Grabredner seines »Freundes« Neumanns wurde. Denn wer mit der Forschung zur Geschichte der sogenannten Frankfurter Schule vertraut ist, der kennt Pollock – Mitbegründer und stellvertretender Direktor des Instituts für Sozialforschung – vor allem als theoretischen Widersacher Neumanns in der institutsinternen Auseinandersetzung über den Charakter des Nationalsozialismus.[7] Neumann und Pollock stehen demzufolge für zwei sich konträr gegenüberstehende Lager innerhalb des Instituts, für Dissens, Streit und sogar persönliche Angriffe. Wieso also ausgerechnet Pollock? Und was bedeutet das späte Zusammenfinden der beiden Kontrahenten, das am Grab Neumanns emblematische Form annimmt, für die Geschichte der deutsch-jüdisch-amerikanischen Erfahrung des 20. Jahrhunderts? Zuletzt: Inwiefern ist die hier angesprochene Episode für die Entstehung der kritischen Theorie des Antisemitismus von Gewicht, wie es im Untertitel des vorliegenden Aufsatzes heißt?

II. Das historische Versagen des Marxismus

Um diese Fragen zu beantworten, ist ein Rückgang auf den politischen und geistesgeschichtlichen Kontext der Auseinandersetzungen am Institut unerlässlich – und dieser Kontext war zunächst einmal der Marxismus der Weimarer Republik. Die sozialistische Arbeiterbewegung, so lässt sich retrospektiv festhalten, hatte den Antisemitismus nicht ernst genommen, ihn als kleinbürgerlichen Antikapitalismus abgetan oder als vermeintlich mittelalterliches Relikt verniedlicht, das sich nach den Gesetzmäßigkeiten der Geschichte von alleine auflösen würde.[8] Und so hatten die Marxisten, wie alle anderen politischen Strömungen auch, die Vernichtung der Juden weder voraussehen können noch waren sie dieser ernsthaft entgegengetreten.[9] Die marxistischen Losungen von Gleichheit und Solidarität hatten sich angesichts des weitgehenden Schweigens der Arbeiterbewegung zum Holocaust als schale Phrasen erwiesen.

---

7 Vgl. dazu Martin Jay: Dialektische Phantasie. Die Geschichte der Frankfurter Schule und des Instituts für Sozialforschung 1923–1950. Frankfurt a. M. 1976, S. 175–201; Rolf Wiggershaus: Die Frankfurter Schule. Geschichte – Theoretische Entwicklung – Politische Bedeutung. München 1988, S. 314–327; Emil Walter-Busch: Geschichte der Frankfurter Schule. Kritische Theorie und Politik. München 2010, S. 73–101.
8 Vgl. Hans-Helmuth Knütter: Die Juden und die deutsche Linke in der Weimarer Republik. Düsseldorf 1971; Ludger Heid und Arnold Paucker (Hg.): Juden und deutsche Arbeiterbewegung bis 1933. Tübingen 1992.
9 Vgl. Norman Geras: Marxists before the Holocaust: Trotsky, Deutscher, Mandel. In: Gilbert Achcar (Hg.): The Legacy of Ernest Mandel. London, New York 1999, S. 191–213.

Die Mitglieder des Instituts für Sozialforschung, die (mit Ausnahme Karl August Wittfogels) allesamt bürgerlichen jüdischen Familien entstammten und sich als junge Erwachsene dem kommunistischen oder linkssozialistischen intellektuellen Milieu der Weimarer Republik zugewendet hatten, waren lange Zeit keine Ausnahme. Sie sahen zwar schärfer und früher als andere, dass sich die Nazis durchsetzen würden und bereiteten rechtzeitig den Gang ins Exil vor, aber der Antisemitismus spielte in den Schriften der 1930er Jahre nur eine äußerst untergeordnete Rolle.[10] Stattdessen betonte man, dass die Nazis nur Schergen des »Monopolkapitals« seien und von diesem wieder fallen gelassen würden, wenn der Zweck des zeitweiligen Bündnisses – die Niederschlagung der Revolution – erreicht sei.[11] Wenn es einen Unterschied zum marxistischen Mainstream gab, dann war es allenfalls die Skepsis bezüglich der revolutionären Gegenwehr des Proletariats. Doch selbst dieser Pessimismus war keineswegs auf das Institut für Sozialforschung beschränkt, auch in rätekommunistischen Kreisen, zu denen es teilweise enge persönliche Beziehungen gab, glaubte man schon früh nicht mehr an einen proletarischen Aufstand gegen den Faschismus. Am 13. Oktober 1933 schrieb Karl Korsch, einer der Hauptvertreter des deutschen Linkskommunismus, an Friedrich Pollock:

> Ich gebe dem Regime auf jeden Fall noch ein sehr langes Leben, diesen Winter kann es im besten Fall zu (sehr wenig und schlecht organisierten) ›Unruhen‹ kommen, aber auch das ist noch gar nicht sicher. [...] Die einzigen, bisher zur Reife gelangten echten Feinde [des] Regimes sind die schlimmsten Reaktionäre in Deutschland, denen er zu ›plebejisch‹ ist.«[12]

Die Notwendigkeit, Gesellschaftstheorie angesichts der voranschreitenden Barbarei grundlegend neu zu denken und im Angesicht des nationalsozialistischen Terrors die zentralen marxistischen Kategorien auf den Prüfstand zu stellen, kristallisierte sich für die Institutsmitglieder erst mit dem Ausbruch des Krieges heraus.[13] Der Antisemitismus rückte zwar bereits seit 1938 zunehmend in den Fokus, dies führte aber zunächst nicht dazu, dass die zum Teil bemerkenswert

---

10 Vgl. Martin Jay: Frankfurter Schule und Judentum. Die Antisemitismusanalyse der Kritischen Theorie. In: Geschichte und Gesellschaft 5, 4 (1979), S. 439–454; Anson Rabinbach: The Frankfurt School and the ›Jewish Question‹, 1940–1970. In: Against the Grain. Jewish Intellectuals in Hard Times. Hg. v. Ezra Mendelsohn, Stefani Hoffman und Richard I. Cohen. New York, Oxford 2014, S. 255–276.
11 Vgl. etwa Herbert Marcuse: Der Kampf gegen den Liberalismus in der totalitären Staatsauffassung. In: Zeitschrift für Sozialforschung [im Folgenden ZfS] III (1934), S. 161–195; hier: S. 167, 174 f.
12 Karl Korsch an Friedrich Pollock, 13.10.1933. In: Karl Korsch: Gesamtausgabe. Hg. v. Michael Buckmiller. Bd VIII: Briefe 1908–1939. Amsterdam, Hannover 2001, S. 439.
13 Vgl. Philipp Lenhard: »In den Marxschen Begriffen stimmt etwas nicht«. Friedrich Pollock und der Anfang der Kritischen Theorie. In: Sans Phrase. Zeitschrift für Ideologiekritik 5 (2014), S. 5–16.

prognostischen Einschätzungen erkennbare Auswirkungen auf die Theoriebildung gehabt hätten.[14] Nach und nach jedoch erkannten Horkheimer und seine Kollegen, dass sie die Wirklichkeit nicht mehr mit der traditionellen Theorie auf den Begriff zu bringen vermochten. Die bereits in Deutschland begonnene, programmatische Öffnung der marxistischen Gesellschaftstheorie gegenüber den Einzelwissenschaften, insbesondere der Psychoanalyse, wurde im amerikanischen Exil forciert.[15] Das ursprünglich eher additive Konzept, die Ergebnisse der Hilfswissenschaften in die marxistische Analyse einzubeziehen, wurde dabei zunehmend über Bord geworfen. Stattdessen versuchte das Institut, die analytischen Kategorien selbst zu aktualisieren.

Der Umzug des Instituts in die Vereinigten Staaten erleichterte den Schritt, zum Marxismus als geschlossenes Denksystem auf Distanz zu gehen. Denn die Distanz bestand ja nicht nur in der Entfernung von einer Ideologie, sondern auch von einer marxistischen Szene, von Institutionen, Personen, Zeitungen und einer marxistisch geprägten Kultur im alten Europa. Der einstige Wahrheitsgehalt des Marxismus war durch die Geschichte außer Kraft gesetzt worden. Nicht die Theorie war falsch gewesen, wohl aber die Verhältnisse, die sogar noch den Gesellschaftskritiker Marx als naiven Optimisten dastehen ließen. Der traditionelle Marxismus hatte zum »Dritten Reich« wenig Kluges zu sagen. Sämtlichen marxistischen Theorien des Nationalsozialismus – oder »Faschismus«, wie es in diesen Schriften charakteristischerweise hieß – war der Antisemitismus allenfalls eine Fußnote wert.[16] Zum Teil waren die Theoretiker der KPD, wie Olaf Kistenmacher eindrücklich gezeigt hat, sogar selbst vom antisemitischen Virus infiziert.[17]

Das 1923 gegründete Institut für Sozialforschung war die erste und einzige linke Institution, die sich ausführlich mit dem Problem des Judenhasses ausei-

---

14 So stellte Adorno bereits im Februar 1938, also noch vor der Reichspogromnacht, in einem Brief an Horkheimer fest: »Es ist kaum mehr daran zu zweifeln, daß in Deutschland die noch vorhandenen Juden ausgerottet werden: denn als Enteignete wird kein Land sie aufnehmen. Und es wird wieder einmal nichts geschehen: die anderen sind ihres Hitlers wert.« Theodor W. Adorno an Max Horkheimer, 15.2.1938. In: Max Horkheimer: Gesammelte Schriften [im Folgenden: HGS]. Bd. 16. Frankfurt a. M. 1995, S. 392.
15 Max Horkheimer: Die gegenwärtige Lage der Sozialphilosophie und die Aufgaben eines Instituts für Sozialforschung [1931]. In: HGS 3, S. 20–35. Vgl. zur Wissenschaftspolitik des Instituts im Exil: Eva-Maria Ziege: Antisemitismus und Gesellschaftstheorie. Die Frankfurter Schule im amerikanischen Exil. Frankfurt a. M. 2009.
16 Leo Trotzkis für den Zeitpunkt seiner Abfassung, 1933, hellsichtiges »Porträt des Nationalsozialismus« erwähnt aber im Gegensatz zu den meisten seiner Genossen den Antisemitismus immerhin. Leo Trotzki: Porträt des Nationalsozialismus. In: Ders.: Porträt des Nationalsozialismus. Ausgewählte Schriften 1930–1934. Essen 1999, S. 300–309.
17 Vgl. Olaf Kistenmacher: Vom »Judas« zum »Judenkapital«. Antisemitische Denkformen in der KPD der Weimarer Republik, 1919–1933. In: Exklusive Solidarität. Linker Antisemitismus in Deutschland. Vom Idealismus zur Antiglobalisierungsbewegung. Hg. v. Matthias Brosch u. a. Berlin 2007, S. 69–86.

nandersetzte. Und doch dauerte es ganze 16 Jahre, bis Horkheimer sich erstmals publizistisch mit dem Antisemitismus beschäftigte. 1939 schrieb er seinen berühmten Essay *Die Juden und Europa*, in dem er den Übergang von der liberalen Markt- zur faschistischen Befehlswirtschaft darstellte und den Bedeutungsverlust der Zirkulationssphäre im »Zeitalter der Monopole« für den Antisemitismus verantwortlich machte.[18] Die Juden, traditionell in den Handelsberufen und in der Geldwirtschaft überrepräsentiert, seien dankbare Projektionsflächen der nationalsozialistischen Propaganda. Und auch wenn Horkheimer in diesem Aufsatz den Antisemitismus fälschlich vor allem der Aufstiegsphase des Nationalsozialismus zuordnete, so war es sein unbestreitbares Verdienst, ihn überhaupt erstmals ins Zentrum der Kritik gerückt zu haben. Dem Aufsatz lag vor allem das Bemühen zugrunde, die historisch-logische Formveränderung des Kapitalismus darzustellen und dadurch zu verdeutlichen, dass eine Rückkehr zum Liberalismus, wie sie sich gerade viele jüdische Exilanten erhofften, unmöglich geworden war. Horkheimer sah, dass sich zwar nicht die Gültigkeit, doch aber die Bedeutung der Marx'schen Kategorien in der »totalitären Wirtschaft« geändert habe: »Der Faschismus«, heißt es da etwas apodiktisch,

> ist die Wahrheit der modernen Gesellschaft, die von der [marxistischen] Theorie von Anfang an getroffen war. Er fixiert die extremen Unterschiede, die das Wertgesetz am Ende produzierte. Ihn zu erkennen, bedarf es keiner Revision der ökonomischen Theorie. Der gleiche und gerechte Tausch hat sich selbst ad absurdum geführt, und die totalitäre Ordnung ist dies Absurdum.[19]

Horkheimer schreckte vor der letzten Konsequenz seiner Ausführungen zurück, seine Bestimmung des Verhältnisses von marxistischer Theorie und neuer Ordnung bleibt damit letztlich widersprüchlich: Einerseits soll die Theorie den Faschismus als äußersten Kulminationspunkt einer langen Geschichte der Herrschaft immer schon prognostiziert haben, andererseits aber enträt die neue Ordnung der grundlegenden ökonomischen Gesetze des Warentausches. Die Frage, die Horkheimer unbeantwortet lässt, lautet, ob der Nationalsozialismus tatsächlich noch adäquat mit den Begriffen der Kritik der politischen Ökonomie beschrieben werden kann oder ob es nicht doch einer »Revision der ökonomischen Theorie« bedarf. Der Widerstreit zwischen diesen beiden möglichen

---

18 Max Horkheimer: Die Juden und Europa. In: Studies in Philosophy and Social Science [im Folgenden SPSS] VIII, 1/2 (1939), S. 115–137; hier: S. 116. Vgl. Dan Diner: Reason and the »Other«: Horkheimer's Reflections on Anti-Semitism and Mass Annihilation. In: On Max Horkheimer. New Perspectives. Hg. v. Seyla Benhabib u. a. Cambridge, London 1993, S. 335–363.
19 Horkheimer: Die Juden (s. Anm. 18), S. 116. Vgl. ähnlich auch Theodor W. Adornos 1942 veröffentlichter Aufsatz: Reflexionen zur Klassentheorie. In: Ders.: Soziologische Schriften 1. Frankfurt a. M. 1972, S. 373–391.

Antworten nun sollte sich in der komplexen theoretischen und persönlichen Auseinandersetzung zwischen Franz Neumann und Friedrich Pollock Ausdruck verschaffen.

III. Ein marxistisches Institut geht ins Exil

Friedrich Pollock wurde 1894 als einer von zwei Söhnen eines wohlhabenden jüdischen Textilunternehmers in Freiburg geboren.[20] Seit den frühen 1920er Jahren in der radikalen Linken der Weimarer Republik aktiv, aber parallel dazu eine akademische Karriere anstrebend, wurde er 1923 an der Frankfurter Universität im Fach Politische Ökonomie mit einer Arbeit über den Geldbegriff bei Marx promoviert. 1928 wurde seine Habilitationsschrift *Die planwirtschaftlichen Versuche in der Sowjetunion 1917–1927* veröffentlicht.[21] Das Buch über die Sowjetunion ist eine nüchtern formulierte Kritik der sowjetischen Bürokratie, die allerdings ihre grundsätzliche Sympathie mit dem kommunistischen Experiment nicht verhehlte.[22] Pollock hatte die ökonomische Realität im Staatssozialismus mit eigenen Augen studieren können, als er 1927 vom kommunistischen Regime zu den offiziellen Feierlichkeiten anlässlich des zehnten Jahrestages der Oktoberrevolution nach Moskau eingeladen worden war. Die Einladung als Ehrengast hatte er seiner engen Beziehung zu David Rjazanov zu verdanken, dem damaligen Direktor des Marx-Engels-Institutes in Moskau. Pollock und sein Freund Felix Weil, der Mitbegründer und Finanzier des Instituts für Sozialforschung, hatten im Auftrag Moskaus erheblich dazu beigetragen, dass 1927 der erste Band der Marx-Engels-Gesamtausgabe (die sogenannte »MEGA¹«) erscheinen konnte, indem sie aus ganz Europa Manuskripte von Marx beschafften, diese im Keller des Instituts für Sozialforschung kopieren und dann in die sowjetische Botschaft transportieren ließen.[23] Obwohl Pollock

---

20 Zur Biografie siehe Rolf Wiggershaus: Friedrich Pollock – der letzte Unbekannte der Frankfurter Schule. In: Die Neue Gesellschaft/Frankfurter Hefte 8 (1994), S. 750–756. Der Autor bereitet darüber hinaus derzeit eine ausführliche Biografie vor.
21 Friedrich Pollock: Zur Geldtheorie von Karl Marx. Inauguraldissertation. Wirtschafts- und Sozialwissenschaftliche Fakultät der Universität Frankfurt a. M. 1923 (unveröffentlicht, aber als Typoskript zugänglich im Archivzentrum der Universitätsbibliothek Frankfurt a. M.); Friedrich Pollock: Die planwirtschaftlichen Versuche in der Sowjetunion 1917–1927. Leipzig 1929.
22 Ein zeitgenössischer Rezensent schrieb treffend, Pollocks »wohlwollende Einstellung zum sozialistischen Aufbau« gleiche »eher der Neugier eines Zuschauers, der großes Interesse für die Versuche in der UdSSR zeigt, sich im Grunde aber skeptisch zu ihnen verhält«. Albert L. Wainstein: Rezension zu Friedrich Pollock. In: Weltwirtschaftliches Archiv 34 (1931), S. 195–198; hier: S. 197 f.
23 Vgl. Carl-Erich Vollgraf (Hg.): Erfolgreiche Kooperation. Das Frankfurter Institut für Sozialforschung und das Moskauer Marx-Engels-Institut (1924–1928). Berlin 2000. Das Kopieren und die Weitergabe der Manuskripte beschreibt Felix Weil in seinen unveröffentlicht gebliebenen

nie Mitglied einer politischen Partei wurde, waren viele seiner Freunde und Kollegen bekennende Kommunisten – einige von ihnen, etwa Karl Korsch, Paul und Hedda Massing, Richard Sorge oder Julian Gumperz, waren sogar eine Zeit lang KPD-Funktionäre.

Anstatt sich aber einer politischen Partei zu verschreiben, die er zunehmend kritisch sah, widmete sich Pollock vollkommen der lebenslangen Freundschaft mit Max Horkheimer, die zugleich den Charakter eines utopischen Sozialprojekts hatte. Nachdem der erste Direktor des Instituts für Sozialforschung Carl Grünberg aus Krankheitsgründen von seinem Posten zurücktreten musste, übernahm Pollock vorübergehend kommissarisch die Leitung des Instituts, bevor er und Weil 1930 Horkheimer als neuen Direktor einsetzten. Pollock kam für den repräsentativen Posten genauso wenig infrage wie Weil, da sie von den Polizeibehörden als Kommunisten geführt wurden.[24] Das Institut, das Pollocks politische und wissenschaftliche Interessen vereinte, war das erste seiner Art: politisch marxistisch, aber unabhängig von jeder politischen Partei; mit der Universität Frankfurt institutionell verbunden, aber selbstverwaltet; ein Anziehungspunkt für linke Intellektuelle, aber in einer ihm eigenen Weise unorthodox und kritisch gegenüber dem Reformismus der Sozialdemokratie und dem Dogmatismus des Bolschewismus.

Bereits im Mai 1933, kurz nach Hitlers Machtergreifung, wurde das Institut von der SA besetzt und unmittelbar danach vom Freistaat Preußen beschlagnahmt. Horkheimer und Pollock hatten die Machtergreifung antizipiert und das Stiftungsvermögen des Instituts rechtzeitig in die Niederlande transferiert. Pollock hatte zudem bereits 1932 eine Filiale des Instituts in Genf eingerichtet, zu der sie nun vorübergehend Zuflucht nehmen konnten. Ihr Schweizer Asyl, abgesichert durch ein Vermögen von rund fünf Millionen Schweizer Franken, ermöglichte den Mitgliedern des Instituts schließlich auch die Emigration in die USA.[25] Im Sommer 1934 reisten Horkheimer, Pollock und ihr deutschamerikanischer Kollege Julian Gumperz – früherer Redakteur der KPD-Parteizeitung *Die Rote Fahne* – nach New York, um mit dem Präsidenten der Columbia University, Nicholas Murray Butler, über eine mögliche Affiliation des Instituts zu verhandeln. Zu ihrer großen Überraschung bot ihnen Butler, der politisch sehr konservativ eingestellt war, ein eigenes Gebäude in Manhattan an. Einige Wochen später bezog das Institut das Gebäude 429 West 117th Street in Morningside Heights. Doch der Transfer des westlichen Marxismus von

---

Memoiren. Felix Weil: Erinnerungen [Fragment]. Institut für Stadtgeschichte Frankfurt a. M., S5/421, S. 199.
24 Den entsprechenden Bericht des Frankfurter Polizeipräsidenten vom 7.4.1926 zitiert Weil: Erinnerungen (s. Anm. 23), S. 203.
25 Vgl. Judith Marcus und Zoltán Tar (Hg.): Foundations of the Frankfurt School of Social Research. New Brunswick 1984, S. 8.

Deutschland nach Amerika und seine Verwandlung unter dem Eindruck der amerikanischen Erfahrung hatten gerade erst begonnen.

Franz Neumann wurde 1936 Mitarbeiter des Instituts. In der Weimarer Republik hatte er sich gemeinsam mit Ernst Fraenkel als Anwalt für Arbeitsrecht einen Namen gemacht und arbeitete eng mit den Gewerkschaften zusammen. Als erfolgreicher Vorkämpfer der Arbeitnehmerrechte war er im Sommer 1932 von der SPD zum Partei-Syndikus berufen worden. Als die SA im Mai 1933 sein Büro stürmte, war dies für ihn zwar ein großer Schock, aber er arbeitete noch eine gute Woche weiter.[26] Kurz darauf jedoch warnten ihn Freunde, seine Verhaftung stehe nun unmittelbar bevor. Nur mit einem kleinen Koffer in der Hand, so schildert es seine frühere Sekretärin Ella Müller, floh er nach London.[27] Dort angekommen, arbeitete er, um bessere Berufschancen zu haben, an der London School of Economics unter der Leitung von Karl Mannheim und Harold Laski an einer zweiten Promotion im Fach Politische Wissenschaft.[28] Nach dem Abschluss der Promotion, ernüchtert über die Zukunftsaussichten und unglücklich über sein Außenseiterdasein in der britischen Gesellschaft, ließ er sich von Laski Horkheimer empfehlen. Neumanns erster Artikel für das Institut »Der Funktionswandel des Gesetzes im Recht der bürgerlichen Gesellschaft« erschien 1937 in der Zeitschrift für Sozialforschung.[29]

IV. Die Pollock-Neumann-Kontroverse

Es gibt nicht das geringste Anzeichen für einen Konflikt mit Pollock in dieser Zeit, obwohl Pollock als stellvertretender Direktor sogar verantwortlich für alle finanziellen Angelegenheiten war. Pollock und Neumann, deren Büros fast nebeneinander lagen, arbeiteten harmonisch miteinander und freundeten sich an. In diesen Jahren entstand das enge Verhältnis, das Pollock 1954 als »guten Freund« an das Grab Neumanns führte. Und doch liegt dazwischen eine Periode des erbitterten Streits und der theoretischen Entfremdung.

In den frühen 1940er Jahren, als die ersten Nachrichten über Massenmorde an Juden in Osteuropa die USA erreichten[30], gerieten Pollock und Neumann in eine heftige Auseinandersetzung, welche die gesamte Atmosphäre am Institut

---

26 Vgl. Ernst C. Stiefel und Frank Mecklenburg: Deutsche Juristen im amerikanischen Exil (1933–1950). Tübingen 1991, S. 108.
27 Erd: Reform und Resignation (s. Anm. 2), S. 57.
28 Zur Biografie siehe Alfons Söllner: Franz L. Neumann – Skizzen zu einer intellektuellen und politischen Biographie. In: Franz L. Neumann: Wirtschaft, Staat, Demokratie. Aufsätze 1930–1954. Frankfurt a. M. 1978, S. 7–56.
29 Franz Neumann: Der Funktionswandel des Gesetzes im Recht der bürgerlichen Gesellschaft. In: ZfS VI (1937), S. 542–596.
30 Vgl. dazu den Beitrag von Primus-Heinz Kucher in diesem Band.

Abschied vom Marxismus? 163

vergiftete und in eine zuvor nicht gekannte Lagerbildung mündete, die schließlich zum Auseinanderbrechen des Instituts führte. Der Auslöser scheint zunächst banal: In der institutseigenen »Zeitschrift für Sozialforschung« hatte Pollock zwei Aufsätze veröffentlicht, die den Nationalsozialismus als Variante der neuen Gesellschaftsphase des »Staatskapitalismus« charakterisierten, die sich grundsätzlich vom liberalen und monopolistischen Kapitalismus unterscheide.[31] Die Behauptung Pollocks, der Nationalsozialismus sei eine radikal neue Ordnung, barg ungeahnte Sprengkraft. Am 23. Juli 1941 schrieb Neumann einen zornigen Brief an Horkheimer, in dem er ausführlich zu Pollocks Argumentation Stellung bezog: »Pollock glaubt, dass mein Urteil über seinen Aufsatz deshalb so abfällig ist, weil ich ihn nicht leiden kann. Wieso er zu dieser Auffassung kommt, weiss ich nicht. Anlass zu dieser Annahme habe ich ihm nicht gegeben, das scheint aber eine fixe Idee bei ihm zu sein.«[32] Neumann äußerte sich im Weiteren zu inhaltlichen Details von Pollocks Aufsatz, seine sachliche Kritik aber rutschte immer wieder in eine auf die persönliche Integrität Pollocks zielende Polemik ab. So verglich er Pollocks Theorie mit der ›bürgerlichen‹ Soziologie Karl Mannheims, um so fortzufahren: »Ich habe vorgeschlagen, Pollock zum Ehrenbürger der Stadt Mannheim zu ernennen, stelle aber zu meiner Befriedigung fest, daß Mannheim langsam von den Engländern zusammengebombt wird.«[33] Das Maß an emotionaler Aufwallung verrät, dass es hier nicht nur um inhaltliche Differenzen in der Einschätzung der nationalsozialistischen Gesellschaftsordnung ging, sondern um die Grundlagen der persönlichen Identität. Stets kreisten Neumanns Einwände deshalb um den Vorwurf des Verrats: »Zusammenfassend möchte ich sagen, daß der Aufsatz den Abschied an den Marxismus eindeutig enthält. Der Aufsatz dokumentiert weiterhin eine vollkommene Hoffnungslosigkeit. Der Staatskapitalismus, wie ihn Pollock konzipiert, kann das Millenium werden.«[34]

Neumann haderte mit Pollocks Aufsatz, weil dieser nahelegte, dass ein Zusammenbruch des Nationalsozialismus auf absehbare Zeit nicht zu erwarten sei. Während der liberale Kapitalismus, so Pollocks Analyse, noch durch fundamentale Widersprüche gekennzeichnet gewesen sei, die sich regelmäßig in Krisen bahngebrochen hätten, welche für den Revolutionär die Gunst der Stunde darstellten, so sei es im Staatskapitalismus gelungen, diese Krisenfaktoren auszuschalten und die widerstrebenden Kräfte zu integrieren. Diese Einschätzung betraf insbesondere die Rolle des Proletariats als einstmals revolutionäres Sub-

---
31 Frederick Pollock: State Capitalism: Its Possibilities and Limitations. In: SPSS IX (1941), S. 200–225; Frederick Pollock: Is National Socialism a New Order? In: SPSS IX (1941), S. 440–455.
32 Franz Neumann an Max Horkheimer, 23.7.1941. In: HGS 17, S. 103.
33 Neumann an Horkheimer, 23.7.1941 (s. Anm. 32), S. 103.
34 Neumann an Horkheimer, 23.7.1941 (s. Anm. 32), S. 107.

jekt. Heute seien die Arbeiter mittels Terror, Propaganda und materiellen Zugeständnissen in die Volksgemeinschaft integriert – die Ausgestoßenen, allen voran die Juden, seien viel zu schwach, um Widerstand leisten zu können. Hoffnung gab es für Pollock nur insofern, als er den Sieg der USA im Weltkrieg erwartete (mit deren Kriegseintritt er bereits vor dem Angriff auf Pearl Harbor rechnete). Die Niederlage Deutschlands würde dem *totalitären* Staatskapitalismus ein Ende bereiten, nicht aber dem Staatskapitalismus als solchem, den er im Einklang mit Horkheimers Aufsatz *Die Juden und Europa* als unumkehrbare historische Phase betrachtete. Die pax americana wäre die eines demokratischen Staatskapitalismus, ein Sieg der Humanität über die Barbarei – aber gleichwohl das Ende jeder revolutionären Zukunftsperspektive, zumal Pollock auch die bolschewistische Oktoberrevolution als »totalitären Staatskapitalismus« klassifizierte.[35]

Neumann, so skeptisch er selbst bezüglich des Widerstandes gegen das Naziregime war, kam diese pessimistische Analyse wie eine Kapitulation vor dem Feind vor. Die Differenz spiegelte aber zugleich die unterschiedlichen Charaktere der beiden: Während Pollock, der linke Intellektuelle und besonnene Sympathisant der kommunistischen Bewegung, versuchte, seine theoretischen Einsichten nüchtern und illusionslos darzulegen (inspiriert von Max Webers Konzept wissenschaftlicher Objektivität)[36], war Neumann als aktives Mitglied der Gewerkschaftsbewegung politisch viel mehr involviert. »Wahrheit« bedeutete für Pollock schonungslose Objektivität, Neumann dagegen war überzeugt, dass »Wahrheit« nicht rein theoretischer Natur war, sondern zugleich das Ergebnis politischer Kämpfe. In der Konsequenz bedeutete dies, dass Pollock Neumann verdächtigte, noch immer Illusionen über den subversiven Charakter der Arbeiterklasse aufzusitzen und die Bereitschaft der westlichen Gesellschaften, die liberalen Elemente der alten Ordnung zu verteidigen, zu überschätzen. Neumann, auf der anderen Seite, war Pollocks Pessimismus bezüglich sozialer und politischer Veränderungen verdächtig. Wenn Pollock nicht mehr an die Möglichkeit der proletarischen Revolution glaubte, schloss Neumann, dann musste er sich vom Marxismus losgesagt haben. Die Idee, dass der Marxismus selbst, insbesondere dessen Revolutionstheorie, aufgrund historischer Veränderungen unwahr geworden sein könnte, schloss er kategorisch aus. Neumann glaubte, dass Pollock ein Dissident war, ein Verräter, der seinen Frieden mit den

---

35 Oder, in den Worten Horkheimers: »However the present war may end, men will have to choose between a new world era of consummate democracy or the hell of an authoritarian world order.« Max Horkheimer: Preface. In: SPSS IX, 2 (1941), S. 195–199; hier: S. 199.
36 Siehe Max Weber: Die »Objektivität« sozialwissenschaftlicher und sozialpolitischer Erkenntnis. In: Ders.: Schriften zur Wissenschaftslehre. Stuttgart 1991, S. 21–101. Vgl. zu dieser Charakterisierung Pollocks auch Helmut Dubiel: Einleitung des Herausgebers. In: Friedrich Pollock: Stadien des Kapitalismus. Hg. v. Helmut Dubiel. München 1975, S. 7–19; hier: S. 12.

Verhältnissen gemacht hatte. Max Horkheimer antwortete entschieden auf diese Anschuldigung:

> Ihre schneidenden wissenschaftlichen und persönlichen statements, die damit beginnen, daß Sie den Aufsatz ›ablehnen‹, sind zuweilen stumpfer als sie aussehen. [...] Ich kann Ihnen und uns nur wünschen, daß sich auch diejenigen unserer Bekannten, die Sie heute am wenigsten des Abschieds anklagen, den Pollock ›eindeutig‹ vollzogen haben soll, nicht eindeutiger ›von einem Extrem zum anderen Extrem‹ drehen, als es Pollock in seinem bisherigen Leben getan hat und in der Zukunft tun wird.[37]

Horkheimer insistierte, Neumann möge doch aufhören, Pollocks Arbeiten im Stile bolschewistischer Denunziationen abzuurteilen.

Der Streit war verheerend. Pollock, Horkheimer und bis zu einem gewissen Grad auch Adorno teilten die Ansicht, dass der Nationalsozialismus eine besondere Form des Staatskapitalismus war, also eine grundlegend neue Ordnung, die wesentlich auf politischer Kommandogewalt statt wirtschaftlicher Macht basierte.[38] Die Zeitschrift des Jahres 1941 war von den dreien explizit als »Staatskapitalismusheft« intendiert, und Adorno sah seinen Aufsatz über Oswald Spengler als originären Beitrag dazu.[39] 1942 veröffentlichte Horkheimer im Walter Benjamin-Gedenkband den Aufsatz *Autoritärer Staat*, der nicht nur ursprünglich »Staatskapitalismus« heißen sollte, sondern Pollocks Gedanken eines »Übergangs vom Monopol- zum Staatskapitalismus« konsequent fortführte.[40] Auf der anderen Seite vertraten Neumann, Otto Kirchheimer, Arkadij Gurland und, wiederum mit Abstrichen, Herbert Marcuse vehement die These, der Nationalsozialismus sei die fortgeschrittenste Form des Monopolkapitalismus.[41] Sie verneinten Pollocks und Horkheimers Behauptung, das Primat der Ökonomie sei abgeschafft, die Politik dirigiere nun die wirtschaftlichen Prozesse. Allerdings verschwieg auch Neumann, der in seiner aufsehenerregenden und bis heute wegweisenden Studie *Behemoth* die Struktur und Praxis des Nationalsozialismus erstmals umfassend auf der Basis breiten Quellenmaterials

---

37 Max Horkheimer an Franz Neumann, 2.8.1941. In: HGS 17, S. 119.
38 Adorno hatte sich nach der Durchsicht des ersten Entwurfs zunächst entsetzt an Horkheimer gewandt und in einem Brief vom 8.6.1941 moniert, Pollocks Aufsatz sei nicht dialektisch genug und stelle den demokratischen Staatskapitalismus (also den New Deal) zu positiv dar. HGS 17, S. 54–57. Zwei Monate später allerdings, am 18.8.1941, teilte er in einem Brief an Horkheimer die klare Unterscheidung zwischen Monopolkapitalismus und Faschismus als zwei verschiedenen Gesellschaftstypen. HGS 17, S. 133. Vgl. zu Adornos Haltung auch Dirk Braunstein: Adornos Kritik der politischen Ökonomie. Bielefeld 2011, S. 145–160.
39 Vgl. dazu Wiggershaus: Frankfurter Schule (s. Anm. 7), S. 316.
40 Max Horkheimer: Autoritärer Staat. In: HGS 5, S. 293–319; hier: S. 294.
41 Vgl. Dubiel: Einleitung (s. Anm. 36), S. 17. Siehe auch Jürgen Bast: Totalitärer Pluralismus. Zu Franz L. Neumanns Analysen der politischen und rechtlichen Struktur der NS-Herrschaft. Tübingen 1999, S. 238–256.

untersuchte, nicht die Transformation des Staates zum ökonomischen Akteur im nationalsozialistischen System. Getreu seiner Analyse des Nationalsozialismus als polykratische Gesellschaftsordnung, die vor allem durch Widersprüche, gewolltes Chaos und verschärfte Machtkämpfe gekennzeichnet sei, bezog auch Neumann die dirigistischen, staatskapitalistischen Elemente einer Befehlswirtschaft in seine Analyse ein:

> Die Wirtschaft des nationalsozialistischen Deutschland hat zwei umfassende und hervorstechende Kennzeichen. Sie ist eine Monopolwirtschaft – und eine Befehlswirtschaft. Sie ist eine privatkapitalistische Ökonomie, die durch einen totalitären Staat reglementiert wird. Als den besten Namen, sie zu beschreiben, schlagen wir ›totalitären Monopolkapitalismus‹ vor.[42]

Auch in der Gliederung seines Buches schlug sich der Dualismus nieder: Auf das Kapitel »The Monopolistic Economy« folgte »The Command Economy«, denn die Beschränkung auf Ersteres zeichne nur ein einseitiges und unvollständiges Bild der deutschen Wirtschaft. Wenn aber die Befehlswirtschaft – Preiskontrollen, Lohndiktate, Verstaatlichungen, Devisenhandel, Kartellpolitik – solch einen großen Raum im nationalsozialistischen System einnahm, wieso glaubte Neumann dann, in ökonomischer Hinsicht noch immer das monopolkapitalistische Moment stark machen zu müssen?

Zum einen missinterpretierte Neumann Pollocks Theorie des Staatskapitalismus dahingehend, dass dieser die totale Auflösung privatkapitalistischer Elemente erwartete, wo doch Pollock bewusst von einem idealtypischen Modell gesprochen hatte, das durch das Mittel der Abstraktion Tendenzen der neuen Gesellschaft sichtbar machen wollte, anstatt die Realität eins zu eins abzubilden. Auch Pollock hatte konstatiert, dass im Staatskapitalismus der Staat nicht notwendig der einzige Besitzer von Kapital sei, sondern lediglich der dominierende Akteur, der mittels politischer Gewalt den übrigen Kapitalbesitzern ihren Ort zuweist und sie bei Bedarf entschädigungslos enteignen kann (hier ist allen voran an die sogenannten »Arisierungen« zu denken). Zum Zweiten aber konnte Neumann Pollocks Konsequenz, dass »mit dem autonomen Markt« des Privatkapitalismus auch »die sogenannten Wirtschaftsgesetze« verschwänden, nicht akzeptieren.[43] Dies hätte tatsächlich den Abschied vom Marxismus in seiner traditionellen Variante bedeutet, weil unter dieser Voraussetzung die Krisen- und Zusammenbruchstendenzen nicht mehr aus der ökonomischen Basis

---

42 Franz Neumann: Behemoth. Struktur und Praxis des Nationalsozialismus 1933–1944. Frankfurt a. M. 1984, S. 313. Alle hier gebrachten Zitate aus der deutschen Übersetzung stammen ursprünglich aus der ersten Auflage von 1942, wurden aber auch in der erheblich überarbeiteten zweiten von 1944 beibehalten.

43 Pollock: State Capitalism (s. Anm. 31), hier zit. nach der deutschen Übersetzung in: Pollock: Stadien (s. Anm. 36), S. 73.

erklärt werden konnten. Gerade darum – den Zusammenbruch der nationalsozialistischen Ordnung – ging es aber in der Stunde der höchsten Not.

Neumann hielt daran fest, dass die Reste der Arbeiterbewegung, die durch den ökonomischen Prozess zu antagonistischen Kräften geformt worden seien, den Nationalsozialismus eines Tages zu Fall bringen würden:

> Selbst der egozentrischste Arbeiter wird nahezu jeden Tag vor der Frage stehen, warum ein so hochentwickelter Industrieapparat wie der deutsche mit Terror zusammengehalten werden muß? Unbegrenzte Produktivität, Terror und Propaganda können bei den Arbeitern keinen Nationalsozialismus erzeugen. Im Gegenteil, die Arbeiter werden sich weit wahrscheinlicher in revolutionären syndikalistischen Bahnen bewegen, Vorstellungen von Sabotage und direkter Aktion entwickeln, Vorstellungen, die von den Sozialdemokraten ebenso wie von den Kommunisten mißbilligt worden sind, von Arbeitern jedoch als das einzige Mittel angesehen werden können, menschliche Würde in einem Terrorsystem zu bewahren.[44]

Neumann war überzeugt, dass die Arbeiterklasse noch immer revolutionär war, durch Propaganda und Terror aber zu geschwächt sei, um den Umsturz alleine bewerkstelligen zu können. Doch schließlich, so lautet der letzte Satz des Buches, könne der Sturz des Regimes nur durch »das bewußte politische Handeln der diese Risse und Brüche ausnützenden unterdrückten Massen erfolgen«[45]. Er glaubte also immer noch an eine dem NS-System immanente Zusammenbruchstendenz, die von den unterdrückten Massen nur genutzt werden musste.

Pollock hob demgegenüber die integrativen Fähigkeiten des Regimes hervor, dessen sozialstaatliche Elemente, wenn man so will.[46] In seinem zweiten Aufsatz *Ist der Nationalsozialismus eine neue Ordnung?* erklärte Pollock, dass sich die Rolle des Individuums im Nationalsozialismus völlig von der des liberalen Marktsubjekts unterscheide:

> Besitz und Einkommen sind nicht mehr die vorrangigen Bestimmungsgrößen der gesellschaftlichen Stellung des Individuums. Kapitalisten wie Arbeiter sind organisiert in einer alles umfassenden Organisation, der Arbeitsfront, und ideologisch eingeschmolzen in die völkische Gemeinschaft. [...] Gesellschaftliche Macht, Prestige und Würde hängen nun entscheidend ab von jemandes Platz in der Regierung und den Parteihierarchien. Die Beziehung zwischen Eigentum, Einkommen und gesellschaftlicher Macht sind auf diese Weise radikal verändert worden. Geld allein verleiht nur begrenzte Macht oder (wie im Fall der Juden) überhaupt keine.[47]

---

44 Neumann: Behemoth (s. Anm. 42), S. 266.
45 Neumann: Behemoth (s. Anm. 42), S. 550.
46 Eine ähnliche Sicht hat in letzter Zeit Götz Aly: Hitlers Volksstaat. Raub, Rassenkrieg und nationaler Sozialismus. Frankfurt a. M. 2005 vertreten.
47 Pollock: Is National Socialism (s. Anm. 31), zit. nach Pollock: Stadien (s. Anm. 36), S. 105.

Die Fähigkeit der Nazis, große Teile der Arbeiterschaft an sich zu binden, wurde von Pollock viel klarer gesehen als von Neumann.[48] Der Hauptgrund liegt darin, dass Pollock sich vom klassentheoretischen Rahmen gelöst hat und stattdessen psychologische, ideologische und gesellschaftliche Aspekte in den Vordergrund rückte. Da Lohn, Preis und Profit seiner Ansicht nach zwar noch immer wirksam waren, nicht aber ausschlaggebende Triebkräfte der Gesellschaft, fokussierte er sich auf die Befriedigung psychischer Bedürfnisse. »Das nationalsozialistische Regime«, so Pollock, »hat mehr als irgendeine andere Regierungsform die brutalsten Instinkte des Individuums geweckt.«[49] Durch die Abschaffung gesellschaftlicher Tabus – insbesondere sexueller Natur – habe das Naziregime das Individuum für den Verlust seiner Autonomie entschädigt, zugleich aber die vorangetriebene sexuelle Liberalisierung mit einer Politisierung der sexuellen Beziehungen verknüpft. Die vom Liberalismus errichtete Grenze zwischen Privatem und Öffentlichem sei eingerissen, das Individuum von allen (auch unglücklich machenden) Bindungen an Familie und Tradition befreit worden, um es voll und ganz der entsublimierten Volksgemeinschaft einzugliedern.

V. Kritische Theorie des Antisemitismus

Zum Schluss kam Pollock auf den Antisemitismus zu sprechen, den er einerseits relativierte, indem er ihn als ein beliebig scheinendes Beispiel für »Grausamkeit gegenüber Schwachen und Hilflosen« charakterisierte, andererseits aber in die Psychopathologie des ›Dritten Reiches‹ integrierte.[50] Damit verabschiedete er sich von einem vulgärmaterialistischen Antisemitismusbegriff, der im Hass auf die Juden lediglich einen falsch verstandenen Antikapitalismus, einen »Sozialismus der dummen Kerls« (Ferdinand Kronawetter) witterte. Mit der Einbeziehung der Erkenntnisse der Psychoanalyse hatte das Institut schon in der Weimarer Zeit begonnen, und mit Ernst Fromms Erhebung über das Bewusstsein der Arbeiter und Angestellten von 1929/30 und den 1936 abgeschlossenen *Studien über Autorität und Familie* hatte das Institut Einsichten in

---

48 Die neuere Forschung hat gezeigt, so Borowsky, dass »eine wesentlich höhere Anfälligkeit von Arbeitern gegenüber der NSDAP« zu beobachten ist, »als lange Jahre angenommen worden war. So betrug der Arbeiteranteil an den neu eintretenden NSDAP-Mitgliedern zwischen 1925 und 1930 rund 40 und zwischen 1930 und 1933 rund 36 Prozent. Unter den SA-Mitgliedern lag er zwischen 1929 und 1933 über 60 Prozent.« Peter Borowsky: Wer wählte Hitler und warum? Ein Bericht über neuere Analysen der Wahlergebnisse 1928 bis 1933. In: Ders.: Schlaglichter historischer Forschung. Studien zur deutschen Geschichte im 19. und 20. Jahrhundert. Hamburg 2005, S. 240 f.
49 Pollock: Is National Socialism (s. Anm. 31), zit. nach Pollock: Stadien (s. Anm. 36), S. 110.
50 Pollock: Is National Socialism (s. Anm. 31), zit. nach Pollock: Stadien (s. Anm. 36), S. 111.

das Bewusstsein des Proletariats gewonnen, die das Scheitern der Revolution von 1918/19 erklären halfen und alle zukünftigen Hoffnungen dämpften.[51]

Zwar war Pollock als ausgebildeter Ökonom im Sinne der institutsinternen Arbeitsteilung nicht für die Ausarbeitung der psychologischen Fragen zuständig und überließ dies vorsichtshalber zunächst dem ausgebildeten Psychoanalytiker Fromm, dann, nach dessen Ausscheiden, Adorno, Löwenthal und Marcuse, aber dass die Analyse des Nationalsozialismus unvollständig sei, wenn sie nur von der politisch-ökonomischen Seite her betrachtet wird, wusste er nur zu gut. Dies zeigte sich auch im ersten Projektentwurf des Instituts für Sozialforschung zum Thema Antisemitismus aus dem Jahr 1941, an dem Pollock mitgearbeitet hatte und der nicht zufällig ebenfalls im Staatskapitalismus-Heft erschien. »The project«, heißt es in dem Entwurf, »will combine historical, psychological, and economic research with experimental studies.«[52] Im Februar 1942 kam es zu einer Zusammenkunft mit möglichen Sponsoren des Antisemitismus-Projekts. Das Institut präsentierte neben verschiedenen Gutachten und dem Entwurf noch einen Zusatz, der in eindeutigem Bezug zu Pollocks Staatskapitalismus-these stand. Unter der Überschrift »Our basic assumptions« heißt es in etwas hölzernem Englisch:

> (1) Anti-Semitism is no accident. It is deliberately used to make social transformation more palatable to large social groups. [...] (2) Our society is undergoing a profound transformation from liberal laissez-faire to centralized control. This process involves the rapidly progressing concentration of economic power and the gradual elimination of small business and independent professions. (3) This progress also involves profound socio-psychological changes. [...] With his life increasingly dependent upon centralized agencies, every individual will feel that he is a mere object in the hands of forces beyond his control.[53]

Die Parallelen zu Pollocks Aufsätzen aus der Zeitschrift für Sozialforschung sind unübersehbar. Und so ist es kaum verwunderlich, dass Pollock auch federführend in die Antisemitismus-Forschungsarbeit eingebunden war, als sich das American Jewish Committee 1943 erbot, das Projekt zu finanzieren. So war er

---

51 Erich Fromm: Arbeiter und Angestellte am Vorabend des Dritten Reiches. Eine sozialpsychologische Untersuchung. Bearbeitet und hg. v. Wolfgang Bonß. Stuttgart 1980; Institut für Sozialforschung (Hg.): Studien über Autorität und Familie. Forschungsberichte aus dem Institut für Sozialforschung. Paris 1936. Ziege: Antisemitismus (s. Anm. 15), S. 114 weist zurecht auf die wichtige Studie von Marie Jahoda u. a. hin: Die Arbeitslosen von Marienthal. Ein soziographischer Versuch über die Wirkungen langandauernder Arbeitslosigkeit. Leipzig 1933. Jahoda schrieb auch ein wichtiges Kapitel der Familien-Studie.
52 Institute for Social Research: Research Project on Antisemitism. In: SPSS IX, 2 (1941), S. 124.
53 Institute for Social Research: The Political Function of Anti-Semitism. Supplementary Statement to the Research Project on Anti-Semitism, 15. December 1942. In: Max-Horkheimer-Archiv [im Folgenden MHA]. Archivzentrum der Universitätsbibliothek Frankfurt a. M., IX, 92.7, S. 19 f.

beispielsweise am 27. Juli 1943 bei einem der gemeinsamen Treffen mit dem AJC zusammen mit Arkadij Gurland und Paul Massing (der später das einzige historiografische Werk des Instituts über die Geschichte des Antisemitismus verfassen sollte)[54] für das Institut anwesend und wird in einem Papier vom 15. Dezember 1942 als Leiter der soziologischen Sektion des Projekts genannt.[55] Immer wieder hielt er auch Kurzreferate über einzelne Aspekte des Projekts.[56]

Bekanntlich dauerte es bis 1949/50, als fünf Bände der vom AJC finanzierten »Studies in Prejudice« erschienen, darunter die vielleicht bekannteste Studie des Instituts, *The Authoritarian Personality*, an der vonseiten des Instituts vor allem Adorno beteiligt war.[57] Pollock wirkte nur administrativ daran mit, anders als bei der breit angelegten, über 1400 Seiten umfassenden Studie *Antisemitism among American Labor*, die zwar 1945 fertiggestellt wurde, aber letztlich unveröffentlicht blieb.[58] Pollock war Leiter dieses Projekts, das zwar den Antisemitismus in den USA untersuchte, aber hier just die Einstellungen derjenigen unter die Lupe nahm, die dem Marxismus immer als revolutionäres Subjekt gegolten hatten: Die Arbeiter. Die Studie *Antisemitism among American Labor* vertiefte die Ergebnisse von Fromms Studie über die deutschen Arbeiter, konkretisierte das Forschungsvorhaben des Instituts und weitete die Betrachtung auf die Vereinigten Staaten aus, da sowohl Horkheimer und Pollock als auch Adorno befürchteten, auch in den USA könne der Antisemitismus die Oberhand gewinnen.[59]

Neumann, der erst nach 1945 die Bedeutung der Psychoanalyse erkannte, blieb mit den ihm zur Verfügung stehenden analytischen Mitteln nichts anderes übrig, als den Antisemitismus zu verharmlosen. Im *Behemoth* heißt es zunächst, klassisch marxistisch, der Antisemitismus sei eine Ersatzbefriedigung für die antikapitalistischen Sehnsüchte der Massen, ohne zu erörtern, weshalb den angeblich überhaupt nicht antisemitisch eingestellten Massen dieser »Ersatz für den Klassenkampf« attraktiv erschien[60]; zweitens sei der Antisemitismus

---

54 Paul W. Massing: Rehearsal for Destruction: A Study of Political Anti-Semitism in Imperial Germany. Studies in Prejudice 2. New York 1949. Eine deutsche Übersetzung durch Felix Weil erschien 1959 als: Vorgeschichte des politischen Antisemitismus. Frankfurt a. M.
55 MHA IX 97a, S. 17.
56 Siehe z. B. MHA IX 100, 1.
57 Theodor W. Adorno u. a.: The Authoritarian Personality. Studies in Prejudice 1. New York 1950.
58 Institute for Social Research: Antisemitism among American Labor. 4 Bde. New York 1944–45 [Typoskript]. MHA IX 146, 1–23. Vgl. dazu ausführlich Ziege: Antisemitismus (s. Anm. 15) sowie Catherine Collomp: ›Anti-Semitism among American Labor‹: A Study by the Refugee Scholars of the Frankfurt School of Sociology at the End of World War II. In: Labor History 52, 4 (2011), S. 417–439.
59 Vgl. dazu auch Philipp Lenhard: An Institution of Nazi Statesmanship. Friedrich Pollock's Theoretical Contribution to the Study of Anti-Semitism. In: New German Critique 43, 1 127 (Februar 2016), S. 195–214.
60 Neumann: Behemoth (s. Anm. 42), S. 163.

ein Mittel, um sich jüdischen Besitz anzueignen; und drittens sei der Antisemitismus ein Vorwand für die imperialistische Eroberung Osteuropas. Alle drei Erklärungen nehmen den Antisemitismus als wahnhafte Projektionsleistung nicht ernst und interpretieren ihn lediglich als ein »Mittel«, nicht zugleich auch als einen »Zweck«.[61] Statt zumindest vorläufig davon auszugehen, dass die Antisemiten glauben, was sie sagen, wurde der Judenhass von Neumann kleingeredet:

> Der spontane Antisemitismus des Volkes selbst ist in Deutschland nach wie vor schwach. Diese Behauptung läßt sich nicht direkt beweisen, aber es ist bezeichnend, daß es trotz der unaufhörlichen Propaganda, der das deutsche Volk seit vielen Jahren ausgesetzt ist, keine einzige nachweisbare spontane antijüdische Aktion von Personen, die nicht der NSDAP angehören, gegeben hat. Nach meiner persönlichen Überzeugung ist das deutsche Volk, so paradox das auch scheinen mag, noch das am wenigsten antisemitische.[62]

Neumann warf hier jedoch zwei Dinge ineinander, die getrennt zu diskutieren wären: Nur weil der *spontane* Antisemitismus, der in der Reichspogromnacht, obwohl von der SA inszeniert, durchaus nicht ohne die Beteiligung der Bevölkerung vonstatten gegangen war, nur gering ausgeprägt gewesen sein mag, bedeutet das nicht, dass die antisemitische Ideologie *schlechthin* nicht verbreitet gewesen wäre.[63] Zumindest hätte Neumann angeben müssen, warum zehn-, ja hunderttausende Deutsche direkt oder indirekt in die Vernichtung involviert waren und wieso sich kaum Protest gegen die offensichtlichen judenfeindlichen Maßnahmen regte.

Doch hier ist nicht der Ort, Neumanns Erkenntnisse aus den Jahren 1942 bzw. 1944 (als die überarbeitete Auflage erschien) mit der neueren Forschung, die über eine weitaus bessere Quellenlage verfügt, abzugleichen und zu bewerten. Stattdessen soll hervorgehoben werden, dass die Verankerung im marxistischen Deutungsschema Neumann *ungeachtet der verfügbaren Quellen* nur zu bestimmten Schlüssen führen konnte, wollte er dieses Orientierung und lebensgeschichtliche Kontinuität verbürgende Schema nicht preisgeben. Die Erkenntnisse, die Neumann auf dieser Grundlage zutage förderte, sind, da gibt es keinen Zweifel, dennoch beachtlich.

---

61 In der vierten Erklärung – der Antisemitismus sei ein verschobener Christenhass – scheint etwas von Freuds Antisemitismustheorie auf. Neumann: Behemoth (s. Anm. 42), S. 108. Vgl. dazu Sigmund Freud: Der Mann Moses und die monotheistische Religion. Drei Abhandlungen. Amsterdam 1939, S. 164f.
62 Neumann: Behemoth (s. Anm. 42), S. 159.
63 Vgl. etwa Michael Wildt: Volksgemeinschaft als Selbstermächtigung. Gewalt gegen Juden in der Provinz 1919 bis 1939. Hamburg 2007; Alan E. Steinweis: Kristallnacht 1938: Ein deutscher Pogrom. Stuttgart 2011.

Was Pollock betrifft, so lag seine Bedeutung für die Entstehung einer kritischen Theorie des Antisemitismus vor allem in seinen theoretischen Reflexionen über den Atavismus zentraler Marx'scher Kategorien in der neuen Gesellschaft. Den Raum, den er mit dieser Loslösung vom Marxismus eröffnete, konnte er indes selbst nicht ausfüllen. So beschränkte er sich, getreu seiner zentralen These, dass die Politik im Staatskapitalismus die Ökonomie beherrsche, auf eine vorwiegend politische, und das heißt: funktionalistische Erklärung des Antisemitismus.[64] Zwar betonte er immer wieder, dass psychoanalytische und kulturhistorische Erkenntnisse in die Theorie integriert werden müssten, delegierte diese Arbeit jedoch gewissermaßen an Adorno, Horkheimer und Löwenthal. Das amerikanische Exil erlaubte es dem Kreis um Horkheimer, zur Vergangenheit in Europa auf Distanz zu gehen. Dies war, trotz aller Kontinuität mit der Arbeit in Deutschland, essenziell für die Erneuerung der Theorie. Der Marxismus schien der Gesellschaft, mit denen die Theoretiker sowohl in Deutschland als auch in Amerika konfrontiert waren, nicht mehr adäquat, er konnte das »neue Atemholen für die Herrschaft« nicht erklären.[65]

Es waren allen voran Horkheimer und Adorno, die die Loslösung vom Marxismus für die kritische Theorie des Antisemitismus fruchtbar machten. Sie erkannten, dass weder der Begriff des Staatskapitalismus noch der des Monopolkapitalismus, weder die politische noch die ökonomische Sphäre allein den zentralen Stellenwert des Antisemitismus zu erhellen vermochten. Bereits im September 1940 bezeichnete Horkheimer in einem Brief an Adorno die sogenannte Judenfrage als »*die* Frage der gegenwärtigen Gesellschaft«.[66] Und Adorno gab seiner Ansicht Ausdruck, dass die

> Tiefe und Hartnäckigkeit des Hasses gegen die Juden [...] die üblichen mehr oder minder rationalistischen Erklärungen des Antisemitismus als unzulänglich erscheinen [lässt]. Nicht nur datiert der Antisemitismus in eine Periode zurück, in der viele der ›rationalen Gründe‹ für seine Entstehung, wie der Anteil der Juden am Kapitalismus und Liberalismus, noch nicht wirksam waren. Der Antisemitismus selber trägt gewisse archaische Züge, die über die gewöhnlich angegebenen Ursachen hinausdeuten. Insbesondere deutet die Abgesperrtheit des Antisemitismus gegenüber Argumenten darauf hin, daß sehr alte und längst zur zweiten Natur gewordene Motive dabei im Spiel sein müssen – Motive, die weder mit dem Verhältnis der Juden zum Christentum noch mit dem zur Geldwirtschaft noch mit dem zur Aufklärung unmittelbar etwas zu tun haben.[67]

---

64 Siehe dazu Lenhard: An Institution (s. Anm. 59).
65 Horkheimer: Autoritärer Staat (s. Anm. 40), S. 294.
66 Max Horkheimer an Theodor W. Adorno, 24.9.1940. In: HGS 16, S. 765. Meine Hervorhebung.
67 Theodor W. Adorno an Max Horkheimer, 18.9.1940. In: HGS 16, S. 761.

In den folgenden Jahren entwickelte das Institut eine komplexe, allerdings auch fragmentarische Theorie des Antisemitismus, die nicht mehr auf der Theorie des Monopolkapitalismus basierte. Ihre finale Version war das Kapitel »Elemente des Antisemitismus« in Horkheimers und Adornos berühmtem Werk *Dialektik der Aufklärung*, das noch zahlreiche Reminiszenzen der Staatskapitalismus-Kontroverse enthält.[68] Das Buch war Friedrich Pollock gewidmet – nicht nur, so darf vermutet werden, wegen dessen treuer Freundschaft, sondern auch wegen des Einflusses seines Denkens auf das eigene Werk.

Zur selben Zeit, als die *Dialektik der Aufklärung* geschrieben wurde, hatte Neumann begonnen, für den militärischen Auslandsgeheimdienst OSS des amerikanischen Kriegsministeriums zu arbeiten. Er blieb seiner These, die meisten Deutschen lehnten den Antisemitismus ab, treu. In einem seiner geheimen Berichte für den OSS schrieb er 1943, es sei »futile to refute the anti-Semitic propaganda of the Nazis since the propaganda is probably not believed«.[69] Er konnte sich einfach nicht vorstellen, dass jemand die absurden Verschwörungstheorien eines Julius Streicher tatsächlich glaubte. Und doch konzedierte er im Hinblick auf die NSDAP:

> Anti-Semitism has been, from the very foundation of the Nazi Party, the most constant single ideology of the Nazi Party. No other element has so constantly figured in the forefront of Nazi ideologies and Nazi activities. We may, indeed, say that anti-Semitism is the sole ideology that can possibly cement the Nazi Party, and it is this unique function of anti-Semitism that gives it its peculiar character.[70]

Neumann lehnte nun, da immer mehr Details über den Holocaust bekannt wurden, anders als noch in der Erstauflage des *Behemoth* von 1942, die Sündenbocktheorie ab, nach der die Juden von den Nazis für alles Böse in der Welt verantwortlich gemacht wurden. Stattdessen entwickelte er seine eigene Theorie, die sogenannte Speerspitzentheorie, die auch Eingang in die zweite Auflage des Buches von 1944 fand. Dieser Theorie zufolge war die

> expropriation of the Jews […] followed by that of the Poles, Czechs, Dutchmen, Frenchmen, anti-Nazi Germans, and middle classes. Not only Jews are put in concentration camps but pacifists, conservatives, Socialists, Catholics, Protestants, Free Thinkers, and members of the occupied peoples. Not only Jews fall under the

---

68 Siehe dazu Gunzelin Schmid Noerr: The Position of »Dialectic of Enlightenment« in the Development of Critical Theory. In: Max Horkheimer und Theodor W. Adorno: Dialectic of Enlightenment. Philosophical Fragments [1944]. Hg. v. Gunzelin Schmid Noerr und übersetzt von Edmund Jephcott. Stanford 2002, S. 232–237.
69 Franz L. Neumann: Anti-Semitism: Spearhead of Universal Terror. In: Secret Reports on Nazi Germany. The Frankfurt School Contribution to the War Effort. Hg. v. Raffaele Laudani. Princeton 2013, S. 27–30; hier: S. 30.
70 Neumann: Anti-Semitism (s. Anm. 69), S. 27.

executioner's ax but countless others of many races, nationalities, beliefs, and religions.[71]

Das ultimative Ziel des Nazi-Antisemitismus war demnach nicht die Vernichtung der Juden, sondern die Zerstörung der liberalen Demokratie. Das implizierte, dass die Juden als Feindbild ausgewechselt werden konnten, wenn es bestimmte politische Erwägungen verlangten.

VI. Aufbau der Demokratie

Es ist mehr als eine Ironie, dass Pollock sich in diesem Punkt Neumann annäherte. Im Gegensatz zu Horkheimers und Adornos sozialpsychologischen und kulturhistorischen Einsichten klammerte sich Pollock an einen Begriff von »politischem Antisemitismus«, der deutlich funktionalistische und manipulationstheoretische Züge trug. In einem Vortrag mit dem Titel *Political Antisemitism*, den Pollock drei Jahre nach der Veröffentlichung der Staatskapitalismusthesen auf einer Konferenz in Washington D.C. hielt, vertrat er die These, politische Demagogen nutzten »existing antisemitic attitudes for their own political purposes«[72]. Die psychologische Dimension des Antisemitismus wurde zwar ebenso angesprochen wie die Tatsache, dass ein breiter Nährboden für die Demagogen vorhanden war, aber letztlich erschien der Antisemitismus in dem Vortrag nur als ein Mittel – nicht als ein Selbstzweck. Auch Pollock blieb damit der doch theoretisch bereits überwundenen Vorstellung verhaftet, der Antisemitismus sei wesentlich ein Surrogat für sozialen Protest. Dies wird vor allem deutlich, wenn man sich Pollocks abschließende Vorschläge für politische Maßnahmen gegen den Antisemitismus vor Augen führt. Hier entwarf er die Einrichtung einer Gesellschaft, in der »every individual would feel free from the threat of man-made disaster«, in der »frustration and fear« eliminiert wären und die Menschen ein angenehmes Leben führten. Was zunächst nach einer kommunistischen Utopie klingt, entpuppt sich jedoch bei näherem Hinsehen als Idealisierung des »demokratischen Staatskapitalismus«. Bereits im Staatskapitalismus-Aufsatz war als einzig mögliche humane Alternative zur totalitären Gesellschaft der Staatskapitalismus von Roosevelts *New Deal* erschienen. Genau diesen forderte Pollock nun für die Nachkriegsordnung. Der wichtigste Aspekt

---

71 Neumann: Anti-Semitism (s. Anm. 69), S. 27 f. Herbert Marcuse war der erste aus dem Kreis des Instituts, der die Speerspitzentheorie explizit für unzureichend erklärte. Vgl. seinen Brief an Max Horkheimer vom 28.7.1943. In: Herbert Marcuse: Collected Papers. Bd. 1: Technology, War and Fascism. Hg. v. Douglas Kellner. New York, London 1998, S. 244–246; hier: S. 244.
72 Friedrich Pollock: Political Antisemitism. In: New German Critique 43, 1 127 (Februar 2016), S. 204–212.

schien ihm die Vollbeschäftigung zu sein, die in einer Gesellschaft, die durch technischen Fortschritt permanent den Überfluss menschlicher Arbeitskraft produziert, nur durch eine Planwirtschaft gewährleistet werden könne. Die Idee der sozialistischen Planwirtschaft aber, der Pollock solange angehangen hatte, war durch den Stalinismus diskreditiert. Was blieb, war ein starker, wenngleich demokratisch kontrollierter Staat, der die Massen durch Konsum und Sozialpolitik bei Laune hielt. Dies war die bittere Zukunftsperspektive des Ex-Marxisten Pollock, der alle Wege zu einer wirklichen sozialen Revolution versperrt sah.

Als Pollock und Horkheimer 1949/50 entschieden, nach Deutschland zurückzukehren, wollten sie ihren Beitrag zum Aufbau einer deutschen Demokratie leisten. Und das führte auch die einstigen Rivalen Neumann und Pollock wieder zusammen: Als Neumann 1954 starb, waren er und Pollock als wissenschaftliche Lehrer und Verteidiger der Demokratie in die Reeducation der deutschen Jugend eingebunden. Auch Neumann hatte sich inzwischen vom Marxismus abgekehrt – ohne deshalb, genauso wenig wie Pollock, die Kritik an Herrschaft und Ausbeutung preiszugeben – und sah in der Vermittlung liberaler Werte das beste Unterpfand gegen eine Wiederkehr der Barbarei. Sie kämpften seit jeher für dasselbe Ziel, nun näherten sie sich auch theoretisch wieder an. Kurz vor seinem Tod hielt Neumann einen Vortrag mit dem Titel *Angst und Politik*, der sich aus psychoanalytischer Sicht mit dem Phänomen der Angst beschäftigte und sich wie ein Kommentar zu den »Elementen des Antisemitismus« liest. Neumann endete mit den Worten: »Nur durch unsere eigene verantwortliche erzieherische und politische Tätigkeit kann aus den Worten des Idealismus Geschichte werden.«[73] Dem konnte sich Pollock nur anschließen. Das Exil hatte sie verändert, und die amerikanische Erfahrung wirkte nun auf die neugegründete Bundesrepublik zurück.

---

73 Franz Neumann: Angst und Politik. In: Ders.: Demokratischer und autoritärer Staat. Hg. v. Herbert Marcuse. Eingeleitet von Helge Pross. Frankfurt a. M. 1986, S. 261–291; hier: S. 285.

Birgit R. Erdle

Closures, conclusions
Einprägungen der Erfahrung der Verfolgung und des Wissens um die Shoah in Schriften von Siegfried Kracauer

I. Schlüsse, Schließungen: 1933

Im Herbst 1933 veröffentlicht Siegfried Kracauer in der französischen Zeitschrift *Cahiers Juifs* einen Aufsatz unter dem Titel *Inventaire*. Die deutschsprachige Originalfassung, die sich als Typoskript in Kracauers Nachlass befindet, ist *Conclusions* überschrieben.[1] Die Ausgabe der *Cahiers Juifs*, in der die französische Übersetzung des Textes erschien, war dem Thema *L'Apport des Juifs d'Allemagne à la civilisation allemande* gewidmet; sie gliederte sich in folgende thematische Abschnitte: »Politique et vie sociale«, »Droit«, »Littérature«, »Philosophie«, »Sciences«, »Arts«, »Finance«, »Opinion publique«, »Industrie et commerce«, »Sport« und »Nazisme et civilisation«.[2] In dieser letzten Sektion, die sich mit dem Zusammenhang von Nationalsozialismus und Kultur beschäftigte, war Kracauers Aufsatz abgedruckt. Angesichts der Verfolgung der Juden, »die an Umfang und Organisationskunst ihresgleichen sucht«[3], wie Kracauer feststellt, bemüht sich sein Aufsatz um Orientierung. Er versucht, der Lähmung Herr zu werden, die er durch den unfassbaren, »gewaltsame[n] Bruch«[4] in der deutsch-jüdischen Geschichte verursacht sah.[5]

Schon zu diesem Zeitpunkt, 1933, zeichnet Kracauer scharf den »Vernichtungswillen«[6] des Hasses gegen die Juden im zeitgenössischen

---

1 Siegfried Kracauer: Inventaire. In: Cahiers Juifs. Alexandrie-Paris. Revue paraissant tous les deux mois, No. 5/6 (Septembre/Novembre 1933), S. 372–377. Deutschsprachige Originalfassung: Siegfried Kracauer: Conclusions [Bestandsaufnahme]. In: Ders.: Essays, Feuilletons, Rezensionen. Bd. 5.4. 1932–1965. Hg. v. Inka Mülder-Bach. Berlin 2011, S. 467–473.
2 Diesen thematischen Sektionen vorangestellt war ein Vorwort von Albert Einstein unter dem Titel »Notre Œuvre«, das hervorhebt, wie viel die abendländische Kultur der jüdischen Tradition, Geschichte und Kultur verdankt und wie eng sie mit dieser verwoben ist. Wie auch in der redaktionellen Vorbemerkung zu dem Themenheft wird der Versuch sichtbar, eine sprachliche Form zu finden, die jede Apologie vermeidet. Albert Einstein: Notre Œuvre. In: Cahiers Juifs (s. Anm. 1), S. 103.
3 Kracauer: Conclusions [Bestandsaufnahme] (s. Anm. 1), S. 467.
4 Kracauer: Conclusions [Bestandsaufnahme] (s. Anm. 1), S. 469.
5 »Noch ist er, infolge der Plötzlichkeit seines Vollzugs, unwirklich wie ein Traum, noch sind die Geschlagenen viel zu gelähmt, als daß sie ihn zu fassen vermöchten.« Kracauer: Conclusions [Bestandsaufnahme] (s. Anm. 1), S. 469.
6 Kracauer: Conclusions [Bestandsaufnahme] (s. Anm. 1), S. 470.

Deutschland auf. Nur Exil, »völlige[n] Austreibung«[7] oder die Internierung in einem neuen Ghetto bleibe den Juden als Zukunftsaussicht. Bereitliegende wissenschaftliche Dispositive, die herangezogen werden könnten, um die Katastrophe zu verstehen, die sich gerade vollzieht, weist er sehr klar zurück: »aus der Daseinsweise des deutschen Judentums«, so hält er fest, lasse sie sich »überhaupt nicht erklären«[8], doch ebenso unzureichend erscheinen ihm psychologische, ökonomische, soziale Erklärungsansätze. Alle diese Deutungs- und Erklärungsversuche für den Hass seien der Gewalt solchen Vernichtungswillens, »der das heutige Deutschland – und möglicherweise nicht erst das heutige – den Juden gegenüber beseelt«, nicht gewachsen.[9] Zwar findet Kracauer in manchen der versammelten Beiträge aufklärende Formulierungen; an die »Unbegreiflichkeit des Ereignisses«[10] reichen sie aber dennoch, so bemerkt er, nicht heran, sie können »die Brutalität des Stoßes«[11] nicht mindern. Kracauer schließt seinen Aufsatz mit den folgenden Sätzen: »Nun trennen sich die Wege. Werden sie einmal wieder zusammenkommen? Jedenfalls hängt fortan die Erlösung der Juden und damit der Menschheit im entscheidenden Sinne von einer durchgreifenden Selbstbesinnung Deutschlands ab.«[12]

Als Kracauer seinen Beitrag für das Themenheft der *Cahiers Juifs* publizierte, lebte er bereits seit mehreren Wochen im Exil. Am Tag nach dem Reichstagsbrand, am 28. Februar 1933, war er zusammen mit seiner Ehefrau Elisabeth Ehrenreich aus Berlin über Frankfurt am Main nach Paris geflüchtet. Seine Verbannung aus Deutschland war also bereits ein vollendetes Faktum, als sein im Jahr 1930 veröffentlichtes Buch *Die Angestellten. Aus dem neuesten Deutschland* auf den im Frühjahr und Sommer 1933 zusammengestellten Listen »des schädlichen und unerwünschten Schrifttums« erschien. In einem Brief an Theodor W. Adorno vom 13. April 1939 insistiert er jedoch darauf, er sei nicht

> vor den Nazis geflohen, sondern die Frankfurter Zeitung hat mich in der Voraussicht, daß sie selber durch mich kompromittiert werde, nach Paris zur Vertretung Sieburgs geschickt, wo ich noch ein paar Artikel über Film und Literatur schrieb. Nach vier Wochen gab mir die Zeitung dann endgültig den Laufpaß. Dies zu Deiner persönlichen Orientierung. Im Text genügen die Angaben, daß mich die Frankfurter Zeitung meiner politischen Haltung wegen entließ und daß meine Bücher in Deutschland verbrannt wurden.[13]

---

7 Kracauer: Conclusions [Bestandsaufnahme] (s. Anm. 1), S. 467.
8 Kracauer: Conclusions [Bestandsaufnahme] (s. Anm. 1), S. 469.
9 Kracauer: Conclusions [Bestandsaufnahme] (s. Anm. 1), S. 470.
10 Kracauer: Conclusions [Bestandsaufnahme] (s. Anm. 1), S. 470.
11 Kracauer: Conclusions [Bestandsaufnahme] (s. Anm. 1), S. 470.
12 Kracauer: Conclusions [Bestandsaufnahme] (s. Anm. 1), S. 472.
13 Theodor W. Adorno und Siegfried Kracauer: Briefwechsel 1923–1966. Hg. v. Wolfgang Schopf. Frankfurt a. M. 2008, S. 425. Anton Kaes kommentiert Kracauers Entlassung aus der *Frankfurter Zeitung*, für die er seit Beginn der 1920er Jahre gearbeitet hatte, zunächst in Frankfurt a. M.,

Entlassung, Verbannung und der symbolische Mord an seiner Autorschaft markieren so für Kracauer den Beginn des Exils. Sein Aufsatz für die *Cahiers Juifs* lässt die Rede vom *Beitrag* im Sinn des »summarischen Rückblick[s]«[14] des Themenhefts noch einmal wiederaufleben[15], doch verbunden mit der Geste des Abschließens. Wie in einem Negativ wird in den »Conclusions« noch die Kontur der Beobachtungs- und Schreibweise, die sortiert und sichtet, erkennbar, wie sie uns in vielen seiner früheren, für die *Frankfurter Zeitung* geschriebenen Texten begegnet. Die Übersetzung der Titelbegriffe zwischen Typoskript und Publikation, der Wechsel von »Conclusions« zu »Inventaire« – *conclusions*, ein in der französischen und der englischen Sprache gleich lautendes Wort, das Schlüsse, Schließungen, Schlussfolgerungen bedeutet, während *inventaire* die Bestandsaufnahme oder das Bestandsverzeichnis meint – setzt die Rede vom Beitrag schon in ein anderes Licht. Doch rückt die originale Überschrift des Typoskripts den Modus des Schließens und des Abschließens der Geschichte der Juden in Deutschland in den Vordergrund; die Überschrift der publizierten französischen Textfassung legt dagegen den Akzent auf den Modus des Aufzählens der Bestände dieser Geschichte. Beides zeugt vom Stand des Rückblicks und des Schocks, unter dem Kracauer die einzelnen Beiträge des Themenheftes versammelt sieht.

Kracauer veröffentlicht seinen Text in den *Cahiers Juifs* nicht unter seinem Namen, sondern unter dem Pseudonym »Observer«.[16] Autorname und Beobachter sind in diesem Pseudonym verschmolzen: Die Beobachterhaltung, deren befremdeten Blick Kracauer zunächst im Rekurs auf Marcel Prousts Literatur theoretisch entwickelt hatte, weist sich nun als ein schützendes Versteck aus, sie soll im unmittelbaren politischen Sinn Schutz bieten. Das Pseudonym, in das

---

seit 1930 als Leiter des Feuilletons in Berlin, wie folgt: »Although Kracauer's radical film criticism soon became inopportune for the *Frankfurter Zeitung*, the chief editor was concerned enough about his safety to send him to the newspaper's Paris office – only to fire him six weeks later, in August 1933, under the pretext that he had published in a leftist exile journal. (Kracauer worked on the side because the Frankfurter Zeitung had drastically cut his salary.) It is safe to say that the abrupt fall from the height of fame and the resultant threat to his livelihood devastated and broke Kracauer. His letters to his colleague and friend Benno Reifenberg in 1933 are full of panic, resentment, and desperation, testifying to the misery of exile – a life of unending economic hardship, humiliating appeals for help, and fears about one's professional future.« Anton Kaes: Siegfried Kracauer: The Film Historian in Exile. In: »Escape to Life«. German Intellectuals in New York: A Compendium on Exile after 1933. Hg. v. Eckart Goebel und Sigrid Weigel. Berlin, Boston 2012, S. 236–269; hier: S. 239–240.

14 Kracauer: Conclusions [Bestandsaufnahme] (s. Anm. 1), S. 468.
15 »Erst die Anklagen, die das jetzige Deutschland den Juden entgegenschleudert, zwingen diese zur Gegenrechnung; das heißt, zum Aufweis der positiven Rolle, die das Judentum faktisch in Deutschland gespielt hat. Sie berührt wie ein Wunder.« Kracauer: Conclusions [Bestandsaufnahme] (s. Anm. 1), S. 468.
16 Kracauer: Conclusions [Bestandsaufnahme] (s. Anm. 1), S. 473. Anmerkung 1 der Herausgeberin.

sich der Autorname zurückgezogen hat, lässt sich als Symptom dafür lesen, wie der erschütterte Zeuge sich dem bewussten Beobachter anzuverwandeln sucht. Wenn der Blick des Beobachters entsprechend der historischen Bedeutungsgeschichte sich auf den Lauf der Sterne, die Veränderung der Witterung, aber auch den Gang der Zeitereignisse[17] richtet, so scheint es, als habe diese allgemeine Bedeutung, wie das Pseudonym sie konnotiert, sich vor die Schockerfahrung geschoben, der Kracauers Text standzuhalten und die er zu verarbeiten sucht, indem er Schlüsse, Schließungen, Schlussfolgerungen zieht.

II. Autopsie und Seiltanz: Weiterarbeiten im Exil

Von der Erfahrung des gewaltsamen Bruchs und deren Bearbeitung, wie sie sich in Kracauers *Conclusions* im Schreibakt des Schließens zum Ausdruck bringt, zeugen wiederholt mehrere Passagen in seinen nach 1933 entstandenen Texten, aber auch in Briefen. Wie ein Akt des Wiederholens und Durcharbeitens im Sinne Sigmund Freuds erscheint Kracauers Tätigkeit in der Film Library am New Yorker Museum of Modern Art, die er nach seiner Flucht aus Marseille nach New York im Jahr 1941 aufgenommen hatte.[18] Nachträglich, im Mai 1947, im Blick auf seine aus dieser Tätigkeit entstandene, gerade erschienene Studie *From Caligari to Hitler. A Psychological History of the German Film* schreibt er in einem Brief über deren Doppelstruktur von »objektiven Analysen« und »persönlichen Erinnerungen«:

> Ich selber war hin und her gezerrt zwischen Fremdheit und Nähe, wunderte mich manchmal, dass ich etwas von aussen beobachtetes so gut von innen kannte – wie wenn man heute deutsch sprechen hört und zugleich hinter und vor der Sprachwand ist –, und war glücklich wenn sich bei Gelegenheit mein damaliges Urteil

---

17 »*Der sprachgebrauch hat sich zumal nach dem lat.* observare *und franz.* observer *gerichtet. es heisst den lauf der sterne, den aufgang eines gestirns, die veränderungen der witterung beobachten; den gang der zeitereignisse beobachten*«. Deutsches Wörterbuch von Jacob und Wilhelm Grimm. 16 Bde. in 32 Teilbänden. Leipzig 1854-1961. Quellenverzeichnis Leipzig 1971. Bd. 1, Sp. 1478, unter: http://www.woerterbuchnetz.de/DWB?lemma=beobachten [abgerufen: 9.1.2016].

18 Neben Auftragsarbeiten über »Propaganda and the Nazi War Film« (im Juni 1942 abgeschlossen) und »The Conquest of Europe on the Screen – The Nazi Newsreel 1939-1940« (fertiggestellt im Mai 1943) arbeitet Kracauer an seiner »History of the German Film«. Siegfried Kracauer 1889-1966. Bearbeitet von Ingrid Belke und Irina Renz. Marbacher Magazin 47, 1988, S. 101-106. Die epistemologische Szene, die sich dadurch herstellt, beschreibt Anton Kaes als »uncanny scenario«: »Kracauer, the foremost film critic of the Weimar Republic, sits in a projection room at the Museum of Modern Art, re-viewing films from the Weimar era, most of which he himself had reviewed before. He revisits them with the benefit (or curse) of hindsight. He watches the films with the knowledge of Weimar democracy's slide into the dictatorship of the Third Reich.« Kaes: Siegfried Kracauer: The Film Historian in Exile (s. Anm. 13), S. 244.

und meine heutige Erkenntnis als eins erwiesen. Im Schreiben kam ich mir wie ein Arzt vor, der eine Autopsie vornimmt und dabei auch ein Stück eigener, jetzt endgültig toter Vergangenheit seziert. Aber natürlich, einiges lebt, wie immer verwandelt, fort. Es ist ein tightrope walking zwischen und über dem Gestern und Heute.[19]

Kracauer verwendet hier ein abruptes Nebeneinander der Bilder, um seine Lage als Beobachter und sein epistemologisches Verfahren im Umgang mit den geisterhaften Relikten aus der Weimarer Republik zu beschreiben: Die Bilder der Autopsie und des Seiltanzes lassen die Ambivalenz im Schreibakt erkennen, die das Vergangene als Totes abgeschlossen hat und in der Haltung des Sezierens, der Autopsie, diese Schließung zugleich voraussetzt und nachvollzieht. Doch weist das Bild des Seiltänzers gleichzeitig darauf hin, wie das eigene Schreiben stabile Raum- und Zeitkategorien unterläuft oder sich Zwischenräume sucht, die seitlich oder oberhalb der stabilen Unterscheidung von gestern und heute angesiedelt sind.[20]

Das Bild, das Kracauer hier entwirft, um die Kopräsenz des Toten und des Fortlebens anzuzeigen, ist also komplexer und abgründiger, als es die Rede von der Dringlichkeit, »to make sense of the past«[21] vermuten lässt. Die »Ereignisse […] wirklich zu ermessen«, nicht nur auf sie zu reagieren, wie Kracauer in seinen *Conclusions* 1933 formuliert[22] – das bringt einen Anspruch zum Ausdruck, den einzulösen für ihn angesichts seiner Lage im Exil für lange Zeit unmöglich ist. Die »schlimmen Pariser Jahre«, wie er im November 1944 an Erwin Panofsky schreibt[23], sind durchsetzt von Angst – viele Jahre später umreißt Kra-

---

19 Siegfried Kracauer, Erwin Panofsky: Briefwechsel 1941–1966. Mit einem Anhang: Siegfried Kracauer »under the spell of the living Warburg tradition«. Hg. v. Volker Breidecker. Berlin 1996, S. 47 (Brief Kracauers an Erwin Panofsky vom 2.5.1947).

20 Es ist möglich, aber nicht belegt, dass die von Kracauer hier benutzte Metapher des *tightrope walking* eine bewusste Reminiszenz an Paul Klees Bild »Seiltänzer«, eine Lithografie aus dem Jahr 1923, bildet. Die Linie des Drahtseils, auf dem der dort dargestellte Seiltänzer hoch oben balanciert, überspannt einen Raum, der sich unter ihm in ein Gefüge schräger Linien, Flächen und Punkte auffaltet. Die Anspielung auf dieses Bild würde dann einen Erkenntnismodus rezitieren, wie ihn ähnlich und viel früher Gershom Scholem in seiner Auseinandersetzung mit Walter Benjamin über den Kubismus formuliert hat, wenn er diesen als Versuch beschreibt, »das Wesen des Raumes durch Zerlegung auszudrücken« und »durch die Linie mitzuteilen«. Gershom Scholem: Tagebücher nebst Aufsätzen und Entwürfen bis 1923. 2. Halbband 1917–1923. Hg. v. Karlfried Gründer. Frankfurt a. M. 2000, S. 31. Im Bild Kracauers balanciert der Seiltänzer aber über Zeiträume, nämlich »zwischen und über dem Gestern und Heute«. Als Reflexionsfigur, die über Zeitlichkeits- und Geschichtskonzepte und über das Schreiben von Geschichte nachdenkt, weist das Bild des Seiltänzers bei Kracauer auf seine späteren Werke voraus.

21 Kaes: Siegfried Kracauer: The Film Historian in Exile (s. Anm. 13), S. 245.

22 Kracauer: Conclusions [Bestandsaufnahme] (s. Anm. 1), S. 467.

23 Kracauer, Panofsky: Briefwechsel 1941–1966 (s. Anm. 19), S. 38 (Brief Kracauers an Panofsky vom 8.11.1944).

cauer seine Verfassung mit seinem »mehr als Kierkegaardsche[n] Zittern«²⁴ – und geprägt durch die Gleichzeitigkeit von ohnmächtigem Warten und dem Bewusstsein, dass »Eile geboten« sei – »um der eigenen Existenzkrise willen, die eine totale heißen darf«.²⁵ Von Lissabon aus schreibt Kracauer an Adorno in einem Brief vom 28. März 1941, der seine Überfahrt nach New York, zusammen mit seiner Frau Lili, in Aussicht stellt: »kommt nichts dazwischen, so werden wir zwischen dem 25. und 30. April in New York landen.« Und er setzt hinzu:

> Es ist schlimm, so anzukommen wie wir – nach 8 Jahren einer Existenz, die nicht diesen Namen verdient. Ich bin älter geworden, auch in mir. Jetzt kommt die letzte Station, die letzte Chance, die ich nicht verspielen darf, sonst ist alles vorbei. Und diese letzte Chance, ich kann sie nur wahrnehmen, wenn ich gleich in New York eine erste erhalte – denn ich komme arm an, ärmer als ich je war, und so ist es unmöglich, die ersten Schritte aus eigener Kraft zu tun.²⁶

Kracauers Mutter Rosette und seine Tante Hedwig Kracauer leben zu dieser Zeit noch immer in Deutschland. Kracauers Versuche, beiden die Emigration zu ermöglichen, scheiterten²⁷; im August 1942 erhält er die Nachricht von ihrer Deportation²⁸, nachdem der Kontakt über Briefe abgebrochen war.²⁹ Im Oktober 1942 schreibt Kracauer an Herbert E. Levin über

---

24 Adorno, Kracauer: Briefwechsel 1923–1966 (s. Anm. 13), S. 685.
25 Adorno, Kracauer: Briefwechsel 1923–1966 (s. Anm. 13), S. 380 (Brief Kracauers an Adorno vom 10.12.1937). Zu den Exiljahren in Paris siehe auch Olivier Agard: L'exil parisien de Siegfried Kracauer. In: Atala. Cultures et sciences humaines 9 (2006) (La France et l'Allemagne), S. 59–71. Über die Internierung Kracauers nach Ausbruch des Krieges schreibt Agard: »En septembre 1939, comme tous les Allemands (souvent devenus apatrides) se trouvant sur le sol français, il est interné, d'abord à Maisons-Laffitte, puis à Athis-sur-Orne: il ne parvient à sortir qu'en novembre. Depuis plusieurs mois déjà, Kracauer préparait une émigration aux États-Unis, mais la procédure est interminable, et Kracauer est bloqué à Marseille de juin 1940 à février 1941: il y croise au début quotidiennement Walter Benjamin« (S. 61). Vgl. auch Siegfried Kracauer 1889–1966. Bearbeitet v. Belke und Renz (s. Anm. 18), S. 95.
26 Adorno, Kracauer: Briefwechsel 1923–1966 (s. Anm. 13), S. 427.
27 Für den November 1941 verzeichnet die Chronik von Ingrid Belke und Irina Renz »[v]erzweifelte Briefe von Mutter und Tante, die plötzlich aus ihrem und den notwendigsten Gepäck ausziehen mußten. (Ihre neue Adresse Eysseneckstraße 41.) K[racauer]s versuchen die ungeheuren Beträge für Kuba-Visen und Reisekosten aufzubringen.« Siegfried Kracauer 1889–1966. Bearbeitet v. Belke und Renz (s. Anm. 18), S. 103.
28 Siegfried Kracauer 1889–1966. Bearbeitet v. Belke und Renz (s. Anm. 18), S. 103.
29 Über Rosette Kracauer ist in der Datenbank von Yad Vaschem folgender Eintrag zu finden: »Rosette Krakauer nee Oppenheimer was born in 1867. During the war she was deported with Transport XII/1, Train Da 503 from Frankfurt am Main, Wiesbaden, Hesse-Nassau, Germany to Theresienstadt, Ghetto, Czechoslovakia on 18/08/1942. Deported with transport Br from Theresienstadt, Ghetto, Czechoslovakia to Treblinka, Extermination Camp, Poland on 26/09/1942. Rosette was murdered/perished in the Shoah. This information is based on a List of Theresienstadt camp inmates found in Terezinska Pametni Kniha/Theresienstaedter Gedenk-

Sorgen, die uns in der Tiefe beanspruchten. Uns ging Nachricht aus der Schweiz zu, dass meine Mutter und Tante nun auch nach Polen (oder Theresienstadt?) deportiert worden sind. Dies geschah Mitte August. Die Mutter ist 76, die Tante 80. Beide waren in einem Altersheim, dessen Insassen ... alle abtransportiert zu sein scheinen. Meine Frau ging gleich zum Red Cross, und man versprach ihr dort nach der Adresse zu recherchieren. Aber die Antwort kann viele Monate dauern, und inzwischen ist nichts zu tun. Auch dann wohl nichts. Es ist entsetzlich.[30]

Und in einem Brief vom 5. November 1942, der sich, nun auf Englisch, in der neu angeeigneten fremden Sprache, der Sprache seiner wissenschaftlichen Forschung, an die Kunsthistorikerin Gertrud Krautheimer-Hess richtet, stellt er die Frage: »And what may we learn after the war about all these beloved, poor, wretched existences somewhere in Theresienstadt or deep in Poland? The one and only thing you can do is desperately to work on.«[31] Die offenstehende Frage bleibt der Aufforderung, verzweifelt weiterzuarbeiten, stillschweigend übergeordnet. Unklar bleibt, welches Wissen über die Massenmorde an den europäischen Juden der Frage Kracauers zu diesem Zeitpunkt, Anfang November 1942, zugrunde liegt.

III. Die Epistemologie des Kleinsten und ihre gedächtnistheoretische Aufladung: redemption, Erlösung, Errettung

Die Wissensfiguren, die die Begriffsarbeit anleiten, welche Kracauers »process of ›back-shadowing‹«[32] in seiner Tätigkeit des Durcharbeitens im Projektions-

---

buch, Terezinska Iniciativa, vol. I–II Melantrich, Praha 1995, vol. III Academia Verlag, Prag 2000.«
http://db.yadvashem.org/deportation/nameDetails.html?language=en&applid=SAPIR7&queryId=JAGUAR02_2768_749250&itemId=4858004 [abgerufen: 27.1.2016].
Über Hedwig Kracauer finden wir folgenden Eintrag: »Hedwig Krakauer was born in 1862. During the war she was deported with Transport XII/1, Train Da 503 from Frankfurt am Main, Wiesbaden, Hesse-Nassau, Germany to Theresienstadt, Ghetto, Czechoslovakia on 18/08/1942. Deported with transport Br from Theresienstadt, Ghetto, Czechoslovakia to Treblinka, Extermination Camp, Poland on 26/09/1942. Hedwig was murdered/perished in the Shoah. This information is based on a List of Theresienstadt camp inmates found in Terezinska Pametni Kniha/Theresienstaedter Gedenkbuch, Terezinska Iniciativa, vol. I–II Melantrich, Praha 1995, vol. III Academia Verlag, Prag 2000.« http://db.yadvashem.org/deportation/nameDetails.html?language=en&applid=SAPIR14&queryId=JAGUAR35_2544_587017&itemId=4857184 [abgerufen: 27.1.2016].
30 Kracauer, Panofsky: Briefwechsel 1941–1966 (s. Anm. 19), S. 12 (Brief Kracauers an Herbert E. Levin vom 15.10.1942).
31 Zitiert nach: Volker Breidecker: ›Ferne Nähe‹. Kracauer, Panofsky und ›the Warburg tradition‹. In: Kracauer, Panofsky: Briefwechsel 1941–1966 (s. Anm. 19), S. 129–226; hier: S. 158.
32 Kaes: Siegfried Kracauer: The Film Historian in Exile (s. Anm. 13), S. 244.

raum der Film Library des Museum of Modern Art begleitet, zeigen eine ausgeprägte und bis in seine Texte der 1920er Jahre zurückreichende Kontinuität. Die Projektbeschreibung, die Kracauer am 14. Oktober 1942 bei der Guggenheim Foundation einreicht – sie ist überschrieben: »Notes on the planned History of the German Film« –, stellt sich politisch-strategisch zwischen Vergangenheit und Zukunft, wenn es dort heißt:

> it helps in the understanding of the events that led to Hitler's rise to power, and reveals the mentality behind the Nazi regime as well. [...] it concentrates upon those more or less hidden elements of German reality which will have to be considered by any education project concerned with Germany's future.[33]

Der Begriff der Mentalität (»mentality«), den Kracauer in dieser Formulierung verwendet, zeugt von der Schwierigkeit, eine Antwort auf die Frage zu finden, in welchen historischen und kulturellen Tiefenschichten die Genese des Nazismus in Deutschland zu verorten ist, und von dem Versuch, an den politischen Diskurs in den frühen 1940er Jahren in den USA anzuschließen. In seiner ebenfalls 1942 erschienenen Arbeit *Propaganda und der Nazikriegsfilm* bemerkt er: »The natural inclination of Germans for thinking in anti-rational, mythological terms has never been entirely overcome.«[34] Der Terminus »natural inclination« zog die scharfe Kritik des amerikanischen Kunsthistorikers Meyer Schapiro, mit dem Kracauer befreundet war, auf sich, der ihm am 12. August 1942 schrieb: »I am shocked to read of the ›natural inclination of Germans for thinking in anti-rational mythological terms.‹ This is what the Nazis want the people to believe; as for me, habits of thought are cultural and historical, not ›natural‹.«[35] Kracauer antwortet darauf, indem er fünf Jahre später, 1947, im Wiederabdruck seiner Arbeit von 1942 das Wort »natural« durch »traditional« ersetzt (»[T]he traditional German penchant for thinking in antirational, mythical terms was never entirely overcome.«[36]). Doch lässt sich in der Referenz auf die Kategorie des ›Natürlichen‹ ein Echo der *Conclusions* von 1933 wahrnehmen. Hier hatte Kracauer, an das Deutungskonzept eines der aufgeklärten Vernunft entgegengesetzten blinden Triebgeschehens anknüpfend, notiert: »Solange sich noch die blind sich selber setzende Natur ungebrochen behaupten darf und in ihrem Namen Menschen, Klassen und Völker geknebelt werden, sind die in die Zerstreuung geschickten Juden zu ewiger Wanderschaft verdammt.«[37]

---

33 Kracauer, Panofsky: Briefwechsel 1941–1966 (s. Anm. 19), S. 18.
34 Siegfried Kracauer: Propaganda and the Nazi War Film. New York: The Museum of Modern Art, Film Library, 1942, S. 24.
35 Zitiert nach: Kaes: Siegfried Kracauer: The Film Historian in Exile (s. Anm. 13), S. 249–250.
36 Siegfried Kracauer: From Caligari to Hitler. A Psychological History of the German Film. Princeton 2004, S. 290.
37 Kracauer: Conclusions [Bestandsaufnahme] (s. Anm. 1), S. 471.

Diesen Gedanken nimmt er in einer Filmkritik aus dem Jahr 1949 auf, die sich mit der Figur des ›guten Deutschen‹ auseinandersetzt und eine Lesart des Films entwickelt, die das ethische Vakuum einer unpolitischen, bloß persönlichen Moral, die in dieser Figur verkörpert ist, exponiert. Hier spricht Kracauer von Denkgewohnheiten, die jahrhundertealt seien – er scheint damit eine Matrix belichten zu wollen, die der Begrifflichkeit von kulturellem oder historischem Gewordensein entzogen bleibt, eine Schicht, die etwas Amorphes, Unveränderliches, von zivilisatorischen Formen Unerreichbares hat.

> [The problem of German re-education] does not bear on individual ethics, as many still incline to believe; rather, it bears on certain basic concepts which, common to »bad« Germans and »good« Germans alike, are responsible for their political inhibitions. What is wrong with the majority of Germans is the way they conceive of authority, of the role of reason, of the interrelation between culture and civilization. Any effective mobilization of German decency must depend on a change in habits of thought that are centuries old.[38]

Kracauer entziffert demnach in dem Film Haltungen, »habits of thought«, die gerade durch die moralischen Werte und Gefühle, die sie tradieren, den konstitutiven Bedingungen für den Nationalsozialismus verhaftet bleiben. Auch hier kompliziert Kracauer die Kriterien einer Unterscheidung von ›Germans‹ und ›Nazis‹.[39] In der Einführung zu *From Caligari to Hitler* spricht er von den Tiefenschichten kollektiver Mentalität, die die Filme reflektierten – »those deep layers of collective mentality which extend more or less below the dimension of consciousness«.[40] Die Erschließung dieser Tiefenschichten aus einer symptoma-

---

38 Siegfried Kracauer: The Decent German: Film Portrait. In: Commentary 7 (1949), S. 74–77; hier: S. 77. Es handelt sich um den Film »Ehe im Schatten« (Regie: Kurt Maetzig, DEFA, Berlin 1947), einen der ersten deutschen Spielfilme, die die Verfolgung der Juden thematisieren. Die Handlung des Films umspannt die Jahre zwischen 1933 und 1943 in NS-Deutschland. Kracauer konstatiert, dass der Film »strictly avoids facing up to the facts. The Jewish characters die by their own hands or succeed in escaping; their fear of deportation is never borne out by a scene evoking the ultimate consequence of deportation. [...] Products of a thoroughgoing effort at assimilation, the good Jews of the film resemble the good Germans in combining high sentiments with poor judgment. They take their plight for granted; the existence of other possibilities and another world – Palestine, for example – seems unknown to them.« (S. 76).
39 Aufschlussreich ist die Auseinandersetzung Kracauers mit Adorno im Zusammenhang mit der Untersuchung über die faschistische Propaganda für das Institut für Sozialforschung, New York, »Masse und Propaganda«, an der Kracauer seit 1936 arbeitete. In einem Brief an Adorno vom 20.8.1938 streicht Kracauer die Differenz seines epistemologischen Verfahrens und seiner Begriffssprache gegenüber Adorno heraus: »Bei Dir tritt der Fascismus als eine fertige Sache auf, die hundertprozentig ein- und zugeordnet werden kann. Du identifizierst ihn von vornherein mit der Gegenrevolution, stellst seine Interessen in diametralen Gegensatz zu denen der Majorität und schaffst die Zweideutigkeit seiner Beziehung zum Kapitalismus beiseite.« Adorno, Kracauer: Briefwechsel 1923–1966 (s. Anm. 13), S. 397.
40 Kracauer: From Caligari to Hitler (s. Anm. 36), S. 6. Siehe dazu Gertrud Koch: Siegfried Kracauer zur Einführung. Hamburg 2012 (Zweite, überarbeitete Auflage), S. 102–127.

len Lektüre des Materials verdankt sich einem epistemologischen Verfahren, welches sich einer klassischen Ideengeschichte gegenüber kritisch positioniert: Kracauers Insistieren auf einer Perspektive in den *Humanities*, die sich am Kleinen, an den »little things« ausrichtet, findet auch Eingang in seine Projektbeschreibung zum *Caligari*-Buch vom 14. Oktober 1942. »Ideas«, so schreibt er dort, »manifest themselves rather in by-ways, in unobtrusive facts. And in examining these facts, it is often as though one looked through a narrow window at strange scenes that, outdoors, would be entirely invisible.«[41] Jahre zuvor, in einem Brief an Adorno vom Mai 1930, hat er dies Verfahren als eine »eigen strukturierte Betrachtungsart« benannt und mit dem Begriff einer ›materialen Dialektik‹ belegt, einer Dialektik aber, die die »Rückversicherung [...] der Totalitätsphilosophie«[42] gerade aufgegeben hat. Kracauers Erkenntnisweise, die an der Aufmerksamkeit für das Zufällige, das Unscheinbare, Übersehene orientiert ist, bildet so eine Kontinuitätslinie in seinen Schriften; sie verbindet die Texte aus der Zeit der Weimarer Republik mit den in den 1940er und 1950er Jahren entstandenen Texten. Durch die Exiljahre in Paris und Marseille wird das Zerrissene und Kontingente der Ereignisse und ihres Verlaufs für Kracauer zu einer alltäglichen physischen Erfahrung. Wie Kracauer seine Epistemologie mit einer bestimmten Kontemporalität verknüpft, die er dem Film als Medium zuspricht, erläutert eine Briefpassage vom Februar 1949. Für ihn ist der Film ein Medium, »das zu einer Zeit gehört, in der wissenschaftliches Interesse an den Zusammenhängen der kleinsten Elemente die Eigenkraft der großen den ganzen Menschen umgreifenden Ideen und unsere Empfänglichkeit für solche Ideen immer mehr ›aufhebt‹«.[43] Der Film ist ein zeitgemäßes Medium insofern, als er ein Wissen birgt und erschließbar macht, das sonst aus der Wahrnehmung herausfällt, auch insofern seine Medialität eine spezifische Affinität zum Kleinsten, zum winzigen unscheinbaren Detail besitzt. Kracauers Kritik an der Geschichts- und Technikvergessenheit der Phänomenologie wird hier deutlich. Als Medium, nicht als Form ist der Film daher für Kracauer kongruent mit einer Perspektive, die »das mit dem Vereinzelten, dem Fragment, vielleicht Gemeinte anstrahlt«[44] – in Begriffen der Filmsprache: der »›close-up‹ Perspektive«, welche an die Stelle der »alte[n] ›long-shot‹ Perspektive, die in irgendeiner Weise das Absolute zu treffen meint«[45], getreten ist.

Gertrud Koch hat bemerkt, in Kracauers Schriften aus der Emigration werde deutlich, wie sich den Filmbildern eine schwankende Mehrdeutigkeit einpräge: habe er zu ihnen »als Kritiker oft sehr dezidierte Positionen« bezogen, so wür-

---

41 Kracauer, Panofsky: Briefwechsel 1941–1966 (s. Anm. 19), S. 16.
42 Adorno, Kracauer: Briefwechsel 1923–1966 (s. Anm. 13), S. 215.
43 Adorno, Kracauer: Briefwechsel 1923–1966 (s. Anm. 13), S. 444.
44 Adorno, Kracauer: Briefwechsel 1923–1966 (s. Anm. 13), S. 445.
45 Adorno, Kracauer: Briefwechsel 1923–1966 (s. Anm. 13), S. 445.

den sie nun »zu vieldeutigen Zeitzeugen, als könnten sie im Nachhinein noch Mitteilungen enthalten, die, mit unsichtbarer Tinte geschrieben, erst dem Blick des Erfahrenen sich enthüllen«.[46] Kracauers spätere Schriften, etwa seine *Theory of Film. The Redemption of Physical Reality* (1960) und sein letztes, Fragment gebliebenes Buch *History – The Last Things before the Last* (1969), erhellen die Spur der Aufladung, die die Epistemologie des Kleinsten bei ihm erfährt und die ihr eine gedächtnistheoretische Dimension gibt. Kracauer benennt dies als »theologisches Argument«: diesem zufolge sei »die ›vollständige Ansammlung der kleinsten Fakten‹ aus dem Grund erforderlich, daß nichts verloren gehen soll. Es ist, als verrieten die faktisch orientierten Darstellungen Mitleid mit den Toten.«[47] Die schwache messianische Denkfigur, die sich dadurch einzeichnet, ist zugespitzt und eingelöst in der »Gestalt des *Sammlers*«[48]. Der Dissens über die Übersetzung des Untertitels der *Theory of Film*, deren Anfänge in die Exilzeit (zwischen Juni 1940 und Februar 1941) zurückreichen – bis in die »Monate, die wir in Angst und Elend in Marseille zubrachten«[49] –, reflektiert die Schwierigkeit, diese Denkfigur in die deutsche Sprache zu übertragen. Adorno hatte vorgeschlagen, das Wort »redemption« mit »Erlösung« zu übersetzen; Siegfried Unseld, dessen Verlag Kracauers Buch zur Veröffentlichung vorsah, hatte stattdessen »Rettung« bevorzugt; Kracauer setzte schließlich »Errettung« durch.[50] »Die Errettung der physischen Realität« lautet auch der Titel des letzten Teilkapitels des Buches, das den Epilog abschließt. In ihm taucht der Begriff der »redemption« im Zusammenhang mit der Unsichtbarkeit des Grauenhaften auf: Es ist eine Aufgabe, die sich »uns« stellt, »das Grauenhafte aus seiner Unsichtbarkeit hinter den Schleiern von Panik und Fantasie [zu] [...] erlösen«[51] (»redeem horror from its invisibility behind the veils of panic and imagination«[52]).

---

46 Koch: Siegfried Kracauer (s. Anm. 40), S. 149.
47 Siegfried Kracauer: Geschichte – Vor den letzten Dingen (1966). Schriften 4. Hg. und übersetzt v. Karsten Witte. Frankfurt a. M. 1971, S. 264.
48 Kracauer: Geschichte – Vor den letzten Dingen (s. Anm. 47), S. 264 (Kursivierung im Original hervorgehoben).
49 Adorno, Kracauer: Briefwechsel 1923–1966 (s. Anm. 13), S. 445. Vgl. auch den Brief Kracauers an Erwin Panofsky vom 21.12.1948, in dem Kracauer mitteilt, er habe sich »um eine fellowship für eine study of film aesthetics beworben«, und hinzufügt: »Die Gedanken zu dieser Arbeit reichen weit zurück, und während der schrecklichen Monate in Marseille (1940/41) habe ich detaillierte Aufzeichnungen darüber gemacht.« Kracauer, Panofsky: Briefwechsel 1941–1966 (s. Anm. 19), S. 48.
50 Adorno, Kracauer: Briefwechsel 1923–1966 (s. Anm. 13), S. 653.
51 Siegfried Kracauer: Theorie des Films. Die Errettung der äußeren Wirklichkeit. Mit einem Anhang »Marseiller Entwurf« zu einer Theorie des Films. Hg. v. Inka Mülder-Bach unter Mitarbeit von Sabine Biebl. Frankfurt a. M. 2005, S. 469.
52 Siegfried Kracauer: Theory of Film. The Redemption of Physical Reality. New York, London 1960, S. 306.

IV. Diesseits von Bewältigung – Bilder, die uns sehen lassen

Überschrieben mit »Das Haupt der Medusa« ist die schon häufiger in der Forschung diskutierte Textpassage eine der wenigen in Kracauers Schriften, die direkt die Ereignisse der *Endlösung* thematisiert. Sie fokussiert die Dimension der Fakten, der Tatsachen, der physischen Realität der Dinge, des »von der Kamera eingeheimsten Rohmaterials«[53], wie sie Kracauer im Brief an Adorno vom Februar 1949 umschrieben hat und er sie hier nun im Begriff der »materiellen Evidenz« (»Material evidence«[54] – so die Überschrift des Teilstücks, das mit dem Abschnitt »The Head of Medusa« beginnt) zusammenfasst. Um den hier zugrunde gelegten Evidenzbegriff zu verstehen, muss man sich dessen Doppelbedeutung vor Augen halten, die zum einen das dem Augenschein nach Unbezweifelbare, das, was durch unmittelbare Anschauung erkennbar ist, meint, zum anderen ›Beweis‹, ›Beleg‹ oder, im juristischen Gebrauch, Zeugnis.[55] Nicht nur bringt uns das Kino, so Kracauer, »Auge in Auge mit Dingen, die wir fürchten«.[56] Es fordere uns vielmehr auch dazu heraus, den dort gezeigten realen Ereignissen unsere Vorstellungen und Ideen von ihnen zu konfrontieren[57], unsere Imagination also dem Eindruck des Realen auszusetzen. Das Spezifische von Kracauers Bildbegriff und der ihm zugeschriebenen »Einschließlichkeit«[58] (»inclusiveness«[59]) wird fassbar, wenn Kracauer den Mythos von Perseus einführt, dessen Moral er darin erkennt, dass »wir wirkliche Greuel nicht sehen und auch nicht sehen können, weil die Angst, die sie erregen, uns lähmt und blind macht«[60] – wir würden versteinern, wenn wir ihnen im wirklichen Leben begegnen müssten. Wie diese Gräuel aussehen, werden wir nur wissen, wenn wir »Bilder von ihnen betrachten, die ihre wahre Erscheinung reproduzieren«.[61] Diese Bilder nennt Kracauer »Spiegelbilder«[62] (»mirror

---

53 Kracauer: Theorie des Films (s. Anm. 51), S. 463.
54 Kracauer: Theory of Film (s. Anm. 52), S. 304.
55 Auf die Kategorie des Zeugnisses bzw. des ›Zeugenstands‹ nehmen die ersten Sätze des Teilstücks Bezug: »In acquainting us with the world we live in, the cinema exhibits phenomena whose appearance in the witness stand is of particular consequence.« Kracauer: Theory of Film (s. Anm. 52), S. 304–305.
56 Kracauer: Theorie des Films (s. Anm. 51), S. 467.
57 »It brings us face to face with the things we dread. And it often challenges us to confront the real-life events it shows with the ideas we commonly entertain about them.« Kracauer: Theory of Film (s. Anm. 52), S. 305.
58 Kracauer: From Caligari to Hitler (s. Anm. 36), S. 12.
59 Kracauer: From Caligari to Hitler (s. Anm. 36), S. 6.
60 Kracauer: Theorie des Films (s. Anm. 51), S. 467–468.
61 Kracauer: Theorie des Films (s. Anm. 51), S. 468. »[...] that we shall know what they look like only by watching images of them which reproduce their true appearance.« Kracauer: Theory of Film (s. Anm. 52), S. 305.
62 Kracauer: Theorie des Films (s. Anm. 51), S. 468.

reflections«[63]). Er möchte sie präzise unterscheiden von solchen Bildern, »in denen künstlerische Fantasie unsichtbares Grauen zu gestalten sucht«.[64] Kracauers Unterscheidung von »Tatsachenfilmen« und »Kunstwerken« in einem Brief an Adorno vom März 1965 greift diesen Gedanken auf:

> Zu Auschwitz: Als der Krieg in Deutschland zu Ende war, veranlaßte Eisenhower die Herstellung von Dokumentarfilmen über Konzentrationslager. Darin lag etwas ungemein Berechtigtes. Es mag sein, daß Filme über dieses Thema – – ich meine Tatsachenfilme – – legitimer sind als Kunstwerke.[65]

Kracauer antwortet damit auf Adornos Einwand in einem vorausgegangenen Brief, der »den Gedanken vom Standhalten im Bilde« sogleich vereinnahmt, zugleich aber die Position vertritt, dass »der Komplex, für den das Wort Auschwitz einsteht, im Bild schlechterdings nicht mehr zu bewältigen ist, und selbst ein so außerordentliches Werk wie Schönbergs ›Überlebender von Warschau‹ hat für mein Gefühl etwas tief Ungemäßes«.[66] Kracauers Terminus »Tatsachenfilme« setzt jedoch gerade die Spaltung zwischen materieller Realität und dem Begriff, den wir uns von ihr machen, voraus: Über Filme, die unsere Vorstellungen von der sichtbaren materiellen Wirklichkeit bloß bestätigen, sagt Kracauer, sie seien »Scheinbestätigungen«, die uns »glauben machen« sollen, nicht »sehen lassen«.[67] Sehen lassen können uns nach Kracauer nur solche Bilder, die »unsere Vorstellungen [notions] von der physischen Welt in Frage stellen«. Die Zusammenstöße oder »Konfrontationen« (zwischen der ›wahren Erscheinung‹ der physischen Wirklichkeit im Bild und der Vorstellung von ihr) gelten ihm als »Manifestation des Mediums«[68] selbst. Der englische Ausdruck »mirror reflections« akzentuiert deutlicher als die deutsche Übersetzung »Spiegelbilder« das Moment der »Reflexion«, auf das es hier ankommt. Unter allen existierenden Medien vermag es nach Kracauer nur das Kino, dessen Leinwand »Athenes blanker Schild«[69] ist, eine Reflexion von Ereignissen zu ermöglichen, »which

---

63 Kracauer: Theorie des Films (s. Anm. 51), S. 305.
64 Kracauer: Theorie des Films (s. Anm. 51), S. 468.
65 Adorno, Kracauer: Briefwechsel 1923–1966 (s. Anm. 13), S. 691 (Brief Kracauers an Adorno vom 3.3.1965).
66 Adorno, Kracauer: Briefwechsel 1923–1966 (s. Anm. 13), S. 688 (Brief Adornos an Kracauer vom 5.2.1965).
67 Kracauer: Theorie des Films (s. Anm. 51), S. 469. »These sham corroborations are intended to make you believe, not see.« Kracauer: Theory of Film (s. Anm. 52), S. 306.
68 Kracauer: Theorie des Films (s. Anm. 51), S. 470. In der Konzeption des Dokumentarischen, die hier impliziert ist, sind die beiden Begriffe des ›Beweises‹ (›proof‹) und der ›wahren Erscheinung‹ (›true appearance‹) des Grauenhaften einander parallelisiert. Kracauer: Theory of Film (s. Anm. 52), S. 306 und S. 305. Zur Spur des Denkens von Walter Benjamin darin, besonders seinem Konzept des ›Optisch-Unbewussten‹, siehe Koch: Siegfried Kracauer (s. Anm. 40), S. 145–147.
69 Kracauer: Theorie des Films (s. Anm. 51), S. 468.

would petrify us were we to encounter them in real life«.⁷⁰ Die Medusa-Metapher ist dabei nicht als eine Figur der Stellvertretung zu verstehen, sondern als allegorisches Bild, welches die Möglichkeitsbedingung von Errettung in der Wahrnehmung des Mediums und im Einbringen in das Gedächtnis erörtert.

Genau an dieser Stelle spitzt sich die Kategorie des Unmittelbaren – der Evidenz, die unmittelbare Anschauung ist – zu: Es ist das Medium, das solche Anschauung erst ermöglicht, indem es eine Reflexionsfläche einspannt, und die »mirror reflections«, die Spiegelbilder des Grauenhaften sind nicht Mittel zu einem Zweck. Kracauers Lesart des Perseus-Mythos hebt zwar hervor, dass das im Spiegel des blanken Schildes erscheinende Bild dem Betrachter erlaubt, das Haupt der Medusa abzuschlagen, und es insofern Mittel zum Zweck ist. Doch auch Perseus, so betont Kracauer, sei es nicht gelungen, »das Gespenst für immer zu bannen«.⁷¹ Die Frage nach der Bedeutung der Bilder des Grauens wird in dieser Perspektive anders gefasst: nicht »in den ihnen zugrunde liegenden Intentionen oder ihren ungewissen Effekten«⁷² sei sie zu suchen – vielmehr haben diese Bilder ihren Zweck in sich selbst. Sie sind nicht Mittel zu einem Zweck, sind also nicht instrumentell zu verstehen. Als solche nicht-mittelbaren Bilder finden sie potenziell einen Zugang zum Gedächtnis und einen Ort in ihm. Dieses Gedächtnis wird als individuelles gedacht: die Bilder »locken [...] den Zuschauer, sie in sich aufzunehmen, um seinem Gedächtnis das wahre Angesicht von Dingen [the real face of things] einzuprägen, die zu furchtbar sind, als daß sie in der Realität wirklich gesehen werden könnten«.⁷³

Durch die Wahrnehmung der »Haufen gemarterter menschlicher Körper in Filmen über Nazi-Konzentrationslager (In experiencing [...] the litter of tortured human bodies in the films made of the Nazi concentration camps), erlösen wir (we redeem) das Grauenhafte aus seiner Unsichtbarkeit hinter den Schlei-

---

70 Kracauer: Theory of Film (s. Anm. 52), S. 305.
71 Kracauer: Theorie des Films (s. Anm. 51), S. 468. Das Medusa-Motiv steht in einer Reihe von Bildmotiven, deren Erörterung im Zusammenhang mit der Beschäftigung mit dem Problem der Darstellung des Schreckens steht und bis 1940 zurückreicht. Vgl. Siegfried Kracauer: »Das Grauen im Film«. In: National-Zeitung, Basel, 25.4.1940. Wiederabgedruckt in: Kracauer: Kino. Essays, Studien, Glossen zum Film. Hg. v. Karsten Witte. Frankfurt a. M. 1974, S. 25–27. Man könnte in Bezug auf diese Motivreihe von einer mehrfachen Überschreibung sprechen: doch geht es dabei nicht um eine motivische Überschreibung, sondern um die Konkretisierung einer Frage, der nämlich nach der Wahrnehmbarkeit des Grauenhaften, die sich in der Medusa-Passage zur Frage nach unserem Wahrnehmungsvermögen der Tatsachen der Konzentrations- und Vernichtungslager zuspitzt.
72 Kracauer: Theorie des Films (s. Anm. 51), S. 468.
73 Kracauer: Theorie des Films (s. Anm. 51), S. 469. Im englischsprachigen Original heißt es von den Bildern, »they beckon the spectator to take them in«, also wörtlich, ›sie geben dem Zuschauer ein Zeichen, sie in sich aufzunehmen‹. Kracauer: Theory of Film (s. Anm. 52), S. 306. Bedeutsam ist hier, dass Kracauer hier nicht von der ›Realität der Dinge‹ spricht, sondern von deren ›wahrem Angesicht‹.

ern von Panik und Fantasie«.⁷⁴ ›Redemption‹ bedeutet also nicht die Auflösung der Bilder der Gräuel. Sie sollen auch nicht als Symbole aufgenommen oder symbolisch gedeutet werden.⁷⁵ Vielmehr geht es um das Wissen der Bilder und um ihre Lösung aus dem Stand der Unsichtbarkeit, in der sie als Angst- und Fantasiebilder festgehalten sind. Es geht um die Konfrontation mit den Gräueln im Bilde und um ihre Eintragung in das Gedächtnis – »daß nichts verloren gehen soll«. Der Schock und das Grauen des Wissens um die Shoah, das sich dem Nicht-Wissen (und dem nichts tun können), welches in den Briefen von 1942 zu erkennen ist, nachträglich aufdrückt, zeichnet eine Spur in diesen Textpassagen.

V. Reminiszenz einer zerbrochenen ›großen Erzählung‹: Goethe und Auerbach

In der Medusa-Deutung, die Kracauer seinem Epilog am Ende einfügt, sind Anschauung und begriffliche Vermittlung nicht ineinander überführbar. Ähnliches scheint für Kracauers Exilerfahrung, für den biografischen Bruch, den er durch die Ereignisse in Deutschland 1933 und danach erlitt, für seine Erfahrung der Verfolgung und das Wissen um die Shoah zuzutreffen: Sie sedimentieren sich in der Begriffssprache, in begrifflichen Kontinuitäten, die versprengt in seinen Schriften auftauchen, wie der des ›Exterritorialen‹ oder der ›Erlösung‹. In seinen *Conclusions* 1933 hatte er, wie eingangs zitiert, formuliert, »die Erlösung der Juden und damit der Menschheit« hänge »im entscheidenden Sinne von einer durchgreifenden Selbstbesinnung Deutschlands ab«.⁷⁶ Er fügt an der Stelle ein Zitat aus einem Brief von Goethe an Thomas Carlyle von 1827 ein, der auf das humanistische Ideal der deutschen Klassik referiert:

> Offenbar ist das Bestreben der besten Dichter und ästhetischen Schriftsteller aller Nationen schon seit geraumer Zeit auf das allgemein Menschliche gerichtet. In jedem Besondern, es sei nun historisch, mythologisch, fabelhaft, mehr oder weniger willkürlich ersonnen, wird man durch Nationalität und Persönlichkeit hindurch jenes Allgemeine immer mehr durchleuchten und durchschimmern sehen. [...]⁷⁷

---

74 Kracauer: Theorie des Films (s. Anm. 51), S. 469. Kracauer: Theory of Film (s. Anm. 52), S. 306.
75 In diesem Sinn gewinnt Kracauers Bemerkung in einem Brief an Adorno vom 28.8.1954 Gewicht, bezogen auf den Film könne »das anti-symbolische des Gemeinten gar nicht stark genug betont werden«. Adorno, Kracauer: Briefwechsel 1923–1966 (s. Anm. 13), S. 469.
76 Kracauer: Conclusions [Bestandsaufnahme] (s. Anm. 1), S. 472.
77 Kracauer: Conclusions [Bestandsaufnahme] (s. Anm. 1), S. 472.

Kracauer setzt dieses Zitat in Klammern, fast schon wie eine Fußnote. Wie ein entferntes Echo taucht eine Umschrift der zitierten Briefstelle im Epilog der *Theory of Film* auf, nämlich in einem Zitat, das aber nun von Erich Auerbach stammt, einem anderen Exilanten: Kracauer bezieht sich auf eine Passage aus Auerbachs Buch *Mimesis*, auf die dort erörterte Beobachtung, dass die in der Literatur dargestellten »Zufallsmomente des Lebens«[78] »das Elementare und Gemeinsame der Menschen überhaupt«[79] betreffen. Kracauer zitiert die am modernen Roman gewonnene Wahrnehmung Auerbachs,

> wie sehr sich [...] schon jetzt die Unterschiede zwischen den Lebens- und Denkformen der Menschen verringert haben [...] Unterhalb der Kämpfe und auch durch sie vollzieht sich ein wirtschaftlicher und kultureller Ausgleichsprozeß; es ist noch ein langer Weg bis zu einem gemeinsamen Leben der Menschen auf der Erde, doch das Ziel beginnt schon sichtbar zu werden.[80]

Goethes Rede vom ›Allgemeinen‹, die in den *Conclusions* in eine Erlösungsfigur eingebunden war, erscheint dort schon eingeklammert, als Reminiszenz einer zerbrochenen ›großen Erzählung‹. Im mehr als zwei Jahrzehnte später publizierten Filmbuch ist in der englischen Übersetzung von *Mimesis*, aus der Kracauer zitiert, dagegen vom »common life of mankind on earth«[81] die Rede – ein noch weit entferntes, aber schon sichtbar werdendes Ziel. Kracauer passt diesen Gedanken seinem Konzept einer Manifestation des Mediums an: Für ihn ist es den fotografischen Medien vorbehalten, einen Vorschein dieses Lebens einzufangen.[82] Für die Geschichte jedoch gilt, was Kracauer in seiner Auseinandersetzung mit Marcel Proust festhält: weder hat sie »ein Ende, noch unterliegt sie ästhetischer Errettung«.[83]

---

78 Kracauer: Theorie des Films (s. Anm. 51), S. 475.
79 Erich Auerbach: Mimesis. Dargestellte Wirklichkeit in der abendländischen Literatur. Tübingen, Basel 1946, S. 513.
80 Auerbach: Mimesis (s. Anm. 79), S. 514.
81 Kracauer: Theory of Film (s. Anm. 52), S. 310.
82 Dazu genauer Birgit R. Erdle: Schein und Vorschein. Roland Barthes und Siegfried Kracauer zur Photoausstellung *Family of Man*. In: Mythen des Alltags. Mythologies. Roland Barthes' Klassiker der Kulturwissenschaften. Hg. v. Mona Körte und Anne-Kathrin Reulecke. Berlin 2014, S. 84-96; hier: S. 90-93.
83 »Neither has history an end nor is it amenable to aesthetic redemption.« Siegfried Kracauer: History. The Last Things Before the Last. Completed after the Author's Death by Paul Oskar Kristeller. New York 1969, S. 163.

III. Sterben in der Shoah, Überleben im Exil. Literarische Bewältigungsversuche

Helga Schreckenberger

»Ungerettet gerettet«
Überlebensschuld in der Lyrik von österreichisch-jüdischen ExilantInnen

Das letzte der drei unter dem Titel »Das Ende und der Anfang« zusammengefassten Gedichte aus dem Lyrikband *Mahnmal* (Erstveröffentlichung 1956) der Theresienstadt-Überlebenden Ilse Blumenthal-Weiss gibt den Bewusstseinszustand des lyrischen Ich nach dessen Befreiung aus dem Konzentrationslager wieder. Es lautet:

> Nun ziehst du in die Welt hinaus,
> Sagst wieder: Dach! und wieder: Haus!
>
> Und fragst den Weg: wo führst du hin?
> Und hörst die Antwort: wo ich bin.
>
> Und überall im gleichen Schritt
> Gehn tausend Schatten mit dir mit
>
> Und rufen: Ich! – Und klagen: Du!
> Und wehen alle Wiesen zu
>
> Und hängen in das Sonnenlicht
> Ein graues, schweres Bleigewicht.[1]

Die Befreiung aus dem Konzentrationslager und die Erkenntnis, das entsetzliche Grauen überlebt zu haben, werden von dem sich entfremdeten lyrischen Ich – es spricht sich mit »Du« an – nicht als Triumph oder Freude empfunden. Stattdessen versucht es, sich vorsichtig zur Normalität hinzutasten, die sich jedoch nicht einstellen will. Es gibt keine Zukunftsperspektive: Der Weg endet dort, wo er ist. Zu schwer lastet die Erinnerung an die Vielen, die diesen Augenblick nicht erlebt haben, auf dem Bewusstsein der Befreiten. Mehr noch, ein Schuldgefühl wird angedeutet, das von den Toten in der Zeile »Und rufen: Ich! – Und klagen: Du!« eingemahnt wird: die Schuld des lyrischen Ich, überlebt zu haben.

Überlebensschuld wurde von den Psychiatern Leo Eitinger und Wilhelm Niederland als Teil des sogenannten »Überlebenden-Syndroms« von Konzent-

---

1 Ilse Blumenthal-Weiss: Mahnmal. Darmstadt 1960, S. 47.

rationslagerüberlebenden diagnostiziert.² Sie wurzelt in der Überzeugung, auf Kosten anderer verschont geblieben zu sein und direkt oder indirekt dazu beigetragen zu haben, dass andere, oft Familienmitglieder³, ermordet wurden. In den meisten Fällen handelt es sich dabei um eine eingebildete Schuld, um eine krasse Übertreibung von menschlichen Schwächen. Die Medizinerin Ruth Jaffe macht vor allem die gezielte Erniedrigung und Entmenschlichung der Konzentrationslagerhäftlinge für das Entstehen dieser Schuldgefühle verantwortlich: »The guilt [...] relates to the fact that they had to forego, in the process of lifepreserving adaptation on an inhumanely lowered level, their humaneness and dignity. In other words, they were made to give up their image of themselves as human personalities.«⁴ Der Überlebenswille, der Drang sich selbst zu retten, wird nachträglich als Schuld empfunden, die, wie Jaffe betont, mit den Jahren nicht schwächer, sondern stärker zu werden scheint. Auch in der Holocaust-Literatur wird das Thema »Überlebensschuld« vielfach aufgegriffen. Das bekannteste Beispiel ist Primo Levis 1986, kurz vor seinem Tod veröffentlichtes Werk *Die Untergegangen und die Geretteten*, das die Scham derer, die Auschwitz durch Zufall oder Glück überlebt haben, thematisiert.⁵

Scham und Schuldgefühle stellen sich nicht allein bei Überlebenden von Konzentrationslagern ein, sondern auch bei ExilantInnen, die sich der Verfolgung durch die Nationalsozialisten mittels Flucht ins Ausland entziehen konnten und dort die Shoah überlebten. Im Folgenden werden Gedichte von österreichisch-jüdischen ExilantInnen vorgestellt, in denen sich die Überlebensschuld in Form von Selbstanklage und der Gewissheit manifestiert, dazu verurteilt zu sein, für immer im Schatten und in der Schuld der Shoah-Opfer leben zu müssen. Diese Gedichte zählen nicht zum Kanon der Shoahlyrik, wie auch ihre Verfasser nie die Bedeutung oder Bekanntheit eines Paul Celans oder einer Nelly Sachs erlangten. Dennoch liefern diese Gedichte sowohl auf der thematischen als auch auf der ästhetischen Ebene einen wichtigen Beitrag zur Auseinandersetzung mit dem Erbe der Shoah. Mitzudenken ist auch der österreichi-

---

2 Vgl. Leo Eitinger: Concentration Camp Survivors in Norway and Israel. Oslo, London 1964 und William Niederland: Folgen der Verfolgung: das Überlebenden-Syndrom Seelenmord. Frankfurt a. M. 1980. Zu den Symptomen zählen u. a. Persönlichkeitsveränderungen, chronische Depression, Schlafstörungen und Angstzustände. Nach Niederland ist die Überlebensschuld ein universales Phänomen, das sich nach dem Überleben jeglichen katastrophalen Ereignisses einstellt.

3 Auch Ilse Blumenthal-Weiss ist ein Beispiel dafür. Ihr Mann wurde in Dachau und ihr Sohn in Mauthausen ermordet.

4 Ruth Jaffe: »The Sense of Guilt Within Holocaust Survivors«. In: Jewish Social Studies 32/4 (1970), S. 307–314; hier: S. 313

5 Die konkreteste Thematisierung von Überlebensschuld in der Literatur der »ersten Generation« ist Roman Fristers »Lebensbericht«: *Die Mütze oder der Preis des Lebens*, 1997 auf Deutsch erschienen. Hier sichert die einem Mithäftling entwendete Mütze das Überleben des Ich-Erzählers, während der Mithäftling aufgrund der fehlenden Mütze erschossen wird.

sche Kontext, in dem diese Gedichte entstanden sind, nämlich Österreichs jahrzehntelanges Festhalten am Opfer-Mythos, womit eine sinnvolle Auseinandersetzung sowohl mit kollektiver als auch individueller Schuld bis in die 1980er Jahre unterbunden blieb.

Diese Gedichte, die zum größten Teil im Exil entstanden sind, zeugen von dem beschädigten Leben, das Theodor W. Adorno in seiner großen Aphorismensammlung *Minima Moralia* sich selbst und all denjenigen, die von den Nazis ins Exil getrieben wurden, zuschreibt.[6] Jedoch, wie Detlev Claussen zu bedenken gibt, kann diese Beschädigung nicht allein auf die Erfahrung des Exils zurückgeführt werden, sondern sie resultiert aus der »absolute[n] und bewusste[n] Zeitgenossenschaft zu Auschwitz«. Claussen schreibt:

> Wenn die Beschädigung des Lebens allein in einer Verbannung bestanden hätte, wäre – wie in einem antiken Drama – am Ende Katharsis möglich gewesen. Faschismus, Krieg und Tod hätten zwar Narben hinterlassen, aber eine dauernde Beschädigung ist dem Überlebenden durch die Zeitgenossenschaft von Auschwitz zugefügt worden, die sein restliches Leben mit der Schuld des bloßen Entronnenseins belastet.[7]

Die hier vorgestellten Gedichte zeigen, dass Claussens Beobachtung nicht nur für Adorno gilt, sondern auch für viele andere, die wie er die Shoah im Exil überlebten. Die »Schuld des bloßen Entronnenseins« wird in den Gedichten zum unmittelbaren Anlass für die Auseinandersetzung mit der Shoah und der Frage, wie nach diesem Ereignis weitergelebt werden kann und muss.

Da diese Auseinandersetzung in Form von Lyrik geschieht, ist ein kurzer Ausblick auf das Verhältnis von Lyrik und Shoah unumgänglich. Die Shoah repräsentiert für viele Kritiker eine Grenze des Darstellbaren sowohl im ethischen als auch im ästhetischen Sinne, die nicht überschritten werden kann oder darf. Es wird Zweifel daran gehegt, ob überlieferte literarische Formen dieser historischen Ausnahmesituation gerecht werden können. Das gilt vor allem für die Lyrik, auf die sich Adornos viel zitierte und oft falsch verstandene These, nach Auschwitz ein Gedicht zu schreiben, sei barbarisch[8], konzentrierte. Adorno präzisierte seinen Standpunkt in Antwort auf Hans Magnus Enzensbergers Forderung, Adornos Urteil müsse widerlegt werden, »wenn wir weiterleben

---

6 *Minima Moralia* erschien 1951 mit dem Untertitel »Reflexionen aus dem beschädigten Leben.«
7 Detlev Claussen: Nach Auschwitz. Über die Aktualität Adornos. In: Kunst und Literatur nach Auschwitz. Hg. v. Manuel Köppen. Berlin 1993, S. 16-22; hier: S. 16.
8 Vgl. Theodor W. Adorno: Kulturkritik und Gesellschaft. In: Ders.: Prismen. Kulturkritik und Gesellschaft. Frankfurt a.M. 1955, S. 7-31; hier S. 31. Die These steht am Ende des Textes und wird oft aus seinem Zusammenhang gerissen zitiert und interpretiert. Vgl. dazu Claussen: Nach Auschwitz (s. Anm. 7).

wollen«.⁹ Er gab Enzensberger Recht, dass die Dichtung seinem Verdikt standhalten müsse, d. h. sie müsse »so also sein, daß sie nicht durch ihre bloße Existenz nach Auschwitz dem Zynismus sich überantworte«, und räumte ein: »Das Übermaß an realem Leiden duldet kein Vergessen.«¹⁰ Trotzdem hielt er an seiner ursprünglichen Aussage fest: »Den Satz, nach Auschwitz noch Lyrik zu schreiben, sei barbarisch, möchte ich nicht mildern: negativ ist darin der Impuls ausgesprochen, der die engagierte Dichtung beseelt.«¹¹ Adorno gesteht der Dichtung die Möglichkeit der Zeugenschaft und Erinnerung zu, warnt aber vor der Gefahr der Darstellung des Leidens im »ästhetischen Stilisationsprinzip« des »unausdenklichen Schicksals«:¹² »Die sogenannte künstlerische Gestaltung des nackten körperlichen Schmerzes der mit Gewehrkolben Niedergeknüppelten enthält, sei's noch so entfernt, das Potential, Genuß herauszupressen.«¹³ Adorno kritisiert eine Kunst, die, wie Karla Schulz es ausdrückt, »durch Vergegenwärtigung des Leidens anderer eine Reinigung erzielen will – und damit ein umso sauberes Vergessen.«¹⁴ Diese Gefahr meiden die hier vorgestellten Gedichte, indem sie von einer Darstellung des Leidens absehen. Zwar geht es auch hier wie in den eindrucksvollen Gedichten der bekanntesten Holocaust-Lyriker Paul Celan und Nelly Sachs um die Erinnerung an die Opfer. Jedoch wird nicht in ihrem Namen gesprochen, sondern die Überlebenden reflektieren die Bedingungen des eigenen Entkommenseins. Schreiben dient nicht nur der Erinnerungs- und Trauerarbeit, sondern wird zur ständigen Selbstbefragung, die die Auseinandersetzung mit der eigenen Integrität als auch die Möglichkeit des ethischen Weiterlebens nach Auschwitz zum Inhalt hat. Damit entziehen sich diese Gedichte zwar der Antwort auf die Frage, wie das Sprechen über das »Unsagbare« möglich ist, fordern jedoch auch die Leser zur Reflexion über ihr Verhältnis zur Shoah auf. Sie stellen sich der Frage, die Adorno 1966 im Anschluss an die partielle Revidierung seiner These stellt:

> Das perennierende Leiden hat soviel Recht auf Ausdruck wie der Gemarterte zu brüllen: damit mag es falsch gewesen sein, zu sagen, nach Auschwitz ließe sich kein Gedicht mehr schreiben. Nicht falsch aber ist die nicht minder kulturelle Frage,

---

9 Hans Magnus Enzensberger: Die Steine der Freiheit. In: Merkur 13/7 (1959), S. 770–775; hier: S. 772. Auszüge aus anderen Reaktionen von Schriftstellern (u. a. Paul Celan, Hilde Domin, Günter Eich, Heinrich Böll und Günter Grass) auf Adornos Position finden sich in: Lyrik nach Auschwitz? Adorno und die Dichter. Hg. v. Petra Kiedaisch. Stuttgart 1995.
10 Theodor W. Adorno: Engagement. In: Ders.: Noten zur Literatur III. Frankfurt a. M. 1965, S. 109–135; hier: S. 126.
11 Adorno: Engagement (s. Anm. 10), S. 125.
12 Adorno: Engagement (s. Anm. 10), S. 127.
13 Adorno: Engagement (s. Anm. 10), S. 126 f.
14 Karla Lydia Schulz: Ex negativo: Enzensberger mit und gegen Adorno. In: Hans Magnus Enzensberger. Hg. v. Reinhold Grimm. Frankfurt a. M. 1984, S. 237–257; hier: S. 240.

ob nach Auschwitz noch sich leben lasse, ob vollends es dürfe, wer zufällig entrann und rechtens hätte umgebracht werden müssen.[15]

Adornos Zweifel daran, ob es sich nach Auschwitz noch leben lasse, klingt auch in diesen Gedichten an. Die unauflösliche Verbundenheit mit den Ermordeten, die das Entstehen dieser Texte motiviert, kann die Überlebensschuld nicht auflösen und steht einem »normalen Weiterleben« im Wege.

Das erste Beispiel und gleichzeitig früher Beleg für das Thema Überlebensschuld in der Exillyrik ist Alfred Faraus »Die Rettung« aus dem Jahre 1940. Der österreichische Kinderbuchautor und ausgebildete Psychotherapeut war am 10. November 1939 verhaftet und nach Dachau gebracht worden. Nach seiner Entlassung noch im selben Jahr floh er mit seiner Frau völlig mittellos nach Triest, wo sie die Einreisegenehmigung in die USA abwarteten. Das Gedicht »Die Rettung« entstand unmittelbar nach seiner Ankunft in New York im Mai 1940.

Die Rettung

Und eines Tages war die Flucht zu Ende,
an neuen Ufern fand ich mich, gerettet.
Gerettet? — nur noch unlösbarer bin ich
mit jenen drüben schicksalshaft verkettet

Kann der gerettet sein, dem immerwährend
das grenzenlose Leid vor Augen steht,
der überdauern muss, wie Stück für Stück
von seiner Welt versinkt und untergeht?!

So wie Odysseus in des Riesen Höhle
selbst noch den Schlaf der Teuersten bewacht,
mit jedem Pulsschlag das Entsetzen spürend
und unerbittlich schau'n muss Tag und Nacht;

so wie der Gläubige den Blick nach Mekka
nicht nur im täglichen Gebete nimmt,
– wie dieses Ziel zuletzt sein ganzes Wesen
von innen her beleuchtet und bestimmt;

so hat auch alles, was ich tu und treibe,
nur EINEN Sinn noch, SINN von ihrem Leben,
darf ich nur atmen mehr und weiterkämpfen,
an ihren Abgrund schaudernd hingegeben.

---

15 Theodor W. Adorno: Negative Dialektik. Frankfurt a. M. 1966, S. 353.

> Steh ich in jedem Lebensaugenblicke
> vor ihrem Jammer, ihrer Not geneigt:
> in einer Qual, die alles überbietet,
> in einer Scham, die nichts mehr übersteigt.[16]

Ähnlich wie in Ilse Blumenthal-Weiss' Gedicht ist das lyrische Ich der unmittelbaren Todesgefahr entkommen – es ist gerettet. Gleichzeitig stellt sich aber das Bewusstsein ein, dass es keine Rettung gibt. Die Erinnerung an das Leid und die Qual derer, die nicht entkommen konnten, kettet den Geretteten unwiderruflich an sie. Das Gedicht ist nicht nur ein Bekenntnis zu dieser Bindung an die Ungeretteten, sondern ein Versprechen des lyrischen Ichs, sein Leben in ihrem Sinne, das heißt, für sie zu leben. Der Vergleich mit Odysseus' Wache über das Leben seiner Gefährten in der Höhle des Zyklopen und das Aufgehen des Gläubigen im Göttlichen veranschaulichen sowohl das Schreckliche als auch das Ausmaß dieser Heldenmut bedürfenden Aufgabe. Wie Odysseus ist das lyrische Ich gezwungen, dem unerbittlichen Schicksal der Opfer ins Auge zu sehen und zu retten, was möglich ist. Es macht diese Pflicht zum Sinn seiner Existenz wie der Gläubige den Dienst an Gott. Jedoch sind nicht Heldentum und Glaube die Motivation, sondern unendliche Qual und Scham. Aber nur so ist ein Weiterleben überhaupt möglich und erlaubt. Trotz seines Pathos und seines hymnischen Tons vermittelt das Gedicht den verzweifelt-ernsthaften Versuch des lyrischen Ichs, die Opfer vor dem Vergessen zu bewahren und so seinem Leben den Sinn und das Bewusstsein von Solidarität wiederzugeben, die es durch die Rettung vor dem gleichen Schicksal verloren hat. Dies erklärt auch Sakralisierung der Erfahrung von Verfolgung und Tod, die vor allem in der Literatur der sogenannten zweiten Generation problematisiert wird und gegen die andere Shoah-Überlebende wie z. B. Tadeusz Borowski oder Jurek Becker mittels Groteske und anderen Formen der Komik anschreiben. Sie ist sowohl der tiefen Erschütterung als auch der unmittelbaren Erfahrung, unter deren Eindruck das Gedicht entstand, geschuldet.

Berthold Viertel verfolgt in seinem 1946 entstandenen Gedicht »Der nicht mehr Deutsch spricht« ein ähnliches Ziel wie Farau. Zwar mahnt er nicht zur heldenhaften Aufopferung im Namen derer, denen die Flucht nicht geglückt ist, jedoch erinnert er die Emigranten daran, dass sie in der Schuld derjenigen stehen, die das Schicksal erleiden mussten, dem sie entgehen konnten.

---

16 Alfred Farau: Das Trommellied vom Irrsinn. New York 1943, S. 9.

Der nicht mehr Deutsch spricht

Deutsch zu sprechen hast du dir verboten
Wie du sagst: aus Zorn und tiefer Scham.
Doch wie sprichst du nun zu deinen Toten,
Deren keiner mit herüberkam?

Zu Genossen, die für dich gelitten,
Denn statt deiner wurden sie gefasst.
Wie willst du sie um Verzeihung bitten,
Wenn du ihren Wortschatz nicht mehr hast?

Jene Ruchlosen wird es nicht schrecken,
Wenn du mit der Muttersprache brichst,
Ihre Pläne weiter auszuhecken,
Ob du auch das reinste Englisch sprichst.

Wie das Kind, das mit der Mutter greinte,
Und, indem es nicht zu Abend aß,
Sich zu rächen, sie zu strafen meinte:
Solch ein kindisch armer Trotz ist das.[17]

Das Gedicht ist vordergründig eine Kritik an den Emigranten, die sich von der deutschen Sprache und damit stellvertretend von Deutschland oder Österreich lossagen, aus »Zorn und tiefe[r] Scham« über die Verbrechen des Dritten Reiches. Viertel, der die Nazizeit im amerikanischen und englischen Exil überlebte, war ein Verfechter der Idee vom »anderen Deutschland« und rief in Briefen und Aufsätzen wiederholt dazu auf, zwischen der deutschen Bevölkerung und dem nationalsozialistischen Regime zu unterscheiden. In diesem Gedicht wird ein »Du«, ein Emigrant, dazu aufgefordert, an der deutschen Sprache festzuhalten, nicht um einen Bruch mit der Heimat oder der deutschen Kultur zu vermeiden, sondern weil die Sprache das Verbindungsglied und Kommunikationsmittel zwischen den Überlebenden und Opfern der Nationalsozialisten darstellt. Die schlichte, keinen Widerspruch antizipierende Frage »Doch wie sprichst du nun zu deinen Toten/Deren keiner mit herüberkam?« deutet auf ein Einverständnis hin, dass die Exilanten tatsächlich in der Schuld der Opfer stehen und ihnen Abbitte leisten müssen.

Ist in Viertels Gedicht die Verständigung zwischen den Überlebenden und den Toten noch als Möglichkeit angelegt, so wird diese in Rose Ausländers Gedicht »Anklage« aus dem Jahre 1976 verneint. Ausländer war 1939 aus dem sicheren amerikanischen Exil in die Bukowina zurückgekehrt, um sich um ihre

---

[17] Berthold Viertel: Dichtungen und Dokumente. Ausgewählt u. hg. v. Ernst Ginsberg. München 1956, S. 89.

schwer kranke Mutter zu kümmern. Sie überlebte die Shoah im Ghetto von Czernowitz in einem Kellerversteck. Auch ihre lyrische Erinnerungsarbeit ist von Selbstvorwürfen gezeichnet.

Anklage

Tote Freunde
klagen dich an
du hast sie überlebt

Du weinst um sie
und lachst schon wieder
mit andern Freunden

Deine Blumen
auf ihren Gräbern
versöhnen sie nicht

Du trauerst um ihren Tod
und machst Gedichte
aufs Leben[18]

Das Gedicht spricht die Unmöglichkeit an, den Toten gerecht zu werden und die Überlebensschuld abzutragen. Die Toten lassen sich weder mit Worten noch mit Blumen versöhnen, und die Erinnerung überschattet die Versuche, ein normales Leben zu führen. Neue Freundschaften werden als Verrat empfunden, ebenso wie die Zuwendung zu neuen, lebensbejahenden Themen. Die innere Zerrissenheit, die das Schwanken zwischen der Verpflichtung gegenüber den Toten und dem Wunsch, weiterzuleben auslöst, ist in das Gedicht eingeschrieben, indem sich das lyrische Ich von sich selbst distanziert und mit »Du« adressiert. Das Gedicht erhält so den Charakter einer Selbstbezichtigung. Daneben spricht Ausländers Gedicht die Unmöglichkeit an, den sich zur Kompensation des Schuldbewusstseins selbstauferlegten Auftrag permanenten Gedenkens durchzuhalten. Doch dies verstärkt die Überlebensschuld, wie es Adorno in seiner *Negativen Dialektik* formuliert: »Jene Schuld reproduziert sich unablässig, weil sie dem Bewußtsein in keinem Augenblick ganz gegenwärtig sein kann.«[19]

Der wohl deutlichste Ausdruck von Überlebensschuld findet sich in Erich Frieds Gedicht »Der Überlebende«. Fried musste kaum 17-jährig 1938 aus Österreich fliehen, nachdem sein Vater von der Gestapo ermordet worden war. Er gilt nicht primär als Shoahlyriker, sondern machte sich vor allem mit seinen

---

18 Rose Ausländer: Im Aschenregen die Spur deines Namens. Gedichte und Prosa 1976. Frankfurt a. M. 1984, S. 182.
19 Adorno: Negative Dialektik (s. Anm. 15), S. 357.

politischen Gedichten und seiner Liebeslyrik einen Namen. Die Thematik der Shoah zieht sich jedoch wie bei Rose Ausländer als roter Faden durch sein lyrisches Werk. Das Gedicht »Der Überlebende« wurde 1981 erstveröffentlicht und trägt den Untertitel »nach Auschwitz.«

Der Überlebende
                nach Auschwitz

Wünscht mir nicht Glück
zu diesem Glück
daß ich lebe
Was ist Leben
nach soviel Tod?
Warum trägt es
die Schuld der Unschuld?
die Gegenschuld
die wiegt
so schwer
wie die Schuld der Täter
wie ihre Blutschuld
die entschuldigte
abgewälzte

Wie oft
muß ich sterben
dafür
daß ich dort
nicht gestorben bin?[20]

Fried benutzt eine sparsame, konzentrierte Sprache, die die Komplexität der Aussage jedoch nicht verringert, sondern verstärkt. Daneben wird die Wirkung des Gedichts durch seine ungelösten Widersprüche erzielt: Das Glück zu leben, ist kein Glück, das Leben trägt die Schuld der Unschuld und das lyrische Ich muss sterben, da es nicht gestorben ist. Die Antwort auf diese Widersprüche wird in Form einer Frage gegeben: »Was ist Leben nach so viel Tod?« Wie in den Gedichten von Blumenthal-Weiss, Farau und Ausländer drückt dieses Gedicht die Unmöglichkeit der Rettung vor dem Vermächtnis der Shoah aus. Das eigene Überleben geschah vor dem Hintergrund von zu viel Elend, Grauen und Tod. Das Gedicht erlaubt keinen Aufschluss darüber, wie das lyrische Ich überlebt hat, ob in der Emigration oder als KZ-Häftling. Dies könnte als Indiz gelten, dass dieser Unterschied nicht ins Gewicht fällt. Leben nach Auschwitz ist für jüdische Opfer der Nationalsozialisten, um noch einmal mit Adorno zu spre-

---

20 Erich Fried: Gesammelte Werke. Bd. 2: Gedichte. Berlin 1993, S. 521.

chen, nur als ein beschädigtes, schuldbeladenes erfahrbar. Obgleich das lyrische Ich die eigene Unschuld an den Verbrechen rational erkennt und benennt, erweist sich diese Erkenntnis als nutzlos: »Die Schuld der Unschuld« wiegt ebenso schwer wie die Blutschuld der Verbrecher. Ein wichtiger Unterschied ist, dass das lyrische Ich nicht imstande ist, diese Schuld abzuwälzen, sondern für sein Überleben für immer leiden muss. Für Hamida Bosmajian bildet die Erkenntnis dieser Ironie die Basis für die Auseinandersetzung mit der Shoah:

> The survivor-victim and the witness, who by accident of time could not have been more than a bystander, feel themselves implicated, feel the guilt which the criminal often suppresses so successfully. The ironic mode results, however, not only because of the precarious balance between a judging and self-implicating attitude, but also because it is the appropriate negative mysticism of a godless time.[21]

Wie prekär die Balance zwischen Anklage und Selbstbezichtigung ist, wird auch in Frieds Gedicht sichtbar, denn in der Verzweiflung über das eigene Leiden am Überleben in den letzten Versen klingt auch ein Gutteil an Selbstmitleid mit, das von den Shoah-Opfern ablenkt. Nicht mehr ihr sinnloser Tod wird in den Mittelpunkt gerückt, sondern das Leiden des Überlebenden.

Das Bild des Überlebenden als lebenden Toten, das in Frieds Gedicht gestaltet ist, begegnet auch in Friedrich Bergammers Gedicht »Der Jäger Gracchus prophezeit einem Flüchtling (Ein Zitat).« Es stammt aus dem 1981 veröffentlichten Gedichtband *Momentaufnahmen*.

> Der Jäger Gracchus prophezeit einem Flüchtling (Ein Zitat)
>
> »Mein Todeskahn verfehlte die Fahrt«
> nach Auschwitz
> »Eine falsche Drehung des Steuers«
> verschlug mich nach Amerika
> »Ein Augenblick der Unaufmerksamkeit des Führers«
> schenkte mir das Leben
> »Eine Ablenkung durch meine wunderschöne Heimat« –
> ich schluchze:
> »Ich weiss nicht,
> was es war,
> nur das weiss ich,
> dass ich auf der Erde blieb,
> und dass mein Kahn
> seither die irdischen Gewässer
> befährt«[22]

---

21 Hamida Bosmajian: Metaphors of Evil. Contemporary German Literature and the Shadow of Nazism. Iowa City, Iowa 1979, S. 5.
22 Friedrich Bergammer: Momentaufnahmen. Wien 1981, S. 39.

Der Titel des Gedichtes verweist auf seinen Intertext, Franz Kafkas »Der Jäger Gracchus«. Es handelt sich um ein nicht veröffentlichtes Fragment aus dem Jahre 1917, das zum ersten Mal 1931 in dem von Max Brod herausgegebenen Band *Beim Bau der Chinesischen Mauer* veröffentlicht wurde. Das Fragment erzählt von der Ankunft des Jägers Gracchus in Riva und seinem Gespräch mit dem Bürgermeister, der den Jäger nach seinem Schicksal befragt. Dieser erzählt ihm, dass er bei der Jagd einer Gämse von einem Felsen gestürzt war. Danach folgen die Zeilen, auf die Bergammer sein Gedicht aufbaute:

> Mein Todeskahn verfehlte die Fahrt, eine falsche Drehung des Steuers, ein Augenblick der Unaufmerksamkeit des Führers, eine Ablenkung durch meine wunderschöne Heimat, ich weiß nicht, was es war, nur das weiß ich, daß ich auf der Erde blieb und daß mein Kahn seither die irdischen Gewässer befährt.²³

Die Zeilen, die Bergammer hinzufügt, identifizieren den Flüchtling: Es handelt sich um einen jüdischen Exilanten, der dem fast sicheren Tod in Auschwitz entkommen ist und nach Amerika fliehen konnte. Der Titel des Gedichts »Der Jäger Gracchus prophezeit einem Flüchtling« deutet darauf hin, dass das Schicksal von Gracchus, sein ruheloses Dahinziehen zwischen Leben und Tod, auch das des Flüchtlings sein wird. Dieser Flüchtling ist einem Schicksal, das vielleicht schlimmer als Tod ist, durch Zufall entkommen – durch eine falsche Drehung des Steuers, eine Unaufmerksamkeit des Führers, eine Ablenkung durch seine wunderschöne Heimat. Letzteres kann als Anspielung auf den Anschluss Österreichs an Deutschland verstanden werden, der den Führer Hitler zu sehr in Anspruch nahm und damit dem lyrischen Ich die Flucht ermöglichte. Wie der Intertext suggeriert, verdammt sein Entkommen den Flüchtling zu einem Dasein zwischen Leben und Tod, er kann weder richtig leben noch sterben. In dem Fragment wird die Frage gestellt, ob der Jäger Schuld an seinem Schicksal trage. Der Jäger antwortet: »Ich war Jäger, ist das etwa eine Schuld?« Auf Bergammers Gedicht bezogen, könnte die Antwort lauten »Ich war Flüchtling, ist das etwa eine Schuld?« Sowohl bei Kafka als auch bei Bergammer lautet die Antwort »ja«. Es ist eine existenzielle Schuld, die sich aus dem Jägersein bzw. Flüchtlingsein ergibt. Wie bei Kafka ist auch in Bergammers Gedicht dieses Schicksal ein entsetzliches, da es dem Betroffenen sowohl die Möglichkeit, ein normales Leben zu leben als auch Frieden zu finden, versagt.

Auch Adorno fand bei Kafka ein Modell für die Erfahrung der Shoah. Das Nichtsterbenkönnen von Kafkas Protagonisten nimmt für ihn die Erfahrung von Auschwitz vorweg. Adorno schreibt in seinen »Aufzeichnungen zu Kafka«:

---

23 Franz Kafka: Der Jäger Gracchus. In: Ders.: Beim Bau der Chinesischen Mauer. Hg. v. Max Brod und Hans Joachim Schoeps. Berlin 1931, S. 43–50; hier: S. 46.

In den Konzentrationslagern des Faschismus wurde die Demarkationslinie zwischen Leben und Tod getilgt. Sie schufen einen Zwischenzustand, lebende Skelette und Verwesende, Opfer, denen der Selbstmord mißrät, das Gelächter Satans über die Hoffnung auf Abschaffung des Todes. Wie in Kafkas verkehrten Epen ging da zugrunde woran Erfahrung ihr Maß hat, das aus sich heraus zu Ende gelebte Leben.[24]

Insbesondere Kafkas »Jäger Gracchus« repräsentiert für Adorno »das vollendete Widerspiel der Möglichkeit, die aus der Welt vertrieben ward: alt und lebenssatt zu sterben«.[25] Wie die hier besprochenen Gedichte zeigen, bleibt diese Möglichkeit zumindest auf psychologischer Ebene auch den Exilanten versagt.

Während die bisher besprochenen Gedichte die Überlebensschuld allgemein thematisieren und die Opfer der Shoah anonym bleiben, geht es in den Gedichten von Stella Rotenberg um Schuldgefühle, die sich an den Tod von Familienmitgliedern knüpfen. Rotenberg gelang 1939 die Ausreise aus Österreich. Sie verbrachte einige Monate in Holland und konnte schließlich nach England emigrieren. Nach Kriegsende erfuhr sie, dass ihre Eltern und der Großteil ihrer Familie in den Konzentrationslagern ermordet worden waren. Die Spurensuche nach der ermordeten Mutter durchzieht als Trauerarbeit das lyrische Werk der Autorin wie in dem folgenden, 1962 entstandenen Gedicht »An meine Landsleute«.

> Ich werde alt.
> Meine Mutter ist tot.
> Meine Mutter lebte vor Jahren.
>
> In einem Mai
> bei Morgenrot
> kam ein schwarzer Wagen gefahren.
>
> Sieben Männer
> mit Koppel und Riem
> sprangen ab und waren ihr Geleite
>
> zum Aspangbahnhof
> beim Rennweg, in Wien,
> und wichen ihr nicht von der Seite.
>
> Verriegelt rechts,
> versiegelt links,
> im Frachtzug für Pferde und Kohlen,

---

24 Adorno: Aufzeichnungen zu Kafka. In: Ders.: Prismen. Kulturkritik und Gesellschaft. Frankfurt a. M. 1955, S. 302–342; hier: S. 326.
25 Adorno: Aufzeichnungen (s. Anm. 24), S. 326.

Mit Gefährten verpfercht,
nach Osten gings,
nach Auschwitz im südlichen Polen.

Am vierten Tag
vom Viehwaggon
fielen Lebendige und Leichen.

Der Himmel rußte;
in der Station
stellte ein Mann die Weichen.

Was dann geschah?
Wißt ihr es nicht?
Wollt ihr es wissen? Und sagen?

Ich war nicht dabei.
Es ist alles vorbei.
Ich darf mich nicht beklagen.[26]

Das Gedicht wendet sich direkt an die Verantwortlichen, an die österreichischen Landsleute, die als Täter und Zuseher den Tod der Mutter verschuldeten. In kurzen, lapidaren Sätzen beschreibt das Gedicht die Deportation der Mutter in das Vernichtungslager Auschwitz. Die genaue Benennung des Ausgangsortes – der Aspangbahnhof am Rennweg bei Wien – sowie die Nennung der Landsleute als Täter verortet die Schuld klar in Österreich und bei den Österreichern, und zwar zu einem Zeitpunkt, wo dieses Land sich hinter dem Opfer-Mythos verschanzte und sich keiner Schuld bewusst war. Dieses Nicht-Wissen oder präziser Nicht-Wissen-Wollen und auch nicht Eingestehen-Wollen wird in der vorletzten Strophe (»Wißt ihr es nicht?/Wollt ihr es wissen? Und sagen?«) klar verurteilt. Die emotionelle Erschütterung, die in der letzten Strophe zum Ausdruck kommt, bricht mit dem nüchternen, parataktischen Stil des Gedichtes. Die erste Zeile »Ich war nicht dabei« drückt die Schuldgefühle des lyrischen Ichs aus, das die Mutter in dieser schweren Stunde alleingelassen hatte oder, um das Gedicht biografisch zu deuten, die Schuldgefühle der Tochter, der die Flucht gelungen war, während die Mutter zurückbleiben musste. Gleichzeitig spricht diese Zeile das lyrische Ich von der Schuld frei, am Verbrechen der Shoah teilgenommen zu haben – es war nicht dabei. Dies bedeutet jedoch keine Minderung der Schuldgefühle. Das Gedicht endet mit bitterer Resignation. Das lyrische Ich bleibt allein mit seiner Erinnerung zurück in einer Welt, die mit der schrecklichen Vergangenheit schon abgeschlossen hat: »Es ist alles vor-

---

26 In: Stella Rotenberg: Scherben sind endlicher Hort. Ausgewählte Lyrik und Prosa. Hg. v. Primus-Heinz Kucher und Armin Wallas. Wien 1991, S. 32.

bei.« Diese Haltung wird auch von dem lyrischen Ich erwartet – es hat überlebt, es darf sich nicht beklagen.

Die Schuldgefühle darüber, im sicheren Exil überlebt zu haben, kommen in Rotenbergs Gedicht »Kalender« (1968) nur indirekt zum Ausdruck. Sie bleiben unausgesprochen, und die Leerstellen müssen von den Lesern gefüllt werden.

Kalender

Im April 1943 stand der Himmel hoch über D.
Die Tage schimmerten und die Nächte waren durchsichtig.
In den Gärten blühte der Flieder und die Büsche dufteten.
Ich schlief gut und voller Hoffnung.

Im April 1943 sank der Himmel über Warschau.
Die Tage waren raucherstickt und die Nächte brannten.
Im Ghetto kämpften hunderttausend um ihr Leben und verendeten.
Die Deutschen »liquidierten« Juden.[27]

Die beiden Strophen des Gedichts sind parallel aufgebaut. Es beschreibt den Himmel, die Tage und Nächte im April an zwei verschiedenen Orten. Der Kontrast zwischen den Bildern ist scharf. Dem hochstehenden Himmel, den schimmernden Tagen und durchsichtigen Nächten am Exilort werden in der zweiten Strophe der drückende Himmel, die raucherstickten Tage und die brennenden Nächte im sich im Aufstand befindenden Warschauer Ghetto entgegengestellt. Während die dritte Zeile der ersten Strophe Frühling und damit neues Leben signalisiert, beschreibt die der zweiten Strophe Tod. Der stärkste Kontrast wird durch die letzten Zeilen jeder der beiden Strophen geschaffen. Während das lyrische Ich gemäß der in der ersten Strophe aufgebauten harmonischen Stimmung gut und voller Hoffnung schläft, bleibt den Juden in Warschau keine Hoffnung – sie werden liquidiert. Was im Kontext der ersten Strophe als positiv erscheint – das lyrische Ich schläft den Schlaf der Gerechten –, wird durch die letzte Gedichtzeile ins Gegenteil verkehrt. Angesichts des Schicksals der Ghettobewohner gibt es weder Gerechte noch Unschuldige. Damit erzwingt das Gedicht die Identifikation der Leser mit dieser Erkenntnis. Auch sie müssen sich fragen, was sie zu diesem Zeitpunkt machten und fühlten, und die eigene Schuld der Zeitzeugenschaft akzeptieren.

Sprachlich völlig verschieden von den bis jetzt besprochenen Gedichten ist die an Nelly Sachs und Paul Celan geschulte Lyrik von Joseph Hahn. Der in der böhmischen Kleinstadt Bergenreichstein geborene Hahn floh nach der Besetzung der Tschechoslowakei nach Großbritannien, wo er sich als Landarbeiter durchschlug und 1944 sogar das 1938 unterbrochene Kunststudium an der

---

27 Rotenberg: Scherben (s. Anm. 26), S. 41.

Slade School of Fine Art fortsetzen konnte. Anfang 1945 erhielt er mithilfe seiner in die USA emigrierten Verlobten Olga Kleinmütz ein Einreisevisum und wagte noch vor Kriegsende die Schiffsfahrt nach Amerika. Zur Lyrik kam Hahn erst, nachdem ihm die Pflege seiner an multipler Sklerose erkrankten Frau Olga keine Zeit mehr zum Malen ließ. Auch er leistet in seinen Gedichten Trauerarbeit und stellt sich der traumatischen Erinnerung an das furchtbare Geschehen. Zu seinen persönlichen Verlusten zählen nicht nur die Eltern und der bewunderte Onkel Ludwig Hahn, der Bruder seines Vaters, sondern auch der Jugend- und Studienfreund Franz Peter Kien. Kien wurde 1941 nach Theresienstadt gebracht, wo er in Gesellschaft anderer Künstler wie Leo Haas, Malvina Schalkova, Otto Ungar und Bedrich Fitta ungebrochen weiterarbeitete (er schrieb das Libretto zur Oper *Der Kaiser von Atlantis oder der Tod dankt ab* des Komponisten Viktor Ullmann). 1944 begleitete Franz Peter Kien seine Frau und seine Eltern freiwillig nach Auschwitz, wo er in den Gaskammern umkam. Hahn widmete dem Freund das folgende Gedicht:

> Schütter und fadenscheinig ist unser Vergessen
> der Knisterschrei eines Käfers
> oder der todestollen Fliege verkritzelter Fluch
> zerreißt es schon Hülle um Hülle.
>
> Wir singen und nähn es mit unsrem Geäder,
> wir nähen und rufen Beschwörung
> über die Ödnis der Meere,
> wo der verschüttete Geist
> wogt im Gegleiß
> und der Luftbestatteten
> wölkenes Kleid
> versickert im Salz:
>
> Flamme verkriech dich,
> Wolke spei aus,
> Salz verschlucke,
> Wind zerblase die Pein![28]

Abrupt gekürzte Verse und synthetisierte Bilder, die an Mythisches grenzen, jedoch in dem Bereich des menschlichen Leidens verankert bleiben, tragen in diesem Gedicht zur Destabilisierung von Form und Vertrautheit bei. Ausgedrückt wird die große Trauer um die Verlorenen und die Unmöglichkeit, das Geschehene zu vergessen. Die allerkleinste Begebenheit (der »Knisterschrei ei-

---

28 Joseph Hahn: Holocaust Poems 1965-75. Deutsch mit englischen Übersetzungen und einer Einleitung von David Scrase. Burlington, Vermont 1998, S. 30.

nes Käfers«) durchbricht das Vergessen, die Hinterbliebenen sind dazu verurteilt, die Erinnerung an die Opfer lebendig zu halten. Die Schmerzhaftigkeit dieser Erinnerungsarbeit und die Hingabe an sie wird durch das Bild »wir nähn es mit unsrem Geäder« veranschaulicht. Die Überlebenden setzen ihr Herzblut (»Geäder) ein. Mit der Erinnerungsarbeit versuchen sie auch die von der Shoah für immer komprimierte Menschlichkeit (den verschütteten Geist) zurückzubringen. Die letzte Strophe formuliert den Wunsch, die Katastrophe ungeschehen zu machen, als trotzigen Befehl an die Elemente gerichtet, der jedoch angesichts deren Ungerührtheit vor menschlichen Geschehnissen vergeblich bleiben muss.[29]

Am klarsten thematisiert Hahn die Schuldgefühle der Überlebenden in dem Gedicht »Gerettet«, dem achten eines unter dem Übertitel »Holocaust« zusammengefassten Gedichtzyklus des Bandes *Eklipse und Strahl*:

Gerettet

Sternnackt empfing dich die Erde,
schon trabte zur Seite ein Nachtwild
färbte schwarz die Lippe.

Wieg dich ein in die Sonnenmulde,
wieg dich ein in die Welt,
unter der Schicksalstriade Geziel.

Im Henkerskarren fuhren sie dich
vor die eisenstotternde Schlucht,
der Köder Erbarmen hing dir vom Mund.

Wer stillt den Durst mit dem Irrbild der Wüste,
wer erschmeichelt Gnade vor dem Tod?
Willkür stieß dich ins Leben zurück.

Im Steinhof der Fremde klaubst du nun
die lichten Verlorenheiten
und den sperberdurchschrieenen Trost –

ungerettet gerettet.[30]

---

29 Das Gedicht enthält auch das von Celans »Todesfuge« bekannte Bild von den in der Luft begrabenen Opfern der Gaskammern (die Luftbestatteten). Ein ähnliches Bild findet sich in dem berührenden Gedicht, das Hahn seinen Eltern gewidmet hat. Die zweite Strophe lautet: »Zwei Gesten aus Rauch/seid ihr geworden/als eine Gottesfinsternis/fuhr durch die Welt.« In: Joseph Hahn: Die Doppelgebärde der Welt. Hürth bei Köln 2004, S. 61.
30 Joseph Hahn: Eklipse und Strahl. Gedichte mit zehn Zeichnungen. Paderborn 1997, S. 59.

Das Gedicht stellt die Frage nach dem Grund für das eigene Überleben der Shoah. Es wird ein »Du« angesprochen, dessen Leben von Anfang an vorbestimmt scheint. Kaum ist es geboren, steht sein Leben unter dem Schatten der Verfolgung – »ein Nachtwild« trabt ihm zur Seite. Dem Bild von Schwärze, Tod und Gefahr der ersten Strophe wird in der zweiten Strophe mit »Sonne« und dem Verb »wiegen« ein Bild von Leben entgegengestellt, das jedoch der Schicksalstriade unterstellt wird. Gemeint sind die drei Parzen, die nach mythischer Überlieferung darüber wachen, dass sich das vorherbestimmte Schicksal eines jeden Einzelnen erfüllt. So wird das »Du« auch gerettet, obwohl es schon an der Schwelle zum Tode steht. Diese Rettung wird von dem Geretteten jedoch nicht als Gnade, als Auserwähltsein empfunden, sondern als Willkür: »Willkür stieß dich ins Leben zurück«, das heißt, weder eigener Verdienst, noch eigenes Verschulden haben dazu beigetragen. Jedoch wie in den vorhergehenden Gedichten hilft die Erkenntnis, nur durch Zufall überlebt zu haben, dem Überlebenden der Shoah nicht über die Schuldgefühle hinweg. Dies wird in den letzten vier Zeilen des Gedichts ausgesprochen. Das überlebende Du sucht in einer öden, harten Welt, dem »Steinhof der Fremde«, nach Trost und nach dem Verlorenen. Auch hier bedeutet Rettung vor dem Tode nicht Rettung vor Trauer und Überlebensschuld, das der Shoah entronnene Du bleibt »ungerettet«.

Die Unmöglichkeit, der Trauer und den Erinnerungen zu entkommen, beschreibt auch das Gedicht »Uhren ...«, das dritte des Holocaust-Zyklus von Hahn. Die erste Strophe des Gedichts lautet:

Uhren,
verschworene Uhren
ticket die Zahlen und Namen zuhauf.

    Nächtliche Stunde,
    Nächtliche Stunde
    ziehst die Kreise um Flamme und Scheit.[31]

Das Bild von der Uhr, deren Ticken die Zahlen und Namen der Opfer heraufbeschwört, verweist auf die Unmöglichkeit des Vergessens. Trotz der verstreichenden Zeit bleibt die Erinnerung an die Opfer gegenwärtig. Während die Befehlsform »ticket« andeutet, dass sich das lyrische Ich die Erinnerung als Aufgabe stellt, deuten die Strophen mit dem Refrain »Nächtliche Stunde/nächtliche Stunde« darauf hin, dass es kein Entkommen vor dieser Erinnerung gibt. Schlaflos muss sich das lyrische Ich der Erinnerung und der Trauer stellen.

Die hier vorgestellte Lyrik von österreichisch-jüdischen ExilantInnen veranschaulicht, wie sehr die VerfasserInnen, die von der unmittelbaren Erfahrung

---

31 Hahn: Eklipse und Strahl (s. Anm. 30), S. 54.

der Shoah verschont geblieben waren, zeitlebens mit Schuldgefühlen belastet blieben, zu den Überlebenden zu gehören. Die Entstehungszeit der Gedichte – mit Ausnahme jener von Alfred Farau und Berthold Viertel –, Jahrzehnte nach dem Ende des Krieges und dem Bekanntwerden des vollen Ausmaßes der Shoah, weist darauf hin, dass die Zeit die Schuldgefühle gegenüber den Opfern der Shoah nicht minderte. Als ein Grund kann die mangelnde Trauerarbeit der Täter, Mitläufer und Zuschauer angeführt werden, die ihre Schuld verdrängen und das Schicksal der Opfer vergessen wollten. Gegen dieses Vergessen und Verdrängen schreiben die VerfasserInnen dieser Gedichte an, indem sie sich die Aufgabe stellen, Schuld in Bewusstsein zu verwandeln. Es geht ihnen nicht darum, bei ihren Lesern Mitgefühl zu erwecken, sondern ihnen klarzumachen, dass es nach Auschwitz weder Unschuld noch Unbetroffenheit geben kann.

Sophia Dafinger

»viel schauerliches und viel groteskes«
Lion Feuchtwangers Deutung der nationalsozialistischen Judenverfolgung

Seit sich die Exilforschung zunehmend für »transhistorische und transnationale Perspektiven«[1] interessiert, werden viele (literarische) Texte neu gelesen und daraufhin befragt, inwiefern Exil mehr war als ein Warten auf Rückkehr in die »Heimat«. Die Frage liegt nahe, ob und wie deutsche Emigranten ihre Identität als verändert wahrnehmen, als sie vom systematischen Judenmord in Europa erfuhren. Der vorliegende Beitrag stellt diese Frage am Beispiel eines der prominentesten Autoren des Exils, des deutsch-jüdischen Autors Lion Feuchtwanger: Was bedeutete das Wissen um die Shoah für Feuchtwanger? Veränderte die nationalsozialistische Verfolgung und Vernichtung der europäischen Jüdinnen und Juden seine Haltung zum Judentum oder seine Wahrnehmung der deutschen und internationalen Politik? Reflektierte oder korrigierte er seine Deutung der nationalsozialistischen Judenverfolgung, als nach 1945 das ganze Ausmaß der Verbrechen bekannt wurde? Um diese Fragen zu beantworten, stützt sich der Beitrag auf journalistische Texte Feuchtwangers, die zwischen 1933 und 1957 entstanden sind.

Lion Feuchtwanger gilt gemeinhin nicht als hellsichtiger Analytiker politischer Ereignisse. Er sei ein Apologet Stalins und somit offensichtlich nicht in der Lage gewesen, dessen Propaganda zu durchschauen – so lautet der Tenor der bundesrepublikanischen Aneignung.[2] Feuchtwangers Heimatstadt München meinte 1957 sogar, sich nach der Vergabe ihres Literaturpreises öffentlich von der politischen Haltung des solcherart Geehrten distanzieren zu müssen. In der DDR wiederum galt Feuchtwanger als bürgerlicher Zauderer. Dennoch wurde der weltweit gelesene Autor dort zugleich als Sympathisant des kommu-

---

1 Doerte Bischoff und Susanne Komfort-Hein: Einleitung: Literatur und Exil. Neue Perspektiven auf eine (historische und aktuelle) Konstellation. In: Literatur und Exil. Neue Perspektiven. Hg. v. Doerte Bischoff und Susanne Komfort-Hein. Berlin 2013, S. 1–19; hier: S. 1.
2 Der schmale Reisebericht mit dem Titel »Moskau 1937«, den Feuchtwanger nach seinem Besuch in Moskau veröffentlichte, hatte daran den größten Anteil. Lion Feuchtwanger: Moskau 1937. Berlin 1993. Anne Hartmann hat zu Entstehung, Inhalt und Rezeption des Berichts mehrere quellengestützte Aufsätze vorgelegt, zuletzt Anne Hartmann: Zwischen Gerücht und Skandal. Zur Rezeption von Lion Feuchtwangers Reisebericht »Moskau 1937« im geteilten und geeinten Deutschland. In: Feuchtwanger und Berlin. Hg. v. Geoffrey V. Davis. Bern 2015, S. 387–401.

nistischen Projekts geschätzt; seine Werke wurden in hoher Auflage nachgedruckt.

Auch infolge dieser politischen Grabenkämpfe wurde Feuchtwangers Werk lange nur ausschnitthaft rezipiert. Die bundesrepublikanische Forschung beschäftigte sich seit seinem 100. Geburtstag im Jahr 1984 verstärkt mit dem deutsch-jüdischen Autor. Dennoch tat sich die Germanistik nach wie vor schwer mit ihm. In einem viel zitierten Essay aus dem Jahr 1973 hatte Marcel Reich-Ranicki Feuchtwangers Romane als trivial und übermäßig opulent kategorisiert.³ An diesem Verdikt orientierten sich zahlreiche wissenschaftliche Beiträge, sei es in affirmativer oder kritischer Absicht. Bezug nahm die Debatte dabei überwiegend auf Feuchtwangers historische Romane und auf die als Schlüsselromane wahrgenommenen Bände der »Wartesaal«-Trilogie. Wenig berücksichtigt wurden dagegen seine Dramen und Kurzgeschichten sowie die politischen Texte Feuchtwangers, die dieser Beitrag in den Fokus rückt.⁴

Die nach 1933 publizierte politische Essayistik des Autors gibt Aufschluss über Feuchtwangers Faschismusbild und reflektiert seine Wahrnehmung der Emigration. Allerdings finden sich weder hier noch in privaten Briefen oder Tagebucheinträgen Hinweise darauf, dass ähnlich wie beispielsweise bei Oskar Maria Graf das Wissen um die Shoah Feuchtwangers Wahrnehmung Deutschlands und damit seinen eigenen Status als deutscher Emigrant beeinflusst hätte. Diese Leerstelle ist auffällig und hat, so die These dieses Beitrags, ihren Grund in Feuchtwangers Verständnis der nationalsozialistischen Ideologie und in seiner Deutung der Judenverfolgung.

I. Feuchtwanger als public intellectual?

Das geringe Interesse für Feuchtwangers tagesaktuelle Texte ist sicherlich zu einem nicht geringen Teil damit zu erklären, dass bis heute eine kritische Werk- oder Studienausgabe fehlt. Allerdings wurde um die Jahrtausendwende von John M. Spalek und Sandra Hawrylchak eine Bibliografie erarbeitet, die die meisten essayistischen Beiträge des Autors erfasst.⁵ Der verengte Blick mag

---

3 Marcel Reich-Ranicki: Lion Feuchtwanger oder Der Weltruhm und seine Folgen. In: Ders.: Nachprüfung. Aufsätze über deutsche Schriftsteller von gestern. München 1990, S. 189–207.
4 Im vorliegenden Beitrag werden vorrangig diejenigen Texte Feuchtwangers berücksichtigt, die als nicht-fiktionale Beiträge in Zeitungen, Zeitschriften oder Broschüren erschienen sind, auch wenn sie für einen anderen Zweck, beispielsweise als Rundfunkbeiträge oder für Flugblätter, geschrieben wurden. Zudem bezieht er sich auf ein unvollständiges, offenbar unveröffentlichtes Typoskript aus Feuchtwangers Nachlass. Als politisch werden die Texte klassifiziert, sofern sie in nennenswertem Umfang auf Geschichte oder Zeitgeschehen eingehen und es reflektieren.
5 Lion Feuchtwanger. A Bibliographic Handbook. Bd. 1–4. Hg. v. John M. Spalek und Sandra Hawrylchak. München 1998–2004. Dieser Bibliografie sind mindestens einige Artikel entgangen, so z. B. in der »Pravda« erschienene Beiträge vom 18.6.1937 und vom 18.7.1938 sowie in

daher auch dadurch erklärbar sein, dass Feuchtwanger selbst sich nie als public intellectual gerierte. Im Gegenteil, der Autor scheute öffentliche Auftritte aus mehrerlei Gründen: Manches Mal wurde er wegen seiner geringen Körpergröße, seiner hohen Stimme und seines bayerischen Idioms verspottet. Privat klagte er deshalb, er sei für solch repräsentative Aufgaben vollkommen ungeeignet. Wenn er für Reden angefragt oder um publizistische Beiträge gebeten wurde, beschwerte er sich bei Freunden über die Ablenkung von seiner »wirkliche[n]« Arbeit[6], zumal er es weder könne noch möge, Artikel und Vorträge zu schreiben.[7] Diese Selbstauskunft deckt sich mit der gängigen Einordnung des Schriftstellers in das Lager der bürgerlichen Schriftsteller, die, an Politik eigentlich nicht interessiert, durch die Machtübernahme der Nationalsozialisten und die Emigration einem »Zwang zur Politik« unterworfen worden seien.[8]

Wirft man einen Blick in Feuchtwangers in einem weiten Sinne politische Veröffentlichungen, scheint die zitierte Selbstauskunft jedoch zu einem nicht geringen Teil Stilisierung eines Großautors gewesen zu sein, der sich nicht in die Niederungen der Tagespolitik begeben wollte.[9] Feuchtwangers politische Essayistik ist ideengeschichtlich außerordentlich interessant und versetzt zudem in die Lage, strittige Punkte der Feuchtwanger-Forschung aus einer neuen Perspektive zu beleuchten. Als Mitglied intellektueller Netzwerke und als Teilnehmer an politischen Diskursen des 20. Jahrhunderts wurde Feuchtwanger bisher unterschätzt. Zwar machen Veröffentlichungen zur deutschsprachigen intellektuellen Emigration nach 1933 deutlich, dass er vielen Gruppierungen der Exilzeit zugehörte, doch findet sich sein Name häufig in rein aufzählenden Namenslisten wieder.

---

der »Littérature internationale« von 1938, Heft 11. Noch zu Lebzeiten Feuchtwangers wies seine Sekretärin Hilde Waldo den um eine Werkaufstellung bittenden Biograf Wilhelm Sternfeld darauf hin, dass eine lückenlose Aufstellung der erschienenen Zeitungsbeiträge so gut wie unmöglich sei, da durch die Flucht aus Frankreich viele Unterlagen verloren gegangen seien. Hilde Waldo an Wilhelm Sternfeld vom 23.6.1958. Exilarchiv Frankfurt EB 75/177, A.IV.6. Alle Zitate aus und Verweise auf veröffentlichte und unveröffentlichte Texte Lion Feuchtwangers mit freundlicher Genehmigung des Aufbau-Verlages.
6 Lion Feuchtwanger an Arnold Zweig vom 11.10.1935. In: Lion Feuchtwanger und Arnold Zweig: Briefwechsel 1933-1958. Bd. 1: 1933-1948. Hg. v. Harold von Hofe. Frankfurt a.M. 1986, S. 98.
7 Lion Feuchtwanger an Lola Humm-Sernau vom 1.11.1940, A:Feuchtwanger 75.20/7, Deutsches Literaturarchiv Marbach.
8 »Der Zwang zur Politik« lautete der ursprüngliche Titel des Aufsatzes von Thomas Mann, der unter der Überschrift »Kultur und Politik« bekannt wurde. Publiziert wurde der Text zuerst am 25.3.1939 in der Pariser Exilzeitschrift »Neues Tage-Buch«.
9 Zudem lassen sich ebenso briefliche Äußerungen finden, die den Reiz der gerafften Darstellung hervorheben, siehe Lion Feuchtwanger an Arnold Zweig vom 25.4.1934 (s. Anm. 6), S. 42. Siehe auch Lion Feuchtwanger an Werner Cahn-Bieker vom 4.1.1946, A: Feuchtwanger 76.1439/5, Deutsches Literaturarchiv Marbach.

Bereits in der Zwischenkriegszeit war der Sohn einer wohlhabenden bürgerlichen Familie mit vielen Literaten persönlich bekannt gewesen, so beispielsweise mit Bruno Frank, Heinrich Mann, Arnold Zweig und Frank Wedekind. Der Erste Weltkrieg und die Münchener Räterepublik politisierten Feuchtwanger, der sich in der Folge zum geschickten Netzwerker entwickelte. Sein Bekanntenkreis umfasste nach 1918 auch zahlreiche politisch Aktive wie Ernst Toller, Erich Mühsam, Gustav Landauer und Kurt Eisner. Bertolt Brecht, den Feuchtwanger 1919 kennenlernte, wurde zu einem der engsten Freunde. Der Umzug nach Berlin, das längst nicht nur das politische, sondern auch das intellektuelle Zentrum der Republik geworden war, verstärkte Feuchtwangers Politisierung.[10] Zu Feuchtwangers Bekannten und Freunden zählten nun unter anderem die Brüder Mann, Johannes R. Becher, Egon Erwin Kisch, Friedrich Wolf, Franz Carl Weiskopf und Erwin Piscator. So war es nur folgerichtig, dass seine Häuser auch nach 1933 regelmäßiger Treffpunkt deutschsprachiger Emigranten waren, aber auch Orte des Austauschs mit nichtdeutschen Künstlern wie Charlie Chaplin oder Charles Laughton.[11] Feuchtwanger stellte so eine Verbindung zur Gesellschaft und Kultur des Aufnahmelandes her und stieß Austauschprozesse an. Mit mehreren Emigranten, die nach 1945 die deutsche Politik beeinflussen sollten, war Feuchtwanger persönlich bekannt, so beispielsweise mit Willy Brandt und Walter Ulbricht. Es ist also eindeutig, dass der Autor in einflussreiche politische Netzwerke eingebettet war. Was Feuchtwanger selbst zum politischen Diskurs beitrug, wurde allerdings selten systematisch untersucht.[12]

II. Das Jüdische als »geistiges Prinzip«

Um Feuchtwangers Deutung der nationalsozialistischen Judenverfolgung zu verstehen, liegt es nahe, zunächst auf die jüdische Herkunft des Autors einzuge-

---

10 Er trat jedoch nie in eine Partei ein, obwohl die Sozialistische Arbeiterpartei (SAP) ihn als »Sympathisanten« führte. Auslandszentralstelle der SAP an Feuchtwanger vom 23.10.1934, RY 13/FC 143/400, Bundesarchiv. Feuchtwanger unterzeichnete außerdem bei gemeinsamen Aufrufen, beispielsweise anlässlich der Besetzung des Rheinlands, nicht in der Gruppe der SAP, sondern als »Vertreter des freiheitlichen Bürgertums«. Ursula Langkau-Alex: Deutsche Volksfront 1932-1939. Zwischen Berlin, Paris, Prag und Moskau. 3 Bde. Berlin 2004–2005; hier: Bd. 3, S. 231.
11 Lion Feuchtwanger an Lola Humm-Sernau vom 27.3.1945, A:Feuchtwanger 84.1387/12, Deutsches Literaturarchiv Marbach.
12 Adrian Feuchtwanger: Between Fascism and Stalinism. Lion Feuchtwanger's political engagement from the 1930s to the 1950s. Diss. Phil., University of Southern California 1991. Marcus Patka: Lion Feuchtwanger und das deutschsprachige Exil in Mexiko. In: Feuchtwanger und Exil. Glaube und Kultur 1933-1945. »Der Tag wird kommen«. Hg. v. Frank Stern. Bern u. a. 2011, S. 57-82.

hen und zu fragen, wie sie sein Verständnis des Jüdischen geprägt hat. In Feuchtwangers Fall sind biografische Zugänge häufig überstrapaziert worden, gibt es doch mehrere detailreiche Interviews mit seiner Witwe Marta Feuchtwanger, die klare Deutungen anbieten und auf die von Biografen wie auch für die Analyse des literarischen Werks immer wieder zurückgegriffen wird, ohne die Darstellung quellenkritisch einzuordnen.[13] Dennoch ist ein Blick auf die Herkunft und Erziehung Feuchtwangers unerlässlich, um zu zeigen, woher er seine politischen Überzeugungen und Analysekategorien bezog.

Als ältestes Kind jüdisch-orthodoxer Eltern erhielt der junge Lion von klein auf Hebräischunterricht und studierte gemeinsam mit seinen Geschwistern regelmäßig die Thora.[14] Der Kantor der orthodoxen jüdischen Gemeinde, die zu einem Großteil von der Familie Feuchtwanger finanziert wurde, besuchte zu diesem Zweck wöchentlich das Haus am Münchener St.-Anna-Platz. Religiöse Vorschriften wurden penibel beachtet. Wo sie jedoch den von bayerischen Traditionen geprägten Alltag eingeschränkt hätten, fanden die Feuchtwangers Mittel und Wege, Regeln kreativ zu umgehen. So ließ man beispielsweise kurzerhand anschreiben, wenn man nach dem Sabbat-Gottesdienst im Hofbräuhaus auf ein Bier einkehrte, um am Festtag verbotene Geldgeschäfte zu vermeiden. In einem Essay von Ende März 1933, der in der englischen Zeitschrift *Everyman* erschien, betonte Feuchtwanger diese doppelte Identität: »Ich glaube durch und durch von jüdischer Geistesart zu sein, aber ich bin mit deutscher, besonders mit bayrischer Sprache und Kultur tief verbunden, ich bin bayrisch erzogen, ich spreche bayrischer, als mir lieb ist [...].«[15]

Feuchtwanger spricht von »jüdischer Geistesart«, ohne an dieser Stelle zu präzisieren, was darunter zu verstehen ist. In Texten ohne persönlichen Bezug wird klarer, was sich dahinter verbirgt: Juden hätten erstens über Jahrtausende hinweg eine Form von »Sozialismus« verinnerlicht[16], zweitens sei eine pazifisti-

---

13 Am ausführlichsten ist ein lebensgeschichtliches Interview, das 1975 von Lawrence Weschel in Los Angeles aufgezeichnet und anschließend transkribiert wurde. Marta Feuchtwanger: An Émigré Life – Munich, Berlin, Sanary, Pacific Palisades. Interviewed by Lawrence M. Weschler, 4 Bde. Los Angeles 1976, unter: https://archive.org/details/emigrelifeoralhi01feuc [abgerufen: 31.12.2015]. Die mangelnde Quellenkritik vermisst auch Andreas Heusler: Lion Feuchtwanger. Münchener – Emigrant – Weltbürger. St. Pölten, Salzburg, Wien 2014, S. 12 f.
14 Vgl. zur Kindheit Feuchtwangers u. a. Heike Specht: Die Feuchtwangers. Familie, Tradition und jüdisches Selbstverständnis im deutsch-jüdischen Bürgertum des 19. und 20. Jahrhunderts. Göttingen 2006; Wilhelm von Sternburg: Lion Feuchtwanger. Ein deutsches Schriftstellerleben. Berlin 1999, S. 78–84; Martin Feuchtwanger: Zukunft ist ein blindes Spiel. Erinnerungen. Berlin 1999.
15 Lion Feuchtwanger: Das andere Deutschland, Box D9a, Folder LF D9a-5, Lion Feuchtwanger papers, Collection no. 0204, Feuchtwanger Memorial Library, Special Collections, USC Libraries, University of Southern California, S. 2. Veröffentlicht wurde dieser Text in englischer Übersetzung: Lion Feuchtwanger: Jews and Nazis. In: Everyman, 29.3.1933, S. 529.
16 In einem Beitrag mit dem Titel »Nationalismus und Judentum« erzählt er die Anekdote des Rabbis Hillel, der die Grundlehren des Judentums folgendermaßen beschreibe: »Was du nicht

sche Überzeugung über die religiöse Tradition weitergegeben worden[17] und drittens sei Intellektualität aufgrund der Verehrung der Heiligen Schrift und ihrer Auslegung Ziel und höchstes Gut eines jeden Juden.[18] Diese Gemeinsamkeiten gründen laut Feuchtwanger in einer über das religiöse Bekenntnis hinausgehenden gemeinsamen historischen Entwicklung. Er verstand die Gemeinschaft der Juden seit der Zerstörung des Tempels im Jahr 70 nach Christus als »Volk des Buches«, das »durch den gemeinsamen Glauben an Vernunft, Geist, Moral« zusammengehalten werde: »Die Juden hatten durch zwei Jahrtausende nur ein Gemeinsames: ihr Buch. Dies Buch war ihnen Staat, Land, Geschichte, Sinn ihres Leidens, einziger Zusammenhalt, dies Buch, nur dies, machte sie zum Volk.«[19]

Feuchtwangers Elternhaus förderte die Wahrnehmung, Judentum und bildungsbürgerliche Werte hingen eng zusammen. Der Vater besaß eine umfangreiche und kostbare Bibliothek und ging mit den Kindern regelmäßig ins Theater. Als höhere Schule kam für die Söhne nur das nahegelegene Wilhelms-Gymnasium infrage. Das humanistische Gymnasium war zu dieser Zeit eine Institution der gesellschaftlichen Eliten. Die dort erworbene humanistische Bildung verband sich bei Feuchtwanger mit der jüdisch-orthodoxen Erziehung und führte zu einer lebenslangen Bejahung der europäischen Aufklärung und ihrer von ihm als uneingeschränkt positiv bewerteten Folgen.[20] Im

---

willst, dass man dir tu, das füg auch keinem andern zu. Das ist alles.‹ [...] Die meisten unter den Weisshäutigen erkannten die Nützlichkeit und Notwendigkeit dieses Prinzips erst verhältnismässig spät, sodass dieser Grundsatz des Sozialismus zwar in ihre Einsicht eingehen konnte, in ihre Ratio, ohne sich jedoch zum Instinkt zu entwickeln. [...] Es ist infolgedessen sehr wahrscheinlich, dass der Sozialismus dieser Menschengruppe, da er zweitausend Jahre älter ist als der der übrigen Gruppen, weiter fortgeschritten ist auf dem Weg von blosser Einsicht zum Instinkt, dass er in dieser Gruppe tiefer wurzelt als in andern.« Lion Feuchtwanger: Nationalismus und Judentum. In: Ders. und Arnold Zweig: Die Aufgabe des Judentums. Paris 1933, S. 5–42; hier: S. 28–30.

17 Seine etwas eigentümliche Argumentation besagt, dass die Juden eine Gemeinschaft seien, die bis zum Verlust ihres Staates durch die militärische Niederlage gegen das Römische Reich extrem militaristisch gewesen sei, ihre Lektion dadurch aber gelernt habe, siehe Lion Feuchtwanger: Von der Friedenssendung der Juden. In: Gemeindeblatt der Jüdischen Gemeinde zu Berlin 21/8 (1931), S. 1–2. Zu Feuchtwangers literarischer Auseinandersetzung mit der Geschichte des jüdischen Staates und deren Zusammenhang mit zeitgenössischem Antisemitismus und Judenverfolgung vgl. den Beitrag von Thomas Pekar in diesem Band.

18 »Die Treue zu diesem Buch war ihr Wesen, nach diesem Buch orientierten sie ihr ganzes Leben. Es war klar, daß Hochschätzung des Schrifttums, der Literatur, zu einem Teil ihres Wesens wurde. Literarische Tätigkeit galt als die höchste, eines Mannes würdige Beschäftigung. Analphabetentum war bei ihnen verpönt.« Lion Feuchtwanger: Der historische Prozeß der Juden. In: Ders.: Ein Buch nur für meine Freunde. Frankfurt a. M. 1984, S. 460–466; hier: S. 465.

19 Lion Feuchtwanger: Die Verjudung der abendländischen Literatur. In: Ders.: Ein Buch nur für meine Freunde. Frankfurt a. M. 1984, S. 431–436; hier: S. 435.

20 Vgl. u. a. Lion Feuchtwanger: Hitler's War on Culture. In: New York Herald Tribune Magazine, 19.3.1933, S. 1–2, S. 16; hier: S. 2: »National Socialism is a stimulant to the destructive urge, and it combats enlightenment, which is opposed to destruction.«

Judentum sah er Werte tief verankert und ritualisiert, die in der Aufklärung theoretisch formuliert worden waren. Zwar parodierte er das Wilhelms-Gymnasium in mehreren autobiografischen Texten als beengende Kaderschmiede, die er gerne hinter sich gelassen und deren Bildungsinhalte er schnell vergessen habe. Tatsächlich aber stellte der humanistische Bildungskanon für Feuchtwanger einen Wissens- und Deutungsfundus bereit, der sich in seiner politischen Publizistik der 1930er und 1940er Jahre deutlich spiegelt. Insbesondere mythologische Großerzählungen und eine in Thomas Manns Sinne »unpolitische« Herangehensweise an die Welt erwiesen sich für ihn als prägend.[21]

Auch in der Familie galt politische Abstinenz, da viele seiner Verwandten peinlich darauf bedacht waren, sich als Juden nicht zu exponieren. Feuchtwangers Studium der Germanistik, Philosophie und Anthropologie[22] verstärkte die idealistische Wahrnehmung und Deutung von Welt. Systemische Abläufe, formales Recht, Konzepte von Souveränität und Herrschaft spielten für seine politischen Analysen daher kaum eine Rolle.[23] Zwar interessierte sich Feuchtwanger schon als junger Mann für Politik, beschrieb sie allerdings stets mithilfe von idealistischen Denkfiguren der europäischen Aufklärung. Zivilisation – als erstrebenswerte Ordnung im Gegensatz zur Barbarei – war in Feuchtwangers Augen ein Synonym für Rationalität, Kultur und Bildung.[24] Es ist nur folgerichtig, dass Feuchtwanger in seiner politischen Essayistik nicht politisch-systemisch, sondern ethisch-moralisch argumentierte. Er reflektierte nicht Staatsaufbau, Gesetzgebung oder Machtverteilung, sondern beschrieb die Geschehnisse vielmehr in großen Bögen als »Kampf der Zivilisation gegen die

---

21 In einem Zeitungsbeitrag von 1933 erinnert sich Feuchtwanger: »We were told to look upon politics as something entirely unimportant and none of us doubted that in the inconceivable case of a conflict between intellect and force intellect would carry the day.« Feuchtwanger: Hitler's War on Culture (s. Anm. 20), S. 2.

22 In diesen Fächern legte Feuchtwanger sein Examen ab, siehe Stefanie Harrecker: Degradierte Doktoren. Die Aberkennung der Doktorwürde an der Ludwig-Maximilians-Universität München während der Zeit des Nationalsozialismus. München 2007, S. 199. Da Harrecker die Akten des Universitätsarchivs eingesehen hat, scheinen ihre Angaben im Vergleich zu abweichenden Kombinationen valide.

23 Für die weitgehend negative Rezeption des Reiseberichts »Moskau 1937« scheint Feuchtwangers idealistische Schilderung der Reiseeindrücke nicht unwichtig gewesen zu sein. Feuchtwanger glaubte – nicht zuletzt mit Blick auf die 1936 verabschiedete sowjetische Verfassung – an die Berechtigung einer »weltgeschichtlichen Leistung« und verteidigte die »vorübergehende Modifikation dessen, was man heute Demokratie nennt«, während beispielsweise der volkswirtschaftlich beschlagene Leopold Schwarzschild als einer der heftigsten Kritiker des Reiseberichts die krassen Unterschiede zwischen Ideal und Realität in der in seinen Augen totalitären Sowjetunion anprangerte. Feuchtwanger: Moskau 1937 (s. Anm. 2), S. 107, S. 108 f.

24 Vgl. Lion Feuchtwanger: Das ›Dritte Reich‹ bedeutet: Ausrottung der Wissenschaft, der Kunst, des Geistes. In: Dortmunder General-Anzeiger, 4.2.1931, 44/35 (1931), S. 14. Feuchtwanger: Hitler's War on Culture (s. Anm. 20). Lion Feuchtwanger: Lenin und der sozialistische Humanismus. In: Pravda, 22.1.1939, S. 4.

Barbarei«.²⁵ Aus dieser Herangehensweise ergeben sich Unschärfen, beispielsweise in Feuchtwangers vagen Aussagen über die Träger der nationalsozialistischen Politik.

Feuchtwangers autobiografische Notizen »Aus meinem Leben« von 1954 behaupten, er habe sich seit seinem zehnten Lebensjahr kontinuierlich von der Orthodoxie seines Elternhauses entfernt, weil er sich nicht länger in deren beengenden Rahmen habe fügen wollen. Spätestens mit Beginn des Studiums habe er sich vollkommen von seiner Familie distanziert.²⁶ Die Tagebücher, die aus seiner Studienzeit erhalten sind, sprechen eine andere Sprache und belegen, dass Feuchtwanger keineswegs vollständig mit seiner Familie und dem jüdischen Glauben gebrochen hat.²⁷ Richtig ist zwar, dass Feuchtwanger nach seiner Heirat den jüdischen Ritus nicht mehr befolgte. Dennoch stellte ihm der jüdische Kultus weiterhin einen elementaren Interpretationsfundus bereit.²⁸ Wie tief sich die religiöse Erziehung in sein Denken eingeschrieben hatte, wurde ihm laut eigener Aussage im französischen Internierungslager bewusst, als sich ihm die biblische Erzählung der Fron in Ägypten aufzwang und die Wahrnehmung der Gegenwart überlagerte.²⁹ Der behauptete Bruch mit seiner Familie sowie der jüdischen Religion war also keineswegs so radikal, wie Feuchtwanger selbst es glauben machen wollte und wie es Marta Feuchtwanger nach seinem Tod weitergetragen hat.

III. Antisemitismus vor und nach 1933

Anders als viele deutsch-jüdische Zeitgenossen besaß Lion Feuchtwanger zeitlebens ein reflektiertes Verhältnis zu der Komplexität seiner jüdischen Identität. Die selbstbewusste Auseinandersetzung mit der jüdischen Geschichte scheint dazu geführt zu haben, dass der in der Weimarer Republik stetig wachsende Antisemitismus ihn nicht ernstlich beunruhigen konnte. Zum einen litt er nicht im selben Maße wie säkulare Juden an der Ausgrenzung durch die christliche Mehrheitsgesellschaft. Zum anderen nahm er den zeitgenössischen Antisemitismus als milde Form eines regelmäßig wiederkehrenden Judenhasses

---

25 Lion Feuchtwanger: Vorwort. In: Rudolf Olden und Ika Olden: »In tiefem Dunkel liegt Deutschland«. Von Hitler vertrieben – Ein Jahr deutsche Emigration. Hg. und eingeleitet v. Charmian Brinson und Marian Malet. Berlin 1994, S. 23–24; hier: S. 24.
26 Lion Feuchtwanger: Aus meinem Leben. In: Neue Texte 3. Almanach für deutsche Literatur. Herbst 1963. Berlin 1963, S. 407–414.
27 Specht: Die Feuchtwangers (s. Anm. 14), S. 228. Sternburg: Lion Feuchtwanger (s. Anm. 14), S. 78–84. Daniel Azuélos: Lion, Ludwig und Sigbert Feuchtwangers Auseinandersetzung mit dem Judentum als Fortschrittsglaube? In: Feuchtwanger und Exil. Glaube und Kultur 1933–1945. »Der Tag wird kommen«. Hg. v. Frank Stern. Bern u. a. 2011, S. 25–40.
28 Specht: Die Feuchtwangers (s. Anm. 14), S. 227 f.
29 Lion Feuchtwanger: Der Teufel in Frankreich. Berlin, Weimar 1992, S. 7–9.

wahr, der aber im Zuge des geschichtlichen Fortschritts schließlich verschwinden würde.[30] Was Feuchtwanger vor 1933 über den deutschen Antisemitismus schrieb, liest sich zumeist nicht scharf oder beunruhigt, sondern vielmehr ironisch. In einem 1920 entstandenen humoristischen Text mit dem Titel *Der Ewige Jude* porträtierte er eine Reihe von Antisemiten als lächerliche Gestalten, die auf irrationale Art und Weise versuchen, ihren Neid zu kanalisieren. In eine ähnliche Kerbe schlug auch die literarische Verarbeitung des Aufstiegs der NSDAP in Feuchtwangers breit rezipiertem Roman *Erfolg* (1930).

Nach dem Januar 1933 setzte sich diese Deutung in ihren Grundzügen fort, obwohl Feuchtwangers Leben von der Machtübernahme ganz entscheidend verändert wurde. Er befand sich am Tag der Ernennung Hitlers zum Reichskanzler in den USA auf einer Vortragstour und reiste, durch mehrere Freunde gewarnt, im März 1933 nicht direkt nach Berlin zurück, sondern traf in der Schweiz seine Frau, die dort gerade Skiurlaub machte. Aus dieser Situation, die Feuchtwanger als vorübergehend betrachtete, wurde schließlich ein lebenslanges Exil, zunächst in Frankreich, dann in den USA. In seinem Tagebuch notierte er am 24. März lakonisch: »Ziemlich schlecht geschlafen. Eine neue Schreibmaschine gekauft. Neues Leben.«[31] Der Autor war einer der Ersten, den die neue Regierung im August 1933 ausbürgerte; sein Haus wurde beschlagnahmt, sein Vermögen eingefroren. Der Börsenverein des deutschen Buchhandels setzte seinen Namen auf den Index, nachdem seine Bücher am 10. Mai bereits symbolisch ins Feuer geworfen worden waren.

Bewusst zur Emigration entscheiden musste oder konnte Feuchtwanger sich aber nicht. Zunächst versuchte er, sich eine baldige Rückkehr nach Berlin offenzuhalten. Inwieweit die Hoffnung auf diese Option dazu beitrug, dass er in den im Frühjahr 1933 für internationale Zeitungen geschriebenen Beiträgen eine irritierende Argumentation verfolgte, ist schwer zu bestimmen. In einem Artikel über die politischen Vorgänge in Deutschland für die *New York Times*, den er kurz vor seiner Abreise aus Amerika verfasste, sprach Feuchtwanger von 600.000 »sehr jungen«, enttäuschten Männern, die die SA-Truppen bilden und Angst und Schrecken in der Bevölkerung verbreiten würden.[32] Er zeigte sich in diesem Artikel überzeugt, dass »Präsident« Hindenburg von den brutalen Vorgängen nicht unterrichtet sei, und vermutete darüber hinaus, dass weder »Kanzler« Hitler noch »Minister« Göring in die radikalen Aktivitäten der SA direkt

---

30 Siehe dazu Lion Feuchtwanger: Gespräche mit dem Ewigen Juden. In: Ders.: Ein Buch nur für meine Freunde. Frankfurt a. M. 1984, S. 437–459. Zuerst veröffentlicht in: An den Wassern von Babylon. Ein fast heiteres Judenbüchlein. Hg. v. Georg Müller. München 1920, S. 52–92.
31 Tagebucheintrag vom 24.3.1933. Box A 19-b, Folder LF A 19-b, 14, Transcription 1933 (Jan 1–16 Aug. 1933), Lion Feuchtwanger papers, Collection no. 0204, Feuchtwanger Memorial Library, Special Collections, USC Libraries, University of Southern California.
32 Lion Feuchtwanger: Terror in Germany Amazes Novelist. In: New York Times, 21.3.1933, S. 11.

involviert seien.³³ Vielmehr hätten die jungen SA-Männer die hasserfüllte Propaganda der Weimarer Jahre zu wörtlich genommen. Dass Feuchtwanger derart großes Vertrauen in das politische System gehabt zu haben scheint, erstaunt angesichts der weit verbreiteten Skepsis linker Intellektueller gegenüber der ersten deutschen Demokratie.³⁴ Auch seine an anderer Stelle wiederholt vorgebrachten Angriffe auf die Nationalsozialisten, denen er im Jahr 1933 die »Ausrottung der Juden«³⁵ zutraute, passen nicht zu der Fehleinschätzung, dass Hitler und Göring sich als Regierungsvertreter von ihren gewalttätigen Parteiorganisationen distanzieren würden.³⁶ Es darf daher vermutet werden, dass Feuchtwanger vor allem um die internationale Reputation Deutschlands – des in seinen Augen »echten« Deutschlands – besorgt war, zumal sein Tagebuch verrät, dass er wie viele seiner Zeitgenossen mit einer nur kurzen Regierungsdauer rechnete. Der Artikel erschien in einer der wichtigsten amerikanischen Zeitungen, was die These stützt, dass es ihm hier vor allem um diplomatische Beruhigung zu tun war. Dennoch steht diese Deutung im Widerspruch zu mehreren vorhergehenden und folgenden Artikeln, in denen sich Sätze wie dieser finden: »Herr Hitler's Government [...] has instigated atrocities, and condoned them.«³⁷

Wie ist also mit der schwer erklärbaren argumentativen Abweichung umzugehen? Möglich ist, dass Feuchtwanger tatsächlich auf Hindenburgs Position vertraute. Er selbst hatte ihn 1932 bereits im ersten Wahlgang gewählt.³⁸ Nicht zu vergessen ist außerdem, dass ein Großteil seiner Familie nach wie vor in Deutschland lebte und die Verwandtschaft mit Lion Feuchtwanger regelmäßig zu Benachteiligungen und Behinderungen, etwa der Verlegertätigkeit seines Bruders Martin, führte.³⁹ Feuchtwanger könnte sich anfangs also auch Zu-

---

33 Feuchtwanger: Terror in Germany Amazes Novelist (s. Anm. 32), S. 11.
34 Vgl. Jörg Bachmann: Zwischen Paris und Moskau. Deutsche bürgerliche Linksintellektuelle und die stalinistische Sowjetunion 1933–1939. Mannheim 1995.
35 Lion Feuchtwanger: Speech. London Dec. 1933. Box D8a, Folder LF D8a-33, Lion Feuchtwanger papers, Collection no. 0204, Feuchtwanger Memorial Library, Special Collections, USC Libraries, University of Southern California, S. 2.
36 In »Hitler's War on Culture« bezeichnete er die SA-Truppen als »storm troops of Hitler's Brown Army«. Feuchtwanger: Hitler's War on Culture (s. Anm. 20), S. 16.
37 Feuchtwanger: Jews and Nazis (s. Anm. 15), S. 529. Vgl. auch Feuchtwanger: Speech (s. Anm. 35), S. 6: »Es ist ein Irrtum anzunehmen, irgend etwas habe sich verändert, weil heute Herr Hitler Friedensreden hält. Nicht der Friedensapostel Hitler kam zur Macht, sondern der Verfasser des Buches ›Mein Kampf.‹«
38 In seinem Tagebuch notierte er am Abend des 13.3.1932: »Mit Brecht herumgefahren, um Wahlfieber anzuschauen. Keines gefunden. Hindenburg gewählt.« Tagebucheintrag vom 13.3.1932. Box A 19-b, Folder LF A19b, 13: Transcription 1932 Jan 1–Dec 31, 1932, Lion Feuchtwanger papers, Collection no. 0204, Feuchtwanger Memorial Library, Special Collections, USC Libraries, University of Southern California.
39 Siehe Feuchtwanger: Zukunft ist ein blindes Spiel (s. Anm. 14), S. 165–168.

rückhaltung bei seinen öffentlichen Äußerungen auferlegt haben, um seine Familie zu schützen.[40]

Sehr bald lassen sich Veränderungen in Feuchtwangers öffentlichen Äußerungen erkennen, auch wenn er, anders als beispielsweise Thomas Mann, bis 1945 daran festhielt, die deutsche Bevölkerung sei von den nationalsozialistischen Machthabern verführt und in Geiselhaft genommen worden.[41] Ein nun regelmäßig wiederholter Gedanke ist für seine Deutung der Judenverfolgung zentral: Antisemitismus konnte in Feuchtwangers Augen nicht von Antiintellektualismus getrennt werden, der wiederum den Wesenskern des Nationalsozialismus bilde. Nicht von ungefähr sprach Feuchtwanger ebenso wie von der »Ausrottung« der Juden auch von der »Ausrottung« von Wissenschaft, Kunst und Geist, die sich die NSDAP auf die Fahnen geschrieben habe.[42] Wie gezeigt, verstand er das Judentum als »Bekenntnis zu einem geistigen Prinzip«, das die »kleinbürgerlichen Materialisten« daher durch seine pure Existenz zu »Widerstand« und »Hass« herausfordere.[43] Ablehnung des Intellekts verbinde sich mit extremem Nationalismus zu Hass auf die gebildete, staatenlose Gruppe der Juden, die wie stets als Sündenböcke missbraucht würden: »Ein unfähiger Mensch, erzählt der Talmud, wollte unter allen Umständen ein grosser Staatsmann werden, allein es gelang ihm nicht. Da rief er: Schlagt die Juden tot, und er wurde Konsul des römischen Imperiums.«[44] Die antisemitische Politik der Nationalsozialisten deutete Feuchtwanger somit als »Angriffe eines Vielen-Millionen-Haufens auf die winzige hochkultivierte jüdische Minorität«[45] der Jüdinnen und Juden. Die anti-intellektuelle Propaganda[46] ebenso wie die Kampfansagen des NS-Regimes an jüdische und oppositionelle Schriftsteller, Wissenschaftler, Publizisten und andere Intellektuelle waren für ihn Ausdruck der Minderbegabung und des Neids.[47] Der Erlass des »Gesetzes zur Wieder-

---

40 In »Jews and Nazis« und während einer Rede in London im Dezember 1933 berichtete er außerdem, deutsche Juden hätten ihm Vorwürfe wegen seiner scharfen Kritik an Hitler gemacht, für die sie nun büßen müssten.
41 Im November 1944 erschien in der im mexikanischen Exil herausgegebenen deutschsprachigen Zeitschrift *Freies Deutschland* ein Beitrag von Feuchtwanger unter dem Titel »Die Zukunft Deutschlands«, in dem er sich erneut vehement sowohl gegen eine Kollektivschuld- als auch gegen eine Sonderwegsthese ausspricht. Lion Feuchtwanger: Die Zukunft Deutschlands. In: Freies Deutschland 3/12 (1944), S. 6–7; hier: S. 6.
42 Feuchtwanger: Das ›Dritte Reich‹ bedeutet: Ausrottung der Wissenschaft, der Kunst und des Geistes (s. Anm. 24), S. 14.
43 Feuchtwanger: Nationalismus und Judentum (s. Anm. 16), S. 33.
44 Feuchtwanger: Speech (s. Anm. 35), S. 5.
45 Lion Feuchtwanger: Der Weg zur Weltvertretung. In: Pariser Tageszeitung, 21.6.1936, S. 1.
46 In seinem Beitrag »Hitler's War on Culture« von 1933 zitiert Feuchtwanger einen Hitler zugeschriebenen Satz: »We are suffering from too much education. ... What we need is instinct and will.« Feuchtwanger: Hitler's War on Culture (s. Anm. 20), S. 2.
47 Vgl. Feuchtwanger: Jews and Nazis (s. Anm. 15). Einen am 28.1.1937 in der *Pravda* erschienenen Artikel beginnt Feuchtwanger folgendermaßen: »Viele sehen, und sicherlich nicht mit Un-

herstellung des Berufsbeamtentums«, der Aprilboykott jüdischer Geschäfte, Arztpraxen und Kanzleien und die schrittweise Ausgrenzung von Juden sowohl aus dem wirtschaftlichen wie dem gesellschaftlichen Leben bestätigten ihn in dieser Sichtweise.[48]

Die extreme Brutalität der nationalsozialistischen Judenverfolgung beschrieb Feuchtwanger bereits 1935 und bediente sich zu diesem Zweck einer religiösen Denkfigur. In einem für das im folgenden Jahr erschienene Buch *Der gelbe Fleck. Die Ausrottung von 500 000 deutschen Juden* entstandenen Vorwort heißt es: »[...] zum grössten Teil geschehen die bestialischen Dinge [...] aus tiefer Feindschaft gegen die Vernunft, aus schierem Wahn, aus reiner Freude an der Brutalität, an der Besudelung der Menschenwürde, an der Erniedrigung des andern, aus Nächstenhass.«[49] Mit dem Wort »Nächstenhass« als Gegenstück zur Nächstenliebe knüpfte Feuchtwanger an das Alte Testament an, denn das Gebot der Nächstenliebe stammt aus dem Buch Levitikus und ist zentral für den jüdischen Glauben.[50] Die Thora formuliert als Bedingung für die Erfüllung dieses Gebots die Selbstliebe. In den Augen Feuchtwangers war die breite Masse der Anhänger des NS-Regimes von einem »Minderwertigkeitskomplex« geplagt[51], sodass sie nicht zu Nächstenliebe, sondern nur zu Nächstenhass fähig seien. Seine Deutung wurzelte somit in einer religiösen Denkfigur. Politische Ideologie erschien so als Ersatzreligion, die sich im krassen Widerspruch zur jüdisch-christlichen Ethik befand.[52]

---

recht, in den deutschen Ereignissen der letzten Jahre in erster Linie einen gewaltigen, geschickt organisierten Aufstand der Unbegabten gegen die Begabten.« Lion Feuchtwanger: Der Faschismus und die deutsche Intelligenz. Typoskript, SEHS 28/12, Archiv der Akademie der Künste.

48 Feuchtwanger: Hitler's War On Culture (s. Anm. 20).

49 Lion Feuchtwanger: Vorwort. In: Der gelbe Fleck. Die Ausrottung von 500 000 deutschen Juden. Paris 1936, S. 5-6. Zuerst in: Das Neue Tage-Buch, 23.11.1935, 3/47 (1935), S. 1126. Spätestens zu diesem Zeitpunkt war Feuchtwanger zu der veränderten Überzeugung gelangt, die antisemitische Politik des NS-Regimes habe nichts mehr mit historischen Judenpogromen gemein: »Die dumpfe Grausamkeit mittelalterlicher Judenverfolgungen wirkt menschlich, misst man sie an der organisierten Brutalität, an der disziplinierten Narrheit des heutigen Deutschland.«

50 Für die christlich-jüdische Geschichte ist es nicht unerheblich, zu betonen, dass das Gebot der Nächstenliebe im Alten Testament (Lev 19,18), und nicht etwa in der Bergpredigt zuerst formuliert wurde. Von christlicher Seite wurde häufig versucht, das Gebot der Nächstenliebe als christliche Errungenschaft darzustellen. Von jüdischer Seite verwahrte man sich aber vehement dagegen, auf ein Gottesbild festgelegt zu werden, das nur den rächenden Gott kenne. Vgl. dazu Astrid Deuber-Mankowsky: Kommentar zu Hermann Cohen. In: Theorien über Judenhass – eine Denkgeschichte. Kommentierte Quellenedition (1781-1931). Hg. v. Birgit Erdle und Werner Konitzer. Frankfurt a. M. 2015, S. 215-227.

51 Feuchtwanger: Hitler's War on Culture (s. Anm. 20), S. 2: »This inferiority complex explains also the anti-Semitism of German Fascism.«

52 Siehe auch die Metaphorik in: Lion Feuchtwanger: Deutschland – ein Wintermärchen. In: Der Gegen-Angriff, 11.1.1936, 3/2 (1936), S. 4: »Die höchste Göttlichkeit ist die unverhüllte Gewalt. [...] Die Grausamkeit wird als solche gepriesen«; »Die ganze unerhörte Verlogenheit der faschistischen Propaganda und der Bibel des Führers [...]«.

Die Zeitgeschichtsforschung hat gezeigt, dass das nationalsozialistische Regime die mythologisierende Überformung von Führertum und Gefolgschaft beispielsweise in der jährlichen »Gedenkfeier« für die 1923 getöteten Putschisten ritualisierte. Diese Mythologisierung diente dem Regime zur Mobilisation und Herrschaftsstabilisation. Feuchtwanger ging es mit seinem Rückgriff aber nicht um solche herrschaftspraktischen Überlegungen. Er führte in seine Deutung eine Ebene ein, die tatsächlich auf eine theologische Denkfigur zurückgeht, um die Motivation der Täter und die Funktionsweise von Ausgrenzung, Verfolgung und Vernichtung zu beschreiben.

IV. Radikalisierung der Judenverfolgung seit den Novemberpogromen 1938

1938 radikalisierte sich die nationalsozialistische Judenverfolgung. Die Pogrome des 9. November zeigten deutlich, dass jüdische Deutsche nun täglich um Leib und Leben fürchten mussten. Auch zwei Brüder Feuchtwangers wurden in Dachau inhaftiert und erst nach höheren Geldzuwendungen Lion Feuchtwangers wieder freigelassen.[53] Unmittelbar nach den reichsweiten Ausschreitungen entstand ein Text Feuchtwangers mit dem Titel »Der Pogrom« als Beitrag für den illegalen *Deutschen Freiheitssender*, der in gekürzter Fassung auch schriftlich veröffentlicht wurde.[54] In ihm beschäftigte sich der Schriftsteller mit Gründen und Folgen der Pogrome. Die meisten Zeitgenossen empfanden sie als existenzielle Verschärfung, als deutliche Veränderung der nationalsozialistischen Judenverfolgung. In der Tat begann im Herbst 1938 eine Radikalisierung, die sich sowohl nach innen wie auch nach außen richtete: Das Regime ging in der Folge auch offiziell zur Kriegsvorbereitung über, zugleich verschärften sich antisemitische Verordnungen. Vielerorts wurden jüdische Menschen gettoisiert.[55]

---

53 An wen genau das Geld ging, ist nicht zweifelsfrei zu klären. Es war aber gängige Praxis, Häftlinge aus dem Konzentrationslager Dachau zu entlassen, nachdem sie Immobilienbesitz oder Firmen überschrieben hatten und zudem gültige Ausreisepapiere vorweisen konnten. Lion Feuchtwangers Geld wurde vermutlich zum Teil zur Bestechung der NS-Autoritäten und zum Teil für die Organisation von Visa und Reisetickets verwendet. Siehe Rolf Rieß: Nachwort. In: Ludwig Feuchtwanger: Gesammelte Aufsätze zur jüdischen Geschichte. Hg. v. Rolf Rieß. Berlin 2003, S. 190–225; hier: S. 210. Lion Feuchtwanger an Arnold Zweig vom 5.1.1939 (s. Anm. 6), S. 201. Heusler: Lion Feuchtwanger (s. Anm. 13), S. 261 f. Tagebucheintragungen Lion Feuchtwangers vom 28.11., 1.12., 7.12. und 22.12.1938 sowie vom 3.1. und 23.6.1939. Box A 19-b, Folder LF A19b, 21: Transcription 1938-40, Lion Feuchtwanger papers, Collection no. 0204, Feuchtwanger Memorial Library, Special Collections, USC Libraries, University of Southern California.
54 Lion Feuchtwanger: Der Pogrom. In: Deutsche Volkszeitung, 4.12.1938, 3/49 (1938), S. 1.
55 Maximilian Strnad: Zwischenstation »Judensiedlung«. Vertreibung und Deportation der jüdischen Münchner 1941–1945. München 2011, insb. S. 166–168.

In den Augen Feuchtwangers fußte diese Radikalisierung jedoch nach wie vor auf den bereits formulierten Ursachen:

> Die Gruppe der Juden hat ihre Zusammengehörigkeit durch zwei Jahrtausende gehalten, sich nicht stützend auf Gewalt, zusammengehalten lediglich durch den gemeinsamen Glauben an Vernunft, Geist, Moral. Ihre blosse Existenz ist also für die Nazis, die Anbeter der rohen Gewalt, ein ständiger Vorwurf, ein Dorn im Fleisch ...[56]

Deutlicher als zuvor verknüpfte Feuchtwanger seine Beschreibung nun mit einer Forderung, die sich vor allem an Frankreich, Großbritannien und auch die USA richtete:

> Es ist wichtig, endlich damit aufzuhören, bei den Nazis Vernunft und überlegene Intelligenz zu suchen. Man tut besser daran, zu erkennen, was ist, dass man es nämlich mit Geisteskranken zu tun hat. [...] Gutes Zureden ist nicht der einzige Weg, mit Geisteskranken fertig zu werden. Man entschliesse sich, bessere Mittel anzuwenden, der Hand der Verrückten den Revolver zu entwinden und ihnen die Zwangsjacke anzulegen.[57]

Wie die meisten deutschsprachigen Emigranten hielt Feuchtwanger die Appeasement-Politik der Westmächte für verfehlt, gerade weil er weiterhin der Meinung war, ein Großteil der deutschen Bevölkerung könne nur mittels Zwang und Terror zur Loyalität mit dem diktatorischen Regime bewegt werden. Dass er an der Trennung zwischen Bevölkerung und Regierung festhalten wollte, machte es ihm allerdings unmöglich, die Vorkommnisse genau zu analysieren. So vermied er es, Akteure klar zu benennen, flüchtete sich stattdessen in Passivkonstruktionen, Zustandsbeschreibungen oder verwendete das Indefinitpronomen »man«. Zu bedenken ist, dass der Text für ein deutsches Hörerpublikum geschrieben wurde. Auch das mag ein Grund dafür gewesen sein, keine deutlichen Anklagen zu formulieren, war Feuchtwanger doch nach wie vor von der Unschuld der Mehrheit überzeugt und hoffte, sie würde der Herrschaft des Regimes von innen heraus ein Ende bereiten: »[D]ie Nazis [...] haben Furcht vor ihrem eigenen Volk.«[58]

Dass Feuchtwanger in diesem Text den Antisemitismus als Phänomen einer Gruppenpsychose interpretiert, könnte damit zu tun haben, dass er regen gedanklichen Austausch mit Arnold Zweig pflegte. Zweig war seit der Veröffentlichung des *Caliban* im Jahr 1927, in dem er den Antisemitismus als Gruppen-

---

56 Feuchtwanger: Der Pogrom (s. Anm. 54), S. 1.
57 Feuchtwanger: Der Pogrom (s. Anm. 54), S. 1.
58 Feuchtwanger: Der Pogrom (s. Anm. 54), S. 1.

effekt darstellte, persönlich mit Sigmund Freud bekannt.[59] Von diesem Austausch waren Ausführungen wie die folgenden beeinflusst:

> Der tiefe, fanatische Widerwille gegen die Baendigung der Triebe, wie der Sozialismus sie verlangt, das, was Siegmund [sic] Freud als ›das Unbehagen an der Kultur‹ bezeichnet, dieser atavistische Zerstoerungstrieb wurde entfesselt und mobil gemacht zu einem gigantischen Feldzug gegen die ordnende Vernunft, gegen die Intellektuellen.[60]

Da Feuchtwanger, wie eingangs gezeigt, den Wesenskern des Judentums in der »Baendigung der Triebe« und der Wertschätzung von Geist und Bildung ausmachte, galt in seinen Augen diese These auch für die Verfolgung der Juden.[61]

Bezugnehmend auf Freud schlussfolgerte Feuchtwanger 1942 außerdem, die Beziehung zwischen Deutschen und Juden sei entgegen der Wahrnehmung der meisten deutschen Juden stets emotional belastet gewesen – »strongly charged with emotion«[62] –, somit nicht von Logik und Vernunft geprägt und immer potenziell gefährlich gewesen. Diese Tatsache sei vonseiten der Juden, also auch von ihm selbst, unterschätzt worden. Die Assimilierung und Emanzipation habe sie vergessen lassen, dass die sogenannte Judenfrage weiterhin existiere.

Dennoch argumentierte Feuchtwanger in diesem Text, psychologische Deutungen allein seien nicht in der Lage, das Schicksal der deutschen Juden zu erklären. Erst in Verbindung mit politischen und ökonomischen Deutungsmodellen könne man den deutschen Antisemitismus und die Shoah analysieren.[63] Hier zeigt sich deutlich, dass Feuchtwangers Deutung sich im Laufe des Exils graduell veränderte. Erstens öffnete er sich marxistischen Theorien weiter als zuvor. Sein Engagement für eine antifaschistische Volksfront in Frankreich

---

59 Ludger Heid: Sigmund Freud und Arnold Zweig – Das Psychogramm einer Freundschaft. In: Deutsche Kultur – jüdische Ethik. Abgebrochene Lebenswege deutsch-jüdischer Schriftsteller nach 1933. Hg. v. Ludger Heid und Renate Heuer. Frankfurt a. M. 2011, S. 73–95; hier: S. 73. Der vollständige Titel des Buches lautet »Caliban oder Politik und Leidenschaft. Versuch über die menschlichen Gruppenleidenschaften dargetan am Antisemitismus«. Dieser bereits 1927 erschienene Band entstand aus überarbeiteten Beiträgen Zweigs zur Sozialpsychologie des Antisemitismus, die in den frühen 1920er Jahren erstmals veröffentlicht worden waren.
60 Feuchtwanger: Der Faschismus und die deutsche Intelligenz (s. Anm. 47). Entsprechend auch der folgende Satz Zweigs: »Nicht die Kreuzigung Christi verzeihen die Völker den Juden nicht, damit würden sie sich abfinden; die Person Christi selbst ist es, die sie zu Antisemiten macht. Sie wollen diesen Gott nicht, der allen ihren Instinkten zuwiderläuft, sie rächen sich für die Verdrängungen, die seine Lehre ihnen auferlegt, für all die Verzichte auf Triebbefriedigung, an den Juden.« Arnold Zweig: Bilanz der deutschen Judenheit 1933. Berlin 1998, S. 223, zit. nach Heid: Sigmund Freud und Arnold Zweig (s. Anm. 59), S. 79.
61 Bereits 1936 sprach Feuchtwanger von der «systematische[n] Vernichtung einer halben Million hochzivilisierter Europäer«, die in Deutschland stattfinde, siehe Feuchtwanger: Vorwort (s. Anm. 49), S. 5.
62 Lion Feuchtwanger: The Rise and Fall of German Jewry. In: Jewish Mirror (August 1942), S. 45–49; hier: S. 47. Vgl. diesen Beitrag auch im Folgenden.
63 Feuchtwanger: The Rise and Fall of German Jewry (s. Anm. 62), S. 49.

brachte ihn in Kontakt mit materialistischen Weltdeutungen, die sowohl seine Wahrnehmung des Nationalsozialismus als auch seine Vision einer erstrebenswerten Gesellschaft beeinflussten. Zweitens schloss Feuchtwangers Verständnis von Kosmopolitismus nun das Bekenntnis zu einem Nationalstaat nicht mehr aus. Insbesondere befürwortete er spätestens 1940 die Gründung eines jüdischen Staates, da »eine Nation [...] einen Boden unter den Füssen haben [müsse]«.[64]

V. Ist die nationalsozialistische Judenverfolgung singulär?

Im kulturellen Gedächtnis sind Shoah und Vernichtungslager sehr eng miteinander verknüpft. Zumindest die deutschsprachige Bevölkerung in den Vereinigten Staaten wusste spätestens im Jahr 1943, dass in Europa Vernichtungslager existierten.[65] Es erschütterte zivilisatorische und kulturelle Gewissheiten, dass im 20. Jahrhundert der millionenfache Mord staatlich und akribisch organisiert wurde. Wie eingangs erwähnt, ist von Lion Feuchtwanger als deutschjüdischem, politisch aktivem Autor kein Text überliefert, der sich explizit auf den industriellen Massenmord der europäischen Juden bezieht. Diese Leerstelle erstaunt, nötigte Auschwitz doch Mitlebende, Überlebende und Nachlebende zur Auseinandersetzung mit der existenziellen Verletzung dessen, was als Menschlichkeit gegolten hatte und gilt.

Im Archiv der University of Southern California, das Feuchtwangers Nachlass verwaltet, ist jedoch ein Fragment mit dem Titel »Zehn Jahre Hitler« erhalten. Das Typoskript ist mit keinem Datum versehen, auch ist nicht ersichtlich, für welches Medium der Text entstand; er scheint nicht veröffentlicht worden zu sein. Der Titel lässt darauf schließen, dass er frühestens 1943 geschrieben wurde, sodass Feuchtwanger von der Existenz deutscher Vernichtungslager bereits gewusst haben muss. Auch zu diesem Zeitpunkt ordnete er die Ermordung der europäischen Juden in einen größeren Kontext von Verfolgung, Gewalt und Krieg ein. Er schilderte die Ausbeutung von Zwangsarbeitern mit zynischer Schärfe und parodierte die willfährige und tödliche Kollaboration von »deutschfreundlichen Nationen«[66] wie Rumänien, Bulgarien und Italien. Deren Politik sei von blindem Aktionismus geprägt, mit dem sie nicht zuletzt versuchten, eroberte Gebiete in Russland zu sichern, doch »das allein Gesicherte dieser zehn Jahre [sei] der Tod«.

---

64 Lion Feuchtwanger: Feuchtwanger über Palästina. In: Aufbau, 25.10.1940, 6/43 (1940), S. 10.
65 Vgl. den Beitrag von Primus-Heinz Kucher in diesem Band.
66 Lion Feuchtwanger: Zehn Jahre Hitler. Unvollständiges Typoskript, Box D9a, Folder LF D9a-80, Lion Feuchtwanger papers, Collection no. 0204, Feuchtwanger Memorial Library, Special Collections, USC Libraries, University of Southern California, S. 3.

Der Tod ist unermesslich; nie wird ihm nachgerechnet werden. Die Abschlachtung halber Nationen oder historischer Gemeinschaften wie die Juden – von den Juden Europas soll bis jetzt die Haelfte noch am Leben sein –: wenn das alles waere! Das Sterben am Krieg endet keineswegs mit dem Krieg, noch mit dem Reich des Krieges. Kein Hitler wird mehr sein, dennoch wird weiter durch ihn gestorben werden.[67]

An diesem Zitat ist zweierlei bemerkenswert: Das Wort »Abschlachtung« verweist erstens eben gerade nicht auf eine ›moderne‹ Art des massenhaften Tötens, sondern setzt den Nationalsozialismus mit atavistischer Barbarei gleich.[68] Von »Barbarei« sprach Feuchtwanger in zahlreichen Beiträgen explizit: »Der Nationalsozialismus hat diese Barbarei kunstgerecht organisiert. Er heißt bei den Intellektuellen OBD. = Organisierte Barbarei Deutschlands.«[69] Er wählte im Grunde also eine klassisch bürgerliche Interpretation vom ›Zivilisationsbruch‹, um die rassistische Vernichtungspolitik des NS-Regimes zu beschreiben. Zweitens klingt der Halbsatz »wenn das alles wäre« erstaunlich abgeklärt, als sei die »Abschlachtung« der europäischen Juden neben anderen Verbrechen vernachlässigbar. Der Satz verändert freilich seinen Sinn, wenn man ihn in Beziehung zu Feuchtwangers übrigen politischen Beiträgen setzt – denn nicht das jüdische Leid sollte durch diese Bezugnahme geschmälert werden, vielmehr beklagte Feuchtwanger alle Opfer des NS-Regimes und seines Krieges gleichermaßen, ohne die Einteilung in Opfergruppen, wie sie von der NS-Ideologie vorgenommen wurde, nachvollziehen zu wollen.

Die Zeitgeschichtsforschung stützt Feuchtwangers Wahrnehmung und Deutung in manchen Punkten. Zwar beschreibt sie den nationalsozialistischen Judenmord als zweifelsfrei singulär, dennoch hebt sie beispielsweise hervor, dass die Shoah mit der Chiffre ›Auschwitz‹ nicht zu fassen ist. Die Judenverfolgung und -vernichtung wurde dezentral umgesetzt und nahm unterschiedliche Formen an. Nicht nur in Vernichtungslagern wie Auschwitz-Birkenau und Treblinka wurden Jüdinnen und Juden umgebracht, sondern beispielsweise auch in hunderten polnischen, russischen, slowenischen und anderen europäischen Dörfern, wo sie teils von Sonderkommandos, teils von Wehrmachtssoldaten erschossen wurden.[70] Im Zuge des Vernichtungskriegs im Osten wurden zudem jüdische und nicht-jüdische Zivilisten millionenfach Opfer der menschenver-

---

67 Feuchtwanger: Zehn Jahre Hitler (s. Anm. 66), S. 3.
68 Vgl. dazu auch Feuchtwanger: Hitler's War on Culture (s. Anm. 20), S. 2.
69 Feuchtwanger: Das ›Dritte Reich‹ bedeutet: Ausrottung der Wissenschaft, der Kunst und des Geistes (s. Anm. 24). Vgl. auch Feuchtwanger: Vorwort (s. Anm. 25), S. 24; Feuchtwanger: Deutschland – ein Wintermärchen (s. Anm. 52), S. 4; Lion Feuchtwanger: Ein Baustein. In: Freies Deutschland, 15.11.1941, 1/1 (1941), S. 3; Lion Feuchtwanger: Nachher. In: Aufbau, 6.8.1943, 9/32 (1943), S. 14.
70 Zur Geschichte des Holocaust exemplarisch Raul Hilberg: The Destruction of the European Jews. 3 Bde. London 2003.

achtenden Politik des NS-Regimes. Die Grenze zwischen Judenvernichtung und politischem Terror, die ein Begriff wie »Shoah« zieht, existiert daher ohne Zweifel, jedoch steht der eliminatorische Antisemitismus durchaus in einem größeren Zusammenhang von Rassismus und Gewalt. Und in der Tat basierte das NS-Regime auf einem System der gewaltsamen Ausgrenzung, das politische Oppositionelle, Kranke, Unangepasste und »rassisch« Diskriminierte gleichermaßen erfasste.

In der Rückschau erscheint Feuchtwangers Haltung dennoch naiv. Unterschätzt wurde von Feuchtwanger vor allem die Überzeugungskraft des rassistischen Antisemitismus.[71] Er war sich bewusst, dass die NS-Ideologie biologistisch argumentierte, verwarf jegliche Rassentheorie aber bereits in einem langen Beitrag von 1933 mit wenigen Worten als Unsinn, weil sie offensichtlich der wissenschaftlichen Grundlage entbehrte.[72] Wie lächerlich er den rassistischen Antisemitismus fand, illustriert der bekannte Offene Brief »An den Bewohner meines Hauses Mahlerstrasse 8 in Berlin«: »Hat man wirklich meine Schildkröten und meine Eidechsen totgeschlagen, weil ihr Besitzer ›fremdrassig‹ war?«[73]

VI. Das Kriegsende und die Frage der Rückkehr

Marta Feuchtwanger gab 1975 zu Protokoll, erst nach Kriegsende sei ihr und ihrem Mann vollkommen klar geworden, was Auschwitz bedeutet hätte. Beide hätten von Folter und Mord in Konzentrationslagern aus dem *Aufbau* und aufgrund der Augenzeugenberichte derer gewusst, denen vor dem Beginn des Krieges die Flucht aus Deutschland geglückt war. Marta Feuchtwanger betonte aber zugleich: »[W]e didn't know about the Auschwitz gas ovens.«[74] Nach 1945

---

71 Damit war er gerade unter Verfechtern marxistischer Geschichtstheorien nicht alleine, vgl. den Beitrag von Philipp Lenhard in diesem Band.
72 »Die Idee der Rasse ist sehr jung, weder die Antike noch das Mittelalter kannte sie. [...] Irgendein wissenschaftliches Kriterium liegt dem Begriff nicht zugrunde. Es sind bekanntlich unzählige Versuche gemacht worden, etwas wie eine wissenschaftliche Grundlage für die Rassentheorie zu schaffen. [...] Alle diese Experimente sind ohne Ergebnis geblieben.« Feuchtwanger: Nationalismus und Judentum (s. Anm. 16), S. 13. Andrea Bunzel: Die Josephus-Trilogie im Zeichen des Exils. In: Lion Feuchtwanger und die deutschsprachigen Emigranten in Frankreich von 1933 bis 1941. Hg. v. Daniel Azuélos. Bern u. a. 2006, S. 235–244; hier: S. 236, meint, der Antisemitismus des 20. Jahrhunderts sei Feuchtwanger vor 1933 als vollständig »anachronistisches Phänomen« und »vorübergehendes Übel« erschienen.
73 Lion Feuchtwanger: Offener Brief. An den Bewohner meines Hauses Mahlerstrasse 8 in Berlin. In: Pariser Tageblatt, 20.3.1935, 3/463 (1935), S. 4.
74 Feuchtwanger: An Émigré Life (s. Anm. 13), S. 1246. In leichter Abwandlung sagt sie etwas später: »We didn't expect this gas oven.«, S. 1250. Aus demselben Interview stammt auch folgendes Zitat: »But about Auschwitz, people didn't know. Not even the Germans knew about it. They thought it's just a working camp.«, S. 1248.

erfuhr das Ehepaar, dass mehrere nahe Familienmitglieder die Shoah nicht überlebt hatten. Feuchtwanger schrieb 1946 in einem Brief:

> dieser tage habe ich aus kärnten nachricht bekommen vom tod meiner schwester bella. sie ist in einem konzentrationslager gestorben, am flecktyphus. es kommt viel europäische post, viel schauerliches und viel groteskes. man muss einen sehr ausgeglichenen verstand haben, um die vielen queren und widerspruchsvollen dinge verdauen zu können, die politischen und die persönlichen.[75]

Bella Feuchtwanger starb in Theresienstadt, wohin sie kurz vor der geplanten Flucht nach Palästina deportiert worden war.[76] Marta Feuchtwanger erinnerte sich insgesamt an etwa 50 Familienmitglieder, die das NS-Regime nicht überlebt hatten.[77] Wenn man sich auf ein groteskes Rechnen in diesem Zusammenhang einlassen will, ist dennoch festzuhalten, dass die Familie Feuchtwanger relativ gesehen sehr viel weniger Tote zu beklagen hatte als andere jüdische Familien – die weitverzweigte Verwandtschaft war überwiegend wohlhabend, zudem hatte die orthodoxe Glaubenspraxis zionistische Ideen für viele Familienmitglieder attraktiv gemacht. So leben Nachkommen der Feuchtwangers heute in Israel, in den USA, in Großbritannien, in Südamerika und auch in Deutschland.

Öffentlich und explizit setzte sich Feuchtwanger auch nach 1945 nicht mit diesem neuen Wissen auseinander. Im Zusammenhang mit den Nürnberger Prozessen sprach er in einem Ende 1945 erschienenen Beitrag für eine Amsterdamer Zeitung von »Naziverbrechern« und »Massenmördern«, die »überdimensionale Schuld« auf sich geladen hätten, bezog sich damit aber insbesondere auf den Zweiten Weltkrieg[78] – was, wie man argumentieren könnte, dem Zuschnitt der Prozesse geschuldet gewesen sein mochte.[79] Er holte die Reflexion aber auch zu anderer Gelegenheit nicht nach. In den folgenden Jahren wurde Feuchtwanger insgesamt zurückhaltender mit politischen Verlautbarungen und trat nun wieder vorwiegend als Romanautor an die Öffentlichkeit. Auffällig ist dabei, dass der Schriftsteller in diesen späten Romanen wieder verstärkt Themen der jüdischen Geschichte aufgriff, die sich wie ein Kommentar zum Zeitgeschehen lesen lassen. Sowohl in *Die Jüdin von Toledo* als auch in Feuchtwangers letztem Roman *Jefta und seine Tochter* ringen die Protagonisten angesichts gewaltvoller Auseinandersetzungen um eine sichere und friedliche jüdische Existenz. So unterschiedlich die Stoffe dabei auch sind: In beiden Romanen ist

---

75 Feuchtwanger an Lola Humm-Sernau vom 14.1.1946, A:Feuchtwanger 75.25/1, Deutsches Literaturarchiv Marbach.
76 Feuchtwanger: An Émigré Life (s. Anm. 13), S. 872.
77 Feuchtwanger: An Émigré Life (s. Anm. 13), S. 1352.
78 Lion Feuchtwanger: Der Prozeß von Nürnberg, ein Ende und ein Anfang. In: Neue Texte. Almanach für deutsche Literatur. Herbst 1965. Berlin, Weimar 1965, S. 54-60; hier: S. 55.
79 Siehe Annette Weinke: Die Nürnberger Prozesse. München 2006.

das selbstbewusste Eintreten für Frieden und Toleranz der Schlüssel zu einer lebenswerten Gesellschaft, in der sich Menschen unterschiedlicher Herkunft und unterschiedlicher Bekenntnisse gegenseitig achten.

Dazu gehört in beiden Romanen auch, auf seine Gegner zuzugehen und ihnen vergeben zu können. Eine Forderung, die Feuchtwanger, mit Ausnahme »der wirklichen Nazis«[80], auch für die besiegten Deutschen formulierte.[81] Die Rückkehr nach Deutschland hat Feuchtwanger dennoch nie ernstlich erwogen. Er war zu Kriegsende 61 Jahre alt, hatte sich in Los Angeles sein drittes Haus gekauft und seine dritte Bibliothek zusammengestellt. Selbst wenn er die amerikanische Staatsbürgerschaft erhalten hätte: Sehnsucht hatte er, wie er seinen Freunden brieflich beichtete, vor allem nach der lebendigen deutschen Sprache, weniger nach dem Land.[82] Zahllose Gründe sprachen in seinen Augen gegen eine Rückkehr, vor allem aber erwartete ihn fast niemand mehr dort:

> Zwei Europaeer, gleichgueltig woher sie sind, belanglos ob sie einander sonst verstehen, bei jeder Begegnung koennen sie wenigstens ihre Toten nennen. Bei jeder Begegnung werden es mehr und andere sein; nur der Schlaechter bleibt immer derselbe.
> Die Ueberlebenden, hoechst fragwuerdig Vorhandenen haben in ihrem Gedaechtnis weniger Lebendige als Tote, sie gehen fuer ihre Person so gut wie ohne Zeitgenossen umher.[83]

Diese Fragwürdigkeit der eigenen Existenz und die Bedeutung der Shoah für die Überlebenden reflektierte Feuchtwanger in seinen publizistischen Texten so gut wie nicht. Sie geben jedoch zwischen den Zeilen Aufschluss darüber, wie sehr das politische Denken und die Identität des Autors miteinander verwoben waren. Der Nationalsozialismus war für Feuchtwanger Ausdruck ungebändigter Triebhaftigkeit, die ihre gewalttätige Entladung in der Ausgrenzung, Verfolgung und Vernichtung der durch ein geistiges Prinzip zusammengehaltenen

---

80 Feuchtwanger: Die Zukunft Deutschlands (s. Anm. 41), S. 6.
81 Dafür gab es in seinen Augen sowohl politische als auch pragmatische Gründe. Zum einen argumentiert er in Lion Feuchtwanger: On the Character of the Germans and the Nazis. In: Writers' Congress: Proceedings of the Conference Held in October 1943 under the Sponsorship of the Hollywood Writers' Mobilization and the University of California. Berkeley, CA 1944, S. 425–430; hier: S. 429, dass die deutsche Bevölkerung ebenso unter einer Besatzung gelebt habe wie die Bevölkerung der im Zweiten Weltkrieg eroberten Länder. Zweitens sei es schlicht unmöglich, jeden zu meiden, der mit dem Nationalsozialismus sympathisiert habe, siehe Lion Feuchtwanger an Lola Humm-Sernau vom 20.6.1949, A:Feuchtwanger 75.28/8, Deutsches Literaturarchiv Marbach.
82 Siehe zu dieser Frage die Briefe Feuchtwangers an seine frühere Sekretärin Lola Humm-Sernau vom 26.8.1945, A:Feuchtwanger 75.24/2, vom 18.12.1945, A:Feuchtwanger 75.24/5, vom 20.6.1949, A:Feuchtwanger 75.28/8 und vom 10.3.1953, A:Feuchtwanger 75.32/4, Deutsches Literaturarchiv Marbach.
83 Feuchtwanger: Zehn Jahre Hitler (s. Anm. 66), S. 1.

Gruppe der Juden gefunden habe. Diese Deutung hängt eng mit Feuchtwangers Selbstverständnis zusammen: Er sah sich nie als schreibender Jude der Verfolgung durch das nationalsozialistische Regime ausgesetzt, sondern stets als jüdischer Schriftsteller.

Thomas Pekar

Modelle jüdischer Identität
Lion Feuchtwangers *Josephus*-Trilogie

I. Einleitung: Zum Zusammenhang von Exil und Shoah bei Feuchtwanger

Feuchtwanger schrieb den ersten Band seiner *Josephus*-Trilogie Ende der 1920er, Anfang der 1930er Jahre in Berlin, wo er 1932 unter dem Titel *Der jüdische Krieg* erschien; den zweiten Band, *Die Söhne*, begann er noch in Berlin, aber das Manuskript zu diesem Band wurde, wie Feuchtwanger berichtet[1], im März 1933 bei der Plünderung seines Hauses durch die Nationalsozialisten vernichtet. Feuchtwanger, der sich seit November 1932 außerhalb Deutschlands aufhielt, schrieb den Band während seiner Exilzeit in Frankreich, wo er ab 1933 wohnte, noch einmal neu.[2] Den letzten Band der Trilogie, *Der Tag wird kommen*, verfasste Feuchtwanger vor allem in den USA, wo er ab 1941 lebte.[3] Damit entstand die *Josephus*-Trilogie als ein Exilroman vor dem Hintergrund des Aufstiegs der Nationalsozialisten, ihrer Machtergreifung in Deutschland und des Beginns der systematischen Ermordungen der Juden.[4] Diesen historischen Zeitkontext der Shoah, verstanden als den gesamten Prozess der primär rassistisch motivierten Diskriminierungen und Verfolgungen der europäischen Juden bis zu ihrer Ermordung durch die Nationalsozialisten[5], verbindet Feuchtwanger in seinem Roman mit einer anderen Katastrophe in der jüdischen Geschichte, nämlich mit der Zerstörung des jüdischen Tempels in Jerusalem im Jahre 70 n. Chr. durch die Römer. Diese Tempelzerstörung ist der Dreh- und Angelpunkt der *Josephus*-Trilogie. Feuchtwanger unternimmt damit den Versuch, eine umgreifende jüdische Geschichte zu schreiben. Es ist eine Geschichte der Verfolgungen und Diskriminierungen, die von der Antike bis zur Gegen-

---

1 Vgl. sein Nachwort zu Die Söhne (DS, S. 544); Feuchtwangers *Josephus*-Trilogie wird mit diesen Siglen und der Seitenangabe zitiert: JK = Der jüdische Krieg [1932]. Roman. Berlin, Weimar 1979 (3. Aufl.); DS = Die Söhne [1935]. Roman. Berlin, Weimar 1979 (3. Aufl.); TK = Der Tag wird kommen [1942 engl.; 1945 dt.]. Roman. Berlin, Weimar 1979 (3. Aufl.).
2 Das Buch *Die Söhne* erschien 1935 im Amsterdamer Exilverlag Querido.
3 Dieser Band wurde 1942 beendet und 1945 bei Bermann-Fischer in Stockholm herausgegeben.
4 Seit Sommer 1941 wurden systematische Massenexekutionen besonders an sowjetischen und südosteuropäischen Juden durchgeführt. In Auschwitz und anderen Vernichtungslagern setzte die systematische Ermordung der europäischen Juden seit Ende 1941, Anfang 1942 ein. Vgl. Wolfgang Benz (Hg.): Lexikon des Holocaust. München 2002, S. 20, S. 242.
5 Vgl. zu dieser Bestimmung die Artikel ›Holocaust‹ und ›Shoah‹ in Benz: Lexikon (s. Anm. 4), S. 100f., 214f.

wart reicht und in der im neuzeitlichen Antisemitismus und der Shoah eine Fortführung und extreme Radikalisierung von Entwicklungen zu erkennen ist, die schon in antiken Judenverfolgungen ihren Anfang nahmen. Mit dieser *historica judaica*, die sich von anderen Geschichtsschreibungen unterscheidet[6], knüpft Feuchtwanger u.a. an Heinrich Heine an.

Bedingt durch das Exil und die Shoah sah Feuchtwanger sich gezwungen, fundamentale Grundpositionen seines Denkens, insbesondere hinsichtlich seines Verständnisses und seiner Stellung zum Judentum zu verändern. Dies betrifft vor allem seine Einstellung zum Kosmopolitismus und zur Assimilation der Juden besonders in Deutschland, worüber er im Zuge der Entwicklungen in Nazi-Deutschland zunehmend kritischer dachte.[7] Ein gewisser Endpunkt dieses Veränderungsprozesses ist eine Rede, die er mit Abschluss der *Josephus*-Trilogie 1942 hielt[8], als erste Nachrichten von systematischen Ermordungen von Juden und Massenvergasungen aus Europa in die USA gekommen waren. Diese Rede ist eine Absage an die Emanzipationshoffnungen der Juden in Deutschland, an ihren Assimilationsversuch und ihre kosmopolitischen Einstellungen, die auch Feuchtwangers eigene gewesen waren. Die *Josephus*-Trilogie stellt diesen Veränderungsprozess seines Denkens dar, die damit als fortschreitende Destruktion oder Dekonstruktion[9] des Kosmopolitismus vor dem Hintergrund der beginnenden Shoah gelesen werden kann.

II. Das Erzählmodell des historischen Romans bei Heine und Feuchtwanger

Wie Feuchtwanger in seiner Dissertation über Heines *Rabbi von Bacherach* von 1907 bemerkt, stimmen in dieser Erzählung weder Ort (›Bacherach‹) noch Zeit (1486/87) mit dem historischen Ereignis einer Judenverfolgung überein.[10] Der seit dem Mittelalter in Europa und Deutschland bestehende christliche Antise-

---

6 So spricht auch Köpke in Hinsicht auf den *Josephus*-Roman von ›Geschichte vom jüdischen Standpunkt aus betrachtet‹. Vgl. Wulf Köpke: Lion Feuchtwangers *Josephus*: Ost und West. In: Lion Feuchtwanger. Materialien zu Leben und Werk. Hg. v. Wilhelm von Sternburg. Frankfurt a. M. 1989, S. 134–150; hier: S. 150.
7 Zur ergänzenden Bedeutung der Shoah v. a. in seiner politischen Publizistik vgl. den Beitrag von Sophia Dafinger in diesem Band.
8 Auszüge aus dieser unveröffentlichten Rede mit dem Titel »Glück und Ende der deutschen Juden« sind zu finden bei Heike Specht: Die Feuchtwangers. Göttingen 2006, S. 298.
9 Die Trilogie bleibt nicht ohne Hoffnung: Bei der Destruktion des Kosmopolitismus – und auch seines Gegensatzes, des (jüdischen) Nationalismus (vgl. unten, Kap. IV) – bleibt das Messianische (vgl. unten, Kap. V) bestehen, weshalb dieser destruktive Vorgang auch ein konstruktives Moment hat.
10 Vgl. Lion Feuchtwanger: Heinrich Heines *Rabbi von Bacherach*. Mit Heines Erzählfragment. Eine kritische Studie [1907]. Frankfurt a. M. 1985, S. 32–39.

mitismus wird jedoch grundsätzlich thematisiert. Auch der Rabbi von Bacherarch (bzw. Bacharach) selbst ist eine von Heine erfundene Figur, die allerdings einen bestimmten Typus repräsentiert, nämlich den Typus eines ›Märtyrers‹, dem, wie Feuchtwanger schreibt, »nicht eigene Schuld, sondern die Dummheit und Bosheit anderer das harte Schicksal formt«.[11] Jedoch ist die dichterische Wahrheit dieser Geschichte unbestreitbar, gemäß der Aristotelischen Einsicht, dass es nicht Aufgabe des Dichters sei, mitzuteilen, was wirklich geschehen ist, sondern was geschehen könnte, also das nach den Regeln der Wahrscheinlichkeit oder Notwendigkeit *Mögliche*.[12] Dieses Prinzip wurde von Feuchtwanger auf die Formel »Klio ist eine Muse« gebracht.[13]

Durch die Analyse des *Rabbi* in seiner Dissertation konnte Feuchtwanger das für seine gesamte schriftstellerische Produktion maßgebende Erzählmodell des historischen Romans, genauer gesagt des deutsch-jüdischen historischen Romans[14], gewinnen, dessen Grundprinzip darin besteht, dass »Geschichtsschreibung in erster Linie Literatur« ist.[15] Ein entscheidendes Kriterium des historischen Romans besteht für Feuchtwanger darin, mit ihm »immer nur Zeitgenössisches aussagen«[16] zu wollen: in der *Josephus*-Trilogie konkretisiert im Bezug auf Feuchtwangers zeitgenössischen Antisemitismus. Mit diesem Erzählmodell versucht Feuchtwanger in Hinsicht auf die jüdische Thematik zwei zentrale Fragestellungen zu beantworten. Zum einen: Wie lässt sich aus der Sicht der unterdrückten und unterlegenen Juden *Geschichte* bzw. lassen sich überhaupt *Geschichten* schreiben? Die zweite Frage lautet: Wie lässt sich jüdische Identität in einer fundamentalen Krisensituation bestimmen? Diese Krise ist bei Heine in der Weise individuell bestimmt, dass er 1824 mit der Arbeit am *Rabbi* in einer Phase begann[17], in der er sich intensiv mit dem Judentum auseinandersetzte, obwohl er sich dann 1825 evangelisch-lutherisch taufen ließ, in

---

11 Feuchtwanger: Heinrich Heines *Rabbi* (s. Anm. 10), S. 54.
12 Vgl. Aristoteles: Poetik. Stuttgart 1961, S. 36.
13 Lion Feuchtwanger: Nachwort des Autors [1952]. In: Ders.: Die Füchse im Weinberg [1946]. Berlin, Weimar 1987 (4. Aufl.), S. 949–951; hier: S. 951.
14 Heines 1840 erschienener *Rabbi* (obwohl kein Roman, sondern eine Erzählung) wird in dieser Hinsicht als ›Pionierarbeit‹ bewertet. Vgl. z. B. Florian Krobb: Selbstdarstellungen. Untersuchungen zur deutsch-jüdischen Erzählliteratur im neunzehnten Jahrhundert. Würzburg 2000, S. 29. So gesehen lässt sich Heine darum mit Fug und Recht als »der erste moderne deutschsprachige jüdische Dichter« ansehen. Itta Shedletzky: Exil im deutsch-jüdischen Kontext – Theologie, Geschichte, Literatur. In: Handbuch der deutschsprachigen Exilliteratur. Von Heinrich Heine bis Herta Müller. Hg. v. Bettina Bannasch und Gerhild Rochus. Berlin u. a. 2013, S. 27–47; hier: S. 36.
15 Lion Feuchtwanger: Das Haus der Desdemona oder Größe und Grenzen der historischen Dichtung. Rudolstadt 1961, S. 32.
16 Feuchtwanger: Das Haus der Desdemona (s. Anm. 15), S. 145.
17 In historisch-kollektiver Hinsicht liegt die Krise darin, dass Heine diesen fragmentarisch gebliebenen Text erst viel später, nämlich 1840, vor dem Hintergrund von Judenverfolgungen in Damaskus, veröffentlichte.

der vergeblichen Hoffnung, dadurch eine Anstellung in Deutschland finden zu können.[18] Hier sind deutliche Parallelen zu der im Folgenden dargestellten Problematik von Feuchtwangers *Josephus*-Trilogie zu erkennen, die ebenfalls in einem Scheitern der kosmopolitischen Bemühungen kulminiert.

III. Intertextuelle Bezüge von Feuchtwangers *Josephus*-Trilogie

Feuchtwanger konnte sich bei der Vorlage dieser Trilogie auf den nahezu einmaligen Glücksfall stützen, dass die Werke des römisch-jüdischen Geschichtsschreibers Josephus Flavius (37 oder 38–100 n. Chr.), vor allem sein Buch *Geschichte des Judäischen Krieges*[19], überhaupt geschrieben wurden[20], ist doch die Geschichtsschreibung eigentlich Sache der Sieger[21], und zum anderen, dass uns seine Werke überliefert wurden.[22] Mit diesem jüdischen Chronisten identifiziert Feuchtwanger die Figur seines Josef[23], aus dessen Perspektive er erzählt, wobei dieser Protagonist allerdings als scheiternder, ja z. T. auch negativer Held konzipiert ist.

Eine weitere Grundlage für Feuchtwangers Trilogie ist ein Standardwerk der jüdischen Geschichtsschreibung, nämlich die zehnbändige *Weltgeschichte des jüdischen Volkes* des russischen Historikers Simon Dubnow (1860–1941), die zwischen 1925 und 1929 in deutscher Übersetzung erschien und welche Feuchtwanger besaß.[24] Dubnows besonderer Ansatz, die Bildung jüdischer

---

18 An seinem Lebensende, im Pariser Exil, fand Heine dann eine neue »Identifikation mit dem Judentum«. Rachel Rau: Zwischen Singularität und Universalität. Paradoxe Aspekte jüdischen Exils in Heinrich Heines Jehuda ben Halevy. In: Literatur und Exil. Neue Perspektiven. Hg. v. Doerte Bischoff und Susanne Komfort-Hein. Berlin, Boston 2013, S. 66–78; hier S. 66. Mit der Figur des Jehuda ben Halevy habe Heine das »Exempel eines kosmopolitischen Dichters« (S. 68), entwickelt. Vgl. dazu auch Shedletzky: Exil (s. Anm. 14), S. 35.
19 Vgl. Josephus Flavius: Geschichte des Judäischen Krieges. Stuttgart 2015. Das Buch entstand um das Jahr 75 n. Chr.
20 Entstehen konnten sie nur durch den fast unglaublichen Umstand, dass der Heerführer der jüdischen Aufständischen, Josef Ben Matthias (heutige Umschrift: Joseph ben Mathitjahu), so der ursprüngliche Name von Josephus, im Augenblick seiner Niederlage zu den Römern überlief, diese ihn nicht töteten, ja ihn sogar zu einem angesehen Schriftsteller machten.
21 Vgl. zu dieser Problematik grundsätzlich: Walter Benjamin: Über den Begriff der Geschichte [1940]. In: Ders.: Gesammelte Schriften I.2 [1974]. Hg. v. Rolf Tiedemann und Hermann Schweppenhäuser. Frankfurt a. M. 1978 (2. Aufl.), S. 691–704; hier: S. 696 f.
22 Sie haben sich durch den Zufall erhalten, dass es in ihnen zwei (wahrscheinlich gefälschte) Stellen gibt, die sich mit Jesus Christus befassen (*Testimonium Flavianum*). Da die jüdische Geschichtsschreibung ansonsten Jesus nicht erwähnt, wurden die Werke des Josephus von der Kirche mit besonderer Sorgfalt erhalten.
23 Und sich selbst wohl auch. Vgl. Shedletzky: Exil (s. Anm. 14), S. 39: »Feuchtwanger identifiziert sich mit dem [...] Chronisten des ›jüdischen Kriegs‹ [...].«
24 Der Historiker Dan Diner charakterisiert dieses Werk als geprägt von Pessimismus und Exodus, die »zu den tragenden Achsen des Dubnowschen Geschichtsverständnisses« gehö-

Diaspora-Zentren hervorzuheben und nicht primär die jüdische Einwanderung nach Palästina, die später, nach seinem Tod, zur Gründung des Staates Israel führte, im Fokus zu haben (bei einer nicht ablehnenden, wohl aber distanzierten Haltung gegenüber dem Zionismus)[25], trifft sich weitgehend mit Feuchtwangers eigener, zeitweilig schwankenden bis distanzierten Haltung gegenüber dem jüdischen Nationalismus, d. h. dem politischen Zionismus.[26]

IV. Zum Verhältnis von Nationalismus und Kosmopolitismus

Ab 1933 konzipierte Feuchtwanger den zweiten Band der Trilogie, *Die Söhne*, neu, vor allem deshalb, weil er, wie er selbst schreibt, »zu dem Thema des *Josephus*: Nationalismus und Weltbürgertum manches zugelernt« (DS, S. 544) habe. Dieses ›Zulernen‹ war primär dem aufkommenden Nationalsozialismus geschuldet. Betrachtet man die Grundkonzeption zumindest der beiden letzten Bände der Trilogie unter *dieser* Perspektive, des Widerstreits von jüdischem Nationalismus und Kosmopolitismus, dann lässt sich Josefs Scheitern unschwer als Scheitern seiner kosmopolitischen Lebensaufgabe und Identität ansehen. Aber am Ende steht gleichwohl auch kein triumphierender jüdischer Nationalismus, denn die Trilogie endet mit einem jüdischen Aufstand gegen die Römer, der zur Zerstörung des jüdischen Landes und zur jüdischen Diaspora führen wird.[27] Einer Diaspora-Situation entsprach im Übrigen Feuchtwangers Leben im Exil mehr und mehr, da durch das sich ausbreitende Wissen um die Shoah die Möglichkeit einer Rückkehr nach Deutschland in immer weitere Ferne rückte.[28]

In der *Josephus*-Trilogie ist der doppelte Niedergang von jüdischem Nationalismus und Kosmopolitismus in den verschiedenen Identitäten bzw. Identitätskonstruktionen reflektiert, die sich der Protagonist Josef gibt. Die Kernvorstel-

---

ren. Dan Diner: Gedächtniszeiten. Über jüdische und andere Geschichten. München 2003, S. 128.

25 Dubnow hielt Distanz zum politischen Zionismus, zum jüdischen wie internationalen Sozialismus und zur Assimilation. Vgl. Diner: Gedächtniszeiten (s. Anm. 24), S. 129.
26 Vgl. Lothar Kahn: Lion Feuchtwanger. In: Deutsche Exilliteratur seit 1933. Bd. I. Hg. v. John M. Spalek und Joseph Strelka. Kalifornien. Teil 1. Bern, München 1976, S. 331–351; hier: S. 338.
27 So wurde die *Josephus*-Trilogie auch verstanden als »ein Werk über die Herausbildung diasporischen Denkens«. Frank Stern: Vorwort. In: Ders.: Feuchtwanger und Exil. Glaube und Kultur 1933–1945. »Der Tag wird kommen«. Bern 2011, S. XV–XVIII; hier: S. XVI.
28 *Ein* Unterschied zwischen Diaspora und Exil ist, dass Diaspora ein beständiger, wenn nicht dauernder Zustand ist, während das Exil mit dem Streben nach baldiger Rückkehr in die Heimat verbunden ist. Zur begrifflichen Abgrenzung vgl. Jenny Kuhlmann: Exil, Diaspora, Transmigration. In: Aus Politik und Zeitgeschichte (2014), unter: http://www.bpb.de/apuz/192563/exil-diaspora-transmigration [abgerufen: 2.2.2016].

lungen dieser Identitäten sind in einigen Psalmen verdichtet, die der Protagonist in den verschiedenen Phasen seines Lebens schreibt.[29]

IV.1 »Psalm des Weltbürgers«

Der Rückgriff auf den jüdisch-religiösen Texttypus »Psalm« hebt die Bedeutung des darin Ausgesagten hervor. Zwar dienen die Psalmen im Roman offensichtlich den Identitätsbestimmungen Josefs, leitend ist aber immer die Frage nach den Situationsbestimmungen des Judentums überhaupt in der Gegenwart Feuchtwangers.[30]

Für den kosmopolitischen Josef[31] der ersten beiden Romanbände ist sein »Psalm des Weltbürgers« kennzeichnend mit den zentralen Zeilen der letzten Strophe: »Lobet Gott und verschwendet euch über die Länder./ Lobet Gott und vergeudet euch über die [...] Meere./ Ein Knecht ist, wer sich festbindet an ein einziges Land./ Nicht Zion heißt das Reich, das ich euch gelobte, Sein Name heißt: Erdkreis.« (JK, S. 283)

Josef schreibt diese Zeilen auf dem Zenit seines kosmopolitischen Lebens, für das er sich in dem Moment entschieden hatte, als er zum ersten Mal Rom betrat – und dies bildet den Anfang der *Josephus*-Trilogie.[32] Vespasian, der römische Heerführer im Jüdischen Krieg, wurde im Jahr 69 als erster Flavier zum Kaiser ausgerufen, womit sich Josefs Prophezeiung, er sei der »Messias«, erfüllt. Daraufhin gewinnt Josef, der nach der Kriegsniederlage Vespasian persönlich als Sklave dienen musste, seine Freiheit zurück. Er nennt sich von nun an nicht mehr bei seinem jüdischen Namen Josef Ben Matthias, sondern, nach dem Geschlechternamen des Kaisers, Flavius Josephus (vgl. JK, S. 265); gleichzeitig begreift er sich nicht mehr als jüdischen Priester, sondern als römischen Schriftsteller. Als solcher glaubt er, als »der erste Mensch« (JK, S. 275) eine neue, kosmopolitische Weltanschauung beispielhaft vorleben zu können.[33] Dass ihm

---

29 Insgesamt schreibt Josef fünf Psalmen (vgl. JK, S. 282 f.; DS, S. 280 f.; S. 416 f.; S. 492 f.; TK, S. 156-158).
30 Dies entspricht dem Verständnis der Psalmen bei Dubnow, der sie als »religiöse Lyrik« ansieht, die aus »zwei Quellen gespeist« werde, »einer gesamtnationalen und einer rein persönlichen«. Simon Dubnow: Weltgeschichte des jüdischen Volkes. Bd. I. Berlin 1925, S. 436.
31 Gegenwärtig wendet sich das Forschungsinteresse stark dem Kosmopolitismus Feuchtwangers zu. Vgl. z. B. Sandra Narloch: Transnationale Perspektive bei Lion Feuchtwanger. Zur Josephus-Trilogie: Judentum, Nationalismus und die Idee des Weltbürgertums. In: Exil Lektüren. Studien zu Literatur und Theorie. Hg. v. Doerte Bischoff u. a. Berlin 2014, S. 55-65.
32 Durch das Überschreiten der Tiber-Brücke, zum linken Ufer hin, wo man »ein Fremder« (JK, S. 7) ist, wird diese Entscheidung für den Kosmopolitismus symbolisch unterstrichen. Josefs Teilnahme am Kampf gegen die Römer im Jüdischen Krieg (die im zweiten Buch des Romans geschildert wird; vgl. JK, S. 91-198), die zu seiner Gefangennahme führt, ist als Zwischenspiel, als zeitweilige Unterbrechung dieser kosmopolitischen Entwicklung anzusehen.
33 »Er war eine neue Art Mensch, nicht mehr Jude, nicht Grieche, nicht Römer: ein Bürger des ganzen Erdkreises [...].« (JK, S. 275)

diese Gedanken ausgerechnet in Alexandria kommen, zeigt diese kosmopolitische Überzeugung jedoch bereits als Illusion, ist diese nach Rom größte Stadt der Antike zwar eine weltoffene Metropole mit einer bedeutenden jüdischen Gemeinde, doch gleichzeitig auch »Hauptsitz der Judenfeinde« (JK, S. 275), von denen der wichtigste, der ägyptische Gelehrte Apion[34], in Josefs Leben eine zentrale und unheilvolle Rolle spielen wird. Feuchtwanger konterkariert Josefs optimistisch-kosmopolitische Weltsicht damit von Anfang an durch zahlreiche Hinweise auf die Judenfeindschaft seiner unmittelbaren Umgebung.[35] Diese überall in der Gesellschaft verbreitete Judenfeindschaft ist die Grenze und letztlich das zerstörende Element sowohl von Josefs als auch von dem jüdischen Kosmopolitismus überhaupt.

Josef muss dies unmittelbar in der Beziehung zu seinem Sohn Paulus erfahren. Sein Kampf um Paulus, ein Kernthema des Romans, ist vor dem Hintergrund der gesellschaftlichen Judenfeindschaft zu sehen, die die Beziehung zu seinem Sohn letztendlich zerstören wird. Paulus entstammt Josefs zweiter Ehe mit der hellenisierten Halbägypterin Dorion, die als eine Art Gegenfigur bzw. Gegenfrau zu seiner ersten jüdischen Frau Mara fungiert. Diese Ehe ist Josefs weitestgehender Versuch sich zu assimilieren.[36] Aber der Versuch scheitert, da er nach einem Aufenthalt in Judäa, wo er Augenzeuge der Zerstörung Jerusalems und des Tempels durch Titus wurde, Dorion gegenüber nichts als Fremdheit mehr empfindet und sich von ihr scheiden lässt. Um ihr gemeinsames Kind Paulus, das Dorion bei Josefs griechischem Sekretär, Phineas, erziehen lässt, kümmert er sich zunächst nicht. Phineas ist ausgesprochen judenfeindlich ein-

---

34 Der hellenisierte ägyptische Grammatiker, Literat und Homerphilologe Apion (30–20 v. Chr.– 45–48 n. Chr.) lebte v. a. in Alexandria und griff die dortige jüdische Gemeinde und darüber hinaus alle Juden weltweit an. Von Apion sind keine Schriften erhalten; seine antijüdischen Ausfälle fanden u. a. Eingang in die *Historien* des Tacitus. So behauptete Apion etwa, dass sich im Heiligtum des jüdischen Tempels in Jerusalem ein Eselskopf befinde oder dass dort die Juden Ritualmorde vollziehen würden. Auf ihn gehen viele judenfeindliche und dann später antisemitische Vorstellungen und Stereotype zurück. Vgl. Kaufmann Kohler: Apion. In: The Jewish Encyclopedia. Bd. 1. New York, London 1901, S. 666–668.

35 So werden die zahlreichen Pogrome in Alexandria erwähnt, besonders dasjenige im Jahre 66, mit über 50.000 jüdischen Opfern, welches auch im *Jüdischen Krieg* thematisiert wird. Vgl. Flavius: Geschichte (s. Anm. 19), S. 214 f. Dies widerspricht m. E. der These von Andrea Bunzel, dass dieser erste Band der Trilogie »rein teleologisch aufgebaut« sei, um den deutschen Juden damit »eine Art kosmopolitischer Assimilation« nahezulegen. Andrea Bunzel: Die Josephus-Trilogie im Zeichen des Exils. In: Lion Feuchtwanger und die deutschsprachigen Emigranten in Frankreich von 1933 bis 1941. Hg. v. Daniel Azuélos. Bern 2006, S. 235–244; hier: S. 238. Brüche und Ambivalenzen sind jedoch von Anfang an in dieses kosmopolitische Projekt verwoben.

36 Josef hat diese Vision von seiner Ehe mit Dorion: »Du, die Ägypterin, von den Römern verachtet, ich, der Jude, von Rom mit Mißtrauen, Scheu und halber Achtung angesehen, wir zusammen werden Rom erobern.« (JK, S. 331)

gestellt³⁷, sodass es aufgrund seines Einflusses zu einer grundlegenden Entfremdung zwischen Vater und Sohn kommt.³⁸

In diesem Zusammenhang spielt der oben erwähnte alexandrinische Gelehrte Apion als Repräsentationsfigur für die gesellschaftliche Judenfeindschaft eine entscheidende Rolle, denn Phineas unterrichtet Paulus im Griechischen u. a. durch einen Homer-Kommentar Apions, der »voll von antisemitischen Ausfällen« (DS, S. 151) ist.³⁹ Als Josef Phineas zur Rede stellt, reagiert dieser äußert arrogant und unverschämt, worauf Josef seine Fassung verliert und ihn vor Paulus heftig beschimpft. Damit bestätigt sich für Paulus seine Einschätzung der Juden als Barbaren in seinem sich ›barbarisch‹ gebärdenden Vater. Es entsteht eine unüberwindliche Mauer zwischen Vater und Sohn – Paulus entwickelt sich zu einem vorbildlichen römischen Soldaten, zu einem in Judäa stationierten judenfeindlichen Oberst⁴⁰, der letztlich sogar für den Tod seines Vaters, wenn auch nur indirekt, verantwortlich wird.⁴¹

Eine weitere Komponente, die auf das Scheitern des Kosmopolitismus auf der welthistorischen Bühne hinweist, stellt die Figur des ›Paulus‹ dar, nicht der Sohn Josefs, sondern der Apostel Paulus des Evangeliums (um 5 bis um 64 n. Chr.). Diese Namensgleichheit ist sicherlich von Feuchtwanger beabsichtigt: Zwischen Paulus, dem Sohn Josefs, und Paulus, dem Apostel, gibt es mannigfaltige Beziehungen, die sich vor allem um das Problem des jüdischen Ritus der Beschneidung drehen:⁴² Es gelingt Josef nicht, seinen Sohn im jüdischen

---

37 Feuchtwangers Josephus spricht sehr schlecht Griechisch (was auch vom historischen Josephus gesagt wird) und ist auf diesen Sekretär angewiesen, um seine Werke ins Griechische übersetzen zu können. Das schlechte Griechisch seines Vaters ist für den heranwachsenden und sehr gut Griechisch sprechenden Paulus ein wesentlicher Grund, ihn zu verachten und überhaupt die Juden für ›barbarisch‹ zu halten (vgl. DS, S. 151).
38 Zudem weigert sich Dorion, die Erlaubnis zur Beschneidung des Paulus zu geben, die Voraussetzung für seinen Eintritt in die jüdische Gemeinde wäre. Aufgrund eines komplizierten Sachverhalts hat Josef nicht die volle Verfügungsgewalt über seinen Sohn, der unter der Vormundschaft Dorions steht, und kann die Beschneidung zunächst nicht erzwingen.
39 Streng genommen ist diese Aussage falsch, da der Begriff ›Antisemitismus‹ erst im 19. Jahrhundert im Zusammenhang mit einer »rassistisch begründeten Ablehnung von Juden« geprägt wurde. Vgl. dazu Benz: Lexikon (s. Anm. 4), S. 14. Die Verwendung dieses Begriffs hier zeigt allerdings, wie sehr Feuchtwanger die ihm gegenwärtige Judenfeindlichkeit, den Antisemitismus der Nazis, vor Augen hatte, den er in die Antike zurückprojiziert.
40 Paulus nennt sich später Paulus Bassus, nach dem zweiten Mann seiner Mutter, dem römischen Kriegsminister Annius Bassus (vgl. TK, S. 25 f.).
41 Als Josef am Ende des Romans im galiläischen Kriegsgebiet umherwandert, hat er zwar einen vom römischen Gouverneur ausgestellten Pass, doch die römischen Soldaten, die ihn dort aufgreifen, anerkennen »nur *eine* Unterschrift, die von Paulus Bassus!« (TK, S. 440), sodass sie ihn nach »Dienstvorschrift« (TK, S. 441) ans Pferd binden und so schleifen, dass er daraufhin am Straßenrand stirbt. Der historische Josephus starb dagegen als römischer Pensionär einen friedlichen Tod.
42 In diesem Zusammenhang taucht dann auch der Apostel im Roman auf: »Dieser Paulus lehrt: Für den als Juden Geborenen bleibt die Beschneidung verbindlich. Will aber einer unter den Heiden zu euch [...], dann verzichtet auf die Beschneidung.« (DS, S. 399 f.)

Geist zu erziehen bzw. erziehen zu lassen; Voraussetzung für eine jüdische Erziehung und die Mitgliedschaft in der jüdischen Gemeinde wäre die Beschneidung. Durch verschiedene Machenschaften gelingt es Josef, Paulus zu adoptieren, d. h. ihn, wenn auch nur für eine begrenzte Zeit, »in seine Gewalt« (DS, S. 299) zu bringen.[43] Das Einverständnis des Kaisers Titus mit dieser Adoption wird dadurch erreicht, dass dieser gleichzeitig einem Gesetz zustimmt, das die Beschneidung von Nicht-Juden verbietet (vgl. DS, S. 298). Zwar dürfen die Juden weiterhin ihre Knaben beschneiden lassen, doch dürfen sie keine Nicht-Juden mehr aufnehmen, wenn sie nicht auf den Ritus der Beschneidung verzichten, der aber wiederum, gerade nach der Zerstörung des Tempels, als für die Existenz des Judentums von überlebenswichtiger Bedeutung angesehen wird (vgl. DS, S. 380). Dies ist ein entscheidender Punkt: Der »Universalismus der Juden« (DS, S. 438) stellt für Josef ihre wichtigste Idee dar.[44] Er ist nur dann möglich, wenn es Nicht-Juden offen steht, zum jüdischen Glauben zu konvertieren. Diese Möglichkeit wird als wichtigste Voraussetzung für die Verwirklichung des Kosmopolitismus, der »weltbürgerliche[n] Lehre« (DS, S. 440) angesehen.[45] Für Josef, der den unsichtbaren Jahve mit Geist gleichsetzt und die Welt »mit jüdischem Geist« (DS, S. 111) durchtränken will, zerfällt mit diesem römischen Beschneidungsverbot und der jüdischen Weigerung, auf die Beschneidung (aus Selbsterhaltungsgründen)[46] zu verzichten, letztendlich sein kosmopolitischer Traum.[47] Stattdessen tritt das Christentum in Gestalt des

---

43 Der Leser erfährt allerdings nicht, ob Paulus dann auch beschnitten wird. Dieser heikle Punkt einer ›Zwangsbeschneidung‹ ist eine Leerstelle des Romans. Nach jüdischem Ritus muss die Beschneidung am achten Tage nach der Geburt des Jungen stattfinden; erwachsene Männer, die zum Judentum übertreten, müssen auch beschnitten werden.
44 Ein »universale[r] Gottesbegriff« tauchte im Judentum bereits im 8. Jahrhundert v. Chr. im jüdischen Prophetismus auf. Vgl. Dubnow: Weltgeschichte. Bd. I (s. Anm. 30), S. 228 f. Beim Propheten Jesaja wurde »der nationale Gott der Judäer [...] zum universalen, einzigen Gott« und Israel damit zum »berufene[n] Mittler zwischen Gott und den anderen Völkern der Erde« (S. 348). Allgemein geht man aber von keiner *aktiven* jüdischen Missionierung in der Antike aus, wenn es auch zahlreiche Zeugnisse des Übertritts von römischen Staatsbürgern zum Judentum gibt. Solche Zeugnisse sind in den jüdischen Katakomben Roms zu finden, »in denen die Grabinschriften Proselyten voller Hochachtung ausdrücklich als solche benennen«. Inge Schott: Jüdische Mission in der Antike, unter: http://juden.judentum.org/judenmission/antike.htm [abgerufen: 9.1.2016].
45 Für Josef gehen Universalismus und Kosmopolitismus Hand in Hand. Es kann hier nicht der Ort sein, diese komplexen Beziehungen zwischen Universalismus, Kosmopolitismus und Judentum theoretisch zu klären, deren Diskussion bis heute anhält. Vgl. z. B. Natan Sznaider: Gedächtnisraum Europa. Die Visionen des europäischen Kosmopolitismus. Eine jüdische Perspektive. Bielefeld 2008.
46 Das rabbinische Argument dafür lautet: Bevor man »die Welt mit jüdischem Geist« erfüllen kann, »muß man erst einmal zusehen, den jüdischen Geist vor dem Verschwinden zu bewahren [...]« (DS, S. 384).
47 Das jüdische Kollegium in Jabne ist gezwungen, »die [jüdische] Lehre immer mehr einzuengen und ein bestes Teil von ihr preiszugeben: ihren Universalismus« und damit ihre »kosmopolitische Sendung« (DS, S. 328).

Apostels Paulus auf den Plan, der auf die Beschneidung ausdrücklich verzichtet bzw. sie als überflüssig hinstellt.[48] Das Christentum übernimmt das Projekt der jüdischen Universalisierung, aber mit zwei entscheidenden Veränderungen: Zum einen verzichtet es, indem es an einen schon dagewesenen Messias glaubt, auf einen zukünftigen Messianismus, dessen Wirksamkeit aber auch schon gegenwärtig und diesseitig wäre[49]; zum anderen ist es voller Hass auf das Judentum, sodass die christliche Universalisierung auch die Universalisierung der Judenfeindschaft bis in die Neuzeit bedeutet. Nach diesem doppelten Scheitern seiner kosmopolitischen Sendung, verbunden mit Paulus, seinem Sohn, und Paulus, dem christlichen Apostel, muss Josef sich neu orientieren, muss eine neue jüdische Identität jenseits des Kosmopolitismus finden.

IV.2 »Psalm vom Ich«
Josefs zweiter Psalm, der »Psalm vom Ich«, stellt eine radikale Absage an jegliche vermittelnde Aktivität bzw. soziale Zwischenstellung dar und formuliert ein regressives Bekenntnis zu einer vorgesellschaftlichen, ›natürlichen Identität‹, um die Josef aber vergeblich ringt. Auf der Ebene der jüdischen Situationsbestimmung bedeutet dieser Psalm auch eine Revision von früheren Positionen Feuchtwangers, der in den Juden »die gegebenen Vermittler«[50] gesehen hatte.

Josef schreibt diesen Psalm nach dem Tod seines Sohnes Simeon, den ihm seine jüdische Frau Mara in Galiläa geboren hatte, kurz bevor sich Josef, der getrennt von ihr in Rom lebt, von ihr scheiden lässt. Später kommt Mara mit Simeon nach Rom, zur einer Zeit, wo Josef noch mit seinem Kampf um Paulus beschäftigt ist. Als Josef immer mehr einsieht, dass seine Erziehungsbemühungen um Paulus vergeblich sind, fängt er halbherzig an, sich um die Erziehung Simeons zu kümmern. Er ist ein sehr schlechter Vater, der auf den 11-jährigen Simeon so wenig achtet, dass dieser bei einem tragischen Unfall, der letztend-

---

48 Beim Apostelkonzil in Jerusalem (zwischen 44 und 49 n. Chr.) setzte sich Paulus mit seiner Position durch, nach der Heidenchristen nicht den jüdischen Vorschriften unterworfen waren. Die Durchsetzung der paulinischen Theologie führte zu einer Trennung des Christentums vom Judentum. In den Briefen des Paulus an die Galater heißt es: »Denn in Christus Jesus vermag weder Beschneidung noch Vorhaut etwas, sondern [nur] Glaube, der sich durch Liebe wirksam erweist.« (Gal 5,6)
49 Dies bringt Justus, Josefs »Freundfeind« (DS, S. 11) bzw. sein »Alter Ego« (Bunzel: Die *Josephus-Trilogie* [s. Anm. 35], S. 238), der wesentlich schärfer als Josef selbst denkt (und gewisse marxistische Positionen wie das Primat der Ökonomie antizipiert), so auf den Punkt: »[D]as Erscheinen dieses [jüdischen] Messias muß durch das strenge Leben jedes einzelnen erst erkämpft werden, so daß also der Glaube, der Messias sei bereits erschienen, einem Verzicht auf die Idee des Fortschritts gleichkommt. Wer annimmt, das Tausendjährige Reich sei bereits da, kann es sich füglich schenken, weiter darum zu kämpfen.« (DS, S. 448)
50 Lion Feuchtwanger: Der historische Prozeß der Juden [1930]. In: Ders.: Ein Buch nur für meine Freunde. Frankfurt a.M. 1984, S. 460–466; hier: S. 463. Hier sieht er die Juden als Vermittler zwischen Völkergruppen oder zwischen Orient und Okzident. Vgl. auch Bunzel: Die Josephus-Trilogie (s. Anm. 35), S. 237.

lich seinen Grund in der in Rom grassierenden Judenfeindschaft hat, ums Leben kommt. Als Josef vor seinem toten Sohn steht, denkt er: »Ich habe mich um den andern [Paulus] bemüht, daß der kein Goi wird; inzwischen haben die Gojim[51] mir meinen jüdischen Sohn erschlagen.« (DS, S. 271)

Daraufhin schreibt Josef in diesem Psalm: »Ich will ich sein, Josef will ich sein,/So wie ich kroch aus meiner Mutter Leib,/Und nicht gestellt zwischen Völker/[...] Aus meiner großen Zerrissenheit, Jahve, Schrei ich zu dir:/Laß mich *Ich* sein.« (DS, S. 280 f.)

Auf diese vorgesellschaftliche Position kann sich Josef allerdings nicht dauerhaft zurückziehen, sondern er unternimmt einen zweiten kosmopolitischen Anlauf.

IV.3 »Psalm vom Mut«

In dem letzten Psalm, den Josef schreibt, den »Psalm vom Mut« (TK, S. 156–158), geht es um den Widerstand, den er zeitweilig der judenfeindlichen römischen Übermacht (verkörpert in Gestalt des Kaisers Domitian) gegenüber leistet. Josef begehrt gegen diese Übermacht mutig auf, scheitert – und kann doch im Scheitern seine Integrität bewahren, die für ihn, als Schriftsteller[52], an »sein Wort« (TK, S. 158), um das es im Psalm wesentlich geht, gebunden ist: »Heil dem Manne, der sagt, was ist./[...] Heil dem Manne, den du nicht zwingen kannst,/Zu sagen, was nicht ist.« (TK, S. 158)

Dieses Aufbegehren Josefs ist mit dem Schicksal seines dritten Sohnes Matthias verknüpft. Das Scheitern dieses Aufbegehrens, der Tod seines Sohnes, ist als Wiederholung der Tatsache anzusehen, dass Josef nicht in der Lage ist, seinen Sohn vor der gesellschaftlichen Judenfeindschaft zu schützen, ja Josef provoziert auch noch durch sein Verhalten geradezu diese Feindschaft.

In Matthias, den er in Rom erzieht, versucht Josef erneut seine an Paulus gescheiterten kosmopolitischen Erziehungsziele zu verwirklichen: Matthias soll »Jude [...] sein und gleichzeitig Grieche, ein Weltbürger« (TK, S. 23). Als Ausdruck seiner kosmopolitischen Visionen lässt Josef ihn durch die Bar Mizwah[53] in die jüdische Gemeinschaft und später durch eine glänzend inszenierte Zeremonie der »Toga-Anlegung« (TK, S. 274)[54], zu der sogar die Kaiserin er-

---

51 ›Goi‹ ist jiddisch für Nichtjude in abwertender Form; ›Gojim‹ ist die Pluralform.
52 Es geht, auf der Ebene der Figur, um den Schriftsteller Josephus Flavius, aber dieses Problem der Bewahrung bzw. des Verlustes der schriftstellerischen Integrität durch lügenhafte Worte, indem man sich z. B., wie viele Schriftsteller in Nazi-Deutschland, zum Sprachrohr der Nazis machte, war sicherlich ein für Feuchtwanger ganz aktuelles Thema.
53 Bzw. Bar Mitzwa; dies ist die jüdische Feier der Religionsmündigkeit, die bei Knaben im Alter von 13 Jahren stattfindet.
54 Im 16. Lebensjahr legten im antiken Rom an einem festlich gefeierten Tag die Knaben die Toga der Erwachsenen an.

Modelle jüdischer Identität   245

scheint[55], in die römische Gesellschaft aufnehmen. Die Art und Weise, wie Josef diese Feier begeht, ist Ausdruck seiner Hybris[56]; zudem biegt er sie in einen demonstrativen Akt des Protestes gegen eine die Juden diskriminierende Steuer um. Indem Josef seinen Sohn auf diese Weise exponiert, setzt er ihn größter Gefahr aus, da nun der tyrannische Kaiser Domitian[57] auf ihn aufmerksam wird. Zudem reizt Josef den Kaiser auch noch durch eine öffentliche Lesung, bei der er ihn vor dem Publikum demütigt.

Feuchtwangers Gestaltung dieses Kaisers und seiner Taten im dritten Band der Trilogie stellt eine »Aktualisierung des historischen Kontextes«[58] dar – und zwar in Hinsicht auf die Judenfeindschaft in Nazi-Deutschland mit den sich abzeichnenden Ermordungen. Domitian wird als ein nahezu geisteskranker, paranoider Herrscher dargestellt[59], der sich in einer Art Privatfehde mit dem jüdischen Gott Jahve zu befinden wähnt.[60] Insbesondere ist Domitian der festen Überzeugung, dass der Messias, an dessen Kommen die Juden glauben, ihm seine Provinz Judäa entreißen will.[61] Da dieser Messias, wie jüdische Gelehrte ihm sagen, aus dem Stamme Davids kommen wird, lässt er Listen anlegen, in denen die Nachfahren Davids verzeichnet werden. In diesen Listen sind unschwer Bezüge zur nationalsozialistischen Vernichtungspolitik zu erkennen[62],

---

55 Es handelt sich um Lucia Domitia Longina (vor 55–zwischen 126 und 140 n. Chr.). Sie war Ehefrau des Kaisers Domitian.
56 Die in der übersteigerten Großartigkeit dieser Feier selbst liegt: »[E]in riesiges Geleite von Freunden, an ihrer Spitze die Kaiserin, [brachten] den jungen Mann aufs Forum [...].« (TK, S. 275)
57 Der historische Domitian, Titus Flavius Domitianus (51–96 n. Chr.), römischer Kaiser von 81–96 n. Chr., wird in der Tat zumeist als Tyrann bewertet.
58 Bunzel: Die *Josephus*-Trilogie (s. Anm. 35), S. 241.
59 Es wurde von der Forschung bemerkt, dass Feuchtwanger in Domitian gewisse Züge Hitlers hineingelegt habe. Vgl. z. B. Wilhelm von Sternburg: Lion Feuchtwanger. Ein deutsches Schriftstellerleben. Berlin u. a. 1994, S. 344; Carsten Colpe: Weltdeutungen im Widerstreit. Berlin u. a., S. 365 und Peter Stolle: Das Hitlerbild in den Romanen Lion Feuchtwangers. München 2004, S. 8.
60 So sagt Domitian zu einem seiner Berater: »Es sind leider keine Menschen, gegen die ich zu kämpfen habe, es ist der Gott [der Juden].« (TK, S. 347).
61 Diese Vorstellung zeigt erneut das aufrührerische Potenzial, welches sich mit dem kommenden-jüdischen und nicht mit dem bereits dagewesenen-christlichen Messias verbindet. Domitian sieht dies genau, wenn er sagt: »Die Messiasgläubigen [die Christen] [...], die behaupten doch, der Messias sei bereits gestorben; ihr gekreuzigter Gott wird mir somit schwerlich mehr die Provinz Judäa wegnehmen [...]. Euer [jüdischer] Messias hingegen, da ihr ihn erst erwartet, der bleibt bedenklich.« (TK, S. 139)
62 Der historische Domitian habe, Dubnow zufolge, Nachforschungen darüber anstellen lassen, »ob unter den Juden nicht vielleicht Abkömmlinge des königlichen Davidsgeschlechtes noch am Leben wären, die als Kronprätendenten das Volk zu einem Aufstand aufwiegeln könnten«. Er nennt hier auch eine talmudische Sage, die zu berichten weiß, »daß der Kaiser die ›Ausrottung aller Juden‹ im römischen Reiche befohlen habe«, er sich aber später habe umstimmen lassen. Als Fazit bemerkt er, dass »die Juden unter Domitian überaus gefahrvolle Zeiten zu überstehen hatten«. Simon Dubnow: Weltgeschichte des jüdischen Volkes. Bd. III. Berlin 1926, S. 24.

war doch die statistische Erfassung der Juden die Voraussetzung ihrer späteren Deportation und Ermordung.[63]

Auf der Ebene des Romans wäre eine solche Liste für Josef gefährlich, der selbst »aus dem Geschlechte Davids« (TK, S. 146) stammt bzw. sich diese Abstammung selbst zuspricht. Josef erhält vom Kaiser allerdings die Gelegenheit, diesen Albtraum mit einem Schlage zu beenden, wenn er auch ihn, wie zuvor seinen Vater Vespasian, zum Messias erklären würde[64] – oder wenn er wenigstens sich selbst als *nicht* zum Stamme Davids gehörend erklären würde. Beflügelt von seinem »Psalm vom Mut« und auch geleitet von dem Wunsch, seine eigene menschlich-schriftstellerische Integrität zu wahren, kann Josef hier nicht lügen, sondern wählt in beiden Fällen die Domitian missfallende Option: Er erklärt ihn *nicht* zum Messias und sich selbst zum »Sproß des David« (TK, S. 160). Positiv ist zwar, dass Domitian nicht die Position des Messias besetzen kann[65]; für Josefs Sohn Matthias bedeutet sie aber dessen Opferung, denn Domitian rächt sich später grausam, indem er ihn umbringen lässt. Josef sieht sich selbst als Schuldigen dafür an: »Es waren sein Ehrgeiz, seine Eitelkeit, die den Matthias umgebracht haben.« (TK, S. 367) Er geht als gebrochener Mann daraufhin nach Judäa zurück, wo er fast zwölf Jahre »wie ein Fremder unter seinem Volke« (TK, S. 410) lebt, bis er sich einem weiteren jüdischen Aufstand anschließt[66], wenn auch nur, angesichts seines Alters von fast 70 Jahren, als geistiger Sympathisant.[67]

Bevor Josef ins Kriegsgebiet wandert, erlebt er im Hause eines frommen jüdischen Rabbiners, des Doktor Akawjas, beim Passahabend einen Moment un-

---

63 Dies geschah in Nazi-Deutschland u. a. durch die sogenannte »Judenkartei«, die ab 1938 vom Reichssicherheitshauptamt erstellt wurde. Vgl. Saul Friedländer: Das Dritte Reich und die Juden. Erster Band. Die Jahre der Verfolgung 1933–1939. München 1998 (2. Aufl.), S. 217 f. Die Rede von Listen ist weiter auf die »Judenlisten« zu beziehen, wie sie von deutschen Schriftstellerverbänden, oder der Reichsschrifttumskammer ab 1933, erstellt wurden, um ihre jüdischen Mitglieder, wie eben z. B. Feuchtwanger, auszuschließen. Vgl. Volker Dahm: Das jüdische Buch im Dritten Reich [1979]. München 1993 (2. Aufl.), S. 508-514.
64 Domitian argumentiert so gegenüber Josef: »Wenn ich der Erbe des Messias bin, dann ist, was das Volk über die Sprößlinge Davids schwatzt, leeres Gefasel, nichts weiter, dann droht keine Gefahr von den Sprößlingen Davids, und es lohnt nicht, daß meine Beamten ihre Listen anlegen.« (TK, S. 154)
65 Vgl. dazu unten, Kap. V.
66 Als historisches Ereignis wäre an den jüdischen Diasporaaufstand (115–117 n. Chr.), auch zweiter jüdisch-römischer Krieg genannt, zu denken. Er führte, in Verbindung mit dem dritten jüdisch-römischen Krieg, dem Bar-Kochba-Aufstand (132–135 n. Chr.), zur Zerstörung eines jüdischen Siedlungsgebietes in Judäa und Galiläa, wodurch die Diaspora des Judentums bis zur Gründung des Staates Israel 1948 ausgelöst wurde.
67 Josef nimmt die Nachricht vom Ausbruch des Aufstands so auf: »Er erkannte, daß er die ganzen letzten Jahre in Judäa nur auf diesen Aufstand gewartet hatte. Jetzt hatten diese Jahre in Judäa Sinn und Bestätigung bekommen.« (TK, S. 433) Und dann bezeichnet er den Aufstand noch als »das wichtigste Ereignis seines Lebens«.

gebrochener jüdischer Identität.⁶⁸ Akawja ist orthodoxer Jude, der eine Doktrin entwickelt hat, »die mit verbissener Wildheit und dabei mit verschlagener, vertrackter Methodik alles Jüdische absperrt gegen alles Nichtjüdische« (TK, S. 419).⁶⁹ Weiter unterstützt Akawja die jüdischen Aufständischen, indem er den Aufstand ›messianisch‹ inspiriert: Gott wolle, dass man ihn durch den Aufstand herbeizwinge – man müsse »glauben, fanatisch glauben, daß der Messias, ein Messias in Fleisch und Blut, morgen kommen werde« (TK, S. 423). Er glaubt daran, dass es möglich sei, durch einen solchen Aufstand einen eigenständigen jüdischen Staat »mit Polizei und Soldaten und souveräner Gerichtsbarkeit« (TK, S. 428) zu errichten, und wirft Josef vor, »den jüdischen Staat einer kosmopolitischen Utopie zuliebe« (TK, S. 426) zu verraten.

Zwar argumentiert Josef dagegen⁷⁰, wenn auch ohne innere Überzeugung, hat er doch schon seinen kosmopolitischen Glauben verloren, weswegen er ebenfalls von dem messianisch inspirierten Aufstandsfieber ergriffen wird.⁷¹ Er macht sich ins Kriegsgebiet auf, um dort am See Genezareth einen sinnlosen Tod zu sterben, nicht ohne vorher einen emphatischen Augenblick des Einverständnisses mit sich, der Welt und Jahve gefunden zu haben.⁷² Der sterbende Josef schließlich ist »eins« mit dem jüdischen Land: »Der Tag war da. Es war ein anderer Tag, als er ihn geträumt hatte, aber er war es zufrieden.« (TK, S. 444)⁷³

V. Die Rettung des Messianischen

Als Kosmopolit scheitert Josef auf ganzer Linie; in Galiläa und Judäa selbst erlebt er zwar Momente eines ungebrochenen Einverständnisses mit einer traditionellen orthodox-jüdischen bzw. nationalen Identität, doch geschieht dies angesichts seines qualvollen und anonymen Todes. So sind am Ende der *Jose-*

---

68 Josef erscheint dieser Abend im Hause Akawjas ehrenvoller »als die Stunde, da Kaiser Titus seine [...] Büste aufstellen ließ in der Bibliothek des Friedenstempels in Rom und sie bekränzte« (TK, S. 420).
69 Zu Josefs Kosmopolitismus bildet dies die national-orthodoxe Antithese, »die allem widerspricht, was Josef in seinen großen Zeiten gelebt und in seinen großen Büchern verkündet hat« (TK, S. 419).
70 Er sagt: »Der Tag wird kommen, gut! Aber es ist an Ihnen, zu bestimmen, wann er da ist. Und wenn Sie das Volk zur Unzeit aufrufen, ruinieren Sie dann nicht den Tag und laden schwere Schuld auf sich?« (TK, S. 427)
71 Es ist die Rede von »Tollheit«, aber von einer »Tollheit von Gott« (TK, S. 435).
72 Dieser Augenblick liegt v. a. in der – ganz auf der Linie Akawjas liegenden – Bejahung der messianischen ›Unvernunft‹: »Beinah siebzig hat er werden müssen, ehe er so weise wurde, unweise zu sein. Gelobt seist du, Jahve [...].« (TK, S. 438)
73 Sterbend formuliert er noch einmal eine Absage an sein kosmopolitisches Projekt, welche zwar nicht grundsätzlich, aber doch temporär ist: »Er hatte die Welt gesucht, aber gefunden hatte er nur sein Land; denn er hatte die Welt zu früh gesucht.« (TK, S. 444) Allerdings kann diese Temporalität durchaus auch ›messianisch‹ verstanden werden.

phus-Trilogie diese beiden Identitätsmodelle, das durch Akawja bzw. den Aufstand selbst vertretene nationale wie das kosmopolitische, destruiert. Aus ihrer Destruktion entsteht für Josef ein drittes, das messianische. Dieses Modell ist so wichtig, dass zu seiner Erhaltung die beiden anderen geopfert werden. Die entscheidende Szene der Opferung des kosmopolitischen Modells[74] ist Josefs Verweigerung, Domitian zum Messias zu erklären. Diese von Feuchtwanger frei erfundene Szene steht im Kontrast zu der historisch verbürgten Erklärung bzw. Prophezeiung des Josephus Flavius, dass Vespasian der Messias werden wird.[75] Was ist der Unterschied zwischen diesen beiden Szenen? Warum erfolgt einmal die Messias-Erklärung und warum erfolgt sie ein andermal jedoch nicht?

Bei der erfolgten Messias-Erklärung glaubt Josef noch an seine kosmopolitische Vision: Diese Prophezeiung wird damit erfüllt, dass Vespasian Kaiser wird; dies heißt aber *auch*, dass Josef ihm als Chronist bzw. Schriftsteller zur Seite steht.[76] Diese doppelte Positionierung entspricht Josefs ›großer‹ kosmopolitischer Vision von der Durchdringung der römischen Welt mit jüdischem Geist.[77] Josefs gewaltige Aufgabe, Macht und Geist miteinander zu versöhnen, stellt ihn im Grunde gleichberechtigt neben den Kaiser, was zwar faktisch keineswegs seine Position ist[78], wohl aber idealiter seinem eigenem Selbstver-

---

74 Die Opferung seines Sohnes Matthias ist als Opferung dieses Modells anzusehen, da dieser die kosmopolitischen Hoffnungen am deutlichsten verkörpert.
75 Er spricht Vespasian so an: »[D]u, Caesar, wirst nicht bloß mein Gebieter sein, sondern Herr über die Erde, das Meer und das ganze Menschengeschlecht.« Flavius: Geschichte (s. Anm. 19), S. 272. Seit dieser Erklärung haftet dem historischen Josephus das Image des ›Überläufers‹ an. Vgl. Günter Mayer: Josephus Flavius. In: Theologische Realenzyklopädie. Vol. 17. Berlin, New York 1988, S. 258–264; hier: S. 259. Feuchtwanger lässt Josef diese Worte zu Vespasian sagen: »Der Messias geht aus von Judäa: aber er ist kein Jude. Sie sind es, Konsul Vespasian.« (JK, S. 194)
76 Damit wird Josef gleichzeitig zum *jüdischen* Chronisten, der die Geschichte des zwar »großen«, aber doch verlorenen »Krieg[es] seines Volkes« (JK, S. 332) schreiben kann; dies ist eine wesentliche Ausnahme, schreiben doch im Allgemeinen die Sieger die Geschichte.
77 Immer wieder formuliert Josef diese Vision, wobei er sich selbst bzw. seine Bücher an entscheidender Stelle sieht, so z. B.: »Der Osten wird die Welt bestimmen, doch nicht von außen her, sondern von innen. Durch das Wort, durch den Geist. Und sein Buch wird ein wichtiger Zeichenstein auf diesem Wege werden.« (JK, S. 331) An anderer Stelle formuliert er seine kosmopolitische Vision, verbunden hier mit der messianischen Formel von ›Der Tag wird kommen‹, so: »Josef hoffte, spürte, der Tag wird kommen [...]. An diesem Tage aber werden der römische Kaiser und der jüdische Schriftsteller eines sein: die ersten Weltbürger, die ersten Menschen eines späteren Jahrtausends.« (DS, S. 84)
78 Ganz im Gegenteil: Alle drei flavischen Kaiser setzen ihn manifest judenfeindlichen Maßnahmen aus: Vespasian zwingt ihn zur Heirat mit Mara und inszeniert die Travestie einer jüdischen Hochzeit (vgl. JK, S. 226 f.); Titus zwingt ihn, den römischen Triumphzug des Sieges über die Juden in Rom anzuschauen (vgl. JK, S. 460 f.); Domitian schließlich, der von Feuchtwanger als ein wirklicher Judenfeind dargestellt wird, als Antisemit *avant la lettre*, der die Juden als solche hasst, zwingt ihn schließlich bei der Einweihung unter dem von ihm errichteten Triumphbogen des Titus (den bis heute in Rom erhaltenen Titusbogen, auf dessen Innenwand z. B. die römi-

ständnis entspricht. Er selbst, als Davidsspross, sieht sich in der messianischen Linie stehen.[79]

Diese Doppelung des Messianischen entspricht im Übrigen genau frühjüdischen Vorstellungen, in denen zum einen »der Heilsmittler [...] sogar ein heidnischer König sein« konnte[80] und zum anderen auch »der Gedanke an zwei Messiasse lebendig«[81] war – und zwar in der Weise, dass man sich neben dem geistig-priesterlichen einen politisch-königlichen Messias vorstellte.[82] Josef, als Davidsspross, versteht sich zwar nicht selbst als Messias, fühlt aber doch in sich die geistig-göttliche Kraft wirken (vgl. z. B. JK, S. 197 f.). Dies berührt eine wesentliche Dimension dieses Romans, in der Exilvorstellungen und jüdisch-theologische Vorstellungen zusammenfallen und die das jüdische Konzept der Schechina betrifft, wobei es sich um die »Vorstellung [handelt], dass [...] die Einwohnung, Gegenwart Gottes das Volk Israel in alle Exile begleitet«.[83] Die Aufgabe des *jüdischen* Schriftstellers, nach der Josef explizit zweimal fragt (vgl. DS, S. 12 und S. 416), ist es nun in diesem Zusammenhang, diesem Gott nachzuspüren bzw. »in seinem Geist«[84] zu schreiben.

Unter der Voraussetzung einmal dieses doppelten Messias-Verständnisses (des geistigen und des politischen) und zum anderen der Vorstellung, dass er in Gottes Geist handelt, kann Josef den damaligen römischen General Vespasian zum Messias in politischer Hinsicht erklären[85], was gleichzeitig mit seinem eigenen Aufstieg zum ›geistigen‹ Messias (bzw. eben ›nur‹ zu dessen Wegberei-

---

sche Kriegsbeute aus dem Jerusalemer Tempel dargestellt ist) einherzuschreiten, »den Römern zum Hohn [...] und den Juden zum Haß« (DS, S. 536).

79 Allgemein gilt der jüdische Glaube, dass der Messias von David abstammen wird – »›Sohn Davids‹ wird die gängigste Bezeichnung des Messias.« Hans Strauß, Günther Baumbach und Kenelm Burridge: Messias/Messianische Bewegungen. In: Theologische Realenzyklopädie. Vol. 22. Berlin, New York, S. 617-638; hier: S. 624.

80 Der Messias wurde also durchaus auch als »irdischer Herrscher« (Strauß: Messias [s. Anm. 79], S. 618) verstanden.

81 Strauß: Messias (s. Anm. 79), S. 622.

82 Auch Dubnow spricht von einem »politischen Messias«, als »Erretter des Volkes«, und einem »mystischen Messias« Simon Dubnow: Weltgeschichte des jüdischen Volkes. Bd. II. Berlin 1925, S. 369.

83 Shedletzky: Exil (s. Anm. 14), S. 28. Itta Shedletzky macht darauf aufmerksam, dass im *Josephus*-Roman über den ›Wohnsitz Gottes‹ verhandelt werde; erst glaubt man, er sei nach Italien ausgewandert (vgl. JK, S. 26), was den Anspruch Roms, die Welt (und Judäa) zu beherrschen, legitimiert: »Judäa mußte sich einordnen in die Welt wie die andern, Gott war in Italien, die Welt war römisch.« (JK, S. 86). Dann aber sieht man ihn nach Judäa zurückkehren (vgl. DS, S. 416).

84 Shedletzky: Exil (s. Anm. 14), S. 39.

85 In einem späten Aufsatz erläutert Feuchtwanger sein bzw. das jüdische Messias-Verständnis: »Israels Geschichte kennt frühere Messiasse, echte Messiasse; selbst der Perserkönig Kyros, der den Juden die Rückkehr in ihr Land gestattete, war ein solcher. Der erwartete Messias wird nur der letzte, höchste sein [...].« Vgl. Lion Feuchtwanger: Vom Geschichtsbewußtsein der Juden [1957]. In: Von Juden in München. Hg. v. Hans Lamm: München 1959, S. 208-211; hier: S. 210.

ter) verbunden ist. Dagegen muss die Messias-Erklärung des bereits Kaiser (also ›politischer‹ Messias) seienden Domitians unterbleiben, da er ihn damit auch zum ›geistigen‹ Messias erklären und er selbst diese Position verlieren würde. Genau dieser Zusammenhang wird ja durch die Verbindung von Josefs Weigerung, Domitian zum Messias zu erklären, und der Erklärung seiner selbst als Davidsspross hergestellt, womit er sich zumindest zum potenziellen Messias erklärt bzw. in dieser Position verbleibt. Damit ›rettet‹ Josef also das Messianische, die »Hoffnung auf den Auserwählten« (TK, S. 145). Am Ende stirbt Josef zwar, doch nicht die messianische Hoffnung, die den jüdischen Aufstand inspiriert – freilich mit der Konsequenz der Opferung der nationalen Identität der Juden, bedeuten doch der Diaspora- und der Bar-Kochba-Aufstand die Zerstörung der jüdischen Nation für fast 2000 Jahre.[86]

VI. Schluss

Man sagt, dass Josephus Flavius mit seiner *Geschichte des Judäischen Krieges* den Juden habe zeigen wollen, dass Gott durch die Römer das Urteil über sie habe vollstrecken lassen, das er wegen ihrer Verfehlungen in der Vergangenheit über sein Volk gesprochen habe[87]; damit sei dieses Buch also auch die Rechtfertigung römischer Gräueltaten, wie Tempelzerstörung, Kreuzigungen von Juden, Abschlachten von Zivilisten etc.[88] Gleichwohl wüsste man kaum etwas über diesen Krieg und die Geschichten der Juden aus dieser Zeit, hätte es dieses Buch des Josephus nicht gegeben.[89] Damit ist Josephus' Buch in beispielhafter Weise ein Dokument der Kultur, welches, Walter Benjamin zufolge, immer

---

86 Dies ist auch die heutige Deutung dieser Aufstände. Vgl. z. B. Strauß: Messias (s. Anm. 79), S. 623 f. Die Gründung des Staates Israel 1948 bedeutete die Wiederbelebung dieser nationalen Identität, für die sich Feuchtwanger durchaus positiv aussprach, so z. B. bei einer Veranstaltung 1940 im *Jewish-Palestine Pavilion* bei der Weltausstellung *New York World's Fair*, wo Feuchtwanger, in Anwesenheit des späteren ersten Ministerpräsidenten Israels David Ben-Gurions (1886–1973), eine Rede hielt, in der er für eine »great period of national Jewish renaissance and constructive work in Palestine« eintrat (zit. nach einem Artikel der Jewish Telegraphic Agency v. 24.10.1940, unter: http://www.jta.org/1940/10/24/archive/send-100000-u-s-jews-to-palestine-ben-gurion-asks [abgerufen am 10.12.2015]). Und 1957 nannte er die Gründung des Staates Israel »das stolzeste Ereignis der neueren Geschichte der Juden«. Vgl. Feuchtwanger: Vom Geschichtsbewußtsein (s. Anm. 85), S. 210.
87 Vgl. Mayer: Josephus Flavius (s. Anm. 75), S. 261.
88 Vgl. Klaus-Dieter Eichler: Einleitung. In: Flavius: Geschichte (s. Anm. 19), S. 7–20; hier: S. 15. »Die Römer werden als Werkzeug und Züchtigungsinstrument des jüdischen Gottes betrachtet.« Die Zahl der Toten, die Josephus nennt, erinnert in ihrer Dimension durchaus an den neuzeitlichen Holocaust; bei der römischen Belagerung Jerusalems sollen 1.100.000 Judäer ums Leben gekommen sein. Vgl. Flavius: Geschichte (s. Anm. 19), S. 460.
89 Vgl. Eichler: Einleitung (s. Anm. 88), S. 16.

Modelle jüdischer Identität   251

zugleich ein Dokument »der Barbarei«[90] sei. Mit der Freiheit, die ihm seine Form des historischen Romans gewährt, ›bürstet‹ jedoch Feuchtwanger mit seinem *Josephus*-Roman Flavius *Geschichte des Judäischen Krieges* »gegen den Strich«[91], macht es lesbar als Dokument einer *historica judaica*[92] und transponiert es durch viele Bezugnahmen auf aktuelle Geschehnisse (wie auf den rassistisch bedingten Antisemitismus der Nazis[93] oder ihre systematischen Judenverfolgungen)[94] zugleich auf die Ebene der Auseinandersetzung mit dem zeitgenössischen Totalitarismus, Antisemitismus und der Shoah.

Feuchtwanger verhandelt in seinem Buch jüdische Positionen, jüdische Identitätsmodelle[95] in Hinsicht auf die Notwendigkeit, sie, bedingt durch die historischen Entwicklungen, insbesondere durch den nationalsozialistischen Terror gegen die Juden, ändern zu müssen: Am Ende der Roman-Trilogie muss der sterbende Josef, dreifach gescheiterter Vater und Ehemann, auf einen persönlichen Scherbenhaufen zurückblicken, der zugleich auf die welthistorische Situation des Judentums verweist: Feuchtwanger gibt damit weder abschließende Antworten noch Handlungsanweisungen[96], was konkret zu tun sei, ob man für die jüdische Diaspora, für den Kosmopolitismus oder für den neu entstandenen jüdischen Staat eintreten solle. In gewisser Weise entwertet er all diese Optionen; ihm, als Schriftsteller, reicht, gemäß dem »Psalm vom Mut«, das ›körperlose Wort‹ (vgl. TK, S. 158), welches die Hoffnung, die im Roman die ›messianische‹ genannt wird, weiterträgt. Alle Hoffnungen auf eine historische (kosmopolitische oder nationale) Erfüllung dieses Messianischen bleiben

---

90 Benjamin: Über den Begriff (s. Anm. 21), S. 696; dies liegt an dem »doppelten Blick«, dem sein Schreiben unterlag: »demjenigen der römischen Herrscher und demjenigen der jüdischen Besiegten.« Vgl. Gianluca Solla: Es bleibt die Fremdsprache. Flavius Josephus in Rom. In: Literatur und Exil (s. Anm. 18), S. 117-127; hier: S. 126.
91 Benjamin: Über den Begriff (s. Anm. 21), S. 697; vgl. hierzu auch Feuchtwangers Anmerkung, dass »doch die ganze Geschichte der Juden viel eher historische Dichtung, viel eher Mythologie [sei] als Historie im modernen Sinn«. In: Lion Feuchtwanger: Nationalismus und Judentum [1933]. In: Ders.: Ein Buch (s. Anm. 50), S. 467-487; hier: S. 475.
92 Vgl. hierzu auch die Bemerkungen zu Heines ›Tränenperlenkette des Jehuda ben Halevy‹ (als Geschichte und Kultur des Schmerzes) im Unterschied zur offiziellen Geschichtsschreibung bei Rau: Zwischen Singularität (s. Anm. 18), S. 74-77.
93 Feuchtwanger gestaltet Domitians Judenfeindschaft in rassistisch-antisemitischer Weise; vgl. z. B. Domitians Satz: »Diese östlichen Menschen sind falsch. Man kann sie nicht fassen, sie haben etwas Öliges […].« (DS, S. 500)
94 Vgl. z. B. die oben erwähnten ›Judenlisten‹.
95 In einem Artikel für eine jüdische Zeitung hat 2013 Micha Brumlik auf die mögliche Aktualität von der *Josephus*-Trilogie auch für die gegenwärtige »jüdische Selbstfindung« hingewiesen. Vgl. Micha Brumlik: »Nimm dich in Acht, mein Jude.« Identität, Nation, Universalismus. Warum Lion Feuchtwanger heute so aktuell ist. In: Jüdische Allgemeine Wochenzeitung, Nr. 51, 19.12.2013, S. 17, unter: http://www.juedische-allgemeine.de/article/view/id/17886 [abgerufen: 1.12.2015].
96 Ähnlich spricht Köpke davon, dass der Roman »keine Lösungsanweisungen« anbiete – Köpke: Lion Feuchtwangers *Josephus* (s. Anm. 6), S. 146.

unerfüllt, aber zumindest *bleiben* sie – und sie müssen unerfüllt bleiben, denn bekanntlich gilt ja: »Erst der Messias selbst vollendet alles historische Geschehen [...].«[97]

---

[97] Walter Benjamin: Theologisch-politisches Fragment [1920/1921]. In: Ders.: Gesammelte Schriften II.1 [1974]. Hg. v. Rolf Tiedemann und Hermann Schweppenhäuser. Frankfurt a. M. 1978 (2. Aufl.), S. 203 f.; hier: S. 203. Dies trifft sich mit Köpkes Einsicht, dass Feuchtwangers Schreiben »gerade im *Josephus* auf die Vorstellung des Messias gerichtet ist«. Köpke: Lion Feuchtwangers *Josephus* (s. Anm. 6), S. 22.

Doerte Bischoff

Exilliteratur als Literatur des Überlebens
Zum Beispiel Peter Weiss

Ende 2014 sorgte ein Film für Aufsehen, der die Vorgeschichte der sogenannten Auschwitzprozesse thematisiert, in denen von 1963 bis 1968 erstmals eine größere Zahl der am Genozid an den europäischen Juden Verantwortlichen innerhalb des deutschen Rechtssystems vor Gericht gestellt und verurteilt wurden. *Im Labyrinth des Schweigens* unter der Regie von Giulio Ricciarelli widmet sich dieser Phase der deutschen Nachkriegsgeschichte, in der das Klima des Verschweigens, Verdrängens und Verleugnens allmählich einem Bemühen um Aufklärung wich. Für die Vorbereitung der Frankfurter Prozesse, die wesentlich zu einer Wende in der Nachkriegsgeschichte beigetragen haben, war eine Person besonders prägend: der Jurist Fritz Bauer, der 1949 aus dem Exil in Schweden nach Deutschland zurückgekehrt war, wo er nach einer Station am Landgericht Braunschweig ab 1955 hessischer Generalstaatsanwalt in Frankfurt war. In dem genannten Film tritt Fritz Bauer als autoritätsgebietende, aber doch blasse Figur bemerkenswerterweise in den Hintergrund. Stattdessen erscheint die Figur des jungen Staatsanwalts, der (in einer Zusammenziehung mindestens dreier historischer Figuren und) als Repräsentant einer neuen Generation, die sich für eine kritische Aufarbeitung der NS-Vergangenheit einsetzt, prominent ins Zentrum gerückt. Offenbar sollte damit der Umstand akzentuiert werden, dass nun nicht mehr – wie während der Nürnberger Prozesse bzw. im Eichmann-Prozess – von außen ein Gerichtsverfahren erzwungen wird, sondern dass nun auch ein nachhaltiger Prozess der Selbstbefragung und Selbstreinigung eingesetzt hat. Zwar werden auch die Grenzen dieses Prozesses beschrieben – am Schluss bleibt, den historischen Tatsachen entsprechend, Wesentliches der Reichweite des Gerichts und jeder Möglichkeit der Sühne entzogen, was sich vor allem in der Nichtergreifung Mengeles manifestiert.

Dennoch kann man fragen, ob nicht die Marginalisierung der Figur Fritz Bauers symptomatisch ist, insofern die Rolle des exilierten Juden im Hinblick auf die Entstehung einer Nachkriegskultur und -gesellschaft, die ein kritisches Erbe des Vergangenen antritt, auf diese Weise einmal mehr von anderen Perspektiven überschattet wird. So wird die Frage nach der Zugehörigkeit, die sich nach der Exilierung, besonders aber nach der Shoah vor allem für jüdische Überlebende ganz grundsätzlich neu stellte, hier nur am Rande gestreift. Aus Briefen Fritz Bauers etwa wird dessen Äußerung zitiert, dass er sich in der Justiz immer noch ›wie im Exil‹, wie im ›feindlichen Ausland‹

fühle.¹ Und Simon Kirsch, die zentrale Figur des Auschwitz-Überlebenden im Film, antwortet auf die Frage, wie er eigentlich noch in Deutschland leben könne, mit dem Verweis auf Orte seiner Kindheit und Jugend und Menschen, deren Erinnerung sie bewahren – Orte freilich, die weitgehend zerstört und Menschen, die ermordet sind. Kirsch wird als Figur beschrieben, die im Besitz wichtiger Erfahrungen und Dokumente ist, die aber, selbst an der Grenze des Verstummens, zunächst ohne Hoffnung auf eine Wirkung der Mitteilung jenseits eines erneuten Auflebens der Verletzung des Mitteilenden ist. Erst indem ihm Gehör geschenkt wird, indem andere für ihn – nicht nur in ihrem, sondern auch in seinem Sinne – zu sprechen bereit sind und so etwas wie eine ›sekundäre Zeugenschaft‹ etablieren, wie sie Arbeiten zum Problem der Zeugenschaft im Horizont der Shoah beschrieben haben², bricht die Erstarrung langsam auf. Zu denen, die dem Überlebenden einen Rahmen geben, innerhalb dessen sein Zeugnis abgelegt werden kann und gehört wird, gehört natürlich nicht zuletzt die Figur Fritz Bauer.

Die Verbindung zwischen beiden Figuren, dem Auschwitz-Überlebenden und dem zurückgekehrten jüdischen Exilanten, wird im Film wiederum eher am Rande hergestellt, bezeichnenderweise durch die hinter vorgehaltener Hand von einem Gegner der Aufklärung über Auschwitz geäußerte Mitteilung, Bauer sei Jude und selbst vorübergehend in einem Lager inhaftiert gewesen. Das mit dieser Äußerung suggerierte Motiv persönlicher Rache bzw. eines Agierens im Namen einer partikularen Gruppe (der Juden), dessen Behauptung offensichtlich den Ankläger delegitimieren soll, wird also von dem Film ausdrücklich zurückgewiesen. Offensichtlich soll die Universalität des Rechts, das hier verhandelt und gesprochen wird, betont werden. Damit aber werden andere mögliche Implikationen, die sich über die angedeutete Nähe des Exilanten und des Überlebenden ergeben, ausgeblendet, die doch eine nähere Betrachtung verdienten. Denn wenn zwischen demjenigen, der die Justiz als Instanz repräsentiert, die angesichts der Verbrechen, die ja auch als Zivilisationsbruch bezeichnet worden sind, universalen Rechten zur Durchsetzung zu verhelfen sucht, und dem, der Opfer einer totalen Infragestellung jedes Rechts, Rechte zu haben (Hannah Arendt) wurde, allzu scharf unterschieden wird, bleibt die Erschütterung, die die Shoah für die Rechtsordnung ebenso wie für politische, philosophische und ästhetische Entwürfe bedeutet, wohl nur unzureichend reflektiert.

Im Folgenden soll gezeigt werden, dass und inwiefern autobiografische Erzähltexte³ von Peter Weiss, die in zeitlicher Nähe zu den Auschwitzprozessen

---

1 Vgl. hierzu Irmtrud Wojak: Fritz Bauer 1903–1968. Eine Biographie. München 2009, S. 353.
2 Vgl. Ulrich Baer: Einleitung. In: Ders.: »Niemand zeugt für den Zeugen«. Erinnerungskultur und historische Verantwortung nach der Shoah. Frankfurt a. M. 2000, S. 7–31; hier: S. 11.
3 Die Bezeichnung ›autobiografisch‹ lässt sich vielfach problematisieren, zumal die beiden hier im Fokus stehenden Texte, *Abschied von den Eltern* und *Fluchtpunkt*, jeweils mit den Gattungsbe-

entstehen – sein Drama *Die Ermittlung* (1965), auf das hier nicht näher eingegangen wird, verwendet ja Zitate aus den Prozessen –, zentral um die Frage nach dem Verhältnis zwischen Exilanten und Überlebenden kreisen, indem sie den Begriff des Überlebens immer wieder ausdrücklich mit der Situation des Exils zusammenbringen. Damit öffnet sich eine Perspektive, die zunächst provokativ und problematisch erscheint, insofern intuitiv die viel beschriebenen und dokumentierten Härten des Exils kaum mit der Erfahrung der Lager, die ja in der überwältigenden Zahl der Fälle nicht überlebt wurden, vergleichbar sind. Und doch eröffnet eine solche Perspektive, die in der historischen Literatur des Exils selten ist und vor allem auch in der seit den 1970er Jahren sich etablierenden deutschsprachigen Exilforschung fast völlig fehlt, einen neuen Blick auf das Exil wie auch auf die Frage, wie die Erschütterung der Shoah erinnert und dargestellt werden kann.

Ernst Loewy, der nach Palästina emigriert war und später als Remigrant die Judaica-Sammlung der Deutschen Nationalbibliothek betreute sowie Erster Vorsitzender der Gesellschaft für Exilforschung war, hat 1989 auf die Tatsache aufmerksam gemacht, dass der Blick auf das Exil bis dahin von einem antifaschistischen Paradigma dominiert gewesen war, das dem »Widerstandsmotiv« gegenüber dem »Leidens- und Opfermotiv« deutlich Vorrang gegeben hatte.[4] Vor allem in der DDR wird dann der Antifaschismus des Exils zum neuen Gründungsmythos eines Staates, der sich als ›anderes Deutschland‹ versteht und die Diskontinuität zum NS-Regime mehr verordnet als verkörpert, womit eine Verantwortung für das Vergangene und die Notwendigkeit seiner Aufarbeitung zurückgewiesen wird. Aber auch die westdeutsche Linke hat im Festhalten an antifaschistischen Positionen vielfach dazu beigetragen, Analysen des Nationalsozialismus auf eine marxistisch grundierte Systemkritik zu verkürzen und die Shoah auszublenden.[5] Auch Ernst Loewy stellt fest, dass »das Exil, soweit es ein neues Leben verhieß, das minder schlimme Los«[6] gewesen sei, zugleich beharrt er darauf, dass erst eine Ausweitung der Perspektive der Exilforschung, die auch Texte von Autoren und Autorinnen, die erst nach 1945 – unter dem Eindruck des Wissens über die Vernichtungsmaschinerie – zu schreiben begannen (wie etwa Nelly Sachs oder Peter Weiss), mit berücksichtigte, vergessene und offensichtlich verdrängte Zusammenhänge ins Bewusstsein rü-

---

zeichnungen ›Erzählung‹ bzw. ›Roman‹ versehen publiziert wurden. Zu einer ausführlichen Problematisierung der Zuordnung der Texte vgl. Juliane Kuhn: »Wir setzten unser Exil fort«. Facetten des Exils im literarischen Werk von Peter Weiss. St. Ingbert 1995, S. 80-88.
4 Ernst Loewy: Zum Paradigmenwechsel in der Exilliteraturforschung. In: Ders.: Zwischen den Stühlen: Essays aus 50 Jahren. Hamburg 1995, S. 261-274. (Dem Text liegt ein seit 1989 mehrfach gehaltener und an verschiedenen Stellen publizierter Vortrag zugrunde.)
5 Vgl. hierzu auch Stephan Braese: Fünfzig Jahre ›danach‹. Zum Antifaschismus-Paradigma in der deutschen Exilforschung. In: Exilforschung 14 (1996): Rückblick und Perspektiven, S. 133-149.
6 Loewy: Paradigmenwechsel (s. Anm. 4), S. 269.

cken könne. Indem er die Versäumnisse der vergangenen Exilforschung benennt, schließt er sich selbst nicht aus: auch er habe in seinen vorausgehenden Publikationen den Akzent auf das antifaschistische Exil und nicht auf die massenhafte Vertreibung und Vernichtung der europäischen Juden gelegt. Wenn hier, so heißt es an anderer Stelle, »eine Art geschichtlicher Deckerinnerung« im Spiel war, so möglicherweise »um das gerade noch Ertragbare vor dem Blick auf das Schlimmste abzuschotten«.[7] Ähnlich argumentiert auch Gerhard Bolz, wenn er zeigt, dass in Deutschland und Österreich lange Zeit die Hochschätzung politischen Widerstands mit einer »Geringschätzung, ja Diskriminierung des ›einfachen‹ Überlebthabens« einherging, gerade darin aber das tatsächliche Ausmaß totalitärer Verfolgung und Bedrohung verleugnet wurde:

> Wenn es um das Überleben in Situationen geht, die auf das systematische und ausnahmslose Vernichten ganzer Kategorien von Menschen angelegt sind, dann gibt es keinen grundlegenden Unterschied mehr zwischen politischem Widerstandkampf einerseits und dem physischen und psychosozialen ›nackten Überleben‹ sogenannter Nur-Verfolgter andererseits.[8]

In mancher Hinsicht kann man sagen, dass Peter Weiss' Anfang der 1960er Jahre entstehende autobiografische Schriften unterschiedlichen Tendenzen innerhalb des Exils nachspüren, das ›Schlimmste‹ auf Distanz zu halten. Vor allem in *Fluchtpunkt*, dem zweiten autobiografischen Text, der 1962 erschien und die schwedische Exilzeit seit 1940 beschreibt sowie über die Schwelle von 1945 hinweg bis zu einer Reise nach Paris 1947 erzählt, werden Versuche, aus dem Exil heraus zu einer politisch handlungsfähigen Gemeinschaft zu finden, ebenso problematisiert wie Versuche der Familie, sich an die jeweils neuen Gegebenheiten anzupassen bzw. Versuche, durch eine eigene Familiengründung eine solche ›Anpassung‹ zu vollziehen. Doch bereits in dem ein Jahr früher erschienenen Vorgängertext *Abschied von den Eltern*, der die Kindheit und Jugend, jeweils eng an die ersten Exilstationen der Familie Weiss in England und der Tschechoslowakei gebunden, beschreibt, spielt die Auseinandersetzung mit Vorstellungen, die Emigration halte in irgendeiner Weise Lehren bereit und dränge dazu, ›zu Konflikten der Welt Stellung zu nehmen‹[9], eine Rolle, wobei hier das Motiv der Anpassung der durch verschiedene Exilländer ziehenden Familie an die jeweils neuen Kontexte noch stärker im Vordergrund steht. In beiden Texten wird rückblickend aus der Perspektive eines früheren ›Ich‹ be-

---

7 Loewy: Paradigmenwechsel (s. Anm. 4), S. 266.
8 Vgl. Gerhard Bolz: Widerstand, Überleben und Identität. Zeithistorische und biographiegeschichtliche Überlegungen. In: Überleben der Shoah – und danach. Spätfolgen der Verfolgung aus wissenschaftlicher Sicht. Hg. v. Alexander Friedmann, Elvira Glück und David Vyssoki. Wien 1999, S. 42–57; hier: S. 46f.
9 Peter Weiss: Abschied von den Eltern. Frankfurt a.M. 1961, S. 143.

richtet, wobei dieser Bericht das Ich als eines zeigt, das sich den unterschiedlich manifestierten und artikulierten Imperativen des Dazugehörens permanent zu entziehen sucht, während es doch gleichzeitig auch von ihnen geprägt ist und angezogen wird. Deutlich wird dies in *Fluchtpunkt* etwa in den Gesprächen mit seinem Freund Hoderer, die das Ich rekapituliert. Hoderer wirft ihm politisches Desinteresse und Untätigkeit vor. Solange er sich nicht trenne von seiner bürgerlichen Herkunft, solange er sich nicht ›einordne‹ in »eine Solidarität«, so lange würden auch seine künstlerischen Versuche fruchtlos bleiben, da sie nicht »dem Kampf um die Veränderung der Gesellschaft dienen« könnten.[10] »Der Sinn deines Überlebens«, gibt Hoderer dem Freund zu bedenken, »könnte sein, daß du erkennst, wo das Übel liegt und wie es zu bekämpfen sei.«[11] Hoderer, den Weiss dem emigrierten Arzt Max Hodann (vgl. *Die Ästhetik des Widerstands*, in der der Arzt und Spanienkämpfer unter diesem Namen auftritt) nachgebildet hat, erwähnt an dieser Stelle die Lager, die es in Europa schon gegeben habe, als der Freund noch dort gelebt habe, und die sogenannte Kristallnacht als Hinweis auf das Ausmaß und die Sichtbarkeit der nationalsozialistischen Verbrechen. Das Versprechen, dass eine Solidarisierung mit sozialistischen Gruppen, denen er selbst angehört, und eine entsprechende Deutung des Faschismus dem eigenen Leben und Arbeiten Sinn geben könnte, erscheint dem Ich aber leer und jedenfalls dem eigenen Empfinden nicht entsprechend:

> [I]ch mißtraute allen Bindungen, allem Aufgehen in gemeinsamen Ideen, ich konnte noch nicht nach weiten Perspektiven suchen und nach einer politischen Zugehörigkeit, ich mußte mich an die kleinen fragmentarischen Bilder halten, die meine eigenen Erfahrungen spiegelten. Nur in diesen Bildern konnte ich erkennen, auf welche Weise ich in die Zeit gehörte, alles andere mußte Konstruktion bleiben.[12]

In diesen Überlegungen ist – neben einer allmählichen Profilierung einer eigenen ästhetischen Position, die gegen Funktionalisierungen der Kunst im Sinne eines sozialistischen Realismus gerichtet ist[13] – auch bereits die Skepsis gegenüber einer Rationalisierung des eigenen Überlebens als sinnhaft in Bezug auf eine umfassende Deutung und Entwicklung gesellschaftlicher Verhältnisse zu erkennen. In der Wahrnehmung des Ich-Erzählers führt nicht die Solidarität mit einer Exil-Gemeinschaft und ihren Erkenntnissen und Deutungen auf den Begriff des Überlebens, sondern gerade das faktische Auseinanderfallen von Gemeinschaft im Exil:

---

10 Peter Weiss: Fluchtpunkt. Frankfurt a. M. 1983, S. 60.
11 Weiss: Fluchtpunkt (s. Anm. 10), S. 59.
12 Weiss: Fluchtpunkt (s. Anm. 10), S. 60.
13 Vgl. Steffen Groscurth: Fluchtpunkte widerständiger Ästhetik. Zur Entstehung von Peter Weiss' ästhetischer Theorie. Berlin, Boston 2014, S. 216–222.

> Wir saßen hier beisammen, jeder aus seiner Vergangenheit herausgerissen, viele besorgt über Angehörige, die in den besetzten Ländern zurückgelassen worden waren, viele mit Not der Verfolgung entgangen, viele ihrer nächsten Verwandten und Freunde beraubt [...]. [...] wir waren anonym füreinander, erkannten einander nur als Überlebende einer gemeinsamen Katastrophe [...].[14]

Auch in dieser Perspektivierung wird das Überleben mit dem Exil in Verbindung gebracht, allerdings im geradezu entgegengesetzten Sinne, insofern einzig der Einbruch einer Katastrophe als geteilte Erfahrung ausgemacht werden kann, die als solche nicht reflexiv angeeignet und zur Grundlage einer neuen Orientierung werden kann. Als Hoderer sich schließlich, ebenso wie ein anderer vertrauter Künstler im Exil, das Leben nimmt, sieht der Ich-Erzähler darin eine »unheilvolle Vorahnung«[15], die offensichtlich wiederum auf die ›Katastrophe‹ verweist. Nun, da jene Männer, die »in die Zukunft zu gehören«[16] schienen, um die jetzt gekämpft werde, tot seien, erscheint er selbst als Überlebender auch ihres Kampfes und seiner Rechtfertigungen. Dabei hatte Hoderer ihm selbst immer wieder attestiert, zu denen zu gehören, »die aussterben und vergehen in ihrer Unbeteiligtheit«[17], eine Formulierung, in der offensichtlich sozialdarwinistische Argumentationen des Arztes anklingen, dessen reales Vorbild sich ausdrücklich affirmativ zu eugenischen Maßnahmen im Zusammenhang mit der Hervorbringung einer sozialistischen Gesellschaft geäußert hatte.[18] Die gefährliche Nähe, in die die in mancher Hinsicht nur vermeintlich ›anderen‹ Gemeinschaftsentwürfe zu denen des Faschismus geraten, wird damit subtil und immer bezogen auf die Figur des Ich-Erzählers dokumentiert. Überhaupt hat die Weise, in der Weiss' Texte sich dem Überleben nähern, nichts Triumphalistisches, wie es sich in der Geschichte des Begriffs mit diesem etwa im

---

14 Weiss: Fluchtpunkt (s. Anm. 10), S. 21 f. Vgl. ähnlich auch Peter Weiss: Die Ästhetik des Widerstands. Frankfurt a. M. 2005, S. 1175: »Jetzt waren sie [i. e. eine Gruppe von Exilierten, D. B.] zum ersten Mal vollzählig versammelt, und doch wollte keine Gemeinde aus ihnen werden, denn das Exil führte nicht zusammen, sondern ließ jeden mit seiner Entwurzelung allein.«
15 Weiss: Fluchtpunkt (s. Anm. 10), S. 72.
16 Weiss: Fluchtpunkt (s. Anm. 10), S. 72.
17 Weiss: Fluchtpunkt (s. Anm. 10), S. 137-138.
18 Max Hodann: Was müssen unsere Genossen von der Eugenik wissen? [1924]. In: Ders.: Sexualpädagogik, Erziehungshygiene und Gesundheitspolitik. Gesammelte Aufsätze und Vorträge (1916-1927). Rudolstadt 1928, S. 66-73; hier: S. 71: »Es wird Sache der sozialistischen Gesellschaft nicht zuletzt sein, in eugenischer Hinsicht Maßnahmen zu treffen, um die Gesellschaft vor der Belastung durch minderwertige Nachkommen zu schützen [...].« Gesteht man eine solche distanzierende Verortung der Hoderer/Hodann-Figur in *Fluchtpunkt* zu, ist deutlich, dass sie nicht mit der Hodann-Figur in der *Ästhetik des Widerstands* in eins gesetzt werden kann, die grundsätzlich als Vorbild eines Exil-Intellektuellen gestaltet wird. Vgl. hierzu Christin Zenker: Peter Weiss: Die Ästhetik des Widerstands (1975-1981). In: Handbuch der deutschsprachigen Exilliteratur. Von Heinrich Heine bis Herta Müller. Hg. v. Bettina Bannasch und Gerhild Rochus. Berlin 2013, S. 592-598.

Kontext darwinistischer Theoreme verknüpft. Die Differenz zwischen dem Ich-Erzähler, der durch den Vater Jude ist, und dem nicht-jüdischen Freund des Exils wird so nicht explizit, im Sinne einer ohnehin bestehenden Kategorisierung und Zugehörigkeit, sondern eher implizit entfaltet. Tatsächlich wäre es unzulässig, die Schilderung der beiden Figuren im Horizont der im Exil und später auch in der Exilforschung überaus wirkmächtigen Unterscheidung zwischen (politischen) Exilanten und aufgrund rassistischer Verfolgung geflüchteten (jüdischen) Emigranten zu sehen.[19] Zugleich ist die Spur, die hier zu einem spezifisch jüdischen Schicksal gelegt wird, aber durchaus signifikant. Während der Ich-Erzähler immer wieder konstatiert, nicht im Namen einer Partei, aber auch nicht im Namen eines Volkes sprechen zu können, sich keiner Nation oder ›Rasse‹ zugehörig zu fühlen[20], wird doch in seiner Selbstbeschreibung als Flüchtling auch eine jüdische Erfahrung evoziert. An keiner Stelle jedoch wird diese, wie bei manchen anderen ExilautorInnen, die sich angesichts von Vertreibung und Flucht verstärkt jüdischen Exil-Narrativen zugewendet haben, mit einer sinnstiftenden Orientierung hin auf eine Gemeinschaft der Juden und ihrer kollektiven Erfahrung in Verbindung gebracht. Wenn das Ich beharrt, es habe »nie etwas anderes als seine Flucht gewählt«[21], so wird mit dem paradoxen Bekenntnis gegen alle Bekenntnisse, deren normativen Implikationen er sich durch Flucht entzieht, diese Bewegung des Fliehenden auch als (einzig möglicher) Ausdruck der eigenen Erfahrung beschrieben. Diese lässt sich offenbar weder im Bezug auf eine kollektive Tradition und Symbolik noch im Bezug auf ein souveränes, reflektierendes Ich deuten. Das Überleben des Fliehenden ist ein Überleben als Bürde, ohne dass sich in ihm schon alternative, ›bessere‹ Einsichten und Wege abzeichneten. Das überlebende Ich ist ein vollkommen unheroisches, kein selbstbewusster Widerstandskämpfer, sondern einer, der die Zerstörung und den Zerfall von Bindung und Gemeinschaft – nicht zuletzt im Tod wichtiger Weggefährten – intensiv erfährt und wie ein Seismograf als solche aufzeichnet.[22]

---

19 Vgl. hierzu auch meine im Anschluss an Ernst Loewy und andere formulierten Ausführungen. Doerte Bischoff: Exilanten oder Emigranten? Reflexionen über eine problematische Unterscheidung anlässlich einer Lektüre von Werfels *Jacobowsky und der Oberst* mit Hannah Arendt. In: Literatur und Exil. Neue Perspektiven. Hg. v. Doerte Bischoff und Susanne Komfort-Hein. Berlin 2013, S. 213–238.
20 Weiss: Fluchtpunkt (s. Anm. 10), S. 15, 32, 37.
21 Weiss: Fluchtpunkt (s. Anm. 10), S. 137.
22 Vgl. hierzu ähnlich auch Daniel Weidner über die *Ästhetik des Widerstands*: »dieses Ich ist nicht mehr souverän, es wird nicht mehr durch eine Konversion oder durch einen Aufstiegsweg in die Lage gesetzt, zu berichten – es irrt herum, hat keine Übersicht und keinen Ort außer den negativen, ein Überlebender zu sein.« Daniel Weidner: Erlösung – Endlösung. Poetik der Rettung bei Peter Weiss. In: Rettung und Erlösung. Politisches und religiöses Heil in der Moderne. Hg. v. Johannes F. Lehmann und Hubert Thüring. Paderborn 2015, S. 171–194; hier: 193 f.

Im Hintergrund ist dabei immer die Erfahrung eines totalitären Zwangs und Missbrauchs von Gemeinschaft im präfaschistischen Deutschland und im Nationalsozialismus präsent, die nicht nur die Auslöschung individueller Differenz, sondern auch die Zerstörung ehemals gelebter Gemeinschaft (von jüdischen und nicht-jüdischen Deutschen, Österreichern, Tschechen etc.) impliziert. In *Abschied von den Eltern* erinnert sich der Ich-Erzähler eindrücklich daran, dass er sich als Kind dem »Zwang in der Zusammengehörigkeit mit diesem Marschieren«, dem »Zwang von der wahnsinnigen Idee eines gemeinsamen Schicksals«[23], dem die Schüler ausgesetzt sind, selbst nicht entziehen konnte. Erfahrungen des Mitlaufens und Mitmachens, die sogar die Teilnahme an einem ›Pogrom‹ genannten gewalttätigen Übergriff gegen einen Mitschüler, vermutlich einem Juden, einschließen, demonstrieren die Macht des Systems zur Gleichschaltung sowie die prinzipielle Kontingenz der Unterscheidung von Mächtigen und Ohnmächtigen. In der Rolle Letzterer findet sich das Ich regelmäßig bereits in der Kindheit, denn sein eigenes Gefühl der Unzugehörigkeit und die Tendenz der Masse, Fremde auszustoßen und zu schikanieren, bedingen und stärken sich gegenseitig. Als er durch den Halbbruder die Information bekommt, dass sein Vater, der lange vor seiner Geburt zum Christentum konvertiert war, Jude sei, empfindet er dies nur mehr als Bestätigung für eine Selbstwahrnehmung als Ausgestoßener, was jedoch das Gefühl von ›Verlorensein‹ und ›Entwurzelung‹ noch intensiviert.[24]

Tatsächlich erzählen die autobiografischen Texte Weiss' ganz zentral auch von der Entwurzelung der assimilierten europäischen Juden, deren Hoffnungen auf Integration radikal enttäuscht werden, die aber zugleich selbst bereits so sehr Teil des Systems sind, dass sie die Anpassungsroutinen, die zumal unter den historischen Bedingungen immer etwas Selbstzerstörerisches haben, auch im Exil nicht aufgeben in der Lage sind. Hannah Arendt hat in ihrem Essay »We Refugees«, einem eindrucksvollen Zeugnis des Exils, 1943 im *Menorah Journal* publiziert, die fatale Tendenz vieler jüdischer Exilanten analysiert, trotz allem an der Bereitwilligkeit, sich zu assimilieren festzuhalten, und sei es an andere Nationalstaaten und -kulturen. Wenn sie beschreibt, wie jüdische Emigranten alles getan hätten, um »anderen Leuten zu beweisen, daß wir ganz gewöhnliche Einwanderer seien«[25], dass »wir uns ganz freiwillig auf den Weg in ein Land unserer Wahl gemacht hätten, und bestritten, daß unsere Situation irgend etwas mit ›sogenannten jüdischen Problemen‹ zu tun hätte«, so lässt sich

---

23 Weiss: Abschied von den Eltern (s. Anm. 9), S. 72. Vgl. auch eine Passage in *Fluchtpunkt*, wo von den Nicht-Exilierten als »aneinandergebunden im Wahn eines gemeinsamen Schicksals« die Rede ist. Weiss: Fluchtpunkt (s. Anm. 10), S. 37.
24 Vgl. Weiss: Abschied von den Eltern (s. Anm. 9), S. 74.
25 Zitiert wird die deutsche Übersetzung. Hannah Arendt: Wir Flüchtlinge. In: Dies.: Zur Zeit. Hg. v. Marie Luise Knott. Aus dem Amerikanischen v. Eike Geisel. Berlin 1986, S. 7–21; hier und im Folgenden: S. 7.

dies sehr genau auf das Verhalten der Familie des Ich-Erzählers beziehen. Die Emigration, die eine »Wanderung über viele Grenzen«[26] bedeutet, wird von den Eltern als ständige Herausforderung, ihr bürgerliches Leben trotz der Widrigkeiten aufrecht zu erhalten, empfunden, sogar rassistische Ausfälle treibt der Zwang, das eigene Heim entsprechend der traditionellen Vorstellungen von Ordnung, Homogenität und Geschlossenheit zu erhalten, hervor. Etwa wenn der Vater seinen Sohn wegen seiner Ausbruchsversuche als ›Judenlümmel‹ beschimpft[27] oder die Mutter in einem Gespräch, in dem sie den Ich-Erzähler zu überzeugen versucht, dass seine Künstler-Freunde nicht passend seien, eine Kakerlake vom Tisch fegt.[28] Eine Auseinandersetzung mit den längst bedrohlichen Realitäten des eliminatorischen Antisemitismus und dessen Wurzeln in der Gesellschaft, der man selbst angehört hatte, findet nicht statt. In gewisser Weise werden beide Eltern, der konvertierte Vater, der sein beschnittenes Geschlecht vor dem Sohn peinlich verbirgt, und die nicht-jüdische Mutter, die ihre früheren künstlerischen Ambitionen als Schauspielerin vollständig in das Bemühen verwandelt hat, die Rolle der Vorsteherin eines geordneten Heims zu spielen, im Sinne Arendts als Parvenü-Existenzen beschrieben.[29] Über den Betrieb der väterlichen Textilfabrik (in Böhmen, später auch in Schweden), in der der Ich-Erzähler zeitweilig mitarbeitet, heißt es: »Und wir produzierten weiter. Unaufhörlich produzierten wir weiter, während draußen eine Welt in Stücke fiel.«[30] Das ›wir‹ in dieser Passage ist insofern aufschlussreich, als es die Teilhabe des Ich-Erzählers markiert: Als Empfänger elterlicher und schulischer Disziplinierungen vollzieht er die Logik des Systems mit, zeichnet aber zugleich ihre fatalen und zerstörerischen Implikationen auf. Indem er sich selbst jedoch immer stärker als Flüchtling begreift, wird der Widerstand gegen dieses Mit-Laufen und Weiter-Produzieren kenntlich als Bruch mit einer Kontinuität, die Brüche, das eigene Gebrochensein, nur mehr verdecken kann.

So ist denn auch bereits in *Abschied von den Eltern* der Ich-Erzähler in besonderer Weise sensibel gegenüber Schicksalsschlägen, die ihn und die Familie treffen. Der Tod der jüngeren Schwester durch einen Unfall wird als Zäsur wahrgenommen, mit der ein Exil beginnt, das jenseits der Entbehrungen und Härten, die dieses für die Familie in den Folgejahren bedeutet, die ›Auflösung der Familie‹[31] als Schicksalsgemeinschaft im Exil und damit auch des überall noch zwanghaft aufrechterhaltenen Konzepts von ›Heim‹ und Heimat zur Folge hat. Indem der Erzähler sich und seine Geschwister als die

---

26 Weiss: Abschied von den Eltern (s. Anm. 9), S. 74.
27 Weiss: Fluchtpunkt (s. Anm. 10), S. 49.
28 Weiss: Abschied von den Eltern (s. Anm. 9), S. 111.
29 Vgl. Hannah Arendt: Rahel Varnhagen. Lebensgeschichte einer deutschen Jüdin aus der Romantik. München, Zürich 1997, S. 209–225.
30 Weiss: Abschied von den Eltern (s. Anm. 9), S. 143.
31 Vgl. Weiss: Abschied von den Eltern (s. Anm. 9), S. 81.

»Überlebenden«[32] dieser familiären Katastrophe bezeichnet, wird schon hier eine Verbindung zu den historischen Ereignissen hergestellt, die als Entfaltung einer Katastrophe, auf die zu warten das Leben des Erzählers vollkommen bestimmt[33], beschrieben wird. Das Überleben erscheint damit als Existenzweise, in der der Einbruch des (gewaltsamen) Todes und die damit erlebte Unterbrechung und Zerschlagung von vertrauten Identitäts-, Gemeinschafts- und Kontinuitätserzählungen als solche präsent bleiben. Der Überlebende ist, wie Jean-François Lyotard formuliert hat, gezeichnet von einem nicht-distanzierbaren Einschnitt, der einen Anschlag auf die Souveränität des Lebenden bedeutet, insofern die Grenze zwischen Leben und Tod in Bewegung gerät und das (eigene) Leben nicht (mehr) als gegebenes vorausgesetzt werden kann.[34] Die Erklärung des Ich-Erzählers, für keine Idee, Religion oder Gemeinschaft, sondern allein für seine Flucht eintreten zu wollen bzw. zu können, ist mit einer zutiefst ambivalenten Selbst-Bestimmung verbunden. Einerseits liegt in der Flucht, in der Affirmation des Exilischen und der mit ihm assoziierten »Losgelöstheit«[35] von allen Bindungen die Möglichkeit einer neuen Freiheit – diese wird vor allem am Schluss von *Fluchtpunkt* eindrücklich beschworen –, andererseits scheint mit der Zerschlagung jeder Gemeinschaft gerade auch eine Komplizität mit der totalitären Logik der Vernichtung auf, die nun das Verhältnis des Ich zu sich selbst und vor allem zu den ermordeten Juden prägt. Sein Bezug zu diesen ist zumal angesichts seines assimilierten Elternhauses durch keine religiöse, ethnische oder kulturelle Verbundenheit charakterisiert, sondern allein durch eine von außen behauptete Zugehörigkeit, die mit einem Todesurteil in eins fällt. In seiner Lessing-Preis-Rede »Laokoon oder Über die Grenzen der Sprache« hat Peter Weiss die Erfahrung eines solchen Ausgestoßenwerdens durch eine Fremdbezeichnung, durch ein »Wort, das mit ihm nicht das geringste zu tun hat«[36], drastisch beschrieben.

Dass er diesem Tod, dem auch er bestimmt war und der die Gemeinschaft mit den Verfolgten in der totalen Vernichtung menschlicher Gemeinschaft vollendet hätte, durch Flucht entkommen ist[37], wird zum zentralen Moment seiner

---

32 Weiss: Abschied von den Eltern (s. Anm. 9), S. 78.
33 Vgl. Weiss: Abschied von den Eltern (s. Anm. 9), S. 116: »Mein Leben war ein dumpfes Warten auf die Katastrofe.«
34 Vgl. Jean-François Lyotard: Der/Das Überlebende. In: Anthropologie nach dem Tode des Menschen. Hg. v. Dietmar Kamper und Christoph Wulf. Frankfurt a.M. 1994, S. 437–462. Vgl. zu diesem Komplex auch Falko Schmieder: Überleben – Geschichte und Aktualität eines neuen Grundbegriffs. In: Überleben. Historische und aktuelle Konstellationen. Hg. v. Falko Schmieder. München 2011, S. 9–29.
35 Weiss: Fluchtpunkt (s. Anm. 10), S. 37.
36 Peter Weiss: Laokoon oder Über die Grenzen der Sprache. In: Ders.: Rapporte 1. Frankfurt a.M. 1968, S. 171–187; hier: S. 174.
37 Vgl. dazu Lyotard: Der/Das Überlebende (s. Anm. 34), S. 437: »*Überleben* impliziert, daß eine Entität, die tot ist oder es sein sollte, *noch* lebt.«

Selbst-Reflexion als Überlebender. In dem zuerst 1964 publizierten Essay »Meine Ortschaft«, in dem Weiss seinen im Zusammenhang mit dem Frankfurter Auschwitz-Prozess unternommenen Besuch in Auschwitz dokumentiert, wird diese ambivalente Orientierung auf Auschwitz als (einzigem) Ort eigener Zugehörigkeit, von dem er zugleich radikal ausgeschlossen ist, besonders eindringlich beschrieben.[38] Leben als Über-Leben ist damit wesentlich von einem Gefühl der Schuld geprägt:

> Lange trug ich die Schuld, daß ich nicht zu denen gehörte, die die Nummer der Entwertung ins Fleisch eingebrannt bekommen hatten, daß ich entwichen und zum Zuschauer verurteilt worden war. Ich war aufgewachsen, um vernichtet zu werden, doch ich war der Vernichtung entgangen. Ich war geflohen und hatte mich verkrochen.[39]

Der implizite Hinweis auf die Auschwitz-Tätowierungen zeigt, dass hier ein Wissen der unmittelbaren Nachkriegszeit vorausgesetzt wird. Tatsächlich wird zuvor die Konfrontation mit sogenannten ›atrocity films‹ der Alliierten, in denen Bilder aus den Vernichtungslagern gezeigt wurden, als Schockerlebnis in Erinnerung gerufen. Auch hier betrifft der Schock die Einsicht in das unvorstellbare Ausmaß der Katastrophe, für die es keine Sprache gibt, wie auch die eigene ambivalente Verstrickung in diese Katastrophe:

> Auf der blendend hellen Bildfläche sah ich die Stätten, für die ich bestimmt gewesen war, die Gestalten, zu denen ich hätte gehören sollen. [...] es gab keine Worte mehr, es gab nichts mehr zu sagen, es gab keine Erklärungen, keine Mahnungen mehr, alle Werte waren vernichtet worden. Dort vor uns, zwischen den Leichenbergen, kauerten die Gestalten der äußersten Erniedrigung, in ihren gestreiften Lumpen. [...] Dies war kein Totenreich. Dies waren Menschen, in denen das Herz noch schlug. Dies war eine Welt, in der Menschen lebten.[40]

Der Anblick dieser lebendig Toten weist jede Beschreibung, die noch auf traditionelle kulturelle Imaginationen des Todes zurückgreifen könnte, radikal zurück. Einen Styx, der die Grenze zwischen einem Reich der Lebenden und einem der Toten als einen vorstellbaren Übergang beschrieb, gibt es hier nicht: Der Anblick der Überlebenden lässt jede Vorstellung von Vermittlung und Transzendenz ins Nichts stürzen. Auch der ehemalige Flüchtling und Exilant, der »in der Geborgenheit«[41] eines dunklen Kinosaals fast voyeurhaft die hell ausgeleuchtete ›Hölle‹ anschaut, scheint von den ›Gestalten‹ der Überlebenden zunächst unüberbrückbar fern zu sein. Als Zuschauer ihres Leids fragt er sich

---

38 Peter Weiss: Meine Ortschaft. In: Weiss: Rapporte 1 (s. Anm. 36), S. 113–124; hier: S. 114.
39 Weiss: Fluchtpunkt (s. Anm. 10), S. 137.
40 Weiss: Fluchtpunkt (s. Anm. 10), S. 136.
41 Weiss: Fluchtpunkt (s. Anm. 10), S. 135.

gar, zu wem er jetzt gehöre, »als Lebender, als Überlebender«: »gehörte ich wirklich zu jenen, die mich anstarrten mit ihren übergroßen Augen, und die ich längst verraten hatte, gehörte ich nicht eher zu den Mördern und Henkern. Hatte ich diese Welt nicht geduldet […].«[42] Verrat und Schuld wird im Text auch schon vorher, also in Bezug auf die Exilzeit vor 1945, reflektiert, vor allem, wie in der zitierten Textstelle auch, im Zusammenhang mit der Erinnerung an zwei jüdische Freunde bzw. Bekannte, Peter Kien und Lucie Weinberger. Von Kien heißt es schon in *Abschied von den Eltern*, er sei, da er nicht wie der Ich-Erzähler geflohen sei, »ermordet und verbrannt« worden.[43] Diese Kontrastierung – »Ich war entkommen, und Peter Kien war zurückgeblieben«[44] – wird in *Fluchtpunkt* noch mehrere Male wiederholt – womit die Unentrinnbarkeit der Verfolgung, es sei denn durch Flucht[45], unterstrichen wird. Vor allem in Bezug auf Lucie Weinberger, die er durch das Angebot, sie zu heiraten (ohne mit ihr zuvor enger verbunden gewesen zu sein), versucht hatte, aus Theresienstadt freizubekommen, empfindet er Schuld. Seine Versuche erscheinen ihm rückblickend halbherzig, die Tatsache, dass er eigentlich nicht an ihre Rettung geglaubt hatte, als schuldhafter Verrat seinerseits. Er wirft sich vor, sie vergessen und sich »vor ihrem Dasein, dem auch [er] vorgesehen gewesen, doch entgangen war«[46], verschlossen zu haben. Hier klingt jene Einsicht an, die Adorno mit Blick auf die Situation des Überlebens formuliert hat, wenn er die Frage stellt,

> ob nach Auschwitz noch sich leben lasse, ob vollends es dürfe, wer zufällig entrann und rechtens hätte umgebracht werden müssen. Sein Weiterleben bedarf schon der Kälte, des Grundprinzips der bürgerlichen Subjektivität, ohne das Auschwitz nicht möglich gewesen wäre: drastische Schuld des Verschonten.[47]

Der Bezug auf das Recht – »rechtens« – ist hier aber natürlich zugleich ein Indiz für ein völlig verändertes Verständnis von Recht und Unrecht. Tatsächlich besteht ja die Katastrophe vor allem darin, dass die Verfolgten keine Rechte mehr haben, sie sich auf kein Recht mehr berufen können und auch unter Umständen gutwillige Juristen, wie der Richter, der in Weiss' *Ermittlung* auftritt, keinerlei Möglichkeit gehabt hätten, das genozidale Verbrechen zur Anklage zu bringen.[48] Die von den Überlebenden empfundene Schuld bezieht sich parado-

---

42 Weiss: Fluchtpunkt (s. Anm. 10), S. 136.
43 Weiss: Abschied von den Eltern (s. Anm. 9), S. 134.
44 Weiss: Fluchtpunkt (s. Anm. 10), S. 58; vgl. auch ähnlich über Lucie Weinberger S. 74.
45 Und auch diese bleibt, wie auch das Exil, in das sich die Ich-Figur rettet, stets heimgesucht von der Verfolgung.
46 Weiss: Fluchtpunkt (s. Anm. 10), S. 74.
47 Theodor W. Adorno: Negative Dialektik. Frankfurt a. M. 1975, S. 355 f.
48 Vgl. Peter Weiss: Die Ermittlung. Oratorium in 11 Gesängen. In: Ders.: Stücke I. Frankfurt a. M. 1976, S. 257–449; hier: S. 441: »Vor welchem Gerichtshof/hätte ich Klage erheben können/über die Menge der Getöteten.«

xerweise auf das Versagen eines Individuums, das im angenommenen anderen Fall gar nicht mehr als ein solches wäre wahrgenommen worden, da aller Rechte, für sich oder andere zu sprechen, entblößt. Da diese ›Überlebendenschuld‹[49] nicht im Horizont einer existierenden Rechts-, Moral- oder Vernunftordnung situierbar ist, markiert sie gerade jenen Zivilisationsbruch, der mehr und anderes ist als ein Bruch von Regeln, der innerhalb einer existenten Ordnung würde benannt und geahndet werden können. »Auch die Vernunft hatte für immer ihren Boden verloren«[50], schreibt Vilém Flusser, ein anderer Flüchtling, der erst spät über seine Erfahrungen Zeugnis abgelegt hat, in seiner 1992 erschienenen Autobiografie *Bodenlos*.

> Nie mehr konnte man sich von der vollkommen unvernünftigen, aber der Lage entsprechenden Überzeugung befreien, daß man ›eigentlich‹ in den Gasöfen umkommen sollte; daß man ab jetzt ein ›unvorhergesehenes‹ Leben führte; daß man mit der Flucht sich selbst ausgerissen hatte, um sich in den gähnenden Abgrund der Sinnlosigkeit zu werfen.[51]

Auch bei Flusser ist das Exildasein unwiderruflich an ein Gefühl der Schuld geknüpft, indem der Überlebende durch seine Flucht eine endgültige, mit dem Tod der anderen zusammenfallende Trennung von Familie und Freunden vollzieht: »Nicht die Nazis, man selbst hatte sie ermordet – um sich selbst, schattenhaft zu retten.«[52] Ähnlich wie bei Peter Weiss erwächst aus dieser Konstellation ein höchst ambivalentes Gefühl der Befreiung von allen Bindungen, die zugleich als Fallen in eine Leere erscheint.[53]

Wenn Adorno seine Philosophie, Philosophie nach Auschwitz insgesamt, als von diesem schockhaft erfahrenen Dilemma, durch sein eigenes Überleben, das die Voraussetzung für Zeugenschaft ist, in einen Schuldzusammenhang verstrickt zu sein, geprägt beschreibt, beansprucht er den Begriff des Überlebens im Grunde für eine post-katastrophische conditio allgemein. Dabei ist jedoch

---

49 Zum Begriff, der in der therapeutischen Arbeit mit Überlebenden geprägt wurde, vgl. William G. Niederland: Folgen der Verfolgung: Das Überlebenden-Syndrom, Seelenmord. Frankfurt a. M. 2002.
50 Vilém Flusser: Bodenlos. Eine philosophische Autobiographie. Bensheim 1992, S. 28.
51 Flusser: Bodenlos (s. Anm. 50), S. 28.
52 Flusser: Bodenlos (s. Anm. 50), S. 29.
53 Vgl. etwa Flusser: Bodenlos (s. Anm. 50), S. 29: »Gleichzeitig mit dieser Überzeugung [von nun an in einem Schattenreich leben zu müssen, D. B.] aber überkam einen das schwindelerregende Gefühl einer Befreiung. Man gehörte von jetzt ab zu niemandem und nichts, man war ›man selbst‹ im radikalsten Sinn dieses Wortes. Ein seltsamer Rausch befiel einen.« Vgl. auch die Paris-Episode am Ende von Weiss' *Fluchtpunkt*, wo es heißt: »Jetzt konnte ich zeigen, wer ich war, was das für ein Ich war, das ich durch die Jahre der Flucht getragen hatte, das ich vor der Vernichtung auf dem Schlachtfeld und in der Gaskammer gerettet hatte [...]. Doch die Freiheit war so groß, daß ich alle Maßstäbe verlor. Ich hatte die Freiheit nicht gewonnen, ich war verurteilt zu dieser Freiheit, es war nur noch eine einzige Wahrnehmung da, die Wahrnehmung des Urübels, des Ausgesetztseins, der Verlassenheit.« Weiss: Fluchtpunkt (s. Anm. 10), S. 195.

die Perspektive des jüdischen Exilanten als Ausgangspunkt seiner Überlegungen deutlich als solche erkennbar, auch wenn auf Flucht und Exil als Hintergrund des Überlebens hier nicht so explizit wie bei Peter Weiss und Vilém Flusser verwiesen wird. Aus dem charakteristischen Spannungsverhältnis zwischen einer partikularistischen Erfahrung – als Jude von der Vernichtung bedroht und ›zufällig‹ entronnen zu sein – und einer universalen Einsicht, dass mit dieser Vernichtungsdrohung die zivilisatorische Ordnung grundsätzlich zerschlagen wurde, sie im und nach dem Exil nicht ungebrochen restituiert und kultiviert werden kann, entfalten alle drei offenbar ein Verständnis von Kultur als Überleben. Diese ist von jener Zäsur, jenem nicht distanzierbaren (mithin nicht als Problem lediglich der ›anderen‹ rationalisierbaren) Bruch gezeichnet. Betrachtet man die genannten Textzeugnisse, die jeweils Leben und Schreiben bzw. Philosophieren nach der Shoah an eine Erfahrung des ›auch gemeint Gewesenseins‹ binden, mithin an den Befund, dass das Überleben angesichts der überwältigenden Zahl der Ermordeten nicht nur unwahrscheinlich war, sondern auch einen Moment impliziert, der »dem Bewußtsein in keinem Augenblick ganz gegenwärtig«[54] sein kann, im Zusammenhang, so wird der zentrale Impuls erkennbar, den diese Perspektive gerade auch der Exilforschung geben kann. Denn erst die Einsicht, dass aus diesem Überleben kein neuer, privilegierter Weltentwurf gewonnen werden kann, dass vielmehr jede abschließende Erklärung, jedes das Geschehene distanzierende und historisierende Narrativ die Überlebenden – und hier sind auch die Überlebenden der Lager in einem engeren Sinne gemeint – einmal mehr zum Verstummen bringt, öffnet sich einem Verständnis von Exil, das die Shoah nicht ausklammert, sondern als ›Fluchtpunkt‹ der von ihm ausgehenden Zeit-Zeugnisse begreift.

Deutlich wird die enge Bezogenheit des Entflohenen auf diejenigen, die Ermordeten auch in Weiss' Laokoon-Rede (1965). In der Beschreibung der Laokoon-Gruppe tritt der älteste Sohn gegenüber dem untergehenden Vater und dem anderen Sohn, die »nur noch ein Monument über ihren eigenen Untergang«[55] bilden, hervor als einer, der noch der belebten Welt angehört und der im Fall seiner Rettung Bericht erstatten kann. Die Figur mit den autobiografischen Zügen, von der hier in der dritten Person erzählt wird, wird mit Laokoons ältestem Sohn ausdrücklich identifiziert: »Er war Laokoons ältester Sohn. Zwar war ihm noch Aufschub gegeben, doch war er ebenso fest wie die Seinen mit dem Geschehnis verknotet. Er sah, was neben ihm geschah und was auch ihn gleich ereilen konnte.«[56] Dieser Zeuge steht nicht abseits, um aus der Distanz die Ereignisse zu betrachten und zu ›besingen‹, wie das Beobachter früherer Katastrophen noch vermocht hätten. »Der Untergang, in dem er sich

---

54 Adorno: Negative Dialektik (s. Anm. 47), S. 357.
55 Weiss: Laokoon (s. Anm. 36), S. 180.
56 Weiss: Laokoon (s. Anm. 36), S. 183.

befand«, wird vielmehr als ein totaler, nicht distanzierbarer beschrieben, der alle, nicht nur die unmittelbaren Opfer, »der Gewalt ausliefert, die sich über alles Lebende hermachte«.[57]

Es sei an dieser Stelle noch einmal darauf verwiesen, dass alle zitierten Textzeugnisse erst deutlich nach 1945, in zeitlicher Nähe zu den Auschwitzprozessen und einem erkennbaren Generationenwechsel in der deutschsprachigen Nachkriegsgesellschaft, entstanden sind. Das heißt sicher nicht, dass die hier jeweils artikulierte ›Überlebendenschuld‹ nicht auch bereits vorher empfunden wurde, wie es ja etwa in einer Reihe von Gedichten deutlich wird, die aus dem Exil heraus auf die Shoah Bezug nehmen[58], offensichtlich aber schon, dass eine Reflexion über dieses Phänomen, das ja die Logik der Verfolgung und Vernichtung in ihrer ganzen Perfidie in sich aufgenommen hat, erst in einem Moment möglich war, als auch im Land der Täter Schuld artikulierbar und anklagbar wurde. Nichtsdestotrotz bleibt natürlich in dem Phänomen und Begriff der Überlebendenschuld immer ein Rest von entschuldender Verschiebung – auf diejenigen, die die unmittelbar gegen sie gerichtete Verfolgung zufällig überlebt haben und nun paradoxerweise etwas auf sich nehmen, für das sie zu allerletzt verantwortlich gemacht werden können.[59]

Erst wo die konkreten Opfer der historischen Verfolgung zentral mitbedacht werden, wo also der Bruch mit der Idee von Universalität und menschlicher Gemeinschaft als Erschütterung präsent bleibt, kann Überleben als eine allgemeine conditio nach der Shoah gedacht werden. Diese Einsicht artikuliert sich später dann noch deutlicher in der *Ästhetik des Widerstands*, in der die Figur der ausdrücklich nicht-jüdischen Mutter, die während ihrer eigenen Flucht in Osteuropa Zeugin der Deportationen und Erschießungen von Juden wird, in der Folge eine intensive Nähe zu den Verfolgten verspürt, die sie nie wieder in ein geordnetes Leben zurückkehren lässt. So bezeugt die infolge ihrer traumatischen Erlebnisse apathisch und stumm Gewordene den »Ansturm einer Ungeheuerlichkeit«, die nicht in Sprache artikuliert werden kann.[60] Damit wird nicht zuletzt deutlich, dass auch die Stimmen der überlebenden Zeugen selbst fragil und prekär sind.[61] Indem sich Exil und Shoah in den betrachteten Texten

---

57 Weiss: Laokoon (s. Anm. 36), S. 181.
58 Vgl. den Beitrag von Helga Schreckenberger in diesem Band.
59 Doron Rabinovici hat in seinem Roman *Suche nach M.* (Frankfurt a. M. 1998) eindrucksvoll dargestellt, dass und inwiefern gerade die Tendenz der überlebenden Opfer, Schuld zu empfinden, in der – hier – österreichischen Nachkriegsgesellschaft instrumentalisiert wurde, um sich nicht mit der eigenen Schuld konfrontieren zu müssen, ganz im Sinne einer christlichen Logik, die den Juden Jesus die Schuld der Gemeinschaft auf sich nehmen lässt. Vgl. Doerte Bischoff: Herkunft und Schuld. Identitätsverhandlungen in Doron Rabinovicis *Suche nach M*. In: Herkünfte. Historisch – Ästhetisch – Kulturell. Hg. v. Barbara Thums, Volker Mergenthaler, Nicola Kaminski und Doerte Bischoff. Heidelberg 2004, S. 249–279.
60 Weiss: Ästhetik des Widerstands (s. Anm. 14), S. 884.
61 Vgl. hierzu auch Weidner: Erlösung – Endlösung (s. Anm. 22), S. 182.

aufs Engste miteinander verschränkt zeigen, wird mit der Exilerfahrung ein spezifisches Involviertsein und damit eine Zeugenschaft verknüpft, die universalisierende Gemeinschafts- und Sinnentwürfe, wie sie historisch häufig mit Exil-Narrativen verbunden worden sind, erschüttern.

Anna Zachmann

Exilimmanente Distanz- und Fremdheitserfahrung als Voraussetzung zur Bewältigung von Traumatisierung?
Moderne Denkfiguren von Exil und Shoah im Werk Edgar Hilsenraths

> Über die Bezeichnung Emigranten (Bertolt Brecht)
>
> Immer fand ich den Namen falsch, den man uns gab: Emigranten.
> Das heißt doch Auswandrer. Aber wir
> Wanderten doch nicht aus, nach freiem Entschluß
> Wählend ein andres Land. Wanderten wir doch auch nicht
> Ein in ein Land, dort zu bleiben, womöglich für immer.
> Sondern wir flohen. Vertriebene sind wir, Verbannte.
> Und kein Heim, ein Exil soll das Land sein, das uns da aufnahm
>
> Unruhig sitzen wir so, möglichst nahe den Grenzen
> Wartend des Tags der Rückkehr [...][1]

Brechts Gedicht »Über die Bezeichnung Emigranten« aus dem Jahre 1937 darf aus verschiedenen Gründen zu Recht als ein Klassiker der Exilliteratur gelten, verweist es doch zum einen bereits in den zitierten Eingangssätzen in prägnanten Worten auf drei zentrale Motive des Sujets: Verlust der Heimat, Betonung der Unfreiheit der Auswanderung und der entschiedene Wille zur Remigration auf nationaldeutschen Boden. Kanonisch macht den Text zum anderen auch der Zeitraum seiner Entstehung, hatte sich doch in der Germanistik der Epochenbegriff »Exilliteratur« als historischer Gegenstand mit den Eckdaten 1933–1945 etabliert.

Dank der Öffnung für die Ergebnisse anderer Disziplinen, insbesondere aus dem Bereich der kulturwissenschaftlichen Traumaforschung[2], werden jedoch im Kontext einer erweiterten Exilliteraturforschung auch solche Texte berücksichtigt, deren Entstehung nach 1945 und bis in die Gegenwart hinein zu datieren ist. Die Erinnerung auch weiter zurückliegender traumatischer Erlebnisse wie eine gewaltsame Vertreibung und der Verlust der (Sprach-)Heimat

---

1 Bertolt Brecht: Über die Bezeichnung Emigranten. In: Ders.: Ausgewählte Werke in sechs Bänden. Bd. 3: Gedichte I. Sammlungen. Frankfurt a. M. 2005, S. 345.
2 Siehe auch den Beitrag von Claudia Moisel im vorliegenden Band.

nämlich kann gerade nicht »im Modus distanzierenden Berichtens abgeschlossener Ereignisse«[3] erfolgen. Vielmehr braucht sie Formen der Darstellung, welche die Präsenz und Aktualität des historisch Erlebten in der Gegenwart reflektieren.[4] Darüber hinaus wurde Exil als mythisches Konzept der verlorenen Heimat bereits in der Neuzeit immer mehr entterritorialisiert:[5] Durch die Subversion nationaler Dispositive erscheint Exil nicht mehr unbedingt als Begriff, der notwendig auf das Konzept einer national gedachten Heimat bezogen bleiben muss.[6]

Somit wird Exil also zu einer Kondition, die immer weniger als temporäres Moment entworfen und gedacht wird und eine zunehmende Ablösung von nationalen Bezügen und Orientierungen erfährt.[7] Aus diesem erweiterten Verständnis von Exilliteratur heraus dürfen mit *Fuck America*[8] (1980), das zunächst unter dem Titel *Bronskys Geständnis* erschienen war, und *Die Abenteuer des Ruben Jablonski*[9] (1997) mindestens zwei Romane Edgar Hilsenraths dem Bereich der »Exilliteratur« zugerechnet werden.

Edgar Hilsenrath, der 1926 als Sohn eines jüdischen Kaufmanns in Leipzig geboren wurde, floh 1939 in die Bukowina, überlebte drei Jahre im ukrainischen Ghetto Mogilev-Podolsk, gelangte nach der Befreiung des Ghettos durch die Rote Armee 1944 nach Palästina, wo er jedoch nicht heimisch wurde. Nach vier Jahren im französischen Lyon übersiedelte er 1951 nach New York, wo er sich nach 24 Jahren zur Remigration nach Deutschland entschloss. Seit 1975 lebt und arbeitet der Autor in Berlin.

Dass Hilsenrath bis heute ausschließlich als Autor von Ghetto- und Shoahliteratur gehandelt wird, ist insbesondere seinen ersten beiden und zugleich bekanntesten Romanen *Nacht*[10] (1964) und *Der Nazi & der Friseur*[11] (1977) geschuldet. Doch auch wenn die industrielle Massenvernichtung der europäischen Juden durch die Nationalsozialisten stets heimlicher Fixpunkt seiner Kreativität und das eigene Er- und Überleben die Motivation für sein literarisches

---

3 Doerte Bischoff und Suanne Komfort-Hein: Einleitung: Literatur und Exil. Neue Perspektiven auf eine (historische und aktuelle) Konstellation. In: Dies. (Hg.): Literatur und Exil. Neue Perspektiven. Berlin, Boston 2013, S. 1–19; hier: S. 6.
4 Vgl. Bischoff und Komfort-Hein: Einleitung: Literatur und Exil (s. Anm. 3), S. 5 f.
5 Vgl. Hanni Mittelmann: Deutschsprachige jüdische Exilliteratur. In: Handbuch der deutschjüdischen Literatur. Hg. v. Hans Otto Horch. Berlin, Boston 2016, S. 189–200; hier: S. 190.
6 Vgl. Eva Horn: Der Flüchtling. In: Grenzverletzer. Von Schmugglern, Spionen und anderen subversiven Gestalten. Hg. v. Eva Horn, Stefan Kaufmann und Ulrich Bröckling. Berlin 2002, S. 23–49; hier S. 32 f.
7 Vgl. Bischoff und Komfort-Hein: Einleitung: Literatur und Exil (s. Anm. 3), S. 3.
8 Edgar Hilsenrath: Fuck America. Gesammelte Werke. Bd. 4. Hg. v. Helmut Braun. Berlin 2003.
9 Edgar Hilsenrath: Die Abenteuer des Ruben Jablonski. Gesammelte Werke. Bd. 8. Hg. v. Helmut Braun. Berlin 2007.
10 Edgar Hilsenrath: Nacht. Gesammelte Werke. Bd. 1. Hg. v. Helmut Braun. Köln 2005.
11 Edgar Hilsenrath: Der Nazi & der Friseur. Gesammelte Werke. Bd. 2. Hg. v. Helmut Braun. Köln 2005.

Schaffen blieb, so lässt die schematisch-eindimensionale Einordnung Hilsenraths ausschließlich in den Komplex »Shoahliteratur« auf eine verkürzte Lesart und Rezeptionsbereitschaft seiner Werke schließen. Gerade die späteren Romane und Erzählungen sehen sich – neben den stets präsenten dezidierten Verweisen auf die Shoah – thematisch bestimmt durch den Rückgriff auf Themen wie Exil und Remigration, Kalter Krieg oder die Kontinuität rassistischer und antisemitischer Ressentiments.

Die folgenden Überlegungen, die sich mit der Denkfigur des Exils im Hilsenrath'schen Opus auseinandersetzen, sind in drei miteinander verschränkte Teile gegliedert: In einem ersten Schritt soll anhand der Gegenüberstellung mit Brechts Gedicht gezeigt werden, dass Hilsenraths Werk als selbstbewusstes Anschreiben gegen ein traditionelles Exilverständnis gelesen werden kann. Zweitens wird die These aufgestellt, dass erst die Aufgabe einer strikten Verweigerungshaltung der vergangenen Realität gegenüber und die Anerkennung der eigenen Beschädigung den Genesungsprozess des traumatisierten Shoah-Überlebenden im Exil einleitet. Abschließend sollen die drei Exilstationen, welche Hilsenrath den Protagonisten seiner Werke einschreibt, beleuchtet und der Wandel hin zu einer positiven Umdeutung der Denkfigur des Exils als radikale Entfremdungserfahrung aufgezeigt werden.

I. Hilsenrath vs. Brecht: ein moderner (jüdischer) Gegenentwurf zum traditionellen Exiltopos unter antifaschistischem Paradigma

Für die Betrachtung der Verschränkung von Exil- und Shoahthematik im Gesamtwerk des Autors bietet sich vor allem Hilsenraths vierter Roman *Fuck America* an; er wird im Zentrum der folgenden Überlegungen stehen. Dem ersten Anschein nach bietet dieser Roman bezüglich einer kulturkritischen Sicht auf die USA der 1950er Jahre keine neuen Erkenntnisse[12]; der Autor scheint sich mit seiner Aufzählung stereotyper Verallgemeinerungen, der Abwertung einer sozialdarwinistisch-leistungsorientierten Erfolgsgesellschaft und dem Postulat des Scheiterns des American Dream in eingefahrene Argumentationsmuster der Amerikakritik einzureihen. Bei näherer Betrachtung lassen sich jedoch aus dem Text, der trotz einer vordergründig einfachen Sprache und Handlung eine vielschichtige Tiefendimension aufzuweisen hat, neue und überraschende Erkenntnisse ziehen. Hilsenrath unterläuft nämlich – wie im Folgenden aufzuzeigen sein wird – sämtliche durch Brecht und andere vorformulierten Auffassungen von Exil und setzt ihnen eine neue Sichtweise entgegen.

---

12 Vgl. Thomas W. Kniesche: Projektionen von Amerika. Die USA in der deutsch-jüdischen Literatur des 20. Jahrhunderts. Bielefeld 2008, S. 139.

Zunächst sei anzumerken, dass bei der Gegenüberstellung der Texte deren jeweilige Entstehungszeit zu bedenken ist, kann doch Brechts Gedicht, geschrieben 1937 in der frühen Exilphase, als pointierter Einblick in die Gedanken- und Gefühlswelt eines unmittelbar exilierten Antifaschisten gelten, während die Romane des jüdischen Autors Hilsenrath lange nach 1945 entstanden und somit ganz verschiedene Erfahrungen und Erkenntnisse – insbesondere die Shoah betreffend – mitreflektieren. Einige der Diskrepanzen zwischen den gedachten Konzepten Brechts und Hilsenraths müssen daher als der bloßen Ungleichzeitigkeit der Entstehung geschuldet erkannt werden. Nichtsdestotrotz erscheint ein Vergleich zwischen den Denkkonzepten der beiden Autoren lohnenswert, um weniger Parallelen als vielmehr Antagonismen zwischen deren Deutung von Exil und dem Verständnis der Shoah aufzudecken.

Wie gezeigt macht Brecht in dem eingangs zitierten Gedicht »Über die Bezeichnung Emigranten« drei zentrale Motive des Komplexes Exil geltend, wenn er die dezidierte Unfreiwilligkeit der Auswanderung ins Gedächtnis ruft, den entschiedenen Willen zur Rückkehr auf deutschen Boden artikuliert und dem Schmerz der Vertriebenen über den Verlust der Heimat Ausdruck verleiht. Durch den Rückzug auf die 1. Person Plural sowie die Aussparung der Thematisierung individueller Befindlichkeiten vertritt Brecht den Anspruch der stellvertretenden Artikulation für ein scheinbar geschlossenes Kollektiv von Exilanten.

In der Betrachtung von Hilsenraths *Fuck America* fällt zunächst auf, dass der Autor – wie übrigens in allen seinen Romanen – die Termini Exil bzw. Exilanten konsequent vermeidet. Stattdessen attribuiert er die seit 1933 als Reaktion auf die antisemitische Verfolgung in Europa eingewanderten europäischen Juden durchgängig als Emigranten, wobei zwischen der Figur des Bronsky selbst, der sich erst 1952 in den USA niedergelassen hatte, und den während des Krieges exilierten in New York lebenden Juden keine begriffliche Unterscheidung vorgenommen wird. Dabei wäre eine Selbstbezeichnung Bronskys als Exilant und nicht als Emigrant durchaus gerechtfertigt, insofern für den zutiefst traumatisierten, aus Nazideutschland geflohenen Shoah-Überlebenden eine Rückkehr ins das »Land der Täter«, wo jeder Gegenstand an die fabrikmäßige Ermordung erinnern muss, undenkbar erscheint. Nicht umsonst legt Hilsenrath in seinem letzten Roman *Berlin ... Endstation* einem jüdischen Exilanten zur Warnung an diejenigen Shoah-Überlebenden, die mit dem Gedanken an eine Remigration spielen, die Worte in den Mund: »Ganz Deutschland ist ein Holocaust-Mahnmal.«[13]

---

13 Edgar Hilsenrath: Berlin... Endstation. Gesammelte Werke. Bd. 10. Hg. v. Helmut Braun. Berlin 2006, S. 9.

Hilsenraths Entscheidung der konsequenten Verweigerung des Exilbegriffs wirft nicht nur mit Blick auf *Fuck America*, sondern auf sein gesamtes Opus Fragen auf und lässt verschiedene, wenn auch miteinander verschränkte Lesarten zu. Zunächst kann die Vermeidung des Exilbegriffs interpretiert werden als die bewusste Distanzierung von einer oktroyierten oder selbst gewählten Opfermentalität. Insbesondere in den philosemitisch geprägten Nachkriegsjahren, wo bereits die bloße Zugehörigkeit zum Judentum eine Opferidentität implizierte, könnte die dezidierte Ablehnung der Bezeichnung Exilant die Verweigerung einer doppelten Opferzuschreibung – Jude *und* Exilant – intendieren. Gerade bei Hilsenrath, der mit den Mitteln der Groteske und des Schwarzen Humors sowie pikarischer Charaktergestaltung gegen den scheinheiligen Philosemitismus der Nachkriegszeit anschreibt und sich um eine Abkehr vom Bild des genuin integren Juden als bedauernswertem Opfer bemüht, kann diese Interpretation durchaus Plausibilität beanspruchen.

Zugleich muss gefragt werden, ob Hilsenraths Entscheidung zugunsten der Vokabel Emigration auch mit Blick auf eine Haltung fiel, welche sich zunächst aus der Perspektive des »anderen Deutschland« entwickelt und das politisch motivierte Exil der jüdischen Massenemigration kontrastierend gegenüberstellt und verurteilend gegeneinander ausgespielt hatte. Auch wenn Hilsenrath diese Problematik nicht offen thematisiert, so kann doch die unbeirrte Verwendung des Emigrationsbegriffs auch da, wo offensichtlich eine Exilsituation vorliegt, als implizite Kritik an diesem verharmlosenden Duktus und einem in nationalen Rassenkategorien verhafteten Denkschema gelesen werden, in welchem Juden der Exilstatus zugunsten politisch motivierter Auswanderer noch immer abgesprochen wird. In diesem Fall würde Hilsenrath potenzieller Kritik aus diesen Reihen defensiv beggnen, indem er von vornherein selbstironisch auf den Exilbegriff verzichtet, den Terminus Emigration jedoch so außergewöhnlich häufig verwendet, dass es auffallen und Fragen provozieren muss.

Zuletzt muss gefragt werden, ob Hilsenrath durch die kontinuierliche Verwendung des Emigrationsbegriffs und dessen textimmanent implizierte Freiwilligkeit der Auswanderung den Willen seiner Protagonisten betont, das transitäre Dasein eines Exilanten aufzugeben und in der bewussten Entscheidung für das noch fremde Land hier die Gründung einer neuen Existenz zu forcieren. Eine solche Lesart würde das den jüdischen Figuren des Romans eingeschriebene selbstbewusste Beharren auf Souveränität betonen entgegen dem von nationalsozialistischen Rassentheoretikern abgesprochenen Recht auf Eigenverantwortlichkeit und Selbstbestimmtheit.

Die angesprochenen Fragen zur Verwendung des Exil- bzw. Emigrationsbegriffs bei Hilsenrath können nicht aufgelöst werden; es lässt sich jedoch festhalten, dass der Autor allein durch die Verweigerung des Begriffs Exil gleichermaßen irritiert wie provoziert.

Als eine weitere Subvertierung des von Brecht formulierten Exil-Verständnisses erweist sich Hilsenraths Umgang mit der Frage der Remigration. In *Fuck America* werden im gegenseitigen Ausspielen der Persönlichkeit Bronskys auf der einen und dem Emigrantenkollektiv auf der anderen Seite zwei divergierende Formen des Umgangs mit den erlittenen Traumata und der Haltung zu einem Neuanfang auf amerikanischem Boden entworfen und durchgespielt: Während genau wie bei etwa Hilde Spiels *Lisas Zimmer* (1965) oder Oskar Maria Grafs *Flucht ins Mittelmäßige* (1959) die täglich in der Emigrantencafeteria zusammenkommenden Exilanten »mit dem Gesicht nach Deutschland«[14] leben und ihre Gedanken und Gespräche ausschließlich um die Vergangenheit vor dem Einbruch des Nationalsozialismus zirkulieren, scheint sich der Protagonist Bronsky aufrichtig um den Versuch eines erneuten Heimisch-Werdens zu bemühen. Beiden Gruppen ist jedoch gemein, dass sie einer Remigration nach Deutschland als potenzieller Option jegliche Gültigkeit absprechen.

In der Grundhaltung zur Remigration scheint ein Schlüsselmoment zu liegen, welches Rückschlüsse auf die Identität der Exilanten und zugleich auf deren Verständnis der Shoah zulässt: Das nicht näher definierte Kollektiv, von dem viele Exilautorinnen und -autoren ausgehen, erweist sich so als eine Gruppierung hoch ambitionierter *politisch* Verfolgter, welche für sich wie selbstverständlich den Exilantenstatus geltend machen und gerade *aufgrund* der Gräueltaten der Nationalsozialisten auf deutschem Boden eine Remigration anstreben, um an der zuversichtlich erwarteten sozialistischen Umwälzung der politischen Verhältnisse aktiv beteiligt zu sein.

Dan Diner begreift das Theoriekonstrukt, in dem die Shoah mit einer politischen Deutung versehen und nur als logisches Produkt eines »Ineinander von Kapitalismus und Faschismus«[15] ermessen (und herabgewürdigt) wird, als eine Selbstentlastungsstrategie der Linken. Im gleichen Zuge, wie dieses Verständnis übersehe, dass der eliminatorische Antisemitismus »außerhalb einer jeden Ausbeutungs- und Verwertungslogik […] die kapitalismuskritische Reduktion des Faschismus Lügen strafen«[16] müsse, werde der Shoah eine nur untergeordnete Rolle und Relevanz zugestanden.

Diners radikale Auslegung lässt sich nicht uneingeschränkt auf die Haltung aller nichtjüdischen Remigranten übertragen, zumal auch jüdische Exilanten – insbesondere Intellektuelle und Auswanderer der ersten Stunde – das Ausmaß des Antisemitismus weit unterschätzt hatten. Dennoch bleibt festzuhalten, dass

---

14 Nach einem Ausspruch von Otto Wels. Vgl. Friedrich Stampfer, Erich Matthias und Werner Link (Hg.): Mit dem Gesicht nach Deutschland. Düsseldorf 1968.
15 Dan Diner: Der Krieg der Erinnerungen und die Ordnung der Welt. Berlin 1991, S. 48.
16 Diner: Der Krieg der Erinnerungen (s. Anm. 15), S. 48.

nichtjüdische Stimmen, welche wie etwa Oskar Maria Graf[17] die Shoah tatsächlich als Zivilisationsbruch anerkennen und Konsequenzen aus dieser Überzeugung ziehen, nicht gerade häufig zu finden sind.

Für exilierte Juden hingegen verändert die Shoah das Verhältnis zu Deutschland und damit auch zum Exilland viel grundlegender und ist auch für diejenigen, welche sich ihrer Religionszugehörigkeit durch die Fremdzuschreibung durch die Nazis überhaupt erst bewusst geworden waren, der Grund dafür, warum eine Rückkehr auf die »blutbefleckte Erde« ins »Land der Täter« absurd erscheinen muss und der Verbleib im Aufnahmeland auch noch lange nach der behaupteten »Nullstunde« 1945 als Exil gewertet werden kann.

Dass sich Bronsky, der mit stark autobiografischen Bezügen ausgestattete Hilsenrath'sche Protagonist aus *Fuck America*, im Gegensatz zu den im Eurozentrismus zutiefst verhafteten anderen jüdischen Emigranten nach über 30 Jahren letztlich doch zu einer Remigration entschließt, wird auf sein Selbstverständnis als Schriftsteller zurückgeführt, der auf die deutsche Sprache angewiesen bleibt.

Indem Hilsenrath den Heimatbegriff aus einem nationalkulturellen Kontext herauslöst und Bronskys Gefühl einer heimatlichen Verwurzelung in der deutschen Sprache – und nicht, wie Brecht in seinem eingangs zitierten Gedicht, in Deutschland als einem nationalstaatlichen Gebilde – verortet, weist er der (Mutter-)Sprache eine Funktion zu, die weit über die der reinen Artikulation hinausreicht: Ebenso wie zahlreiche Exilautorinnen und Exilautoren, die sich mit dem Komplex Sprache und Exil auseinandersetzten – man denke nur an Mascha Kaléko, Ernst Bloch, Hannah Arendt, Imre Kertész, Klaus Mann oder Lion Feuchtwanger –, erkennt er Sprache als Träger von Bildung und Kultur, als Speicher von Erinnerungen und Erfahrungen an.

Ein ähnliche, doch keinesfalls deckungsgleiche Haltung findet sich auch im Konzept des »anderen Deutschland«, welches in Abgrenzung zu Nazideutschland das »bessere« Deutschland als zivilisierte Kulturnation in Sprache und humanistischer Bildung der Exilanten bewahrt sehen will und ebenfalls Heimat als eine von nationalen – durch die tiefe Verbundenheit mit Europa[18] jedoch nicht gänzlich von geografischen – Bezügen abgelöste Denkfigur betrachtet.

---

17 In Grafs Exilroman »Die Flucht ins Mittelmäßige« wird die Shoah als Katastrophe anerkannt, welche die Exilerfahrung dergestalt verändert, dass diese nur noch mit dem jüdischen Terminus der Diaspora angemessen benannt ist. Dennoch bleibt anzumerken, dass auch Grafs Verbleib in Amerika weniger dem Zivilisationsbruch der Shoah als vielmehr der Situation im Nachkriegsdeutschland, insbesondere der Teilung und dem Nachleben des Faschismus, geschuldet ist.

18 Lützeler weist darauf hin, dass es den deutschen Vertriebenen zwar durchaus darum ging, das »bessere« Deutschland zu vertreten, das spezifisch Europäische an dieser Vorstellung von Deutschland in der Forschung jedoch oft übersehen werde: Die Exilanten blieben, so Lützeler, »in Sachen Identität und politischer Perspektive keineswegs dem nationalen Paradigma verhaftet«. Paul Michael Lützeler: Migration und Exil in Geschichte, Mythos und Literatur. In: Hand-

II. Verweigerung, Akzeptanz, Genesung: der lange Weg zur literarischen Groteske

Der Komplex »Deutsche Sprache« erhält in *Fuck America* eine vielschichtige Dimension: Zunächst wird die »Sprache der Täter« als ein Medium sozialer Exklusion in den USA gekennzeichnet. Das Festhalten an der Muttersprache Deutsch ist Ausdruck des Unvermögens der traumatisierten jüdischen Exilanten, sich an die Gegebenheiten der neuen (Sprach-)Heimat anzupassen, und dient gleichzeitig als gegenseitiges Erkennungsmerkmal unter den solcherart Stigmatisierten.

Für den Protagonisten Bronsky selbst jedoch erweist sich das Schreiben in der deutschen Sprache als ein beinahe messianischer Erlösungsakt. Nach dem Verlust der Heimat macht Bronsky die Entdeckung, durch die emotionale Verhaftung in der deutschen Sprache auch im ungeliebten Exilland nicht gänzlich der Heimatlosigkeit preisgegeben zu sein.[19]

Bis Bronsky jedoch zu dieser Erkenntnis gelangt, muss er die Erfahrung machen, dass die Existenzbedrohung nicht mit der gelungenen Flucht aus dem Ghetto, dem Partisanenkrieg in den polnischen Wäldern und der Flucht aus der Bukowina nach Palästina endet. Nach der Auswanderung in die USA erleidet er eine doppelte, auf physischer wie psychischer Ebene sich manifestierende Grenzerfahrung. Die Gefährdung seiner Existenz zeigt sich erstens ganz konkret in der Verelendung Bronskys, der kein geregeltes finanzielles Auskommen hat und in einem Staat ohne soziales Netz am Rande des Existenzminimums dahinvegetiert. Zweitens fällt Bronsky, traumatisiert durch die Erlebnisse als Jugendlicher und verhaftet in einem indifferenten Schuldgefühl aufgrund des eigenen Überlebens der Shoah, in eine tiefe Identitätskrise, welche sich durch plötzliches Verstummen, Bindungsunfähigkeit, Selbstentfremdung und Impotenz[20] äußert. Letztlich ist es der Schreibprozess, welcher durch die Wiederaneignung von Subjektivität und Identität die Gesundung Bronskys nach sich

---

buch der deutschsprachigen Exilliteratur. Von Heinrich Heine bis Herta Müller. Hg. v. Bettina Bannasch und Gerhild Rochus. Berlin, Boston 2013, S. 3–25; hier: S. 17.

19 Während in Hilsenraths Romanen die Protagonisten den Gang ins Exil zunächst als schmerzhaften Verlust der Heimat empfinden, um sich dann jedoch ihrer Verwurzelung in der deutschen Sprache als der wahren Heimat bewusst zu werden, negiert Améry ein solch versöhnliches Verständnis, wenn er Heimat nicht nur als unwiederbringlich verloren betrachtet, sondern darüber hinaus das Heimatgefühl der vertriebenen Juden aus Deutschland und Österreich gänzlich als Täuschung postuliert und gar deren Anrecht auf Heimat – und somit auch auf Vergangenheit – als nachträglich entzogen sieht. Vgl. Jean Améry: Wieviel Heimat braucht der Mensch? In: Ders.: Jenseits von Schuld und Sühne. Bewältigungsversuche eines Überwältigten. München 1966, S. 71–100.

20 Gerade die Impotenz des Protagonisten zeigt in besonderer Weise dessen innere Beschädigung auf, spielt doch, wie in allen Werken Hilsenraths, auch in *Fuck America* – der programmatische Titel lässt es bereits erahnen – Sexualität eine herausragende Rolle.

Moderne Denkfiguren von Exil und Shoah im Werk Edgar Hilsenraths 277

zieht. Hilsenrath konstruiert einen Konnex zwischen Leben, Schreiben und Sexualität, indem er die wiedererwachende Potenz seines Protagonisten mit der durch das Schreiben wieder erlangten Lebensfreude begründet. Mit dem Prozess des reminiszenten Schreibens, welches sich als ein freudianisch geschultes Verfahren von Erinnern, Wiederholen und Durcharbeiten[21] erweist, schreibt Hilsenrath seinem Protagonisten eine Strategie zur Kanalisation und schrittweisen Bewältigung des eigenen Traumas ein.

Dem Schritt zum aktiven Schreiben aber muss, wie im Folgenden aufgezeigt werden soll, eine bedeutende, wenn auch unbewusst getroffene Entscheidung für die Aufgabe seiner strikten Verweigerungshaltung gegenüber der vergangenen Realität und dem Modus der Erinnerung daran vorausgegangen sein. In der charakterlichen Ausstattung Bronskys definiert Hilsenrath seinen Protagonisten als einen kumulativ Traumatisierten[22], welcher seit frühester Kindheit hatte Stärke zeigen müssen, da sich Skrupel, Nachgiebigkeit oder fehlende Härte sowohl sich selbst als auch der Umwelt gegenüber in der Welt des Ghettos als gleichbedeutend mit Schwäche erwiesen hatten – nur die Entwicklung eines durch die äußeren Umstände notwendig gewordenen triebhaften Egoismus bot Raum für Hoffnung auf ein Überleben der Shoah. Ebenso wie zahlreiche andere Überlebende, welche sich ebenfalls dem Vorwurf ausgesetzt sahen, ihr Leben nur auf Kosten moralisch weniger korrumpierter Opfer gerettet zu haben, sieht sich Bronsky täglich konfrontiert mit dem erdrückenden Gefühl der Überlebensschuld, welchem er zunächst nur mittels zweier miteinander verschränkter Abwehr- und Kompensationsmechanismen begegnen kann: Erstens anhand einer Verdrängung der verstörenden Erinnerungen, die dermaßen tief greift, dass er zuletzt selbst daran glaubt, die eigene Vergangenheit vergessen zu haben: »Irgendwo in meiner Erinnerung ist ein Loch. Ein großes, finsteres Loch.«[23] Zweitens versucht der unter einer dissoziativen Identitätsstörung leidende Bronsky, ebendiese Erinnerungslücke mit fiktiven Versatzstücken nach-

---

21 Vgl. Sigmund Freud: Erinnern, Wiederholen und Durcharbeiten. Gesammelte Werke. Bd. 10. Hg. v. Anna Freud u. a. London 1952, S. 126–136.
22 Der Begriff der kumulativen Traumatisierung wurde angesichts der in vielerlei Hinsicht und über einen langen Zeitraum hinweg traumatisierten Juden im Unterschied zur bis dahin geltenden Auffassung von Einzeltraumata entwickelt. Vgl. Ilka Quindeau: Trauma und Geschichte. Interpretationen autobiographischer Erzählungen von Überlebenden des Holocaust. Frankfurt a. M. 1995, S. 4.
23 Hilsenrath: Fuck America (s. Anm. 8), S. 52. Die sexuelle Konnotation der Loch-Metapher ist augenscheinlich, erfolgt doch auch analog zum erinnernden Schreibprozess die Wiedererlangung der sexuellen Potenz. Das doppeldeutige »Füllen des Lochs« geschieht somit sowohl auf reminiszenter wie sexueller Ebene. Unterstützt wird diese Lesart durch weitere doppelsinnige Formulierungen Hilsenraths, etwa wenn er dem (sexuell) gesundeten Bronsky nach dessen Romanvollendung, welcher den Abschluss des Reminiszenzprozesses kennzeichnet, folgende Worte in den Mund legt: »Alles, was sich da aufgestaut hatte, floß plötzlich aus mir heraus.« Fuck America, S. 266.

träglich zu füllen: »Ich versuche es [das Loch] beim Schreiben auszufüllen.«²⁴ So konstruiert er sich mit einer dezidierten Opferbiografie eine alternative Identität, welche ihn mit »den sechs Millionen«²⁵ in den Tod führt, und auf deren Basis er groteskerweise ohne Schuldgefühl weiterzuleben hofft.

Erst das Eingeständnis, auch als Überlebender nicht zwangsläufig dem Täterkollektiv zuzugehören, sondern trotz allem beschädigt und Opfer sein zu dürfen, führt zu einer Aufgabe der Verweigerungshaltung und der Anerkennung der eigenen Versehrtheit. Im erlangten Bewusstsein seiner Hilfsbedürftigkeit kann Bronsky den Schritt zu selbsttherapeutischem Schreiben und analytischen Gesprächen mit einer Psychotherapeutin wagen. Durch die Einsicht, dass es sich bei seiner ausschließlich auf Abhärtung gegründeten Identitätskonstruktion um einen Selbstbetrug handelt, wird der Genesungsprozess eingeleitet.

Eine solche Lesart, die diese Entwicklung eng an den Autor selbst zurück bindet, wird gestützt durch den sich verändernden sprachlichen Duktus, der das Hilsenrath'sche Werk charakterisiert: Hilsenraths Erstlingsroman *Nacht*, dessen Entstehungsprozess in *Fuck America* literarisch nachgezeichnet wird, verschreibt sich noch gänzlich einem schockierenden Hyperrealismus, der als Ausdruck der Akzeptanz des lange Verdrängten verstanden werden kann. Erst nach diesem literarischen Befreiungsschlag wird ein anderer Umgang mit der Vergangenheit möglich: So wird in den nachfolgenden Shoah-Romanen Hilsenraths – etwa in *Der Nazi & der Friseur* oder *Jossel Wassermanns Heimkehr* – auf einen sprachlichen Realismus mit Schockwirkung verzichtet, und es dominieren – freilich nicht weniger schockierende! – komisierende Verfremdungsformen von Groteske, Satire oder Schwarzer Humor.²⁶

Die Auseinandersetzung über angemessene ästhetische Formen zur literarischen Darstellung der Shoah wurde von Beginn an als »Debatte über Realismus und Verfremdung«²⁷ geführt. Während für die Shoahliteratur aufgrund ihres explizit referenziellen Charakters ein Mindestmaß an Realismus erforderlich ist, müssen angesichts der Unbegreiflichkeit der Shoah jedoch gleichzeitig tradierte Mittel des Realismus versagen:²⁸ »Die Absurdität des Realen drängt auf eine neue Form, welche die realistische Fassade zerschlägt.«²⁹ Dieter Lamping führt daher eine weitere Kraft ins Feld, wenn er die These vertritt, dass sich der künst-

---

24 Hilsenrath: Fuck America (s. Anm. 8), S. 52.
25 Hilsenrath: Fuck America (s. Anm. 8), S. 20 f.
26 Eine Ausführung zu Groteske, Schwarzem Humor und Satire – literarische Gestaltungsformen, welche im Gesamtwerk Hilsenraths präsent sind – ist im Rahmen dieses Aufsatzes nicht zielführend; es sei daher exemplarisch auf folgende Studie verwiesen: Dietrich Dopheide: Das Groteske und der schwarze Humor in den Romanen Edgar Hilsenraths. zugl. Diss. Berlin 2000.
27 Dieter Lamping: Nachwort. In: Ders. (Hg.): »Dein aschenes Haar Sulamith«. Dichtung über den Holocaust. München 1992, S. 271-292; hier: S. 278.
28 Vgl. Dopheide: Das Groteske (s. Anm. 26), S. 29 f.
29 Theodor W. Adorno: Offener Brief an Rolf Hochhuth. In: Ders.: Gesammelte Schriften. Bd. 11: Noten zur Literatur I. Frankfurt a. M. 1974, S. 591-598; hier: S. 585.

lerische Wert von Shoahliteratur weniger nach der jeweiligen Darstellungsweise, sondern mit dem Schock des Lesers vielmehr nach einem Element der Rezeption bemisst.[30] Für alle Shoah-Romane Hilsenraths – ob sie sich ästhetischer Mittel des Hyperrealismus oder komisierender Stilprinzipien bedienen – ist die Erfahrung des Schocks beim Leser charakteristisch: Während bei *Nacht* noch der kognitive Schock zum großen Teil aus der emotionalen Betroffenheit herrührt, liegt bei Werken wie *Der Nazi & der Friseur* das vom Autor initiierte Erschrecken des Rezipienten in deren eigener Reaktion begründet, nämlich im Lachen über die humoristische Darstellung der Judenvernichtung.

III. Ein Exil – drei Exilerfahrungen?

Hilsenrath schreibt den stets männlichen Hauptfiguren seiner Romane, die sich mit ihren pikaresken Zügen und der auffällig autobiografischen Ausstattung stark ähneln, eine dreifache Exilerfahrung ein. Ebenso wie Hilsenrath selbst können die jeweiligen Protagonisten aus *Fuck America*, *Die Abenteuer des Ruben Jablonsky* und *Berlin ... Endstation* auf drei Phasen des Exils zurückblicken: Erste Station ist das nach der Flucht aus Nazideutschland erreichte Schtetl Sereth in der Bukowina, dessen buntem kulturellen Leben Hilsenrath mit seinem Roman *Jossel Wassermanns Heimkehr* (1993) ein fast nostalgisches Denkmal setzt. Im Spätsommer und Herbst 1938 verlebte er hier, genau wie seinem Protagonisten Ruben eingeschrieben, die glücklichsten Monate seiner Kindheit.[31]

Auffällig ist die uneingeschränkt positive Wertung dieser ersten Exilstation: Die reflektierte Freude des Kindes, der antisemitischen Propaganda entronnen zu sein, wird nicht getrübt durch Trauer um die verlorene (im Sinne einer lokalen) Heimat oder zurückgelassene Bezugspersonen. Es gelingt dem Kind, die »zynischen Reden der Nazilehrer in meiner Schule [...] schnell [zu] vergessen, auch die tagtäglichen Hänseleien der kleinen Hitlerjungen in meiner Klasse«[32]. Das an dieser Stelle noch positiv konnotierte Vergessen ermöglicht es dem Kind, den Bruch mit dem alten Leben zu verkraften, ohne bleibende Schäden zurückzubehalten.

Die zweite Phase des Exils stellt die Zeit in Palästina bzw. Israel dar. Diese Jahre, die zwischen der ersten und der zweite Exilperiode liegen, sind jene, welche Hilsenrath in seinem verstörenden Ghetto-Roman *Nacht* verarbeitet – Deportation ins Ghetto, Hunger, Seuchen, egoistisches Triebverhalten, darüber die allgegenwärtige Präsenz des Todes, verändern für immer Leben und Charakter des Autors und seiner Protagonisten. Die Monate in Palästina, in welche

---

30 Vgl. Lamping: Nachwort (s. Anm. 27), S. 249.
31 Vgl. Hilsenrath: Ruben Jablonski (s. Anm. 9), S. 21.
32 Hilsenrath: Ruben Jablonski (s. Anm. 9), S. 21.

auch das Ende des Zweiten Weltkrieges fällt, bedeuten eine Fortsetzung von Diskontinuitäten: Ständige Ortswechsel, ungeregelte Arbeiten und wechselnde Bekanntschaften sind Vorboten der Jahre in Amerika. Auch Erez Israel, das »Land der Väter«, bleibt für Hilsenrath selbst ein Land des Exils, in welchem er nicht heimisch wird – eine Enttäuschung, die er auf mehrere seiner Protagonisten überträgt. Neben den Problemen beim Erlernen des Hebräischen empfand sich Hilsenrath – nach einer Formulierung von Helmut Braun – in Israel »als Jude«, der »das Gefühl [hatte], sich unter Israelis zu befinden«[33]. In der Gegenüberstellung nationaljüdischer Interessen und humanistischer Überzeugungen verurteilte Hilsenrath die imperialistische Siedlungspolitik Israels: Obwohl in mehreren seiner Romane der Grundgedanke des Zionismus und die Existenzberechtigung des Staates Israel als Hafen für alle verfolgten Juden verteidigt wird[34], entschied sich Hilsenrath – ebenso wie seine Protagonisten Bronsky, Ruben Jablonski und Lesche – für die »Jerida« (wörtl. Abstieg), also den Wegzug aus Israel und die Rückkehr in die Diaspora.

Die darauf folgenden Jahre in Frankreich vor der endgültigen Auswanderung nach Amerika haben transitären Charakter und sind geprägt von der beginnenden tiefen Depression der Protagonisten und deren scheiternden ersten Schreibversuchen. Als drittes Exil können schließlich die in *Fuck America* verarbeiteten Jahrzehnte in New York gelten.

Lediglich die Wertung der Altersjahre in Berlin, beschrieben in Hilsenraths vorläufig letztem Roman *Berlin ... Endstation*, ist problematisch angesichts der Frage, ob die Remigration Lesches nach Deutschland als gelungene Rückkehr eines Exilanten oder doch eher als schmerzhafter, aber notwendig anerkannter Schritt eines Schriftstellers zu sehen ist, der durch einen Verbleib im anderssprachigen Umfeld den lebendigen Anschluss an die Schreibsprache zu verlieren fürchtet. Während sich Lesche selbst als »gebürtige[n] Deutsche[n], Jude[n] und Holocaust-Überlebende[n]«[35] oder kurz: als »deutsche[n] Jude[n]«[36] definiert, bezieht er gleichzeitig klar Position, wenn er sich, auf seine Rückkehr angesprochen, zu einer Richtigstellung – nicht zu einer Rechtfertigung – genötigt sieht: »Ich bin nicht zu den Deutschen *zurückgekehrt*, sondern in meine Sprach*heimat*.«[37] (Hervorhebung A. Z.) Dass Lesche an dieser Stelle ganz bewusst auf die klischeebehaftete Wendung »Rückkehr in die Heimat« zurück-

---

33 Helmut Braun über die Enttäuschung Edgar Hilsenraths über Israel, im Telefongespräch mit Susanne Alge vom 26.8.2005. Vgl. Susanne Alge: Edgar Hilsenrath. In: Exilliteratur seit 1933. Bd. 3: USA. Hg. v. John M. Spalek, Konrad Feilchenfeldt und Sandra H. Hawrylchak. Berlin, New York 2010, S. 53–75; hier: S. 57.
34 Vgl. z. B. Hilsenrath: Ruben Jablonski (s. Anm. 9), S. 256 sowie Hilsenrath: Berlin ... Endstation (s. Anm. 13), S. 146.
35 Hilsenrath: Berlin ... Endstation (s. Anm. 13), S. 42.
36 Hilsenrath: Berlin ... Endstation (s. Anm. 13), S. 36.
37 Hilsenrath: Berlin ... Endstation (s. Anm. 13), S. 118.

greift, verweist darauf, dass seine Entscheidung zugunsten des endgültigen Verbleibes in Deutschland nicht im herkömmlichen Sinne als Heimkehr eines Exilanten gelten darf, wird doch mit der Sprache ein Abstraktum zur Heimat erhoben; dennoch gilt: Mag Deutschland auch keine Heimat darstellen, so wird doch das Leben in Berlin anders als das in Frankreich, Palästina oder den USA nicht mehr als eine weitere Exilstation erfahren.

Unterwirft man nun die divergierenden Exilerfahrungen, welche Hilsenrath seinen Protagonisten einschreibt, einer Analyse, so lässt sich eine Verschiebung beobachten. Zunächst fällt die einem grundlegenden Wandel unterworfene Bewertung des Komplexes Überleben und Erinnern der Shoah auf: Während das Vergessen des Kindes eine unbeschwerte erste Exilerfahrung ermöglicht und so einen positiven Charakter zugewiesen bekommt, werden Mechanismen des Verdrängens beim erwachsenen Shoah-Überlebenden, der seine kumulative Traumatisierung nur mittels Bewusstmachung und aktiver Bewältigungsarbeit überwinden kann, negativ konnotiert.

In der zweiten Exilperiode, der Zeit in Palästina sowie in Frankreich, treten in Form von Impotenz, Bindungsunfähigkeit und Depression erste Erscheinungen der Symptome einer Traumatisierung durch die Shoaherlebnisse auf – gleichzeitig jedoch wird vom Protagonisten Ruben Jablonski (nicht nur den anderen literarischen Figuren, sondern auch dem Leser selbst gegenüber) immer noch der Anschein aufrechtzuerhalten versucht, die Erfahrung von Flucht, Ghetto und Überleben der Shoah habe lediglich den Charakter eines spannenden »Abenteuers«.[38]

Diese Provokation, mittels derer Verharmlosungsversuche der Shoah und des Exils in ihrer Fragwürdigkeit und Lächerlichkeit entlarvt werden, unterstützt Hilsenrath nicht nur durch die charakterliche Ausgestaltung des Protagonisten

---

38 Hilsenrath beschreibt die Erfahrungen Jablonskis über weite Teile im saloppen und bisweilen nüchtern-unpersönlichen Ton einer exotischen Reisebeschreibung und verzichtet zudem fast gänzlich auf komisierende Elemente wie Schwarzen Humor oder Groteske. Jablonski schildert seine Erlebnisse aus der Perspektive des Ich-Erzählers, wobei nur äußerst selten den anderen Figuren des Romans oder dem Leser gegenüber echte Emotionen offenbart werden: Trotz der offensichtlichen Lebensgefahr, in der Jablonski oftmals schwebt, zeigt er kaum einmal Symptome von Angst (oder überspielt diese durch legere Rede), er weist trotz aller verstörender Erfahrungen noch immer eine fast groteske Neugier auf (beispielsweise darauf, wie das ehemals jüdische Schtetl Sereth nach der Ermordung fast aller Juden aussieht [vgl. S. 77]), trotz der Omnipräsenz des Todes genießt er in der Sonne singend den riskanten Fußmarsch zwischen den Fronten des noch tobenden Krieges, der Aufenthalt in Istanbul vor der gefahrvollen Reise nach Palästina wird erlebt als exotische Faszination (vgl. S. 124). Scheinbar unbeeindruckt von den traumatischen Erlebnissen sucht Jablonski zudem permanent nach neuen sexuellen Abenteuern. Erst in den letzten drei kurzen Kapiteln des Romans, als Verfolgung und Gefahr vorüber scheinen, kann Jablonski das Vortäuschen von Stärke aufgeben, und es klingt die Depression an, welche sich seiner bemächtigt. Bis zu diesem Punkt werden die Erlebnisse vorgetragen als spannende Abenteuer eines jugendlichen (Anti-)Helden, obwohl der Leser zugleich von den Berichten über (sexuelle) Gewalt und Vernichtung schockiert ist.

als Schelm oder Pikaro, sondern auch ganz konkret durch seinen Romantitel *Die Abenteuer des Ruben Jablonski*. Das groteske Potenzial des Titels speist sich aus der Kluft zwischen der Erwartungshaltung der Leserin oder des Lesers hinsichtlich eines harmlosen Abenteuerromans einerseits und der grausamen Realität der systematischen Judenverfolgung und der Exilsituation andererseits. Noch grotesker erscheint die Wahl des Begriffs »Abenteuer« durch dessen positive Konnotation als ein Erlebnis, aus dem der Held durch die Konfrontation mit unbekannten Gefahren gestärkt und bereichert hervorgeht. Die Zeit im Lager oder Ghetto sowie die traumatisierende Flucht- und Exilerfahrung jedoch entbehrt – und darauf weist schon Ruth Klüger hin, welche sich einer nachträglichen Sinngebung von Auschwitz als »Lehranstalt [...] für Humanität und [...] sittliche Läuterung«[39] vehement verweigert – jeglicher moralischen Bereicherung, Erweiterung des Horizonts und des Selbstbewusstseins. Ebenso kontrastiert der zumeist freiwillige Ausbruch des Abenteurers mit der brutalen Entwurzelung der jüdischen Verfolgten aus dem heimischen räumlichen wie sozialen Umfeld.

Das verharmlosende *Die Abenteuer des Ruben Jablonski* steht in krassem Gegensatz zu dem programmatischen *Fuck America*, dem Titel jenes Romans, in welchem Hilsenrath in der literarischen Fiktionalisierung der dritten Exilperiode auf den grotesken Euphemismus des Entwurfs von Shoah und Exil als Abenteuer verzichtet und stattdessen schonungslos die Realität des traumatisierten Überlebenden in einer entfremdeten und gleichgültigen Welt aufzeigt. Der Anschein einer uneingeschränkt negativen Bewertung dieser Exilerfahrung aber wird in dem Roman zugleich ausformuliert *und* unterlaufen, wird doch die letzte Exilstation – trotz aller Widrigkeiten – abschließend zu einem Ort der Aufarbeitung, einem Ort, der selbsttherapeutisches Schreiben überhaupt erst ermöglicht.

IV. Resümee

Der zentrale Schlüsselbegriff, welcher letztlich die positive Umdeutung des Hilsenrath'schen Exilverständnisses offenlegt und begreifbar macht, findet sich in der Schlusspassage des Romans *Fuck America*:

> Interviewer: »Warum haben Sie Ihr Buch geschrieben?«
> Bronsky: »Um gesund zu werden.«
> Interviewer: »Die Kritiker sagen, Sie schrieben noch besser als Kafka. Wo haben Sie eigentlich Germanistik studiert?« [...]
> Bronsky: »Auf der Herrentoilette in Donalds Pinte am Times Square. [...] Dort

---

[39] Ruth Klüger: weiter leben. Eine Jugend. Göttingen 1992, S. 72.

stand ein großer Neger und urinierte. Wir unterhielten uns im amerikanischen Slang. Da kriegte ich die richtige *Distanz* zur deutschen Sprache.«[40] (Hervorhebung A. Z.)

Distanz im Sinne einer Entfremdung gegenüber der (Mutter-)Sprache wird hier als notwendige Voraussetzung für das literarische Schreiben selbst ausgewiesen – ein Konzept, welches sich auch im Bereich der Translation wiederfindet, betrachtet doch die Hermeneutik das Phänomen der Übersetzung eines Textes in eine andere Sprache als eine Erfahrung von Alterität und Distanz. So attestiert etwa Arthur Goldschmidt der Verhaftung in Zweisprachigkeit die Möglichkeit zur Erlangung einer notwendigen Diskrepanz: »Je tiefer man in einer Sprache sitzt, desto mehr wird man von ihr besessen und desto mehr braucht man eine andere Sprache, um auf Distanz bleiben zu können.«[41]

Bei Hilsenrath gewinnt das Exil durch die zwangsläufige Konfrontation mit einer Fremdsprache eine neue, unerwartete Qualität. Jedoch erst wenn die Reduktion auf den einen Aspekt der Sprache überwunden und der Fokus auf darüber hinausgehende Ebenen von Bronskys Lebenswelt ausgeweitet wird, lässt sich ein schlüssiges Bild der Hilsenrath'schen Denkfigur des Exils zeichnen. Der Autor gibt sich eben nicht zufrieden mit einer aufgrund einiger missglückter Versuche der Akkulturation ausschließlich pejorativen Bewertung, sondern denkt weiter und kann so der durch das Exil oktroyierten Fremdheit doch eine positive Deutung abgewinnen.[42]

Dem Protagonisten Bronsky – sich selbst entfremdet durch jahrelanges Verdrängen der verstörenden Erinnerungen, der Welt entfremdet durch die grundlegende Erschütterung des Urvertrauens aufgrund der Shoaherfahrung und der amerikanischen Gesellschaft fremd in Sprache, Kultur und Mentalität – gelingt erst in der absoluten, auf mehreren Ebenen sich manifestierenden Exil- und Fremdheitserfahrung die Erlangung einer Kompetenz zur Aufarbeitung seiner Erfahrung und der Krise, die daraus resultiert. Im Bewusstsein dieser geografischen, emotionalen, sprachlichen wie selbstbezogenen Entfremdung erlaubt

---

40 Hilsenrath, Fuck America (s. Anm. 8), S. 276 f.
41 George Arthur Goldschmidt: Wie Grün Rot werden soll oder Die Metamorphose des Übersetzens. In: Kultur übersetzen. Zur Wissenschaft des Übersetzens im deutsch-französischen Dialog. Traduire la culture. Le dialogue franco-allemand et la traduction. Hg. v. Alberto Gil und Manfred Schmeling. Berlin 2009, S. 5–16; hier: S. 9.
42 Diese abschließende These soll keinesfalls negieren, dass die Erfahrung von Flucht und Exil sowohl im Generellen als auch bei Hilsenrath und seinen Protagonisten im Speziellen eine negative ist; insbesondere der zweite Teil des vorliegenden Aufsatzes benennt klar die Exilerfahrung als einen Grund für die kumulative Traumatisierung der literarischen Figuren des Autors. Es soll vielmehr aufgezeigt werden, dass *gerade* die schmerzhafte Erfahrung von Fremdheit und (Selbst-)Entfremdung im Exil als Anstoß für eine positive Entwicklung fungieren kann; diese Lesart ist m. E. insbesondere in *Fuck America* angelegt.

Bronsky sich nun das Aufbrechen der jahrelang ins Unbewusste verlagerten Erinnerungen.

Daraus abgeleitet lassen sich resümierend zwei Erkenntnisse festhalten: Erstens konnte aufgezeigt werden, dass der Shoah im Hilsenrath'schen Verständnis von Exil und Emigration eine Schlüsselrolle zugewiesen ist. Hilsenraths Protagonisten können sich nämlich nur dann der im therapeutischen Sinne gewinnbringenden Qualität des negativ empfundenen Exilerlebens bewusst werden, wenn die exilimmanente Erfahrung von Isolation und Fremdheit eine positive Umdeutung erfährt und als Chance zur Aufarbeitung des Verdrängten begriffen wird. Erst in der Erkenntnis, dass die Bewältigung der Shoah nur durch *Distanz* im unbeschriebenen Raum gelingt, kann das Scheitern der Akkulturation im Exilland akzeptiert und von einer positiven Deutung überlagert werden.

Zweitens verkehrt Hilsenrath somit das – in *Fuck America* und auch von anderen Shoahautorinnen und -autoren wie Ruth Klüger oder Grete Weil – entworfene Bild von Amerika als einem Land, welches als Bedingung für einen Neuanfang im Sinne eines Weiterlebens nach der Shoah pathologisches Vergessen einfordert[43], in sein Gegenteil. Die Lösung zur Bewältigung liegt gerade in der *Verweigerung* dieser Bedingung – im Erinnern selbst.

---

43 Bei Hilsenraths *Fuck America* und Klügers *weiter leben* sind es jeweils die bereits seit vielen Jahren in den USA lebenden Verwandten, welche die Shoah verdrängen und von den neu Angekommenen implizit (Hilsenrath) oder explizit (Klüger) fordern, die Erlebnisse in KZ und Ghetto möglichst schnell zu vergessen, um in Amerika ein neues Leben beginnen zu können. Auch bei den Erzählungen Weils (etwa »Happy, sagte der Onkel« oder »Guernica« aus dem Band »Spätfolgen«) wird Amerika – im Gegensatz zur Chiffre »dort«, welche für Deutschland und generell für die verdrängte Vergangenheit steht – zum Ort des Vergessens und Verdrängens.

IV. Modifikationen des Exilverständnisses angesichts von Judenverfolgung und Shoah

Mona Körte

Re-Interpretationen Shylocks
Alexander Granachs Briefe aus dem Exil

Am 30. September 1938 schreibt der in Wierzbowce/Galizien geborene Schauspieler Alexander Granach (1890–1945) aus New York an seine Geliebte Lotte Lieven nach Zürich:

> Trotz der wahnsinnig gespannten Zeit, möglich, dass der Brief Dich mitten im Weltkrieg findet! Welch gräßliche Vorstellung! Aber vielleicht schenken diese ›großen Herren‹ morgen, den 1. Oktober, einem irrsinnigen Idioten ein armes hilfloses Volk! Die Kidnapper und die internationale Unterwelt sind zarte Wesen gegen diesen Irrsinnigen, der sich schickt, die Welt anzuzünden und dreißig Millionen Menschen mit der abendländischen Kultur zu vernichten. Auch hier ist alles in großer Aufregung! Denn kein Mensch weiß, was daraus werden soll! Wir hören hier im Radio alle europäischen Staatsmänner sprechen, auch »Ihn«. Grauenvoll!! Was Ihr alle da durchmachen müsst. Freitag bekomme ich die ersten Papiere, mit denen ich bereits dreiviertel Bürger bin und bereits überall hinreisen kann! [...] Inzwischen werden die jiddischen Theater eröffnet haben, inzwischen lerne ich fleißig Englisch und studiere Shylock in Englisch.[1]

Dieser Brief, der von sich überstürzenden Ereignissen erzählt, ist wie so viele von Alexander Granach ein Brief voller Ausrufezeichen, die den Nachdruck seiner Äußerungen auch schriftbildlich in Szene setzen. Tatsächlich spricht aus seinen Briefen ein fortwährendes Anrufen und Bekräftigen, das beinahe deklamatorisch in beide Richtungen verläuft, also den Adressaten zu erreichen und zu überzeugen versucht, aber ebenso ihm selbst gilt, indem er das Der-Mitteilung-Werte in ein Gefüge von Wort- und Satzzeichen bringt, es hierarchisiert und bändigt. Doch davon später mehr.

I. Die Allegorie Welttheater

In seinem Eintrag, der fast genau ein Jahr vor dem Zweiten Weltkrieg die Vermutung seines baldigen Ausbruchs ausspricht, schreibt Granach vom Sprechen-

---

[1] Brief aus New York vom 30.9.1938. In: Alexander Granach: Du mein liebes Stück Heimat. Briefe an Lotte Lieven aus dem Exil. Hg. v. Angelika Wittlich und Hilde Recher. Mit einem Vorwort von Mario Adorf und einem Nachwort von Reinhard Müller. Augsburg 2008, S. 229.

hören Hitlers; die womöglich durch den Äther und den räumlichen Abstand der Hörer intensivierte Performativität von Verlautbarungen bleibt hier implizit. An anderer Stelle spricht er von »zwei wild aufgeblasenen Stars« (gemeint sind Hitler und Mussolini), die sich heiser gebrüllt haben, weshalb »das Publikum das Theater desinteressiert« verlasse, »die Kriminalreißer erkennend, und wieder Sehnsucht nach Shakespeare und Goethe« habe.[2] Es mag zunächst wenig überraschen, dass Granachs Dispositiv der Wahrnehmung von Weltgeschehen ein durch die Bühne, die Rolle, das Fach gefiltertes ist, auf deren Folie er nicht nur sein eigenes Grenzgängertum »zwischen konkurrierenden politischen Systemen und kulturellen Räumen«[3], sondern auch die konkrete Erfahrung seines Exils gleichsam bespricht. Dabei geht es in seinen Briefen weniger darum, eine in sich schlüssige Allegorie der Welt als Bühne zu entwickeln. Denn der Topos des Welttheaters, der als Allegorie und dramaturgisches Modell in der Ästhetik des Barock und insbesondere für die epochale Wirkung der Dichtung und Bühnenwelt Shakespeares eine zentrale Bedeutung hatte, inkorporiert die Vorstellung von der Wirklichkeit als einem Theater, in dem die Menschen als Geschöpfe Gottes seinem Entwurf folgen und ihre Rollen spielen. Nicht nur war diese Allegorie seitdem immer wieder starken Depotenzierungen ausgesetzt, Autoren wie Karl Kraus haben ihrer Kompatibilität schon angesichts der »Qualität« der Erfahrungen im Ersten Weltkrieg entgegengehalten, dass der Welttheater-Gedanke nicht in der Lage sei, der Gegenwart gerecht zu werden. Etwas anders fasst es der Literaturwissenschaftler Richard Alewyn (wie Granach im Exil in den USA, jedoch 1948 nach Deutschland remigriert), wenn er in seinem Anfang der 1950er Jahre erschienenen Essay *Der Geist des Barocktheaters* betont, dass im Zentrum der Metapher von der Welt als Bühne die Heilsgeschichte und nicht die Ästhetik stehe.[4] In Granachs im Mittelpunkt dieser Ausführungen stehenden Briefen und in seinem autobiografischen Roman findet sich ein Echo dieser in zwei Richtungen funktionierenden Welttheater-Allegorie, in der Theater und Welt wechselseitig und in bildlicher Funktion aufeinander verweisen. Nur hin und wieder spricht der Schauspieler und Autor mit Blick auf die politischen Akteure vom Bühnencharakter des Lebens, öfter jedoch findet sich die Nobilitierung des Theaters und des Dramas als der

---

2 Brief aus Littleton vom 25.7.1938. In: Granach: Du mein liebes Stück Heimat (s. Anm. 1), S. 222. In dem Brief heißt es weiter: »Es ist nur für uns die Frage, womit wollen sich diese Provinzmimen bluffen und werden sich die anderen bluffen lassen?!!«
3 Irmela von der Lühe: »Sogar das Sterben ist hier wunderschön«. Grenzgänge des Schauspielers und Schriftstellers Alexander Granach. In: Anthropologien der Endlichkeit. Stationen einer literarischen Denkfigur seit der Aufklärung. Hg. v. Friederike Felicitas Günther und Torsten Hoffmann. Göttingen 2011, S. 208–218; hier: S. 208.
4 Katrin Ehlers: Theatralität und Mimesis. Dramatische Reflexionen des modernen Theaters als ›Theater auf dem Theater‹ (1919–1941). Münster 1997, S. 255 und Richard Alewyn: Der Geist des Barocktheaters. In: Weltliteratur. Festgabe für Fritz Strich zum 70. Geburtstag. Hg. v. Walter Muschg und Emil Staiger. Bern 1952, S. 17–38; hier: S. 23 f.

eigentlichen Welt. Dabei ist die als flüchtig zu betrachtende Theaterkunst per se eine transitorische Kunst und kann auch darin ein Analogon zu einem Leben im als vorübergehend gedachten Exil darstellen.

Was hier zu unternehmen versucht wird, ist die Interpretation von Granachs Exilerfahrung über den Umweg seiner künstlerischen Artikulation und Produktion. Leitend hierfür ist die Figur und mehr noch der Name Shylock, die ein Scharnier zwischen der theoretischen und der praktischen Theaterarbeit bilden. Denn einerseits ist Shylock Granachs »Sehnsuchtsrolle«[5], und die Beschäftigung mit ihm wird durch die anderssprachigen Kontexte der jeweiligen Exilländer noch intensiviert. Andererseits führen Figur und Name eine Art Eigenleben jenseits der Bühne, da Granach Shylock eine Biografie andichtet, die ihn nach Verlassen des Gerichtssaals zum Prototyp des Exilierten macht. In der Imagination Granachs verlässt Shylock den Raum der Bühne und kehrt dieser transitorischen Kunst den Rücken, um sich nach langer Flucht in den Stand eines »Menschen« mit einem selbstbestimmten Lebenslauf zu versetzen.

Der hier gewählte Umweg, Granachs Exilerfahrung über seine Kunst zu deuten, bedarf seinerseits eines Umwegs, da er nur über das Sprechen vom Theater in seinem autobiografischen Roman und in seinen zwischen 1933 und 1945 an seine in Zürich lebende Gefährtin Lotte Lieven verfassten ca. 300 Briefen nachzuvollziehen ist.

II. Zwei wiederkehrende Begriffe: »Warten« und »Shylock«

Zwei Begriffe rahmen Granachs Aussagen fortwährend und strukturieren deshalb meine Ausführungen: Zum einen ist es ein wenig überraschender Zustandsbegriff, der des Wartens, den er für sich in Anspruch nimmt und, wie in einem Brief vom Januar 1940, mit den Zustandsbeschreibungen anderer Emigranten in ein Verhältnis setzt. So zitiert er beispielsweise Bertolt Brecht, der ihm gegenüber im Juli 1941 vom Exil als einem »Überwintern« sprach.[6] Es folgt einer gewissen Konsequenz, wenn bei Granach das Wort »Warten« in Anführungsstrichen steht, denn mit ihnen ist zugleich der Abstand zu dieser Deutung, vielleicht gar eine Skepsis angesichts der Implikationen angezeigt. In jedem Fall ist es eine Selbstbeschreibung, die aus dem Munde eines schon sehr früh gleichsam Heimatlosen – zwischen 1933 und 1938 sucht er in der Schweiz, in Polen, in Russland und wieder in der Schweiz Zuflucht – mit der Idee vom

---

5 Alexander Granach: Da geht ein Mensch [1945]. Augsburg 2007 (6. Aufl.), S. 380.
6 Brief (vermutlich aus Hollywood) vom 16.7.1941: In: Granach: Du mein liebes Stück Heimat (s. Anm. 1), S. 350: »Brecht sagte gestern – ich will hier gar nichts, ich will nur ›überwintern‹. Ich finde die Einstellung sehr schön, lasst uns überwintern. Auch nach einer Nazinacht muss Tag werden [...].« (beendet am 22.7.).

Theater als einem Supplement von Heimat zusammengedacht werden muss: »Meine Wahlheimat ist das Theater, das Theater in Berlin«[7], notiert Granach im vorletzten Kapitel seines autobiografischen Romans und macht damit deutlich, dass es für ihn kaum eine geografische, allein vielleicht eine kulturelle und künstlerische Heimat geben kann.

Um den Konnex vom Theater als Wahlheimat ein wenig zu veranschaulichen, stehen an dieser Stelle einige Daten zu Alexander Granach: 1890 in Galizien im Städtchen Wierzbowce als Jesajah Gronach geboren, zieht es ihn zunächst von Ost nach West.[8] 1906 gelangt er 16-jährig nach Berlin, wo er als Bäcker, Sargtischler und Grammophontrichter-Wäscher arbeitet, dabei in einem jiddischen Amateurtheater spielt, alsbald bei Emil Milan kostenlosen Sprachunterricht erhält und schließlich als einziger Freischüler bei Max Reinhardt aufgenommen wird. Bei Ausbruch des Ersten Weltkriegs wird er als österreichischer Soldat eingezogen, gerät in einjährige italienische Gefangenschaft, aus der er in Verkleidung in Richtung Schweiz flieht. Für das Theater lässt er sich – und das ist leider wörtlich so zu verstehen – die Beine brechen, die nach Art der Bäckerkrankheit krumm gebogen sind. Ein ganzes Kapitel seiner Autobiografie berichtet ausführlich von diesem Experiment. Während der Weimarer Republik wird er nicht nur als expressionistischer Schauspieler in Rollen wie Shylock, Mephisto und Macbeth, sondern auch im Stummfilm, in Murnaus *Nosferatu* (1922) etwa, gefeiert. Kurz nach 1933 flieht er über die Schweiz nach Polen, spielt in Warschau, Łódź und der galizischen Provinz jiddisches Theater, folgt 1935 der Einladung zu Filmarbeiten nach Moskau und erhält ein Engagement am Jüdischen Theater in Kiew. Nachdem er im Zuge der stalinistischen Säuberungen der antisowjetischen Spionage bezichtigt und verhaftet wird, kommt er – wohl auf Intervention durch Lion Feuchtwanger – frei und geht ein letztes Mal in Richtung Westen, in die Schweiz, um von dort aus endgültig 1938 nach Amerika zu emigrieren. Mühselig, fast vergeblich scheint der Weg in die amerikanische Sprache als notwendige Bedingung allen Arbeitens am Theater und im Film. Zunächst spielt er jiddisches Theater, dann erhält er eher sporadisch kleinere Rollen in Hollywood und beginnt, weil er ab 1940 durch das Kriegsrecht von der abendlichen Ausgangssperre betroffen ist, sein Leben, wie er in einem Brief aus dem Jahr 1942 formuliert, in »geschlossenen Novellen«[9] aufzuschreiben. Zurück in New York kann er einen Erfolg am Court Theatre feiern, stirbt jedoch am 14. März 1945, 54-jährig, an den Folgen einer

---

7   Granach: Da geht ein Mensch (s. Anm. 5), S. 363: »Ein Mensch ist kein Baum.«
8   Zu seiner Biografie vgl. den Katalog zur Ausstellung Alexander Granach und das jiddische Theater des Ostens. Akademie der Künste. Berlin 1971.
9   Brief aus Hollywood vom 22.8.1942. In: Granach: Du mein liebes Stück Heimat (s. Anm. 1), S. 365.

Blinddarmoperation. Wenige Tage später erscheint sein autobiografischer Roman.

Das Warten, von dem er so häufig spricht, ist mehrfach codiert, weil es buchstäblich, konkret und metaphorisch zu denken ist und zumindest zu Beginn des Exils ohne ein Wissen um die stattgehabte Rettung nicht zu denken ist. In einem Brief aus dem Jahr 1940 heißt es:

> Wenn die Leute hier keine Stars sind, besteht doch die Hauptzeit im »Warten«. Aber ich denke mir, und (you will agree with me – ein bisschen Protzerei, denn mein Englisch wird Gott sei Dank immer besser) Du wirst mit mir einverstanden sein, dass es noch immer besser ist, hier zu warten, als bei Mütterchen zu hocken oder als Jude unter Hitler oder Kriegsteilnehmer oder überhaupt auf Eurem unglücklichen Kontinent zu leben.[10]

Später, 1941, wird er angesichts des beruflichen Vakuums, das so viele erfasst hat, von einer »Wartehölle« oder gar »Angsthölle« sprechen.[11]

Warten stellt bei Granach einen Moment unfreiwilliger Verlangsamung dar[12], eine mitunter einsame Produktivität wider Willen, die ihn einerseits als umtriebigen Projektemacher ausweist, die er andererseits aber auch zur Überwindung einer künstlerischen Hürde nutzt. Diese Hürde bildet ein Sprachen, Länder, Kulturen und politische Gesellschaften übergreifendes Kontinuum und trägt einen Namen, der wie das Warten seinen Blick auf das Exil determiniert, hier jedoch auch als ein Kürzel fungiert: Es ist der erwähnte Name Shylock. Entsprechend setzt das letzte Kapitel seiner Autobiografie diese Hürde in den Titel, die zugleich das initiatorische Moment seiner Theaterobsession darstellt:

> Mit siebzehn lag ich auf der Erde und lernte aus dem Roman von Karl Emil Franzos den Shylock kennen. Ich lag da und heulte über das Unrecht, das diesem Menschen widerfahren war. Damals beschloss ich, mein ganzes Leben dranzusetzen, um einmal der Welt dieses Unrecht ins Gesicht schleudern zu können [....]. Zwölf Jahre hatte ich mich mit diesem Menschen beschäftigt und konnte ihn noch nicht ganz begreifen.[13]

---

10 Brief aus Hollywood vom 30.1.1940. In: Granach: Du mein liebes Stück Heimat (s. Anm. 1), S. 294f.
11 Brief aus Hollywood vom 16.5.1941. In: Granach: Du mein liebes Stück Heimat (s. Anm. 1), S. 338.
12 Vgl. Brief aus Hollywood vom 9.4.1940. In: Granach: Du mein liebes Stück Heimat (s. Anm. 1), S. 301, wo es heißt: »[...] ich schleife, putze, experimentiere und nun weiß ich, dass, um eine richtige künstlerische Sache auf die Beine zu stellen, man viel mehr Zeit braucht als vier bis sechs Wochen – Berliner Norm für Proben, zwei bis drei Wochen New Yorker Norm.«
13 Granach: Da geht ein Mensch (s. Anm. 5), S. 374.

Das Stück habe sich, so Granach, förmlich auf ihn gestürzt, im Shylock scheint sich ihm »die Situation des europäischen Judentums in der ersten Hälfte des 20. Jahrhunderts« zu verdichten.[14] Mit seiner starken Orientierung an Shylock als einer paradigmatischen Figur steht er jedoch keineswegs allein; Jahre nach ihm deutet Jean Améry in *Jenseits von Schuld und Sühne* die Figur allegorisch, im Sinne eines Kollektivsingulars: »Ich und meinesgleichen sind die Shylocks, den Völkern nicht nur moralisch verdammenswert, sondern auch schon geprellt um das Pfund Fleisch.«[15] Doch was Granach insbesondere umtreibt, ist Shylocks Nachgeschichte, genauer die Frage, »was mit ihm geschieht, wenn der Vorhang fällt, wenn das Spiel zu Ende ist«.[16] Eine solche Fortführung kreiert er und reintegriert sie vermutlich auch in seine Interpretation der Rolle: »Was tut Shylock, wenn er, durch den Dreh mit dem nicht zu vergießenden Blutstropfen um sein Recht geprellt, ein Gebrochener, den Gerichtssaal verlässt, wenn er den letzten Satz flüstert: ›Schickt mir die Akte nach und ich will zeichnen.‹ Wird er zeichnen? Kann er?«[17] In der Deutung des passionierten Charakterdarstellers erhält Shylock eine Biografie, wird zum Flüchtling, der nachts von West nach Ost, über das mit Flüchtlingen stark besetzte Holland nach Ungarn, Rumänien, Polen und Russland flieht, um sich schließlich in der Ukraine niederzulassen und noch einmal Kinder zu bekommen. Generationen nach ihm entdecken ihre Sehnsucht nach dem Westen, werden Schauspieler, erinnern ihren »Urahnen«, wandern erneut aus und spielen den Shylock »als Opfer und Ankläger, als Vertreter der Menschenrechte des Juden«.[18]

Granachs Auseinandersetzung mit dieser Rolle und ihren Deutungsgrenzen wird durch neue Ästhetiken und Darstellungskonventionen in den jeweiligen Ländern zumindest touchiert und erhält durch die politischen Ereignisse im europäischen Gefüge für ihn eine neue Dringlichkeit. Entsprechend bildet sie das heimliche Zentrum sowohl des autobiografischen Romans als auch des Briefwechsels.[19] Granach berichtet davon, wie er sie zunächst auf den Bühnen des Ostens spielt, dann auch am Münchner Schauspielhaus zur Zeit der Weimarer Republik, 1925 in der Berliner Volksbühne, noch 1933 in Düsseldorf, 1934 und 1935 im Jüdischen Theater in Łódź und Warschau, seine letzte Auf-

---

14 Anne D. Peiter: Shylock im Exil. Zu Alexander Granachs Autobiographie *Da geht ein Mensch* und Karl Emil Franzos' Roman *Der Pojaz*. In: Exils, Migrations, Création. Hg. v. Jürgen Doll. Études Germaniques, vol 3. Paris 2008, S. 127–141; hier: S. 130.
15 Jean Améry: Jenseits von Schuld und Sühne. Bewältigungsversuche eines Überwältigten. Stuttgart 2012, S. 134.
16 Granach: Da geht ein Mensch (s. Anm. 5), S. 376.
17 Granach: Da geht ein Mensch (s. Anm. 5), S. 376.
18 Granach: Da geht ein Mensch (s. Anm. 5), S. 380.
19 Sybille Hubach: Das Krumme und das Gerade. Überlegungen zu Alexander Granachs Autobiographie Da geht ein Mensch. In: The Jewish Self-Portrait in European and American Literature. Hg. v. H. J. Schrader, E. M. Simon und Ch. Wardi. Tübingen 1996, S. 187–209; hier: S. 195.

führung auf europäischem Boden feiert er im Jahre 1936 in Kiew. Bereits im Jahre 1934 formuliert Granach an Lotte Lieven aus seinem Warschauer Exil:

> Ich trete hier sehr oft bei kulturellen Veranstaltungen und Kundgebungen auf, vorgestern war so ein literarisches Gericht über Shylock in einem Riesensaal (Rathaus), etwa dreitausend Menschen, ich wurde als Shylock angeklagt, dem Judentum zu schaden als Blutdurstiger, als Wucherer usw. Zum Schluss hielt ich eine Rede und zitierte Shylock (in Deutsch) und hatte einen so phantastischen Erfolg, dass heute die ganze Stadt davon spricht [...]. Du musst wissen, dass alle Juden einen Shylock-Komplex haben. Einige behaupten, Shakespeare war Antisemit, andere behaupten das Gegenteil – jedenfalls behauptete ich beides, der gesellschaftliche Shakespeare war sicher anti, aber das Genie in ihm verteidigte Juden wie noch nie ein Jude verteidigt wurde. Ich belegte das alles mit Zitaten und erzähle eine Nachgeschichte, wie ich seine, Shylocks, weitere Geschichte sehe.[20]

Und in einem weiteren Brief, in dem er über einen Premieren-Abend im Februar 1935 in Łódź berichtet, heißt es: »Jetzt ist so gegen halb acht, Mittwoch, ich schreibe Dir noch diesen Brief und gehe dann ins Theater, allwo die Premiere von Shylock in Jiddisch steigt! Meine arme Zunge, und noch mehr als die Zunge! Mein ganzes Shylock-Erlebnis ist in deutscher Sprache.« Von »Zungenakrobatik«[21] ist im Verlauf die Rede und den einigen hundert Malen, die er das Stück in Deutsch gespielt habe. Das Wort der Zungenakrobatik umschreibt sehr gut jene Übersetzungsleistungen und Anpassungen der Rolle, die der Schauspieler zu vollziehen hatte. Bereits einen Monat nach Ankunft in New York beschreibt Granach einen Begrüßungsabend, auf dem er selbst mit einer Rede und einer Szene aus Shylock auftritt und gefeiert wird.[22]

Shylock, seine »Sehnsuchtsrolle«, die er in mindestens drei verschiedenen Sprachen gespielt hat, gerät hier zur Übergangsfigur des Exils: Längst nicht mehr englischen Ursprungs ist sie von ihrer europäischen Deutungs- und Rezeptionsgeschichte eingeholt worden. Mehr noch hat sie vor allem das deutsche Theater adoptiert bzw. dominiert es die Deutungen, die in Umlauf sind. Während der Weimarer Republik gilt »Der Kaufmann von Venedig« als das meistgespielte Stück, insbesondere durch die Inszenierungen von Max Reinhardt; für Granach bildet es den Einstand in das deutsche Theater. »Ich studiere Shylock auf Englisch« – heißt es in unermüdlicher Wiederholung in seinen Briefen zwischen 1938 und 1945. Dieser Satz ist in seiner Redundanz auch ein zu sich

---

20 Brief aus Warschau vom 6.4.1924. In: Granach: Du mein liebes Stück Heimat (s. Anm. 1), S. 34.
21 Brief aus Łódź vom Februar 1935. In: Granach: Du mein liebes Stück Heimat (s. Anm. 1), S. 97.
22 Brief aus New York vom 21.6.1938. In: Granach: Du mein liebes Stück Heimat (s. Anm. 1), S. 212.

selbst gesprochener Satz, der etwas von der Unabschließbarkeit des Unterfangens verrät: Denn, was Granach an der Rolle verteidigt, ist ihre Ambivalenz, die Hürde eines allzu glatten Verstehens, und damit ein fortdauerndes »Deutungsdilemma«[23], wie es Irmela von der Lühe formuliert. Dieses Deutungsdilemma treibt ihn zur stetigen Fortentwicklung dieser Figur. Granach selbst macht keinen Hehl daraus, dass es sich bei seinem Shylock um einen spezifisch deutschen Shylock handelt, einen in deutscher Sprache gesprochenen und aus einer spezifisch deutschen Schauspieltradition heraus entwickelten Shylock also, von dem bereits Schlegel 1796 sagte, er gehöre nebst den Engländern keinem Volke so eigentümlich an wie den Deutschen.

Unter seinem Kürzel – Shylock – ruft Granach insbesondere in seiner Autobiografie ein ganz spezielles Interpretament mit auf, denn dieser muss, die oben verhandelte Nachgeschichte oder besser Shylocks Biografie im Sinn, unbedingt »tragisch und parteiisch« gespielt werden.[24] Die unter (jüdischen) Theaterleuten geteilte und bereits im 19. Jahrhundert durch Karl Emil Franzos' Roman *Der Pojaz* (1893) thematisierte Obsession für diese in sich widersprüchliche Figur[25], die sie gleichsam aus ihrem Entstehungskontext heraustrennt und zum Prüfstein wahrer Schauspielkunst macht, wird von Ernst Lubitsch 1942 karikiert. Sein in zeitlicher Nähe zu Granachs Autobiografie entstandener Film *To be or not to be* spielt im August 1939 in Warschau, wo ein von einer polnischen Schauspieltruppe aufgeführtes Anti-Hitler-Stück kurzerhand verboten und durch Shakespeares *Hamlet* ersetzt wird. Inmitten einer Aufführung bricht der Zweite Weltkrieg aus, woraufhin sich die Schauspieltruppe mit polnischen Widerstandskämpfern zusammenschließt und ihre Eitelkeiten und Obsessionen kanalysiert, indem sie Schauspielkunst und Rollenfach in den Dienst des Kampfes gegen das NS-Regime stellt. Entsprechend ist der scheinbar unvermittelt angestimmte Shylock-Monolog inmitten einer Schar von NS-Soldaten ein doppeltes Schaustück, denn er verschafft einem Schauspieler namens Greenberg den so dringend ersehnten Auftritt und fungiert überdies als Ablenkungsmanöver, damit die restlichen Schauspieler – getarnt als Führer und seine Offiziere – Greenberg angesichts seines politisch wenig opportunen Monologs verhaften und mit ihm Polen verlassen können. Die Verselbstständigung der und die Leidenschaft für diese Rolle müssen auch etwas mit dem Namen Shylock und der Tatsache einer in der Regel engen Bindung literarischer Namen an ihren Träger zu tun haben, eine Bindung, die sich in den Briefen Granachs vor den Titel des Stückes schiebt und die hier deshalb etwas näher betrachtet werden soll.

---

23 Von der Lühe: »Sogar das Sterben ist hier wunderschön« (s. Anm. 3), S. 216.
24 Granach: Da geht ein Mensch (s. Anm. 5), S. 380.
25 In Franzos' Roman stirbt der Protagonist an dem unerfüllten Wunsch, eben diese Figur zu verkörpern.

Das Kürzel Shylock – der Name also anstelle des Stücks – fungiert generell als ein affektiv besetztes Wort und ist ökonomisch, insofern es als einzelnes Wort eine erste Perspektivierung bedeutet, die mit einem Minimalmaß an sprachlichen Mitteln bewältigt wird.[26] In der Figur Shylock, dem »Mann ohne Vornamen« wie Hans Mayer 30 Jahre nach Kriegsende in seinem Buch *Außenseiter* festhält[27], fällt die Distinktion zwischen Vor- und Familiennamen aus. Beim Eintritt in Shakespeares *The Merchant of Venice* ist »Shylock« ein noch ›leerer‹, reduktiver und rätselhafter Name ohne jede genealogische Referenz, der als »harsche Dissonanz zwischen die Harmonie der runden Vokale der Antonios, Bassanios, Lorenzos« tritt.[28] Während euphonische, also wohlklingende (vokalreiche, italienische) Namen von den Elisabethanern zu Shakespeare-Zeiten geliebt werden, gibt es jedoch auch gezielt eingesetzte, ungünstige Lautkombinationen, die Aversionen gegen den Namensträger auslösen können: Mit seinem fremden Klang trägt gerade der Name Shylock zur Marginalisierung bei und scheint mithin die insbesondere literarischen Namen zukommende Aufgabe, ein Zeichen der Unterscheidung zu sein, überzuerfüllen. Wie in der literarischen Onomastik scheint Granach den Namen als »minimale Mythe« zu behandeln, um jene Geschichte aufzuspüren, die sich in dem Namen verbirgt. Denn ein redender Name kann »die individuelle Charakterisierung einer Figur« unterstützen, sie aber auch stören oder »wohl auch als billiger Ersatz an ihre Stelle« treten.[29]

Shakespeare hat einen mehrdeutigen, leicht unheimlichen Namen gewählt, der den Vorgang der Kennzeichnung, Charakterisierung und Markierung auch nach der Seite des Stigmas öffnet.[30] Wo die Textvorlage – und das ist sicher eine der vielen Stärken des Stückes als Ganzem – auf die Markierung der Physis als Ort von Differenz verzichtet, übernimmt der Name einen Teil der Unterscheidungs- und Identifizierungsleistung. Shylock soll jedoch nicht nur unterscheiden, sondern begriffliche Vorstellungen vermitteln, die die Figur als im absoluten Sinne fremde in ihren eigenen Namen einsperrt. In seinen Shakespeare-Vorträgen äußert sich Gustav Landauer dazu wie folgt:

---

26 Dieter Lamping: Der Name in der Erzählung. Zur Poetik des Personennamens. Bonn 1983, S. 81.
27 Hans Mayer: Außenseiter. Frankfurt a. M. 1975, S. 315.
28 Elmar Goerden: Der Andere. Fragmente einer Bühnengeschichte. In: Theatralia Judaica. Emanzipation und Antisemitismus als Momente der Theatergeschichte von der Lessing-Zeit bis zur Shoah. Hg. v. Hans-Peter Bayerdörfer. Tübingen 1992, S. 129-163; hier: S. 130.
29 Namen können als auktoriale Kategorisierungen und Werturteile verstanden werden, deren Begriffsgehalt der Name mitunter verschlüsselt.
30 »Der semiologische Status des Namens ist folglich der eines individuierenden Zeichens – eines Etiketts oder eines Schildchens, einer Maske oder eines Abzeichens oder wie immer die einschlägigen Formeln der Onomastiker lauten mögen«. Dieter Lamping: Der Name in der Erzählung (s. Anm. 26), S. 23.

Nun also zu diesem Unhold von ganz drunten, zu diesem Juden aus dem Ghetto von Venedig, und zu allererst zu seinem Namen. Über den dürfte man sich mehr wundern als es gemeiniglich geschieht. Dieser Jude in Venedig trägt einen Namen, der ohne Zweifel ein englischer ist. Aber wir sind in Italien; die Männer heißen Antonio, Bassanio, Lorenzo, Gobbo und immer weiter mit o; die Frauennamen enden auf a: Portia, Nerissa, auch des Juden Tochter, die dann ins Reich der andern aufgenommen wird, Jessika. Ein anderer Jude im Stück heißt Tubal, das ist für einen italienischen Juden ganz in Ordnung. Aber Shylock? Man hat zwar an einen Namen erinnern wollen, der sich im ersten Buch Mose findet: Salah oder Selach, aber was wär damit geholfen, selbst wenn man überflüssigerweise annähme, Shakespeare hätte daran gedacht? Der Name, der sich dem holden Klang der andern Namen des Stücks so ungefüg entgegensetzt, hat für den Engländer Bedeutungserinnerungen in sich: shy heißt scheu, argwöhnisch, schlau, scharf, lauter moralische Eigenschaften des Gedrückten; Lock ist ein Verschluß, ein verschlossener Raum, eine Spelunke, eine Diebshöhle; und wenn wir dem Juden für einen Augenblick den Namen Scheuloch geben, so haben wir so eine ähnliche Empfindung wie der Engländer, der erstmals, ohne den Inhalt der Person Shylock schon zu kennen, den Namen mitten unter gesittet und schön klingenden Italienernamen im Personenverzeichnis fände.[31]

Seine Bildung ist Landauer zufolge unangemessen; die Topografie dieses Orts, das Territorium des fremden Namens, sei das jüdische Ghetto, sein Name selbst das Ghetto.[32] Während Landauer die Figur durch ihren Namen begrenzt sieht, sie in ihm gleichsam gefangen setzt, passiert der Name bei Granach alle Grenzen nach Art einer Losung.

Wie der Schlüssel zu einer spezifischen Information zieht sich der Eigenname Shylock durch Granachs Briefe, und seine mit dem Namen aufgerufenen Bedeutungen erweisen sich als recht beweglich. In ihm verdichtet sich seine idiosynkratische Beschäftigung mit der Figur, zugleich wird auch seine vielhundertjährige Theatergeschichte berührt. Der Name führt hier ein Eigenleben als Emblem, Chiffre, *pars pro toto*, aber auch als Kampfbegriff. Wenn der am Ende des Stückes verhöhnte und zur Konversion genötigte Shylock in Granachs Deutung den Gerichtssaal verlässt und ins Exil geht, so beginnt damit seine eigentliche Geschichte oder besser Biografie, die ihn nicht nur zum Urahn Granachs werden lässt, sondern mit seinem Fortgang den Ort und das Glück wechselt und damit das Exil selbst mit positiven Konnotationen durchsetzt. Durch die Nachbereitung der Figur, durch die sie nun nicht mehr als ›papieres Geschöpf‹ in die Gesellschaft tritt, und in der Erfindung seiner Fluchtgeschichte

---

31 Gustav Landauer: Der Kaufmann von Venedig. Ein Vortrag. In: Der Jude 5-6 (1917-1919), S. 383.
32 Landauer: Der Kaufmann von Venedig (s. Anm. 31), S. 383.

kann sich Granach in die Genealogie Shylocks stellen.[33] Shylock ist nicht zuletzt durch das schreiende Unrecht und die angedichtete Biografie die Folie, auf der Granach auch die Bedingungen des Exils verhandelt. Dabei ist es idealiter die Theaterkunst selbst, die als eine per se flüchtige Kunst und durch eine bekennende Parteilichkeit sowie im Drang, das Stück unaufhörlich auf die immer gleiche Weise zu spielen, das Ende aller künstlichen Unterschiede herbeizuführen vermag: »Und man muss ihn (den Shylock, M. K.) so lange so spielen, bis einmal alle künstlichen Unterschiede von uns abfallen und der Mensch in seinen Mitmenschen den Bruder erkennt und seinen Nächsten liebt wie sich selbst und ihm nichts antut, was er selber nicht erleiden möchte.«[34] Hier bildet also ein festes Deutungsgefüge Shylocks den Gegenpol zu den Auflösungserscheinungen und Frustrationen durch das Exil. »Ich studiere jetzt Shylock auf Englisch«[35], in diesem Satz erhält jedes Wort ein einzelnes Gewicht, denn das Studieren gilt hier beidem: der Rolle und der Sprache, die hierbei nur die erste, wenn auch unabdingbare Barriere für die Fortsetzung seiner Theaterarbeit ist. Und es ist das Studium dieser Rolle, das ihm dazu verhilft, diese auch als Kommentar auf seine Exil-Situation zu deuten. Er nennt Shylock einen Menschen, macht zumindest hier – und das erinnert an die anfänglich aufgegriffene Welttheater-Allegorie – keinen Unterschied zwischen einem Individuum und einer *dramatis persona*.

Granach findet sich im Exil im Übrigen auch in der Rolle des Theoretikers: Er hält hier Vorträge über Shylock, auch Referate über das Theater auf Jiddisch.[36] Shylock ist die Brücke, bildet den Übergang, macht ein Bemühen um die Annäherung an eine eigene künstlerische Grenze deutlich. Zugleich modelliert Granach in seinen Deutungen in einem übergeordneten Sinne die Verhältnisse, wenn die Figur zum kontinuierlichen Maßstab dieser Verhältnisse wird. Des Weiteren interessieren Ähnlichkeiten und Berührungspunkte in den Schulen der Darstellung, er liest Stanislawskis Hauptbuch in Englisch und vergleicht seine Methode mit der Heinrich Jacobys sowie dem »Hände-in-den-Taschen-Dialog« der amerikanischen Theatertradition.[37]

---

33 Granach: Da geht ein Mensch (s. Anm. 5), S. 376.
34 Granach: Da geht ein Mensch (s. Anm. 5), S. 380.
35 In leichten Abwandlungen formuliert im Brief aus New York vom 30.9.1938, im Brief vermutlich aus Hollywood vom 13.7.1941 und im Brief vermutlich aus Hollywood vom 16.7.1941 und an weiteren Stellen des Briefwechsels. In: Granach: Du mein liebes Stück Heimat (s. Anm. 1), S. 229 u. S. 344.
36 Brief aus New York vom 13.3.1939. In: Granach: Du mein liebes Stück Heimat (s. Anm. 1), S. 257.
37 Brief vermutlich aus Hollywood vom 20.3.1941 und Brief aus Hollywood vom 16.5.1941. In: Granach: Du mein liebes Stück Heimat (s. Anm. 1), S. 338 u. S. 334. Das deutsche Theater bewahrt in Granachs eigenwilliger Formulierung das Beste des griechischen Al-Fresco-Stils und das des Shakespeare'schen Explosions-Dramas.

III. Brief/Materialität

Dieses mehrfache Insistieren auf dem Studium der Rolle »in« oder »auf« Englisch führt zu einem letzten, das Medium der Mitteilung und seine Auswirkung auf das Exil betreffenden Punkt: In unzähligen Briefen informiert Granach seine Gefährtin Lotte Lieven über den Stand der beruflichen Dinge, insbesondere über eben diese praktische wie theoretische Arbeit an Rollen. Durch die Art dieser Mitteilungen zu Kriegszeiten ist nicht klar auszumachen, ob eine gewisse Redundanz aus dem unzuverlässigen Postverkehr und der in der Korrespondenz immer wieder formulierten Fragilität des Mediums Brief resultiert – mehrmals beschreibt er den Schriftträger Papier als »arm« oder »dünn«[38] – oder dem Gegenstand, der Rolle Shylock, selbst gilt. Das Medium der Mitteilung ist jedenfalls selbst an der Deutung von Exil beteiligt, es hilft Granachs Eindrücke zu sortieren und zu revidieren: Durch die dem Brief eigene verzögerte und versetzte Kommunikation drängt es den Schreiber zur Wiederholung, aber auch zur schnellen Nachbearbeitung des bereits Geschriebenen. Alexander Granach wie auch Lotte Lieven fertigen sogenannte »Fragebriefe« an, um die Kommunikation aufeinander abzustimmen und die zeitlichen Verschiebungen zu kalkulieren. Dabei scheinen in dem Briefverkehr die drei von Reinhard Nickisch[39] präzise benannten Funktionen des Briefes – die informative, die appellative und nicht zuletzt die auf das Selbst des Schreibers gerichtete Funktion – nahezu alle gleichrangig zu sein.

In Granachs Vorstellung kreuzen sich die Briefe in der Luft und vertreten in der gedachten Begegnung die wechselweise Berührung ihrer Schreiber: So heißt es aus Hollywood 1940: »Ich beantworte nämlich jeden Brief von Dir – so dass immer dieselbe Zahl in der Luft ist und sich wie Tauben den Weg kreuzen.«[40] Über die Idee einer Begegnung der Briefe hinaus sind diese wie kleine Aufführungen, da in ihnen die Aussagen durch die Addition und Verdopplung der Satzzeichen hervorgehoben und hierarchisiert werden. Der appellative Charakter seiner Briefe nimmt insgesamt zu; Europa kommt ihm nicht mehr »wie ein fernes barbarisches Märchen«[41] vor, stattdessen wird der Ton seiner in der Schweiz als Nicht-Jüdin lebenden Gefährtin gegenüber dringlicher. Er warnt vor dem Zustand unfreiwilliger, passiver Zeugenschaft angesichts einer Kata-

---

38 Zu den verschiedenen Wendungen ›dünnes Papier‹, »dies arme Stückchen dünnes Papier« etc. in: Du mein liebes Stück Heimat (s. Anm. 1), Brief vermutlich aus Hollywood vom 13.7.1941, S. 334; Brief vom 7.8.1941 und Brief aus Hollywood vom 7.9.1941. In: Granach: Du mein liebes Stück Heimat (s. Anm. 1), S. 338 u. S. 350.
39 Reinhard Nickisch: Brief. Stuttgart 1991, S. 12.
40 Brief vermutlich aus New York vom 4.10.1938 und Brief aus Hollywood vom 2.11.1940. In: Granach: Du mein liebes Stück Heimat (s. Anm. 1), S. 230 und S. 248.
41 Brief aus Hollywood am 28.4.1939. In: Du mein liebes Stück Heimat (s. Anm. 1), S. 264.

strophe, die unschwer, wenn auch nicht explizit, als Mord an den Juden zu identifizieren ist. So heißt es am 9. April 1940: »Rettet euch, anstatt Zeugen zu sein einer Katastrophe und sich dann zu spät Vorwürfe machen und noch die Qual der Gewissensbisse haben.«[42] Und in einem der nächsten Briefe steht:

> Es sieht von hier aus, als ob die ganze Erde ins Rutschen geraten ist, und alles sieht so grauenvoll sinnlos aus – am Sinnlosesten sehen die Sieger aus. Na und? ›Na und?‹ hängt in der Luft. Auch Herr Carol glaubte sich mit Pogromen zu retten, wer noch einen Schwächeren hat, der haut um sich. Am liebsten würde ich meinem Volke eine Morphiumspritze verabreichen, dass es endlich aufhört, zu leben und zu leiden. Hier in den Emigrationskreisen ist alles verzweifelt, weil man den Leuten doch nicht helfen kann [...]. Wenn man an Europa denkt, erscheint einem die sogenannte persönliche Rettung wie ein Verbrechen.[43]

Immer wieder finden sich einzelne Hinweise auf die Schuld, entronnen zu sein und ein singuläres Leben zu führen, anstatt ein kollektives Schicksal zu erleiden. Dabei mag Granachs Deutung der Shylock-Figur, genauer die ihr angedichtete Biografie, eine paradigmatische Funktion für diese eher impliziten Anhaltspunkte auch darin erfüllen, dass diese ihren über Ächtung und Enteignung erlittenen symbolischen Tod auf der Bühne überwindet, ihren Opferstatus also hinter sich lässt und sesshaft geworden den Hass der Anderen überlebt. Es sollte jedoch nicht übersehen werden, dass das Exil bei Granach eher die Regel und Bleiben die Ausnahme bildet, wodurch er den Bruch, seine Flucht in die USA, auf der Folie der vielen anderen Brüche erfährt. Andeutungen auf die Vernichtung der Juden finden sich in Granachs Briefwechsel verdeckt, entweder im oben angesprochenen Dilemma eines Bezeugens der Katastrophe oder aber über sein Verständnis Shylocks als Flüchtling.

Zunehmend fühlt er den »Geschmack der englischen Sprache«[44], streut immer öfter englische Wörter ein, schreibt bald gar zweisprachige Briefe, die zudem voller gezielter Fehler wie »pronosiation« sind.[45] Dabei bilden diese Fehler die Vor- und Rückschritte des »Studiums« ironisch ab, und der ab 1942 zunehmende mischsprachige Charakter der Briefe reflektiert den Grad seiner Assimilation an die neue Umgebung. Kleine Vignetten beleuchten das für ihn existenzielle Verweisungsverhältnis von Spracherwerb und der zunehmenden Theater- und Filmarbeit: Er berichtet z. B. von einem Angebot, eine Radio-

---

42 Brief aus Hollywood am 9. April 1940. In: Granach: Du mein liebes Stück Heimat (s. Anm. 1), S. 300 f.
43 Brief aus Hollywood am 5. Juli 1940. In: Granach: Du mein liebes Stück Heimat (s. Anm. 1), S. 310.
44 Brief aus Littleton vom 25. Juli 1938. In: Granach: Du mein liebes Stück Heimat (s. Anm. 1), S. 222.
45 Brief (vermutlich aus New York) vom 24.2.1939. In: Granach: Du mein liebes Stück Heimat (s. Anm. 1), S. 256.

stunde zu geben, für die ein Mensch mit gebrochenem Englisch gesucht wurde. Dabei stellt er sich dem Arbeitgeber als der »beste Englisch-Schlecht-Sprecher der Welt« vor.[46] Der Brief ist hier das Werkzeug einer Selbsterkundung, zu deren Gelingen es mehr und mehr des Schreibens in zwei Sprachen bedarf. Der letzte auf den Januar 1945 datierte Brief ist bezeichnenderweise ganz auf Englisch verfasst[47], hier kündigt er das Erscheinen seines autobiografischen Romans an und erzählt von seiner Rolle »in a legitime Theater« in New York.

IV. Ende

Granachs Auffassung, dass es nicht reiche, Shakespeares Spiel zu spielen, da die Frage, was mit Shylock geschieht, *nachdem* er so perfide verurteilt wurde[48], für ihn, Granach, Priorität habe, lässt sich als Referenz auf die jüdische Vernichtung auf europäischem Boden deuten. Das die Figur umgebende Deutungsdilemma verlangt auf der Folie von Exil und Shoah nach einer Aktualisierung, die der dramatischen Figur eine prosaische Nachgeschichte hinzudichtet. Shylock geht nach Osten und wird von dort aus zum Urahn all jener, die wie Granach das Exil im Plural kennen. Shylocks Nachgeschichte ist zunächst die seiner gelungenen Flucht, womit die positiven, lebensrettenden Aspekte des Exils angesprochen sind. Genauer sind es die Entscheidung zum Gehen und der klare Bruch, die über den in den Briefen selten, aber doch mit einer gewissen Regelmäßigkeit wiederkehrenden Vorwurf einer prekären Zeugenschaft angesichts der fortschreitenden NS-Gesetzgebung gegen Juden hinaus zu einer radikalen Aufwertung des Exils führen. Shylock ist die Figur, die mit ihm durch alle Sprachen geht und die Granach auch mit dem Erlernen und den Methoden des Schauspiels in Verbindung bringt. Emigranten wie Granach bringen angestammte Regiekonzepte und eine bestimmte Bühnenästhetik mit ins Exil, die bei einem zunächst aus Emigranten bestehenden Publikum zu einem Déjà-vu führen und die Solidarität stärken konnten, aber langfristig oftmals am Publikumsgeschmack des Exillandes scheiterten. Wohl deshalb ist das vergleichsweise einsame Studium der Rolle, noch dazu einer, die immer schon und insbesondere in der deutschen Rezeptionsgeschichte von einem Deutungsdilemma umgeben war, in der Sprache des Exillandes so bedeutsam. Denn Granach fixiert und fokussiert die Erfahrungen durch die Rollen, die er zu spielen hofft. Dabei bildet seine ›Sehnsuchtsrolle‹ den Schlüssel zur englischen Sprache, ge-

---

46 Brief (vermutlich aus New York) am 25.10.1938. In: Granach: Du mein liebes Stück Heimat (s. Anm. 1), S. 235.
47 Es ist aber nicht der einzige ganz englische Brief. Bezeichnenderweise schrieb er auch den ersten Brief nach Eintritt der USA in den Zweiten Weltkrieg auf Englisch.
48 Vgl. Peiter: Shylock im Exil (s. Anm. 14), S. 135.

nauer zum Sprechen, da sie den Anlass bildet, diese zu perfektionieren. Mit Emigranten wie Granach ist Shakespeares Shylock also gewissermaßen zurückgekehrt, in einen englischen Sprachraum zumindest, und es ist die für diese Rolle aufgewendete ›Zungenakrobatik‹, die die Geschichte seiner räumlichen und nationalen Deutungen miterzählt. Auch die theoretisch-gedankliche Beschäftigung mit dieser Sehnsuchtsrolle formt Granachs Haltung zum Exil, die er als produktive »Wartezeit« und als eine durch den Filter der Sprachen gepresste Intensivierung von Arbeitsweisen an Rollen begreift. Seine Produktivität im Exil, die proportional zum Erwerb der Sprache wächst, irritiert die Vorstellung vom Exil als ein von Entbehrung und Leid geprägtes Dasein, auch wenn er an Berichten darüber nicht spart. Shylock wird dabei zu einer Metafigur, die offenen Hass, Enteignung und Vertreibung einlagert und überlebt.

Helmut G. Asper

Der Holocaust vor dem »World Tribunal«: None Shall Escape

»I think it was the first film to show atrocities against the Jews«, erinnerte sich die Schauspielerin Marsha Hunt an den Anti-Nazi-Film *None Shall Escape*[1], in dem sie 1943 die polnische Lehrerin Marja Pacierkowski gespielt hatte:

> [...] there was a kind of self-consciousness in Hollywood about showing anti-Semitism. [...] This film was different. It showed Nazi soldiers galloping into a Polish synagogue using it as a stable. It showed Jews being rounded up and shoved into cattle cars and going off to who knows where. I think *None Shall Escape* was the first film to touch on that.
>
> The other thing that made it impressive was that it was a prophetic film made before World War II was over, yet it predicted the outcome. [...] The title *None Shall Escape* meant that none of these criminals against humanity should escape justice. Even the makeup of the international tribunal [in the film] was right: there are black judges, judges in turbans, Oriental judges. And the United Nations wasn't even in existence then.[2]

Tatsächlich brach der Film ein Tabu, wie der emigrierte Filmkritiker und Chefredakteur des *Aufbau*, Manfred George, in seiner Rezension hervorhob:

> Zum ersten Mal in diesem Film räumt Hollywood auch dem jüdischen Schmerz ausserhalb sentimentaler Phrasen Leid und Größe ein. Das Massaker der Deportierten und die heroische Gestalt des Rabbi sind ein wenn auch noch schüchterner Versuch, die Verschwörung des Schweigens, das Hollywood dem jüdischen Schicksal gegenüber bisher gezeigt hat, zu brechen.[3]

---

1 Der Film wurde 1943 gedreht, Kinostart war am 3.2.1944. Credits im American Film Institute Catalog of Feature Films (AFI Catalog): http://www.afi.com.
2 Marsha Hunt. Interview by Glenn Lovell. In: Patrick McGilligan and Paul Buhle: Tender Comrades. A Backstory of the Hollywood Blacklist. New York 1997, S. 305–324; hier: S. 310. Marsha Hunt (geb. 1917) wurde 1950 als kommunistische Sympathisantin denunziert und kam auf die Schwarze Liste. Vgl. auch Dennis McCarthy: Unfinished film documents life of blacklisted actress Marsha Hunt. In: Los Angeles Daily News, 25.9.2014.
3 m. g. [d. i. Manfred George]: None Shall Escape. In: Aufbau 10/15 (1944), S. 10.

Trotz dieser Ausnahmestellung wird *None Shall Escape* in der seit den 1980er Jahren in Mode gekommenen Forschung über Holocaust-Filme nicht erwähnt[4], außer einer Studie über Polen im Hollywood-Film[5] hat nur die Exilforschung den Film beachtet[6], den die europäischen Filmemigranten entscheidend geprägt haben: Der Drehbuchautor Joseph Than[7] entwickelte die Idee und schrieb die Original-Story gemeinsam mit dem Schriftsteller Alfred Neumann[8], beide wurden dafür 1944 für den Oscar nominiert (Abb. 1); Regie führte Andre de Toth[9], und die Musik komponierte Ernst Toch.[10] Der als »technical adviser« engagierte frühere Filmproduzent Marek Libkov war aus Polen geflohen[11], und auch die Schauspieler Kurt Kreuger, Rudolf Lindau, Erno Verebes, Felix Basch, Arno Frey und Peter Michael waren Emigranten.[12]

---

4 Vgl. beispielsweise Judith E. Doneson: The Holocaust in American Film. Philadelphia, New York, Jerusalem 1987; Sonja M. Schultz: Der Nationalsozialismus im Film. Von Triumph des Willens bis Inglourious Basterds. Berlin 2012 und Die Shoah im Bild. Hg. v. Sven Kramer. München 2003. Der Artikel *None Shall Escape* in der Website Cinematographie des Holocaust, http://cine-holocaust.de/site/cdh.php [abgerufen: 1.10.2015] ist fehlerhaft und unvollständig. Nur Ben Urwand: The Collaboration. Hollywood's Pact with Hitler. Cambridge, MA, London 2013 widmet dem Film S. 246 f. knappe elf Zeilen.
5 Mieczyslaw B. Biskupski: Hollywood's War with Poland. 1939–1945. University Press of Kentucky 2010, geht auf die Holocaust-Darstellung nur auf S. 217 f. ein. Auf Biskupskis Analyse der Darstellung Polens kann ich im Rahmen dieses Beitrags nicht eingehen.
6 Helmut G. Asper: »Etwas Besseres als den Tod …«. Filmexil in Hollywood. Marburg 2002, S. 596–598 und Jan-Christopher Horak: Hollywood und der Krieg. Die zögerliche Anti-Nazi-Propagandamaschine. In: Werner Hanak-Lettner: Bigger Than Life. 100 Jahre Hollywood. Eine jüdische Erfahrung. Berlin 2011, S. 118–121; hier: S. 120 f.
7 Joseph Than (1903–1985) emigrierte 1936 erst nach England und Frankreich, 1942 in die USA. Vgl. Rudolf Ulrich: Österreicher in Hollywood. Wien 2004 (2. erw. Aufl.), S. 520 f.
8 Alfred Neumann (1895–1952) emigrierte 1933 nach Italien und Frankreich, 1941 in die USA. Vgl. Guy Stern: Alfred Neumann. In: Deutsche Exilliteratur seit 1933. Band 1: Kalifornien. Hg. v. John M. Spalek und Joseph Strelka. Bern, München 1976, S. 542–570.
9 Andre de Toth (1912–2002) emigrierte 1939 nach England, 1942 weiter in die USA. Vgl. de Toth on de Toth: Putting the Drama in front of the Camera. A Conversation with Anthony Slide. London, Boston 1996.
10 Ernst Toch (1887–1964) emigrierte 1933 über Paris nach London, 1936 in die USA. Vgl. Lexikon verfolgter Musiker und Musikerinnen der NS-Zeit. Hg. v. Claudia Maurer Zenck, Peter Petersen und Sophie Fetthauer, unter: http://www.lexm.uni-hamburg.de.
11 Filmografie von Marek Libkov in der International Movie DataBase (IMDB): www.imdb.com.
12 Vgl. Jan-Christopher Horak: Fluchtpunkt Hollywood. Eine Dokumentation zur Filmmigration nach 1933. Münster 1986 (2. erw. u. korr. Aufl.) sowie die Einträge in der Internet-Plattform Filmportal.de (www.filmportal.de.) und in der IMDB (s. Anm. 11).

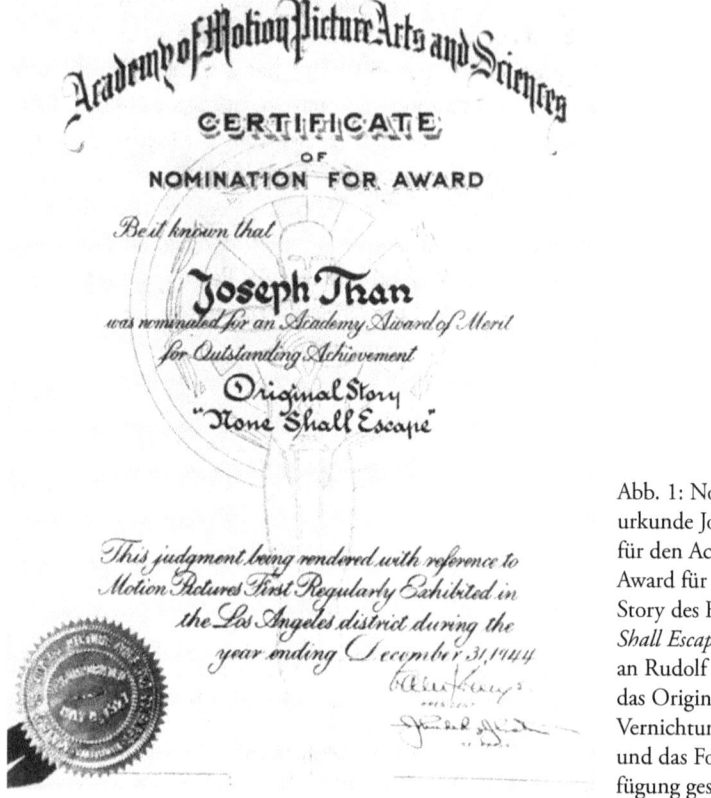

Abb. 1: Nominierungsurkunde Joseph Thans für den Academy Award für die Original Story des Films *None Shall Escape*. Mit Dank an Rudolf Ulrich, der das Original vor der Vernichtung bewahrt und das Foto zur Verfügung gestellt hat

I. »Nazis at the Bar«[13]: die Filmstory

Der Film spielt nach dem Ende des Krieges, Nazi-Deutschland ist besiegt, eine Hakenkreuz-Flagge wird eingeholt, und eine Schrifttafel erklärt:

> The time of this story is the future./The War is over./As was promised, the criminals of this war have been taken back to the scenes of their crimes for trial./In fact, as our leaders promised - - NONE SHALL ESCAPE.[14]

Der Vorsitzende Richter des »International Tribunal of War Crimes District of Warsaw« spricht frontal das Publikum an:

---

13 The Screen Anticipates Nazis at the Bar. In: New York Herald Tribune, 10.10.1943. Clipping File »None Shall Escape« der Margaret Herrick Library (MHL), Los Angeles.
14 Alle Textzitate in diesem Abschnitt nach dem Film, wenn nicht anders vermerkt.

Unconditional surrender. The leaders of the Nazi Party are today standing trial in Poland as in the other capitals of Europe. Today we sit in judgment over those who caused humanity unspeakable miseries. We must be aware of our great responsibility not only to the past, but to the future. Throughout the occupation by the Nazis in the invaded countries, a complete record has been kept of the crimes of the Nazis and the Nazis collaborationists.

Angeklagt wegen Kriegsverbrechen und Verbrechen gegen die Menschlichkeit ist der frühere »Reichs Commissioner of the western region of Poland Wilhelm Grimm«, der »Not guilty« plädiert. Drei Zeugen schildern in mehrfach unterbrochenen Rückblenden Grimms Leben von 1919 bis 1939 und damit zugleich den Aufstieg der NSDAP in Deutschland.

Als erster Zeuge stellt Pater Warecki Grimm in eine Reihe mit allen anderen Naziführern und betont, dass sie aus freiem Willen und eigener Verantwortung und keineswegs nur auf Befehl gehandelt hätten. Auch Grimm habe eine Wahl gehabt, wie seine Vorgeschichte zeige. Er schildert die Ereignisse 1919 in dem westpolnischen Dorf Litzbark, in dem Christen und Juden friedlich miteinander leben, Priester und Rabbi sind die geistlichen Führer des Dorfes und eng miteinander befreundet.[15] Grimm war hier vor 1914 Lehrer, und obwohl er im Krieg auf deutscher Seite gekämpft hat, kehrt er 1919 nach Litzbark zurück. Er erhält seine alte Anstellung wieder, und auch seine Verlobte, die Lehrerin Marja Pacierkowski, hat auf ihn gewartet. Aber Grimm ist verbittert, er hat im Krieg ein Bein verloren und fühlt sich als Krüppel verachtet. Seine Verwundung symbolisiert Grimms seelische Verkrüppelung und das besiegte Deutsche Reich. Er muss sein Leben weiter als Dorfschullehrer fristen, anstatt im Reich Karriere zu machen, und hasst deshalb die Dorfbewohner und den Frieden, er will weiter kämpfen für ein deutsches Weltreich, für einen »Lebensraum from Berlin to Baghdad«. Sein Hass entfremdet ihm Marja, und aus Rache vergewaltigt Grimm die Schülerin Anna Oremski, die danach Selbstmord begeht. Die aufgebrachten Dorfbewohner verhaften Grimm, im Tumult wirft der Schüler Jan Stys ihm das linke (sic!) Auge aus. Aus Mangel an Beweisen freigelassen bittet Grimm den Priester und den Rabbi um Geld, damit er nach Deutschland fliehen kann. Sie geben ihm Geld, und Pater Warecki rät ihm, seinen Hass zu überwinden und sich zu ändern.

Grimm folgt diesem Rat nicht. Als zweiter Zeuge berichtet sein Bruder Karl, ein liberaler Journalist, dass Grimm schon 1923 Mitglied in der NSDAP geworden war und in Hitler den Retter sieht, der Deutschland zur Weltherrschaft führen wird. Er nimmt am Novemberputsch teil und wird zu Festungshaft verurteilt, die er Dank der Partei im Luxus genießt. Sein Bruder versucht ebenfalls

---

15 Es gibt im Film keinerlei Hinweis auf den Antisemitismus in Polen.

vergeblich, ihn von seinem Weg abzubringen. Grimm macht weiter Karriere als Nazi und wird 1933 stellvertretender Minister für Erziehung. Seinen Bruder, der als politischer Gegner der Nazis entlassen worden ist und emigrieren will, lässt er verhaften und ins Konzentrationslager bringen. Karls Sohn Willie erzieht er zu einem gläubigen und gehorsamen Nazi, in ihm sieht er seinen »spiritual son«, der später im Krieg sein Adjutant wird.

Als letzte Zeugin berichtet Marja, wie Grimm 1939 als Reichskommissar das Dorf Litzbark terrorisiert. Er verlangt von den hungernden Bauern, Ernte und Vieh an die deutschen Truppen auszuliefern, und lässt die Höfe und Häuser plündern. Die Dorfbewohner werden gedemütigt und gezwungen, sich für Propagandaaufnahmen der deutschen Wochenschau filmen zu lassen; die Schulkinder müssen ihre polnischen Bücher verbrennen, die polnische Kultur soll ausgelöscht werden. Alle Männer des Dorfes zwischen 16 und 60 Jahren müssen Zwangsarbeit leisten oder werden in Arbeitslager nach Deutschland deportiert, die Mädchen und jungen Frauen werden in Offiziersbordelle verschleppt. Die Soldaten plündern die Synagoge, verbrennen die Thorarollen und treiben ihre Pferde in die Synagoge. Alle Juden aus der Umgebung werden ohne Wasser und Brot in Viehwaggons getrieben, um sie zu deportieren. Der Protest von Rabbi und Priester ist vergeblich, deshalb ruft der Rabbi die Juden zum Widerstand auf. Sie greifen die Soldaten an, werden aber alle mit Maschinengewehrsalven erschossen, Grimm selbst erschießt den Rabbi.

Sein Neffe Willie verändert sich durch seine Liebe zu Marjas Tochter Janina, und er beginnt mit den Dorfbewohnern zu sympathisieren. Als Grimm davon erfährt, schickt er Janina zur Strafe gegen Willies Protest in das Offiziersbordell, wo sie bei einem Fluchtversuch erschossen wird. Willie sagt sich von den Nazis und seinem Onkel los und will an der Totenmesse für Janina teilnehmen, als er an Janinas Bahre niederkniet um zu beten, erschießt Grimm ihn von hinten.

Vor Gericht betont Marja, dass es nicht Grimm allein war, der diese Verbrechen gegen die Menschlichkeit verübte, sondern dass er nur einer von vielen Nazis war: »Those who came after him may have varied their forms of torture and brutality but they were the same, they were all Wilhelm Grimms, they were Nazis.«

Grimm hat die Zeugenaussagen unbewegt angehört, in seinem Schlusswort weigert er sich, Gericht und Urteil anzuerkennen, und in einer Hassrede prophezeit er, dass Nazi-Deutschland sich wieder und wieder erheben werde (Abb. 2). Der Vorsitzende Richter verkündet kein Urteil, sondern appelliert an das Publikum, an alle Männer und Frauen der »United Nations«, das Urteil über Grimms Schuld und Bestrafung zu fällen.

Abb. 2: Wilhelm Grimm (Alexander Knox) bei seiner Schlussrede. (DVD-Aufnahme)

II. Exkurs: »Are Jewish Themes verboten?«: Zum Tabu der Judenverfolgung im Hollywood-Film 1933–1945

»There have been many pictures on America at war. But there has not yet been a film about Jews«, kritisierte die *Aufbau*-Redakteurin Ruth Karpf:

> There has neither been a film about the amazing contributions to the war of gallant Palestine [...] Nor has there been a portrayal on the screen of the greatest, the most horrifying tragedy history has witnessed in many centuries, the slaughter of the Jews of Europe. Even the battle of Warsaw, the very thought of which hurts in its poignant drama, didn't get a shot in a newsreel.[16]

Einer der Hauptgründe, weshalb die Hollywood-Studios seit 1933 in den antifaschistischen Filmen bis auf wenige Ausnahmen »Jewish Themes« vermieden, war die Angst der Studiochefs, den weitverbreiteten Antisemitismus in den USA noch weiter anzuheizen. Die mehrheitlich von eingewanderten Juden der ersten und zweiten Generation gegründeten Filmstudios[17] wurden seit Jahren von antisemitischen und pro-nazistischen Organisationen in den USA angegriffen. Sie bezichtigten die Filmindustrie einer jüdisch-kommunistischen Verschwörung und behaupteten, die sexuell verdorbenen und geldgierigen Film-

---

16 R. K [d. i. Ruth Karpf]: Are Jewish Themes verboten? In: Aufbau 9/35 (1943), S. 10.
17 Vgl. Neal Gabler: An Empire of Their Own. How the Jews Invented Hollywood. New York 1988.

Moguln propagierten in ihren Filmen »Jewish ideas of life, love and labor«[18] und vergifteten Geist und Moral von Millionen Amerikanern: »Hollywood is the Sodom and Gomorrha« brachte ein in den 1930er Jahren verbreitetes antisemitisches Flugblatt die Verleumdungen auf den Punkt.[19] Die massive Lügenpropaganda hatte großen Einfluss auf die öffentliche Meinung, 1940 waren 60 % der Amerikaner der Ansicht, dass Juden unangenehme Eigenschaften besäßen, und mehr als 30 % meinten, dass Juden zu viel Macht in Wirtschaft und Politik hätten.[20]

Besonders bei antifaschistischen Filmprojekten nach 1933 wurde von vielen Seiten Druck auf die Studios ausgeübt,

> von dem nationalsozialistischen Regime in Deutschland, von Benito Mussolini und den italienischen Faschisten, von amerikanischen und ausländischen Filmkritikern, von der Production Code Aministration (PCA), vom German-American Bund, von Antisemiten, Isolationisten, amerikanischen Politikern.[21]

Der Direktor von Hollywoods Selbstzensurbehörde PCA, Joseph Breen, war ein pathologischer Antisemit, die jüdischen Filmmoguln beschimpfte er als »the scum of the scum of the earth«, und antifaschistische Filme waren für ihn »pro-Jewish propaganda and anti-Nazi propaganda«.[22] Um die Filme zu verhindern oder die politische Aussage zu entschärfen, schüchterte er die Produzenten ein mit Hinweisen auf den Antisemitismus des amerikanischen Publikums und auf drohende Filmverbote in den ausländischen Märkten, die für die Studios finanziell wichtig waren.

So dauerte es sieben Jahre, bis 1940 der MGM-Film *The Mortal Storm* erstmals in Hollywood »Juden-Verfolgungen, Bücherverbrennung, KZ und Gestapo«[23] auf die Leinwand brachte, und auch Charles Chaplin trotzte mit *The Great Dictator* (1940) allen Drohungen und Anfeindungen.[24] Seine brillante Anti-Nazi-Satire geriet 1941 prompt ins Visier des Untersuchungsausschusses des Senats für Propaganda in Spielfilmen, der auf Betreiben der Sena-

---

18 Steven Alan Carr: Hollywood and Anti-Semitism. A Cultural History Up To World War II. Cambridge University Press 2001, S. 90.
19 Abbildung bei Carr: Hollywood (s. Anm. 18), S. 112.
20 Nach Biskupski: Hollywood's War (s. Anm. 5), S. 217.
21 Michael E. Birdwell: Das andere Hollywood der dreißiger Jahre. Die Kampagne der Warner Bros. gegen die Nazis. Hamburg, Wien 1999, S. 19f.
22 Breen äußerte diese antisemitischen Beschimpfungen nur in privaten Briefen. Zitiert nach Clayton R. Koppes: Regulating the Screen. The Office of War Information and the Production Code Administration. In: Thomas Schatz: Boom and Bust: American Cinema in the 1940s. Berkely, Los Angeles, London, S. 262–268; hier: S. 265.
23 K. H. [d. i. Kurt Hellmer]: »The Mortal Storm«. Ein ergreifender Anti-Nazi-Film. In: Aufbau, 6/26 (1940), S. 9.
24 Helmut G. Asper: Clown und Prophet: Chaplins »The Great Dictator« revisited. In: Film-Dienst 55/6 (2002), S. 41–43.

toren Gerald P. Nye und Benneth Champ Clark eingerichtet wurde.[25] Diese beiden Isolationisten behaupteten,

> die Filmbranche hetze zum Krieg auf, bilde ein von Juden kontrolliertes Monopol und sei in verdeckte Geschäfte mit der Roosevelt-Regierung verwickelt. Nach der isolationistischen – man könnte auch sagen antisemitischen – Ansicht der Ausschussmitglieder hatte Hollywood die offizielle Neutralität der Vereinigten Staaten bewußt verletzt und ein leichtgläubiges Publikum mit dem Kriegsfieber infiziert.[26]

The Mortal Storm und *The Great Dictator* blieben Ausnahmen, die jüdischen Filmproduzenten vermieden es weiterhin, »to make the war seem an attempt to protect the Jews«[27], denn in den Kriegsjahren nahm die antisemitische Stimmung in den USA noch zu. Auch die US-Regierung, die mit dem 1942 gegründeten *Motion Picture Bureau* (MPB) des *Office of War Information* (OWI) Einfluss nahm auf die Filmindustrie, »did not want the issue of anti-Semitism emphasized in any discussion of the war«[28], denn die Befreiung der europäischen Juden war kein Kriegsziel der Alliierten.[29] Zwar war die Aufgabe des MPB »to advise, not to censor«, faktisch hatte das OWI aber »considerable power«[30] und setzte in allen Filmen mit kriegsrelevanten Themen die Regierungs-Meinung durch, dass der Krieg ein »people's war« sei, wie das MPB 1942 in einem *Information Manual* für die Filmindustrie unmissverständlich darlegte.[31] Als 1943 der *American Jewish Congress* die Filmindustrie drängte, einen Film über den Genozid zu drehen und das MPB um Unterstützung bat, lehnte dessen Direktor Lowell Mellett nach Rücksprache mit den Studiochefs dies ab mit der Begründung:

> … it might be unwise from the standpoint of the Jews themselves to have a picture dealing solely with Hitler's treatment of their people, but interest has been indica-

---

25 Vgl. die ausführliche Darstellung bei Carr: Hollywood (s. Anm. 18), S. 250–277.
26 Birdwell: Das andere Hollywood (s. Anm. 21), S. 207 f. Nach der Kriegserklärung der USA an Japan und Deutschland im Dezember 1941 wurde dieser Ausschuss aufgelöst, aber die wenige Jahre später Hexenjagd des HUAC war ebenfalls deutlich antisemitisch geprägt und in mancher Hinsicht eine Neuauflage dieses Ausschusses, wie Carr: Hollywood (s. Anm. 18), S. 277 anmerkt.
27 Biskupski: Hollywood's War (s. Anm. 5), S. 217.
28 Biskupski: Hollywood's War (s. Anm. 5), S. 217.
29 Auch nachdem die US-Regierung über die fabrikmäßige Massenvernichtung der europäischen Juden informiert war, hielt sie an dieser Linie fest und unternahm entschieden zu wenig zur Rettung der europäischen Juden. Siehe z. B. Nahum Goldmann: Mein Leben als Deutscher und Jude. Frankfurt, Berlin, Wien 1983, S. 350–352 und die zusammenfassende Darstellung bei Raul Hilberg: Täter, Opfer, Zuschauer. Vernichtung der Juden 1933–1945. Frankfurt a. M. 1999, S. 277–280.
30 Koppes: Regulating the Screen (s. Anm. 22), S. 269.
31 Government Information Manual for the Motion Picture Industry. Zitiert nach Doneson: Holocaust (s. Anm. 4), S. 45.

ted in the possibility of a picture covering various groups that have been subject to the Nazi treatment. This of course would take in the Jews.[32]

III. »A post-war picture«: von der Idee zum Drehbuch

An diese Richtlinie mussten sich die Studios bei ihren Anti-Nazi-Filmen halten, das wussten auch Alfred Neumann und Joseph Than, als sie im Januar 1943 mit dem Produzenten Samuel Bischoff[33] über einen Stoff für einen Anti-Nazi-Film für das Columbia Studio sprachen, bei dem sie seit Juli 1942 angestellt waren: »Mr. Bischoff casually mentioned that he had an interest in *Hitler's Children*«, berichtete Than über diese Konferenz[34],

> which he had once proposed to Mr. Harry Cohn[35] as screen material for Columbia but which had been rejected as such. The success of said picture proved how right he had been, and he now wanted to produce a similar picture about Germany, depicting from another angle the cruelty of the Nazis. Mr. Bischoff was sure that the success of *Hitler's Children*[36] had been due to the cruelty motive.
>
> I told Mr. Bischoff that according to my opinion it would be impossible to repeat anything similar to *Hitler's Children*, and I proposed an idea that had been in my mind for quite some time. I wanted to make a post-war picture using the World Tribunal repeatedly mentioned by both Roosevelt and Churchill. Accused before this World Tribunal should be the former Reichs Commissioner of Poland, a sexual pathologic – like so many of the top-ranking Nazi leaders. He was to have been a schoolteacher in previous years, because this profession has furnished more prominent Nazi leaders than any other. The picture was to have been told before the World Tribunal by means of testimonies given by survivors of the war against the accused Reichs Commissioner. Mr. Bischoff and Mr. Kelly[37] liked my idea, and they proposed that I should write the story with Mr. Neumann.

---

32 Doneson: Holocaust (s. Anm. 4), S. 45.
33 Der Filmproduzent Samuel Bischoff (1890–1975) war seit 1941 als Supervising Producer bei Columbia Pictures angestellt.
34 Unveröffentlichter Brief von Joseph Than an die Screen Writer's Guild vom 16.9.1943. Archiv der Stiftung Deutsche Kinemathek, Sammlung Paul Kohner.
35 Harry Cohn (1891–1951) war der Mitgründer und Studiochef von Columbia Pictures.
36 *Hitler's Children* basiert auf dem Buch *Education for Death* von Gregor Ziemer und verbindet dessen dokumentarischen Bericht über Nazi-Erziehung, KZs, Zwangssterilisationen u. a. mit der fiktiven Geschichte der deutschstämmigen Amerikanerin Anna Muller, die in Nazi-Deutschland festgehalten, wegen Widerstands verhaftet und ins KZ eingeliefert wird. Dramatischer Höhepunkt ist die öffentliche Auspeitschung Annas, und diese auf den Voyeurismus der Zuschauer abzielende Szene verhalf dem billig produzierten B-picture zu einem ungewöhnlichen Kassenerfolg. Der Film kostete nur 205.000 $ und spielte ca. 3.5 Mio. $ ein. Vgl. AFI Catalog (s. Anm. 1).
37 Der Produzent und Drehbuchautor Burt Kelly (1898–1983) war bei *None Shall Escape* associate producer.

Der Vorschlag eines »World Tribunals« und die Wahl Polens als Schauplatz eines Prozesses gegen einen Naziführer sind Indizien dafür, dass Than und Neumann von Anfang an planten, das tabuisierte Thema der Judenvernichtung aufzugreifen, denn »To speak of occupied Poland is to speak of the Holocaust«, konstatierte Biskupski: »Hollywood's Jewish community understood this, as did the Roosevelt administration.«[38] Um ihr Ziel zu erreichen, gingen die beiden Autoren, unterstützt von Bischoff, strategisch vor. Sie berücksichtigten die Vorgaben des MPB und zeigten sowohl die Verfolgung der Polen als auch den kirchlichen Widerstand, rückten aber die Judenverfolgung und -vernichtung ganz eindeutig in den Mittelpunkt, was durch die betont realistische Inszenierung von de Toth im Film noch verstärkt wurde. Bei den geschilderten Gräuel hielten sie sich eng an die Fakten und verwendeten als Quelle das 1942 in den USA erschienene *Black Book of Poland*[39], in dem die im Film dargestellten Nazi-Verbrechen an Juden und Polen dokumentiert sind. Der Aufruf des Rabbi zum Widerstand ist sicher beeinflusst von den aktuellen Zeitungsberichten über den Aufstand der Juden im Warschauer Ghetto im April 1943.[40] Der Bezug auf die öffentlichen Ankündigungen Roosevelts[41] und Churchills, deren Reden im Treatment von Than und Neumann den Film einleiten, diente offenbar als Schutzschild für das Vorhaben, die »Final Solution« im Film zu thematisieren.[42]

Der »top-ranking Nazi-leader, Mr. X« sollte ursprünglich ein »sexual pathologic« mit »criminal past« sein, gestützt auf »facts known about Julius Streicher«.[43] Schon im zweiten Entwurf ist die Karriere Wilhelm Grimms, wie »Mr. X« hier bereits heißt, jedoch geprägt durch die Niederlage des Deutschen Reichs im Ersten Weltkrieg, die Grimm nicht akzeptiert. Aus diesem Grund

---

38 Biskupski: Hollywood's War (s. Anm. 5), S. 218.
39 Polish Ministry of Information: The Black Book of Poland. [London] 2nd impression. New York 1942, besonders S. 94–116 und S. 217–253.
40 Der Aufstand im Warschauer Ghetto begann am 18.4.1943 und endete am 16.5.1943 mit der völligen Zerstörung des Ghettos.
41 Roosevelt hatte in seiner Erklärung *STATEMENT ON PUNISHMENT OF WAR CRIMES* vom 21.8.1942 angekündigt, die Kriegsverbrecher vor Gericht zu stellen: http://www.jewishvirtuallibrary.org/jsource/Holocaust/fdrwarcrimes.html [abgerufen: 1.10.2015].
42 Vorbild für diese Idee war möglicherweise der Prolog des Schriftstellers Robert E. Sherwood (»Toller's Pastor Hall« by Robert E. Sherwood. In: Aufbau 6/38 [1940], S. 11), den der Produzent James Roosevelt 1940 dem englischen Anti-Nazi-Film *Pastor Hall* nach dem Drama von Ernst Toller für die USA vorangestellt hatte. Der Prolog wurde gelesen von seiner Mutter, der First Lady Eleanor Roosevelt, sodass das PCA den Film schwerlich verbieten konnte. Vgl. AFI Catalog, (s. Anm. 1).
43 Alfred Neumann and Joseph Than: Lebensraum. Character and Background of the Leading Man. Typoskript, 3 S., undatiert. Joseph Than-Papers, Special Collections, MHL. Streichers Biografie wurde in den späteren Ausarbeitungen nicht verwendet.

schließt er sich deshalb erst den »Balticum Fighters« an und dann den »first illegal units of the newly-born Nazi Party«.[44]

Der Name Grimm und der ursprüngliche Filmtitel *Lebensraum* verweisen auf den Schriftsteller Hans Grimm und seinen 1926 erschienenen Roman *Volk ohne Raum*[45]. Die Nationalsozialisten benutzten den populären Romantitel als Schlagwort für ihre Forderungen nach Lebensraum im Osten. Der Vorname ist wohl eine Anspielung auf Kaiser Wilhelm II. und deutet den Imperialismus des *Dritten Reichs* als Fortsetzung des imperialistischen Kaiserreichs. In diese Richtung zielen auch die von Grimm im Film geäußerten Vorstellungen von der Weltherrschaft des Nazi-Reichs.

Die »original story« der beiden Exilanten war »developed completely from my basic idea and using some characters Mr. Neumann has once used in one of his German-published books«.[46] Diese erste Fassung ist nicht erhalten, der Inhalt kann jedoch erschlossen werden aus der ausführlichen Synopsis des MPB, denn Bischoff reichte den Entwurf zur Begutachtung dem MPB ein, ein deutliches Anzeichen dafür, dass das Studio sich der Brisanz des Themas bewusst war.[47] In diesem Treatment sind private Handlung und auch einige Charaktere noch sehr verschieden von der späteren Fassung[48], aber schon in diesem ersten Entwurf steht die Judenverfolgung und -vernichtung eindeutig im Zentrum: Hitler persönlich beauftragt Grimm mit »the honor of executing his program of racial elimination« in Polen, eine Aufgabe, die Grimm auf brutalste Weise erfüllt: »Great acts of cruelty, including a killing of carloads of Jews and their Rabbi, Dr. Levin, follow«, heißt es in der Synopsis.[49] Warren Pierce, der stellvertretende Leiter des Hollywooder Büros des MPB, sah »potentialities in this story for one of the greatest war pictures conceivable«. Die Idee des internationalen »war guilt tribunal« sei ein wichtiges Signal dafür, dass die United Na-

---

44 Alfred Neumann und Joseph Than: Lebensraum. Typoskript, 7 S., datiert 26.2.1943. Joseph Than-Papers (s. Anm. 43).
45 Hans Grimm (1875–1959) war seit 1923 Sympathisant der NSDAP. Er führte in *Volk ohne Raum* die ökonomischen und sozialen Probleme der Weimarer Republik auf den Mangel an Lebensraum des deutschen Volks zurück und propagierte neuen Lebensraum in den Überseekolonien. Die Namensgleichheit mit dem bayerischen Nazi-Funktionär und SS-Gruppenführer Wilhelm Grimm (1889–1944) ist wohl eher zufällig.
46 Das Typoskript war 29 Seiten lang und auf den 2.3.1943 datiert, s. Than: Brief (s. Anm. 34).
47 Warren Pierce: Brief an Sam Bischoff, 30.3.1943. File »None Shall Escape« Box 3522 RG 208. National Archives USA.
48 In dieser Fassung ist Grimms frühere Verlobte Marja 1939 bereits tot, und ihre Tochter Janina wird von Grimm sexuell bedrängt. Sie flieht mit dem geläuterten Nazi-Offizier Fritz Gruber, die beiden werden auf der Flucht getrennt. Gruber schließt sich der russischen Armee an, und Janina arbeitet in England im polnischen Informationscenter, beim Prozess gegen Grimm finden sie sich wieder.
49 Feature Script Review by Sally Kaye vom 31.3.1943. File «None Shall Escape« (s. Anm. 47).

tions nach Kriegsende »a world order based on law and justice« schaffen müssten. Sein Kommentar zur Darstellung der Judenverfolgung zeigt, dass die Strategie der Autoren erfolgreich war: »Nazi oppression of not only the Jews but also the Catholic Church, as outlined in the synopsis, presents a powerful plea for international recognition of the right of men to worship as they please.« Abschließend urteilte Pierce: »I think you have the makings of a really great picture here.«[50]

Nach diesem positiven Bescheid überarbeiteten Neumann und Than ihren Entwurf, und von dieser Fassung ist das Manuskript *LEBENSRAUM Großes Treatment* im Nachlass Alfred Neumanns erhalten.[51] Es enthält die vollständige Handlung und alle Charaktere wie im späteren Film, anstelle von Fritz Gruber wird Grimms Neffe Willie eingeführt und seine Beziehung zu Janina entwickelt. Das Manuskript enthält bereits zahlreiche Dialoge in englischer Sprache, die wörtlich in den Film übernommen wurden. Dieses Manuskript war eindeutig die Vorlage für die neue – anscheinend nicht erhaltene – englische Version, die dann dem Drehbuch zugrunde gelegen hat, denn »The main situations and characters of the shooting script are identical with the original story written by Neumann and myself«, heißt es im Brief von Than.[52]

Die Verbrechen Grimms an Anna, seinem Bruder und seinem Neffen sind angelehnt an bekannte Topoi der Anti-Nazi-Filme wie Gewalt gegen Frauen oder der Riss durch die Familie. Typisch für Hollywoods Anti-Nazi-Filme wird politisches Geschehen personalisiert und mit privaten Schicksalen verbunden. Auffällig sind die Ähnlichkeiten mit dem Film *Hitler's Children*, der den Autoren anscheinend als Vorbild gedient hat. Grimms erstes Opfer heißt Anna wie die Heldin dieses Films, das Verhältnis Grimms zu seinem Neffen gleicht dem des Nazi-Oberst Henkel zu seinem Protegé Karl Bruner, Willies Liebe zu Janina ist der Beziehung von Karl und Anna nachgebildet, und auch das Ende der beiden Paare ist identisch. Beide Männer wenden sich schließlich von den Nazis ab und werden deshalb erschossen, ebenso wie die beiden Frauen. Der widerständige Pater Warecki erinnert sowohl an den Bischof in *Hitler's Children*, der versucht Anna vor der Gestapo zu schützen[53], als auch an den Pastor Hall in dem gleichnamigen englischen Anti-Nazi-Film.

---

50 Pierce: Brief an Bischoff (s. Anm. 47).
51 Unveröffentlichtes Manuskript »LEBENSRAUM Großes Treatment«, 36 Seiten, unpaginiert. Die erste Seite ist datiert 31.3.1943, die letzte Seite ist datiert 6.5.1943 und signiert AN. Bestand Nachlass Alfred Neumann, Monacensia. Literaturarchiv und Bibliothek München, Signatur L 2544. Das Manuskript ist überwiegend in deutscher, teils in englischer Sprache verfasst.
52 Than: Brief (s. Anm. 34).
53 Vgl. die ausführliche Inhaltsangabe von *Hitler's Children* im AFI Catalog (s. Anm. 1).

Der Drehbuchautor Lester Cole, der als Sohn polnisch-jüdischer Einwanderer zu dem Thema des Films eine besondere Beziehung hatte, bestätigte in seinen Erinnerungen, Neumann und Than »had written a tale of the Nazi occupation of Poland and the extreme torture and human degradation to which the Jews were being put on their journey to the gas chambers«.[54] Er hielt sich eng an deren Story und übernahm auch die ursprüngliche Exposition, in der der Prozess gegen Grimm in einen größeren Rahmen eingebettet ist. Während der Reden von Roosevelt, Churchill und Stalin sollten die internationalen Gerichtshöfe in allen europäischen Hauptstädten mit Richtern und Angeklagten gezeigt werden, am Schluss das Gericht in Warschau, das der Gerichtspräsident mit den Worten eröffnen sollte: »Der Tag des Gerichts ist gekommen, doch nicht der Tag der Rache.«[55] Diese sehr aufwändige Sequenz ist im Film vermutlich aus finanziellen Gründen gestrichen und durch die oben erwähnte Schrifttafel ersetzt worden.

Das MPB schickte ein Exemplar von Coles *First Draft*[56] an das State Department in Washington, das jedoch keine Einwände erhob und kurz und bündig antwortete: »No Objections«.[57] Aber das MPB kritisierte die zu lange Vorgeschichte und die zu schnelle Wandlung von Willie Grimm. Außerdem schlug das MPB vor, mehr dokumentarische Szenen einzufügen, z. B. sollten die Dorfbewohner über die Nazi-Verbrechen Buch führen, das später der Anklage als Zeugnis dienen sollte.[58] Trotz der Einwände unterstützte das MPB das Projekt weiter und bot Columbia ein Gespräch mit dem Drehbuchautor und Produzenten an, denn »this is the most important and detailed review and comment which we have made of any motion picture submitted to this office«, schrieb Pierce: »This is because we feel that from the standpoint of the war information program this picture could be one of the most important produced by

---

54 Lester Cole: Hollywood Red. The Autobiography of Lester Cole. Palo Alto, CA. 1981, S. 202–206; hier: S. 203. Cole (1904–1984) war einer der »Hollywood Ten«. Weil er sich weigerte vor dem HUAC die Frage nach seiner Parteizugehörigkeit zu beantworten, wurde er 1947 wegen Missachtung des Kongresses zu einem Jahr Gefängnis verurteilt und kam danach auf die berüchtigte Schwarze Liste.
55 Neumann, Than: Großes Treatment (s. Anm. 51), S. 2.
56 Coles *First Draft* vom 5.6.1943 ist nicht erhalten und hier referiert nach Synopsis und Kommentar des MPB: Feature Script Review by Eleanor Berneis vom 23.6.1943. File »None Shall Escape« (s. Anm. 47).
57 Warren Pierce: Brief an John Mock, Columbia Pictures vom 11.8.1943. File »None Shall Escape« (s. Anm. 47).
58 Feature Script Review by Eleanor Berneis (s. Anm. 56). Kritik und Vorschlag sind typisch für die Auseinandersetzungen zwischen den Studios und dem MPB, auf die hier nicht näher eingegangen werden kann. Vgl. Koppes: Regulating the Screen (s. Anm. 22), S. 269–280.

Hollywood.«⁵⁹ Das Gespräch hat anscheinend stattgefunden⁶⁰, und Cole hat im *Final Shooting Script*⁶¹ tatsächlich Willies Wandlung plausibler gestaltet, weitergehende Vorschläge des MPB jedoch ignoriert, weswegen Pierce etwas verschnupft reagierte: »The story has been considerably improved from our standpoint since our first review in June«, bestätigte er, meinte jedoch: »I still think it could be further improved. [...] as it stands now is [!] not much more than merely another anti-Nazi picture.«⁶²

Das Drehbuch wurde aber nicht nochmals geändert, Columbia hatte bereits mit den Vorbereitungen der Produktion begonnen und Anfang August den exilierten ungarischen Regisseur Andre de Toth für die Regie verpflichtet.⁶³

IV. Ein Film »*made for justice*«

Andre de Toth erinnerte sich, dass er den Film in 25 Drehtagen, zahlreichen Nachtaufnahmen und mit einem knappen Budget auf dem Gelände der Columbia Ranch in Burbank inszenierte.⁶⁴ Auch er hatte eine persönliche Beziehung zu diesem Film, denn er hatte im September 1939 den deutschen Überfall auf Polen selbst miterlebt und erlitten: »[...] it was something I wanted to do since 1 September 1939«, schrieb er in seinen Erinnerungen: »Those of us who were singed by the fire and hallowed by the blood were craving for justice. Not revenge. Revenge will never spawn justice, it is a vicious circle. [...] *None Shall Escape* was made for justice.«⁶⁵

Besonders wichtig war de Toth die Besetzung der internationalen Jury (Abb. 3). Gegen den Widerstand des Studiochefs Harry Cohn setzte er durch, dass auch ein schwarzer Amerikaner in der Jury vertreten war.⁶⁶ De Toth wollte

---

59 Warren H. Pierce an John Mock, Columbia Pictures, 22.6.1943. File »None Shall Escape« (s. Anm. 47).
60 Lillian H. Bergquist erwähnt dies in ihrem Review des Films. Feature Viewing. Review by Lillian H. Bergquist vom 24.12.1943. File »None Shall Escape« (s. Anm. 47).
61 Lester Cole: None Shall Escape. Final draft, July 21, 1943, 151 S. Ein Exemplar besitzt die MHL, das ich nicht einsehen konnte. Die Änderungen sind referiert nach der Feature Script Review von Eleanor Berneis vom 3.8.1943. File »None Shall Escape« (s. Anm. 47).
62 Warren H. Pierce an John Mock, Columbia vom 11.8.1943. File »None Shall Escape« (s. Anm. 47).
63 Hollywood Calling - Hans Kafka Speaking. Aufbau Vol. 9, No. 32, 6.8.1943, S. 13.
64 de Toth: Conversation, (s. Anm. 9), S. 48. Die Dreharbeiten dauerten vom 31.8. bis 26.10.1943.
65 Andre de Toth: Fragments. Portraits from the Inside. London, Boston 1994, S. 310–325; hier: S. 311. De Toths Erinnerung, einer der Autoren habe »revenge« gewollt, ist nicht nachvollziehbar. Neumann und Than lehnen im *Großen Treatment* eindeutig Rache ab, und Cole übernahm diese Haltung im Drehbuch.
66 De Toth: Fragments (s. Anm. 65), S. 312.

auch kein Déjà-vu bei Darstellern, die aus anderen Anti-Nazi-Filmen bekannt waren: »*None Shall Escape* shouldn't be acted, it should be felt, thought, lived«[67], argumentierte er und erreichte bei Harry Cohn, dass der noch wenig bekannte Schauspieler Alexander Knox für die Hauptrolle engagiert wurde[68], und Richard Hale gab als Rabbi seinen Einstand als Charakterschauspieler in Hollywood.[69]

Auch inhaltlich hat De Toth den Film wesentlich beeinflusst, vor allem geht die Szene der Propaganda-Aufnahmen für die Nazi-Wochenschau (Abb. 4) auf seine eigenen traumatischen Kriegserlebnisse in Polen 1939 zurück: »The Nazis […] wanted to show themselves as humanitarians, feeding the Poles«, erinnerte er sich:

> What was so terrible was they lined up the starving people and whipped them like dogs. Then the cameras rolled, with the Nazis shouting, »Laugh! Smile!« And the people smiled, and they gave them the bread. Then they stopped the cameras. »Enough!« And the soldiers took the bread away. They showed these things all over Germany, all over the world. ›Look,‹ they said, ›we're not so bad.‹[70]

Auch die Zwangsarbeit der Polen (Abb. 5), die Schändung der Synagoge (Abb. 6) und ihre Nutzung als Pferdestall[71] hat de Toth in harten realistischen, fast dokumentarischen Bildern inszeniert und auch verdeutlicht, dass diese Gräuel planmäßig verübt wurden. Grimm erklärt der protestierenden Marja, dass man Synagogen nicht mehr brauche, weil es bald keine Juden mehr gebe, aber Pferde, und stellt so unmissverständlich klar, dass die Zerstörung nur die Vorstufe zur Vernichtung der Juden ist.

Alexander Knox spielt Grimm in diesen Szenen als kühl kalkulierenden Nazi und Militär, er begeht diese Verbrechen keineswegs aus Rache, sondern um dem deutschen Volk neuen ›Lebensraum‹ zu verschaffen. Auf Willies Frage, weshalb er die Juden deportieren und ohne Wasser und Brot in die Viehwaggons verladen lässt, antwortet er lapidar, dass eben nicht genügend Raum und Lebensmittel für alle da seien – es sei lediglich eine Frage der Arithmetik.

---

67 De Toth: Fragments (s. Anm. 65), S. 315.
68 Alexander Knox (1907–1995) war erst 1941 aus England in die USA zurückgekehrt und hatte erst wenige Filme in den USA gedreht, s. IMDB (s. Anm.11).
69 Richard Hale (1892–1981) war seit 1921 Schauspieler am Theater, s. IMDB (s. Anm. 11).
70 Patrick Francis: Wise Guys: A Virtual Roundtable with Three American Filmmakers of an Extremely Rare Vintage. LA Weekly, May 2, 2002. http://www.laweekly.com/film/wiseguys-2134696, [abgerufen: 5.9.2015].
71 Dass deutsche Truppen Synagogen zerstörten und als Pferdestall nutzten, ist dokumentiert im Black Book of Poland (s. Anm. 39), S. 251.

Der Holocaust vor dem *»World Tribunal«* 317

Abb. 3: Jury des »International Tribunal of War Crimes«. (DVD-Aufnahme)

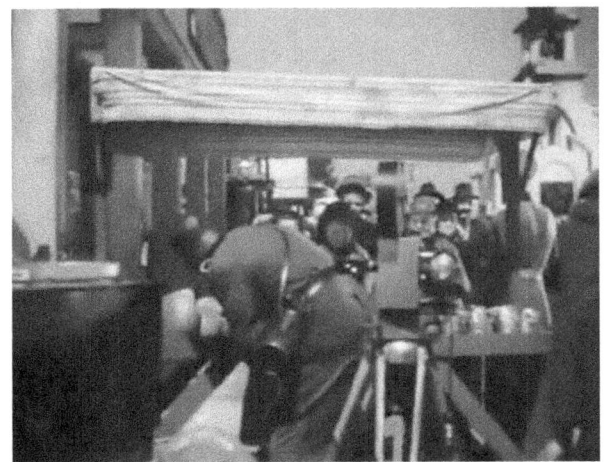

Abb. 4: Propaganda-Dreharbeiten für die Nazi-Wochenschau. (DVD-Aufnahme)

Abb. 5: Polen bei der Zwangsarbeit. (DVD-Aufnahme)

Abb. 6: Plünderung der Synagoge und Verbrennung der Thora-Rollen. (DVD-Aufnahme)

Deportation, Widerstand und Massaker an den Juden sind der dramatische Höhepunkt des Films und von de Toth extrem realistisch in Szene gesetzt, wie auch die Kritik anerkannte, die ihm »unbridled daring« attestierte.[72] Die Sequenz ist schon im *Großen Treatment* enthalten[73], doch haben Cole und de Toth die Szene entschieden dramatischer zugespitzt, wobei sie Handlung und Dialoge aus dem *Großen Treatment* weitgehend wörtlich übernommen haben. Than und Neumann hatten diese Episode in zwei Szenen aufgeteilt: Pater und Rabbi protestieren erst bei Grimm in dessen Office gegen die Deportation: »Das ist Mord! Kein einziger Jude wird mehr leben, wenn der Viehwagen ausgeladen wird!«, hält der Rabbi Grimm vor, und der Pater protestiert: »Before God and man I protest against this crime to humanity!«[74] Als ihr Protest erfolglos bleibt, gehen sie begleitet von Marja und Janina zu den Bahngleisen, wo die Juden in Viehwaggons getrieben werden, Grimm und Willie folgen ihnen. Widerstand und Massaker nehmen im Treatment nur fünf Zeilen ein: Der Rabbi bittet Grimm erneut: »Geben Sie es nicht zu Herr Grimm, geben Sie Befehl, die Verladung zu stoppen. – G[rimm] rührt sich nicht.« Daraufhin ruft der Rabbi zum Widerstand auf: »Gehorcht nicht! Geht nicht in den Wagen! Wehrt euch! Wehrt euch!« Als die verzweifelten Juden gegen die Soldaten stürmen werden sie »shot down like dogs«.[75]

---

72 Bischoff Picture Magnificent Job. In: Hollywood Reporter. Clipping File, MHL (s. Anm. 13).
73 Coles Bericht, dass es im *Treatment* von Neumann und Than keinen Widerstand der Juden gegen die Deportation gegeben habe, ist eindeutig falsch. Cole: Hollywood (s. Anm. 54), S. 203.
74 Großes Treatment (s. Anm. 51), S. 32.
75 Großes Treatment (s. Anm. 51), S. 33.

Abb. 7: Verladung von Juden in Viehwaggons für die Deportation. (DVD-Aufnahme)

Abb. 8: Rabbi David Levin (Richard Hale) bei seinem Aufruf zum Widerstand. (DVD-Aufnahme)

Diese beiden Szenen sind im Film verschmolzen zu einer einzigen aktionsgeladenen und hochdramatischen Szene an den Bahngleisen, die ca. fünfeinhalb Minuten dauert. Rabbi und Priester protestieren gegen die Deportation, während die Soldaten Männer, Frauen und Kinder unter der Aufsicht von Grimm und seinen Leutnants in die Viehwaggons treiben (Abb. 7). Als der Protest an Grimm förmlich abprallt, wendet sich der Rabbi (Abb. 8) mit einer leidenschaftlichen Rede an die Juden und ruft sie schließlich zum Widerstand auf:

> My people, be calm. Listen to me. Let us prepare ourselves to face the supreme moment in our lives. This is our last journey, it doesn't matter whether it's long or short. For centuries we have sought only peace. We have submitted to many degradations and mean it would achieve justice and reason, we have tried to take our place honestly and decently to all mankind to help make a better world, a world

in which all men would live as free neighbors. We have hoped and prayed but now we see that hope was nothing up. What good has it done to submit? Submission brought us rare moments in history when we were tolerated. Tolerated!? Is there any greater degradation than to be tolerated, to be permitted to exist? We have submitted too long, if we want equality and justice, we must take our place alongside of all other suppressed peoples regardless their race, their religion. Their fight is ours, ours is theirs. We haven't much time left, by our actions we will be remembered, this is our last free choice, our moment in history and I say to you: Let us choose to fight, here, now.[76]

Abb. 9: Das Massaker. (DVD-Aufnahme)

Der Rabbi stürzt sich als Erster auf einen Soldaten, wird aber niedergeschlagen, die Männer und Frauen springen aus den Waggons und greifen die Soldaten an, die auf Grimms Befehl das Feuer eröffnen und mit mehreren Maschinengewehrsalven alle Juden erschießen (Abb. 9). Der schwer verletzte Rabbi prophezeit Grimm: »We will never die, it will be you, all of you«, bevor dieser ihn erschießt. Gestützt von Pater Warecki schleppt sich der Rabbi sterbend zu dem Warnschild *Uwaga-Pociag*[77], das wie ein Kreuz aussieht, und während er ein hebräisches Gebet spricht, schwenkt die Kamera auf die ermordeten Juden, auf die der Schatten dieses Kreuzes fällt. Die auch durch Tochs Musik dramatisch gesteigerte Szene wurde von der Kritik zu Recht als eine der »most memorable

---

76 Text nach dem Film. Das von Cole (Hollywood Red [s. Anm. 54], S. 203 f.) erwähnte Zitat von Dolores Ibarurri (La Passionara): »It is far better to die on your feet than to live on your knees« ist im Film nicht enthalten, vermutlich ist der Text bei den Dreharbeiten geändert worden.
77 Übersetzung: Achtung! Zug!

scenes«[78] des Films hervorgehoben, die dem Publikum schonungslos die Ermordung der Juden vor Augen führte:

> [...] it may be difficult for an American to persuade himself that what he is seeing and hearing is not a fantastic nightmare dreamed up by the movie makers of Hollywood. Yet ›None Shall Escape‹ is based on fact – on the whole infamous record of the Nazi despoliation of Poland.[79]

V. »Grim Photoplay«: zur zeitgenössischen Rezeption

Die erste Kritik des Films kam vom MPB, das *None Shall Escape* schon Ende Dezember 1943 sichtete und den Film einschätzte als »a thoughtful and intelligent examination of this important post-war problem« – nämlich der Bestrafung der Nazi-Kriegsverbrechen – und die »extremely realistic« Szenen der Nazi-Verbrechen hervorhob, besonders des Massakers und des jüdischen Widerstands.[80] Die professionelle Filmkritik reagierte uneinheitlich, die Skala reichte von rückhaltloser Zustimmung bis zur offenen Enttäuschung[81], einige Kritiker hielten den Film für lediglich »another picture which says nothing about the Nazis that hasn't already been said«.[82] Auch das Publikum nahm den Film kontrovers auf, es kam sogar zu wütenden Protesten, Cole erinnerte sich, dass in

> ethnic German areas of Brooklyn and the Yorkville section of Manhattan, stinkbombs were thrown into the theaters. Fights started. There were some arrests. But elsewhere the film was well received, and in many places when the rabbi called upon his people to resist, and they did, audiences cheered.[83]

Diese Skandale und die Oscar-Nominierung für die Original-Story nutzten dem Film, der anscheinend auch an der Kinokasse erfolgreich war.[84]

Die Deportationsszene mit dem »thrilling speech«[85] des Rabbi hoben zwar die meisten Kritiker besonders hervor, aber nur Manfred George wies in seiner Rezension darauf hin, dass *None Shall Escape* damit das Tabu der Darstellung

---

78 Virginia Wright: Picturized Review. In: LA Daily News, 13.4.1944. Clipping File, MHL (s. Anm. 13).
79 Philip K. Scheuer: One War Criminal Faces Trial in Grim Photoplay. In: Los Angeles Times, 12.4.1944. Clipping File, MHL (s. Anm. 13).
80 Review von Lillian H. Bergquist (s. Anm. 60).
81 Bischoff Picture Magnificent Job. In: Hollywood Reporter, 11.1.1944 und First Movie About War-Guilt Trials Is Disappointing. In: Tidings, 14.4.1944. Clipping File, MHL (s. Anm. 13).
82 Bosley Crowther: None Shall Escape. In: New York Times, 7.4.1944.
83 Cole: Hollywood Red (s. Anm. 54), S. 206.
84 Nach Cole: Hollywood Red (s. Anm. 54), S. 206.
85 Bischoff Picture Magnificent Job (s. Anm. 81).

der Judenvernichtung durchbrochen hatte.[86] Seine Hoffnung, dass dies erst ein Anfang der Beschäftigung Hollywoods mit dem Holocaust sei, erfüllte sich jedoch nicht. *None Shall Escape* blieb »the only wartime release [Hollywood's] to acknowledge the Final Solution«[87], konstatierte die New Yorker *Village Voice* anlässlich einer Wiederaufführung 1992.

---

86 George: None Shall Escape (s. Anm. 3).
87 »None Shall Escape«. In: The Village Voice, 17.3.1992. Clipping File MHL (s. Anm. 13).

Claus-Dieter Krohn

Auschwitz-Traumata der Superhelden und Mutanten
Emigrantenprojektionen im amerikanischen Comic Book

I. Comic Books, das Hybrid-Medium jüdischer Emigranten

Art Spiegelmans Comic *MAUS* aus den 1980er Jahren vom Überleben seines Vaters in Auschwitz gilt als Zeitenwende.[1] Es zeigt, dass dieses Thema durchaus angemessen und mit Würde dargestellt werden konnte, und trug damit zur Befreiung des Mediums vom Stigma der *low culture* bei. Der Pulitzer Prize für *MAUS* 1992 bewirkte, dass die Shoah, Bedrohung und Verfolgung der Juden fortan häufiger Gegenstand allerdings mehr in der neu entstandenen Kunstform der Graphic Novel wurde. Diese hatte kurz zuvor der langjährige Comic-Zeichner Will Eisner mit seiner Geschichte *A Contract with God* auf den Weg gebracht, die von Frimmele Hersh, einem Überlebenden der russischen Pogrome bei seiner schlitzohrig-erfolgreichen Akkulturation in der Lower East Side in New York handelt.[2] Während Spiegelman biografisch eher von der subversiv-antiautoritären Tradition des amerikanischen Underground-Comics im Stile Robert Crumbs herkommt, zählt der ältere Eisner zu den Comic Book-Künstlern der ersten Stunde, dessen seit 1940 erscheinender kultivierter *Spirit* eine Ausnahmeerscheinung im Genre der damals zahlreich in der Medienöffentlichkeit neu erscheinenden Superhelden darstellte.

Spiegelmans Geschichte ist relativ gut erforscht, nur wenig bekannt ist dagegen, ob und wie das Thema Holocaust vor ihm in den Comic Books behandelt worden ist.[3] Die Frage stellt sich, weil dieses popkulturelle Medium nahezu ausschließlich von jüdischen Künstlern geschaffen und gestaltet wurde. Seit den 1980er Jahren sind Comic Books als Kunstform und als Spiegel der amerikani-

---

1 Art Spiegelman: MAUS. A Survivor's Tale. New York 1986 und MAUS. And here my Troubles began. New York 1991, dt. Reinbek 1989 und 1992. Zuvor waren die Geschichten ab 1981 in der kurzlebigen, von Spiegelman hg. Comic-Anthologie *RAW* erschienen.
2 Will Eisner: A Contract with God and other tenement stories. New York 1978, dt.: Ein Vertrag mit Gott. Und andere Mietshaus-Stories aus New York. Frankfurt a. M. 1980.
3 Exemplarisch Ole Frahm: Genealogie des Holocaust. Art Spiegelmans MAUS – A Survivor's Tale. München 2006; The Jewish Graphic Novel. Critical Approaches. Ed. by Samantha Baskind and Ranen Omer-Sherman. New Brunswick, New Jersey, London 2008. Der jüngste umfangreiche Tagungs-Begleitband: Rechtsextremismus, Rassismus und Antisemitismus in Comics. Hg. v. Ralf Palandt. Berlin 2011 ist irreführend. Der Beitrag von Fabian Kettner: Nur das Kino des kleinen Mannes? Literarische und visuelle Narrative in Holocaust-Comics zwischen Abenteuerroman und Bildungsauftrag, S. 375–404, setzt »Graphic« synonym für »Comics« und referiert nur über die Graphic Novels zum Thema in den Jahren nach Erscheinen von *MAUS*.

schen Gesellschaft, aber auch als spezifische Botschaften jüdischer Autoren genauer wahrgenommen worden, wobei Spiegelmans *MAUS* nur einen von mehreren Anstößen gab. Steven Spielberg hatte zur gleichen Zeit in einem Animationsfilm (*An American Tail*, 1986) ebenfalls immigrierte Juden als Mäuse auftreten lassen. Zur Sensibilisierung der Öffentlichkeit für dieses Thema hat ebenso Marvin J. Chomskys Film über die im Holocaust umgekommene Familie Weiss (1978) beigetragen. Neben dem so eingeleiteten Interesse an der jüngsten jüdischen Geschichte ist der mit den *postcolonial* und *cultural studies* begonnene Paradigmenwechsel in den Sozialwissenschaften entscheidend gewesen, der das Instrumentarium für die Erforschung von Minderheiten schärfte und den Blick auf die Alltags- und Popularkultur lenkte. Deren offene oder substrukturelle Botschaften setzten aus dieser Perspektive gesehen die Alternativen zur überkommenen Kulturkritik nicht nur des elitären Konservativismus, sondern auch der von der sogenannten *Kritischen Theorie* beeinflussten Neuen Linken in den USA und Westeuropa mit ihren Verdikten gegen die von der »Kulturindustrie« manipulierten Massen.

Comics waren dafür ein besonders geeigneter Gegenstand, und tatsächlich begann man jetzt in den USA mit ihrer systematischen Erforschung. Erste Ansätze dafür hat es schon in den 1960er Jahren gegeben[4], die aber lediglich an die Comic-Fans gerichtet waren. Auch die seit den 1950er Jahren vorherrschenden konservativen Ausfälle gegen die Comic Books mit ihren »deleterious effects of mass culture«[5] fanden mehr und mehr Widerspruch. Umberto Eco beispielsweise hat in den frühen 1970er Jahren durch die semiotische Brille in den textuellen Formen, erzähltechnischen Methoden und leicht verständlichen kulturellen Codes der Comics (und von Filmen) originelle Beispiele kultureller Kommunikation ausgemacht, wenngleich sie – ohne dass darauf hingewiesen wird – auf David Riesmans Typus des »außengeleiteten«, d. h. fremdbestimmten, konformistischen Menschen der industriellen Massengesellschaft als Rezipienten gerichtet sind.[6] Das blieben Einzelstimmen, die sich seit den 1980er Jahren zu umfassenden Kulturstudien verdichteten und mit dem *visual* oder *pictural turn* weitere Schubkraft erhalten sollten.[7]

---

4 Jules Feiffer: The Great Comic Book Heroes. New York 1965. Eine verkürzte Fassung erschien 2003 in Seattle/WA.
5 A Comics Studies Reader. Ed. by Jeet Heer and Kent Worcester. Jackson, Miss. 2009, S. XIV. Das Schlüsselwerk dazu stammt von dem in München geborenen und nach dem Studium 1922 in die USA emigrierten Psychiater Fredric Wertham (Friedrich Ignatz Wertheimer): The Seduction of the Innocent. New York 1954.
6 Umberto Eco: Der Mythos von Superman [1972]. In: Ders.: Apokalyptiker und Integrierte. Zur kritischen Kritik der Massenkultur. Aus dem Italienischen. Frankfurt a.M. 1986, S. 187–222, bes. S. 205. David Riesman: The Lonely Crowd [1950], dt.: Die einsame Masse. Reinbek 1958, S. 137 ff.
7 Dazu u. a. die Text-Anthologien Heer, Worcester: A Comics Studies Reader (s. Anm. 5) und The Superhero Reader. Ed. by Charles Hatfield, Jeet Heer and Kent Worcester. Jackson, Miss. 2013.

Mittlerweile gibt es veritable Studien, die sich mit den jüdischen Grundlagen der Comic Books, den Widerspiegelungen ihrer sozialen Realität und ihren politischen Haltungen beschäftigen oder gar mit zahlreichen Beispielen direkte Beziehungen zwischen den Comic-Helden und den biblischen Texten glauben nachweisen zu können.[8] Sie sind für die Archäologie des Holocaust-Diskurses in den Jahren vor *MAUS* jedoch weniger ergiebig, obwohl jüdische Bezüge für die Superhelden konstitutiv sind, da sie alle mehr oder weniger in der Tradition der Figur des Golem mit seiner beschützenden Botschaft des *tikkun olam*, der Verbesserung oder Wiederherstellung der Welt stehen. Superman, die Ursprungsfigur, wurde als Kal-El auf dem Planeten Krypton geboren, der alte Name El deutet wie bei Dani-el oder Samu-el den Bezug auf die Gottheit an. Von seinem Vater wurde er angesichts der bevorstehenden Explosion des Planeten auf die Erde geschickt und dort wie Moses als Findelkind von Adoptiveltern mit dem unverdächtigen amerikanischen Mittelklasse-Namen der WASPs[9] Clark Kent aufgezogen.

Vor dem Hintergrund der Kindertransporte aus Deutschland sind hier Verweisungen nicht nur auf den Ursprungsmythos, sondern auch auf die politische Aktualität evident. Superman symbolisiert nicht nur die religiöse jüdische Tradition. Er ist wie Moses auch der Fremde, den die jüdischen Comic-Autoren so gestaltet haben, wie sie selbst gesehen werden wollten, Immigranten meist der zweiten, bereits in den USA weitgehend akkulturierten Generation häufig osteuropäischer jüdischer Einwandererfamilien, aus deren Bindungen sie sich längst gelöst und säkularisiert hatten. Diese Autoren waren stolz auf ihre kulturelle Erbschaft, ihre politische Intention jedoch war eine andere; mit jüdischen Problemen, so Joe Simon, habe der von ihm miterfundene Superman absolut nichts zu tun.[10]

Nicht übersehen werden sollte, dass es die NS-Propaganda war, die als Erste auf die jüdischen Wurzeln der Comic-Autoren hingewiesen hat. Anlass war eine von Jerry Siegel und Joe Shuster – den Schöpfern des ersten Comic Book-Helden – in der Zeitschrift *Look* 1940 erschienene kleine Geschichte unter dem Titel »… how Superman would end the war«. Sie zeigt, wie dieser Hitler und Stalin am Schlafittchen ergriffen und vor das Tribunal des Völkerbundes in Genf gebracht hatte, wo sie des größten Verbrechens in der neueren Geschichte schuldig gesprochen wurden, »unprovoked aggression against defenseless countries« begangen zu haben. Ausfallend eiferte sich Josef Goebbels' Sprachrohr *Das Schwarze Korps* über »die geistig und körperlich Beschnittenen« in Amerika, zwi-

---

8 Exemplarisch Simcha Weinstein: Up, Up, and Oy Vey! How Jewish History, Culture, and Values shaped the Comic Book Superhero. Baltimore 2006; Danny Fingeroth: Disguised as Clark Kent. Jews, comics, and the Creation of the Superhero. New York, London 2007; Arie Kaplan: From Krakow to Krypton. Jews and Comic Books. Philadelphia 2008; Helden, Freaks und Superrabbis. Die jüdische Farbe des Comics. Ausstellungskatalog. Jüdisches Museum. Berlin 2010.
9 WASP = White Anglo-Saxon Protestants.
10 Zit. nach Fingeroth: Disguised as Clark Kent (s. Anm. 8), S. 24 f.

schen den Zeilen ist aber durchaus der Respekt zu erkennen, den die Nazis den »Asphalt-Phantasien« des kraftstrotzenden Superman-Typs entgegenbrachten, der ihren eigenen Übermenschen-Visionen in einigen Elementen so nahekam.[11]

Das säkulare Selbstverständnis der Comic-Autoren wird erkennbar in den von ihnen nicht zufällig seit Ende der 1930er Jahre geschaffenen Comic Books, d. h. standardisierten Heften im konstanten Umfang von 64 Seiten.[12] Sie transportierten als hybrides Medium in ihrer Bild/Text-Kombination die eigenen Wünsche und Erwartungen der Autoren, personifiziert mit Superman beginnend von einem rasant expandierenden neuen Typus von Superhelden. Alle waren nach demselben Muster gestrickt und mit gleichen Eigenschaften ausgestattet, sie hatten dieselbe Mission im selbstlosen Einsatz für die Unterdrückten und im Kampf gegen das Böse und waren damit Vorbilder für den herrschenden Mainstream gesellschaftlicher Moral. Sie alle hatten enorme, vielfach übermenschliche Körperkräfte, mit denen sie sich durchsetzen und so ihre physische Unabhängigkeit demonstrieren konnten.

Unübersehbar symbolisierten solche Superhelden die Wunschvorstellungen ihrer immigrierten Schöpfer nicht allein in Bezug auf die vollständige Integration, sondern zugleich auf die eigene Vorbildfunktion als Super-Amerikaner. Belegt wird das durch die Farben der Superhelden-Kostüme, die denen der amerikanischen Flagge entsprachen. Schließlich hatten alle eine doppelte Identität, die ihnen das Abtauchen in die gesellschaftliche Unauffälligkeit erlaubte, nach Sander Gilman eine Art *double bind*, der die häufig aus der sozialen Rolle folgende Selbstverleugnung vieler Juden auffing.[13] Die Eigenschaft doppelter Identität verrät die größte Nähe der Superhelden zu ihren eingewanderten Schöpfern, die einmal ihre Außenseiterrolle zeigt, ihnen damit aber auch den Beobachterblick aus der Distanz erlaubt.

Gerade dieser Blick trug wesentlich zur Entstehung der Comic Books und ihren realgeschichtlich fundierten Inhalten mit bei; das erste Comic Book war im Juni 1938 erschienen. Zu den Kernthemen in der gesamten ersten Phase des sogenannten »Golden Age« bis in die 1950er Jahre hinein gehörten einmal die innenpolitischen Folgen der Weltwirtschaftskrise mit ihrem Gangster-Unwesen und gekauften Politikern, zum anderen außenpolitisch die durch den Nationalsozialismus in Deutschland drohenden Gefahren. Der Kampf gegen die sogenannte »5. Kolonne« und die Silver Shirts, d. h. die deutschstämmigen US-Nazis standen dabei im Vordergrund. Dass gerade die mit den europäischen

---

11 Superman. New Comic Strip Hero proves – there's big Money in Fantasy. In: Look, 27.2.1940 und Das Schwarze Korps, Folge 17, 25.4.1940, S. 8.
12 Im Unterschied zu den herkömmlichen Comic Strips der Zeitungen, die es seit dem 19. Jahrhundert gab.
13 Dazu Sander L. Gilman: Antisemitismus und die verborgene Sprache der Juden. Frankfurt a. M. 1993, S. 13 ff.

Verhältnissen vertrauten Immigranten hier besonders sensibel waren, muss nicht weiter erklärt werden. Durch ihre vielfachen persönlichen Beziehungen hatten sie bessere Kenntnisse und Informationen als die mehrheitlich isolationistische amerikanische Öffentlichkeit. Wie beim Kino, dem anderen neuen Medium der modernen Popularkultur, der aufklärende Anti-Nazi-Film ohne Emigranten nicht zu denken ist, so wurden auch die Comic Books zu einem wichtigen indirekten Informationsorgan der amerikanischen Öffentlichkeit über die Verhältnisse in Deutschland und nach 1939 in Europa. Dass die Superhelden ebenfalls als glühende New Dealer auftraten, mehrfach erscheint der von ihnen verehrte amerikanische Präsident Franklin D. Roosevelt in den Geschichten[14], gehört zum Kontext.

Schon deswegen ist der gelegentlich erhobene Vorwurf des »Eskapismus« der Comic Books nicht korrekt.[15] Zwar ist richtig, dass in nicht wenigen Geschichten die Raum- und Zeitebenen verschwimmen und die Grenzen zur Surrealität mit ihren Gespenstern, Androiden und anderen Ungeheuern sowie den Kämpfen in planetarischen Dimensionen häufig fließend sind, aber solche Phantasmagorien finden sich auch in der antiken Mythologie, in Märchen oder bei Jules Verne im 19. Jahrhundert, mit denen menschliche Extrembedingungen verfremdend pointiert und imaginiert werden. Wichtiger ist, dass die Superhelden, die dieses Universum bevölkerten, den Durchblick behielten, Garanten der Ordnung in Zeiten des Chaos waren und vor allem als Kämpfer an der Heimatfront die *domestic tranquility* der Ignoranten und Isolationisten herausforderten.

Für den Anti-Nazi-Kampf wurde zum Kriegseintritt der USA 1941 von den aus jüdischen Familien Großbritanniens und Österreichs stammenden Joe Simon und Jack Kirby, geboren als Jacob Kurtzberg, eigens der patriotische Superheld Captain America geschaffen, der schon auf dem ersten Hefttitel Hitler einen gewaltigen Kinnhaken verpasst (Abb. 1). Seine weiteren Aktivitäten werden dann allerdings soweit begrenzt, dass der tatsächliche Einsatz der G. I.'s keine literarische Konkurrenz bekam. Dieser Held war das Alter Ego der Autoren; aufgewachsen in der Lower East Side in New York mit ihren ethnischen Konflikten, Straßengangs und Gewaltexzessen gehörte der Kampf, wie Kirby erzählte, zur zweiten Natur seiner jugendlichen Sozialisation. In die gezeichneten Comics flossen die eigenen Erfahrungen mit ein, die den Anspruch visualisierten, ein »all around American« zu sein.[16]

---

14 Captain America # 1/March 1941, # 21/Dec. 1942.
15 Vom »perfekten Eskapismus« sprechen Reinhold C. Reitberg und Wolfgang J. Fuchs: Comics. Anatomie eines Massenmediums. München 1971, S. 226. Im Schlüsselroman von Michael Chabon: The Amazing Adventures of Kavalier & Clay. New York 2000, über die Welt der Comic Book-Pioniere während des Golden Age der 1940er Jahre kommt sogar ein Superhero unter dem Namen Escapist vor; dt. Die unglaublichen Abenteuer von Kavalier & Clay. Köln 2002.
16 Interview Jack Kirby: In: The Comics Journal # 134, Febr. 1990, S. 57 ff.

Abb. 1: Captain America. Titelblätter der ersten beiden Hefte, März und April 1941

Die Superhelden waren »Männer von Morgen« und Ikonen der modernen Gesellschaft mit ihren Gefährdungen. Sie waren singulär in der Geschichte der Comic Books, denn mit ihren fast messianischen Eigenschaften konnten sie nur in »God's own country«, dem religiös geprägten judäo-christlichen Wertesystem der USA Glaubwürdigkeit entfalten. Die rasant wachsenden Auflagenzuwächse von den ersten Comic Books mit 200.000 Exemplaren 1938/39 bis auf 25 Millionen Hefte 1943, von denen 25 Prozent an die Armee gingen, sind ein Beleg dafür.[17] Die von den Superhelden verkörperten biografischen Projektionen ihrer Schöpfer bestimmten die gleichen Fragen nach Fremdheit, Marginalität, Akkulturation, aber auch nach Widerstand gegen Faschismus und Totalitarismus wie einige erkenntnistheoretische Etagen höher die akademischen Intellektuellen mit gleichen Emigrationsschicksalen. Aus guten Gründen können daher die eigentlich auf ein jüngeres Publikum ausgerichteten, mit ihren Subtexten und metaphorischen Anspielungen aber ebenso ältere Leser ansprechenden Comic Books durchaus als Lehrstücke angewandter Soziologie in medial ungewohnter Form angesehen werden.

II. Schweigen über das Unvorstellbare

So findet man dort auch die gleichen Reaktionsmuster auf den Genozid an den Juden, der im Sommer 1943 in den USA bekannt wurde; d. h. man sucht vergebens, das Thema kommt bestenfalls andeutungsweise vor. So erwähnt Will Eisners Spirit einmal, dass »Tausende und Abertausende Leute in Europa getötet werden und dagegen tut man nichts«, wobei offen bleibt, ob damit nur die Kriegsereignisse gemeint waren. Superman ist stolz darauf, einen Beitrag im Kampf gegen »Mr. Schickelgruber's so-called Master Race« zu leisten, aber gegen wen sich dessen völkische Selbstnobilitierung richtete, wird nicht gesagt. Eine Opferperspektive ist in den Jahren des Golden Age nirgendwo zu erkennen.[18] Der auf griechische Wurzeln zurückgehende, terminologisch gegenüber dem der hebräischen Shoah offenere Begriff Holocaust fiel zwar gelegentlich, er bezeichnete unter anderem lethale Hitze-Attacken des Erzbösewichts Luthor auf die Lebenswelt Supermans in der Stadt Metropolis mithilfe gigantischer Spiegelsysteme von einem künstlichen Meteoriten aus, mit der die Übernahme der Herrschaft auf der Erde vorbereitet werden sollte.[19] Ob darin zu dieser

---

17 Bradford W. Wright: Comic Book Nation. The Transformation of Youth Culture in America. Baltimore, London 2001, S. 13, 31.
18 The Spirit, 15.6.1941. In: Will Eisners The Spirit Archive. Bd. 2. Wattenheim 2003, S. 195, Panel 2; Superman # 23, July–Aug. 1943. In: Superman Archives. Vol. 6. New York 2003, S. 126, p. 1.
19 Superman # 18, Sept./Oct. 1942. In: Superman Archives. Vol. 5. New York 2000, S. 87, p. 3.

Zeit, 1942, eine Paraphrasierung der *Geheimnisse der Weisen von Zion* oder eine Antizipation der Shoah gemeint sein könnten, ist nicht wahrscheinlich.

Auffallend ist, dass realgeschichtliche Bezüge bei diesem Thema sehr verhalten und unspezifisch blieben. Die konkretesten Hinweise bot vor dem Hintergrund der amerikanisch-sowjetischen Waffenbrüderschaft in der Anti-Hitler-Koalition die Geschichte eines aus einem Konzentrationslager geflohenen russischen Kriegsgefangenen, der einen Film über NS-Gräuel mit sich geführt hatte. Eine Vorführung in Freiheit allerdings verhinderten Gestapo-Agenten. Sie stahlen den Film, attackierten den anwesenden Superhelden Human Torch und verschwanden.[20] Nur wenig deutlicher war eine Geschichte des 1944 vom Office of War Information zusammen mit dem Comic Publisher Fawcett geschaffenen Superhelden Radar, der als »world cop of the future« die Ziele der Vereinten Nationen durchsetzen sollte. In der Geschichte ging es um Nazi-Größen, die als Flüchtlinge getarnt kurz vor dem erwarteten Ende des Dritten Reichs mit einem neutralen portugiesischen Schiff auf die Azoren reisten, um sich dort als friedliche und freundliche Menschen darzustellen und die Welt damit für einen »weichen« Frieden mit Deutschland zu gewinnen. Einer der Reisenden hatte allerdings einen »atrocity film« dabei, der dem an Bord befindlichen Radar in die Hände fiel und von ihm nach der Landung in einer öffentlichen Veranstaltung vorgeführt wurde. Genaueres wurde dabei nicht gezeigt, der pädagogische Kommentar, der alle Radar-Geschichten auszeichnete, wies nur darauf hin, dass es nach diesem »Holocaustic war« keinen »soft peace« geben könne (Abb. 2).[21] Typisch war im Übrigen die in den USA verbreitete Unkenntnis über die KZs im NS-Herrschaftsbereich, unter denen in der Regel eine Art Gefängnis verstanden wurde. Aus Deutschland geflohene Emigranten waren es, die auf diesen Irrtum aufmerksam machten. Beispielhaft erklärte etwa der in Hollywood beschäftigte Schauspieler Ludwig Stoessel 1938 in dem Film *I married a Nazi*, in dem sein Filmbruder in Dachau ermordet worden war: »A concentration camp is not like an American prison.«

Offensichtlich ist die Shoah bei den Comic-Autoren auf die gleiche Unfasslichkeit gestoßen wie bei ihren Schicksalsgenossen aus den Sozialwissenschaften, sogar bei denen, die wie die aus Deutschland nach 1933 in die USA emigrierten die NS-Forschung als spezielles Analysefeld entwickelt und die sogenannte Totalitarismustheorie als eigenes erfahrungswissenschaftliches Paradigma in die amerikanische Wissenschaft eingeführt haben.[22] Für dieses Milieu

---

20 Captain America # 25. April 1943.
21 Radar, The Peace Plot. In: Master Comics # 56, Nov. 1944.
22 Exemplarisch dazu das zeitgenössische Standardwerk: Totalitarianism. Proceedings of a Conference held at the American Academy of Arts und Sciences, March 1953. Ed. by Carl J. Friedrich. Cambridge, MA 1954; ferner Totalitarismus. Eine Ideengeschichte des 20. Jahrhunderts. Hg. v. Alfons Söllner u. a. Berlin 1997; Totalitarismuskritik von links. Deutsche Diskurse im 20. Jahrhundert. Hg. v. Mike Schmeitzner. Göttingen 2007.

Abb. 2: Radar. In: Master Comics # 56, November 1944, Einzelpanels

liegen einige Zeugnisse vor, die aus der Rückschau einen Eindruck von der Fassungs- und Sprachlosigkeit, ja sogar von der Undenkbarkeit der Shoah vermitteln.

Grundlegende Überlieferungen dazu sind 1988 unter dem Titel *Zivilisationsbruch* erschienen, die einen Eindruck vermitteln, warum gerade Zeitgenossen mit jüdischem Hintergrund nicht in der Lage waren, mit jenem Menschheitsverbrechen umzugehen.[23] Trotz ihrer Brüchigkeit hatten die Judenemanzipation und die Aufklärung gerade bei diesen traditionellen Außenseitern

---

23 Zivilisationsbruch. Denken nach Auschwitz. Hg. v. Dan Diner. Frankfurt a. M. 1988.

zu einem Optimismus über den gesellschaftlichen Fortschritt geführt, der wohl Rückschritte denkbar machte, nicht jedoch die völlige Rücknahme. Der Nationalsozialismus wurde anfangs nicht einmal als spezifisch gegen die Juden gerichtet angesehen, sondern als spezifische Reaktion auf die Dynamik der industriekapitalistischen Moderne. Exemplarisch dafür ist das bekannte Zitat Max Horkheimers aus dem einstigen Frankfurter Institut für Sozialforschung, der 1939 in New York schrieb: »Wer aber vom Kapitalismus nicht reden will, sollte auch vom Faschismus schweigen.«[24]

Der eliminatorische Charakter des Nationalsozialismus lag jenseits der Vorstellungen, weil er nicht der Rationalität entsprach, die zum Instrumentarium der emigrierten deutschen Gelehrten gehörte. Als sich das als immer realitätsferner erwies, blieb zunächst nichts als der hilflose Schock, gefolgt von wachsender Skepsis über das europäische Modell der Aufklärung und die emanzipatorische Kraft der Vernunft. Max Horkheimers und Theodor W. Adornos *Dialektik der Aufklärung* (1944/1947) ist das Schlüsseldokument dieser Verarbeitungsversuche nach Bekanntwerden der Gaskammern. Es legt dar, wie Vernunft selbst als Unvernunft erscheint.[25]

Ähnliche, allerdings anders kontextualisierte und nicht ganz so pessimistische Bezüge sind auch in den Comic Books des Golden Age zu finden. Wissenschaft spielt in ihnen eine herausragende Rolle, nach den Kategorien der Kritischen Theorie einmal positiv im aufklärerischen Sinn zur Beförderung des Fortschritts und der Weltverbesserung, andererseits negativ als »instrumentelle Vernunft« zum Eigennutz in den Händen skrupelloser Verbrecher. Stereotyp sind beispielsweise Wissenschaftler, die als Giftmischer ihnen missliebige Menschen töten, um Herrschergewalt für sich zu erwerben. Sie tragen Namen, die auf ihre Tätigkeit hinweisen, so z. B. »Dr. Death«[26], oder auch auf ihre deutsche Herkunft. Ein »Dr. Ehrlich« (sic!) alias »Dr. Eternity« lässt bekannte Menschen töten, um sie seinem Wachsfigurenkabinett einzuverleiben, oder »Prof. Schultz« implantiert den in der Antarktis gefundenen Dinosauriern menschliche Gehirne und richtet sie als Hörige ab.[27]

Solche Anspielungen indizieren die allmähliche Abkehr der in jener Zeit in den USA noch weit verbreiteten Wertschätzung der deutschen Wissenschaften. Nicht von ungefähr wimmelt es im Labor des Dinosaurier-Präparators beispielsweise von Nazi-Spionen, während ein anderer, Tödliches ausheckender Professor, »ein wissenschaftliches Genie«, gleich mit der Physiognomie Adolf

---

24 Max Horkheimer: Die Juden und Europa. In: Zeitschrift für Sozialforschung 8 (1939), S. 115.
25 Zunächst in New York 1944 als mimeografischer Privatdruck erschienen, publiziert 1947 in Amsterdam.
26 Detectiv Comics # 29, July 1939 in der Geschichte »Batman meets Dr. Death«.
27 Master Comics # 22, Jan. 1942: »Captain Marvel jr. Joins Bulletman in a Battle to smash the Wax Death«; Captain America # 29, Aug. 1943: »The King of the Dinosaurs«.

Hitlers ausgestattet ist.[28] Vor solchem Kollegenkreis erscheint der aus Deutschland geflohene »Prof. Reinstein«, die Anspielung auf Albert Einstein ist deutlich, als positives Gegenbild. Er appliziert dem schwächlichen, bei der Musterung für wehruntauglich eingestuften Steve Rogers, einem typischen Waisenkind der Großen Depression, ein Kräfte bildendes Serum, das ihn zu dem superpatriotischen und -intelligenten Kraftpaket Captain America entwickelt. Hinter diesem Serum Reinsteins waren auch die Nationalsozialisten her, NS-Agenten ermordeten ihn in der vergeblichen Hoffnung, die Formel dafür bei ihm zu finden, sodass Captain America das einzige Exemplar dieser physischen Transformation blieb.[29]

Klarer noch erscheint die Unfähigkeit der Wissenschaftler im Umgang mit der Shoah in den Erinnerungen des später bekannten Holocaust-Forschers Raul Hilberg, der aus Österreich emigriert war und bei Kriegsende als junger amerikanischer Besatzungssoldat in Deutschland das Material für sein späteres Thema gesammelt hatte. Als er Ende der 1940er Jahre bei dem mit seinem großen Werk *Behemoth* über des Herrschaftssystem des Nationalsozialismus (1942, 2. Auf. 1944) prominenten Politikwissenschaftler Franz Neumann, vor 1933 Justiziar der deutschen Gewerkschaften in Berlin, an der Columbia University seine M. A.-Arbeit über den bürokratischen Prozess der Judenvernichtung vorlegte, meinte der nur empört »Das kann man nicht ertragen.« Obwohl Neumann erklärter historischer Materialist war und den Glauben der Väter längst hinter sich gelassen hatte, reagierte er, wie Hilberg meinte, »einfach als Jude«. Später noch, als Hilberg an seiner Dissertation über die Vernichtung der europäischen Juden arbeitete, meinte Neumann zusätzlich vor dem Hintergrund des öffentlichen Desinteresses, dass eine solche Arbeit einem akademischen Begräbnis gleichkomme und damit seine Karrierechancen bei Null lägen.[30]

Walter Benjamins ahnungsvoller Engel der Geschichte, der auf die Trümmer der Vergangenheit zurückblickend die Toten wecken und das Zerschlagene zusammenfügen möchte, aber vom Sturm der Zukunft und des Fortschritts fortgetrieben wird[31], hat keinen Nachfolger gefunden, der dieses Vermächtnis erfüllen konnte. Es waren offenbar die Toten selbst, die für die spätere Rekonstruktion ihrer Geschichte Vorsorge treffen mussten. Ein spärliches, sin-

---

28 Superman # 2, Aut. 1939: »Superman fights for World Peace«.
29 Captain America # 1, March 1941.
30 Raul Hilberg: The Destruction of the European Jews. New York 1961. Zum Hintergrund Raul Hilberg, Alfons Söllner: Das Schweigen zum Sprechen bringen. Ein Gespräch über Franz Neumann und die Entwicklung der Holocaust-Forschung. In: Zivilsationsbruch (s. Anm. 23), S. 175–200.
31 Walter Benjamin: Über den Begriff der Geschichte (1940), These 9. In: Ders.: Gesammelte Schriften. Bd. I.2. Hg. v. Rolf Tiedemann und Hermann Schweppenhäuser. Frankfurt a. M. 1974, S. 697.

guläres Zeugnis ist dazu überliefert, das als 15-seitiges Unikat 1942 unter dem Titel *Mickey à Gurs* von dem dort internierten Horst Rosenthal geschrieben und gezeichnet worden war, ehe er kurz danach nach Auschwitz transportiert und dort ermordet wurde.

Merkwürdigerweise nimmt Rosenthal die naive Mickey Mouse, eine Leitfigur aus dem mit den Antisemiten sympathisierenden Disney-Konzern, um die Gewalttätigkeit der Nazis mit ihren Helfershelfern in Vichy-Frankreich vorzuführen. Sie machen Mickey zu dem »anderen«, zum Juden, der gar nicht weiß, was das ist. Mit seinem Hinweis, dass er keine Papiere habe, zwar in Amerika geboren sei, sich aber als Internationalist, Aufklärer und Anhänger der Französischen Revolutionsideale begreife – die Geschichte beginnt in deren Zählweise im »Jahr II« der Nationalen Revolution –, macht er aber alles nur noch schlimmer. Er wird ins Lager Gurs eingewiesen. Die Geschichte endet mit der tragischen »Pointe«, dass Mickey aus seiner surrealen Situation fliehen kann, weil er nur eine Comic-Figur ist und sich mit dem Radiergummi auslöscht, eine wirkliche Befreiung aber nur Amerika verspricht, damals »das Land der Liberté, Egalité und Fraternité« (Abb. 3).[32]

Am Rande sei erwähnt, dass nach der Befreiung Frankreichs noch im Jahre 1945 eine Bildergeschichte unter dem Titel *La Bête est morte* erschienen ist, die den Aufstieg des Nationalsozialismus und den Beginn des Zweiten Weltkriegs mit Tieren als *dramatis personae* darstellt. Die friedlichen Franzosen werden als Eichhörnchen und Kaninchen dargestellt, die Deutschen sind Wölfe. Es ist behauptet worden, dass dies der erste Comic sei, in dem die Vernichtung der Juden angesprochen wurde.[33] Das ist so nicht zutreffend, in einem Panel beziehungsweise Einzelbild wird lediglich von den nach Frankreich eingedrungenen Wolfshorden gesprochen, die die »systematische Ausrottung von rebellischen Volksstämmen in die Tat umzusetzen suchten«.[34] Solche rebellischen Eigenschaften, die ihnen quasi Kombattanten-Status zuwiesen, haben die Juden nicht gehabt, jedenfalls nicht in Westeuropa. Merkwürdig ist ferner, dass die Kollaboration der Franzosen und ihr Beitrag zur Judenverfolgung in der Geschichte nicht vorkommen.

---

32 Der Comic ist abgedruckt mit noch einigen anderen des Autors zum Lageralltag bei Joel Kotek & Didier Pasamonik. Les Carnets de Dessins de Horst Rosenthal. Paris 2014.
33 So der FAZ-Comic-Experte Andreas Platthaus: Unter Wölfen. Eine Pariser Ausstellung zeigt den jüdischen Einfluss auf die Geschichte des Comics. In: FAZ, 13.2.2007.
34 Weil mir das französische Original nicht erreichbar war, wird nach der deutschsprachigen Übersetzung zitiert, diese als korrekt vorausgesetzt: [Edmond-Francois] Calvo & [Victor] Dancette: Die Bestie ist tot. Der Zweite Weltkrieg bei den Tieren. Dreieich 1977; hier: S. 39, p. 4.

Auschwitz-Traumata der Superhelden und Mutanten 335

Abb. 3: Horst Rosenthal, Mickey à Gurs, 1942, Einzelpanels

III. »We are living on borrowed time«

So lautete 1957 in einem Comic Book der neuen Ära des Silver Age das Zitat eines ehemaligen Piloten des Koreakrieges nach einem Flugzeugabsturz[35], womit die bereits genannten Comic-Künstler Jack Kirby und Joe Simon die *survivor's guilt* quasi im Übersprung am Beispiel von Kriegsveteranen ansprachen. Nur die, die über entsprechende Erfahrung verfügten, könnten sie verstehen. Damit standen die wenigen Überlebenden der Shoah im Abseits. Die Makroverbrechen konnten sie kaum vermitteln, da sie für die anderen nicht fassbar waren, und sie fanden nach dem Zweiten Weltkrieg ohnehin nur wenig Gehör, da die Kriegsleidtragenden mit sich selbst beschäftigt waren und die Täter in Europa im politischen Klima des »kommunikativen Beschweigens« angesichts der militanten Systemkonfrontationen des Kalten Krieges sowieso abtauchen konnten.

In den popularkulturellen Medien gibt es aus den ersten 15 Jahren nach dem Krieg nur zwei ernsthafte Zeugnisse, die sich mit der Shoah beschäftigen. Nach 1945 war – erstens – der Film *Todesmühlen* entstanden, der seit Herbst 1944 im amerikanischen Office of War Information geplant, dann der FTM Branch (Film, Theater, Music) der Psychological Warfare Division der US-Streitkräfte übertragen worden war, wo er von Hans (Hanus) Burger, einem deutschsprachigen Emigranten aus dem Kreise der sogenannten Ritchie Boys, mit zeitweiliger Unterstützung des Regisseurs Billy Wilder realisiert wurde. Das Material bestand aus Filmaufnahmen, die bei der Befreiung der Lager in Deutschland durch die Alliierten gemacht worden waren. Der Film sollte als Beitrag zur Reeducation der Deutschen eingesetzt werden, das Echo darauf aber war, wie amerikanische Umfragen in Deutschland alsbald ergaben, niederschmetternd.

Gleiches gilt – zweitens – für die Comic Story *Master Race*, geschrieben von Al Feldstein und gezeichnet von Bernard Krigstein, der Comic-Künstler nur im Nebenberuf war.[36] Die 1955 erschienene, nur 8 Seiten starke Geschichte ist einzigartig nicht nur im Inhalt, sondern auch in der formalen Präsentation. Im Mittelpunkt steht der ehemalige Lagerkommandant Carl Reissman, der sich nach 1945 seiner Bestrafung hatte entziehen können und in die USA geflohen war. Nach zehn Jahren trifft er in der New Yorker Subway einen Überlebenden, der ihn wiedererkennt. Vor ihm flieht Reissman in der nächsten Station und stürzt (sich?) vor einen fahrenden Zug (Abb. 4).

Das Comic durchbricht spektakulär die bisherige Tabuisierung des Holocaust. Es bietet dabei eine atemberaubende Spannungspointe, da die Bildfolge lange den desorientierenden Eindruck erweckt, als ob Reissman das überle-

---

35 Showcase #6, 1957, zit. nach Fingeroth: Disguised as Clark Kent (s. Anm. 8), S. 90.
36 Master Race. In: Impact # 1, April 1955, siehe auch: https://spaceintext.wordpress.com/2010/08/12/master-race-bernard-krigstein/ [abgerufen: 30.6.2015].

bende Opfer sei, womit wohl gezeigt werden sollte, dass nicht alle Nazis nur Karikaturen waren, wie bisher in den Comics, oder notwendigerweise wie Ungeheuer aussehen mussten. Formal ist *Master Race* das Gegenteil herkömmlicher Comic-Geschichten. Statt der üblichen Close-ups, Übertreibungen und Aktionsdynamik ist hier ein extrem distanzierter und emotionsloser Stil bestimmend. Der klaustrophobische Hermetismus der Subway erinnert an die eisige Distanz düsterer Films noirs, die jede subjektive Perspektive vermeiden, die Leser werden in zweiter Person angesprochen: »you feel the chill of death.« (S. 2, Panel 8) In die Tunnel-Atmosphäre sind die Rückblenden auf den Nationalsozialismus als Schnitte wie im Film eingefügt, die mit nahezu fotografischer Präzision dessen Politik, Verbrechen und Selbststilisierungen in Symbolen und Metaphern wiedergeben. Dieses Hin- und Herspringen zwischen Gegenwart und Vergangenheit spitzt die Unabgeschlossenheit der Geschichte zu. Dazu gehören auch Lagermotive aus der Zeit der Befreiung in einigen Panels, die durch die Fotografien etwa Margaret Bourke-Whites von überlebenden Häftlingen in Buchenwald hinter Stacheldraht zur internationalen Ikonografie geworden sind.[37]

Eine weitere Schlusspointe akzentuiert das Thema mit offenbar versteckter Kritik an den USA und ihrer relativ offenen, nur numerisch begrenzten und allein gegen politisch Linke restriktiven Einwanderungspolitik. Nach dem Tod des ehemaligen Lagerkommandanten wurde das einstige Opfer von herbeigeeilten Passanten befragt, ob er den Toten kenne. Der verneinte das. Im letzten Panel wird der Überlebende beim Fortgehen mit den Worten zitiert: »He was a perfect stranger.« Dieser Schluss könnte nahelegen, die ganze Wiedererkennungsszenerie sei nur Einbildung Reissmans und der Tod quasi Läuterung seiner Verbrechen oder die gesuchte finale Peripetie seiner Erinnerungen gewesen. Das ist allerdings unwahrscheinlich, weil er in vorangegangenen Szenen von dem überlebenden Opfer konkret mit Namen angesprochen worden ist (6,5 ff.). Die öffentliche Verneinung einer Beziehung von Täter und Opfer entsprang offenbar dem unter einst verfolgten Immigranten verbreiteten Wunsch, die Integration in den USA im Sinne von Hannah Arendts Wiedergeburtsthese als Metapher des Neuanfangs nicht zu gefährden.

Trotz dieser einzigartigen Dichte ist *Master Race* zu seiner Zeit wirkungslos geblieben. Von jüdischen Rezipienten ist später kritisiert worden, dass das Wort »Jude« im Comic nicht vorkommt, lediglich einmal als Bildzitat eines Graffitis an einem Geschäft bei der Rückblende auf die Reichspogromnacht 1938.[38] Dieser Einwand enthält bereits Anhaltspunkte für das öffentliche Desinteresse.

---

37 Art Spiegelman hat sich bei seinen Vorbereitungen auf *MAUS* mit Krigsteins *Master Race* beschäftigt. Vgl. John Benson, David Kasakove and Art Spiegelman: An Examination of »Master Race«. In: Squa Tront, No 6, 1975: Special Issue: Bernard Krigstein, S. 41–47.
38 Fingeroth: Disguised as Clark Kent (s. Anm. 8), S. 75.

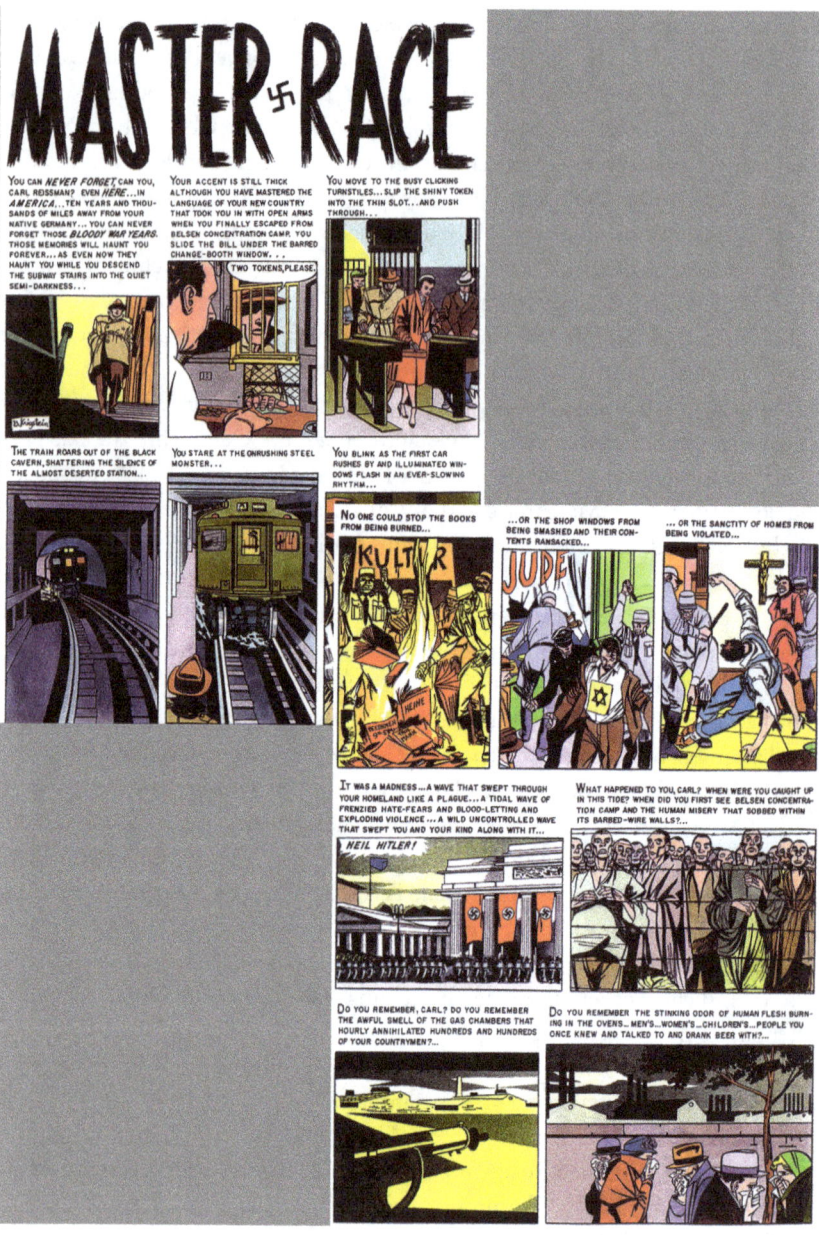

Abb. 4.1: Bernard Krigstein, Master Race. In: Impact # 1, April 1955, Einzelpanels

Abb. 4.2: Bernard Krigstein, Master Race. In: Impact # 1, April 1955, Einzelpanels

Die Geschichte erschien im Klima eines tiefgreifenden Wandels der Comic Book-Kultur, die Anfang der 1950er Jahre begann und das Ende des Golden Age anzeigte. Anlass war – passend zur McCarthy-Ära und der Untersuchung des Kongresses über die Comic Book-Industrie wegen ihrer angeblichen negativen Einflüsse auf die Jugend – ein von den Verlegern verabschiedeter Comic Code, der die drastischen Kriminal- und Horrorgeschichten durch harmlosere Gegenstände ersetzen wollte. Der Verleger Bill Gaines – sein Vater Max wurde noch als Maxwell Ginzburg geboren – wollte sich als Herausgeber des Magazins MAD und der E. C. (Education Comics) jedoch nicht uneingeschränkt darauf einlassen und antwortete in einigen neuen Heft-Reihen mit anderen Arten von Abenteuergeschichten, zu denen auch *Impact* gehörte, in der *Master Race* erschienen ist.[39]

Noch deutlicher wird diese auf den Kontext der 1950er Jahre bezogene Intention der Geschichte in deutscher Übersetzung, die 1973 in einem Sammelband zusammen mit anderen amerikanischen Comics unter dem Titel *Der beste Horror aller Zeiten* erschienen ist. In einem Vorspann wird ihr dort bescheinigt: »Die Story selbst ist ein vorzügliches Beispiel für das knappe, gezielte Hinarbeiten auf eine grausame Pointe, das Ende einer schlimmen Rache.« Um für die deutschen Leser noch in den frühen 1970er Jahren die realgeschichtlichen Bezüge zur jüngsten Vergangenheit möglichst klein zu halten (sic!), sind diese nicht allein auf einen persönlichen Konflikt reduziert, in den Panels zur NS-Barbarei gegen die »Kultur« am Beispiel der Bücherverbrennung oder die »Juden« in der Reichspogromnacht sind solche Worthinweise aus dem Original auch getilgt worden (4,1-3).[40]

Dass die aufklärerische Qualität von *Master Race* Mitte der 1950er Jahre im ignoranten politischen Klima der Nachkriegszeit nicht erkannt wurde, erstaunt nicht. Dass dies in Deutschland auch noch in den Post-68er-Jahren der Fall war, kann nur mit dem einseitigen, ideologisch auf den Kapitalismus reduzierten Antifaschismus der Neuen Linken sowie der Amnesie in der breiteren postfaschistischen Öffentlichkeit erklärt werden.

IV. Vergangenheitslehren: Mutanten – die neuen selbstbewussten Außenseiter der Gesellschaft

In den USA war man zu dieser Zeit weiter. Vor allem mit dem Eichmann-Prozess in Jerusalem 1961, aber auch dem Frankfurter Auschwitz-Prozess 1963 hatte das jüdische Schicksal der jüngsten Vergangenheit in der westlichen Welt

---

39 S. Anm. 36.
40 Herrenrasse. In: Der beste Horror aller Zeiten. 128 schreckliche blutgetränkte Seiten. Red. und verantw. für den Inhalt Reinhard Mordek. Hamburg 1973. O. pag.

breitere öffentliche Aufmerksamkeit gefunden, wenngleich dessen kulturelle Verarbeitung nur sehr langsam Konturen bekam. Typisch dafür mag 1964 Sidney Lumets Film *The Pawnbroker* über einen ehemaligen Leipziger Professor sein, der die Shoah überlebt hat und als Pfandleiher in einem New Yorker Elendsquartier arbeitet; er wird von seinen Erinnerungen heimgesucht, kann sie aber in seiner hermetischen Isolierung niemandem mitteilen.

Ähnliche Tendenzen gab es zeitgleich in der Comic Book-Kultur, vorerst ebenfalls nur in sporadischen Einzelgeschichten, die mit einem in den 1960er Jahren neu eingeführten Typus von Akteuren begannen. Dieser Typus ist sichtlich als Antwort auf die Verfolgung und Vernichtung der Juden gestaltet worden. Im Unterschied zu den Geschichten der Superhelden des Golden Age auf ihren iterativen, sich wiederholenden Wegen, so Umberto Eco, d. h. Episoden nach festem Muster ohne narrative Entwicklung oder Alterung der Helden mit ihren stereotypen axialen Konflikten zwischen Gut und Böse[41], wurden jetzt kohärente Handlungsverläufe von Figuren mit inneren Entwicklungen gezeigt. Sie sind nur noch reduzierte Superhelden, vor allem aber normale Menschen, allerdings mit jeweils spezifischen Eigenschaften. Als *supra humans* unterscheiden sie sich von ihrer Umwelt, sie handeln nicht mehr als Solitäre, sondern vereint im Schutz von Gruppen, Netzwerken oder, um ihre symbiotische Übereinstimmung herauszuheben, in quasi familialen Verbindungen. Sie haben zwar Doppelexistenzen wie die einstigen Superhelden. Diese sind aber nicht mehr wie bei jenen voneinander getrennt. Die Mutanten sind als Insider und gleichzeitige Outsider Mischgestalten in der Gesellschaft mit hoch entwickelten Sensorien für ihre *otherness*.[42]

Der wichtigste Akteursverband der Mutanten mit eigener Comic Book-Serie waren die sogenannten X-Men. Aufgrund traumatischer oder Schock-Erfahrungen in der Kindheit hatten sie bestimmte herausragende Eigenschaften, meist telepathische und telekinetische Energien entwickelt. Andere hatten keine solche exogene Ursprungsgeschichte, sondern verfügten durch Geburt mit einem X-Gen über ungewöhnliche Eigenschaften.[43]

Eine spezifische Erscheinung der Comic Book-Kultur sind diese Mutanten allerdings nicht. Als selbstbewusste aktivistische Protest-Kohorten waren sie von jüngeren Intellektuellen erfunden worden, die auf diese Weise zunächst den Widersprüchen der amerikanischen Überfluss-Gesellschaft, ihrer verlogenen antikommunistischen Repression sowie ihren unterschwelligen Ängsten

---

41 Eco: Mythos Superman (s. Anm. 6), S. 206 ff.
42 Charles Hatfield: Jack Kirby and the Marvel Aesthetic. In: Ders. u. a.: Superhero-Reader (s. Anm. 7), S. 136–154.
43 Neben den »X-Men« gab es noch eine kurzzeitige Serie »New Mutants« neben anderen Verbänden wie »Fantastic Four«, der älteren »Justice League of America« aus dem Golden Age etc.

vor der atomaren Bedrohung im Kalten Krieg Angebote einer authentischeren Lebensform entgegensetzen wollten.

Auf der Agenda stand dabei die kollektive Dekonstruktion der triumphalischen Selbstgefälligkeit der USA nach dem Kriege. Den kanonischen Text dazu hatte der Literaturwissenschaftler Leslie Fiedler 1965 in der *Partisan Review* geschrieben, dem Hausorgan der sogenannten New York Intellectuals, das ebenfalls zur Zeit der Comic Books entstanden war und dessen linke Blattmacher aus dem gleichen jüdischen Immigranten-Milieu kamen, mit ihrem *high brow*-Elitismus gegenüber den Kollegen im popkulturellen Souterrain aber in Fehde lagen. Unter ihnen war Fiedler der Einzige, der die Bedeutung der Comics als eigenständige *art form* hervorhob. Jener Intellektuellenzirkel aber tat sie, wie überhaupt die moderne verdinglichte Massenkultur mit verächtlicher Arroganz als »collective monstrosity« ab, wobei er sich nicht von ungefähr auf die einschlägigen im amerikanischen Exil entstandenen Untersuchungen der Kritischen Theorie des Frankfurter Instituts für Sozialforschung bezog.[44]

Fiedlers Beitrag »The New Mutants« war nicht nur flammende Attacke gegen die traditionelle Literatur mit ihren Traditionen, Formen und Kanons, sondern mehr noch gegen den in der Barbarei der letzten Jahrzehnte obsolet gewordenen Vernunftglauben im Sinne der Kritischen Theorie. Angesagt war jetzt – ähnlich wie bei DADA und den Surrealisten nach dem Ersten Weltkrieg – die »neue Barbarei« der »Nach-Humanisten« etwa bei den Beatniks (Jack Kerouac, Allen Ginsberg, William S. Burroughs) oder im Dirty Speach Movement der New Left an den Universitäten. Die Mutanten seien aus der Geschichte ausgetreten, sie hätten die aristotelischen Traditionen zerstört, die Literatur zugunsten ihres Gebrauchswerts entauratisiert und die Sprache ver-rückt.[45]

So sahen das auch die Comic Book-Autoren. Sie statteten ihre Mutanten noch mit einigen weiteren Zügen aus, deren jüdischer und exilischer Subtext unübersehbar ist. Das hier von den Mutanten repräsentierte, auf hybride Aushandlung gerichtete Anderssein stieß in den Geschichten auf eine feindliche Umwelt, die sie als überheblich oder einfach wegen ihrer Andersartigkeit ablehnte. Sehr schnell wurde klar, dass Mutanten ähnlich wie einst die Juden als

---

44 So mit Bezugnahme auf Max Horkheimer, Leo Löwenthal und Theodor W. Adorno z.B. Dwight MacDonald: A Theory of Mass Culture. In: Diogenes No. 3, Summer 1953, S. 1–17, wiederabgedruckt in Bernard Rosenberg and David Manning White: Mass Culture. The Popular Arts in America. New York 1957, S. 58–73; hier: S. 70. Für den weiteren Kontext vgl. Richard H. Pells: The Liberal Mind in a Conservative Age. American Intellectuals in the 1940s and 1950s. New York 1985; Alan M. Wald: The New York Intellectuals. The Rise and Decline of the Anti-Stalinist Left from the 1930s to the 1980s. Chapel Hill, London 1987; Neil Jumonville: Critical Crossings: The New York Intellectuals in Postwar America. Berkeley, Los Angeles, Oxford 1991.

45 Leslie Fiedler: The New Mutants. In: Partisan Review, Vol. 32, No. 4, S. 505–525; dt. in: ACID. Neue amerikanische Literatur. Hg. v. Rolf Dieter Brinkmann und R. R. Rygulla. Frankfurt a.M. 1969, S. 16–31.

Abb. 5: Mutanten als Bedrohung, X-Men # 14, November 1965

Fremde und Sündenböcke herhalten mussten; sie waren »outcasts of society with powers beyond imagining«.[46]

Schon in einer der frühen Geschichten sind dazu die Linien klar abgesteckt worden. Einer der dazu als bedeutend eingeführten Anthropologen attackiert die Mutanten als »mankind's most deadly enemy«, gegenüber dem die Gefahren eines Atomkrieges harmlose Petitessen seien. Sie wanderten wie einst der »ewige Jude« in Deutschland »among us« umher, verborgen auf ihre Gelegenheit wartend (Abb. 5). Sein Gegenspieler Professor Charles Xavier, Übervater der Mutanten und Leiter eines Internats für den begabten Mutantennachwuchs, erzwingt eine öffentliche Diskussion, in der er auf diese altbekannten verschwörungstheoretischen Unterstellungen hinweist und deutlich macht,

---

46 X-Men # 22, July 1966, S. 8, Panel 3.

dass Mutanten keine Monster seien, sondern normale Personen mit unterschiedlichen Kräften und Fähigkeiten.[47]

Eine homogene Gruppe sind die Mutanten weder im Ganzen noch in der Kleingruppe der X-Men gewesen. Es gab die um Xavier versammelten und um Anerkennung in der Gesellschaft kämpfenden Angepassten, zu denen seine Internatsschüler erzogen wurden. Sie repräsentierten die guten Mutanten des amerikanischen WASP-Wertesystems. Ihnen standen die radikalen X-Men um Xaviers Gegenspieler, den eingewanderten, also quasi fremden Magneto mit seiner Brotherhood of Evil gegenüber, der die Macht des *homo sapiens* durch die des *homo superior* ersetzen will[48], weil er angesichts der feindlichen Umwelt keine Chance zu einer friedlichen Übereinkunft sieht. Seinen Kollegen erklärt er: »Why should we love the homo sapiens?? They hate us ... fear us because of our superior power!«[49] Dieser Gegensatz, das Kräftemessen von Xavier und Magneto sowie die Attacken von Letzterem auf die Gesellschaft werden bereits im ersten Heft der X-Men als Exposition klargelegt und dabei auch Magnetos Motiv mit seinem Eingangsschwur angedeutet, niemals wieder den »mistake of under-estimating« seiner »mighty antagonists« zu machen.[50]

V. Magneto – Auschwitzüberlebender, Exilant und Super Villain

Gründe für diese Haltung Magnetos, die ihn in den Augen seiner Gegner innerhalb und außerhalb der Mutanten als Super-Bösewicht stigmatisierten, bleiben lange im Dunkeln. Im vierten Heft wird der Schleier ein wenig gelüftet, als sich einige seiner Mitstreiter und Schicksalsgenossen von ihm lossagen wollen und er sie sichtlich betroffen erinnert: »Have you forgotten that day not long ago, when I first came to your village in the heart of Europe? Have you forgotten that the superstitious villagers called you a witch because of your mutant power?«[51]

Dieser erste Hinweis auf seine Anwesenheit in Europa legt die Spur, wer Magneto tatsächlich ist, nämlich der wichtigste Repräsentant des Shoah-Überlebenden vor Spiegelmans *MAUS*. Diese Rolle wird aber nur sehr langsam und in längerem Zeitraum entfaltet (Abb. 6). Einmal entspricht das der ebenfalls nur zögerlichen Beschäftigung mit dem Thema in der Öffentlichkeit, andererseits ist die Vergangenheitskonstruktion Magnetos gebunden an einen Wechsel seiner Schöpfer. In den ersten Jahren hatten Sten Lee (Lieber) und der bereits

---

47 X-Men # 14, November 1965, S. 4 ff.
48 X-Men # 1, September 1963, S. 11, Panel 2 ff.
49 X-Men # 4, March 1963, S. 10,3.
50 X-Men # 1 (s. Anm. 48), S. 21,6.
51 X-Men # 4 (s. Anm. 49), S. 9,2.

Auschwitz-Traumata der Superhelden und Mutanten   345

Abb. 6: Magneto im Kampfanzug, als Zivilist und von Erinnerungen Zerrissener. In: Uncanny X-Men # 4, März 1963; # 211, Nov. 1986; Classic X-Men # 19, 1986, Einzelpanels

erwähnte Jack Kirby (Kurtzberg) ihm als Texter und Zeichner das Profil gegeben, dann übernahm der junge jüdische Brite Chris Claremont, der nach dem College während eines Kibbutz-Praktikums in Israel mit Überlebenden bekannt wurde und auch deren Schweigen erlebt hatte, die Aufgabe bei einem

Relaunch der X-Men 1976.[52] Während es Lee und Kirby bei Andeutungen beließen und in der Rivalität von Magneto und Prof. Xavier eher zeitgenössische Gegensätze etwa von Martin Luther King und dem militanten, später zum Islam übergetretenen Malcolm X. andeuteten, wird Magneto von Claremont mit immer weiteren Details als Auschwitz-Überlebender gestaltet. Mit solchem ständig weiter differenzierten Profil ist die Figur sogar bis in die Gegenwart der Comic Books präsent geblieben. Die moralische Dimension seiner militanten Selbstbehauptung gegen die feindliche Umwelt tritt dabei immer deutlicher hervor.

Zunächst sind nur spärliche Andeutungen gestreut. Eine der üblichen Rivalitäten mit der systemintegrierten X-Men-Fraktion erschien 1978 unter dem dramatischen Titel »Holocaust at the heart of a volcano … When falls Magneto!«, dessen existenzielle Bedeutung von ihm mit der Bemerkung kommentiert wird, »if we're doomed, X-Men, the blame is yours!«, begleitet von deutschsprachigen Spontanausrufen während des Kampfes wie »unglaublich«, »Mein Gott« etc.[53] Deutlichere Hinweise kommen wenig später, als Magneto bei den wichtigsten Staatsmännern der Welt jener Zeit, unter anderem Ronald Reagan, Leonid Breschnew, vor einer neuerlichen atomaren Bedrohung durch die seinerzeit sogenannte Nachrüstung warnt und weiterhin arabischen Herrschern erklärt, dass er »sein Volk« nicht zerstören lassen werde. Doch solche und weitere Vorstöße blieben vergeblich, gewalttätige und kriegerische Konflikte ließen nicht nach. Bestätigt und resigniert bilanziert er die Vergeblichkeit seines von der eigenen Vergangenheit geprägten Kampfes für eine humanere Gesellschaft: »I remember my own childhood … the gas chambers of Auschwitz, the guards joking as they herded my family to their death. As our lives were nothing to them, so human lives became nothing to me.«[54]

In einer nachfolgenden Geschichte wird in Form einer Traumszene die erste Begegnung Professor Charles Xaviers 20 Jahre zuvor mit seinem späteren Erzrivalen Magneto unter ganz anderen Bedingungen in einer psychiatrischen Klinik für Shoah-Überlebende in Israel vorgestellt. Magneto/Magnus ist dort als betroffener Volontär tätig, Xavier wegen seiner telepathischen Kräfte von dem befreundeten Klinikdirektor als »Wundertäter« eingeladen worden. Bei der Begrüßung realisiert Xavier nicht nur sogleich die Mutanten-Eigenschaft seines Gegenübers, sondern auch dessen auf den Arm tätowierte Nummer aus Auschwitz (Abb. 7).[55]

---

52 Dazu Kaplan: From Krakow to Krypton (s. Anm. 8), S. 116 f.; Cheryl Alexander Malcolm: Witness, Trauma, and Remembrance. Holocaust Representation and X-Men Comics. In: Baskind and Omer-Sherman: Jewish Graphic Novel (s. Anm. 3), S. 144–162.
53 Uncanny X-Men # 113, Sept. 1978, S. 14,4 ff.
54 Uncanny X-Men # 150, Oct. 1981, S. 3,1 ff. u. S. 36,5.
55 Uncanny X-Men # 161, Sept. 1982, S. 6 f.

Auschwitz-Traumata der Superhelden und Mutanten   347

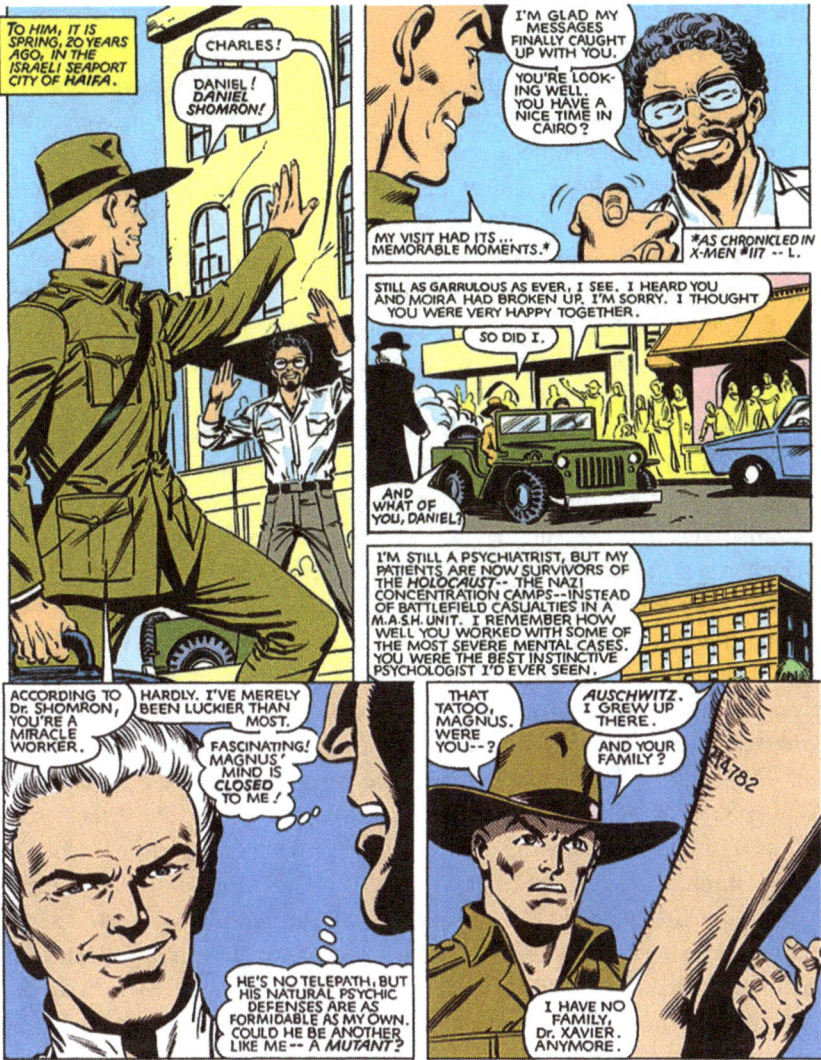

Abb. 7: Magneto in Israel. In: Uncanny X-Men # 161, Sept. 1982

Diese Armtätowierung wird seit den 1960er Jahren zum einschlägigen Erkennungscode in den Comic Book-Visualisierungen. Bereits 1968 war eine kurze isolierte Geschichte von Captain America erschienen, der mit Superman zu den wenigen überlebenden Helden des Golden Age zählte. Eigentlich war er 1945 nach seinem Abschuss über dem Atlantik aus dem Verkehr gezogen, 20 Jahre später aber wiederbelebt worden. Eingefroren in einem Eisblock war er von Eskimos gefunden worden und konnte frisch, jung und ungealtert wieder ins

Geschäft einsteigen. Die Verhältnisse hatten sich jedoch geändert, sodass er an Rückzug dachte. Bei der Lösung aus den früheren Verbindungen zieht sein Alter Ego Steve Rogers anonym in eine der New Yorker Mietskasernen ein, wo ihn sein Nachbar, ein Afro-Amerikaner – die um diese Zeit ebenfalls erstmalig von den Comic Books entdeckt wurden –, zum Dinner bei Anna Kapplebaum, einer anderen Bewohnerin, mitnimmt. In der Hausgemeinschaft hielt man nämlich zusammen, denn »it's the only way to survive«. Bei der Begrüßung sieht Rogers sogleich die Nummer auf dem Arm der Gastgeberin, die ihn sofort den Lagernamen »Diebenwald« aussprechen lässt. Bei beiden kommen spontan die Erinnerungen hoch, bei der einstigen Lagerinsassin an die Brutalität der Nazis und bei Captain America die damals rächende Befreiung dieses Lagers (Abb. 8).[56]

Xaviers telepathische Kräfte in der israelischen Klinik waren für einige besonders schwierige Fälle gefragt. In einer der Traumszene entsprechenden Vermischung von Zeit- und Raumebenen befreite er eine Insassin von ihrem Gedächtnisverlust. Dabei fand er heraus, dass sie dieses als junges jüdisches Mädchen verloren hatte, nachdem sie bei Kriegsende von den Nazis gezwungen worden war, als unverdächtige Kurierin das Gold des »Führers« klandestin nach Afrika zu bringen, um damit später das neue »Fourth Reich« aufzubauen. Das Vorhaben misslang, das Gold blieb irgendwo in Europa in einer Höhle. Der rationale, in die Gegenwart hineinreichende Kern der Geschichte ist, dass ein kurz darauf erfolgender militärischer Angriff angeblicher arabischer Freischärler auf die Klinik in Wirklichkeit von noch existierenden Horden der einstigen Waffen-SS unter Führung eines deutschen Barons kam, »one of the most wanted war criminals«, um das inzwischen zur jungen Frau gewordene Mädchen zu rauben und sich an ihm zu rächen.

Fazit der Geschichte ist, sowohl auf die ständige Bedrohung Israels als auch auf die Fortexistenz der NS-Gefahren hinzuweisen, vor deren Hintergrund sich die unterschiedlichen politischen Haltungen Magnetos und Xaviers herausbildeten, die zu ihrer künftigen Gegnerschaft führen sollten. Der gentile Xavier, Sohn eines profilierten Atomwissenschaftlers, der in Los Alamos tätig gewesen ist, durchaus auch mit biblischem Bezug durch seinen mit ihm rivalisierenden Halbbruder Cain, lässt bei der Befreiung der jungen Frau Ruhe und Sachlichkeit walten und bemüht sich, dass sie vordringlich fähig wird »(to) develop a psychic resilience to enable her to cope with the everyday … and the extraordinary … stresses of life«. Seinem Noch-Freund Magneto erklärt er: »Must the future of homo superior be written in blood and fire? The world has seen too much of that, Magnus – There has to be a better way. And I intend to find it.«

---

56 Captain America # 237, Sept. 1979, S. 10 ff.; siehe auch: Joe Kubert: Yossel. 19.4.1943. A Story of the Warsaw Ghetto Uprising. New York, Berkeley 2003; dt. Köln 2005. Als Titelzeichnung dieser Graphic Novel erscheint auf dem Umschlag ebenfalls die Armtätowierung.

Auschwitz-Traumata der Superhelden und Mutanten 349

Abb. 8: Captain America und Shoah-Überlebende. In: Captain America # 237, 1969, Einzelpanels

Die Antwort des Juden Magneto darauf ist eindeutig: »You are far too trusting, Charles, too naive. You have faith in the essential goodness of man. In time, you will learn what I have learned ... Mutants will not go meekly to the gas chambers. We will fight ...«[57]

Magnetos furchterregende Züge als supra-humaner Rächer in martialischer Verkleidung sind jedoch nur die eine Seite seines Wesens. In privaten Situationen erscheint er über die Jahre als grauhaariger, älter werdender väterlicher Mann, der immer wieder von den Schrecken seiner Vergangenheit eingeholt in depressive Stimmungen verfällt, an Selbstzweifeln leidet und damit einmal mehr auf den Unterschied der Mutanten zu den einstigen Superhelden des Golden Age verweist. Dies zeigt etwa sein Auftritt in dem von den Comic-Autoren bereits imaginierten, vom US-Kongress 1980 beschlossenen, aber noch lange nicht errichteten United States Holocaust Memorial Museum in Washington (Abb. 9). Bei einer Versammlung von Überlebenden dort stellt er Kitty Pryde vor, die ebenfalls 1980 als weibliche, in Xaviers Schule erzogene Mutantin in die X-Men-Comics eingeführt worden ist. Während Magneto, wie der Name nahelegt, mit seinen immensen magnetischen Kräften alle Metallgegenstände zu beherrschen vermag, was auf seine einstige erzwungene Einbindung in die Shoah-Vernichtungsmaschinerie verweist, kann Kitty Pryde als Mutantin Shadowcat durch Wände gehen, eine Möglichkeit, die ihre Familie und die anderen in den Gaskammern Umgekommenen nicht hatten.

Die anrührende Museums-Geschichte hat wohl die stärkste Realitätsnähe, denn sie zeigt in den wenigen Panels subtil den Charakter solcher Versammlungen, zu der die Teilnehmer kommen, um sich in der Schicksalsgemeinschaft verstanden zu fühlen und Hoffnungen zu äußern, einstige Bekannte zu treffen oder womöglich jemanden zu finden, der etwas über den ungewissen Verbleib eigener Angehöriger sagen könne. Dazu gehören ebenfalls die Appelle, dass sich so etwas nicht wiederholen dürfe, gedacht auch als Warnungen an andere Minderheiten – wofür die Mutanten stehen –, weil die Barbarei keineswegs vorüber sei, man also wachsam bleiben müsse und niemals vergessen dürfe. Diese Gefahr bestätigt die Erzählung nur allzu schnell, als die Versammlung von einer Horde gegnerischer Mutanten unter dem Namen Freedom Force zu sprengen versucht wird.[58]

---

57 Uncanny X-Men # 161, Sept. 1982, S. 13 ff.
58 Uncanny X-Men # 199, Nov. 1985, S. 14 f.

Abb. 9.1: Magneto im US-Holocaust Memorial Museum. In: Uncanny X-Men # 199, Nov. 1985, Einzelpanels

Abb. 9.2: Magneto im US-Holocaust Memorial Museum. In: Uncanny X-Men # 199, Nov. 1985, Einzelpanels

VI. Finis

Die genauere Herkunft Magnetos wurde erstmals 1987 in einem ganzen Heft dargelegt. Magneto ist darin vor den Konflikten mit seiner feindlichen Umwelt und den gegnerischen Mutanten geflohen und hat sich nach Paris zurückgezogen, das »long ago … was dream to him … a sort of heaven on earth … where he and his beloved would celebrate a life …«. Die Anspielung auf das einst versäumte Emigranten-Schicksal wird verstärkt mit dem Hinweis, dass er im Hotel Lutetia abgestiegen war, dem zentralen Ort des einstigen politischen Exils aus Nazi-Deutschland und seiner Volksfront-Hoffnungen (Abb. 10). Nachts verfolgen ihn dort schwere Albträume, in denen die Geschichte seines

Abb. 10: Magnetos Albträume in Paris. In: Classic X-Men # 12, August 1987, Einzelpanels

Überlebens nach der Flucht aus dem Lager Auschwitz zusammen mit seiner Freundin, ihres zuerst klandestinen Lebens in den Karpaten, dann in der ukrainischen Stadt Vinnitsa mit der Geburt einer Tochter wieder aufscheinen. Im sowjetischen Arbeiterparadies hatten er und seine Familie keine Geborgenheit gefunden, sie blieben die Fremden am Arbeitsplatz und in der privaten Umgebung, die schließlich ihr Haus anzündete und das Kind Anna tötete. Dies war der ultimative Schock und führte zu Magnetos physischer Katharsis. Er fühlte »an ecstatic electricity coursing through the whole of his nervous system«, die seine Mutanten-Eigenschaften mit solcher brachialen Gewalt entstehen ließen, dass sich sogar seine Frau vor ihm fürchtete und ihn verließ. Magnetos neue physische Kräfte finden Ausdruck in der Kampfparole: »I care only for my people ... homo sapiens superior ... mutantkind.«[59]

Dies ist die Schlüsselerzählung zur Herkunft eines deutschen Juden, der durch den Schock der Auschwitzerfahrung und als Gequälter in der Sowjetunion zum Mutanten geworden ist. In den folgenden Jahren und bis in die Gegenwart folgten weitere Erzählungen, in denen neue Nuancen zu der Geschichte hinzugefügt wurden. Offenbar traf das jetzt immer mehr auf ein Interesse bei den Rezipienten. 2008 ist mit *Magnetos Testament* schließlich noch eine eigenständige fünfteilige Darstellung in Buchform erschienen, die Magnetos Vorleben von der Geburt als Max Eisenhardt in Berlin, seinem Aufwachsen eingebettet in die Geschichte des Nationalsozialismus, seine Flucht mit der Familie nach Polen sowie sein Überleben im Warschauer Ghetto und in Auschwitz im Detail mit historisch distanziertem Blick festhält. Die Erzählung ist quellenbasiert, der Autor Greg Pak dankt im Nachwort aber ausdrücklich Chris Claremont, der schon in den 1970er Jahren mit der Idee, Magneto eine Shoah-Vergangenheit zu geben, dafür gesorgt habe, dass Tausende von Lesern aufklärend mit den damals nur wenig bekannten Tatsachen der NS-Vernichtungspolitik bekannt gemacht wurden.[60]

Magneto symbolisiert mit seinen Mutanteneigenschaften den Typus, der die Kraft hat, sich nicht allein als Fremder zu behaupten, sondern auch im gnadenlosen Kampf gegen totalitäre Bedrohungen den Schutz der verfolgten Menschheit auf sich zu nehmen. Neben den prägenden Erlebnissen der Barbarei in seiner Jugend und den psychischen Problemen von Überlebenden, die auch er hatte und von denen er sich in Israel zu kurieren hoffte, werden seine Geschichten mit den aktuellen Gefahren in der Gegenwart kenntlich gemacht, die dau-

---

59 Classic X-Men # 12, Aug. 1987.
60 Greg Pak: X-Men: Magneto Testament. New York 2008; auch aus dem Internet zu laden. Magnetos ursprünglicher Name wird hier mit Max Eisenhardt angegeben. – Der 2011 erschienene Film *X-Men. First Class* beginnt mit Magnetos früherem Leben unter dem deutschen Namen Eric Lehnsherr in einem Vernichtungslager, die folgende Action-Story zeigt jedoch nur unzulänglich die Dialektik von ihm und den Mutanten als bedrohte Minderheit und ihre Sündenbock-Rolle in der feindlichen Gegenwart.

ernde Wachsamkeit und Abwehrbereitschaft erfordern. Die X-Men-Geschichten dürften die erste, breit zugängliche Form der Shoah-Literatur seit den 1960er Jahren sein. Ihre Botschaft ist, dass wie einst die Juden nun die Mutanten die Sündenböcke der gentilen oder repressiven Gesellschaft sind.

Die neuen Mutanten sind wie die Juden Leute des Wortes. Verbale Gefechte und intensive Debatten sind im Unterschied zu den Superhelden-Abenteuern charakteristisch für die X-Men-Comics. Immer geht es um die eigene Rolle der Gruppenmitglieder untereinander sowie ihre Haltung in der Gesellschaft vor dem Hintergrund der verbrecherischen Vergangenheit. Sie stehen damit paradigmatisch für die aktuellen innergesellschaftlichen Konflikte und Rivalitäten. Deren Gewaltförmigkeit mag als Kritik der Comic-Autoren an der Fraktionierung der modernen Avantgarden, aber auch an den periodischen Ausbrüchen des amerikanischen Exzeptionalismus genommen werden, von den »One World«-Vorstellungen des Präsidentschaftskandidaten Wendell Wilkie gegen Ende des Zweiten Weltkrieges, über die als globales Beispiel propagierte *affluent society* bis hin zu den späteren Thesen etwa vom »Ende der Geschichte« eines Francis Fukuyama nach der Implosion des Ostblocks.

Im einleitend genannten neuen Genre der Graphic Novels ist die jüdische Verfolgung in der Phase nach Spiegelmans *MAUS* auffallend häufig thematisiert worden. Die von früheren Akteuren der Comic Book-Kultur, etwa Joe Kubert, kurz nach der Geburt in Warschau 1926 mit seinen Eltern in die USA ausgewandert, und jüngeren Künstlern verfassten Geschichten orientieren sich jedoch kaum an *MAUS*. Sie sind weniger elegisch und setzen die Akzente anders. Denn sie folgen der von den Mutanten beziehungsweise Magneto vorgegebenen Tradition, indem sie den aktiven jüdischen Widerstand hervorheben, der den Verfolgten die Freiheit zurückgab, wenigstens als »menschliche Wesen zu sterben«. Das galt vor allem für die heroische Selbstbehauptung bis zum eigenen Untergang im Warschauer Ghetto 1943, aber auch post festum für den Kampf der wenigen Überlebenden der Shoah, die nach 1945 in geheimen Verbänden der palästinensischen Irgun ihre einstigen Schergen verfolgen und nicht selten – angesichts der ausbleibenden rechtsförmigen Ahndung – zur Selbstjustiz schritten.[61]

---

61 Exemplarisch dazu Gillon Cothias: Der Schrei nach Leben. Das Ghetto. Aus dem Französischen. Hamburg 1988; Jean Annestay (Text) und Jacques Armand (Zeichnung): Der Weg des Königs. Vom Tod zum Leben. Aus dem Französischen. Hamburg 1992; Joe Kubert: Yossel. 19.4.1943 (s. Anm. 56), Zitat S. 98.

Noam Zadoff

Zionismus und Exil
Robert Weltsch und Gershom Scholem am Schnittpunkt zwischen Holocaust und jüdischem Nationalismus

> I once asked Gershom Scholem [...] why he had become a Zionist in his youth. He thought a moment and then said: »I hated the restlessness and travel mania among the Jews and wanted them to settle down. And now look at them (this was about 1975) – they are travelling more than ever before ...«
>
> *Walter Laqueur*[1]

I. Anfänge

Es gehört zu den Hauptwidersprüchen des Zionismus, dass die Gründung eines jüdischen Zentrums in Palästina das Vorhandensein einer starken Peripherie voraussetzt: Ein Teil des jüdischen Volkes muss im Exil verbleiben, um die Gültigkeit des jüdischen Zentrums in Palästina-Israel als solche zu gewährleisten. So dachten auch die Repräsentanten des kulturellen Zionismus, die, beeinflusst von Ahad Haam, ein jüdisches Kulturzentrum im Land Israel errichten wollten. Diese Gruppe von mitteleuropäischen Zionisten gründete 1925 den Verband *Brit Schalom*. Zu den Mitgliedern zählten prominente Intellektuelle wie Martin Buber, Hugo Bergmann, Akiva (Ernst) Simon, Robert Weltsch und Gershom Scholem. Sie lehnten den jüdisch-territorialen Nationalismus ab und plädierten angesichts der wachsenden Spannungen zwischen der jüdischen und der arabischen Bevölkerung für eine Zwei-Staaten-Lösung. *Brit Schalom* existierte nicht lange und wurde kurz nach den gewaltsamen Auseinandersetzungen von 1929 aufgelöst. Innerhalb der *Jischuw*-Gemeinschaft, die zur Bewältigung der Probleme mit den arabischen Nachbarn zunehmend auf die Hilfe der Großmächte setzte[2], bildeten die ehemaligen Mitglieder eine Gruppe von Außenseitern, die sich in den folgenden Jahren oft vom Mehrheitsbeschluss ausgeschlossen fand.

Die zeitliche Nähe der beiden Hauptereignisse in der modernen jüdischen Geschichte – des Holocausts und der Gründung des Staates Israel – löste bei

---
1 Walter Laqueur: Thursday's Child has Far to Go: A Memoir of the Journeying Years. New York 1992, S. 216.
2 Siehe: Anita Shapira: Land and Power. The Zionist Resort to Force 1881–1948. New York, Oxford 1992.

vielen Mitgliedern der Gruppe Unbehagen und eine tiefgreifende Krise aus. Zum einen war die für das Bestehen ihrer zionistischen Utopie so wesentliche Peripherie auf die brutalste Art und Weise zerstört worden. Zum anderen nahm sich der durch einen Krieg gegründete junge Staat den europäischen territorialen Nationalismus zum Vorbild und entfernte sich damit von ihren Idealen der Toleranz und des Pazifismus. Angesichts des unüberbrückbaren Abgrunds zwischen diesen beiden historischen Ereignissen sahen sich viele der ehemaligen *Brit Schalom*-Mitglieder gezwungen, ihr Verständnis von Heimat und Heimatland neu zu definieren, und einige von ihnen fanden sich in einer neuen Art von Exil wieder.

Dieser Beitrag befasst sich mit Robert Weltsch und Gershom Scholem, den ersten prominenten Intellektuellen des *Jischuw*, die 1945-46 in das Nachkriegsdeutschland reisten und dort mit den Folgen des Krieges und dem schrecklichen Ausmaß des Holocausts konfrontiert wurden. Es wird gezeigt, dass die unterschiedlichen Biografien und Exilerfahrungen der beiden Männer ihre Reaktionen auf die Katastrophe beeinflussten, aber auch, wie sich diese erste, direkte Konfrontation mit dem Holocaust auf ihre Zukunftsvision vom jüdischen Volk in seiner ursprünglichen Heimat auswirkte. Darüber hinaus wird argumentiert, dass sich das Reisen in seiner modernen Form für Weltsch und Scholem schließlich als Möglichkeit erwies, die Widersprüche zwischen ihrem zionistischen Traum und seiner enttäuschenden Verwirklichung zu lösen. Reisen, so das Argument, wurde für beide letztlich zu einer Art zweitem Exil.

II. Eine Geschichte von zwei Reisen

Robert Weltsch wurde im November 1945 als Reporter für die palästinensische Tageszeitung *Ha'aretz* nach Deutschland geschickt, um über die am 20. November beginnenden Nürnberger Prozesse zu berichten. Weltsch, einer der prominentesten deutsch-jüdischen Journalisten seiner Zeit und ehemaliger Herausgeber der *Jüdischen Rundschau*, war 1938 von Berlin nach Palästina emigriert. 1945, kurze Zeit nach dem Krieg, wurde er zum Korrespondenten von *Ha'aretz* in London ernannt – zuvor jedoch übernahm er die Aufgabe, den *Jischuw* über die Nürnberger Prozesse zu informieren. Zum ersten Mal in der Geschichte standen führende Persönlichkeiten eines besiegten Landes – wie Rudolf Heß, Hermann Göring und Julius Streicher – vor einem internationalen Tribunal und wurden persönlich der Verbrechen gegen die Menschheit beschuldigt. Noch viele Jahre später erinnerte sich Weltsch, welch große Anspannung der bevorstehende Prozess in ihm auslöste: »Wir begriffen die Nürnberger Prozesse als eine Art großartigen Epilog zum Krieg, zur Niederlage der Nazis, als eine Rückkehr der Gerechtigkeit in die Welt, obwohl wir wußten, dass das Unrecht nicht wieder gutzumachen war. Wir sahen diesem Prozess mit großer Erregung entgegen.«[3]

Vom 22. November 1945 an wurden Weltschs Prozessberichte auf den Titelseiten von *Ha'aretz* veröffentlicht, und ab dem 12. Dezember erschien regelmäßig eine Kolumne über seine persönlichen Eindrücke.[4] In den Berichten erklärte er den hebräischen Lesern die Bedeutung des Prozesses als Präzedenzfall und beschrieb, wie sich die Geschehnisse auf die Stimmung im Gerichtssaal auswirkten: »Das waren die Menschen, die Millionen unserer Brüder ermordet, vernichtet und erniedrigt hatten«, schrieb er in seinem ersten Bericht, und »die meisten dieser Nazis sehen aus wie Hausierer. Das ist die Bande, vor der die ganze Welt gezittert hat.«[5] Am meisten beeindruckte ihn, wie die einst dominierenden Herrscher nun als erbärmliche Verbrecher vor Gericht standen.

Robert Weltsch nutzte die vielen Prozessunterbrechungen dazu, durch Europa und Deutschland zu reisen und seinen Lesern in Palästina von dem zerstörten Gebiet und seinen verwüsteten Landschaften und zerbombten Städten zu berichten. Einer der Orte, die Weltsch besuchte, war die Rothschild-Bibliothek in Frankfurt am Main, ein Sammelplatz für Tausende geplünderter jüdischer Bücher, die von den Amerikanern nach der Befreiung Deutschlands zusammengetragen wurden. Weltsch war tief beeindruckt und nannte die Sammlung »die größte jüdische Bibliothek der Welt«, stellte jedoch fest:

> Der Bibliothek fehlt noch jegliche sinnvolle Ordnung. [...] Die Nazis trugen ihre Beute gedankenlos zusammen und hatten keine Ahnung, was sie hierher brachten. Die meisten Bücher, die ich mir ansah, sind für einen Bibliothekar wertlos; aber man weiß ja nicht, ob sich nicht ein wertvolles hebräisches Buch neben einem jiddischen Schundroman finden lässt![6]

Diese Einschätzung verrät die für den Zionismus typische geringschätzige Haltung gegenüber der jiddischen Sprache und Literatur, verweist aber gleichzeitig auf die vielen verschiedenen Kulturen, die in Europa vor dem Holocaust nebeneinander existiert hatten.

Am Ende des Zweiten Weltkrieges wurde eine große Anzahl von jüdischen Büchern, Manuskripten und Kunstsammlungen aus ganz Europa in den besetz-

---

3 Robert Weltsch: Nessija le-nirnberg ha-harussa be-1945. In: Ders.: Be-naftulej ha-semanim. Hirhurim al eruej jowel shanim. Maamarim min ha-shenim 1949–1979. Jerusalem, Tel Aviv 1981, S. 71. Die Übersetzungen der Zitate Robert Weltschs und Gershom Scholems aus dem Hebräischen ins Deutsche stammen von Noam Zadoff.
4 Robert Weltsch: Ha-mishpat matchil. In: Ha'aretz, 12.12.1945, S. 2.
5 Weltsch: Ha-mishpat matchil (s. Anm. 4). In der darauffolgenden Kolumne (vom 14.12.1945, S. 2) stellte Weltsch fest, dass die Angeklagten, die bis vor Kurzem die hegemonische Macht Europas repräsentierten, nun »armseligen Welpen« glichen.
6 Weltsch: Ha-sifrija ha-jehudit ha-gdola ba-olam. Bikur be-Frankfurt a.n. Main – metropolin amerikaj. In: Ha'aretz, 4.1.1946, S. 2.

ten Zonen Deutschlands entdeckt. In der amerikanischen Zone wurden diese Kulturschätze zunächst in der Rothschild-Bibliothek in Frankfurt am Main und kurz darauf in einem zentralen Gebäude in der naheliegenden Stadt Offenbach gesammelt. Im Offenbach Depot wurden die Bücher sortiert, mit dem Ziel, sie dem internationalen Gesetz gemäß ihren rechtmäßigen Besitzern zurückzuerstatten. Da jedoch die rechtmäßigen Besitzer des geplünderten Kulturguts im Holocaust ermordet worden waren, konnten Tausende Bücher nicht an eben jene zurückgegeben werden. Hinzu kam, dass das internationale Gesetz vorsah, geraubtes Gut in das jeweilige Herkunftsland zurückzuschicken. Im Falle der Bücher aus jüdischem Besitz hätte dies bedeutet, dass diese einmal mehr in die Hände der Täter fallen würden.[7]

Als Weltsch nach Frankfurt am Main kam, waren die meisten Buchsammlungen bereits in das Hauptdepot nach Offenbach überstellt worden. Er erkannte, wie gefährlich und problematisch es war, die Bücher zu lange unter der Aufsicht nicht-jüdischer Amerikaner und Deutscher zu lassen, und forderte den *Jischuw* auf zu handeln:

> Wir müssen dafür sorgen, dass Sachverständige zur Bearbeitung dieses Materials nach Deutschland geschickt werden. Die Nationalbibliothek von Jerusalem sollte dieses Privileg für sich beanspruchen und kompetente Beamte nach Frankfurt senden, um die Bücher zu untersuchen, zu werten, zu ordnen und einen Katalog davon zu erstellen. Es ist absurd, dass diese Arbeit bis jetzt deutsch-arischen Beamten überlassen ist, die keine Ahnung von jüdischer Literatur haben.[8]

Weltschs Ruf aus Frankfurt blieb in Jerusalem nicht unbeachtet. Gleich nach Erscheinen seines Berichts wurde das kurz zuvor an der Hebräischen Universität gegründete *Committee for the Salvage of Jewish Cultural Treasures* zu einer wichtigen Sitzung einberufen. In dieser wurden verschiedene Aspekte der Situation diskutiert und beschlossen, unverzüglich eine Delegation in die amerika-

---

7 Für mehr Information über das Offenbach Depot, die geplünderten Bücher und den komplizierten Prozess ihrer Rückgabe an die rechtmäßigen Besitzer vgl. Dov Schidorsky: The Salvaging of Jewish Books in Europe after the Holocaust: The Efforts of the Hebrew University and of the Jewish National and University Library – Success and Failure. In: Jüdischer Buchbesitz als Raubgut. Zweites hannoversches Symposium. Hg. v. Regine Dehnel. Frankfurt a.M. 2006, S. 197–212; Robert G. Waite: Returning Jewish Cultural Property: The Handling of Books Looted by the Nazis in the American Zone of Occupation, 1945 to 1952. In: Libraries and Culture 37,3 (2002), S. 213–228; F. J. Hoogewoud: The Nazi looting of Books and Its American «Antithesis». Selected Pictures from the Offenbach Archival Depot's Photographic History and Its Supplement. In: Studia Rosenthaliana 26 (1992), S. 158–192; Dana Herman: Hashavat Avedah. A History of Jewish Cultural Reconstruction, Inc. A thesis submitted to McGill University in partial fulfillment of the requirements of the degree of Doctor of Philosophy. Montreal 2008; Elisabeth Gallas: »Das Leichenhaus der Bücher«. Kulturrestitution und jüdisches Geschichtsdenken nach 1945. Göttingen 2013. Vgl. auch Noam Zadoff: Von Berlin nach Jerusalem und zurück. Gershom Scholem zwischen Israel und Deutschland. Göttingen 2017 (in Vorbereitung).
8 Weltsch: Ha-sifrija ha-jehudit ha-gdola ba-olam (s. Anm. 6).

nische Zone Deutschlands in das Archivdepot Offenbach zu senden. Die Delegation in die amerikanische Zone bestand aus dem Bibliothekar Avraham Yaari und aus Gershom Scholem. Die beiden Delegierten kamen am 15. April 1946 in Paris an.[9]

Ihre Mission hatte ein zweifaches Ziel: erstens, Informationen über Sammlungen von jüdischen Büchern in Europa zusammenzutragen und eine komplette Aufstellung davon zu erstellen, und zweitens, Informationen über das Schicksal der Besitzer zu eruieren und den Kontakt mit Personen oder Institutionen herzustellen, die Hinweise auf weitere Sammlungen jüdischer Bücher geben könnten.[10] Die Mission verlief nicht nach Plan, und nach mehreren erfolglosen Versuchen, von Paris aus eine Einreisebewilligung in die amerikanische Zone von Deutschland zu erhalten, entschloss sich Yaari aufzugeben und nach Palästina zurückzukehren. Scholem jedoch blieb in Europa, und nach vielen Anstrengungen gelang ihm endlich die Einreise nach Deutschland.[11]

Am 6. Juli 1946, fast drei Monate nach Beginn seiner Reise, erreichte Scholem sein Ziel, das Offenbach Archival Depot. Das Depot war kein angenehmer Ort, und viele der jüdischen Gesandten, die dort arbeiteten, waren vom ersten Anblick der Hunderttausenden verlassenen Bücher geschockt. Die amerikanische Historikerin Lucy Davidowicz, die von der jüdisch-amerikanischen Hilfsorganisation Joint in die DP-Lager geschickt wurde, besuchte Offenbach kurz nach Scholem und beschrieb die Trostlosigkeit, die ihr entgegenströmte:

> The smell of death emanated from these hundreds of thousands of books and religious objects – orphaned and homeless mute survivors of their murdered owners. Like the human survivors, these inanimate remnants of a once-thriving civilization had found temporary and comfortless shelter in the land of Amalek. The sight of these massed inert objects chilled me.[12]

Scholem war von dem Besuch in Offenbach ähnlich betroffen. Während seiner Deutschlandreise verschwammen für ihn langsam die Grenzen zwischen den verlassenen Büchern und ihren ermordeten Besitzern und ließen ihn an seiner Fähigkeit, der Mission gerecht zu werden, zweifeln. In seinem Tagebucheintrag vom 28. Juli heißt es: »Am Abend ein riesiges Gewitter. Ich fühle mich dieser

---

9 Ha-waada le-hazalat ozrot ha-gola. Protokoll vom 24.1.1946. Israeli National Library Jerusalem, Department of Archives and Manuscripts, Scholem Archive, File 23. Vgl. auch Dov Schidursky: The Salvaging of Jewish Books in Europe after the Holocaust (s. Anm. 7), S. 198–203.
10 The Hebrew University to Gershom Scholem and Avraham Yaari, letter from 21.3.1946, Israeli National Library Archives, Jewish Cultural Reconstruction files 212/1.
11 Für eine ausführliche Analyse dieser Reise vgl. Zadoff: Von Berlin nach Jerusalem und zurück (s. Anm. 7).
12 Lucy Davidowitcz: From that Place and Time. A Memoir 1938-1947. New York, London 1989, S. 316. Für zusätzliche Informationen über Davidowitczs Reise vgl. Elisabeth Gallas: »Das Leichenhaus der Bücher« (s. Anm. 7), S. 234–237.

Arbeit nicht gewachsen. Meine Schlaflosigkeit kommt von der ständigen Aufregung und den konstanten Sorgen. Jede Kleinigkeit dauert hier so lange und ich schaffe nichts aus Zeitmangel.«[13]

Scholems Versuche, die geplünderten Bücher zu retten, konnten seine Trauer über ihre ermordeten Besitzer nicht mildern. Im Gegensatz zu Weltsch war es ihm nicht möglich, in diesen Büchern eine Bibliothek zu sehen oder sie als solche zu bezeichnen.[14] In seinem Bericht über den Zustand der Bücher, den er am 5. Oktober 1947 – mehr als ein Jahr nach seiner Rückkehr – in *Ha'aretz* veröffentlichte, erklärte er die Gründe für seine Haltung:

> Es ist [...] ein Irrtum, das Depot in Offenbach als geschlossene Bibliothek zu betrachten. Die Militärbehörden hatten nicht die Absicht, dort eine Bibliothek einzurichten, sondern lediglich, und mit Recht, die Bücher an einem sicheren Ort unterzubringen und sie nach dem allgemeinen Verfahren, das für die Rückerstattung von Besitz festgelegt wurde, zu ordnen.[15]

Scholem und Weltsch maßen dem Offenbach Depot eine grundverschiedene Bedeutung zu, die sich, wie im Folgenden gezeigt wird, aus den unterschiedlichen Reiseerfahrungen der beiden deutsch-jüdischen Intellektuellen erklären lässt.

III. Vertriebene Bücher und Menschen: Europa nach dem Holocaust zwischen Heimat und Exil

Wie für viele, die an den Ort ihrer ehemaligen Heimat zurückkehren, nahmen auch für Weltsch und Scholem die Reisen durch Deutschland im Jahre 1946 nicht nur eine geografische, sondern auch eine zeitliche Dimension an. Sie suchten sowohl nach Relikten der jüngsten jüdischen Vergangenheit, des nun ausgestorbenen jüdischen kulturellen Lebens in Europa, als auch nach Spuren der persönlichen Vergangenheit. Der Versuch, die Gräueltaten, auf die sie immer wieder stießen, besser zu verstehen, stellte für sie die einzige Möglichkeit dar, eine kontinuierliche Verbindung von der Gegenwart zu der neuen jüdischen Zukunft herstellen zu können. Weltsch versuchte dies hauptsächlich während der Nürnberger Prozesse und Scholem hauptsächlich während seiner

---

13 Gershom Scholem: Mi-nesijotaj be-schlichut be-Eropa, 1946, 10.4.–26.8, Tagebuchnotiz vom 28.7.1946, Israeli National Library Jerusalem, Department of Archives and Manuscripts, Scholem Archive, File 265, folder 22, S. 48.
14 Siehe auch: Noam Zadoff: Reise in die Vergangenheit, Entwurf einer neuen Zukunft. Gershom Scholems Reise nach Deutschland im Jahre 1946. In: Münchner Beiträge zur jüdischen Geschichte und Kultur 1. 2007, 2, S. 67–80.
15 Gershom Scholem: Zur Frage der geplünderten jüdischen Bibliotheken. In: Ders.: Briefe. Bd. I (1914–1947). Hg. v. Itta Shedletzky. München 1994, S. 475.

Arbeit im Offenbach Depot. Daneben besuchten beide Berlin – für Scholem der Ort seiner Kindheit und Jugend und für Weltsch die Stadt, in der er fast 20 Jahre gelebt und als Herausgeber der *Jüdischen Rundschau* gearbeitet hatte. Beide berichteten dem *Jischuw* über die vom Krieg verursachte Zerstörung. Es scheint, als ob das verwüstete Berlin für beide zum Symbol der Vergangenheit wurde. Am 22. Januar 1946 beschrieb Weltsch seine Eindrücke von der ehemaligen Hauptstadt des NS-Staates folgendermaßen:

> Nur wer Berlin gesehen hat, versteht das wahre Ausmaß vom Zusammenbruch Deutschlands. Wir haben viel über die Zerstörung der Nazi-Hauptstadt gehört und gelesen, und in der Tat ist alles bekannt: Aber all das kann nur verstandesmäßig erfasst werden, und das Herz begreift es nicht, solange die Augen die Zerstörung nicht gesehen haben. Es ist möglich, den ganzen Tag durch die Ruinen zu wandern als befände man sich in einem Traum oder auf einem anderen Planeten. Das alte, bekannte Berlin existiert nicht mehr, dennoch ist dies der Schatten davon. Es ist ein endloses Meer von Steinen oder besser gesagt: ein Meer von Schutt und es ist manchmal unmöglich, einen Weg dadurch zu finden.[16]

Auch Scholem war tief betroffen von seinem Besuch in Berlin. Nach seiner Ankunft in der Stadt seiner Jugend und einem Rundgang durch das Stadtzentrum vermerkte er in seinem Tagebuch:

> Ich habe unsere Wohnung in der Friedrichgracht gesehen. Die Neue Grünstraße – alles ist zerstört! Die Innenstadt – ausgestorben. Wir sind zur Synagoge in der Oranienburgerstrasse gefahren. Am Abend im Lager zum Schabbat-Gottesdienst mit dem Rabbi Rosenberg und Hermann Land von Fürth. Was für ein seltsames Erlebnis – Shabbat Chason in Berlin nach 14 Jahren![17]

Im jüdischen Kalender fand Scholem eine Entsprechung für die Situation in Berlin: Am Shabbat Chason, dem letzten Tag vor dem neunten des jüdischen Monats Ab – Tischa be-Aw[18] wird der Zerstörung des Tempels und des darauffolgenden Schmerzes gedacht. Die ersten Kapitel des Buches Jesaja werden an diesem Tag gelesen, die das Gefühl von Verzweiflung, Heimatverlust und Exilierung vermitteln:

> Euer Land ist wüst, eure Städte sind mit Feuer verbrannt; Fremde verzehren eure Äcker vor euren Augen, und es ist wüst wie das, so durch Fremde verheert ist. Was noch übrig ist von der Tochter Zion, ist wie ein Häuslein im Weinberge, wie die Nachthütte in den Kürbisgärten, wie eine verheerte Stadt. Wenn uns der HERR

---

16 Diese Kolumne wurde fast 20 Tage später veröffentlicht: Robert Weltsch: Shuv be-Berlin. In: Ha'aretz 8.2.1946, S. 2.
17 Gershom Scholem: Mi-nesijotaj be-schlichut be-Eropa (s. Anm. 13), S. 52.
18 Der jüdischen Tradition nach ist der neunte Tag des Monats Ab der Tag der Erinnerung an die Zerstörung des ersten und des zweiten Tempels. Es ist ein Tag des Fastens und der Trauer.

Zebaoth nicht ein weniges ließe übrigbleiben, so wären wir wie Sodom und gleich wie Gomorra.[19]

An diesem Shabbat Chason in Berlin entschloss sich Scholem gebrochenen Herzens, seine Mission aufzugeben und nach Jerusalem heimzukehren.

Die Rückkehr nach Berlin und die Wahrnehmung der Zerstörung der ehemaligen Heimatstadt rief in Weltsch und Scholem persönliche Erinnerungen und Erfahrungen wach. Damit erhielt die Katastrophe zusätzlich eine persönliche Dimension, was ihre negative Beurteilung der Vergangenheit verstärkte. Jedoch erwecken Stellen aus dem Buch von Jesaja auch Hoffnung für die Zukunft in Form des »wenig Überbleibenden«, als das man die jüdischen DPs, die in den Lagern in Nachkriegsdeutschland lebten, betrachten kann. In einem dieser DP-Lager im zerstörten Berlin verbrachte Scholem den Shabbat Chason. Wie viele andere betrachteten Scholem und Weltsch die DPs als eine Verkörperung von Exil. Der Wunsch erwachte in ihnen, diese »Deplatzierten« in eine neue Heimat zu »platzieren«. So sehr Berlin auch die Vergangenheit symbolisierte, so verkörperten die jungen DPs, die sie in den Lagern trafen, für Scholem und Weltsch die Zukunft. Sie waren das menschliche Kapital, in das der *Jischuw* seine Hoffnung setzte, um in dem sich bereits abzeichnenden Krieg mit den arabischen Anrainerstaaten zu überleben und ein zukünftiges Heimatland aufbauen zu können.

Während ihres Aufenthalts in Deutschland trafen und sprachen Weltsch und Scholem mit jungen DPs. Beide berichteten dem *Jischuw* über die Eindrücke, die diese Begegnungen bei ihnen hinterließen. Auch hier zeichnen sich Unterschiede in den Haltungen von Weltsch und Scholem gegenüber diesen »Überbleibenden« des Holocausts ab. Weltsch sah die DPs als überzeugte Zionisten, die sich nach einer Zukunft der nationalen Selbstbestimmung in Palästina sehnten und beschrieb sie hauptsächlich auf teilnahmsvolle, positive und hoffnungsvolle Weise:

> Sie wollen sich organisieren, auswandern und sich ein neues Leben aufbauen. Manchmal verwundert es einen, dass diese Menschen noch die Kraft und das Verlangen nach einem neuen Leben haben, aber ein Gedanke bestärkt sie: sie sind die Übergebliebenen [scheerit ha-pleta]. Man kann nicht genug betonen, welche Kraft der Zionismus diesen Menschen gibt. Er ist ihre moralische Unterstützung, ihre einzige Hoffnung.[20]

Weltsch berichtet von dem schwierigen existenziellen und emotionellen Zustand, in dem sich die DPs befanden und enthält sich jeglichen Urteils über sie.

---

19 Jesaja 1, 7-9, Luther-Bibel.
20 Robert Weltsch: Ezel ha-akurim be-Bawaria. In: Ha'aretz, 30.12.1945, S. 2.

Seine Beschreibungen betonen jedoch durchweg die Bedeutung und Hoffnung, die die DPs mit dem Land Israel verbinden.

Scholem hingegen vermerkt viel Negatives an den DPs und verweist wiederholt auf die negativen Aspekte ihrer Not. In einem Bericht über die Lage der Juden in Deutschland, der kurz nach seiner Rückkehr in *Ha'aretz* veröffentlicht wurde, beschreibt er die zionistischen Hachshara kibbutzim[21] der DPs in einem düster-ironischen Tonfall: »Man kann allgemein sagen, dass die Bezeichnung ›Kibbutz‹ hier missbraucht wird: Fünf Schwarzmarkthändler, die zusammenleben und zwei ›Schickses‹ beschäftigen, nennt man hier einen Kibbutz.«[22] Scholem unterstreicht hier die negativen Auswirkungen des von der britischen Regionalpolitik verursachten Auswanderungsstopps nach Palästina. Das lange Warten und der Wunsch nach einem Ende ihres Herumirrens und Leidens trieben einige der DPs zum illegalen Schwarzhandel. Auch Scholem zeigt für ihre Lage Verständnis, entdeckt aber im Gegensatz zu Weltsch bei den jungen Menschen kein besonderes Interesse am Zionismus:

> Im Lager von Zeilsheim, wo 3500 Juden leben, lernen nur 180 Hebräisch! Manchmal beginnen sie mit dem Lehrgang und hören mitten drin auf, obwohl es ausgezeichnete Gelegenheiten gibt, Hebräisch zu lernen. Ich habe mit einigen von ihnen gesprochen und ihnen gesagt: 8 Stunden am Tag tut ihr gar nichts – lernt 8 Monate lang 8 Stunden am Tag Hebräisch und wenn ihr ins Lande Israel kommt, werdet ihr die Sprache perfekt beherrschen. Sie sagen: Wenn wir nach Palästina kommen, werden wir sehen. Ich antworte: Im Lande Israel werdet ihr andere Sorgen haben! Aber sie weigern sich zu lernen.[23]

Die Reise nach Deutschland so kurz nach dem Holocaust und die Konfrontation mit seinen Auswirkungen hatten zur Folge, dass sich für die beiden Intellektuellen Parallelen zwischen den kulturellen Überresten – den besitzlosen Büchern im Depot – und den Überlebenden abzeichneten. Scholems und Weltschs Einstellung zu den Menschen und den Büchern verrät, wo sie eine Möglichkeit für den Fortbestand des Judentums und der jüdischen Kultur nach dem großen Zusammenbruch sahen. Weltsch erblickte optimistischerweise in den vorübergehend im Offenbach Archival Depot gelagerten Bücherbergen eine Bibliothek und in den Überlebenden den Kern einer neuen Gesellschaft. Anders Scholem, der pessimistisch war: Die Bücher, die er sah, sowie die Menschen, die er traf, bildeten für ihn keine Sammlung und kein Kollektiv, sondern waren eine zufällige Ansammlung von Objekten oder Menschen. Er beschrieb

---

21 Die Hachschara Kibbutzim waren zionistische Gemeinschaftslager in Europa, wo sich die jungen DPs auf die Landarbeit in Palästina vorbereiteten.
22 Gershom Scholem: Ha-jehudim be-Germanija ka-Jom. In: Ha'aretz, 4.10.1946, S. 3. »Schickse« ist eine herablassende Bezeichnung auf Jiddisch für eine nicht-jüdische Frau.
23 Scholem, Ha-jehudim be-Germanija ka-Jom (s. Anm. 22), S. 4.

sie in einem deprimierten Tonfall, denn sie repräsentierten für ihn die negativen Aspekte der Nachkriegsgesellschaft.[24] Der Verlust, auf den sie verwiesen, war für ihn zu groß, und es war ihm unmöglich, eine Brücke zu errichten, die über die Katastrophe hinweg in die Zukunft führte.

Sowohl Scholem als auch Weltsch waren in deutschsprachigen Ländern aufgewachsen und hatten ihre jüdisch-nationale Identität im Einklang mit deutschen intellektuellen und kulturellen Traditionen konstruiert. Darüber hinaus waren beide als kulturelle Zionisten von den humanistischen Lehren Ahad Haams und Martin Bubers beeinflusst, und sie waren Mitglieder des radikalen Kerns des *Brit Schalom*.[25] Diese kleine Gruppe plädierte für eine binationale Lösung in Palästina, die die Interessen von beiden im Land lebenden Völkern auf gerechte Weise wahren würde. Die gewaltsamen Auseinandersetzungen von 1929 markierten einen Wendepunkt im Denken vieler Mitglieder von *Brit Schalom*, die bisher an eine arabisch-jüdische Koexistenz geglaubt hatten, und für viele von ihnen – unter ihnen Weltsch und Scholem – bedeutete dies auch einen Wendepunkt in ihrem Glauben an die Möglichkeit der Verwirklichung ihrer zionistischen Utopie.[26] Die beiden Intellektuellen waren enttäuscht vom wachsenden Einfluss der chauvinistisch-revisionistischen Ideologie im *Jischuw*, und sie begannen – jeder auf seine eigene Weise – einen Weg zu suchen, mit ihrer Enttäuschung umzugehen. Scholem zog sich aus der Politik in den Elfenbeinturm der akademischen Welt zurück, blieb jedoch durch seine Forschung und seine Entscheidung, weiterhin in Jerusalem zu leben, dem partikularistischen Judentum und dem Zionismus verbunden. Bevor er 1923 nach Palästina gekommen war, hatte Scholem in Berlin an der hebräisch-zionistischen kulturellen Wiederbelebung teilgenommen und war einer der Gründer der Hebräischen Universität. Die Frage nach der Zukunft des jüdischen Volkes und des Judentums stand unverrückbar im Zentrum seiner intellektuellen und öffentlichen Tätigkeiten.

Weltsch hingegen machte den *Jischuw* und die von Ze'ev Jabotinsky propagierten revisionistischen Ansichten für die Aufstände von 1929 verantwortlich. Diese Haltung führte dazu, dass es zu Spannungen zwischen ihm, der Führung des *Jischuw* und den deutschen Zionisten kam.[27] Weltsch hatte fast ausschließ-

---

24 Ein Grund dafür ist der niederschmetternde Effekt, den diese Reise auf Scholem hatte. Vgl. auch Zadoff: Von Berlin nach Jerusalem und zurück (s. Anm. 7).
25 Für Information über den radikalen Kern von *Brit Schalom* vgl. Shalom Ratzabi: Between Zionism and Judaism. The Radical Circle in Brit Shalom 1925–1933. Leiden, Boston 2002.
26 Für Information über die Ereignisse von 1929 vgl. Hillel Cohen: Year Zero of the Arab Israeli Conflict 1929. Waltham 2015. Zu Scholems Enttäuschung über den Zionismus nach den Aufständen von 1929 vgl. Noam Zadoff: »Zion's Self Engulfing Light«: On Gershom Scholem's Disillusionment with Zionism. In: Modern Judaism 31,3 (2011), S. 272–275.
27 Stefan Vogt: Robert Weltsch and the Paradoxes of Anti-Nationalist Nationalism. In: Jewish Social Studies 16, 3 (2010), S. 100.

lich in Berlin gelebt und noch in Nazi-Deutschland als Herausgeber der *Jüdischen Rundschau* fungiert. Erst 1938, als es keine andere Möglichkeit mehr gab, emigrierte er nach Palästina.[28] Er war weniger an den geografischen Ort Israel gebunden und repräsentierte die universelle, humanistische Perspektive des Zionismus. Sein widerstrebender Nationalismus war dabei in vielerlei Hinsicht ein Mittel, ein eher universalistisches Ziel zu erreichen.[29]

Diese unterschiedlichen Einstellungen machen sich auch in den Gründen und Zielen ihrer Reisen bemerkbar: Während Weltsch von der Tageszeitung *Ha'aretz* nach Deutschland gesandt wurde, um über die Nürnberger Prozesse – wo zum ersten Mal der Rechtsbegriff »Verbrechen gegen die Menschheit« geprägt wurde – zu berichten, so war es Scholems Aufgabe gewesen, nach geraubten jüdischen Büchern zu suchen und sie für das jüdische Volk in Sicherheit zu bringen. Weltsch berichtete in seiner Kolumne auch über die allgemeine Situation in Deutschland und in Europa, Scholem dagegen interessierte an Nachkriegseuropa nur die jüdische Perspektive – die Suche nach Büchern oder die Interaktionen mit den DPs. Abgesehen von sehr wenigen Ausnahmen sprach er nur mit den Menschen, die ihm bei der Erfüllung seines Reiseziels helfen konnten.

Die Gründung des Staates Israel – welche kurz nach dem Ende des Holocausts und mittels eines bitteren, jedoch siegreichen Kriegs gegen die arabischen Nachbarstaaten und die arabische Bevölkerung des Landes erfolgte – betrachteten Scholem und Weltsch zwiespältig. Für Weltsch bedeutete der Sieg eine moralische Niederlage, die neuerlich zu einer Katastrophe führen konnte. In einem Brief an Escha und Hugo Bergmann vom Sommer 1947 schrieb er:

> Wenn jetzt die United Nations einen Beschluss annehmen, der nicht so weit entfernt ist von den Wünschen der Jewish Agency (eine Art Partition plus Immigration), dann werden alle Leute überzeugt sein, dass einzig und allein der Terror[30] uns diesen grossen Erfolg gebracht hat. Aber selbst für diesen Fall habe ich eine andere Meinung. Sogar wenn es uns gelingt, jetzt mit militärischen Mitteln einen Judenstaat zu errichten und uns bei dieser Gelegenheit mit beinahe der ganzen Welt zu verfeinden, bleibt die ungeheure Gefahr bestehen, dass es nach kurzer Zeit – vielleicht nach einigen Jahrzehnten – zu einem hurban shlishi[31] kommt. Manch-

---

28 Christian Wiese verweist auf die zwiespältigen Gefühle, die Weltschs Entscheidung, 1938 nach Palästina zu fliehen, in ihm hervorriefen. Vgl. Christian Wiese: Das »dämonische Antlitz des Nationalismus«. Robert Weltschs zwiespältige Deutung des Zionismus angesichts von Nationalsozialismus und Shoah. In: Zeitschrift für Geschichtswissenschaft 60,7/8 (2012), S. 630.
29 Vogt: Robert Weltsch and the Paradoxes of Anti-Nationalist Nationalism (s. Anm. 27), S. 93.
30 »Der Terror« bezieht sich auf die Gewalttaten, die die jüdischen separatistischen, revisionistischen Gruppen Etzel und Lehi auf die britischen Behörden in Palästina und die arabische Bevölkerung verübten.
31 Hurban Shlishi bedeutet die dritte Zerstörung und bezieht sich auf die vorhergehende Zerstörung der beiden Tempel durch die Babylonier und die Römer.

mal denke ich mir, im Lichte der gegenwärtigen Vorgänge, dass wahrscheinlich den Römern gar nichts anderes übrig blieb, als Jerusalem völlig zu zerstören; vielleicht wollten sie das gar nicht, aber die blinde Intransigenz der anderen Seite hat sie schließlich dazu gezwungen.[32]

Vier Monate später, nach der UN-Deklaration zur Teilung Palästinas, teilte auch Scholem Hugo und Escha Bergmann seine Meinungen und Befürchtungen über die Veränderungen mit, die die Unabhängigkeit und die Erfüllung der jüdisch nationalen Bestrebungen mit sich bringen würden:

> Wenn die Entstehung des Judenstaates uns vergönnt sein wird und er nicht gleich am Anfang in einem Meer von Blut untergeht, dann wird sich uns die Frage des Judentums und der jüdischen Tradition zum letzten Mal und gerade in schärfster Form stellen, und wer weiß, was geschieht und welchen Weg die Juden in ihrem Staat gehen werden. Ich lebe in der Verzweiflung und kann nur aus der Verzweiflung heraus tätig sein.[33]

Auch hier vertreten die beiden Intellektuellen einen unterschiedlichen Standpunkt: Obwohl das Wesen des neuen Staates beide mit Pessimismus erfüllte, urteilt Weltsch von einem umfassenderen Blickwinkel aus – und übernimmt den Standpunkt der Weltmacht, hier des »anderen« –, während sich Scholems Interesse und Blickpunkt auf den Rahmen des Judentums beschränkt. Das Anliegen selbst ist in beiden Briefen ein Ähnliches: die Veränderungen, denen sich die neue Gesellschaft unterziehen würde, nun, da das Exil fast zu Ende war und der jüdische Nationalismus sich infolgedessen nicht mehr auf der gerechten Seite der Opfer, sondern auf der der Sieger befand. Diese neue Position des jüdischen Volkes stand für beide Intellektuellen im Widerspruch zu dem, was für sie das Wesentliche des Judentums und des Zionismus ausmachte.[34]

---

32 Robert Weltsch an Hugo und Escha Bergmann, 18.8.1947. Robert Weltsch Archiv, Leo Baeck Institute Archive, AR 7185. Online: http://www.archive.org/stream/robertweltsch_01_reel01#page/n642/mode/1up [abgerufen: 9.6.2016]. Vgl. auch Weltschs Brief an Hans Kohn vom 20.5.1948, zit. in Christian Wiese: No Love for the Jewish People? Robert Weltsch's and Hans Jonas' Correspondence with Hanna Arendt on Eichmann in Jerusalem. In: Studia Judaica. German Jewish Thought Between Religion and Politics. Festschrift in Honor of Paul-Mendes Flohr on the Occasion of His Seventieth Birthday. Hg. v. Christian Wiese und Martina Urban. Berlin 2012, S. 404.
33 Gershom Scholem an Hugo und Escha Bergmann, 15.12.1947. In: Ders.: Briefe. Bd. I (s. Anm. 15), S. 331.
34 Scholem entwickelte diese Position in seinem Artikel über den David-Stern von 1948. Vgl. Gershom Scholem: Das Davidschild. Geschichte eines Symbols. Berlin 2010, S. 11. Für weitere Informationen über diesen Artikel und seinen historischen Kontext vgl. Noam Zadoff: Gershom Scholem, The Star of David: History of a Symbol. Expanded version including supplements by the author, edited and revised by Galit Hasan-Rokem, footnotes reconstructed by Shlomo Zucker. Museum of Art Ein-Charod 2008 (Hebrew). In: Tel Aviver Jahrbuch für Deutsche Geschichte 38 (2010), S. 289–295.

IV. Nachwort: die exilierten Zionisten im Schatten des Holocausts

Nach den Ergebnissen von 1929 und mehr noch nach der Gründung des Staates Israel im Jahre 1948 mussten sich Weltsch und Scholem mit ihrer Enttäuschung über das Scheitern ihrer persönlichen zionistischen Utopie auseinandersetzen und sich neu orientieren. Obwohl jeder es auf die eigene Art und Weise tat, entschieden sich beide nicht dazu, so wie andere Mitglieder von *Brit Schalom* mit dem Zionismus auf ideologischer und biografischer Ebene zu brechen.[35] Stattdessen suchten sie nach einem Kompromiss, der es ihnen erlaubte, die für einen »Exilanten« notwendige Distanz zu bewahren, der es aber zugleich ermöglichte, weiterhin an der Realität des Staates Israel mitzuwirken – soweit es jeder von ihnen wollte und wünschte. Ein spezifisches Element dieses Kompromisses machte die Verwirklichung dieser widersprüchlichen Wünsche – sich vom Zionismus zu distanzieren und trotzdem daran teilzuhaben – möglich. Es war die von der modernen Technik gewährleistete Fähigkeit, sich schnell zwischen den verschiedenen Welten ihres Lebens zu bewegen, unbeschränkt hin und her reisen zu können. Diese Möglichkeit eröffnete sich ihnen zum ersten Mal gegen Mitte des 20. Jahrhunderts mit der Entwicklung des kommerziellen Flugverkehrs. Der neue Raum, den das schnelle und bequeme Reisen erschloss, erlaubte das spontane Wechseln zwischen geografischen Orten und biografischen Stationen und erwies sich als hervorragende Lösung für jene, die in solch einem sekundären Exil leben wollten.

Im Jahre 1946, im Flugzeug auf dem Rückweg von Deutschland nach Palästina, über der Halbinsel Sinai, grübelte Weltsch über den Sinn seiner Reise und über das moderne Reisen allgemein nach. Das Flugzeug war für ihn das Symbol der Zeit: ein Verkehrsmittel, das sich schneller von Ort zu Ort bewegt, als dass es der menschliche Verstand erfassen kann. Nach seiner Ansicht stand diese von der modernen Technik ermöglichte schnelle Art zu reisen im Gegensatz zum archetypischen Reisen – der Auszug der Israeliten aus Ägypten in das Land Israel. Somit, so Weltsch, ersetzte die vom Flugzeug verkörperte Technik die am Berg Sinai repräsentierten moralischen Werte der Humanität. Auf seine optimistische Weise sah Weltsch Parallelen zwischen seiner Rückreise von Europa nach Palästina und der langen Reise der Israeliten aus der Sklaverei in die Freiheit. Der einzige Unterschied bestand darin, dass damals die Gründung einer neuen Gesellschaft allein durch die Befolgung der Zehn Gebote möglich war, während nun, zu seinen Zeiten, Leben und Tod in den Händen der technisch Versierten lag:

---

35 Der bekannteste Fall ist Hans Kohn, der 1934 von Palästina in die USA auswanderte. Zu seinem Bruch mit dem Zionismus vgl. Adi Gordon: »Nothing But a Disillusioned Love«. Hans Kohn's Break with the Zionist Movement. In: Against the Grain: Jewish Intellectuals in Hard Times. Hg. v. Ezra Mendelsohn u. a. New York, Oxford 2014, S. 117–142.

Und als Teil dieser Gesellschaft namens Menschheit bereust du es, dass die Lehre des Exodus in Vergessen geraten ist – nämlich die Bedeutung vom Berg Sinai. Das geistige Gesetz war ein wesentliches Element bei der Erschaffung einer neuen Gesellschaft nach einer schlimmen Katastrophe. [...] Ich weiß nicht, ob der Berg Sinai heute eine Art strategische Position darstellt oder ob man dort Öl gefunden hat. Auf jeden Fall ist die Technik des Reisens heute ganz anders als damals und auch die Lebensweise hat sich geändert. Wir waren Zeugen einer gewaltigen moralischen und materiellen Zerstörung und wir suchen nach Wegen, die zu einer neuen Zivilisation führen. Manche denken, dass das Flugzeug diese Zivilisation bereits repräsentiert.[36]

---

36 Robert Weltsch: Hirhurim ba-awiron. In: Ha'aretz, 4.6.1946, S. 2.

Rezensionen

Handbuch Staat und Migration in Deutschland seit dem 17. Jahrhundert. Hg. von Jochen Oltmer. Berlin, Boston (de Gruyter) 2016. 1058 S.

Die derzeitige deutsche Flüchtlingspolitik ist eine Herausforderung aller, also auch der Exilforschung. Die Aufnahme des Asylrechts in den Grundrechtskatalog des Grundgesetzes (Art. 16) war eine Reaktion auf die Vertreibungen aus dem NS-Herrschaftsbereich nach 1933 gewesen. Die Anerkennung der Flüchtlinge nach diesem Grundsatz lag in den letzten Dekaden aber selten über 5 Prozent, hinzu kamen etwa 15 bis 20 Prozent nach der Genfer Flüchtlingskonvention von 1950, die große Mehrheit der aus sonstigen Gründen ins Land Gekommenen wurde allerdings ebenfalls mit diversen Rechtstiteln geschützt, Zurückweisungen und Abschiebungen fanden praktisch nicht statt. Die 2015 gewollte »Willkommenskultur«, die mehr als 1 Million Menschen nach Deutschland brachte, leitete ein Debatte ein, die erstmalig zur selbstkritischen Prüfung führte, ob zum Beispiel Flüchtlinge aus Bürgerkriegsländern (Syrien oder Afghanistan) überhaupt Asylkriterien erfüllen, ob staatliche Souveränität und eigene gesellschaftliche Interessenlagen von »Moralpolitik« überlagert werden dürfen und ob sich Deutschland mit solcher Haltung wieder einmal eine für ihre Geschichte so typische Sonderwegrolle zugemessen habe.

Das *Handbuch Staat und Migration* lädt dazu ein, darüber nachzudenken, wie Wanderungen am Beispiel Deutschlands, erzwungene und freiwillige, im historischen Prozess verortet werden können. Zurecht wird gleich einleitend der bekannte Slogan des Historikers Charles Tilly von 1978 zitiert: »The history of European migration is the history of European social life.« Das Handbuch folgt der 2007 ebenfalls vom Institut für Migrationsforschung und Interkulturelle Studien (IMIS) an der Universität Osnabrück herausgegebenen *Enzyklopädie Migration in Europa* zum gleichen Zeitraum vom 17. Jahrhundert bis zur Gegenwart. Auch für die Exilforschung bietet das Handbuch wichtige Informationen. Es hat zwar die Binnensicht auf Deutschland als aufnehmendes wie als Migranten abgebendes Land, während die Exilforschung ihren Fokus auf die Vertriebenen sowie deren Akkulturation in den Zufluchtsländern richtet. Dabei gelegentlich die rechtlichen, politischen und sozialen Zwänge, die zur Vertreibung führten, und deren Funktion als gesellschaftliches Lenkungssystem in Erinnerung zu rufen, ist nicht nur aus systematischer Sicht, sondern auch unter den vergleichenden, in jüngster Zeit immer wichtiger werdenden Aspekten der heutigen Fluchtbewegungen nach Deutschland nicht ganz unwichtig.

Die Beiträge des Handbuchs liefern dichte Informationen zu Migrationen, Flucht, Vertreibung und Akkulturation, die aus der historischen Genealogie seit Ende des Dreißigjährigen Krieges 1648 entwickelt werden. Unterschieden werden dabei sieben Migrationsregime, beginnend (1.) mit der Verfestigung der Territorial- und Ständegesellschaft und der Schollenpflicht der Untertanen, die keine Freizügigkeit kannten. Durch die sogenannte »Peuplierungspolitik« in den einzelnen Staaten des damaligen Reiches zur Überwindung der Kriegsfolgen begannen jedoch alsbald nennenswerte Wanderungen, die schon früh mit einer immer weiter systematisierten Ordnungsgesetzgebung reguliert wurden. Seit Ende des 18. Jahrhunderts gab es (2.) eine zunächst unsystematische Praxis von Pass-Vergaben, die mit der Französischen Revolution und der Herausbildung des Nationalstaats sowie den darauf reagierenden Preußischen Reformen von oben perfektioniert wurden. Mit der Herausbildung der autoritären Nationalstaaten im Zeichen imperialistischer Konkurrenz wurde dann (3.) der Nationalismus zur forcierten Integrationsideologie mit ihren innerstaatlichen Feinderklärungen, im Deutschen Kaiserreich nach 1871 vor allem Juden und Polen. Migrationen wurden seither nicht mehr pragmatisch und interessengeleitet gesehen, sondern abwehrend wahrgenommen. Die

Weimarer Republik konnte daran (4.) angesichts des politischen Kräfteverhältnisses nichts ändern; die Demokratisierung führte nicht zu einer offenen Republik, Abwehr und Ausgrenzung blieben typisch, ehe diese unter dem Nationalsozialismus (5.) zu zentralen Lenkungsmaximen des totalitären Führerstaats beim Aufbau der rassistischen Ordnung, der militanten Aggression und der wirtschaftlichen Autarkiebemühungen wurden. In der Nachkriegsordnung seit 1945 waren (6.) die Ergebnisse dieser Politik zu beseitigen, d. h. die Notwendigkeit zur Repatriierung der rund 14 Millionen Heimatvertriebenen. Aber sogar diese ethnisch und kulturell dem gleichen Kulturkreis angehörenden Gruppen wurden alles andere als geräuschlos aufgenommen, die Integration gelang nur angesichts des enormen Arbeitskräftebedarfs in der Wiederaufbaugesellschaft. Angesichts dieser Probleme erstaunt nicht, dass an eine organisierte Rückkehr der nach 1933 aus Deutschland Vertriebenen nie gedacht wurde. Im Übrigen folgten die beiden deutschen Staaten im Selbstverständnis der Zugehörigkeit den alten ethno-nationalen Traditionen des Staatsangehörigkeitsgesetzes aus dem Kaiserreich von 1913. Das wurde zum Problem, als (7.) die seit Ende der 1950er Jahre ins Land geholten »Gastarbeiter« nach Ende des Nachkriegsbooms mit dem Anwerbestopp 1973 in der Tradition der Weimarer Republik allein als Probleme der Arbeitsmarktpolitik gesehen wurden. Eine »Ausländerpolitik« gab es nicht, die Bundesrepublik verstand sich lange Zeit nicht als Einwandererland, woraus die konfliktreichen ideologisch aufgeladenen Auseinandersetzungen erwuchsen, die bis heute nicht abgeschlossen sind.

Die 30 umfangreichen, sorgfältig konzipierten Beiträge des Handbuchs liefern anregende Beispiele für mögliche Anknüpfungen für einen rational gesteuerten, durchaus von berechtigten eigenen Interessen geleiteten Migrationsdiskurs zur Abwehr von im Verlauf der Geschichte entstandenen ideologischen Verkrustungen. Darüber hinaus bieten sie informative Einsichten zum Begriffsapparat der Forschung, erwähnt seien nur die trennscharfe Differenzierung bei den unterschiedlichen Migrationsformen oder die Validitätsprüfung des heute modischen Netzwerkparadigmas.

Claus-Dieter Krohn

Manfred Heiting, Roland Jaeger (Hg.): *Autopsie. Deutschsprachige Fotobücher 1918 bis 1945*. Bd. 2. Göttingen (Steidl Verlag) 2014. 656 S.; Peter Stephan Jungk: *Die Dunkelkammern der Edith Tudor-Hart. Geschichten eines Lebens*. Frankfurt a. M. (S. Fischer Verlag) 2015. 320 S.; Michael Buhrs, Sabine Schmid (Hg.) in Zusammenarbeit mit dem Estate of Evelyn Hofer/Andreas Pauly: *Evelyn Hofer*. Göttingen (Steidl Verlag) 2015. 288 S.; Michel Frizot: *Germaine Krull*. Ostfildern (Hatje Cantz Verlag) 2015. 264 S.; Juliet Hacking: *Hinter der Kamera. Das Leben der großen Fotografen*. München (Sieveking Verlag) 2015. 304 S.

Es ist geschafft! Ein solcher Jubelschrei könnte von Manfred Heiting und Roland Jaeger stammen, die den zweiten Band ihrer *Autopsie* zu deutschsprachigen Fotobüchern zwischen 1918 bis 1945 herausgegeben haben. Ein Jubelschrei angesichts eines monumentalen zweibändigen, mittlerweile im Schuber angebotenen Werkes von fast 1.200 Seiten. Wie schon im ersten Band werden die Beiträge der Herausgeber, von denen erneut die meisten von dem Hamburger Kunsthistoriker Roland Jaeger stammen, von zehn Autorinnen und Autoren ergänzt, die sich u. a. fotografischen Schutzumschlägen, der Aktfotografie, illustrierten Firmenschriften, der Bildpropaganda anlässlich der Olympiade 1936, aber auch so unterschiedlichen Fotografen wie Albert Renger-Patzsch, Paul Wolff und Erna Lendvai-Dircksen widmen. Daneben stehen buchkundliche und verlagsgeschichtliche Essays, zu Buchreihen wie *Die Blauen Bücher*, der Reihe *Orbis Urbium*, zu Veröffentlichungen des Dietrich Reimer Verlages, des Hamburger Gebrüder Enoch Verlages oder des Verlages Velhagen & Klasing. Die jeweiligen Darstellungen beschließen ausführliche Literaturverzeichnisse und zahlreiche Fußnoten, die den wissenschaftlichen Anspruch sowie die Akribie in der Autopsie der Fotobücher unterstreichen sollen. Wurde schon der erste Band mit dem Deutschen Fotobuchpreis 2013 in Silber prämiert, so folgte der Ritterschlag im Januar 2016, als die Herausgeber für ihr zweibändiges Werk mit dem »Antiquaria-Preis für Buchkultur« ausgezeichnet wurden. Angesichts dieser Nobilitierung scheint jede Kritik beckmesserisch zu sein. Vom Titelblatt bis zur Rückseite sind beide Bände, um im Wortfeld zu bleiben, bild-schön. Doch in die Begeisterung über die Komplexität, die umfangreiche

Illustration, das abwechslungsreiche Layout, kurz: den vielfachen Augenschmaus mischt sich als Wermutstropfen der Eindruck, dass die faktografische Benennung und enzyklopädische Auflistung von Fotobuchreihen die analytische Beschäftigung mit dem einzelnen Fotobuch ersetzt. Die Begeisterung für das recherchierte Material findet seinen sichtbaren Ausdruck in der erschlagenden, kleinformatigen Wiedergabe von Buchreihen und Titelblättern, sodass sich zuweilen die Anmutung eines prall gefüllten Briefmarkenalbums einstellt. Gleichwohl liefern die beiden von Manfred Heiting und Roland Jaeger herausgegebenen Bände dank der multiperspektivischen Annäherung an ihr Thema einen (schwerge-)wichtigen Beitrag zur deutschen Fotobuchgeschichte. Ob ihre *Autopsien* auch zu einer Aufwertung des Genres Fotobuch innerhalb des Buchhandels beitragen können, bleibt abzuwarten. Angesichts aufwändig produzierter Fotobücher, die in sehr überschaubaren Zeitspannen preisreduziert im modernen Antiquariat landen, scheint Skepsis angebracht zu sein.

Die Literatur zu der in Wien geborenen und in Brighton verstorbenen Fotografin Edith Tudor-Hart (1908–1973) ist überschaubar. Ausstellungen oder Veröffentlichungen entstanden aus den Initiativen ihres 1912 geborenen und in London lebenden Bruders Wolf(gang) Suschitzky sowie des Kunst- und Fotohistorikers Duncan Forbes. Erst 2013, 40 Jahre nach ihrem Tod, würdigte die große Wanderausstellung *Im Schatten der Diktaturen* in Edinburgh, Wien und Berlin das fotografische Gesamtwerk Edith Tudor-Harts. Zwei Jahre später legt nun der Autor und Dokumentarfilmer Peter Stephan Jungk mit seinem Buch *Die Dunkelkammern der Edith Tudor-Hart* eine umfassende Biografie seiner Großtante vor. Wahrlich kein Fotobuch, präsentiert es doch lediglich einige wenige Motive ihrer sozialkritischen Fotografie aus Wien und London. Die Fotos interessieren ihn nur am Rande; vielmehr spielt er mit dem aus der Fotografie entlehnten Begriff der »Dunkelkammer«, um die dunklen, nicht ausgeleuchteten Seiten Tudor-Harts zu erforschen, ihre Agententätigkeit für den sowjetischen Nachrichtendienst KGB.

Aus einem sozialistischen Elternhaus stammend, engagierte sich Edith Suschitzky nach einer Tätigkeit in einer Montessori-Kindertagesstätte und einem kurzen Studienaufenthalt am Bauhaus schon früh innerhalb der Kommunistischen Partei. Bei einem Aufenthalt in England im Januar 1931 war sie wegen ihrer Verbindungen zur dortigen Parteiorganisation aufgefallen und ausgewiesen worden. In Wien arbeitete sie als Fotografin für die sowjetische Nachrichtenagentur Tass. Fotostrecken erschienen wiederholt in der Zeitschrift *Der Kuckuck* wie in der *Arbeiter-Illustrierten Zeitung*. Auch die fotomontierte Titelseite der englischen Ausgabe von John Reeds *Ten Days That Shook the World* (1932) sowie der Titel des Buches *Working-Class Wives. Their Health and Conditions* (1939) stammten von Edith Suschitzky. Nach 1945 wurden ihre Fotos von der Zeitschrift *Picture Post*, aber auch von Periodika für Kinderfürsorge, Gesundheit und Bildung abgedruckt.

All dies steht nicht im Fokus des Interesses von Peter Stephan Jungk. Er spürt den illegalen Verbindungen seiner Großtante nach, die seit ihrer Heirat mit dem britischen Arzt Tudor-Hart im Spätsommer 1933 in England lebte. Er versucht, die Netzwerke zu rekonstruieren, in denen sie sich bewegte, auch um weitere Agenten für den KGB zu rekrutieren. Hier fallen Namen auf wie die des »Jahrhundertagenten« Kim Philby und Anthony Blunt, die zu dem lange erfolgreich operierenden Spionagering der »Cambridge Five« zählten, ebenso wie der des aus Österreich nach England emigrierten Physikers Engelbert Broda, dem die Sowjetunion wohl wesentliche Informationen über die amerikanische und britische Atombombenforschung verdankte.

Jungk rekonstruiert das Leben seiner Großtante, ihre zerrüttete Ehe, die beständige Sorge um ihren autistischen Sohn, die materiellen Nöte, die unglücklichen Beziehungen zu verheirateten Männern mit gebotener Sorgfalt, aber auch aus der Distanz. Für den Autor bleibt unverständlich, wie sich Menschen gänzlich einer Utopie, einer Ideologie, verschreiben konnten. Zuweilen befallen ihn auch Gedanken, ob nicht auch sein Vater, der Zukunftsforscher und Publizist Robert Jungk, »fellow traveller« der Sowjetunion gewesen sein könnte. Jungks flüssig geschriebene Biografie zu Edith Tudor-Hart changiert zwischen dokumentarischem Roman und Spionage»thriller«, bei dessen Lektüre allerdings die omnipotente Weitsicht des Autors zuweilen auf die Nerven geht.

Selbst in dem von Klaus Honnef und Frank Weyers noch zu Lebzeiten der Fotografin herausgegebenen Band *Und sie haben Deutschland verlassen ... müssen* bleiben die Auskünfte über die in Marburg an der Lahn geborene und in Mexiko-Stadt verstorbene Evelyn Hofer (1922–2009) eher schütter. Trotz zahlreicher

Einzel- und Gruppenausstellungen, diverser Buchveröffentlichungen scheint das von dem amerikanischen Kunstkritiker Hilton Kramer stammende Urteil von der »berühmtesten ›unbekannten‹ Fotografin Amerikas« lange Jahre Gültigkeit besessen zu haben. Einen Durchbruch zu einer intensiveren, öffentlichen Wahrnehmung mögen die vom Juni bis September 2015 im Münchner Museum Villa Stuck gezeigte Retrospektive und das parallel im Steidl Verlag erschienene Katalogbuch gewährleisten.

Evelyn Hofer zog gemeinsam mit den Eltern zuerst in die Schweiz, später nach Spanien und von dort nach der Niederlage der Republikaner im Spanischen Bürgerkrieg nach Paris. In Zürich absolvierte sie eine Lehre in einem Fotostudio, erlernte den Umgang mit verschiedenen Kameras. Gemeinsam mit ihrer Mutter und Schwester reiste sie 1942 durch das besetzte Frankreich über Marseille und Casablanca nach Mexiko-Stadt, wo sie die mexikanische Staatsbürgerschaft annahm. Seit 1946 lebte sie in New York, immer wieder unterbrochen von längeren Aufenthalten für Fotoaufträge in Europa, bis sie schließlich 2005 nach Mexiko-Stadt umzog, wo Evelyn Hofer vor sieben Jahren starb.

Die Präsentation der Fotografien im Katalogbuch folgt der Chronologie ihrer Entstehung, von den ersten fotografischen Arbeiten in der Schweiz um 1941 bis hin zu den um 1996/97 entstandenen Stillleben, die auf den ersten Blick an fotorealistische Gemälde erinnern und deren Farbigkeit Resultat eines aufwändigen, fotografischen Entwicklungsprozesses darstellt. Generell ist hierbei zu bemerken, dass Evelyn Hofer schon sehr früh die Farbfotografie nutzte. Nicht in der grellen Farbigkeit, wie sie heute gang und gäbe ist, sondern eher dezent, wie bei dem roten Straßenkreuzer auf einem New Yorker Parkdeck (1964), in den roten Kniestrümpfen des Mädchens mit dem Fahrrad in Dublin (1966), dem sich küssenden Paar im Jardin du Luxembourg in Paris (1967). Hofer arbeitete für Magazine des Condé Nast Verlages wie *Mademoiselle* und *Vogue* für Illustrierte wie *Harper's Bazaar*, später für *Life Magazine* oder *Time-Life*-Bücher, aber auch das *New York Times Magazine* und *Sunday Times Magazine* in London. Von eigener, sehr spezifischer Setzung waren ihre Fotoserien zu New York, London, Washington, Dublin und Paris, ebenso wie die Fotoserie von Bewohnern des Graubündner Ortes Soglio, wo Evelyn Hofer einen Zweitwohnsitz besaß. All dies, ergänzt um Fotoessays, zum Beispiel zur Watergate-Affäre (1974), aus der nordirischen IRA-Hochburg Crossmaglen (1975), zu Langzeithäftlingen und ihren Bewachern in englischen Gefängnissen (1975), präsentiert das fast 300 Seiten umfassende Katalogbuch in bester Druckqualität. Allein das Layout irritiert, wenn formatfüllend und angeschnitten auch Querformate wiederholt und ohne erkennbare Not als Hochformate angeboten werden.

Großes Publikumsinteresse fand die im Rahmen der Berliner Festspiele von Oktober 2015 bis Januar 2016 in Berliner Martin-Gropius-Bau gezeigte Ausstellung »Germaine Krull – Fotografien«, eine Übernahme aus dem Pariser Jeu de Paume. Spätestens seit der 1999 im Museum Folkwang in Essen und später an anderen Orten präsentierten Ausstellung »Avantgarde als Abenteuer« zu Leben und Werk Germaine Krulls sollte ihr Name nicht nur Foto-Enthusiasten geläufig sein. Menschen, die sich mit der Münchner Räterepublik beschäftigten, werden ihre Porträts von Kurt Eisner kennen, von denen eines sogar als Foto-Postkarte Verbreitung fand. Feinfühlig waren auch ihre Porträtaufnahmen der Schriftsteller Walter Benjamin und Jean Cocteau. Beide schätzten und bewunderten sie, Benjamin nahm sie in seinen 1931 erstmals in der *Literarischen Welt* veröffentlichten Aufsatz »Kleine Geschichte der Photographie« auf.

Nach ihrer Ausbildung an der Münchner Lehr- und Versuchsanstalt für Photographie, einem 1922 in Berlin betriebenen eigenen Fotoatelier, lebte und arbeitete Germaine Krull seit Ende 1925 in Paris. Ausstellung wie Katalogbuch streifen nur kurz die frühen Aktfotografien wie die Aufnahmen aus Asien, speziell: Thailand, wo sie nach 1945 für viele Jahre lebte. Die im Gropius-Bau gezeigte Schau konzentrierte sich vor allem auf die in den 1920er und 1930er Jahren entstandenen Fotografien der 1897 in Posen geborenen und 1985 in Wetzlar verstorbenen Germaine Krull. Und es war vor allem der Gebrauch und die Drucklegung ihrer Fotos, der Kontext also, der in Berlin in beeindruckender Fülle präsentiert wurde. Beginnend mit ihrem 1928 erschienenen Portfolio *Métal*, 64 im Lichtdruck reproduzierten Bildtafeln. Ungewöhnliche Fotografien aus Auf- und Untersicht, Nahaufnahmen und Bildausschnitte, die eine Identifikation der abgelichteten Gebäude, des Eiffelturms, Kränen und Brücken in Amsterdam und Rotterdam, Kraft- und Automobilwerken erschwerten. Auch andernorts wurden diese Fotos gedruckt, vor allem in der illustrierten Zeitschrift *VU*. Ge-

meinsam mit ihren Kollegen André Kertész und Man Ray prägte sie als »fotografische Reporterin« mit ihren Bildstrecken diese moderne Illustrierte. Schnell hatte sie einen Fundus an Bildmotiven aus dem Alltagsleben der französischen Metropole angelegt, der die Basis für Buchveröffentlichungen auf dem deutschen (*100 x Paris*, Berlin 1929) wie französischen Buchmarkt (*Visages de Paris*, Paris 1930) bildete. Auch ihre Begeisterung für das Automobil – für eine Auftragsarbeit für Peugeot verlangte und erhielt Krull als Honorar das neueste Modell – schlug sich nicht nur in ungewöhnlichen wie brillanten Detailaufnahmen herrlich geschwungener Kotflügel und eigenwillig geformter Stoßstangen nieder, sondern auch in 1931 veröffentlichten Foto(-buch)dokumentationen wie *Route de Paris à la Méditerranée* oder *La route de Paris – Biarritz*.
Wie die Ausstellung bietet der Katalog weitere Facetten aus dem Werk Germaine Krulls an, ihre Arbeit an dem ausgiebig illustrierten Kriminalroman *La Folle d'Itteville* (1931), ihr Faible für Hände, ihre Porträts, schließlich ihre Tätigkeit als Kriegskorrespondentin 1944, als sie sowohl die Schlacht um das Elsass wie die Befreiung des Konzentrationslagers Vaihingen bei Stuttgart fotografisch dokumentierte. Dem Kurator und Autor Michel Frizot gebührt Dank für eine begeisternde Ausstellung sowie für ein höchst informatives, vorzüglich gestaltetes Katalogbuch über die selbstbewusst denkende wie handelnde Fotografin Germaine Krull.
Hinter der Kamera. Das Leben der grossen Fotografen lautet der Titel des von Juliet Hacking, Studiendirektorin am Sotheby's Institute of Art, verfassten Buches. Das klingt im ersten Moment vielversprechend, der Schutzumschlag mit Robert Doisneau, seine Rolleiflex in Händen, macht neugierig. Auch die weiteren, die Biografien eröffnenden Fotos sind sorgsam gewählt, zeigen sie doch die Fotografinnen und Fotografen bei der Arbeit oder mit einem fotografischen Utensil. Das Buch präsentiert, wie es auf dem Klappentext heißt, »38 der bedeutendsten Persönlichkeiten in der Geschichte der Fotografie«. Im Einleitungstext wird diese Auswahl noch weiter eingegrenzt, ihr Buch, so die Autorin, sei »Produkt einer englischsprachigen Fotografietradition, die sich vor allem auf England, Frankreich und die USA ausrichtet«. Hackings kurze, sechs, sieben Seiten umfassende Biografien gelten u. a. Ansel Adams, Margaret Bourke-White, Walker Evans, Robert Mapplethorpe, aber auch Hannah Höch, Albert Renger-Patzsch und August Sander. Zu Vertretern des Exils dürfen Robert Capa, André Kertez und Lászlo Moholy-Nagy gezählt werden. Die Texte sind keineswegs von Fußnoten überfrachtet; wären es journalistische Beiträge ließe sich der Sprachduktus als »flotte Schreibe« charakterisieren. Ärgerlich und oberflächlich wird es aber, wenn sich die Autorin in der Aufdeckung von Brüchen oder Kaschierungen in der jeweiligen Biografie gefällt. Auch dies lässt provokant zurückfragen, wie groß Mann oder Frau denn hätte sein müssen, um in diesem Pantheon der Fotografen Einlass zu finden. Alfred Eisenstaedt, Andreas Feininger, Philippe Halsman, Lotte Jacobi, Helmut Newton, Martin Munkacsi, Francis Wolff, um nur einige zu nennen, waren wohl zu klein, sonst hätte Juliet Hacking sie gewiss wahrgenommen.

Wilfried Weinke

Andreas Schätzke: *Deutsche Architekten in Großbritannien: Planen und Bauen im Exil 1933–1945 / German Architects in Great Britain: Planning and Building in Exile 1933–1945*. Stuttgart (Edition Axel Menges) 2014. 240 S.

With the ambitious bilingual publication Andreas Schätzke and his collaborator Meike Schultz have made a significant contribution to scholarship on exiled German-speaking architects throughout the period of National Socialism. The rich structure, design and content of the book render it compelling to a variety of readers and enable it to function as an analysis, an archive, a lexicon and a bibliographic resource. The book is structured around five main sections: a contextualising essay, case studies of 10 buildings, excerpts from Walter Gropius' correspondence, biographies of almost 70 architects who emigrated from Germany to Great Britain, and an extensive bibliography. Rather than organizing these sections into formal chapters, they flow into each other with little punctuation, the only major distinction being that the essay uses a single-column format while the pages of the rest of the book are rigorously split into three columns. This rejection of traditional structural elements such as chapter titles or an introduction, while not particularly beneficial to the reader's orientation, does serve to underscore the minimalist design of the book. Strictly grayscale and employing only one font, perhaps the design strategy was intended to reflect the content, which deals to a great extent with the exodus of *Neues Bauen*, a movement renowned for its commitment to efficient and rational design. Or maybe it was inspired by the handwriting of one of the central protagonists – Walter Gropius – who spurned capital letters in favour of a completely lower case script. Whatever the case, together with the generous size and almost-square format (23.5 x 29 cm), the high quality images and matt white paper, it is clear that considerable thought was invested in the book's design, layout and production.

The contextualising essay »Foreign neighbours: German architects in great Britain 1933–1945« begins with a concise account of the growing professional difficulties and marginalisation faced by certain German architects following Adolf Hitler's seizure of power, outlining the diverse considerations that led architects to take the painful decision to pursue a life in exile as the working conditions in Germany became increasingly hostile. Schätzke then analyses Great Britain as a destination for German migrants in general before investigating the specific experiences of German architects there. In a country dominated by a »conservative atmosphere in the field of architecture« (p. 29) and experiencing an economic downturn, the challenges facing the emigrant architects in Britain were numerous. While pointing out that not all of the exiled architects belonged to the avant-garde, Schätzke devotes much of the text to the development of modernism in Britain and the seminal role played by the emigrants through partnerships with modernist British architects such as Maxwell Fry or F. R. S. Yorke, or their involvement in pioneering practices such as Tecton. Interestingly, Schätzke notes the lack of evidence of collaboration between exiled architects, and the reliance on family networks for commissions, with Jewish architects also finding work through their religious community. While some architects found employment in British public authorities, others were able to teach at colleges and universities. Through all of these structures, Schätzke argues, the emigrant architects made considerable contributions to architecture in Great Britain, particularly in the field of housing. Schätzke interweaves his well-researched appraisal of the situation with excerpts from narratives of individual architects' careers, including Walter Gropius, Eric Mendelsohn and Marcel Breuer as well as lesser known figures like Heinz Reifenberg and Rudolf Fränkel.

A less successful part of the book is the case study section. Although the case studies represent a range of building types – five individual residences, one apartment building, a religious building, a school, an industrial building and a cultural centre – they are, without exception, all examples of German modernism, albeit modified to British circumstances. Moreover, they illustrate already well-known and well-documented buildings including Erich Mendelsohn and Serge Chermayeff's De La Warr Pavilion in Bexhill on Sea and Walter Gropius and Max Fry's Impington Village College. While it is relevant to investigate these perennial favourites in the context of exile, the texts and photographs do not add a great deal to the existing discourse. Of more interest are Ernst Freud's apartment complex and Fritz Landauer, Herbert Wills and William Kaula's synagogue. Both are masonry constructions that strike a fine balance between imported spatial concepts and local building practices. It is interesting to note that with the exception of Fränkel's machine tool factory in Birmingham, all of the buildings described are located in southern England, with five in London. This poses questions about the geography of exile that Schätzke's book fails to answer – was it an explicitly London-centric movement or were there concentrations of exiled architects in other parts of the British Isles, e. g. in northern England or Scotland? How did different locations affect the career developments of the exiled architects?

The curated selection of Walter Gropius' letters constitute an important and innovative archival layer of the book, allowing the reader to form their own opinion of Gropius' exile based on his own voice rather than a filtered analysis. The excerpts from correspondence with German colleagues such as Hans Poelzig, Martin Wagner and Alfred Korn, as well as English architects like Max Fry and Jack Pritchard, or German political figures such as Eugen Hönig, provide fascinating insights into the Bauhaus master's diplomatic attempts to juggle career opportunities and professional allegiances without burning any bridges. These are sharply contrasted with flashes of unchecked honesty, for example in a letter to Marcel Breuer written after Gropius had taken over the Chair of Architecture at the Graduate School of Design at Harvard University, »it's fantastic here! don't tell the English, but we are both ecstatic that we have escaped the land of fog and psychological nightmares« he rejoices (p. 111).

While sharing a synoptic approach, in contrast to Myra Wahrhaftig's seminal *Deutsche jüdische Architekten vor und nach 1933 – Das Lexikon*, Schätzke's work catalogues the biographies of the full spectrum of exiled architects rather than focusing on just those with Jewish backgrounds. Along with the extensive bibliographic section that includes a substantial part dedicated to the architects in alphabetical order, the biographies are one of the book's greatest achievements, providing an invaluable resource to future researchers. Although more extensive entries are given to figures such as Mendelsohn and Gropius, it is very refreshing to see significant page space devoted to important, but still underestimated architects like Walter Segal and Hermann Herrey.

Perhaps Schätzke's most important contribution is that the book is bilingual, with original German texts on the left pages and an English translation on the right. While groundbreaking German-language scholarship on exiled German architects often remains untranslated, e. g. Regina Göckede's work *Adolf Rading (1888–1957): Exodus des Neuen Bauens und Überschreitungen des Exils*, 2005, Schätzke's book is available to a much wider, international audience. Generally the quality of the translation is good. Occasional errors, such as using the mid-twentieth century development of ›urban design‹ as a translation for ›Städtebau‹ or the mystifying sentence »Multiple circumstances and motives were the basic reasons for emigration« (p. 11) do not detract from the flow or pace of the engaging and thoroughly researched narrative.

Although one could wish for greater emphasis on the work of lesser known architects, and more examples of exilic buildings that cannot be classified as ›modernist‹, as well as a focus on gender-specific aspects of exile and the work of female architects, and a more geographically varied analysis, through its diversity of formats, inclusive approach, bilingualism and convincing design Andreas Schätzke's and his collaborator Meike Schultz's book is a valuable resource in the field of exile and architecture that makes a meaningful contribution to early to mid twentieth century architecture and planning history.

Rachel Lee

Black Mountain. Ein interdisziplinäres Experiment 1933–1957. Für die Nationalgalerie der Staatlichen Museen zu Berlin. Hg. von Eugen Blume, Matilda Felix u. a. Leipzig (Spector Books) 2015. 464 S.

Der Begleitband einer Berliner Ausstellung stellt mit dem Black Mountain College eine Institution vor, die zu einem einzigartigen Sammelpunkt von aus Deutschland seit 1933 vertriebenen Künstlern wurde. Die von ihnen dort unterrichteten Studierenden sollten später zu den bedeutendsten Vertretern der amerikanischen Avantgarde-Kunst nach dem Zweiten Weltkrieg zählen, genannt seien etwa die bildenden Künstler Robert Rauschenberg und Cy Twombly oder der Komponist und Musikologe John Cage, der zu den Akteuren der Fluxus-Bewegung wurde. In vielem ist das BMC das künstlerische Komplement der zur gleichen Zeit an der New School for Social Research in New York etablierten University in Exile für emigrierte Sozialwissenschaftler. Beide Einrichtungen verdankten ihre Entstehung der Dissidenz von Gelehrten im amerikanischen Wissenschaftsbetrieb. Während die New School als Einrichtung der Erwachsenenbildung schon nach dem Ersten Weltkrieg von Professoren der Columbia University gegründet worden war, die deren konservativ-nationalistische Ausrichtung nicht mehr mittragen wollten, ging das BMC in der tiefsten, aber idyllischen Provinz North Carolinas auf die Initiative einiger Gelehrter zurück, die in einem College in Florida fristlos entlassen worden waren, weil sie sich dessen autoritärer, undemokratischer Praxis nicht weiter unterwerfen wollten. Für beide Institutionen ist also der Widerstand gegen die Angepasstheit des akademischen Mainstreams ursächlich, und für beide kam die Flucht der deutschen Gelehrten genau zur richtigen Zeit; von ihnen erhofften sie sich, das nötige *standing* und Renommee ihrer jungen Gründungen zu gewinnen. Während die New School mit den deutschen Gelehrten zur Denkfabrik für die theoretische Fundierung des New Deal-Programms des neuen Präsidenten F. D. Roosevelt wurde, sollte das BMC zum Experimentierfeld der modernen Kunst und Architektur werden.

Durch die bildenden Künstler Josef und Anni Albers, Xanti Schawinski, den Musiker Stefan Wolpe und andere, zu denen während einiger Sommerkurse noch der in Harvard lehrende Walter Gropius stieß, wurde das Black Mountain Liberal Arts College quasi zur Fortsetzung des in Deutschland geschlossenen Bauhauses. Hinzu kam eine starke Gruppe von Musikologen, so dem Schönberg-Schüler Heinrich Jalowitz, dem Pianisten und Musiklehrer Fritz Cohen mit seiner Frau, der Tänzerin Elsa Kahl, beide vom Folkwang-Tanztheater-Studio in Essen, oder dem Musikwissenschaftler Edward Lowinsky. Zu den bald legendären Sommer-Musikkursen und -festen kamen häufiger noch Gastlehrkräfte wie Ernst Krenek, Rudolf Kolisch oder Alfred Einstein. Ergänzt wurden die Künstler von Wissenschaftlern wie dem Mathematiker Max Dehn, den Psychiatern Fritz und Anna Moellenhoff, dem Philosophen Erwin Straus und anderen, die für die damals noch innovative »interdisziplinäre« Fundierung des Programms sorgten. In den 1940er Jahren entstand mit den Berufungen von Charles Olson und Robert Creeley auch noch eine eigene Schreibwerkstatt für die amerikanische experimentelle Literatur.

Zum Advisory Council des BMC gehörte der Philosoph und Pädagoge John Dewey, dessen Vorstellungen von Kunst als reformpädagogischer Transformationspraxis für den Alltag weitgehend den Prinzipien des Bauhauses entsprachen. Für die USA war das revolutionär, weil sie dort eher als Statussymbol von den gesellschaftlichen Eliten vereinnahmt wurde. Jene Prinzipien sollten die regel- und hierarchiearme Arbeits- und Studienatmosphäre nicht nur in den offenen Curricula bestimmen. Denn das College war sowohl Lehranstalt als auch Lebens- und Ideengemeinschaft eines Kollektivs, das in der ländlichen Abgeschiedenheit unter einem Dach wohnte, die Mahlzeiten gemeinsam einnahm und zusammen – anstelle des Sports – eine eigene Landwirtschaft für die Körperertüchtigung und die Subsistenz betrieb, Letztere ein wichtiger Faktor in seiner chronisch unterfinanzierten und auf Spenden angewiesenen Existenz. Ein neues, von Walter Gropius entworfenes College-Gebäude, das auch hätte in Dessau stehen können, wurde sogar in gemeinsamer Arbeit erbaut. Diese Konstruktion begründete den Ruf des College, trug aber auch – abgesehen von den finanziellen Problemen – zu seinem Niedergang nach knapp 25 Jahren bei. Denn der Anspruch, Ort einer demokratischen Kunst zu sein, wurde zunehmend von der solitären Selbstbezogenheit der avantgardistischen Strömungen paralysiert. Hinzu kam, dass dieser Ort des freien Denkens während der McCarthy-Jahre dem FBI und anderen Kommunistenfressern verdächtig war und ihren Denunziationen ausgesetzt wurde.

Das Profil und die Bedeutung des BMC sind in der amerikanischen Wissenschaft schon mehrfach untersucht worden. Der Katalog aber besticht, weil er nicht allein deren Forschungsstand umsichtig aufnimmt und dort, wo es angebracht ist, aktualisiert. Er akzentuiert vor allem stärker die Wirksamkeit und den bleibenden Einfluss der Emigranten. Aufregend sind ebenfalls die Faksimiles wichtiger Dokumente aus den Korrespondenzen, Sitzungsprotokollen und wichtigerer Texte aus dem College-Bulletin, die zudem mit zahlosen wenig bekannten Bildern angereichert werden. Dies ist ein großer Verdienst, da die direkte Überlieferung angesichts der Tatsache, dass das BMC nie mehr als 100 Studierende hatte, naturgemäß kaum zugänglich ist. Wer sich für die intellektuelle Emigration aus NS-Deutschland nach 1933 in die USA interessiert, wird in diesem Band ein inhaltlich und visuell überzeugendes Schlüsselwerk finden.

Claus-Dieter Krohn

Karen Peter, Gabriele Bartelt-Kircher, Anita Schröder (Hg.): *Zeitungen und andere Drucksachen. Die Bestände des Dortmunder Instituts für Zeitungsforschung als Quelle und Gegenstand der Forschung*. Mit Kurzbiographien von 205 emigrierten Journalistinnen und Journalisten (1933-1945). Essen (Klartext Verlag) 2014. 528 S.

Wer gern zur Feder greift, die Feder, auch in ihren neuzeitlichen Mutationen von PC bis Laptop, zum professionellen Handwerkszeug auserkoren hat, der sollte das Institut für Zeitungsforschung in Dortmund kennen und schätzen. Denn die 1926 gegründete Einrichtung beherbergt nicht nur eine exzellente Fachbibliothek, sondern auch eine vorzügliche »Datenbank Massenkommunikation und Publizistik« (ZIMP). Dass sich das Haus in den vergangenen Jahren darüber hinaus einen Namen als renommierte Forschungseinrichtung gemacht hat, belegt die jüngst veröffentlichte Festschrift *Zeitungen und andere Drucksachen*. Sie ist Gabriele Toepser-Ziegert gewidmet, die das Institut über zwei Dezennien lang leitete. 33 Autoren beschäftigen sich mit Aspekten der historischen Zeitungsforschung, des aktuellen

Rezensionen

Zeitungsmarktes und der Zeitungswissenschaft. Von allgemeinem Interesse sind Beiträge zur hauseigenen Plakatsammlung, der Sammlung politischer Bildsatiren, der Edition der NS-Presseanweisungen der Vorkriegszeit, der Reichspresseschule 1935–1939, zur »Kamera als Kriegswaffe«, der Entstehung und Veröffentlichung von Propagandafotos im Zweiten Weltkrieg. Vor dem Hintergrund von 15 umfangreichen Nachlässen sowie diversen Teilnachlässen, z.B. von Exilpublizisten wie Immanuel Birnbaum, Benedikt Fred Dolbin, Will Schaber, Johannes Steel und George Wronkow, sei besonders auf Irmtraud Ubbens Beitrag »Meine Skulpturen und meine Manuskripte, mein eigentlicher Besitz, wenn auch nur in der Einbildung. Die Bedeutung des literarischen Nachlasses für Moritz Goldstein« hingewiesen. Schon 2002 hatte die Autorin in der Schriftenreihe Dortmunder Beiträge zur Zeitungsforschung ihre Monografie *Aus meiner Sprache verbannt … Moritz Goldstein, ein deutsch-jüdischer Journalist und Schriftsteller im Exil* veröffentlicht.

Von besonderer Bedeutung für die Exilforschung darf der als Sonderteil ausgewiesene Beitrag »Journalisten in der Emigration 1933 bis 1945« von Klaus G. Saur angesehen werden. Auf mehr als 80 Seiten präsentiert er Kurzbiografien zu 205 bedeutenden Journalisten, die nach 1933 gezwungen waren, ihren deutschsprachigen Lebensraum zu verlassen. Diese wertvollen, biografischen Daten enden nicht bei Kriegsende und Befreiung, sondern informieren auch über die Tätigkeiten in den neuen Heimatländern sowie die Remigration nach Deutschland. Nicht zuletzt mit dieser Sammlung von Biografien verweist die hier angezeigte Festschrift auf ein Institut, das für die zukünftige Exilforschung von bleibender Bedeutung sein wird.

Wilfried Weinke

Johanna Hartmann, Hubert Zapf (Hg.): *Censorship and Exile*. Göttingen (V&R Unipress) 2015. 285 S.

»[T]he role and function of literature has been intimately tied up with questions of censorship and exile.« (Preface, 8) Dieser grundlegende Befund ist Tenor des aus einer Forschungskooperation der Universität Augsburg und der University of Texas hervorgegangenen Sammelbandes. Autoren, deren Werke einen Gegendiskurs zu den von repressiven Regimen eingeleiteten Kanonisierungs-Prozessen darstellen und Freiheiten der Kunst und Meinungsäußerung fordern, bleibt auf lange Sicht meist nur eine von zwei Alternativen: sich der fortwährenden Beschneidung der geforderten Rechte und Kontrolle der Texte durch Zensurinstitutionen zu beugen oder die Exilierung in einen zensurfreie(re)n Raum. Die Erfahrung der Zensur stellt in der Folge häufig eine gemeinsame Erfahrung von Exilschriftstellern dar – mit der sie sich jedoch in unterschiedlicher Weise auseinandersetzen. Hier setzt *Censorship and Exile* an: »The present volume focuses on exactly these continuities and discontinuities, on commonly shared features […] in the face of practices of censorship and the repression of free speech and artistic freedom in Germany, the U.S., and beyond.« (8) Der Band versammelt Artikel zu englisch- und deutschsprachigen, aber auch französisch- und polnischsprachigen Autoren, historisch reicht er vom Mittelalter bis zur Gegenwart. Ziel des Bandes ist es dabei nicht nur, einige außergewöhnliche Fallbeispiele zu sammeln, sondern an ihrem Beispiel auf den fundamentalen und in der Forschung noch nicht gebührend beachteten engen Zusammenhang zwischen Zensur und Exil sowie die daraus entstehenden (teilweise transtemporalen und transnationalen) Wechselbeziehungen hinzuweisen, die das gesamte literarische Feld beeinflussen.

Die Herausgeber des Bandes machen dabei auf die ambivalenten Effekte von Zensur aufmerksam: Anwendungen von Zensur führen sowohl zum Verstummen von Autoren, dem Ende ihrer literarischen Karriere und in extremen Fällen sogar ihres Lebens; institutionalisierte Versuche, Literatur zu kontrollieren, stellen sich zugleich aber immer wieder auch als eine Quelle von »stupendous literary productivity« (9) heraus.

Bedauerlicherweise werden nicht alle Artikel des Bandes der von Titel und Einleitung geweckten Erwartung gerecht, das heißt der Wechselbeziehung zwischen der Erfahrung des Exils und den Mechanismen von Zensur in Literatur und öffentlichem Diskurs – stattdessen liegt der Fokus häufig auf einem der beiden Themen, Zensur *oder* Exil, während das andere (fast) vollkommen ausgeklammert wird. Während in einigen Artikeln erhellende theoretische Überlegungen und fruchtbare Erweiterungen zu einem »klassischen« Verständnis von Exil und Zensur – wie es im Vorwort vertreten wird – zu finden sind, le-

gen andere, implizit oder explizit, ein so weites Verständnis zugrunde, dass es für den Leser schwierig ist, von den besprochenen Beispielen auf jene schlüssige Wechselbeziehung zu schließen.
Positiv hervorzuheben sind jedoch u. a. Heide Zieglers komparativer Artikel *Exile and Self-Censorship: Thomas Mann and Vladimir Nabokov* (13–36), der auch auf die Thematik der Verarbeitung von Selbstzensur eingeht, sowie die vorwiegend historischen Beiträge Freimut Lösers *Resisting Censorship: Cases of the Early Fourteenth Century* (97–112) und Katherine Arens' *Self-Censorship, Self-Immolation: Intellectual Exiles and Violence in Academic Cultures* (137–159), die auch aus theoretischer Sicht, in Bezug auf den Zensurbegriff, interessant sind. Dies gilt ebenfalls für Matt Cohens *Walt Whitman's Eidólon of Exile: Distribution and the Literary Imagination* (221–242), der Zensur und Exil als »Marketingstrategien« von Autoren in den Blick nimmt.
Kreative Strategien zur Umgehung der Zensur werden für spezifische Texte von John Morán González ›*Trying to get the accents right‹: Censorship, Exile and Linguistic Difference in Julia Alvarez's How the García Girls Lost Their Accents* (207–218) und Rotraud von Kulessas *The Trauma of Exile and Censorship in the Case of Dany Laferrière: ›L'enigme du retour‹* (273–280) ausführlich analysiert. Auch Elzbieta Baranieckas exzellente Betrachtung in *Subversive Laughter: Slawomir Mrożek's Theatre of the Absurd as a Mode of Resistance to Censorship in Socialist Poland* (193–206) sowie der viele anschauliche Beispiele präsentierende Artikel Ulrich Hohoffs, *Literary Creativity and Censorship: Authors in the German Democratic Republic and their Readers* (255–272) behandeln diese Thematik und zeigen, weshalb eine wissenschaftliche Betrachtung der Wechselbeziehung zwischen Exil und Zensur gewinnbringend sein kann.

Victoria Pöhls

Traum und Wirklichkeit. Hans Meid und seine Schüler Felix Nussbaum, Rudi Lesser, Gunter Böhmer. [Katalog zur Ausstellung im Felix-Nussbaum-Haus Osnabrück und in der Städtischen Wessenberg-Galerie Konstanz 2015]. Hg. Hans-Meid-Stiftung, Katalogredaktion Hanna Falk, Barbara Stark. Petersberg (Michael Imhof Verlag) 2015, 200 S.

Ausstellung und Katalog *Traum und Wirklichkeit* sind für die Exilforschung von besonderem Interesse, weil Felix Nussbaum (1904–1944) und Rudi Lesser (1902–1988) 1933 aus rassischen und politischen Gründen exilieren mussten und auch Gunter Böhmer (1911–1986) bereits im Mai 1933 in die Schweiz emigrierte, aus »Abneigung gegen die herrschenden politischen Verhältnisse in Deutschland« (140). Der Grafiker Hans Meid (1883–1957), der seit 1919 an den Vereinigten Staatsschulen für freie und angewandte Kunst in Berlin lehrte, blieb dagegen in Deutschland. Obwohl er der NS-Ideologie ablehnend gegenüberstand, übernahm er 1934 die Leitung des Meisterateliers für Graphik an der Preußischen Akademie der Künste, deren Mitglied er seit 1927 war. Im Gegensatz zu anderen Mitgliedern der Akademie trat Meid jedoch nie der NSDAP bei und biederte sich auch mit seinem Werk nicht an, betont Dominik Bartmann in seinem Beitrag über Meid.
Nussbaum, Lesser und Böhmer, die zwischen 1927 und 1933 bei Meid studierten, waren freilich keineswegs die einzigen seiner Schüler, die Deutschland 1933 verlassen mussten. Michael Nungesser berichtet im Beitrag »Hans Meid als Lehrer« von zahlreichen seiner Schüler und Schülerinnen, die ebenfalls 1933 emigrieren oder in ihre Heimat zurückkehren mussten, weil sie aus politischen oder rassistischen Gründen verfolgt wurden. Die umfangreiche Liste zeigt einmal mehr, wie viele künstlerische Talente von den Nazis vertrieben wurden, deren Werk auch nach 1945 in Deutschland vielfach übersehen und vergessen wurde.
Das trifft von den drei ausgestellten und im Katalog behandelten Schülern vor allem zu auf Nussbaums Freund Rudi Lesser, dessen »große und wohlbegründete Hoffnungen auf ein erfolgreiches Künstlerleben (…) in Deutschland« (108) von den Nazis brutal zerschlagen wurde, wie Volkmar Reichmann schreibt. Lessers soziales Engagement und sein »Eintreten gegen Unrecht« (106) hatte ihn schon in den 1920er Jahren zum Kommunismus geführt, er interessierte sich »für die dunklen Seiten der Großstadt und ihre Bewohner« (107), und seine expressiv realistischen Berliner Straßenbilder vor 1933 stellt Reichmann zu Recht neben die Arbeiten u. a. von Grosz, Dix und Hubbuch. Ausführlich berichtet er über Lessers Exil, der zunächst nach

Dänemark flüchtete. Als die Nazis 1943 mit der Verhaftung aller in Dänemark lebenden Juden drohten, brachten Freunde ihn mit seinem Sohn in einem Ruderboot nach Schweden in Sicherheit. Erst zehn Jahre später »konnte Lesser die Situation in einem Holzschnitt künstlerisch verarbeiten« (111), eines der eindrucksvollsten in der Ausstellung gezeigten Werke. 1946 emigrierte Lesser weiter in die USA, wo er von 1948 bis 1956 an der Howard University in Washington D. C. unterrichtete. 1956 kehrte er nach Berlin zurück, doch blieb ihm der Erfolg versagt, erst neuerdings wird sein Werk wiederentdeckt.

Vergessen war auch Felix Nussbaum bis zur Wiederentdeckung seiner Bilder, die im Versteck in Belgien die Nazi-Diktatur überlebt hatten, anders als ihr Schöpfer, der in Auschwitz gemeinsam mit seiner Ehefrau ermordet wurde. Inzwischen gibt es über ihn eine umfangreiche Literatur, deshalb konzentriert sich Rosa von der Schulenburg in ihrem Beitrag auf die Gegenüberstellung von Bildern Nussbaums und Meids mit verwandten Motiven und Bildinhalten. Ein Italienbild Meids von 1936 zeigt diesen als einen »auf Goethes Spuren wandelnden Adepten des klassischen Bildungsideals« (76), während Nussbaums 1933 in Rom entstandenen tief pessimistischen Bilder »Zerstörung« eine Reaktion sind sowohl auf den als persönliche Niederlage erlebten Abbruch seines Studienaufenthalts in der Villa Massimo, als auch auf die existenzielle Verunsicherung Nussbaums durch den Beginn der Nazi-Diktatur in Deutschland.

Der nach 1945 in Deutschland bekannteste Meid-Schüler dürfte wohl Gunter Böhmer sein, der im Mai 1933 auf Einladung des von ihm verehrten Hermann Hesse nach Montagnola gefahren war, um Hesses Bücher zu illustrieren. Er blieb in der Schweiz, obwohl seine »wirtschaftliche Situation angespannt« war und er »in ständiger Furcht [lebte], aus der Schweiz ausgewiesen zu werden« (143) schreibt Barbara Stark in ihrem Beitrag. Erst 1951 wurde Böhmer Schweizer Staatsbürger, arbeitete aber nach dem Krieg auch wieder in Deutschland und gilt seit Langem als einer der bedeutendsten deutschen Buchillustratoren. Von 1960 bis 1976 war er Professor für Freie Grafik an der Kunstakademie Stuttgart – den Lehrstuhl hatte Hans Meid von 1947 bis 1951 inne, über den Böhmer 1985 den Essay »Wiedersehen mit Hans Meid« schrieb, der im Katalog neu abgedruckt ist.

Wer die Ausstellung nicht besuchen konnte, wird in dem exzellent ausgestatteten großformatigen Katalog entschädigt durch die vorzüglichen Reproduktionen der ausgestellten Werke. Abgerundet wird der Katalog durch tabellarische Biografien aller vier Künstler und ein Literaturverzeichnis.

Helmut G. Asper

Larissa Schütze: *William Dieterle und die deutschsprachige Emigration in Hollywood. Antifaschistische Filmarbeit bei Warner Bros. Pictures, 1930-1940.* (= Transatlantische Historische Studien, Bd. 55). Stuttgart (Franz Steiner) 2015. 347 S.

Zum Thema ist bereits viel gesagt worden. Marta Mierendorff hat eine William Dieterle-Biografie schon Anfang der 1990er Jahre vorgelegt, aus der die Verfasserin auch ausführlich zitiert. Seine Lebenserinnerungen sind ebenfalls erschienen. Über das Studiosystem Hollywoods gibt es Monografien in Bibliotheksumfang, insbesondere zu den Warner Bros. mit ihrer exzeptionell kritischen Haltung zu den Nationalsozialisten. Unter Hinnahme großer geschäftlicher Verluste hatten sie, anders als die anderen Studios, ihre Kontakte zu Deutschland bereits 1934 abgebrochen und damit auf einen ihrer größten ausländischen Absatzmärkte verzichtet. Andererseits hat Warner schon seit den 1920er Jahren prominente Repräsentanten der international Maßstäbe setzenden deutschsprachigen Filmindustrie angeworben, so etwa Ernst Lubitsch (1922), Michael Curtiz (1926) und auch William Dieterle (1930), die die spätere Aufnahme von Exilanten dort nach 1933 vorbereiteten. Dieterle war zunächst als Regisseur für die damals üblichen deutschsprachigen Versionen der heimischen Filmproduktion zuständig, avancierte aber bald – als er nach dem Machtantritt der Nationalsozialisten seine Brücken zu Deutschland abgebrochen hatte – zum Hausregisseur bei Warner. Zuerst in der Sparte der billigen B-Movies, dann ab 1934 verantwortlich für viele der großen, bis heute repräsentativen A-Filme, beginnend mit Shakespeares *Midsummer Night's Dream*. Das Stück war zunächst von dem vorübergehend nach Hollywood gekommene Max Reinhardt als Theateraufführung in Los Angeles als Kontrapunkt zu den Salzburger

Festspielen inszeniert worden, nach Fürsprache und mit Assistenz Dieterles wurde daraus dann der große Warner-Film 1935. Für die stark auf Gangster-Filme spezialisierten Warner Bros. bedeutete schon dieser üppige, eigentlich anachronistische Ausstattungsfilm den Aufstieg zu den großen Studios mit seriösem Programm. Nachhaltiger aber wirkten die von Dieterle inszenierten Filmbiografien, angefangen mit *The Story of Louis Pasteur* (1936), die mit ihrem aufklärerischen, progressiv-humanistischen Zuschnitt, so Bert Brecht, bahnbrechend im bisherigen amerikanischen Kommerzfilm waren. Auf den Kampf gegen den Antisemitismus etwa zielte *The Life of Emile Zola* (1937); als politisch-appellatives demokratisches Ideendrama vor dem Hintergrund des Faschismus in Europa diente das Großprojekt *Juarez* (1939), und die Mediziner-Biografie *Dr. Ehrlich's Magic Bullet* (1940) war Plädoyer für eine humane Wissenschaft.

Verdienst der vorliegenden Dissertation ist die Detaildarstellung der Regie-Arbeit Dieterles gerade am Beispiel dieser Filmprojekte, die die dauernden Konflikte zwischen den unterschiedlichen Arbeitsstilen von deutschen Emigranten und amerikanischem Studiosystem erhellt – hier die künstlerische Freiheit und Intuition beanspruchende Arbeit des Emigranten, dort der rigide durchorganisierte industrieförmige Produktionsprozess, in dem jede Person austauschbar war. Hinzu kamen die externen Vorgaben der Selbstzensur Hollywoods in der sogenannten Production Code Administration (PCA), die auf Einhaltung des strengen politischen Neutralitätsgebots der Film-Industrie gegenüber anderen Staaten achtete und offensive Kritik am Faschismus in Europa nicht durchgehen ließ. Die Autorin zeigt dies in nuce nicht nur am Beispiel des Zola-Films, in dem das Wort Jude im Kontext der Dreyfus-Affäre nach Interventionen diverser Nachkommen von Beteiligten im Pariser Warner-Büro schon in der Planungsphase und auf Druck der PCA aus dem ursprünglichen Drehbuch gestrichen wurde. Ebenso waren aus der Ehrlich-Biografie die ursprünglich im Drehbuch vorgesehenen Bezüge auf den Antisemitismus der deutschen Universitäten in der Endfassung weitgehend gelöscht worden. Nur schrittweise wurden diese politischen Restriktionen unterlaufen, ehe Warner mit *Confessions of a Nazi Spy* 1939 den ersten offen Anti-Nazi-Film Hollywoods herausbrachte, der aber im isolationistischen Amerika kaum auf öffentliches Interesse stieß.

Weiterhin akzentuiert die Arbeit Dieterle im Rahmen des derzeit modischen Ansatzes der Netzwerktheorie als Repräsentanten und Förderer des »anderen Deutschland«. Die älteren Arbeiten etwa Jan-Christopher Horaks, sodann Helmut Aspers haben dafür bereits umfangreiche Analysen geboten, aber auch hier findet Larissa Schütze einige Nischen für eine Re-Analyse im Detail. Sie zeigt Dieterles großes finanzielles Engagement für die Emigranten-Hilfe, bis hin zur eigenen existenzbedrohenden Verschuldung. Die deutschen Flüchtlinge, in welcher Form auch immer, bei Warner oder woanders in Hollywood unterzubringen, blieb in der Regel dagegen erfolglos.

Problematisch allerdings ist, dass die Autorin bei der Einbettung ihrer hier und da originellen Details in die politisch-historischen Rahmenbedingungen kaum zwischen Wichtigem und weniger Wichtigem, bereits allzu Bekanntem unterscheidet. Lästig für die Leser ist der Verzicht auf jede Textredaktion vor der Publikation; es gibt kaum eine Seite, in der nicht die enervierend-unbeholfene Formulierung »bezüglich« (teilweise mehrfach) erscheint. Sachliche und sprachliche Unsauberkeiten sind ebenfalls nicht selten: Die Aufforderung der NS-Behörden an die deutschen Büros der US-Studios, ihre jüdischen Mitarbeiter umgehend nach der »Verkündigung zur Wiederherstellung des Berufsbeamtentums« (60) zu entlassen, ist gedanklich unklar und sachlich falsch, »verschiedene *Deus ex machina*« (84) gibt es weder logisch noch grammatisch, und was eine »griechische Katharsis« ist (256), müssen sich die Leser selbst zusammenreimen.

Max Stein

Andrea Bambi, Alex Drecoll (Hg.): *Alfred Flechtheim Raubkunst und Restitution*. (= Schriftenreihe der Vierteljahrshefte für Zeitgeschichte, Bd. 110). Berlin (de Gruyter) 2015. 303 S.

Readers will recognize *Exilforschung* stationed in this volume within a field of competing disciplines. The short-lived exile of Alfred Flechtheim to London – with a stay in Basel and visits to Paris between 1933 and 1935 – is recounted in rich and fresh detail. An outcome of an October 2011 conference that included fifteen personnel from German museums and led by Munich Neue Pinakothek curator Dr. Andrea Bambi, and sponsored by the Arbeitsstelle für Provenienzforschung Berlin, then under the leadership of Dr. Uwe Hartmann, this volume voices a kaleidoscopic cacophony of not yet resolved perspectives and questions from no less than thirty contributors, each bringing to Flechtheim their own interests and questions. But as the number of museum-based contributors suggests, their perspectives on contested artworks heavily outweigh voices of the dispossessed family Flechtheim and by inference other heirs of former Jewish owners of looted artworks. That said, the varied perspectives on Holocaust-era provenance restitution included in this volume are generous if somewhat dizzying. Interests attending Flechtheim and his legacies have grown in the decades since his untimely death in March 1937, and that of his widow Betti Flechtheim in November 1941, and have grown exponentially since the signing of the Washington Principles in 1998, making even the sample represented in this volume too numerous and too divergent to fully differentiate in this short review.

Andrea Bambi and Alex Drecoll's introductory essay elaborates Flechtheim's multi-faceted identities in historical and juridical terms. Not only the art dealer and Jew (as he was vilified in Nazi propaganda), he was also a publisher, private collector, lender to museums and exhibitions, and a *marchand amateur* (selling or trading works from his private collection). A key question is which works belonged to his private collection and which to the gallery? Understanding such multiple incarnations of »Flechtheim« have become crucial to ascertain the legal disposition of artworks loosely classified as »Provenienz Flechtheim«. Such artworks must attach to at least one of these roles, or to that of the successor gallery operated by his long-time co-worker Alex Vömel, or to his widow Betti Flechtheim. Reading the blistering historical and biographical details amassed about Flechtheim and »his« artworks, it is often easy to forget that the primary, guiding impetus, as well as the support for this volume and several related anthologies is to determine who legally owns the artwork today. After all, this is not interdisciplinarity for interdisciplinarity's sake. Bambi and Drecoll have included perspectives from critical memory studies, contemporary historians, art historians, provenance researchers (most working for museums, and German ones at that), and legal scholars. Perhaps most tantalizing are the questions raised by Constantin Goschler, a professor of contemporary history, who queries the imperatives of the 1990s during the Clinton administration to refocus on restitution of artworks (gold, and bank accounts), rather than the cost of human lives victimized. Goschler also asks why victims of colonial exploitations have not received their share of compensatory justice? As disruptive as such positions might be to the smooth functioning of Holocaust-era restitutions, such questions merit revisiting. More expected, but seemingly appended as a counterbalancing afterthought, the editors include the perspective of a Flechtheim family attorney, by reprinting a 2010 article by Markus H. Stötzel (Anhang II).

The section »Die Kunstwerke: Provenienz Flechtheim« offers case studies of the unique histories of the ownership of fourteen artworks once under Flechtheim's control, by such luminaries as Beckmann, Gris, Hofer, Klee, Masson, Picasso, et al., all reproduced in color. Of these fourteen, few concern artworks actually restituted, with most documenting works retained by their current museum owners. Several of the artworks documented are shown as never owned after 1932 by Flechtheim, or never confiscated or forced to sale in 1933 or after. A few were concealed by German museum personnel who protected them from confiscation. In short, this is a list of artworks from »Provenienz Flechtheim«, only few of which were successfully restituted. Readers are left wondering how representative the fourteen are of works that once attached to Flechtheim?

The texts are mostly in German with English translations or summaries. Regrettably, an index or bibliography is lacking, making this fact-packed volume difficult to navigate. Altogether, this representation of the current state of provenance research and international restitution proceedings for Holocaust-era artworks will provide few satisfactions to plaintiffs or defendants today. Instead it offers a picture of the difficult, tedious, yet robust activity of provenance research empirically staking claims within fields of conflicting interests and fragmentary evidence. The volume also underscores the need to remain attuned to the macro, international, politically informed climate for restitution law.

Keith Holz

Birte Hewera: »... daß das Wort nicht verstumme«. Jean Amérys Kategorischer Imperativ nach Auschwitz. (= kommunikation & kultur, Bd. 5). Marburg (Tectum) 2015. 328 S.

In den letzten 15 Jahren hat sich die Forschungslage zu Jean Améry wesentlich verbessert. So ist von Irene Heidelberger-Leonard eine Werkausgabe vorgelegt worden, die nicht nur dank der gesammelten Veröffentlichung der Texte, sondern besonders durch die qualitativen Nachworte überzeugt. Auch hat Heidelberger-Leonard die Améry-Biografie *Revolte in der Resignation* veröffentlicht. Darüber hinaus sind weitere lesenswerte Monografien zu Amérys Texten sowie Auseinandersetzungen mit seinen Positionen erschienen – wie beispielsweise von Gerhard Scheit oder Ivonn Kappel. Und dennoch entsteht der Eindruck, dass sich die Forschung mit Jean Améry und seinem Nachlass schwertut, seine Relevanz zwar anerkennt, jedoch die konsequente Auseinandersetzung am Ende meist scheut. Dies mag immer noch damit zusammenhängen, dass es Améry niemals um falsche Versöhnung ging, sondern stets darum, »die Ruhe im Land mit seinen Schriften aufzustören und Stachel zu sein im Fleisch der postnazistischen Gesellschaft« (S. 104), wie Birte Hewera in ihrer aus einer Berliner Dissertation hervorgegangenen Monografie 2015 schreibt.
Ihre Arbeit leistet einen Beitrag dazu, indem sie die Texte Amérys konsequent als Interventionen liest und zugleich die Frage nach der Form des dabei Vermittelten thematisiert. Hewera zeigt, wie Améry die »gelebte Erfahrung intellektuell verarbeitet, um sie einerseits in die Öffentlichkeit zu kommunizieren und darüber hinaus humanistische Vorstellungen und moralische Kategorien nach Auschwitz zu begründen« (S. 15). Dieser Ansatz verleiht der Intention Amérys besonderes Gewicht, schrieb er die Texte eben nicht als autobiografisches Selbstgespräch, sondern erhob den Anspruch, durch seine subjektiven Erfahrungen objektive Aussagen treffen zu können. Mit diesen wollte er gesellschaftlich wirksam sein, und so sehr er sich vermutlich dem Scheitern dieses Anspruchs immer schon bewusst war, schrieb er doch gerade gegen das gesellschaftliche Verdrängen an.
Die Darstellungen der einzelnen gesellschaftlichen Interventionen Amérys – zum Erinnerungsdiskurs und der juristischen Aufarbeitung der Shoah, zum Existenzialismus und Strukturalismus wie dem Aufkommen des Antizionismus innerhalb der Linken – sind der Autorin durchweg sehr gut gelungen und gerade deswegen lesenswert, weil jene erst in zweiter Linie Textexegese sind. So finden sich z. B. im Rahmen des Eichmann-Prozesses und Hanna Arendts Thesen zur *Banalität des Bösen* nicht allein eine Sammlung der klaren Bezugnahmen Amérys, sondern eine Einbettung seiner Positionen innerhalb des Diskurses, der gut nachvollziehbar zusammengefasst ist. Der historische Kontext, der schließlich zur Veröffentlichung von Amérys wohl bekanntester Essaysammlung *Jenseits von Schuld und Sühne* führte, ist lang geraten. Jedoch verbleibt Hewera selten bei der positivistischen Beschreibung historischer Entwicklungen oder der reinen Darstellung von Forschungspositionen, würde doch eine solche scheinbare wissenschaftliche Objektivität die Shoah zu einem ebenso wissenschaftlichen Gegenstand unter vielen banalisieren. So geht sie sogar über die Gegenwart, vor der Améry seine Texte verfasste, hinaus und zieht die gesellschaftlichen Entwicklungslinien bis in die jüngere Vergangenheit. Beispielsweise beginnt das zweite Kapitel nach einer kurzen Einführung mit der sogenannten Walser-Bubis-Debatte (S. 21), wodurch sie die Texte Amérys reaktualisiert. Leider verfolgt sie diesen Ansatz nicht bis zur letzten Konsequenz und geht nicht vor bis in die Gegenwart, konfrontiert die Texte z. B. nicht mit einem zur Staatsräson geronnenen Shoah-Gedenken, welches in der Bundesrepublik zur außenpolitischen Legitimationsstrategie geworden ist. Nur annäherungsweise findet sich dies im Abschlusskapitel, welches u. a. die kulturindustrielle Verarbeitung der Shoah im Rahmen des Ausblicks auf die Gegenwart zum Thema hat (S. 276).
Die Arbeit tut sich besonders durch die Behandlung der Frage nach Vermittlung hervor, der Hewera ein eigenes Kapitel eingeräumt hat, welches in der Mitte stehend die Darstellungen der einzelnen Interventionen verbindet. Treffend beschreibt sie die Besonderheit von Amérys sprachlichem Ausdruck: »Allein durch seinen Schreibstil, den Wechsel der Personalpronomen, der teils zynischen Sprache und der Kompromisslosigkeit seiner Aussagen hält er den Leser auf Distanz und fordert ihn gleichwohl dazu auf, ihm zu folgen, das Geschriebene an sich herankommen zu lassen.« (S. 131) Sie stellt dabei heraus, dass die spezielle Form des sprachlichen Ausdrucks die Reaktion auf die Problematik ist, die aus der Aufgabe erwächst, subjektive Erfahrung sprachlich zu vermitteln und zugleich ob-

jektiven Aussagegehalt zu beanspruchen (S. 132). Dabei wird der Inhalt Amérys nicht einfach durch die Form transportiert, sondern erst die Verbindung von Form und Inhalt bringt den Gehalt der Texte hervor. In diesem Rahmen berücksichtigt Hewera auch die Spezifika der Publikationsmedien Amérys: Er schrieb seine Texte meist erst fürs Radio und sprach diese auch selbst ein, bevor sie in fast wortgleicher Drucklegung erschienen: »Hier [als gesprochenes Wort im Radio] bleibt der Leib als Träger der Erfahrung stets virulent.« (S. 139) Diese konsequente Auseinandersetzung mit der Vermittlungsabsicht Amérys ist neben dem Blickwinkel auf die Texte als gesellschaftliche Interventionen der große Beitrag von Heweras Arbeit zur Forschung über Amérys Leben und Werk.

Jan Schröder

Detlef Siegfried: *Moderne Lüste. Ernest Borneman. Jazzkritiker, Filmemacher, Sexforscher.* Göttingen (Wallstein) 2015. 455 S.

Kurz vor dem Abitur floh Ernst Bornemann Anfang Juli 1933 aus Berlin in einem Schülertransport nach London, nicht weil er nach der NS-Lesart (Halb)Jude war, sondern weil er als Schüler der berühmten reformpädagogischen Karl-Marx-Schule wegen kommunistischer Propaganda ins Visier der SA geraten war. Als Autodidakt, ausgestattet mit berstendem Ego sollte er in England, nach der einjährigen Internierung in Kanada auf dem amerikanischen Kontinent und nach 1945 dann wieder in Europa, in London, Paris und schließlich in der Bundesrepublik eine unorthodoxe, brüchige, auf jeden Fall nicht alltägliche Karriere machen. Nach der vom verehrten Bertolt Brecht übernommenen Devise »In mir habt Ihr einen, auf den könnt Ihr nicht bauen« inszenierte er sich wegen seiner fehlenden Qualifikation fortan, je nach seinen beruflichen Opportunitäten, immer wieder neu. In schlichter Form angeblich als ehemaliger Student, aber auch als M.A. oder Ph. D. unterschiedlicher Disziplinen von bedeutenderen Universitäten oder als Schüler akademischer Zelebritäten. Für einen Kurzfilm gab er auch einmal an, einen Oscar erhalten haben. Mit Ernest Hemingway will er seit gemeinsamen Tagen während des Spanischen Bürgerkriegs per Du gewesen sein und mit ihm zusammen später häufiger auf Kuba gesoffen haben.

Mit sichtlichem Vergnügen, aber kritisch-distanziertem Blick stellt Detlef Siegfried von der Universität Kopenhagen den mentalen Exhibitionisten Borneman vor, der – und das rechtfertigt die spannende Biografie – allerdings darüber hinaus auch intellektuell etwas anzubieten hatte. In London schrieb er als Fingerübung zur Beherrschung der englischen Sprache unter dem Pseudonym Cameron McCabe den 1937 veröffentlichten Roman *The Face on the Cutting-Room Floor*, eine Kriminalgeschichte als pulp fiction, die zum Bestseller wurde und bereits Elemente des experimentellen Nouveau Roman vorweggenommen hat. Sie erreichte bis 1986 mehrere Auflagen und wurde in mehrere Sprachen übersetzt (dt. 1969 *Stumme Zeugen lügen nicht*). In späteren Jahren schlossen sich daran noch einige weitere Romane an. In der gleichen Zeit hatte sich Borneman bereits als veritabler Fachkritiker des Jazz profiliert, den er durch seine engen Kontakte zur politischen Migrantenszene aus Afrika und der Karibik in London kennengelernt hatte. Zu ihr zählten auch spätere afrikanische Staatslenker wie etwa Jomo Kenyatta. Seit Mitte der 1940er Jahre galt er gar als einer der international führenden Jazzforscher, an dem sich die Jazz-Kommentatoren nicht nur im Nachkriegsdeutschland orientierten.

Diese Aspekte werden von Siegfried im ersten Kapitel seiner dreigeteilten Biografie unter der Überschrift »Hören« vorgestellt. Das Kapitel »Sehen« präsentiert Bornemans Aktivitäten als Regisseur, Filmproduzent und -manager, nachdem er wegen Verdachts der kommunistischen Agitation 1940 für ein Jahr in Kanada interniert worden war, zunächst im dortigen National Film Board, Ende der 1940er Jahre einige Zeit als Leiter der neu eingerichteten Film-Abteilung bei der UNESCO, ehe er 1960 nach Deutschland zurückkehrte und kurze Zeit beim ZDF, der gerade gegründeten »freien« Konkurrenz zur ARD, als Programmleiter anheuerte. Seine größte mediale Leistung wurde dann der bei Radio Bremen 1965 initiierte »Beat Club«, der mit seinen Live-Auftritten englischsprachiger Bands alsbald zur Kultsendung in der biederen deutschen TV-Landschaft wurde; wegen seines Alters, Borneman war zu der Zeit bereits 50 Jahre, konnte er die Sendung allerdings nicht selbst moderieren.

Regelmäßige Fernsehpräsenz zeigte Borneman bald allerdings in einem anderen Bereich. Als

Theoretiker der sexuellen Befreiung, einem der Kernfelder der »Neuen Linken« ab Ende der 1960er Jahre, wurde er nicht nur zu einem der häufigsten Gäste im damals neuen TV-Format der Talkshows sowie ähnlicher Radiosendungen mit Publikumsbeteiligung, wie Siegfried im dritten Teil unter dem Titel »Berühren« vorstellt. Zusammen mit seinen zahlreichen Büchern, einschlägigen Lexika, vor allem seinem Hauptwerk *Das Patriachat* inszenierte er sich als Enfant terrible, gefragter Experte und Reizfigur der Feministinnen. Seine Arbeiten hier sind wie immer eine intelligente Melange des Autodidakten, Strömungen und Trends zu erkennen, aus ihnen mit ungeheurem Sammlerfleiß eine empirische Materialbasis zu gewinnen und mit seinem nicht-dogmatischen, an Wilhelm Reich orientierten Marxismus-Verständnis, zugleich aber mit großer Intuitions- und Spekulationslust in eine valide Form zu bringen. Bescheiden war er dabei nicht, mit den neuen Fachleuten der Sexualwissenschaft legte er sich regelmäßig an..Das *Patriarchat*, beginnend mit einer historischen Sexualanthropologie seit dem Neolithikum, wollte für die Frauenbewegung das sein, was *Das Kapital* einst für die Arbeiterbewegung gewesen ist, eine Waffe im täglichen Kampf. Die Frauen bedankten sich allerdings für den ungebetenen Rat; immerhin konnte Borneman mit einem Auszug daraus im Alter von 60 Jahren an der Universität Bremen promovieren.

Mit Umsicht und detailliert werden von Siegfried Bornemans Rolle und die Widersprüche, die er provozierte, dargestellt und kenntnisreich in den breiteren transatlantischen sozial-kulturellen Kontext eingebettet. Ein Unikum war er durchaus, ubiquitär gebildet, jenseits der nationalkulturellen Schablonen, und – das spricht auch für ihn – mit zunehmendem Alter belastet von Selbstzweifeln. Sie nahmen zu in den letzten Jahren, als die jüngere Generation der Postmoderne im Zeichen des zerfallenden »real existierenden Sozialismus« Bornemans nach eigener Definition auf die radikale Aufklärung verpflichtete Gesellschafts- und Sexualkritik mehr und mehr ablehnte. Der akribisch inszenierte Suizid des 80-Jährigen (1995) erstaunt nicht, noch weniger, dass er heute so gut wie vergessen ist.

Claus-Dieter Krohn

Jan Knopf, Gernot Meier (Hg.): *Bertolt Brecht. Vertriebener zwischen den Welten.* (= Herrenalber Forum 78). Karlsruhe (Evangelische Akademie Baden) 2015. 178 S.

Die tradierte Brecht-Forschung hat die Exilzeit von Bertolt Brecht lange Zeit, wie Jan Knopf schreibt, als Zeit der »Reife« betrachtet, »[…] so als habe er erst jetzt genügend Muße und Zeit gehabt, sich weltanschaulich auf die Höhe der Zeit zu bringen« (S. 16 f.). Dieser Auffassung widersprachen Anfang der 1990er Jahre zwei Bände des Brecht-Jahrbuchs zum Thema »anderen Brechts«, in denen die Radikalität von Brechts Schaffen *vor* 1933 diskutiert wurde. Obwohl diese Neuakzentuierung der Brecht-Forschung einen wertvollen Dienst geleistet hat, weil sie das Potenzial und die Radikalität von Brechts bis dahin mehr oder weniger ignorierten früheren Arbeiten wieder freigelegt hat, blieben die Jahre *nach* 1933 ein blinder Fleck. Es ist also an der Zeit für eine Untersuchung und Neulektüre der Texte und der Implikationen des Exils für das Schaffen Brechts jenseits der verschiedenen ideologischen Lager und der überkommenen Begriffe wie ›Reife‹ und ›Radikalität‹. Der Klappentext dieses Bandes scheint auf den ersten Blick genau das zu versprechen.

Sowohl der wie eine Einleitung wirkende Beitrag von Jan Knopf als auch der Aufsatz von Joachim Lucchesi gehen als wissenschaftliche Auseinandersetzungen mit der Exilzeit auf dieses forschungspolitische Paradigma ein und bieten ihrem jeweiligen Fachpublikum – in der Literaturwissenschaft bzw. der Musikwissenschaft – sowie interessierten LeserInnen wertvolle Einsichten in die Exilzeit und die existenziellen und politischen Bedingungen, die sich auf das Schaffen von Brecht und Hanns Eisler in Form von stilistischen und formalen Änderungen auswirkten. Knopfs ausführlicher Beitrag bietet zudem einen Überblick über die Stationen von Brechts Exilzeit, wobei einige Aspekte ausgelassen werden, die er und andere bereits in anderen Werken behandelt haben. Erfreulich ist, dass etwas von Knopfs Polemik, die verständlicherweise in seinem Jahrbuch nicht vorhanden ist, zum Vorschein kommt.

Die anderen Beiträge des Bandes hingegen lassen viel zu wünschen übrig, und es scheint kaum einen roten Faden zu geben, der alle fünf Beiträge des Bandes miteinander verbindet. Scheinbar von dem Wunsch getrieben, ein positives Naturbild bei Brecht zu identifizieren und als

Kontinuum aufrechtzuerhalten, geht Andreas Zinn mit dem Thema Brechts ›Naturlyrik‹ vor und während des Exils politisch recht unsensibel um und endet mit dem fragwürdigen Fazit: »Trotz gegenteiliger Gerüchte herrschte stets eine gute Zeit für Lyrik. Trotz gegenteiliger Gerüchte wurde das Gespräch über Bäume nie gescheut!« (S. 80) Die ständige Verwendung von Ausrufezeichen wirkt darüber hinaus im Kontext etwas deplaziert und unseriös. Die anderen beiden Beiträge können nicht als wissenschaftlich bezeichnet werden. Walter Wütrichs ›Essay‹ ist unverhältnismäßig lang und bietet kaum neue Erkenntnisse außer der zweifelhaften These, dass Brecht das von Wütrich sogenannte »Brechttheater« nach seiner Rückkehr aus dem Exil widerruft, während Marita Rödszus-Hecker eine allgemeine feuilletonistische Untersuchung der Religion bei Brecht unternimmt, wobei diese Untersuchung die vom Titel des Bandes versprochene Exilzeit auslässt und zu keinem erkennbaren Fazit gelangt.

Obwohl die genannten Beiträge von Knopf und Lucchesi durchaus neue Einsichten bieten und wissenschaftlich lesenswert sind, geben sie für den Band keine nennenswerte Perspektive vor. Die anderen drei Beiträge sind gekennzeichnet von mangelnder Wissenschaftlichkeit und fragwürdigen bzw. nicht einmal als solche zu erkennenden Thesen. Diese wechselnden Qualitäten hätten von einer grundlegenden wissenschaftlichen Redaktion profitiert. Der Umgang mit Quellen und Verweisen ist nachlässig, vor allem in den erwähnten letzten Beiträgen, die so gut wie keine überprüfbaren Quellenangaben bieten, während Knopfs Beitrag in einer einzigen Fußnote als ›Quelle‹ auf alle fünf Bände des von ihm herausgegebenen Brecht-Jahrbuchs verweist.

Lydia J. White

Kurzbiografien der Autorinnen und Autoren

Helmut G. Asper, Dr. phil., ist Theater- und Filmhistoriker und lehrte bis Ende 2010 über Theater, Film, Fernsehen an der Fakultät für Linguistik und Literaturwissenschaft der Universität Bielefeld. Zu seinem Forschungsschwerpunkt Theater- und Filmexil sind zahlreiche Bücher, Rundfunksendungen und Aufsätze erschienen. Ausgewählte Buchveröffentlichungen: »*Etwas Besseres als den Tod…*«. *Filmexil in Hollywood. Porträts, Filme, Dokumente* (2002); *Filmexilanten im Universal Studio 1933-1960* (2005); *Max Ophüls. Deutscher – Jude – Franzose* (2011); *Max Ophüls: Spiel im Dasein*. Hg. und kommentiert von Helmut G. Asper (2015). Weitere Buchhinweise sowie zahlreiche Beiträge unter *www.helmut-g-asper.de*.

Bettina Bannasch, Prof. Dr., studierte Germanistik, Kunstgeschichte, Soziologie und Erziehungswissenschaft in Heidelberg und an der FU Berlin. Seit 2010 lehrt sie Neuere deutsche Literatur an der Universität Augsburg mit den Forschungsschwerpunkten: deutsch-jüdische Literatur, Shoah- und Exilliteratur, kultur- und literaturwissenschaftliche Gedächtnisforschung, Intermedialität in der Erwachsenen- und Kinderliteratur, Gattungstheorie. Publikationen zur deutschsprachigen Literatur der Frühen Neuzeit bis zur Gegenwart, Mitherausgeberin zahlreicher Sammelbände, u.a. *Verbot der Bilder – Gebot der Erinnerung. Mediale Repräsentationen der Schoah* (2004); *Erinnern und Erzählen. Der Spanische Bürgerkrieg in der deutschen und spanischen Erzählliteratur und in den Bildmedien* (2005); *Handbuch der deutschsprachigen Exilliteratur. Von Heinrich Heine bis Herta Müller* (2013). Seit 2016 Mitherausgeberin des Jahrbuchs *Exilforschung*.

Doerte Bischoff, Prof. Dr., Studium der Germanistik, Geschichte, Publizistik und Philosophie in Münster, Tübingen und St. Louis/USA, Promotion 1999 in Tübingen (über die Prosa Else Lasker-Schülers), zuvor Mitglied des Graduiertenkollegs »Theorie der Literatur und Kommunikation« in Konstanz. Seit 1998 Wiss. Assistentin in Münster, dort Habilitation. 2010 Professur in Siegen, seit 2011 Professorin für Neuere Deutsche Literatur in Hamburg mit Leitung der Walter A. Berendsohn Forschungsstelle für deutsche Exilliteratur. Seit 2012 Mitherausgeberin des Jahrbuchs *Exilforschung* (31: Dinge des Exils; 32: Sprache[n] im Exil). Publikationen zu deutsch-jüdischer Literatur, Holocaust-Erinnerung, Diskursen des Fetischismus und Dingen in der Literatur (*Poetischer Fetischismus. Der Kult der Dinge im 19. Jahrhundert* (2013)), zu Rhetorik und Gender und zur Exilforschung (Herausgeberschaft: *Literatur und Exil. Neue Perspektiven.* Mit Susanne Komfort-Hein [2013]; *Exil – Literatur – Judentum* [2016]).

Sophia Dafinger, M. A., ist Wissenschaftliche Mitarbeiterin für Neuere und Neueste Geschichte an der Universität Augsburg. Ihr Studium der Neueren deutschen Literaturwissenschaft, der Neueren und Neuesten Geschichte sowie der Politischen Wissenschaften in München und Paris hat sie mit einer Arbeit über Lion Feuchtwangers politische Publizistik zwischen 1933 und 1945 abgeschlossen. Sie promoviert in einem von der VolkswagenStiftung geförderten Projekt zur Geschichte sozialwissenschaftlicher Expertise für den Luftkrieg.

Birgit R. Erdle, PD Dr., hat seit 2012 den DAAD Walter Benjamin Chair an der Hebrew University of Jerusalem inne. Vertretungs- und Gastprofessuren am Fritz Bauer-Institut/Universität Frankfurt am Main, an der Universität Wien, der TU Berlin und an der Emory University in Atlanta/USA. Zahlreiche Arbeiten zu deutsch-jüdischer Literatur- und Ideengeschichte, zur Nachgeschichte des Nationalsozialismus und der Shoah, zu Korrespondenzen zwischen Literatur und Philosophie in der Moderne, zur Epistemologie der Zeit in Literatur und Theorie und zu Bezügen von Materialität, Gedächtnis und Wissen. Zuletzt erschienen: *Literarische Epistemologie der Zeit. Lektüren zu Kant, Kleist, Heine und Kafka* (2015); *Theorien über Judenhass – eine Denkgeschichte. Kommentierte Quellenedition 1781–1931.* Hg. mit Werner Konitzer (2015).

Mona Körte ist habilitierte Germanistin und Komparatistin und leitet das interdisziplinäre Forschungsprojekt *Die »Kunst des Schreckens«. Dante Alighieris Höllengesichter* am Zentrum für Literatur- und Kulturforschung Berlin. Zudem vertritt sie derzeit die Professur für Neuere deutsche Literatur im europäischen Kontext an der Universität Konstanz. Zuvor war sie Distinguished Max Kade Visiting Professor an der University of Virginia/USA (2015) und Kurt-David-Brühl-Professorin am Centrum für Jüdische Studien der Universität Graz (2010). Forschungsschwerpunkte: Deutsch/Europäisch-jüdische Literatur- und Kulturgeschichte, Migration und Mehrsprachigkeit im 20. und 21. Jahrhundert, Holocaust Studies, literarische Epistemologie der Dinge. Publikationen: Dichtungslogiken des Ich. Theoriebildung im Exil bei Käte Hamburger und Margarete Susman. In: *»Meine Sprache ist Deutsch«. Deutsche Sprachkultur von Juden und die Geisteswissenschaften 1870–1970.* Hg. v. Stephan Braese, Daniel Weidner (2015); Übergangsobjekte: Tagebücher zwischen den Sprachen. In: *Exilforschung. Ein internationales Jahrbuch* 31 (2013): *Dinge des Exils.* Hg. v. Doerte Bischoff, Joachim Schlör (2013).

Claus-Dieter Krohn, Prof. für Neuere Geschichte; Studium der Geschichte, Politikwissenschaften und Germanistik in Hamburg, Zürich und Berlin. Promotion 1973 in Hamburg, anschließend wissenschaftlicher Assistent an der Freien Universität Berlin, Habilitation 1979, lehrte bis 2007 Kultur- und Sozialgeschichte an der Leuphana Universität Lüneburg. Zahlreiche Arbeiten zur Wirtschafts-, Sozial- und Theoriegeschichte des 19. und 20. Jahrhunderts und zur Exilforschung; Mitherausgeber des Jahrbuchs *Exilforschung* seit 1986, des *Handbuchs der deutschsprachigen Emigration 1933–1945* (1998) und des *Biographischen Handbuchs der deutschsprachigen wirtschaftswissenschaftlichen Emigration nach 1933* (1999).

Primus-Heinz Kucher, Prof. Dr. Mag., Studium der Geschichte und Germanistik an der Universität Klagenfurt; 1980–84 Lektor an der Universität Pisa; Promotion 1984 in Klagenfurt, ebendort Univ.-Assistent bis 1997 (Habilitation), anschließend Ao. Univ.-Prof.; 2003 Gastprofessur an der Universität Udine, 2008 Max Kade Visiting Professor an der UIC/Chicago, 2013 Botstiber Research Professor im Rahmen des Austro-American Fulbright Programms an der UVM Burlington/VT. 1999–2001 Co-Koordinator für die Entwicklung der Lehr- und Forschungsplattform www.literaturepochen.at/exil; Publikationen u. a. zur österreichischen und deutschen Literatur seit der Romantik mit Schwerpunkten in den Bereichen Exil, Widerstand, Holocaust-Erinnerung, Migration, Literaturbeziehungen in Zentraleuropa sowie literarische Mehrsprachigkeit und Übersetzung; neuere (Mit-)Herausgeberschaften: *Erste Briefe/First Letters aus dem Exil 1945–1950* (2011); *»baustelle kultur«. Diskurslagen in der österreichischen Literatur 1918–1933/38* (2011); *Verdrängte Moderne – vergessene Avantgarde* (2016). Texteditionen von Exilautoren wie z. B. Stella Rotenberg (1991), Albert Drach (1993) und Alfredo Bauer (2004).

Philipp Lenhard, Dr. phil., ist Wissenschaftlicher Assistent/Akademischer Rat a. Z. am Lehrstuhl für Jüdische Geschichte und Kultur der Ludwig-Maximilians-Universität München. Studium der Judaistik, Philosophie und Anglo-Amerikanischen Geschichte an der Universität zu Köln, Dissertation zur Entstehung moderner jüdischer Ethnizität in Frankreich und Deutschland, 1782–1848. Philipp Lenhard schreibt zurzeit eine Biografie Friedrich Pollocks und arbeitet an einem Projekt über die Geschichte jüdischer Freundschaften in der ersten Hälfte des 20. Jahrhunderts. Zur Exilforschung erschienen zuletzt die beiden Aufsätze »Eine griechische Jeschiwa an der Chesapeake Bay: Leo Strauss, Jacob Klein und das Ideal der Freundschaft«. In: Ders. (Hg.): *Lebensfreundschaften jüdischer Intellektueller* (2015) sowie »An Institution of Nazi Statesmanship: Friedrich Pollock's Theoretical Contribution to the Study of Anti-Semitism«. In: *New German Critique* 43, 127.1 (2016).

Marguerite Markgraf, M. A., 2004–08 Studium der Europäischen Kulturgeschichte an der Universität Augsburg mit einem Auslandssemester an der Université Jean Moulin Lyon 3, danach paralleles Studium der Magisterstudiengänge Komparatistik mit den Nebenfächern Philosophie und Neuere und neueste Geschichte sowie Ethik der Textkulturen. Seit 2013 Arbeit an einer Dissertation unter dem Titel »Von erleichternder ›Autodemolition‹ und verlockender Selbstkasteiung – Autobiographisches Schreiben als existenzphilosophische Reflexion bei Jean Améry und Imre Kertész«. Zum Thema Exil ein Artikel zur Autorin Barbara Honigmann im *Handbuch der deutschsprachigen Exilliteratur: Von Heinrich Heine bis Herta Müller* (2013).

Andree Michaelis, Dr. phil., hat an der Freien Universität Berlin sowie am Reed College Portland (Oregon) Neuere deutsche Literatur, Komparatistik und Philosophie studiert. 2011 Promotion an der Friedrich Schlegel Graduiertenschule für literaturwissenschaftliche Studien der Freien Universität Berlin. Seit 2012 Akademischer Mitarbeiter an der Axel Springer-Stiftungsprofessur für deutschjüdische Literatur- und Kulturgeschichte, Exil und Migration an der Europa-Universität Viadrina in Frankfurt (Oder). In seinem PostDoc-Projekt beschäftigt er sich mit dem »Konfliktfeld« deutsch-jüdischer Freundschaft seit der Aufklärung. Weitere Forschungsinteressen sind der Zusammenhang von Medialität und Erinnerung, Exil- und Migrationsliteratur, die Literatur der Aufklärung, Literaturtheorie, Border Studies sowie die neuere mittel- und osteuropäische Literatur.

Claudia Moisel, Dr. phil., Wissenschaftliche Mitarbeiterin am Historischen Seminar der Ludwig-Maximilians-Universität München, 2002 Promotion an der Ruhr-Universität Bochum, laufende Forschung zur Bindungstheorie des englischen Kinderpsychiaters John Bowlby (seit 2014); Publikationen zur NS-Nachgeschichte, u. a. *Frankreich und die deutschen Kriegsverbrecher. Politik und Praxis der Strafverfolgung nach dem Zweiten Weltkrieg* (2004); zuletzt »weiter leben«. Zur Erfahrungsgeschichte der Wiedergutmachung seit 1945. In: *Verständigung und Versöhnung nach dem »Zivilisationsbruch«? Deutschland in Europa nach 1945*. Hg. v. Corine Defrance/Ulrich Pfeil (2016).

Douglas G. Morris, PhD, Juris Doctor, Rechtshistoriker und praktizierender Strafverteidiger bei Federal Defenders of New York, Inc. Autor von *Justice Imperiled. The Anti-Nazi Lawyer Max Hirschberg in Weimar Germany* (2005) sowie zahlreicher Artikel, darunter: Discrimination, Degradation, Defiance: Jewish Lawyers in Nazi Germany. In: *The Law in Nazi Germany: Ideology, Opportunism, and the Perversion of Justice*. Hg. v. Alan Steinweis und Robert D. Rachlin (2013); The Dual State Reframed: Ernst Fraenkel's Political Clients and His Theory of the Nazi Legal System. In: *Leo Baeck Institute Yearbook* 58 (2013) und

Accommodating Nazi Tyranny? The Wrong Turn of the Social Democratic Legal Philosopher Gustav Radbruch after the War. In: *Law and History Review 34* (2016), doi:10.1017/S0738248016000213. Zurzeit arbeitet er an einem Buch über die Reaktion jüdischer Juristen, sowohl in ihrer Rechtspraxis als auch in ihrem Rechtsverständnis, auf die Zerstörung der liberalen Rechtsordnung durch das nationalsozialistische Regime. Als Strafverteidiger bei Federal Defenders vertritt er Angeklagte, denen Verbrechen gegen das Bundesgesetz zur Last gelegt werden wie z. B. Drogenschmuggel, illegale Immigration, Devisenschmuggel, Waffengebrauch verurteilter Schwerverbrecher, Menschenschmuggel, Kinderpornografie und gelegentlich Bankraub. 2001–02 war er Stipendiat am Dororthy & Lewis B. Cullman Center for Scholars and Writers an der New York Public Library. 1998 erhielt er den Thurgood Marshall Preis der Anwaltskammer der Stadt New York für seine Arbeit als »Pro-Bono-Anwalt für einen zum Tode verurteilten Menschen«.

Thomas Pekar wurde an der Albert-Ludwigs-Universität Freiburg mit einer Arbeit über Robert Musil promoviert und an der Ludwig-Maximilians-Universität München mit einer Untersuchung über die europäische Japan-Rezeption habilitiert. Er arbeitete als Wissenschaftlicher Mitarbeiter an der Universität Oldenburg, als Assistenz-Professor an einer Universität in Daegu (Süd-Korea), als DAAD-Lektor an der Universität Tokyo und als Lehrbeauftragter an verschiedenen Universitäten in Deutschland (Bayreuth, Heidelberg und München). Seit 2001 ist er Professor für deutsche Literatur- und Kulturwissenschaft an der Gakushuin-Universität in Tokyo. Zu seinen Forschungsinteressen gehören besonders die Exil- und Kulturkontaktforschung. Auf diesen Gebieten hat er zahlreiche Bücher und Aufsätze publiziert, u. a. *Flucht und Rettung. Exil im japanischen Herrschaftsbereich* (2011) und Aufsätze im *Jahrbuch Exilforschung* (2009 und 2015).

Gerhild Rochus ist seit 2010 Wissenschaftliche Mitarbeiterin in der Neueren deutschen Literaturwissenschaft an der Universität Augsburg. Sie arbeitet derzeit an der Fertigstellung ihres Dissertationsprojektes *Poetik des Exils – Die Essayistik Margarete Susmans im Kontext der Moderne*. Sie ist Mitherausgeberin des *Handbuch(s) der deutschsprachigen Exilliteratur – Von Heinrich Heine bis Herta Müller* (2013). Sie hat zudem im Bereich der deutsch-jüdischen Literatur und Philosophie sowie der Exil- und Shoahliteratur u. a. Beiträge zu Margarete Susman, Veza Canetti, Gertud Kolmar, Paul Celan und Ilana Shmueli veröffentlicht.

René Schlott, Dr., Studium in Berlin und Genf; seit 2014 Wissenschaftlicher Mitarbeiter am Zentrum für Zeithistorische Forschung Potsdam. Zuvor 2007–11 Stipendiat am Graduiertenkolleg »Transnationale Medienereignisse von der Frühen Neuzeit bis zur Gegenwart« an der Justus-Liebig-Universität Gießen und von 2005–07 Mitarbeit im Forschungsprojekt »Die Todesopfer an der Berliner Mauer 1961–1989« am Dokumentationszentrum Berliner Mauer, Berlin; seit 2012 Lehraufträge an den Universitäten Gießen und Potsdam sowie an der Humboldt-Universität und der Freien Universität Berlin. Veröffentlichungen u. a.: zusammen mit Walter Pehle (Hg.): *Raul Hilberg. Anatomie des Holocaust – Essays und Erinnerungen* (2016); *Die WBG, ein Unikat der Verlagslandschaft. Eine kleine Geschichte der Wissenschaftlichen Buchgesellschaft* (2009); *Papsttod und Weltöffentlichkeit seit 1878. Die Medialisierung eines Rituals* (2013).

Helga Schreckenberger, Professor of German an der University of Vermont; Forschungsgebiete sind Exilliteratur und österreichische Literatur des 20./21. Jahrhunderts. Veröffentlichungen u. a. über Gerhard Roth, Lilian Faschinger, Ingeborg Bachmann, Wolf Haas, Erich Maria Remarque, Adrienne Thomas und Erika Mann; Herausgeberin von *Ästhetiken des Exils* (2003); *Alchemie des Exils/ Exil als schöpferischer Impuls* (2005); *Networks of Refugees from Nazi Germany: Continuities, Reorientations, and Collaborations in Exile* (2016); Mitherausgeberin (mit Primus-Heinz Kucher und Johannes Evelein) von *Erste Briefe/First Letters aus dem Exil 1945–1950. (Un)mögliche Gespräche. Fallbeispiele des literarischen und künstlerischen Exils* (2011).

Alan E. Steinweis ist Professor für Geschichte und Holocaust-Studien an der University of Vermont (Burlington), USA, deren Center for Holocaust Studies er auch leitet. Seine Forschungsschwerpunkte liegen auf dem Gebiet der Geschichte des Nationalsozialismus mit besonderer Berücksichtigung der Judenverfolgung und des Holocausts. Veröffentlichungen: *Art, Ideology and Economics in Nazi Germany* (1993); *Studying the Jew* (2006); *Kristallnacht 1938* (2009); außerdem Mitherausgeberschaft von zahlreichen Sammelbänden, u. a.: *Holocaust Memory in a Globalizing World* (2016); *The Germans and the Holocaust* (2016); *The Law in Nazi Germany* (2013); *Coping with the Nazi Past* (2006). Mehrere Gastprofessoren im Ausland, darunter in Heidelberg, Frankfurt und München.

Anna Zachmann, M. A., studierte an der Universität Augsburg Neuere deutsche Literaturwissenschaft, Geschichte und Europäische Ethnologie. Sie hat mehrere Publikationen zum Thema Shoah- und Exilliteratur vorgelegt (u. a. Beitrag zu Arnold Zweig im *Handbuch der deutschsprachigen Exilliteratur* [2013]). Ihr aktuelles Dissertationsprojekt befasst sich mit der Verschränkung von Shoah und Sexualität im Werk Edgar Hilsenraths. Sie ist Teilnehmerin verschiedener internationaler Projektgruppen (z. B. im interdisziplinären deutsch-polnischen ExpertInnenworkshop zum Thema Erinnerungspolitik der Friedrich-Ebert-Stiftung) und Stipendiatin und Seminarleiterin der Friedrich-Ebert-Stiftung.

Noam Zadoff ist Assistant Professor für Jüdische Studien und Geschichte an der Indiana University, Bloomington. Er ist der Herausgeber des hebräischen Briefwechsels zwischen Gershom Scholem und Joseph Weiss (Jerusalem 2012). Sein hebräisches Buch *Von Berlin nach Jerusalem und Zurück: Gershom Scholem zwischen Israel und Deutschland* (Jerusalem 2015) wurde mit dem Shapiro Preis der Association for Israel Studies ausgezeichnet. Das Buch wird auf Deutsch bei Vandenhoek & Ruprecht, eine englische Version bei Brandeis University Press erscheinen. Momentan arbeitet Zadoff an einer Biografie von Scholem im Auftrag der Israelischen Historischen Gesellschaft. Sein aktuelles Forschungsprojekt analysiert den Einfluss des Sechs-Tage-Krieges auf israelische Intellektuelle.

Exilforschung. Ein internationales Jahrbuch

Herausgegeben von Claus-Dieter Krohn und Lutz Winckler

Band 1/1983
Stalin und die Intellektuellen und andere Themen
391 Seiten

»... der erste Band gibt in der Tat mehr als nur eine Ahnung davon, was eine so interdisziplinär wie breit angelegte Exilforschung sein könnte.«

Neue Politische Literatur

Band 2/1984
Erinnerungen ans Exil
Kritische Lektüre der Autobiographien nach 1933 und andere Themen
415 Seiten

»Band 2 vermag mühelos das Niveau des ersten Bandes zu halten, in manchen Studien wird geradezu außergewöhnlicher Rang erreicht ...«

Wissenschaftlicher Literaturanzeiger

Band 3/1985
Gedanken an Deutschland im Exil und andere Themen
400 Seiten

»Die Beiträge beschäftigen sich nicht nur mit Exilliteratur, sondern auch mit den Lebensbedingungen der Exilierten. Sie untersuchen Möglichkeiten und Grenzen der Mediennutzung, erläutern die Probleme der Verlagsarbeit und verfolgen ›Lebensläufe im Exil‹.«

Neue Zürcher Zeitung

Band 4/1986
Das jüdische Exil und andere Themen
310 Seiten

Hannah Arendt, Bruno Frei, Nelly Sachs, Armin T. Wegner, Paul Tillich, Hans Henny Jahnn und Sergej Tschachotin sind Beiträge dieses Bandes gewidmet. Ernst Loewy schreibt über den Widerspruch, als Jude, Israeli, Deutscher zu leben.

Band 5/1987
Fluchtpunkte des Exils und andere Themen
260 Seiten

Das Thema »Akkulturation und soziale Erfahrungen im Exil« stellt neben der individuellen Exilerfahrung die Integration verschiedener Berufsgruppen in den Aufnahmeländern in den Mittelpunkt. Bisher wenig bekannte Flüchtlingszentren in Lateinamerika und Ostasien kommen ins Blickfeld.

Band 6/1988
Vertreibung der Wissenschaften und andere Themen
243 Seiten

Der Blick wird auf einen Bereich gelenkt, der von der Exilforschung bis dahin kaum wahrgenommen wurde. Das gilt sowohl für den Transfer denkgeschichtlicher und theoretischer Traditionen und die Wirkung der vertriebenen Gelehrten auf die Wissenschaftsentwicklung in den Zufluchtsländern wie auch für die Frage nach dem »Emigrationsverlust«, den die Wissenschaftsemigration für die Forschung im NS-Staat bedeutete.

Band 7/1989
Publizistik im Exil und andere Themen
249 Seiten

Der Band stellt neben der Berufsgeschichte emigrierter Journalisten in den USA exemplarisch Persönlichkeiten und Periodika des Exils vor, vermittelt an deren Beispiel Einblick in politische und literarische Debatten, aber auch in die Alltagswirklichkeit der Exilierten.

Band 8/1990
Politische Aspekte des Exils
243 Seiten

Der Band wirft Schlaglichter auf ein umfassendes Thema, beschreibt Handlungsspielräume in verschiedenen Ländern, stellt Einzelschicksale vor. Der Akzent auf dem kommunistischen Exil, dem Spannungsverhältnis zwischen antifaschistischem Widerstand und politischem Dogmatismus, verleiht ihm angesichts der politischen Umwälzungen seit 1989 Aktualität.

Band 9/1991
Exil und Remigration

263 Seiten

Der Band lenkt den Blick auf die deutsche Nachkriegsgeschichte, untersucht, wie mit rückkehrwilligen Vertriebenen aus dem Nazi-Staat in diesem Land nach 1945 umgegangen wurde.

Band 10/1992
Künste im Exil

212 Seiten. Zahlreiche Abbildungen

Beiträge zur bildenden Kunst und Musik, zu Architektur und Film im Exil stehen im Mittelpunkt dieses Jahrbuchs. Fragen der kunst- und musikhistorischen Entwicklung werden diskutiert, die verschiedenen Wege der ästhetischen Auseinandersetzung mit dem Faschismus dargestellt, Lebens- und Arbeitsbedingungen der Künstler beschrieben.

Band 11/1993
Frauen und Exil
Zwischen Anpassung und Selbstbehauptung

283 Seiten

Der Band trägt zur Erforschung der Bedingungen und künstlerischen wie biografischen Auswirkungen des Exils von Frauen bei. Literaturwissenschaftliche und biografische Auseinandersetzungen mit Lebensläufen und Texten ergänzen feministische Fragestellungen nach spezifisch »weiblichen Überlebensstrategien« im Exil.

Band 12/1994
Aspekte der künstlerischen Inneren Emigration
1933 bis 1945

236 Seiten

Der Band will eine abgebrochene Diskussion über einen kontroversen Gegenstandsbereich fortsetzen: Zur Diskussion stehen Literatur und Künste in der Inneren Emigration zwischen 1933 und 1945, Möglichkeiten und Grenzen einer innerdeutschen politischen und künstlerischen Opposition.

Band 13/1995
Kulturtransfer im Exil
276 Seiten

Das Jahrbuch 1995 macht auf Zusammenhänge des Kulturtransfers aufmerksam. Die Beiträge zeigen unter anderem, in welchem Ausmaß die aus Deutschland vertriebenen Emigranten das Bewusstsein der Nachkriegsgeneration der sechziger Jahre – in Deutschland wie in den Exilländern – prägten, welche Themen und welche Erwartungen die Exilforschung seit jener Zeit begleitet haben.

Band 14/1996
Rückblick und Perspektiven
231 Seiten

Methoden und Ziele wie auch Mythen der Exilforschung werden kritisch untersucht; der Band zielt damit auf eine problem- wie themenorientierte Erneuerung der Exilforschung. Im Zusammenhang mit der Kritik traditioneller Epochendiskurse stehen Rückblicke auf die Erträge der Forschung unter anderem in den USA, der DDR und in den skandinavischen Ländern. Zugleich werden Ausblicke auf neue Ansätze, etwa in der Frauenforschung und Literaturwissenschaft, gegeben.

Band 15/1997
Exil und Widerstand
282 Seiten

Der Widerstand gegen das nationalsozialistische Herrschaftssystem aus dem Exil heraus steht im Mittelpunkt dieses Jahrbuchs. Neben einer Problematisierung des Widerstandsbegriffs beleuchten die Beiträge typische Schicksale namhafter politischer Emigranten und untersuchen verschiedene Formen und Phasen des politischen Widerstands: z. B. bei der Braunbuch-Kampagne zum Reichstagsbrand, in der französischen Résistance, in der Zusammenarbeit mit britischen und amerikanischen Geheimdiensten sowie bei den Planungen der Exil-KPD für ein Nachkriegsdeutschland.

Band 16/1998
Exil und Avantgarden
275 Seiten

Der Band diskutiert und revidiert die Ergebnisse einer mehr als zwanzigjährigen Debatte um Bestand, Entwicklung oder Transformation der historischen Avantgarden unter den Bedingungen von Exil und Akkulturation; die Beiträge verlieren dabei den gegenwärtigen Umgang mit dem Thema Avantgarde nicht aus dem Blick.

Band 17/1999
Sprache - Identität - Kultur
Frauen im Exil

268 Seiten

Die Untersuchungen dieses Bandes fragen nach der spezifischen Konstruktion weiblicher Identität unter den Bedingungen des Exils. Welche Brüche verursacht die – erzwungene oder freiwillige – Exilerfahrung in der individuellen Sozialisation? Und welche Chancen ergeben sich möglicherweise daraus für die Entwicklung neuer, modifizierter oder alternativer Identitätskonzepte? Die Beiträge bieten unter heterogenen Forschungsansätzen literatur- und kunstwissenschaftliche, zeithistorische und autobiografische Analysen.

Band 18/2000
Exile im 20. Jahrhundert

280 Seiten

Ohne Übertreibung kann man das 20. Jahrhundert als das der Flüchtlinge bezeichnen. Erzwungene Migrationen, Fluchtbewegungen und Asylsuchende hat es zwar immer gegeben, erst im 20. Jahrhundert jedoch begannen Massenvertreibungen in einem bis dahin unbekannten Ausmaß. Die Beiträge des Bandes behandeln unterschiedliche Formen von Vertreibung, vom Exil aus dem zaristischen Russland bis hin zur Flucht chinesischer Dissidenten in der jüngsten Zeit. Das Jahrbuch will damit auf Unbekanntes aufmerksam machen und zu einer Erweiterung des Blicks in vergleichender Perspektive anregen.

Band 19/2001
Jüdische Emigration
Zwischen Assimilation und Verfolgung, Akkulturation und jüdischer Identität

294 Seiten

Das Thema der jüdischen Emigration während des »Dritten Reichs« und Probleme jüdischer Identität und Akkulturation in verschiedenen europäischen und außereuropäischen Ländern bilden den Schwerpunkt dieses Jahrbuchs. Die Beiträge befassen sich unter anderem mit der Verbreitungspolitik der Nationalsozialisten, richten die Aufmerksamkeit auf die Sicht der Betroffenen und thematisieren Defizite und Perspektiven der Wirkungsgeschichte jüdischer Emigration.

Band 20/2002
Metropolen des Exils

310 Seiten

Ausländische Metropolen wie Prag, Paris, Los Angeles, Buenos Aires oder Shanghai stellten eine urbane Fremde dar, in der die Emigrantinnen und Emigranten widersprüchlichen Erfahrungen ausgesetzt waren: Teilweise gelang ihnen der Anschluss an die großstädtische Kultur, teilweise fanden sie sich aber auch in der für sie ungewohnten Rolle einer Randgruppe wieder. Der daraus entstehende Widerspruch zwischen Integration, Marginalisierung und Exklusion wird anhand topografischer und mentalitätsgeschichtlicher Untersuchungen der Metropolenemigration, vor allem aber am Schicksal der großstädtischen politischen und kulturellen Avantgarden und ihrer Fähigkeit, sich in den neuen Metropolen zu reorganisieren, analysiert. Ein spezielles Kapitel ist dem Imaginären der Metropolen, seiner Rekonstruktion und Repräsentation in Literatur und Fotografie gewidmet.

Band 21/2003
Film und Fotografie

296 Seiten

Als »neue« Medien verbinden Film und Fotografie stärker als die traditionellen Künste Dokumentation und Fiktion, Amateurismus und Professionalität, künstlerische, technische und kommerzielle Produktionsweisen. Der Band geht den Produktions- und Rezeptionsbedingungen von Film und Fotografie im Exil nach, erforscht anhand von Länderstudien und Einzelschicksalen Akkulturations- und Integrationsmöglichkeiten und thematisiert den Umgang mit Exil und Widerstand im Nachkriegsfilm.

Band 22/2004
Bücher, Verlage, Medien

292 Seiten

Die Beiträge des Bandes fokussieren die medialen Voraussetzungen für die Entstehung einer nach Umfang und Rang weltgeschichtlich singulären Exilliteratur. Dabei geht es um das Symbol Buch ebenso wie um die politische Funktion von Zeitschriften, aber auch um die praktischen Arbeitsbedingungen von Verlagen, Buchhandlungen etc. unter den Bedingungen des Exils.

Band 23/2005
Autobiografie und wissenschaftliche Biografik
263 Seiten

Neben Autobiografien als Zeugnis und Dokument sind Erinnerung und Gedächtnis in den Vordergrund des Erkenntnisinteresses der Exilforschung gerückt. Die »narrative Identität« (Paul Ricœur) ist auf Kommunikation verwiesen, sie ist unabgeschlossen, offen für Grenzüberschreitungen und interkulturelle Erfahrungen; sie artikuliert sich in der Sprache, in den Bildern, aber auch über Orte und Dinge des Alltags. Vor diesem Hintergrund stellt der Band autobiografische Texte, wissenschaftliche Biografien und Darstellungen zur Biografik des Exils vor und diskutiert Formen und Funktionen ästhetischen, historischen, fiktionalen und wissenschaftlichen Erzählens.

Band 24/2006
Kindheit und Jugend im Exil
Ein Generationenthema
284 Seiten

Das als Kind erfahrene Unrecht ist vielfach einer der Beweggründe, im späteren Lebensalter Zeugnis abzulegen und oft mit Genugtuung auf ein erfolgreiches Leben trotz aller Hindernisse und Widrigkeiten zurückzublicken. Kindheit unter den Bedingungen von Verfolgung und Exil muss also einerseits als komplexes, tief gehendes und lang anhaltendes Geschehen mit oftmals traumatischen Wirkungen über mehrere Generationen gesehen werden, andererseits können produktive, kreative Lebensentwürfe nach der Katastrophe zu der nachträglichen Bewertung des Exils als Bereicherung geführt haben. Diesen Tatsachen wird in diesem Band konzeptionell und inhaltlich anhand neu erschlossener Quellen nachgegangen.

Band 25/2007
Übersetzung als transkultureller Prozess
305 Seiten

Übersetzen ist stets ein Akt des Dialogs zwischen dem Selbst und dem Anderen, zwischen kulturell Eigenem und Fremdem. Übersetzen bedeutet insofern auch deutende Vermittlung kultureller Verschiedenheit im Sinne einer »Äquivalenz des Nicht-Identischen« (P. Ricœur). Ein kulturtheoretisch fundierter Übersetzungsbegriff ist daher geeignet, die traditionelle Exilliteratur aus den Engpässen von muttersprachlicher Fixierung und der Fortschreibung von Nationalliteraturen herauszuführen. Er regt dazu an, das Übersetzen als Alternative zu den Risiken von Dekulturation bzw. Akkulturation aufzufassen und nach Formen der Lokalisierung neuer Identitäten zu suchen, welche in der Extraterritorialität der Sprache und in der Entstehung einer interkulturellen »Literatur des Exils« ihren Ausdruck finden. Der Band präsentiert Überlegungen und Analysen zu Übersetzern und Übersetzungen von bzw. durch Exilautorinnen und -autoren (u. a. Hermann Broch, Heinrich Mann, Hans Sahl, Anna Seghers). Er enthält Studien zu Sprachwechsel und Mehrsprachigkeit sowie Beispiele eines Schreibens »zwischen« den Sprachen (Walter Abish, Wladimir Nabokov, Peter Weiss), die eine geografische und zeitliche Entgrenzung der »Exilliteratur« nahelegen. Ein Register aller Beiträge der Bände 1 bis 25 des Jahrbuchs rundet den Band ab und gibt einen Überblick über den Stand der Exilforschung.

Band 26/2008
Kulturelle Räume und ästhetische Universalität
Musik und Musiker im Exil
263 Seiten

Das Themenspektrum des Bandes reicht von allgemeinen Überlegungen zum Doppelcharakter von Musik als »Werk und Zeugnis« über Musik in Exilzeitschriften, die Migration von Musiker/Komponisten-Archiven, die Frage nach »brain drain« und »brain gain« in der Musikwissenschaft bis zum Beitrag von Musikern in der Filmindustrie und einer Fallstudie zum Exil in Südamerika.

Band 27/2009
Exil, Entwurzelung, Hybridität
254 Seiten

Vor dem Hintergrund des Begriffs Hybridität, einem der Schlüsselbegriffe in den Kulturwissenschaften, versammelt der vorliegende Band Beiträge, die dazu anregen sollen, Vertreibungen und Entwurzelungen sowie die damit verbundenen Integrationsprozesse unter differenten gesellschaftspolitischen Verhältnissen, insbesondere auch im Zeichen der heutigen Massenwanderungen zu vergleichen.

Band 28/2010
Gedächtnis des Exils
Formen der Erinnerung
276 Seiten

Mit dem Zurücktreten der Zeitzeugen haben sich die Formen der Wahrnehmung des Exils verändert: Gedächtnis und Erinnerung bilden Ausgangspunkt und Rahmen der wissenschaftlichen Auseinandersetzung. Der Band stellt Institutionen des kulturellen Gedächtnisses wie Archive und Bibliotheken vor und untersucht Formen der Erinnerung und des Vergessens am Beispiel von Ausstellungen, Schulbüchern und literarischen Texten.

Band 29/2011
Bibliotheken und Sammlungen im Exil
272 Seiten

Private Bibliotheken sind Spiegelbilder von Interessen und Leidenschaften ihrer Eigentümer, sie dokumentierten einst sozialen Aufstieg und Ansehen in der bürgerlichen Kultur. Der Nationalsozialismus hat wesentliche Teile davon zerstört, eine Mitnahme dieser Überlieferung ins Exil war die Ausnahme. Bisher ließen sich immerhin überlebende Zeitzeugen ansprechen, doch solche Informationsquellen versiegen allmählich, sodass »Archive« zur künftigen Basis der Forschung werden. Während es im Bereich der Nachlassermittlung bereits umfassende Kenntnisse gibt, ist das Wissen über die verlorenen, zerstörten oder geretteten Bibliotheken derzeit noch unterentwickelt. Daher richtet der vorliegende Band den Blick auf dieses Überlieferungssegment. Dabei geht es nicht allein um die Texte, sondern auch um die Materialität, Ästhetik und haptische Bedeutung von Büchern jenseits ihrer Funktion.

Band 30/2012
Exilforschungen im historischen Prozess
358 Seiten

Die Exilforschung ist auf dem Wege der Historisierung. Eine übergreifende Bilanz steht indes noch aus. Nach drei Jahrzehnten seines Erscheinens erhellt der neue Band des Jahrbuches, wie sich die Exilforschung als eigenes Forschungsfeld entwickelt hat. Exemplarisch werden Eindrücke von den Forschungsaktivitäten in einzelnen Ländern und den transnationalen Netzwerkaktivitäten vermittelt. Auf systematische Fragestellungen und aktuelle Forschungsinteressen wird hingewiesen. Neben jüngeren Wissenschaftlerinnen und Wissenschaftlern gehören zum Kreis der Autoren einige Akteure der ersten Stunde mit ihren Deutungen aus der Doppelperspektive von beteiligtem Zeitzeugen und distanziert analysierendem Historiker.

Band 31/2013
Dinge des Exils
394 Seiten

Neben den traditionellen Bereichen der politischen Geschichte des Exils und der Erforschung von Exilliteratur sind in den letzten Jahren neue kulturwissenschaftliche Fragestellungen in den Blick der Exilforschung gerückt. Mit den »Dingen des Exils« werden in dieser Dokumentation Gegenstände fokussiert, in denen sich Erinnerungen an die verlorenen Heimaten, an das Herausgerissen- und Unterwegssein, aber auch an das Ankommen und an die Erfahrung differenter Bedeutungszuschreibungen in unterschiedlichen kulturellen Kontexten symbolisch verdichten. Zugleich zeigt das charakteristische Fremdwerden der Dinge infolge der Exilsituation die Bedeutung materieller Kultur auf, die hier interdisziplinär aus literaturwissenschaftlichen, historischen, kunst- bzw. musikwissenschaftlichen und archivwissenschaftlichen Perspektiven erkundet wird.

Band 32/2014
Sprache(n) im Exil
361 Seiten

»Aus einem Land kann man auswandern, aus der Muttersprache nicht« – mit diesen Worten behauptet Schalom Ben-Chorin, der 1935 als Fritz Rosenthal aus Deutschland nach Palästina emigrierte, den Anspruch auf kulturelle Zugehörigkeit jenseits staatlicher Machtansprüche und territorialer Grenzziehungen. Traditionelle Vorstellungen von sprachlicher Verwurzelung und einer zwingenden Verbindung von Sprache und Nation werden hier infrage gestellt. Das Exil verändert jedoch nicht nur Einstellungen zur Herkunftssprache, sondern erzwingt auch eine existenzielle Auseinandersetzung mit fremden Sprachen. Sprachpraxis und -denken Vertriebener reflektieren auf vielfältige Weise Prozesse von Sprachwechsel, (Selbst-)Übersetzung, Sprachmischung, Sprachverlust oder -bewahrung. Die Beiträge des Bandes erkunden, auf welche Weise das Exil »in fremden Sprachen« Einstellungen gegenüber einzelnen Sprachen, aber auch gegenüber Fragen von Ein- und Mehrsprachigkeit auf spezifische Weise prägt und verändert. In Bezug auf neuere linguistische Untersuchungen sowie aktuelle kulturwissenschaftliche Forschungen werden Dokumente und literarische Zeugnisse des Exils neu gelesen. Manche Textzeugnisse, die bisher nicht beachtet wurden, kommen so erstmals in den Blick. Zugleich leisten die Beiträge in ihrer Fokussierung auf die Bedeutung von Sprache(n) unter den spezifischen Bedingungen des Exils auch einen Beitrag zur Ausdifferenzierung linguistischer und kulturwissenschaftlicher Forschungen zu Sprachwechsel und Mehrsprachigkeit sowie zum vielfältig ideologisierten Konzept der Muttersprache.

Band 33/2015
»Kometen des Geldes« Ökonomie im Exil
320 Seiten

Der Titel »Kometen des Geldes« geht auf einen 1933 erschienenen Essayband des später in die USA emigrierten Schriftstellers Paul Elbogen zurück, der berühmte Wirtschaftskapitäne porträtiert. Kometenhafte ökonomische Erfolge gelangen im Exil jedoch nur selten. In den Studien und Fallgeschichten dieses Bandes kommen ausführlich dokumentierte ökonomische Aspekte des kulturellen Exils und die Arbeit von Hilfsorganisationen zur Sprache. Sie beleuchten bislang weitgehend unerforschte materielle Lebensbedingungen von Personen unterschiedlicher sozialer, ideologischer und professioneller Zugehörigkeit in allen Phasen des Exils, wobei auch die Enteignungen 1933/38 in familiären und Firmennetzwerken thematisiert werden. Die Beiträge beschäftigen sich mit Berufsgruppen wie Bankiers, Geschäftsleuten, Wissenschaftlern, Schriftstellern und Künstlern sowie mit dem wirtschaftlichen Beitrag der Vertriebenen zur Entwicklung in den Fluchtländern. Analysiert werden ferner die Kostenstrukturen in den französischen Internierungslagern sowie der Tauschverkehr als Überlebensstrategie in gesellschaftlichen Randbereichen. Der Band zeigt dabei ebenfalls, wie ergiebig die nochmalige Lektüre von bereits bekannten Quellen und (literarischen) Dokumenten des Exils im Kontext des Themas sein kann.

Ausführliche Informationen über alle Bücher des Verlags im Internet unter: **www.etk-muenchen.de**

> Kulturwissenschaften
in der edition text+kritik

Doerte Bischoff (Hg.)
Exil – Literatur – Judentum
351 Seiten, € 39,–
ISBN 978-3-86916-327-7

Am Beginn des 21. Jahrhunderts, in dem die Erfahrungen von Vertreibung, Exilierung und Migration von immer mehr Menschen geteilt werden, kommen vielfach spezifisch jüdische Exiltraditionen und Gemeinschaftskonzepte auf neue Weise in den Blick. Stellen die mit diesen Traditionen verknüpften Konzepte von Diaspora, Kosmopolitismus und Mehrsprachigkeit Alternativen zu nationaler Orientierung und Assimilationserwartungen dar, die sich für die europäischen Juden spätestens nach 1933 als fatale Sackgasse erwiesen hatten? Der erste Band der Reihe »Exil-Kulturen«, »Exil – Literatur – Judentum«, versammelt eine Vielzahl an Perspektiven auf jüdische Auseinandersetzungen mit Exilerfahrungen und -konzepten, wobei mit dem Fokus auf deutschsprachige jüdische Intellektuelle und Literaten, die vor dem Nationalsozialismus ins Exil flohen, immer auch die Frage nach Traditionsbrüchen und den Grenzen der Übertragbarkeit und Verallgemeinerbarkeit jüdischer Geschichte(n) zur Diskussion gestellt wird.

et+k

edition text+kritik · 81673 München · www.etk-muenchen.de

www.ingramcontent.com/pod-product-compliance
Lightning Source LLC
Chambersburg PA
CBHW050525300426
44113CB00012B/1965